Tutzinger Studien zur Politik

herausgegeben von der
Akademie für Politische Bildung, Tutzing

Band 18

Ursula Münch | Andreas Kalina [Hrsg.]

Demokratie im 21. Jahrhundert

Theorien, Befunde, Perspektiven

Nomos

AKADEMIE FÜR POLITISCHE BILDUNG TUTZING

Titelbild: © Blick auf Paul-Löbe- und Marie-Elisabeth-Lüders-Haus des Deutschen Bundestages im Berliner Regierungsviertel. Quelle: Pixabay License (Easedale).

Die Deutsche Nationalbibliothek verzeichnet diese Publikation in der Deutschen Nationalbibliografie; detaillierte bibliografische Daten sind im Internet über http://dnb.d-nb.de abrufbar.

The Deutsche Nationalbibliothek lists this publication in the Deutsche Nationalbibliografie; detailed bibliographic data are available on the Internet at http://dnb.d-nb.de

ISBN 978-3-8487-6903-2 (Print)
978-3-7489-2150-9 (ePDF)

British Library Cataloguing-in-Publication Data
A catalogue record for this book is available from the British Library.

ISBN 978-3-8487-6903-2 (Print)
978-3-7489-2150-9 (ePDF)

Library of Congress Cataloging-in-Publication Data
Münch, Ursula / Kalina, Andreas
Demokratie im 21. Jahrhundert
Theorien, Befunde, Perspektiven
Ursula Münch / Andreas Kalina (eds.)
446 pp.
Includes bibliographic references.

ISBN 978-3-8487-6903-2 (Print)
978-3-7489-2150-9 (ePDF)

Onlineversion
Nomos eLibrary

1. Auflage 2020

Inhaltsverzeichnis

Vorwort

Wo die Demokratie noch vor der Jahrtausendwende einen weltweiten Siegeszug zu erleben schien, steht sie heute massiv unter Druck: als real existierende Herrschaftsform, aber auch als theoretisches und normatives Konzept. Die über die Zeit gewachsene Distanz zwischen politischen Akteuren einerseits und Bürgern andererseits ist offensichtlich. Meinungsführer in Politik und Gesellschaft, in Medien, aber auch die vielfältigen Akteure des Bildungsbereichs vermögen es immer weniger, politische Realität mit Erwartungshaltungen und Deutungsmustern in Einklang zu bringen. Die Coronakrise verdeutlicht und beschleunigt diese Entwicklungen. Die Gründe sind vielfältig. Grundlegende Veränderungen in Staat und Gesellschaft offenbaren einen Zwiespalt zwischen individuellem Freiheitsbedürfnis und allgemeinen Sicherheitserwartungen: Denationalisierung politischer Entscheidungen, globale Herausforderungen vom Klimawandel über Umbrüche in den internationalen Beziehungen bis hin zu Pandemien, und neue Ungewissheiten infolge des demografischen Wandels und der digitalen Transformation verunsichern Teile der Bevölkerung und lassen Verlustängste wachsen. Umgekehrt zeigen sich viele Bürger von der (vermeintlichen) Verzagtheit der politischen Eliten enttäuscht. Das Betriebssystem der liberalen Demokratie wirkt nachhaltig gestört.

Über diesen grundlegenden, mitunter krisenhaft anmutenden Wandel der Demokratie, über seine Ursachen und Katalysatoren, aber auch über mögliche Reformoptionen und Zukunftsperspektiven diskutierten Experten aus Wissenschaft und Journalismus im Oktober 2016 in der Tutzinger Call-for-Paper-Konferenz *Demokratie revisited. Theorien – Befunde – Perspektiven*. Die Beiträge, die sich mit den Entwicklungen der Demokratie in ihren theoretischen wie praktischen Bezügen auseinandergesetzt haben, sind – vielfach aktualisiert und erweitert – Dreh- und Angelpunkt des vorliegenden Bandes. Dabei wirken die Befunde in der heutigen Zeit der Corona-Pandemie wie unter einem Brennglas. Der Band ist damit, auch wenn sich seine Fertigstellung zum Leidwesen der Autoren und Herausgeber ungebührend lange gezogen hat, aktueller denn je. Zum einen sind die analysierten Herausforderungen und Krisenerscheinungen heute brisanter und drängender. Zum anderen sind sie aber auch wahrnehmbarer geworden – und darin liegt vielleicht eine neue Chance: Nämlich, dass die Diagnosen, ebenso wie die thematisierten Reformansätze, auch jenseits des fachwissenschaftlichen Diskurses sowohl in der interessierten Öffentlichkeit als auch bei den Verantwortlichen in Staat, Gesellschaft und Bildungssektor auf Resonanz stoßen. Möge der Band insofern zum Nachdenken, möglicherweise zum Widerspruch und vor allem zum Weiterdenken anregen. Davon – und damit von uns allen – hängt auch zukünftig die Qualität unserer pluralistischen gesellschaftlichen Ordnung ab.

Unser ganz herzlicher Dank gilt den Referentinnen und Referenten der Konferenz: dafür, dass sie diese mit ihrer Expertise bereichert haben, und ganz besonders dafür, dass sie ihre damaligen Vorträge überarbeitet, aktualisiert und für diese Publikation bereitgestellt haben. Wertvolle Dienste bei der Manuskripterstellung haben mehrere Generationen wissenschaftlicher Praktikanten an der Akademie für Politische Bildung geleistet. Ihnen gebührt – hier namenlos – ebenso großer Dank wie dem Publikationsreferenten der Akademie, Dr. Thomas Schölderle, der die Entstehung des Bandes mit der ihm eigenen Sorgfalt redaktionell begleitet hat.

Prof. Dr. Ursula Münch Tutzing, im Sommer 2020
Dr. Andreas Kalina

I. Krise der Demokratie?

Hans Vorländer

Die Krisen und der Populismus

Wie belastbar ist die liberale Demokratie?

1. Einleitung

Die Demokratien, wie wir sie kennen, sind unter Druck geraten.[1] Die einen befürchten, Demokratien könnten schleichend einen Prozess des Niedergangs, gar eines langsamen Todes durchlaufen, andere diagnostizieren einen Verfall, an dessen Ende die autoritäre oder autokratische Transformation steht.[2] Auf jeden Fall, und daran gibt es wohl kaum einen Zweifel, scheint für die liberale, repräsentative Demokratie, die die Herrschaft des Volkes mit dem Schutz der Grund- und Menschenrechte zu vereinbaren weiß, eine Zeit besonderer Herausforderungen angebrochen zu sein. Von der Euphorie der 1990er-Jahre, in der mit dem Zusammenbruch realsozialistischer Regime das goldene und alternativlose Zeitalter liberaler Demokratie erwartet wurde, ist wenig übriggeblieben. Im Gegenteil, mit der Rede von der »illiberalen Demokratie«[3] ist ein Projekt entstanden, mit dem bekämpft wird, was der konstitutionellen Demokratie in den letzten Jahrzehnten heilig war: die Gewaltenteilung, die Unabhängigkeit der Justiz, die Freiheit von Presse und Meinungsäußerung. Und empirische Befunde deuten bereits darauf hin, dass die Zahl der liberalen Demokratien in Europa und der Welt rückläufig ist, nachdem sie infolge des Zusammenbruchs sozialistischer Systeme stark zugenommen hatte.[4]

Zum einen ist der rasante Aufstieg des Populismus in Europa und den USA Zeichen dieser grundlegenden Erschütterung der demokratischen Systeme. Populismen sind nicht per se schlecht, sie zeigen an, dass etwas

1 Dieser Essay beruht auf Überlegungen, die an verschiedenen Stellen bereits publiziert worden sind und hier wieder – zum Teil wörtlich, zum Teil aktualisierend und erweiternd – aufgenommen werden (vgl. Vorländer 2016, Vorländer 2019a, Vorländer 2019b, Vorländer 2019c).

2 Vgl. unter anderem Krăstev 2017, Mounk 2018, Levitsky/Ziblatt 2018, Zielonka 2018.

3 Orbán 2014.

4 Vgl. Freedom House 2019, Varieties of Democracy Institute 2020.

schiefläuft.[5] Doch scheint das Verhältnis zwischen Regierenden und Regierten aus der Balance geraten zu sein, wenn es Bewegungen und Politikern gelingt, mit Slogans wie »Wir sind das Volk« gegen »Elite« und »Establishment« Stimmung zu machen und die politischen Verhältnisse auf den Kopf zu stellen.[6] Aber so sehr Populismen Symptome einer Krise sind, so sehr verschärfen sie sie auch – und das in mehreren Hinsichten: Sie spalten Gesellschaften, sie grenzen aus, sie machen Front gegen Institutionen, die die behauptete Einheit von populistischem Führer und Volk infrage stellen. Sie wollen »direkt«, also unmittelbar, ohne vermittelnde Instanzen regieren, administrieren, kommunizieren – am besten mit Dekreten und Twitter-Botschaften.[7] Auf der Strecke bleiben Parlamente, Gerichte, Presse, kritische Bürger. Die plebiszitäre Führungsdemokratie, die sich auf das Volk beruft, aber darunter nur eine homogene, akklamierende Masse versteht, zerstört freiheitliche Demokratien, weil sie dem Autoritarismus, der Autokratie und in letzter Konsequenz auch dem Totalitarismus Tür und Tor öffnet.

Der Migrationskrise vom Herbst 2015 scheint hier eine besondere Bedeutung eingenommen zu haben. Es war ein Signalereignis, von Beobachtern auch Europas »9/11 Moment« genannt.[8] Vergleichbar dem Angriff auf die Zwillingstürme des World Trade Center, so das Argument, habe der Zug der Flüchtlinge durch Mitteleuropa und ihre Aufnahme in Deutschland erst die Verunsicherungen in den Gesellschaften bewirkt, die Spaltung Europas vertieft und die Populismen befeuert. Nun sind Brexit und der Sieg Trumps in den USA nicht direkt mit den Ereignissen vom September 2015 zu erklären, wenngleich sie von ihren Wortführern diesbezüglich instrumentalisiert worden sind; auch hatten rechtspopulistische Parteien bereits zuvor erhebliche Erfolge zu verzeichnen, in den Niederlanden, in Frankreich, in Skandinavien, in Österreich. Und auch in Deutschland begann der Aufstieg der »Alternative für Deutschland« (AfD) viel früher, nämlich mit der Eurokrise. Schließlich war auch Pegida in Sachsen ein Jahr zuvor entstanden.[9] Aber ganz ohne Frage wirkte der Herbst 2015 wie ein Katalysator; er machte Polarisierungen in den europäischen Gesellschaften und zwischen den europäischen Staaten möglich, weil politische Gruppen glaubten, nunmehr das »Abendland« gegen seine vermeintliche »Islamisierung« verteidigen zu müssen. Dem Identitätspopulismus gelang es, jene verunsicherten, sich nicht gehört und

5 Vgl. Vorländer 2011a.

6 Vgl. Vorländer 2016.

7 Vgl. Strohschneider 2018.

8 Vgl. etwa Krăstev 2017: 25.

9 Vgl. Vorländer/Herold/Schäller 2016, Vorländer/Herold/Schäller 2018.

repräsentiert fühlenden und ökonomisch abgehängten Bevölkerungsgruppen zu mobilisieren.[10] Über die »Kulturalisierung« des Konfliktes vertieften sich Gräben in den Gesellschaften und gelang es politischen Akteuren, eine breite Unterstützung – zum Teil quer durch alle Schichten – zu mobilisieren.[11] Migration wurde das Thema, mit dem die Renationalisierung der Politik und die Renaissance der Ost-West-Spaltung in Europa betrieben werden konnte.[12]

Die Corona-Pandemie des Jahres 2020 stellte die Demokratien zunächst ganz anders unter Druck, sie forderte, als Stunde der Exekutive, vor allem die entschiedene Handlungsfähigkeit staatlicher Institutionen in den existentiellen Fragen von Gesundheit und Krankheit, Leben und Tod heraus. Damit ist Corona ein Test für die Effektivität demokratischen Krisenhandelns geworden. Und hier sehen die Resultate prima facie bislang sehr unterschiedlich aus[13] – wobei das zwischen zentral- und einzelstaatlichen Handlungsebenen abgestimmte exekutive Handeln, wie es im deutschen föderalen Wettbewerbssystem zu beobachten war, anscheinend die besseren Ergebnisse für sich verbuchen konnte. Kurzfristig, so scheint es, lassen sich damit auch höhere Zustimmungs- und Vertrauenswerte für die jeweils Regierenden und dann auch für demokratische Systeme erzielen.[14] Doch gilt dies keineswegs für alle Demokratien, vor allem auch dort nicht, wo die Pandemie in polarisierender Weise politisiert wurde. Auf jeden Fall sind mit dem sich in Krisenzeiten eindrücklich zurückmeldenden starken Staat aber auch demokratische Kosten verbunden, die sich in den sozialen Medien, aber auch auf den Straßen als Protest gegen die Einschränkungen von Mobilität, Freizügigkeit, Versammlungs- und ökonomischen Betätigungsrechten zum Ausdruck bringt. Die Schließung nationaler Grenzen und die Erklärung von Not- oder Ausnahmezuständen, wie sie vielfach in den Ländern Europas zur Pandemiebekämpfung verhängt wurden, ließen nicht nur in Teilen der Bevölkerung Befürchtungen autokratischer oder gar diktatorischer Aushebelung individueller und kollektiver Rechte sowie demokratisch-parlamentarischer Partizipation entstehen.[15] Dabei spielten auch Befürchtungen eine Rolle, die

10 Dass die Migrationskrise den Populismus nicht verursacht hat, jedoch als Katalysator, also als Verstärker, gewirkt hat, zeigen die Studien des Mercator Forums Demokratie und Migration (vgl. Mercator Forum Demokratie und Migration 2018, Mercator Forum Demokratie und Migration 2019).

11 Vgl. hier für Deutschland beispielsweise die Arbeiten von Lengfeld 2017.

12 So auch Krăstev 2017: 54.

13 Vgl. hierzu die Analyse von Frey/Chen/Presidente 2020.

14 Vgl. hierzu die Studie der Bertelsmann Stiftung: Brand/Follmer/Unzicker 2020.

15 Die deutsche Bundeskanzlerin sprach in diesem Zusammenhang von Corona als einer »demokratischen Zumutung«.

bereits in der Zeit der Banken-, Finanz- und Eurokrise entstanden waren, und die mit der Herrschaft der Experten, hier jetzt der Virologen, den Sieg des technokratischen Nomos über die Normen demokratischer Willensbildungs- und Entscheidungsprozesse heraufziehen sahen. Und auch stellte sich das Muster populistischer Empörung wieder ein. Wie schon in der Migrationskrise des Herbstes 2015 wurde nun in sogenannten »Hygienedemonstrationen« behauptet, dass »die da oben« am Volk vorbei regierten, ja, dass sie von fremdem Mächten oder den Interessen reicher Männer gelenkt wären.

Hybride Proteste, wie sie von den unterschiedlichsten Gruppen, von Verschwörungstheoretikern, Impfgegnern, Esoterikern, Rechtsextremisten, Hooligans, Kampfsportlern, Preppern und Reichsbürgern auf der Stuttgarter Wasn, dem Münchener Marienplatz oder der Straße des 17. Juni in Berlin organisiert und dabei von Veganköchen, Rappern, Hiphoppern, Youtubern und IT-Unternehmern angeleitet wurden, entfesseln dabei ein schon von der Dresdner Pegida-Bewegung her bekanntes Momentum von kollektiver Erregung und Empörung. Dabei wirken vor allem extremistische Gruppen und Verschwörungstheoretiker wie Brandstifter, die mit der Pandemie und ihrer Bekämpfung verbundenen Sorgen und Ängste ausnutzen, um das demokratische System in Misskredit zu bringen. Mit der Berufung auf ein vermeintliches Widerstandsrecht wird ein Klima der Polarisierung erzeugt, das Aggressivität eskalieren und Gewalttaten legitimieren lässt. Ziel ist die Zerstörung der liberalen und repräsentativen Demokratie.

2. Repräsentative Demokratien sind robuste Systeme – mit einer Bruchstelle

Nun sind repräsentative Demokratien zunächst einmal relativ robuste politische Systeme, die gelernt haben, mit Herausforderungen umzugehen. Sie haben sich historisch infolge der Revolutionen des 18. Jahrhunderts herausgebildet und basieren auf vermittelnden, stellvertretenden Formen der Entscheidungsbildung. Ein ausgeklügeltes institutionelles Arrangement politischer Ordnung hat den Willensbildungs- und Entscheidungsprozess auf verschiedenen Ebenen organisiert und dabei weniger die direkte Beteiligung der Bürger – jenseits von Wahlen – als vielmehr die stellvertretende Erledigung von Entscheidungs- und Kontrollaufgaben präferiert. Ein komplexes System wechselseitig aufeinander einwirkender Institutionen sucht der Demokratie Stabilität, Legitimität und Effizienz zu geben. Die repräsentative Demokratie war historisch auch die Antwort auf die Frage, wie bürgerschaftliche Selbstregierung und effizientes politisches Willensbildungs- und Entscheidungssystem unter den veränderten Bedingungen der Moderne demokratisch verfasst werden kann.

Gegenüber den aus der Antike, dem oberitalienischen Stadtrepublikanismus und der schweizerischen Eidgenossenschaft bekannten – überwiegend direkten – Formen demokratischer Selbstregierung beruht die moderne Demokratie auf ganz anderen sozialen, ökonomischen und kulturellen Bedingungen, die sich nicht zuletzt durch ihre flächenstaatliche Ausdehnung und die große Zahl ihrer Bürger ergeben. Der Umbruch erfolgte paradigmatisch in der Mitte des 18. Jahrhunderts und zeigte sich exemplarisch in zwei Denkschulen. Hatte noch der Genfer Philosoph Jean-Jacques Rousseau Mitte des 18. Jahrhunderts von der Erforderlichkeit weitgehender sozioökonomischer Gleichheit, einer Gleichgerichtetheit der Meinungen und öffentlichen Ansichten sowie der Tugendhaftigkeit des Bürgers als den entscheidenden Voraussetzungen einer starken Demokratie gesprochen,[16] bestritten die Schöpfer der amerikanischen Verfassung von 1787 das Vorhandensein dieser Annahmen, sahen hingegen in Ungleichheit, Gruppenbildungen und einer Pluralität von Interessen die Kennzeichen der modernen, kommerziellen Gesellschaft und folgerten daraus den strukturellen Umbau des alten, antiken Systems »reiner Demokratie«.[17] Thomas Paine, der aus England stammende Revolutionär in Nordamerika, brachte es in seiner viel gelesenen Schrift *Rights of Man* von 1791/92 auf einen einfachen Nenner:

> »Simple democracy was society governing itself without the aid of secondary means. By engrafting representation upon democracy, we arrive at a system of government capable of embracing and confederating all the various interests and every extent of territory and population«.[18]

Auch schien die repräsentative Demokratie ein Instrument zu sein, die Leidenschaften der Massen zu zähmen. Durch die Institution der Stellvertretung sollten die politischen Willensbildungs- und Entscheidungsprozesse rationaler, nicht rein emotional und unter dem Druck der öffentlichen Meinung, vonstattengehen. John Stuart Mill und Alexis de Tocqueville, beides liberale Denker der Mitte des 19. Jahrhunderts, zeigten sich besorgt über eine mögliche »Tyrannei der Mehrheit«, die aus dem Konformitätsdruck der öffentlichen Meinung zu entstehen und in einer neuen Form der Willkür-

16 Vgl. Rousseau 1977.
17 Vgl. Hamilton/Madison/Jay 1961.
18 Paine 1984: 180.

herrschaft zu enden drohte.[19] Die repräsentative Demokratie schien hier am ehesten in der Lage zu sein, Emotionen und Leidenschaften, Meinungen und Stimmungen ihrer unmittelbaren Durchschlagskraft zu berauben und durch Mechanismen institutioneller Filterung entschärfen zu können. Gerade weil die repräsentative Demokratie ihre Willensbildungs- und Entscheidungsprozesse im Widerspiel unterschiedlicher Institutionen, also mit den Mitteln der Kontrolle und Verschränkung der Gewalten von Legislative, Exekutive und Judikative, organisierte, ließen sich die verschiedenen Affekte durch Affekte hemmen, politischer Ehrgeiz konnte durch Ehrgeiz selber balanciert werden. Die repräsentative Demokratie war somit zu einem Modell politischer Ordnung geworden, welches in ihrer repräsentativen Verfassung das – schon aus der Antike bekannte und immer wieder als Schwäche der Demokratie identifizierte – Problem emotionalisierter Massen und stimmungsanfälliger Meinungen zu neutralisieren versuchte.

3. Die Schwachstelle der repräsentativen Demokratie

In der repräsentativen Demokratie kommt es indes entscheidend auf das Verhältnis von Repräsentierten und Repräsentanten, von politischem Entscheidungssystem und gesellschaftlicher Lebenswelt an. Denn die Stärke der repräsentativen Demokratie ist zugleich auch ihre Schwäche: Das politische Entscheidungssystem droht sich von den Bürgern, ihren Interessen, Vorstellungen und Emotionen zu entfernen. Wo eine Kluft zwischen dem Volk und seinen Repräsentanten entsteht, verliert das System der Demokratie seine Legitimität. Deshalb ist die Verkoppelung der beiden Ebenen von so entscheidender Bedeutung. In manchen Ländern werden repräsentative Formen mit direktdemokratischen Elementen, Referenden, Befragungen, Volksentscheiden gemischt. Die Bundesrepublik Deutschland war hier nach 1949 sehr zurückhaltend, glaubten die Väter und Mütter des Grundgesetzes (nicht immer zutreffende) Lehren aus dem Scheitern der Weimarer Verfassung zu ziehen und richteten deshalb ein stark repräsentatives System ein, ohne direkte Entscheidungsbefugnisse der Bürger auf Bundesebene vorzusehen. In den Ländern und Kommunen indes gab und gibt es vielfältige, nach 1990 noch einmal erweiterte direktdemokratische Beteiligungsverfahren.

Eine andere Arena der Verkoppelung von demokratischem Entscheidungssystem und demokratischer Lebenswelt konstituiert sich durch die individuellen und politischen Grund- und Kommunikationsrechte. Der Schutz von

---

19 Vgl. Mill 2009, Mill 1971, Tocqueville 1984.

Meinungs- und Pressefreiheit, das Versammlungsrecht, das Recht, Vereine und Parteien zu gründen, erlauben es, einen intermediären Raum sozialer und politischer Institutionen auszubilden, in dem die Zivilgesellschaft agiert und das politische System – auch weit über Wahlen hinaus – in vielfältigen Formen zu adressieren und zu beeinflussen versteht.

Die Öffentlichkeit ist hier das wichtigste Medium, in dem die Vermittlung beider Ebenen gelingen – aber auch scheitern kann. Hier werden Interessen und Vorstellungen artikuliert, aggregiert, gefiltert und in das politische Entscheidungssystem eingespeist. Der Meinungsstreit, der Austrag von Konflikten erzeugt und konstituiert Resonanzräume der über sich selbst bestimmenden Gesellschaft und erzeugt Perspektiven der Verallgemeinerbarkeit, zumindest aber der Zustimmungsfähigkeit von politischen Entscheidungen. Weil zudem moderne Gesellschaften angesichts ihrer nicht hintergehbaren Pluralität von Werten, der Vielheit von Interessen und der Unterschiedlichkeit von individuellen Lebensentwürfen und politischen Vorstellungen nicht (mehr) über vorgängige Ressourcen gesellschaftlichen Zusammenhaltes verfügen, die Bindekräfte von Religion, Tradition und geteilten Lebensweisen also abnehmen, kann sich in den Räumen der Öffentlichkeit auch erst so etwas wie Gemeinsinn, also der individuelle Sinn für das Gemeinsame und der gemeinsame Sinn der Individuen, unter den Mitgliedern einer politischen Gesellschaft herstellen. Vielfach ist dieser dann das Ergebnis komplexer, auch konfliktreicher Aushandlungsprozesse und eingeübter gesellschaftlicher Kooperationspraktiken. Letztere entspringen, wie Alexis de Tocqueville 1835/1840 schon in seiner Analyse der ersten Massendemokratie, den Vereinigten Staaten von Amerika, feststellte, dem Handeln von Bürgern, die zwar ihre – wohlverstandenen – Eigeninteressen wahrnehmen, sie aber mit ihren Mitbürgern zu einem Ausgleich zu bringen in der Lage sind und auf diese Weise soziales Kapital wechselseitigen Vertrauens und Zusammenarbeit aufbauen. Ohne Austausch von Meinungen, Abgleich von Interessen, Regulierung von Konflikten, ohne zivile Formen bürgerschaftlicher Kooperation, kurzum ohne Vertrauen und Zusammenarbeit kommt letztlich auch eine repräsentative Demokratie nicht aus. Tatsächlich haben viele soziale Formen und Institutionen sowohl gesellschaftlichen Zusammenhalt verbürgt wie auch eine wichtige Rolle bei der Transmission von Interessen und Bedarfen der Gesellschaft in den politischen Raum gespielt. Allerdings hat das Scheitern der demokratischen Regime im 20. Jahrhundert auch gezeigt, wie prekär gesellschaftlicher Zusammenhalt ist und wie leicht Spaltung und Polarisierung einer Gesellschaft der Demokratie die notwendige Legitimität zu entziehen in der Lage sind.

4. Der Populismus in der Bruchstelle der repräsentativen Demokratie

Nun aber scheint die repräsentative Demokratie in eine Situation geraten zu sein, in der genau die Funktionsbedingungen bedroht sind, die für eine Ordnung der politischen Stellvertretung konstitutiv sind: Das Verhältnis zwischen dem Bürger und der institutionalisierten Politik ist gestört. Vor allem wird ihre Bruchstelle deutlich: Das System der Stellvertretung von Willens- und Entscheidungsbildung scheint sich weitgehend verselbständigt, den Kontakt zu den Vertretenen verloren zu haben. In der Wahrnehmung vieler Bürger hat sich eine »gefühlte« Distanz zu den Repräsentanten herausgebildet, politische Entfremdung wächst, die Unzufriedenheit in und mit der Demokratie ebenfalls. In die Bruchstelle strömen Protestbewegungen ein. Gewiss sind nicht alle Protestbewegungen der letzten Jahre als populistisch zu bezeichnen. Vielfach, so bei den Protesten von »Stuttgart 21«, die sich gegen die unterirdische Verlegung des Hauptbahnhofes in der baden-württembergischen Hauptstadt richteten, oder bei der von der Klimaaktivistin Greta Thunberg initiierten Bewegung »Fridays for Future«, die die Untätigkeit von Regierungen angesichts des bedrohlichen Klimawandels anprangern, geht es um konkrete Projekte oder Defizite, keineswegs aber um eine grundlegende Infragestellung des repräsentativ-demokratischen Systems. Das aber ist bei populistischen Strömungen der Fall.

So ließ sich beispielsweise die seit 2014/2015 aufsehenerregende Bewegung der »Patriotischen Europäer gegen die Islamisierung des Abendlandes« (Pegida) als eine rechtspopulistische Empörungsbewegung beschreiben, die neben Islamkritik, Fremdenfeindlichkeit und Widerstand gegen die Flüchtlingszuwanderung alle Arten von Enttäuschung und Frustration als Schmähungen »der Politik«, »der Politiker« und »der Medien« öffentlich in Szene setzt.[20] In den Parolen von »Lügenpresse« und »Volksverräter« einerseits und »Wir sind das Volk« andererseits spiegelt sich eine grundlegende politische Entfremdung zwischen der eigenen Lebenswelt und der politisch-medialen Ebene wider. Zum einen fühlt man sich in der medial vermittelten Diskussionskultur nicht heimisch und empfindet ihre politischen Institutionen nicht als die »eigenen«, sondern als Instrumente einer »Scheindemokratie«. Die Repräsentanten und Entscheidungsfindungsprozesse dieses »Systems« gelten wahlweise als »verkrustet«, »verblendet« oder »korrupt«. Zum anderen wird nach mehr direkter Demokratie gerufen, in der

20 Vgl. Vorländer/Herold/Schäller 2016, Vorländer/Herold/Schäller 2018.

der »einfache Bürger« das Sagen hat und Politiker als schwache, abhängige und unmittelbare Rechenschaft schuldige »Angestellte des Volkswillens« agieren. Dieses vulgärdemokratische Verständnis leugnet die Komplexität, Zeitintensität und Kompromissbedürftigkeit politischer Meinungsbildungs- und Entscheidungsprozesse und sieht die Remedur im plebiszitären Stil der Unmittelbarkeit, der Durchsetzung des »unverfälschten« Volkswillens. Es identifiziert folglich das gewählte Anforderungsprofil an gewählte Verantwortungsträger mit dem simplen Schema von »unten« und »oben«, von »wir fragen und bestellen« – »ihr antwortet und liefert«. Politische Prozesse werden nach den strikten Dualismen von »richtig oder falsch«, »Ursache und Wirkung« oder »Problem und Lösung« bewertet. »Und wer nicht liefert, wird entlassen«, so formulierte ein Anhänger von Pegida. Ein Volk kündigt seinen Repräsentanten.

Populismus ist zwar keine Erfindung gegenwärtiger Gesellschaften. Frühe Formen eines agrarischen Populismus gehen zurück auf die russische intellektuelle Bewegung der Narodniki in der Zeit des 19. Jahrhunderts, zugleich war auch die Bewegung der Agrarier in Nordamerika, die sich in der People's Party vereinte, ein populistisches Phänomen. Die lateinamerikanischen Varianten blühten vor allem in den 1940er- und 1950er-Jahren und wurden mit den autoritären Regimen von Juan Perón in Argentinien und Getúlio Vargas in Brasilien verbunden. Obwohl sich als Folge der Euro- und Finanzkrise in Griechenland, Spanien und Portugal Bewegungen und Parteien herausgebildet hatten, die sich eher dem linken politischen Spektrum zurechnen lassen und zugleich als populistisch charakterisiert werden können, ist Populismus in Europa in den letzten Jahren jedoch mehr und mehr mit rechten Gruppierungen und Parteien in Verbindung zu bringen. Einige von ihnen sind offen antidemokratisch, andere haben sich eine Fassade bürgerlicher Rhetorik zugelegt. Einige rechte Parteien positionieren sich als Anti-Migranten- und zunehmend auch als Anti-Islam-Parteien, viele inszenieren sich als Protestparteien und können einen Anteil des Elektorates auf sich vereinigen. Die meisten dieser Parteien, beispielsweise die FPÖ Österreichs, die Lega Italiens, die Liste Pim Fortuyn, die von Geert Wilders geführte Partij voor de Vrijheid in den Niederlanden, der Front, jetzt das Rassemblement National in Frankreich, die neuen skandinavischen Populisten oder Ungarns Fidesz besaßen oder besitzen charismatische Führer, die die Anhängerschaft zu mobilisieren und hinter der jeweiligen Partei zu integrieren verstanden beziehungsweise verstehen. Zugleich spricht der Populismus der neuen Rechten xenophobe, rassistische oder nationalistische Einstellungen an und stützt sich auf Themen wie Migration, Steuern oder Kriminalität. Zuletzt zeigte sich der Populismus auch erfolgreich, er griff nach der Macht und eroberte sie, in

Lateinamerika sowieso, dann aber auch in Nordamerika, in den Vereinigten Staaten von Amerika, in Ungarn und zuletzt in Tschechien. In Italien regierte eine Zeitlang eine pan-populistische Koalition aus Lega und Cinque Stelle. In Österreich war die FPÖ zweimal an der nationalen Regierung beteiligt. Im Vereinigten Königreich verstanden es die Populisten, und zwar nicht nur die von UKIP, die Wähler zum Brexit zu mobilisieren. In Westeuropa konnten zwar Machtübernahmen verhindert, auch weitere elektorale Terraingewinne – in den Niederlanden und in Frankreich – gestoppt werden, wenngleich für Deutschland der Aufstieg der AfD in den Parlamenten zu verzeichnen war. Aber in Mittel- und Osteuropa verfolgen Populisten, die sich an der Regierung befinden, mit beharrlicher Konsequenz ein Demokratiekonzept, welches der ungarische Regierungschef Viktor Orbán »illiberale Demokratie« genannt hat[21] und das ein Gegenmodell zum westlichen, pluralistischen und konstitutionell-gewaltenteiligen Verständnis darstellt.

5. Populismen als Ausdruck demokratischer Repräsentationsdefizite?

Nun könnte argumentiert werden, dass populistische Bewegungen gerade das Symptom einer Krise des repräsentativen Systems sind, in dem die Interessen und Bedürfnisse der »einfachen Bürger« nicht mehr gehört und vertreten werden und deshalb von ihnen eine heilsame Korrekturwirkung ausgeht. Doch ist diese Annahme nur bedingt richtig.

Populismus und Demokratie enthalten zwar beide eine zentrale Referenz zum Begriff des Volkes.[22] Das macht das Verhältnis beider problematisch. Populismus könnte so gelesen werden, als verwirkliche sich in ihm erst die Demokratie. Diese beruht bekanntlich auf der Souveränität des Volkes. Populismus kann also eine Herausforderung an die Demokratie sein, ihr eigenes Versprechen einzulösen. Anders, und geläufiger, ist die Vermutung, dass der Populismus die Demokratie in ihrem Kern gefährdet und letztlich auch zerstört. Populismus ist hier die pathologische Seite der Demokratie. Von daher ist es nicht verwunderlich, dass Populismus für eine Hydra gehalten wird, die in unterschiedlichen Kontexten ihr immer neues Haupt bedrohlich erhebt und deshalb der Demokratie wie ein Schatten immerzu folgt.

Populistische Einstellungen und Bewegungen scheinen in demokratischen Systemen bevorzugt dann zu entstehen, wenn die Balance zwischen den bei-

21 Orbán 2014

22 Vgl. hierzu mit weiteren Nachweisen Vorländer 2011a.

den Pfeilern, den Repräsentanten und den Repräsentierten, »den Politikern« und »dem Volk« verloren gegangen ist. Das Gefühl, dass das Spannungsverhältnis sich einseitig zugunsten der repräsentativen Institutionen verschoben hat, und die Vermutung, dass Repräsentanten in einer wachsenden Distanz zu den Repräsentierten agieren könnten, lassen populistische Reaktionsmuster erwachsen, die mit Rekurs auf die »Stimme des Volkes« oder des »einfachen Bürgers« die Restitution der demokratischen Komponente, vor allem ihres unmittelbaren, nicht durch Institutionen und Repräsentanten mediatisierten Ausdrucks einfordern.

Wenn es so ist, dass populistische Einstellungen und Bewegungen dann entstehen, wenn die repräsentative Demokratie ihre Balance zwischen den beiden Pfeilern, der Demokratie als Entscheidungssystem und der Demokratie als Lebensform verloren hat, dann könnte in der Tat das Argument des Repräsentationsdefizits verfangen, also der mangelnden oder völlig unzureichenden Vertretung von Teilen der Bevölkerung in den Institutionen und Kanälen öffentlich sichtbarer Willens- und Entscheidungsbildung, in Parteien, Parlamenten und Medien. Die sich abgehängt, ausgeschlossen oder unzureichend gehört Fühlenden sind dann das Segment, welches von politischen Unternehmern mit den Modi Operandi des Populismus eingefangen und mobilisiert werden, um gegen die Erstarrung der Demokratie, gegen Ausschluss und Benachteiligung aufzustehen.

Donald Trump und Nigel Farage machten sich – mit beträchtlichem Erfolg – zu den Sprechern von sozioökonomisch benachteiligten oder kulturell dominiert fühlenden Bevölkerungsgruppen. Marine Le Pen wie zuvor schon ihrem Vater war es lange Zeit gelungen, aus den sozialen, kulturellen und religiösen Spannungen, die nicht zuletzt aus der Zuwanderung von Angehörigen frankofoner Maghreb-Staaten, ehemaligen Kolonialgebieten, erwuchsen, eine nationale Front des Widerstands zu schmieden. Pegida gab (auch) dem schwelenden Ressentiment eines sich seit der Vereinigung von 1990 zurückgesetzt fühlenden Teils Sachsens eine Stimme, wie es der AfD gelang, die in weiten Teilen Deutschlands verbreiteten, aber öffentlich nicht abgebildeten Ängste vor dem Verlust der Kontrolle über Migrationsströme in Wählerstimmen umzusetzen. Alle diese Bewegungen, so scheint es, brachten etwas zum Vorschein, was zwar latent vorhanden, aber nicht sichtbar gewesen war. Populisten traten in das Rampenlicht und sammelten die Unzufriedenen, nicht öffentlich Repräsentierten ein, gaben ihnen eine Stimme, klagten die vermeintliche Korruptheit der Elite an, bezichtigten die Politiker des Verrates und ließen die Empörung als »Wille des Volkes« erscheinen.

Es lässt sich nicht bestreiten, dass die zeitgenössischen rechtspopulistischen Bewegungen Konfliktlinien der Gegenwart markieren, die zur Spaltung westlicher Gesellschaften und zu Verwerfungen innerhalb der europäischen und transatlantischen Gemeinschaft geführt haben. Man kann diese Cleavages als kulturelle und/oder als sozioökonomische interpretieren, als Kampf um kulturelle Identitäten, wo sich ethnozentrische und kosmopolitische Einstellungen und Gruppen gegenüberstehen oder als sozioökonomische, wo, verkürzt gesagt, Globalisierungsgewinner und Globalisierungsverlierer aufeinandertreffen.[23] Die Globalisierung hat zwar zu einer rasanten Entwicklung von Volkswirtschaften der sogenannten Schwellenländer beigetragen, in den Gesellschaften des Westens sind aber erhebliche Asymmetrien zwischen Stadt und Land, Gewinnern und Verlierern, entstanden. Die Prekarisierung von Arbeitsverhältnissen stellt ein riesiges Problem der Verunsicherung und der Status-quo-Ängste, auch des relativen Abstiegs von Bevölkerungsgruppen dar.[24] Der globalisierte Finanzkapitalismus erzeugt kaum zu rechtfertigende Vermögensdisparitäten. In den Ländern Mittel- und Osteuropas ist es zu einer dramatischen Abwanderungsbewegung von Arbeitskräften gekommen.[25]

Zumeist vermögen es die Populisten, kulturelle mit sozialen und ökonomischen Befindlichkeiten sowie antieuropäische mit nationalistisch-identitären Sentiments zu verschweißen und so das Maximum an politischem Momentum zu erzeugen. Als demokratisch »gut« könnten sich diese Populismen allenfalls von ihren Effekten her beschreiben lassen, nämlich dann, wenn sie als Seismografen von Defiziten des Repräsentationssystems ernst genommen werden und die anderen, demokratischen Kräfte darauf zu reagieren wissen. Dann könnten Populismen als Sammelbecken des Protestes eine inklusive und transformative Funktion haben für eine Demokratie, die in ihrer Responsivität nachgelassen hat. Wenn Nichtwähler, die sich resigniert von

23 Zu den Diskussionen um Gründe, Konfliktlinien etc. vgl. etwa Eribon 2016, Hochschild 2016, Merkel 2017, Lilla 2017, Rodrik 2017. Schon früh diagnostiziert von Vorländer/Herold/Schäller 2016; siehe auch Merkel 2017, Norris/Inglehart 2018. David Goodheart (2017) hat die kulturelle Konfliktlinie pointiert in den Gegensatz von »Somewheres« und »Anywheres« gebracht: der Konflikt zwischen Globalisten, die aufgrund ihrer kulturellen und ökonomischen Expertisen überall zurechtkommen, und jenen, die regional stark verankert sind oder bleiben müssen. Eine kosmopolitische Klasse, meinungsstark, flexibel, gebildet, trifft auf diejenigen, die auf Anerkennung und Förderung ihrer partikularen Heimat(en) bestehen. Interessant, aber an dieser Stelle nicht weiter verfolgt wird die Frage, ob *der* Liberalismus der kosmopolitischen und intellektuellen Eliten, der sich mit einer umfassenden innergesellschaftlichen Liberalisierung westlicher Demokratien seit den 1968er-Jahren verband, nunmehr zu einer identitätspolitischen Revolte geführt hat. Vgl. die heftigen Auseinandersetzungen um Mark Lilla 2017; in diese Richtung auch Zielonka 2018.

24 Vgl. Nachtwey 2017.

25 Vgl. Krăstev 2017.

den etablierten Parteien abgewendet haben, wieder in den politischen Prozess integriert werden, stellt dies einen Gewinn für das demokratische System dar. So wäre zu konzedieren, dass ein solcher – situativer, vorübergehender – Empörungspopulismus am Ende des Tages nicht notwendig eine Bedrohung für die Demokratie darstellen muss, sondern auch als Frischzellenkur wirken kann – vorausgesetzt, er hat nicht zuvor die Gräben in der Gesellschaft in antagonistischer Weise vertieft sowie institutionelle Grundstruktur und das Vertrauen in die Demokratie nachhaltig beschädigt.

Allerdings scheint das eine ohne das andere kaum möglich zu sein. Und das liegt an der besonderen Mobilisierungsstruktur des Populismus und seiner inhärenten Grundvorstellungen, die den Verfahren, Institutionen und Grundannahmen der repräsentativen Demokratie unvereinbar gegenübergestellt sind.

6. Der populistische Angriff auf die repräsentative Demokratie

Wenngleich sich politische Strömungen des Populismus in Inhalten, Strukturen und – historischen, kulturellen, und institutionellen – Rahmungen unterscheiden[26] und zutreffend eigentlich von Populismen zu sprechen wäre, lassen sich doch Gemeinsamkeiten erkennen, die als spezifische Strategien politischer Mobilisierung zu fassen sind und die sich (wieder-)erkennbarer Semantiken, symbolischer Verweisungen und politischer Konstruktionen bedienen.[27] Erstens rekurrieren alle Populismen semantisch explizit auf das »Volk« und/oder auf den »kleinen Mann«, manchmal auch schlicht auf den »einfachen Bürger«. Sie konstruieren ein Volk und bedienen sich dabei der Mechanismen von Inklusion und Exklusion. Deshalb konstituieren sich die Populismen, zweitens, mittels scharfer Leitdifferenzen, ihre Rhetorik strukturiert sich in Grundunterschieden: »wir« und »sie«, »oben« und »unten«, »innen« und »außen«; triadisch werden die Differenzsetzungen, wo sich ein Populismus der »Classes moyennes« gegen »oben« und »unten« [28] oder ein rechter Populismus gegen das Establishment und die Fremden abgrenzt.

26 Vgl. hierzu vor allem Taggart 2000, Mény/Surel 2002, Decker 2003, Decker 2005, Mudde/Kaltwasser 2012, Mudde/Kaltwasser 2017, Hartleb 2012, Torre 2015, Diehl 2016, Müller 2016, Jörke/Nachtwey 2017 und Kielmansegg 2017.

27 Vgl. hierzu Priester 2011, Vorländer 2011a.

28 Vor allem die Arbeiten von Karin Priester (2007) zeigen die doppelte Stoßrichtung des – modernen, zeitgenössischen – Populismus der Mittelklasse. Eine andere interessante Frage wäre, ob sich hierin auch der Unterschied zwischen einem »populisme des modernes« und einem »populisme des anciens« festmacht. Vgl. hier die Arbeiten von Guy Hermet (2001).

Drittens: Mit »sie«, »oben«, »unten« und »außen« werden kollektive Entitäten konstruiert, deren Funktion es ist, mittels Stereotypisierungen Sinn und Identität für die Institutionalisierung des eigenen »wir« zu stiften. Die Konstruktion der sozialen oder politischen Entität, zumeist als »das Volk« bezeichnet, korrespondiert mit dem – absichtlich hergestellten – Effekt der Exklusion, der Separierung des Anderen und der Differenz von »denen« und »uns«, von In-group und Out-group. Viertens arbeiten Populismen, wie schon angedeutet, mit Homogenitätsbehauptungen: Unterschiede sozialer, ökonomischer, kultureller oder politischer Art gehen in den Kollektivsingularen von »dem Volk« und »dem kleinen Mann«, von »wir«, »sie« und so weiter. Nach dieser Logik untergräbt Vielfalt den unverstellten Ausdruck des vermeintlich wahren Willens der Entität. Fünftens etablieren Populismen eine Mobilisierungsstruktur von politischer Unternehmerschaft, zumeist einer charismatischen Leitfigur, und einer Anhängerschaft, der Bewegung, von, zugespitzt formuliert, Führer und Gefolgschaft. Der Führer ist der Sprecher des homogen und exklusiv vorgestellten Willens des Volkes. Er oder sie ist das Medium, durch welches die Bewegung sich selbst erkennt, ihre Identität findet.

Zudem rekurrieren Populismen in ihren Mobilisierungsstrategien auf ein Set von Ideologemen, die den Grundsätzen moderner, liberaler Demokratie widersprechen. In Orbáns Rede von der »illiberalen Demokratie« wird ein Gegenbild zur offenen, pluralistischen, gewaltenteiligen Gesellschaft gezeichnet. Es basiert auf Vorstellungen, die sich als die drei Fantasmen von Unmittelbarkeit, Authentizität und Homogenität beschreiben lassen und deren imaginative Potenziale auf die Zerstörung der Institutionen, Prinzipien und Verfahren der modernen, repräsentativ verfassten und konstitutionell eingehegten Demokratie gerichtet sind.

Populismen misstrauen Einrichtungen, die eine gewisse institutionelle Autonomie und damit auch Widerständigkeit besitzen, wie Justiz, Verfassungsgerichten, Medien oder auch Zentralbanken. In ihnen wird in den Augen von Populisten und ihren Anhängern der Volkswille verfälscht. Genauso verhält es sich auch mit territorialen Aufteilungen von Macht, wie es sie in föderal organisierten Staaten gibt. Einher geht mit diesem Misstrauen gegenüber den Institutionen der liberalen und konstitutionellen Demokratie auch eine Beschneidung und bewusste Verwehrung der verfassungsmäßig garantierten Rechte von ethnischen, nationalen, kulturellen und religiösen Minderheiten. Diversität erscheint als Übel, weil sie den als unverbrüchliche Einheit vorgestellten Willen des Volkes bricht. Aushandlungsprozesse, Kompromissbildung, Deliberation erscheinen dann als Manöver von Ablenkung und Verschleierung und stören die Unmittelbarkeit der Beziehung zwischen

Führer und Volk. Kommuniziert wird ebenfalls unmittelbar, direkt zwischen Gefolgschaft und Führer – neuerdings und bevorzugt mittels Tweets –, regiert wird auf dem Weg des Dekretes – beides bevorzugte Führungsmittel des amerikanischen Präsidenten Trump. Das Prinzip der Unmittelbarkeit tritt damit an die Stelle der für die repräsentative Demokratie kennzeichnenden zivilgesellschaftlichen, intermediären Willens- und mediatisierten Entscheidungsbildungsprozesse. In der repräsentativen Demokratie werden politische Kompromisse ausgehandelt, und Balancen und Kontrollen zwischen den politischen Gewalten verhindern, dass Macht willkürlich ausgeübt wird. Populisten hingegen suchen all das zu umgehen, um den Willen des Volkes unmittelbar und direkt – in der Verkörperung und im Vollzug des Führers – wirksam werden zu lassen.

Der proklamierte Wille des Volkes ist auch der einzig legitime, und das deshalb, weil er für authentisch gehalten wird – und dies in einem doppelten Sinne: als Ausdruck einer sozialen Einheit und als Ausdruck eines bestimmten politischen Willens. Dabei wird die soziale Einheit zumeist als historisch tradierte und lokal oder regional verortete begriffen, als »Heimat« einer vermeintlich intakten Vergangenheit, die es zu erhalten oder wieder herzustellen gilt. Für authentisch wird der politische Wille auch gehalten, weil er dem Kollektivsingular Volk zugeschrieben und unverstellt im Medium des Führers verkörpert wird.

Populismen basieren im Kern auf der Illusion einer Einheit in sich selbst. Die Vorstellung einer homogenen Entität des politischen Gemeinwesens[29] besitzt den Vorzug, die Identität eines klar und eindeutig definierten politischen Kollektivs behaupten und gegen die Faktizität des anstrengenden und langwierigen demokratischen Prozesses in Stellung bringen zu können. Sie gebiert eine Logik, die die Idee der Differenz und des Anderen aus dem Vorstellungshaushalt der Demokratie eliminiert. Die Imaginationen von Einheit, Identität und politischer Gemeinschaft, im deutschen Kontext zumal historisch als »Volksgemeinschaft« semantisch kodiert, werden dann auch zur Schnittstelle zwischen Populismus und Totalitarismus.[30] Moderne Demokratien aber müssen darauf bestehen, dass die Pluralität von Werten und Interessen nur auf dem Wege notwendig konfliktiver Willensbildungs- und Entscheidungsprozesse zu einem Ausgleich pro tempore gebracht werden kann. Die Demokratie basiert auf der Idee einer offenen Gesellschaft, die über die politische Ebene von Fall zu Fall integriert wird, während der

29 Vgl. Lefort 1991.

30 Die Berührungspunkte, aber auch die großen Unterschiede zwischen Faschismus und Populismus werden in überzeugender Weise herausgearbeitet von Finchelstein 2017.

Populismus auf der Imagination einer geschlossenen, homogenen kollektiven Einheit beruht, die historisch oder ethnisch begründet wird und im vermeintlich einheitlichen Volkswillen ihren unmittelbaren Ausdruck findet.

Aus der Warte der modernen, repräsentativen Demokratie ist den Populismen also nicht zu trauen. Ob sie »gut«, »schlecht« oder »hässlich« sind,[31] sie positive Effekte für eine Erneuerung und Befestigung der Demokratie erzeugen oder das demokratische Legitimationsgefüge erschüttern oder gar die autoritär-totalitäre Transformation einleiten, lässt sich meist erst post festum sagen. In welchem Stadium wir uns gegenwärtig befinden, lässt sich schwer diagnostizieren, wenngleich die Tendenz in vielen Staaten deutlich in Richtung einer (semi-)autoritären Überformung liberaldemokratischer Strukturen geht. In Westeuropa scheint die Flut der Populismen vorerst zumindest eingehegt worden zu sein. Und doch könnten auch hier die gegenwärtigen Metamorphosen westlicher Demokratien Anlass zur Vermutung geben, dass ein struktureller Populismus zum langen Schatten der repräsentativen Demokratie wird,[32] weil die zeitgenössischen demokratischen Systeme selber Entwicklungen erkennen lassen, die als schleichende populistische Transformation gedeutet werden können.[33]

7. Die gegenwärtigen Metamorphosen der repräsentativen Demokratie

Seit Jahren sind Entwicklungen beobachtbar, die als Störung des Vermittlungsprozesses diagnostiziert und teils als Krise, teils als grundlegende Veränderung der Demokratie beschrieben werden.[34] Zum einen sind fortschreitende Auflösungserscheinungen des politischen Vorfeldes, der sozialen Infrastruktur der Demokratie, zu verzeichnen. Parteien, Gewerkschaften, Stammtische und Vereine verlieren immer mehr ihren politisch bindenden, organisierenden, aber auch integrierenden Charakter. Damit verliert die Demokratie wichtige soziale, intermediäre, zwischen der politischen und der lebensweltlichen Ebene vermittelnde Institutionen. Zugleich nimmt die Bereitschaft zu einem verstetigten politischen Engagement ab, während Ad-hoc-Initiativen und anonyme Forenkommentare im Internet zu neuen Aktivitätsformen avancieren.

31 Vgl. Vorländer 2011a.

32 Vgl. Arditi 2003: 20.

33 Vgl. Vorländer 2011a, Vorländer 2013. Ähnlich auch Mair 2002, Decker 2003, Urbinati 2014.

34 Vgl. nur Vorländer 2013.

Zum anderen bewirken die neuen sozialen Medien eine grundlegende Transformation der Öffentlichkeit. War bislang der öffentliche Meinungs- und Willensbildungsprozess stark von den audiovisuellen und den Printmedien geprägt, so treten nun die Formen der Internetkommunikation in den Vordergrund. Diese operiert schneller und vermag anlassbezogen politische Artikulation und Protest zu organisieren und eruptive Aufwallungen politischer Stimmungslagen zu erzeugen. Wo Wut, Zorn und Aggression, Skandalisierung und Verschwörungstheorien das Meinungsbild bestimmen, scheint das digitale Zeitalter einen neuen politischen Typus, den der Empörungsdemokratie hervorzubringen. Die »vernetzten Vielen«[35] besitzen Macht, besitzen aber keine institutionelle Anbindung an das politische Entscheidungssystem. Sie setzen aber die repräsentativen Prozesse unter Zeit-, Reaktions-, Entscheidungs- und Legitimationsdruck. Auch können Milieus in ihren unterschiedlichen Lebenslagen und Lebensstilen unvermittelter aufeinanderstoßen und sich in politisierten, aufgeheizten gesellschaftlichen Diskurslagen wechselseitig als Gegner identifizieren. Kämpfe um kulturelle Identitäten machen jedoch die Suche nach politischen Kompromisslösungen, das Alltagsgeschäft repräsentativer Demokratien, zunehmend schwieriger.

Damit vollzieht sich ein ähnlich tiefgreifender Wandel der Institutionen der verfassten Demokratie, die sich heute viel stärker an medialen Aufmerksamkeitsmomenten ausrichten (müssen) und versuchen, im Minutentakt, also in Echtzeit auf aktuelle Entwicklungen zu reagieren. Das lässt schnelle und einsame Entscheidungen präferieren und führt zu einem präsidialen, bisweilen fast autokratisch anmutenden Führungsstil, der den zeitaufwendigen Beratungs- und Aushandlungslogiken repräsentativer Willens- und Entscheidungsbildungsprozessen ebenso widerspricht wie den Beteiligungsnotwendigkeiten demokratischer Gremien und Institutionen. Hinzu tritt eine weitere Komplexitätssteigerung des repräsentativen Systems durch seine Einbindung in supranationale Organisationen und internationale, globale Strukturen. Zahlreiche Spieler, Institutionen, Akteure und Interessengruppen sind in Prozessen der Aushandlung von Lösungen involviert, aber in der Regel unsichtbar für das demokratische Publikum. Solche Verhandlungssysteme können für die Beteiligten zu befriedenden, auch effektiven Ergebnissen führen. Aber sie benachteiligen, und zwar in struktureller Weise, solche Gruppen und Individuen, die nicht die Macht oder die Organisationsfähigkeit ihrer Interessen besitzen und deshalb kein Gehör finden. Insofern entsteht hier der Eindruck, dass Teilhabechancen verwehrt, Publizitätspflichten verletzt und die Kontrollierbarkeit von Entscheidungen

35 Vgl. Pörksen 2018.

nicht mehr gewährleistet sind. Elitendemokratie und populistische Revolten sind die zwei Seiten dieser Entwicklung.

Das hat natürlich auch damit zu tun, dass die Globalisierung die politischen Entscheidungsräume in den letzten Jahrzehnten grundlegend verändert hat. Die ökonomischen, technologischen und kommunikativen Prozesse haben sich immer weniger an die mehr oder minder künstlichen Grenzen von (National-)Staaten gehalten. Damit wachsen auch die Probleme und der politische Regelungsbedarf in den überstaatlichen Bereichen hinein. Nirgends ist das so sicht- und spürbar wie in der Frage des Klimawandels. Und auch die Migrationsströme, die quasi die Kehrseite global vernetzter Ökonomien abbilden, machen Regelsysteme für einen transnationalen Raum notwendig, die auf Kooperation zwischen Regierungen angewiesen sind, aber vielfach auch mangels Willens oder gegenläufiger Interessen daran scheitern. Die ursprünglich territorial gebundene und begründete parlamentarisch-repräsentative Demokratie verliert an Substanz, während die Gestaltungsnotwendigkeit transnationaler Politik ohne direkte demokratische Legitimation anwächst. Der Bürger hat den Eindruck, dass das Spiel zwischen den Ebenen ohne ihn stattfindet.[36] Diese Diagnose ist nicht neu, aber die Euro-, Banken- und Verschuldungskrise wie auch die Zuwanderung von Flüchtlingen und Migranten haben diese Spannungslagen zwischen Transnationalisierung der Regulierung und nationalem Legitimationserfordernis dramatisch zugespitzt. Ob die Coronakrise nunmehr eine Phase der Renationalisierung einleitet, wie der nationalstaatliche Reflex der Schließung von Grenzen zur Abwehr der Pandemie zunächst nahelegen konnte, bleibt vorerst offen. Gleichwohl lassen sich auch Tendenzen wie den Austritt der USA aus internationalen Abkommen und Institutionen beobachten, die als Abkehr vom Multilateralismus und Versuch gedeutet werden müssen, dem Primat nationalstaatlicher Souveränität neue Geltung zu verschaffen.

Auswirkungen dieser strukturellen Veränderungen lassen sich bereits seit Längerem beobachten: Aus der Implosion der tradierten Parteienkonstellation in Italien, die sich in der Nachkriegszeit gebildet hatte, eine starke christlich-demokratische Säule auf der einen, eine ebenso starke sozialistisch-kommunistische Formation auf der anderen Seite, begründete in den 1990er-Jahren den Aufstieg Silvio Berlusconis und seiner Partei Forza Italia wie auch in letzter Zeit der eindeutig rechten und fremdenfeindlichen Lega (Nord) und der eher linkspopulistisch zu nennenden Sammlungsbewegung der Cinque Stelle unter der Führung von Beppe Grillo. Dass Lega und Cinque Stelle sich gar zeitweise zu einer pan-populistischen Regierung zusammenfanden,

36 Vgl. Vorländer 2011c.

zeigt, wie wurzel- und bedeutungslos frühere parteipolitische Richtungsprogrammatiken geworden sind. Die rechtspopulistische Freiheitliche Partei Österreichs wiederum profitierte von der Versäulung des österreichischen Parteiensystems, welche sich in der Verstetigung einer großen Koalition von konservativer Österreichischer Volkspartei und Sozialistischer Partei Österreichs zum Ausdruck gebracht hatte. Eine nationale Mehrheitsposition der FPÖ wiederum konnte zuletzt nur verhindert werden, indem sich wiederum der Spitzenkandidat der ÖVP populistischer Strategien bediente und sich zur »Liste Kurz« erklärte und damit das Image eines jungen, scheinbar unverbrauchten Kandidaten, der sich demonstrativ von der alten Partei distanzierte, als Marke werbewirksam und erfolgreich zu inszenieren verstand. Schließlich fanden sich beide, Kurz und die FPÖ, in einer Regierung zusammen. Und in Frankreich konnte eine ganz neue Formation »En marche«, ganz explizit eine Bewegung, entstehen, die den erschöpften Links-Rechts-Parteien von sozialistisch-kommunistischer und gaullistisch-republikanischer Provenienz den ultimativen Todesstoß versetzte. Nicht von ungefähr bediente sich der – zweifellos europafreundliche und mutige Unterschiede markierende – »Macronisme« aus dem populistischen Werkzeugkasten, indem er es anfangs meisterhaft verstand, die Hyperpersonalisierung ihres charismatischen Erneuerers in einen bemerkenswerten politischen Erfolg umzumünzen. Diese Beobachtungen lassen die These einer grundlegenden populistischen Transformation der modernen, repräsentativen Demokratie keineswegs abwegig erscheinen.

Literatur

Arditi, Benjamin (2003): Populism, or, Politics at the Edges of Democracy, in: Contemporary Politics 9 (1/2003), S. 17–31.

Brand, Thorsten / Follmer, Robert / Unzicker, Kai (2020): Gesellschaftlicher Zusammenhalt in Deutschland 2020. Eine Herausforderung für uns alle. Ergebnisse einer repräsentativen Bevölkerungsstudie, hrsg. von der Bertelsmann Stiftung, Gütersloh.

Decker, Frank (2003): The Populist Challenge to Liberal Democracy, in: Internationale Politik und Gesellschaft 6 (2/2003), S. 47–59.

Decker, Frank (2005): Notwendiges Korrektiv oder systemgefährdendes Übel? – Die Herausforderungen der liberalen Demokratie durch den neuen Rechtspopulismus, in: Rudolf von Thadden / Anna Hoffmann (Hg.) Populismus in Europa – Krise der Demokratie?, Göttingen, S. 45–58.

Diehl, Paula (2016): Demokratische Repräsentation und ihre Krise, in: Aus Politik und Zeitgeschichte 66 (40–42/2016), S. 12–17.

Eribon, Didier (2016): Rückkehr nach Reims, Berlin.

Finchelstein, Federico (2017): From Fascism to Populism in History, Oakland.

Freedom House (2019): Freedom in the World 2019. Democracy in Retreat (online unter: https://freedomhouse.org/report/freedom-world/2019/democracy-retreat – letzter Zugriff: 21.09.2020).

Frey, Carl B. / Chen, Chinchih / Presidente, Giorgio (2020): Democracy, Culture and Contagion: Political Regimes and Countries Responsiveness to Covid-19 (online unter: www.oxfordmartin.ox.ac.uk/downloads/academic/Democracy-Culture-and-Contagion_May13.pdf – letzter Zugriff: 21.09.2020).

Goodheart, David (2017): The Road to Somewhere: The Populist Revolt and the Future of Politics, London.

Hamilton, Alexander / Madison, James / Jay, John (1961): The Federalist Papers, eingeleitet von Clinton Rossiter, New York [zuerst 1788].

Hartleb, Florian (2012): Populismus als Totengräber oder mögliches Korrektiv der Demokratie?, in: Aus Politik und Zeitgeschichte 62 (5–6/2012), S. 22–29.

Hermet, Guy (2001): Les populismes dans le monde, Paris.

Hochschild, Arlie (2016): Strangers in their own Land. Anger and Mourning on the American Right. A Journey to the Heart of Our Political Divide, New York.

Jörke, Dirk / Nachtwey, Oliver (2017): Das Volk gegen die (liberale) Demokratie, Baden-Baden.

Kielmansegg, Peter G. (2016) Repräsentation und Partizipation. Überlegungen zur Zukunft der repräsentativen Demokratie, Stuttgart.

Kielmansegg, Peter G. (2017): Populismus ohne Grenzen, in: Frankfurter Allgemeine Zeitung, 13. Februar 2017, S. 6.

Krăstev, Ivan (2017): Europadämmerung. Ein Essay, Berlin.

Lefort, Claude (1991): Démocratie et représentation, in: Danial Pecaut / Bernardo Sori (Hg.), Métamorphoses de la représentation politique au Brésil et en Europe, Paris, S. 223–232.

Lengfeld, Holger (2017): Die »Alternative für Deutschland«. Wine Partei für Modernisierungsverlierer?, in: Kölner Zeitschrift für Soziologie und Sozialpsychologie 69 (2/2017), S. 209–232.

Levitsky, Steven / Ziblatt, Daniel (2018): How Democracies Die, New York.

Lilla, Mark (2017): The Once and Future Liberal. After Identity Politics, New York.

Mair, Peter (2002): Populist Democracy vs. Party Democracy, in: Yves Mény / Yves Surel (Hg.), Democracy and the Populist Challenge, New York, S. 81–98.

Mény, Yves / Surel, Yves (Hg.) (2002): Democracies and the Populist Challenge, Basingstroke.

Merkel, Wolfgang (2015): Demokratie und Krise, Wiesbaden.

Merkel, Wolfgang (2017): Kosmopolitismus versus Kommunitarismus. Ein neuer Konflikt in der Demokratie, in: Philipp Harfst / Ina Kubbe / Thomas Poguntke (Hg.), Parties, Governments and Elites. The Comparative Study of Democracy, Wiesbaden, S. 9–23.

Mercator Forum Migration und Demokratie (2018): Migration und Populismus. MIDEM Jahresbericht 2018, Dresden (online unter: https://forum-midem.de/cms/data/fm/download/TUD_MIDEM_Jahresbericht2018_WEB_RZ_2.pdf – letzter Zugriff: 21.09.2020).

Mercator Forum Migration und Demokratie (2019): Migration und Europa. MIDEM Jahresbericht 2019, Dresden (online unter: https://forum-midem.de/cms/data/fm/user_upload/Projekte/TUD_MIDEM_Jahresbericht2019_Web.pdf – letzter Zugriff: 21.09.2020).

Mill, John St. (1971): Betrachtungen über die repräsentative Demokratie, hrsg. von Kurt L. Shell, Paderborn [zuerst 1861].

Mill, John St. (2009): Über die Freiheit, Köln [zuerst 1859].

Mounk, Yascha (2018): Der Zerfall der Demokratie. Wie der Populismus den Rechtsstaat bedroht, München.

Mudde, Cas / Kaltwasser, Cristóbal R. (2012): Populism in Europe and the Americas. Threat or Corrective for Democracy, Cambridge.

Mudde, Cas / Kaltwasser, Cristóbal R. (2017): Populism. A Very Short Introduction, New York.

Müller, Jan-Werner (2016): Was ist Populismus?, Berlin.

Nachtwey, Oliver (2017): Die Abstiegsgesellschaft. Über das Aufbegehren in der regressiven Moderne, Berlin.

Norris, Pippa / Inglehart, Ronald (2018): Cultural Backlash: Trump, Brexit and the Rise of Authoritarian Populism, Cambridge.

Orbán, Viktor (2014): Prime Minister Viktor Orbán's Speech at the 25th Bálványos Summer Free University and Student Camp, 30. Juli 2014 (online unter: www.kormany.hu/en/the-prime-minister/the-prime-minister-s-speeches/prime-minister-viktor-orban-s-speech-at-the-25th-balvanyos-summer-free-university-and-student-camp – letzter Zugriff: 21.09.2020).

Paine, Thomas (1984): Rights of Man, New York [zuerst 1791].

Pörksen, Bernhard (2018): Die große Gereiztheit. Wege aus der kollektiven Erregung, München.

Priester, Karin (2007): Populismus. Historische und aktuelle Erscheinungsformen, Frankfurt/M.

Priester, Karin (2011): Definitionen und Typologien des Populismus, in: Soziale Welt 62 (2/2011), S. 185–198.

Rodrik, Dani (2017): Populism and the Economics of Globalization, Cambridge.

Rousseau, Jean-Jacques (1977): Vom Gesellschaftsvertrag oder Grundsätze des Staatsrechts, hrsg. von Hans Brockard, Leipzig [zuerst 1762].

Strohschneider, Peter (2018): Potus als Twitterer, in: Zeitschrift für Ideengeschichte 12 (3/2018), S. 61–75 (online unter: www.z-i-g.de/pdf/ZIG_3_2018_strohschneider_61.pdf – letzter Zugriff: 21.09.2020).

Taggart, Paul A. (2000): Populism, Buckingham.

Tocqueville, Alexis de (1984): Über die Demokratie in Amerika, München [zuerst 1835].

Torre, Carlos de la (Hg.) (2015): The Promise and Perils of Populism. Global Perspectives, Lexington.

Urbinati, Nadia (2014): Democracy Disfigured, Cambridge/London.

Varieties of Democracy Institute (2020): Autocratization Surges – Resistance Grows. Democracy Report 2020, Göteborg (online unter: www.v-dem.net/media/filer_public/f0/5d/f05d46d8-626f-4b20-8e4e-53d4b134bfcb/democracy_report_2020_low.pdf – letzter Zugriff: 21.09.2020).

Vorländer, Hans (2011a): The good, the bad, and the ugly. Über das Verhältnis von Populismus und Demokratie – Eine Skizze, in: Totalitarismus und Demokratie 8 (2/2011), S. 185–194.

Vorländer, Hans (2011b): Der Wutbürger – Repräsentative Demokratie und kollektive Emotionen, in: Harald Bluhm / Karsten Fischer / Marcus Llanque (Hg.), Ideenpolitik. Geschichtliche Konstellationen und gegenwärtige Konflikte, Berlin, S. 467–478.

Vorländer, Hans (2011c): Spiel ohne Bürger, in: Frankfurter Allgemeine Zeitung, 12. Juli 2011, S. 8.

Vorländer, Hans (2013): Kritik, Krise, Szenarien. Zur Lage der Demokratie, in: Zeitschrift für Politikwissenschaft 23 (2/2013), S. 267–277.

Vorländer, Hans (2016): Wenn das Volk gegen die Demokratie aufsteht. Die Bruchstelle der repräsentativen Demokratie und die populistische Herausforderung, in: Bertelsmann Stiftung (Hg.), Vielfalt statt Abgrenzung. Wohin steuert Deutschland in der Auseinandersetzung um Einwanderung und Flüchtlinge?, Gütersloh, S. 59–79.

Vorländer, Hans / Herold, Maik / Schäller, Steven (2016): PEGIDA. Entwicklung, Zusammensetzung und Deutung einer Empörungsbewegung, Wiesbaden.

Vorländer, Hans / Herold, Maik / Schäller, Steven (2018): PEGIDA and New Right-Wing Populism in Germany, New York.

Vorländer, Hans (2019a): Populism and Modern Democracy – An Outline, in: Heike Paul / Ursula Prutsch / Jürgen Gebhardt (Hg.), The Comback of Populism. Transatlantic Perspectives, Heidelberg, S. 13–28.

Vorländer Hans (2019b): Demokratien unter Druck. Ein Essay, in: Manuel Fröhlich / Oliver W. Lembcke / Florian Weber-Stein (Hg.). Universitas. Ideen, Individuen und Institutionen in Politik und Wissenschaft. Festschrift für Klaus Dicke, Baden-Baden, S. 357–366.

Vorländer, Hans (2019c): Populismus und die repräsentative Demokratie, in: Ahmet Cavuldak (Hg.), Die Grammatik der Demokratie. Das Staatsverständnis von Peter Graf Kielmansegg, Baden-Baden, S. 227–246.

Zielonka, Jan (2018): Counter-Revolution. Liberal Europe in Retreat, Oxford.

Rainer-Olaf Schultze

Stabilität und Wandel

Wie viel politische Beteiligung braucht die Demokratie?*

1. Stabilität und Wandel: Politische Beteiligung in der Demokratie – drei Thesen

These 1: Politische Partizipation weist bekanntlich gleichermaßen normative wie instrumentelle Aspekte auf. Normativ steht der Aspekt des Zusammenhandelns im Zentrum; instrumentell geht es um Einflussnahme, das heißt um alle Handlungen, die Bürger freiwillig, individuell und/oder kollektiv gemeinsam mit anderen unternehmen, um politische Entscheidungen direkt oder indirekt zu ihren Gunsten zu beeinflussen.[1] Es geht um Wertberücksichtigung und Interessendurchsetzung. Adressaten sind, zumal in den repräsentativen Demokratien, die politischen Entscheidungsträger in Regierung und Bürokratie, Parlament und Parteien auf den verschiedenen Ebenen des politischen Systems. Und es geht gleichermaßen um Teilnahme wie Teilhabe. Formen wie Ausmaß der politischen Partizipation finden damit in der wechselseitigen Abhängigkeit der Input- wie Output-Dimension demokratischer politischer Herrschaft statt und sie hängen ab vom Grad sozialer Inklusion. Die Leistungsfähigkeit der Politik, insbesondere die Responsivität der politischen Akteure, hat ganz offensichtlich Rückwirkungen auf unser Engagement.

These 2: Kennzeichen der Partizipation in der Demokratie ist die Vielfalt ihrer Formen. Und der Bürger praktiziert sie auch höchst unterschiedlich – und zwar in Abhängigkeit von den politisch-institutionellen Möglichkeiten, der tradierten Partizipationskultur und vom gesellschaftlichen Kontext wie der sozialen Lage.

---

* Der Beitrag geht zurück auf einen gleichnamigen Vortrag, den der Autor im Vorfeld der Bundestagswahl am 7. Juni 2017 am Institut für Politikwissenschaft der Universität Halle-Wittenberg gehalten hat. Die Diktion der Präsentation wurde bewusst beibehalten, für die Publikation geringfügig überarbeitet und um den wissenschaftlichen Apparat ergänzt. Das grafische Material entstammt öffentlich zugänglichen Internetquellen, die jeweils bibliografisch dokumentiert sind.

1 In Anlehnung an Schultze 1995.

These 3: Stabilität – politische wie gesellschaftliche – bedarf des Wandels ihrer Strukturen und Verhältnisse. Denn Stabilität meint nicht nur Konstanz; sie führt allzu leicht zu Immobilität. Gerade weil der Grat zwischen Stabilität und Starre außerordentlich schmal ist – wie unter anderem der Soziologe Ralf Dahrendorf, einer der Vordenker des bundesrepublikanischen und westeuropäischen Nachkriegsliberalismus, am Beispiel der deutschen Geschichte gezeigt hat –, ist die Komplementarität von Konstanz und Wandel im Begriff der Stabilität fundamental. Denn schlägt Stabilität in Starre um – so Dahrendorf –, »produziert sie ihren inneren Widerspruch, die Revolution«.[2] Dies gilt unabhängig von der Herrschaftsform und damit auch und gerade für Demokratien, wobei Form wie Inhalt im historischen Verlauf durchaus unterschiedliche Gestalt annehmen können. Revolutionäre Veränderungen sind nicht nur von Gewalt bestimmt; es gibt eben auch »friedliche« und »stille« Revolutionen. Es gab und gibt solche Veränderungsprozesse, die die demokratischen Verhältnisse befördert haben – genauso wie solche, die zur Involution, zur Aushöhlung der Demokratie, geführt haben und in autoritären Regimen oder Diktaturen endeten.

2. Formen politischer Beteiligung in der Demokratie

Die Formen politischer Beteiligung in der Demokratie sind höchst vielfältig.[3] Sie reichen – um nur einige wenige aus der Palette der Möglichkeiten zu nennen:

- von der Teilnahme an Wahlen und Referenden über Hausbesetzungen bis hin zu revolutionärer Gewalt;
- von Gesprächen über Politik in der Familie oder am Arbeitsplatz zu Formen direkter wie indirekter, analoger wie digitaler Kommunikation;
- von der Wahrnehmung von Mandaten in Parteien, der Mitgliedschaft in gesellschaftlichen Verbänden bis hin zu Streiks und Demonstrationen;
- von der Mitarbeit in Bürgerinitiativen bis zum zivilen Ungehorsam, zum Beispiel bei Greenpeace-Aktionen.

Und sie können individuell und/oder im Zusammenhandeln mit anderen wahrgenommen werden. Beispiele hierfür sind individuell die Stimmabgabe bei Wahlen und Referenden, kollektiv beispielsweise die Mitarbeit in Parteien, Bürgerinitiativen oder auch in den sozialen Bewegungen und der Netzwerk-Kommunikation.

2 Dahrendorf 1968: 143 und passim.

3 Vgl. für viele Schultze 1995, Dalton 2008.

Die verschiedenen Formen der Beteiligung stellen höchst unterschiedliche Anforderungen an den Bürger.[4] Repräsentativ-demokratische Beteiligung stellt deutliche andere Anforderungen als direktdemokratische Beteiligung an Engagement und Aufwand. Denn sie variieren hinsichtlich der Komplexität, des Aufwandes und der Kosten, die mit dem Partizipationsakt verbunden sind, aber auch hinsichtlich der Betroffenheit und der Intensität, mit der ein politisches Ziel vertreten werden kann. Die Formen der Beteiligung unterscheiden sich auch darin, ob mit dem Partizipationsakt eher konkrete oder abstrakte, eher sachliche oder personelle Entscheidungen verbunden sind, ob er eher materiellen oder symbolisch-rituellen Zielen dient.

Deutlich werden diese Unterschiede, vergleicht man die Beteiligung bei Wahlen mit der Beteiligung in Bürgerinitiativen: Unter den Bedingungen allgemeinen Wahlrechts ist die Stimmabgabe bei Wahlen nicht nur die allgemeinste Form politischer Partizipation; die Wahl ist zugleich der einfachste Akt und die egalitärste Form politischer Beteiligung, mit welcher der geringste Aufwand verbunden ist. Der Wahlakt ist bezogen auf eine diffuse Vielfalt von Themen wenig konkret und lässt eine nach Engagement und Intensität abgestufte Partizipation nicht zu. Wahlen sind folglich eher abstrakt auf Generalisierung und Formalisierung der Willensbildung gerichtet. Inhaltlich ist dadurch die Mitwirkung des Bürgers stark vorstrukturiert und seine Beteiligung auf die periodische Stimmabgabe beschränkt.

Allerdings erlauben Wahlen den ansonsten nur gering organisierten und nur wenig konfliktfähigen oder auch neuen Interessen einen vergleichsweise einfachen Zugang zum politischen System. Selbst unter den restriktiven Bedingungen der Fünfprozent-Sperrklausel kann dies gelingen. Die zumindest zeitweilige oder auch dauerhafte parlamentarische Repräsentation neu formierter Parteien – wie der Grünen nach 1980, der PDS/Linkspartei oder auch der Piraten und jüngst der AfD – und damit der Wandel und die Pluralisierung im deutschen Parteiensystem belegen dies.

Dennoch: Im Wahlakt geht es primär um die Übertragung von Handlungsvollmacht an die politischen Eliten, um die Einsetzung, Bestätigung oder Abwahl von Regierungen sowie die Einsetzung von Opposition. Demgegenüber entsteht die Mitarbeit in Bürgerinitiativen meist aufgrund individueller Betroffenheit; sie ist auf ein konkretes Problem bezogen, wenig symbolisch, aber engagiert und intensiv, damit auch zeit- und kostenintensiv; sie ist sowohl ein Akt sozialer Integration in bestimmte Umwelten, Milieus beziehungsweise Netzwerke und zugleich ein Akt ideologischer Identifi-

4 Zum Folgenden siehe Schultze 1995; vgl. auch Hoecker 2006.

kation mit politischen Programmen und/oder normativen Zielen als auch instrumentelles Handeln zur Durchsetzung dieser Ziele.

Steht bei Wahlen oder auch Referenden der instrumentelle Aspekt im Vordergrund, ist es bei der direkt-demokratischen Beteiligung in Bürgerinitiativen beziehungsweise sozialen Bewegungen der normative Aspekt des Zusammenhandelns.

3. Politische Beteiligung in der gespaltenen Demokratie: Befunde und Gründe

Die Bürger praktizieren und kombinieren individuelle wie kollektive, konventionelle wie unkonventionelle Beteiligungsformen – in allerdings deutlich unterschiedlicher Intensität.

Sodann gibt es ganz offensichtlich Konjunkturen oder gar Zyklen politischer Beteiligung – wie bereits ein Blick auf das Auf und Ab, ja die starken Schwankungen der Wahlbeteiligung zeigen (siehe unten). Die Beteiligung oszilliert zwischen zeitweilig hohem bürgerschaftlichem Engagement einerseits und dem »Rückzug ins Private« andererseits. Beides ist in gewissen Grenzen eher ein Zeichen demokratischer Normalität denn von Instabilität wie Legitimitätsverlust. Ausmaß wie Umschlagpunkt sind kaum genau und bestenfalls näherungsweise zu bestimmen. Die Alarmglocken sollten allerdings läuten, wenn die Beteiligung bei Wahlen über einen längeren Zeitraum unter die 50-Prozentmarke sinkt, denn das die Demokratie legitimierende Mehrheitsprinzip wird dadurch nicht nur beschädigt, sondern existenziell ausgehöhlt.

Umfang, Intensität wie Vielfalt der bürgerschaftlichen Beteiligung hängen dabei ab (1.) von den Partizipationstraditionen einer politischen Kultur, (2.) dem politischen Interesse der Bürger, (3.) von den Handlungsressourcen und der kommunikativen Vernetztheit, über die der Bürger verfügt, und damit von seiner sozialen Lage sowie (4.) vom jeweiligen politisch-gesellschaftlichen Kontext. Hierzu einige wenige empirische Befunde:

3.1 Befund: Wahlbeteiligung

Empirisch zeigt sich dabei, dass die politische Beteiligung, insbesondere die Wahlbeteiligung, unverändert von der Mehrheit der Bürger als staatsbürgerliche Pflicht begriffen wird. Allerdings sinkt die Bedeutung der sogenannten Wahlnorm, wonach es zum guten demokratischen Ton gehöre, zur Wahl zu gehen, seit geraumer Zeit stark.

Abbildung 1: Wahlbeteiligung Landtagswahlen I (in Prozent)

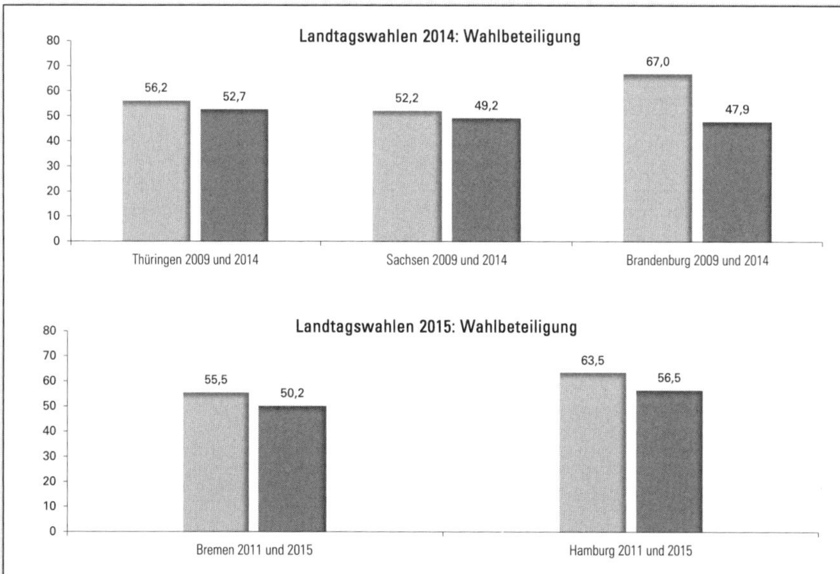

Quelle: eigene Darstellung; Daten: Veröffentlichungen der jeweiligen Statistischen Landesämter.

Sodann ist die Beteiligung in hohem Maße vom jeweiligen sozial-ökonomischen Status abhängig: Je höher der soziale Status, desto größer ist das Partizipationsinteresse, desto vielfältiger sind die Partizipationsformen und Partizipationskanäle, die individuell zur Verfügung stehen, desto leichter und erfolgreicher können die Partizipationschancen wahrgenommen werden. Dieses vielfach empirisch nachgewiesene »Standardmodell politischer Partizipation« gilt für konventionelle wie unkonventionelle Beteiligung.[5]

In der Bundesrepublik ist die Wahlbeteiligung zwar im europäischen Vergleich weiterhin überdurchschnittlich. Sie ist allerdings mit dem Bedeutungsverlust der Wahlnorm, mit der Auflösung traditioneller Wählermilieus und dem Rückgang der Parteibindung seit den 1970er-Jahren stark gesunken.[6] Zwischen 1970 und 1990 beziehungsweise 1990 und 2013 im Durchschnitt jeweils um circa 10 bis 12 Prozentpunkte; bei den Bundestagswahlen von 2009 und 2013 lag sie bei 70,8 respektive 71,5 Prozent. Bei den fälschlicherweise häufig als »Nebenwahlen« bezeichneten Landtagswahlen betrug sie im

5 Vgl. für viele Verba/Nie/Kim 1978, Dalton 2008, Petersen et al. 2013, Schultze 2013b.

6 Siehe unter anderem Schäfer 2015: passim.

Durchschnitt der Länder zwischen 1990 und 2000 69 Prozent, zwischen 2000 und 2013 61 Prozent. Bei Kommunal- und Europawahlen lag sie nochmals jeweils um circa 10 Prozentpunkte niedriger bei 52 respektive 43 Prozent; bei manchen Wählergruppen deutlich unter 40 Prozent.[7]

Diese Trends haben sich nach 2013 auch bei den Landtagswahlen bis Ende 2015 zunächst fortgesetzt, wie Abbildung 1 zeigt. Im Durchschnitt der Landtagswahlen erreichte die Wahlbeteiligung gerade noch 51 Prozent. Seit den Landtagswahlen 2016 stieg die Beteiligung indessen an: im Durchschnitt der Länder auf 66 Prozent; in den neuen Bundesländern inklusive Berlin auf knapp 64 Prozent, in den alten Bundesländern auf 68 Prozent.

Für den Zeitraum seit der Bundestagswahl von 2013 zeigen sich damit deutlich gegenläufige Entwicklungen. Die Trendwende in der Wahlbeteiligung bei den Landtagswahlen seit 2016 – mit Steigerungsraten von bis zu 10 Prozentpunkten – geht einher mit dem seit Kurzem wieder steigenden Engagement der Bürger in den repräsentativ-demokratischen Institutionen und zeigt sich etwa in der beachtlichen Zahl an Neueintritten in die Parteien.[8]

Die Veränderungen fanden bei der Bundestagswahl vom 24. September 2017 ihre Bestätigung: Die Wahlbeteiligung stieg bundesweit um 4,7 Prozentpunkte auf 76,2 Prozent. Zuwächse gab es in allen Bundesländern, mit

- Höchstwerten von 78,3 respektive 78,2 Prozent in Baden-Württemberg und Bayern, Tiefstwerten von 68,1 respektive 70,7 Prozent in Sachsen-Anhalt und Bremen;
- unterdurchschnittlicher Beteiligung im Westen der Republik in den beiden Stadtstaaten Bremen, Hamburg und in Nordrhein-Westfalen (75,4 Prozent);
- unterdurchschnittlicher Beteiligung in allen Ländern im Osten der Republik bei allerdings dort (ausgenommen Berlin) durchweg starken Zuwächsen von bis zu 6,0 Prozentpunkten;
- überdurchschnittlichen Steigerungsraten im Westen der Republik in Rheinland-Pfalz (+4,8 auf 77,6 Prozent), Hamburg (+5,6 auf 75,9 Prozent) sowie vor allem in Bayern mit der höchsten Zuwachsrate von 8,2 Prozentpunkten.[9]

---

7 Nach Schäfer 2015: passim.

8 Vgl. die jährlich in der Zeitschrift für Parlamentsfragen von Oskar Niedermayer publizierten Daten zur Entwicklung der Parteimitgliedschaften: Niedermayer 2017; zuletzt 2019.

9 Der starke Anstieg der Wahlbeteiligung in Bayern geht ganz offensichtlich einher mit den erdrutschartigen Verlusten der CSU um 10,5 Prozentpunkte auf 38,8 Prozent der Zweitstimmen und den parallelen Gewinnen der AfD (+8,1 Punkte), die in Bayern mit 12,4 Prozent ihr bestes Ergebnis aller westdeutschen Länder erzielte (vgl. Schultze 2019). Der in Abbildung 2 für Hessen dokumentierte Rückgang der Beteiligung gegenüber 2013 relativiert sich in Anbetracht der Tatsache, dass 2013 Landtags- wie Bundestagswahl am selben Tag abgehalten wurden.

Abbildung 2: Wahlbeteiligung Landtagswahlen II (in Prozent)

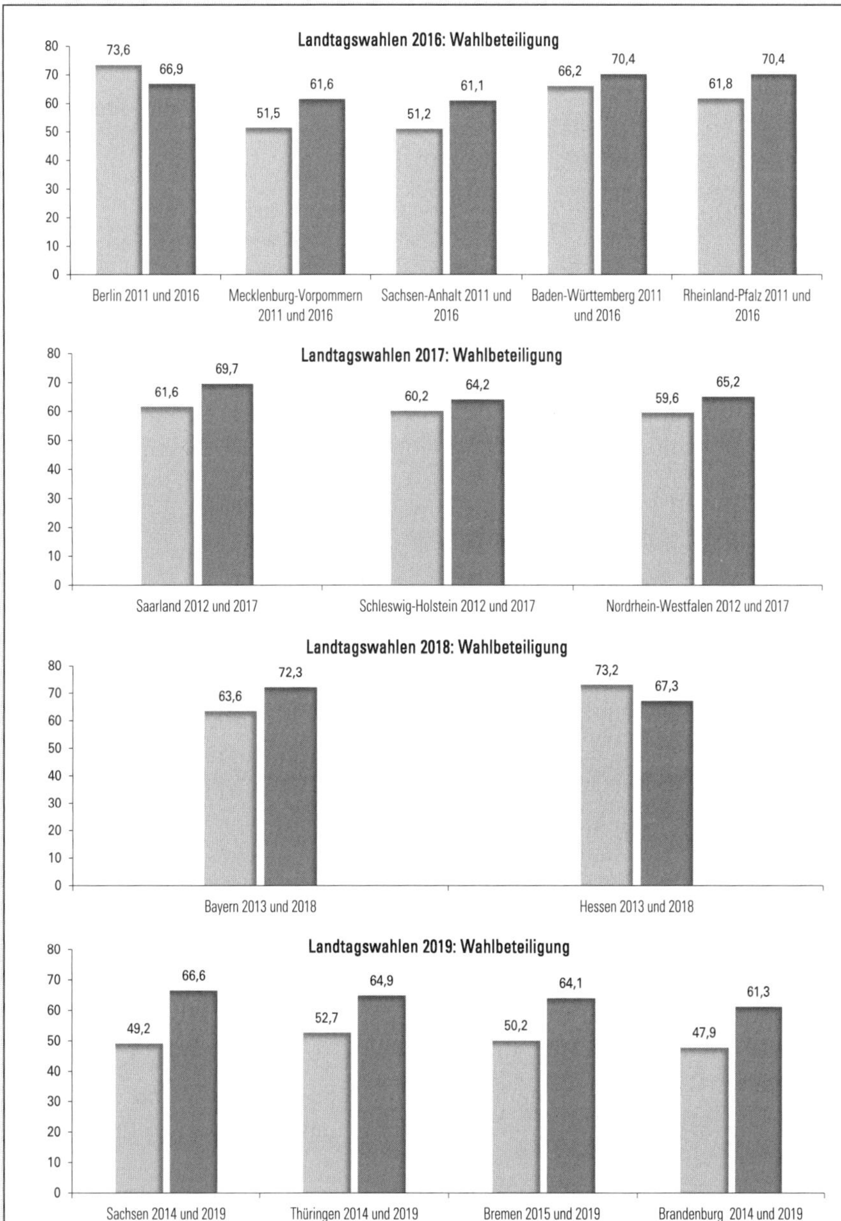

Quelle: eigene Darstellung; Daten: Veröffentlichungen der jeweiligen Statistischen Landesämter.

Diese Trendwenden stehen zweifelsohne im Zusammenhang mit den tief greifenden globalen wie nationalen gesellschaftlichen Wandlungsprozessen mit ihren neuen Konfliktfeldern und dem dadurch ausgelösten Partizipations- und Politikwandel, auf den noch zurückzukommen sein wird. Sie sollten allerdings nicht zu voreiligen Schlüssen verleiten (siehe unten).

3.2 Befund: Standardmodell politischer Beteiligung

Das »Standardmodell politischer Partizipation« gilt – wie gesagt – für konventionelle wie unkonventionelle Beteiligung. Durch den Bedeutungsverlust der Wahlnorm steigt der Einfluss der Nichtwahl wie der direkt-demokratischen Beteiligung. Auch für die Wahlenthaltung gilt, dass Nicht-Entscheiden eine Entscheidung darstellt. Durch beides erhöht sich die soziale Asymmetrie in der politischen Beteiligung, wovon durchaus Konsequenzen für die makropolitischen Ergebnisse der Politik, für die Parteistärken, Regierungsverhältnisse und damit die Politikinhalte ausgehen.[10]

Das politische System weist insofern zunehmend Züge einer »gespaltenen Demokratie« auf – eine Begrifflichkeit, mit der die Bertelsmann Stiftung die soziale Schieflage in der politischen Beteiligung der Deutschen außerordentlich treffend charakterisiert hat.[11] Im Folgenden orientiere ich mich zunächst an den empirischen Befunden, die die Bertelsmann Stiftung aus Anlass und im Vorfeld der Bundestagswahl 2013 zu politischer Kultur und Beteiligung in ihren verschiedenen Studien vorgelegt hat. Die Abbildung sind dieser gemeinsam mit dem Institut für Demoskopie Allensbach erstellten Untersuchung entnommen.[12]

Zwar ist die Zustimmung zur Demokratie ungebrochen, wenn gegenwärtig rund 80 Prozent der Bürger im Allgemeinen ganz oder einigermaßen mit der Demokratie zufrieden sind. Doch bestehen beachtliche Unterschiede in Demokratiezufriedenheit, Institutionenvertrauen, politischem Interesse, der Wahlbeteiligung oder auch in der Einschätzung der Parteien.

Abbildung 3 belegt den deutlichen Rückgang starken politischen Interesses in der jüngeren Vergangenheit,[13] das sozial beachtliche Schieflagen aufweist. So ergab die Befragung vor der Bundestagswahl von 2013, dass nur 10 Prozent aus dem unteren Drittel der Gesellschaft, aber 34 Prozent aus

10 Vgl. unter anderem Schäfer 2011, Schultze 2013b.

11 Vgl. Petersen et al. 2013, Bertelsmann Stiftung 2014: passim.

12 Vgl. Petersen et al. 2013: passim.

13 Vgl. Petersen et al. 2013: 32.

Abbildung 3: Politisches Interesse I

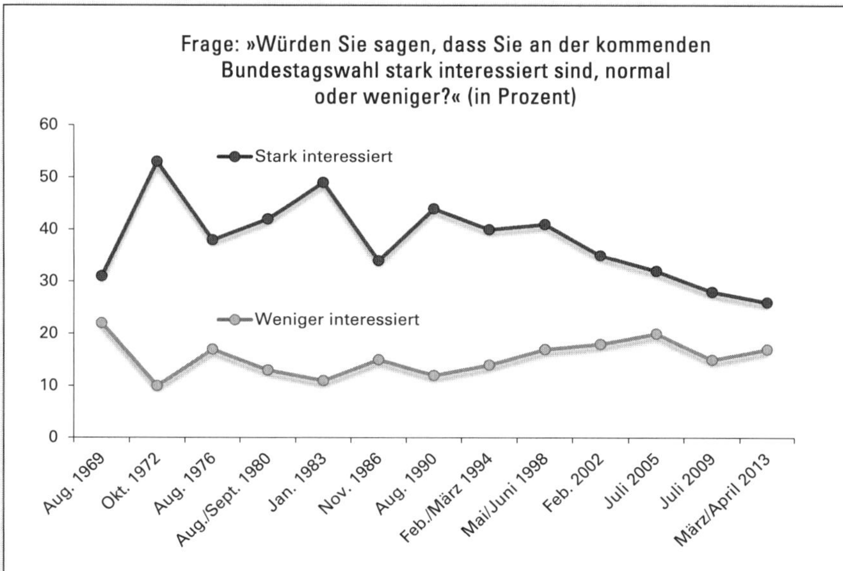

Quelle: eigene Darstellung; Daten: Allenbacher Archiv, IfD-Umfragen zuletzt 11 006 (März/April 2013). Basis: Bundesrepublik Deutschland, Bevölkerung ab 16 Jahren (1969 bis 1990: Westdeutschland).

dem oberen Drittel stark an Politik interessiert sind.[14] Ähnliche Ergebnisse erbrachten – wie Abbildung 4 zeigt – die Fragen nach dem Partizipationsinteresse und nach der Einschätzung der eigenen Einwirkungsmöglichkeiten auf die politischen Entscheidungen.[15]

Festzuhalten ist: Die Spaltungen sind deutlich ausgeprägt nach sozialer Schicht – nach Alter und Migrationshintergrund, sollte man hinzufügen –, wenn etwa nur die Hälfte der Bürger politisch interessiert ist, fast die Hälfte der Befragten aus dem unteren Drittel der Gesellschaft sagt, dass es »nichts bringt, sich politisch zu beteiligen« und sie sich – wie wir gleich sehen werden – auch deutlich geringer beteiligen als die Ober- und Mittelschichtwähler. Die Schere der sozialen Asymmetrie in den Beteiligungsraten bei Wahlen ist in der jüngeren Vergangenheit weiter auseinander gegangen.

Die in Abbildung 5 dokumentierte soziale Spaltung in den Beteiligungsraten resultiert nicht zuletzt aus der fortdauernden Existenz des »Standard-

14 Vgl. Petersen et al. 2013: 33, 19.

15 Vgl. Petersen et al. 2013: 11.

Abbildung 4: Politisches Interesse II

Frage: »Wenn jemand sagt: ›Es bringt nichts, sich politisch zu engagieren. Da kann man als Bürger ohnehin nichts ausrichten.‹ Würden Sie dem zustimmen, oder sehen Sie das nicht so?« (Angaben in Prozent)

Soziale Schicht	untere Schicht	untere Mittelschicht	obere Mittelschicht/ Oberschicht
Zustimmung	45	31	18
Sehe das nicht so	35	57	70
Keine Angabe	20	13	12
	100	100	100
n =	106	800	557

Quelle: eigene Darstellung; Daten: Allenbacher Archiv, IfD-Umfrage 11 006 (März/April 2013). Basis: Bundesrepublik Deutschland, Bevölkerung ab 16 Jahren.

Abbildung 5: Wahlbeteiligung und Einkommensverteilung

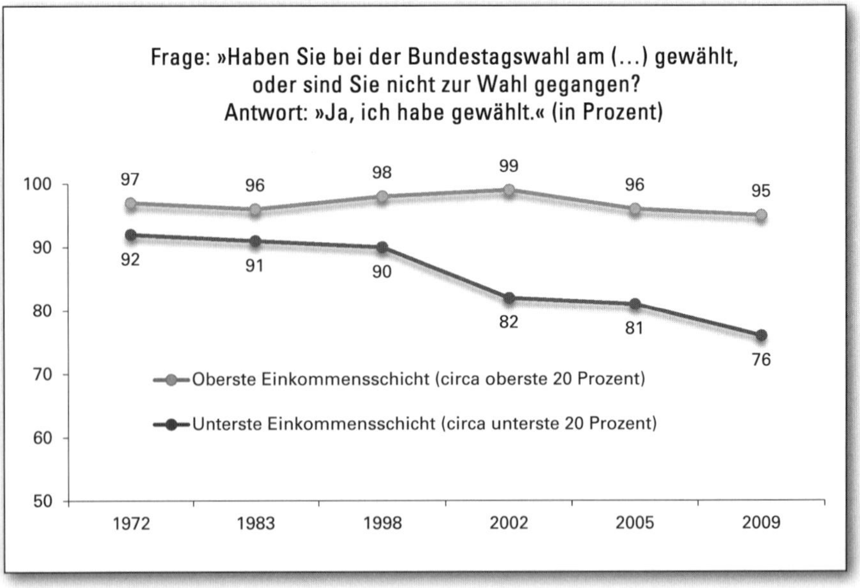

Quelle: eigene Darstellung; Daten: Allenbacher Archiv, IfD-Umfragen. Basis: Bundesrepublik Deutschland, Bevölkerung ab 16 Jahren (bis 1991: Westdeutschland).

Abbildung 6: Wahlbeteiligung bei der Landtagswahl Nordrhein-Westfalen 2017 auf Stimmbezirksebene nach sozioökonomischen Status

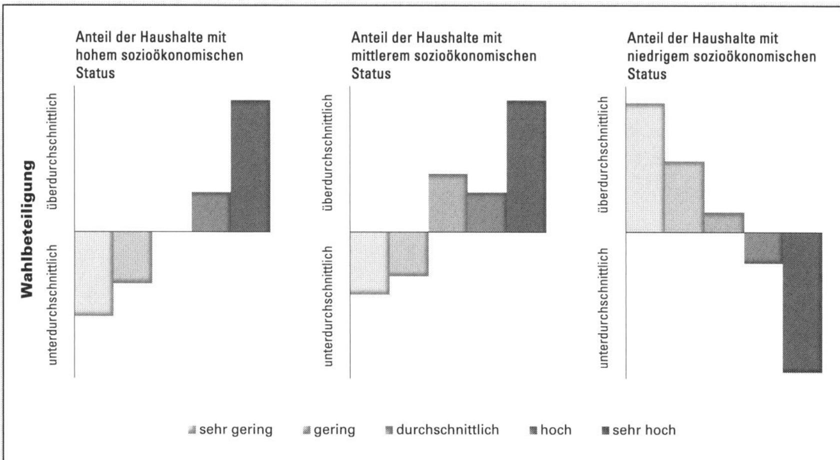

Quelle: Bertelsmann Stiftung; Daten: Infratest dimap.

modells politischer Partizipation«. Die Befunde haben sich seither höchstens graduell, aber nicht grundsätzlich gewandelt. Im Gegenteil: Die soziale Spaltung in der Wählerschaft hat sich – wie die Analyse der Bertelsmann Stiftung zur Landtagswahl 2017 in Nordrhein-Westfalen zeigt – trotz der gestiegenen Wahlbeteiligung weiter akzentuiert.[16] So ergab die Untersuchung der Partizipationsraten auf Stimmbezirksebene, dass sich die Differenzen in der Wahlbeteiligung im Vergleich zur vorangegangenen Landtagswahl von 2012 weiter verschärften. Bei einer Beteiligung im Landesdurchschnitt von 65,2 Prozent differierte sie in den Stimmbezirken mit den höchsten respektive niedrigsten Anteilen zwischen 79 und 49 Prozent, betrug die Spreizung damit 30 Prozentpunkte und war nochmals geringfügig angestiegen.[17]

Die beiden Abbildungen 6 und 7 dokumentieren die ausgeprägte soziale Spaltung. Abbildung 6 zeigt auf Stimmbezirksebene den Zusammenhang zwischen sozioökonomischem Status und Wahlbeteiligung.[18] Die Korrelationen zwischen Statusdifferenzierung und über- beziehungsweise unterdurchschnittlicher Beteiligung treten klar zutage.

16 Vgl. Bertelsmann Stiftung 2017: passim.

17 Vgl. Bertelsmann Stiftung 2017: 9.

18 Vgl. Bertelsmann Stiftung 2017: 12.

Abbildung 7: Zusammenhang zwischen Parteiergebnis und hohem und niedrigem sozioökonomischen Status (Landtagswahl Nordrhein-Westfalen 2017)

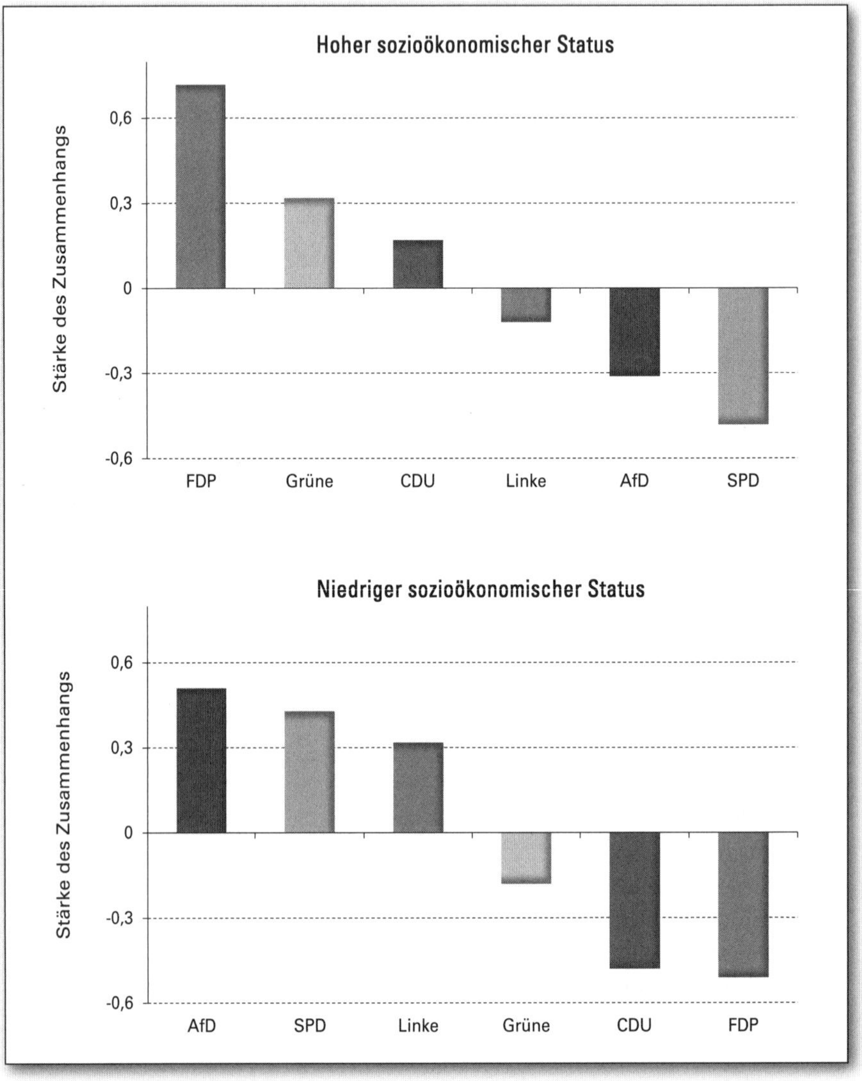

Quelle: Bertelsmann Stiftung; Daten: Infratest dimap und Microm.

Anmerkung: Der Korrelationskoeffizient (Pearson) beschreibt Richtung und Ausmaß des statistischen Zusammenhangs zwischen dem Anteil an Haushalten mit hohem, mittlerem und niedrigem Status und den Parteiergebnissen im Bereich von +1 (perfekter positiver Zusammenhang) bis -1 (perfekter negativer Zusammenhang). Liegen die Werte über +0,3 beziehungsweise unter -0,3, wird von einem relevanten Zusammenhang gesprochen.

Die nächste im Ausschnitt wiedergegebene Abbildung 7 verdeutlicht die Stärke des Zusammenhangs zwischen einem hohen/niedrigen sozioökonomischen Status und den Parteiergebnissen.[19] Die Korrelationen entsprechen den Erwartungen, sie sind deshalb aber nicht weniger markant. Dies gilt für die durchweg spiegelbildlichen Zusammenhänge von FDP, Grünen und Union einerseits sowie AfD und SPD anderseits, die jeweils deutlich gegensätzliche soziale Profile aufzuweisen scheinen, aber auch in den beiden Lagern untereinander miteinander konkurrieren. Besonders offenkundig scheint dies zum einen für die Wählerpotenziale von CDU und FDP, zum anderen für diejenigen von SPD und AfD zu gelten. Zu überprüfen ist, ob die Wählerwanderungsbilanzen dies bestätigen (siehe unten).

Das Resümee von Robert Vehrkamp, dem Leiter der Forschungsprojekte zu Demokratie und Wahlen der Bertelsmann Stiftung, mit Blick auf die Ergebnisse der Landtagswahl in Nordrhein-Westfalen ist jedenfalls eindeutig: »Der Anstieg der Wahlbeteiligung in NRW ist gut für die Demokratie. Mobilisiert wurden allerdings vor allem die wirtschaftlich stärkeren Wählermilieus. Deshalb hat sich mit dem Anstieg der Wahlbeteiligung auch ihre soziale Spaltung weiter verschärft«.[20]

3.3 Befund: Volatilität

Kennzeichen ist jedoch nicht nur die soziale Spaltung in den politischen Einstellungen und im Wählerverhalten, sondern auch die erhöhte Volatilität in den Beteiligungsmustern der Bürger – konkret der Wechsel zwischen Wahl und Nichtwahl sowie der Parteiwechsel.

Der Anteil der Wechselwähler ist von circa 15 Prozent in den 1970er-Jahren auf circa ein Drittel ab der Bundestagswahl von 2005 angestiegen. Unter Einbeziehung vormaliger Nichtwähler lag deren Anteil bei den Bundestagswahlen 2009 und 2013 bei circa 40 Prozent.[21]

Wechselwähler sind keine homogene Gruppe; sie kommen aus allen Wählerschichten. Ihre soziopolitische Verortung bleibt allerdings schwierig: Sozialer Schicht, gesellschaftlichen und politischen Organisationsbindungen, Bildung und politischem Interesse kommen dabei wohl besondere Bedeutung zu. Monokausale Erklärungen gehen allerdings fehl: Ein hohes Bildungsniveau oder großes politisches Interesse befördern nicht notwendig Wechselwahl-

19 Vgl. Bertelsmann Stiftung 2017: 14.

20 Bertelsmann Stiftung 2017: 14.

21 Vgl. Weßels 2011, Schultze 2013b, Blumenstiel/Wiegand 2014.

verhalten, Gewerkschaftsmitgliedschaft oder Parteibindung nicht notwendig stabile Wahlentscheidungen.[22] Die Wirkungszusammenhänge sind komplexer und gegenläufiger, zumal die Parteiwechsel in alle Richtungen stattfinden – mit in der Vergangenheit allerdings ebenso markanten wie eindeutigen Trends. Denn der Parteiwechsel vollzog sich vornehmlich innerhalb der Lager und/oder in Richtung Nichtwahl. Die Wählerwanderungen bei den beiden Bundestagswahlen von 2009 und 2013 liefern hierfür überzeugende Belege.

Die Interpretation – einschließlich der Abbildungen – beruht auf den Wanderungsbilanzen von Infratest dimap, wie sie unter anderem im Rahmen der Wahlberichterstattung der ARD präsentiert werden. Die Wanderungsbilanzen weisen zwar methodisch durchaus Probleme auf und erlauben auch keine exakten Quantifizierungen, die Zahlenangaben sollten deshalb nicht für bare Münze genommen werden. Sie liefern jedoch in Hinblick auf Richtung und Umfang durchaus zuverlässige Trendaussagen.[23]

Betrachtet man zunächst die Wählerwanderungen bei der Bundestagswahl von 2009, so wanderten von den Unionswechslern im Saldo von Zu- und Abwanderung jeweils ein Drittel zur FDP und ins Lager der Nichtwähler.[24] Die FDP erzielte nicht zuletzt infolge der lagerinternen Wechselwähler der Union das beste Stimmenergebnis ihrer Geschichte mit der Konsequenz des Regierungswechsels von der Großen Koalition unter Merkel und Steinmeier zur schwarz-gelben kleinen Koalition mit Merkel und Westerwelle. Bei der Wahl von 2013 stellte sich hingegen im Verhältnis von Union und FDP der genau gegenläufige Trend ein, wie Abbildung 8 zeigt:[25]

Im Saldo der Zuwanderung zur Union hatte circa die Hälfte der Wechselwähler 2009 FDP gewählt, kam rund ein Viertel aus dem Lager der Nichtwähler, wechselte nur circa ein Fünftel lagerübergreifend zur Union.

In der Relation vergleichbar – in den absoluten Zahlen aber deutlich größer – fiel 2009 die Abwanderung vormaliger SPD-Wähler aus.[26] Von den rund 6,2 Millionen Wählern, die die SPD 2009 verließen, wanderte im Saldo jeweils ein Drittel – also rund zwei Millionen Wähler lagerintern – zu den Grünen oder zur Linkspartei – sowie lagerübergreifend – zu Union und FDP – und ein weiteres Drittel in das Lager der Nichtwähler, wobei dies zwar die Abkehr von der bisherigen Parteipräferenz, nicht aber die Ablösung der

22 Vgl. unter anderem Weßels 2011.

23 Zur Methodik der Infratest-dimap-Wählerstromanalysen und deren Aussagekraft vgl. Hilmer/Kunert 2005.

24 Zur Wahl von 2009 vgl. Hilmer 2010, Infratest dimap 2009: passim.

25 Daten und Grafiken der Wählerwanderungen 2013 in Auswahl übernommen aus Infratest dimap 2013: passim, ARD Tagesschau/Infratest dimap 2013: passim.

26 Vgl. Infratest dimap 2009: passim.

Abbildung 8: Bundestagswahl 2013 Wählerwanderung Union

Quelle: eigene Darstellung; Daten: Infratest dimap 2013.

Parteibindung bedeuten muss. Im Grundsatz blieb das bisherige Muster auch 2013 in der SPD-Wanderungsbilanz bestehen, wie die Infratest-dimap-Daten in Abbildung 9 ausweisen:[27]

Von der 2013 allerdings geringen absoluten Zahl von Parteiwechslern zur SPD stammte im Saldo rund die Hälfte aus lagerinterner Wanderung, etwa ein Fünftel aus dem Nichtwählerlager und rund ein Viertel kam lagerübergreifend vor allem von vormaligen FDP-Wählern.

Kennzeichen der Wählerwanderungen 2013 waren – insgesamt betrachtet – die gleich mehrfachen Asymmetrien zugunsten der Union, da deren Zugewinne von vormaligen FDP-Wählern und aus dem Lager der Nichtwähler in Wählerstimmen drei- bis viermal so hoch ausfielen wie die nur vergleichsweise geringen Zugewinne der Sozialdemokraten. Damit erwies sich die Unionsstrategie der »asymmetrischen (De-)Mobilisierung« als außerordentlich erfolgreich.[28]

27 Vgl. Infratest dimap 2013: passim; ARD Tagesschau/Infratest dimap 2013: passim.

28 Der Begriff wurde eingeführt von den Autoren der Forschungsgruppe Wahlen in ihren Ex-post-Analysen des Bundestagswahlergebnisses von 2009 (siehe Jung/Schroth/Wolf 2009); er spielt seither in den öffentlichen Debatten, aber auch in der Wissenschaft eine beachtliche Rolle. Inwieweit im Gefolge der programmatischen Neupositionierung in der (eher linken) Mitte des Parteiensystems durch Angela Merkel nach 2005 die Union derartige Handlungsstrategien in ihrer Wahlkampfführung tatsächlich 2009 und 2013 verfolgt hat, ist umstritten. Die Wählerwanderungsbilanzen sprechen jedenfalls für solche Effekte. Kritisch Neu 2015: passim.

Abbildung 9: Bundestagswahl 2013 Wählerwanderung SPD

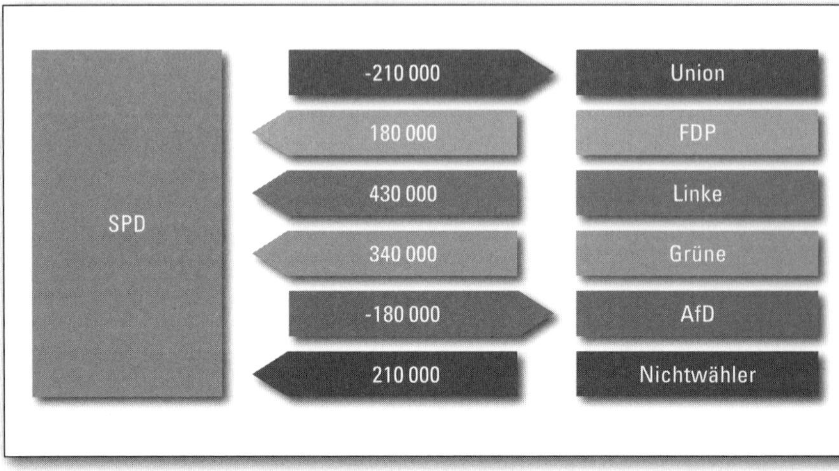

Quelle: eigene Darstellung; Daten: Infratest dimap 2013.

Diese Muster zwischen Wahl, Nichtwahl und Wechselwahl bestehen fort – allerdings jetzt mit beachtlichen Varianzen, ausgelöst durch die steigende Wahlbeteiligung wie den zunehmenden lagerübergreifenden Wechseln bei den Landtagswahlen spätestens ab 2016 als Folge erhöhter Volatilität, kurzfristiger Wählerentscheidung, der Pluralisierung des Parteiensystems und damit der Verbreiterung des Parteienwettbewerbs. Vor allem die erstmalige Kandidatur der AfD 2013 und deren – zum damaligen Zeitpunkt primär europapolitisches – Alternativangebot veränderten mit den Entscheidungsmöglichkeiten die Muster in der Wechselwählerschaft.[29]

Wie Abbildung 10 zeigt, lieferte die Wanderungsbewegung zur AfD bereits bei der Bundestagswahl von 2013 dafür Hinweise.[30] Denn die Wähler der AfD stammten zu circa 46 Prozent von vormaligen Unions- und FDP-Wählern und zu circa 40 Prozent von Wählern aus dem »linken Lager« und insbesondere zu einem Fünftel von jenen der Linkspartei. Das heißt: Die AfD verzeichnete beachtlichen Zulauf aus beiden Lagern und von allen Parteien. Die beiden komplementären Trends zu erhöhter Volatilität und lagerübergreifendem Wechsel haben sich seither bei den Landtagswahlen weiter akzentuiert. Zeigen lässt sich dies an den Ergebnissen in den Bundesländern

29 Vgl. Schmitt-Beck 2014; siehe zur Bundestagswahl 2013 auch Münch/Oberreuter 2015, Schmitt-Beck et al. 2014.

30 Vgl. Infratest dimap 2013: passim, ARD Tagesschau/Infratest dimap 2013: passim.

Abbildung 10: Bundestagswahl 2013 Wählerwanderung AfD

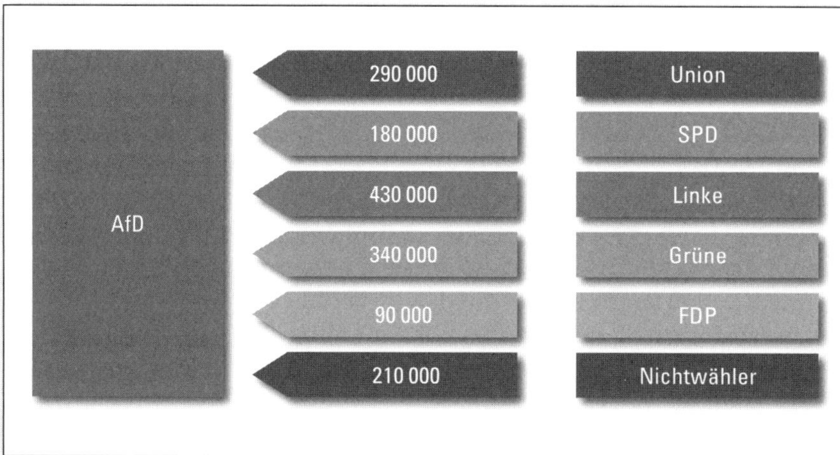

Quelle: eigene Darstellung; Daten: Infrastest dimap 2013.

im Osten wie im Westen – beispielhaft an den Wanderungsbilanzen in Sachsen-Anhalt vom März 2016 wie in Nordrhein-Westfalen vom Mai 2017. Sie weisen Ähnlichkeiten, aber auch deutliche Unterschiede auf.

Zunächst zur Wahl in Sachsen-Anhalt.[31] Bei einer um 9,9 Prozentpunkte auf 61,1 Prozent gestiegenen Wahlbeteiligung erzielte die CDU als stimmstärkste Partei mal gerade 29,8 Prozent der Stimmen, gefolgt von der AfD, die auf Anhieb bei ihrer ersten Landtagskandidatur auf 24,3 Prozent der Stimmen kam. Wie die Wanderungsbilanz ausweist, gewann die AfD erhebliche Stimmenzahlen von allen etablierten Parteien und aus allen Lagern (rund 38 000 von der CDU, 28 000 von der Linkspartei, 20 000 von der SPD, nur wenige von FDP und Grünen), vor allem aber aus dem Lager der Nichtwähler (rund 101 000 / 40 Prozent) und von den Wählern anderer Parteien (54 000, unter ihnen auch der NPD).[32]

Ein differenzierteres Bild ergab sich bei der Landtagswahl in Nordrhein-Westfalen.[33] Zur Erinnerung: Nach der Wahl kam es bekanntlich zum Regierungswechsel von Rot-Grün zu Schwarz-Gelb – infolge der erdrutschartigen Stimmenverluste von Sozialdemokraten, Grünen und Piraten. Bei einer um 5,6 Prozentpunkte auf 65,2 Prozent gestiegenen Wahlbeteiligung verloren die

31 Vgl. ARD Tagesschau/Infratest dimap 2016: passim.

32 Vgl. ARD Tagesschau/Infratest dimap 2016: passim.

33 Vgl. ARD Tagesschau/Infratest dimap 2017a: passim.

Abbildung 11: Bundestagswahl 2017 Wählerwanderung FDP

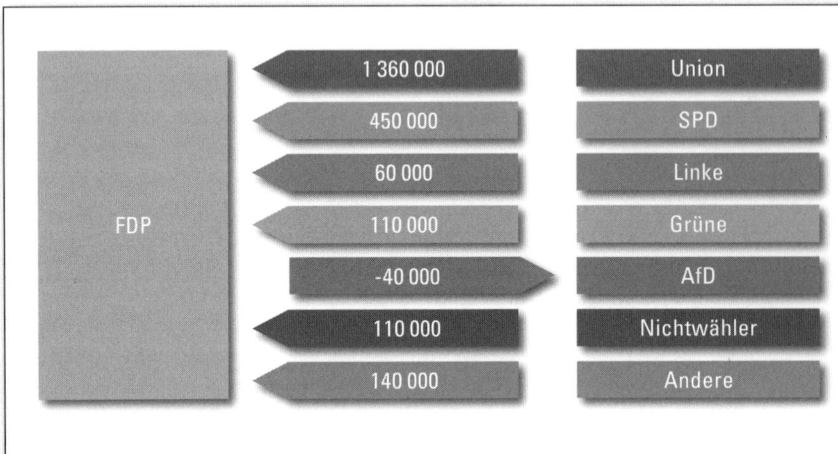

Quelle: eigene Darstellung; Daten: Infratest dimap 2017.

SPD 7,9 und die Grünen 4,9 Prozentpunkte und erzielten nur mehr 31,2 respektive 6,4 Prozent der Stimmen, während die CDU 6,7 und die FDP 4,0 Prozentpunkte gewannen und auf 33 respektive 12,6 Prozent der Stimmen kamen. Die AfD schnitt deutlich schlechter ab als in den neuen Bundesländern und erreichte einen Stimmenanteil von 7,4 Prozent. Wie die Wanderungsbilanzen von Infratest dimap ausweisen,[34] gewann dabei die CDU mit zwei Ausnahmen (FDP und AfD, an die sie jeweils circa 50 000 Stimmen abgaben) Wähler von allen anderen Parteien, in größerem Umfang auch von den bisherigen Regierungsparteien SPD und Grünen (circa 310 000 respektive 90 000 Stimmen). Vor allem aber profitierte die CDU in starkem Maße von der Mobilisierung vormaliger Nichtwähler (circa 430 000 Stimmen). Im Saldo speiste sich die Zuwanderung zur CDU damit etwa zu 40 Prozent aus dem Lager der Nichtwähler und zu 30 Prozent aus dem Lager der Sozialdemokraten. Auch die erstmals antretende AfD erzielte ihre Stimmen aus allen Lagern; etwa ein Fünftel aus dem der Nichtwähler und circa die Hälfte der Stimmen stammte aus dem Reservoir der anderen, meist kleineren, nicht-etablierten Parteien.[35]

Insgesamt betrachtet, signalisieren die Landtagswahlen seit 2013 einen Wandel im Wählerverhalten in Form erhöhter Wahlbeteiligung und lagerübergreifender Volatilität; beides beförderte die Pluralisierung des deut-

34 Vgl. ARD Tagesschau/Infratest dimap 2017a: passim.

35 Vgl. ARD Tagesschau/Infratest dimap 2017a: passim.

Abbildung 12: Bundestagswahl 2017 Wählerwanderung AfD

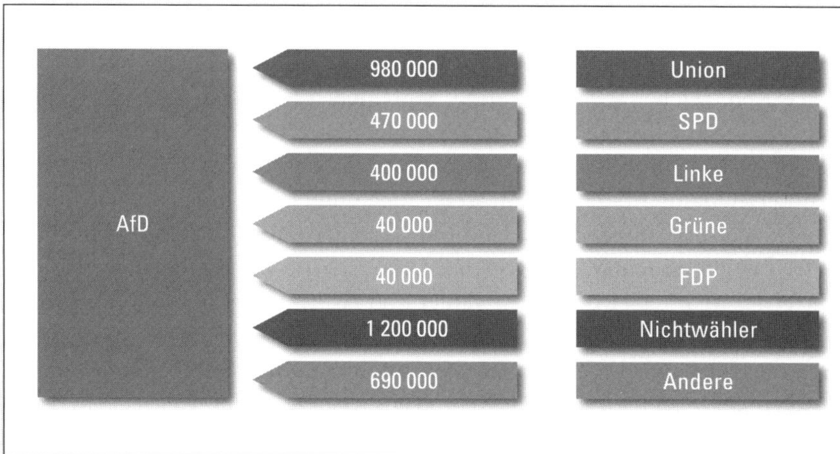

Quelle: eigene Darstellung; Daten: Infratest dimap 2017.

schen Parteiensystems. Bei den sogenannten Nebenwahlen – und dies gilt insbesondere für die Landtagswahlen – neigen die Wähler stärker als bei den als bedeutsamer angesehenen Bundestagswahlen zum Experimentieren. Hiervon profitieren die neuen, unkonventionellen beziehungsweise alternativen Wettbewerber im Parteiensystem. Allerdings müssen sie – wie die Erfahrungen der Vergangenheit es nahelegen – ihre relativen Stimmenerfolge bei der folgenden Bundestagswahl mit vergleichbaren Ergebnissen, die solide über der Fünfprozent-Sperrklausel liegen, wiederholen, sollen sie Aussichten haben, sich mittelfristig im Parteiensystem zu etablieren.

In der Bundestagswahl vom 24. September 2017 fanden die hier skizzierten Prozesse des Strukturwandels ihre Bestätigung. Sie führten im Gesamtergebnis (1.) zur Abwahl der Großen Koalition Merkel/Gabriel, die aufgrund der drastischen Verluste von CDU (26,8 Prozent/-7,4), CSU (6,2/bayernweit: 38,8 Prozent/-10,5), SPD (20,5 Prozent/-5,2) zusammen nur mehr 53,4 Prozent der Zweitstimmen erzielten, (2.) zu kaum nennenswerten Gewinnen der parlamentarischen Oppositionsparteien, Linkspartei (9,2 Prozent/+0,6) und Grüne (8,9 Prozent/+0,5) der Zweitstimmen, vor allem aber (3.) zu starken Gewinnen der außerparlamentarischen Oppositionsparteien, FDP (10,7 Prozent/+6,0) und AfD (12,6 Prozent/+7,9) der Zweitstimmen. Folgt man den Wanderungsbilanzen von Infratest dimap verzeichneten die drei Regierungsparteien im Saldo nur relativ geringe Stimmengewinne aus dem Lager der Nichtwähler (Union: circa 380 000; SPD: circa 360 000 Stimmen

– bei lagerinternen und lagerübergreifenden Wählerverlusten von Union rund 2,5 respektive SPD rund 1,7 Millionen Stimmen),[36] während die parlamentarischen Oppositionsparteien in allerdings nur geringem Umfang von lagerinterner wie Nichtwähler–Zuwanderung profitierten.[37]

Das Kennzeichen der Wahl von 24. September 2017 waren indes die Wählerwanderungen in Richtung der außerparlamentarischen Oppositionsparteien, wie sie in den Abbildungen 11 und 12 dokumentiert sind.[38] Beide Parteien profitierten damit überaus stark, wenn auch unterschiedlich, von den gewandelten Volatilitätsmustern: Im Saldo der Zuwanderung zur FDP kam knapp die Hälfte der neuen Wähler von den Unionsparteien sowie jeweils rund ein Viertel aus dem Lager der Nichtwähler und lagerübergreifendem Wechsel.

Die Zuwanderung zur AfD – im Saldo knapp 4 Millionen – speiste sich circa zur Hälfte aus den Lagern der Nichtwähler und dem der anderen kleinen Parteien sowie zu je rund einem Viertel aus lagerinternem wie lagerübergreifendem Wechsel. Die Wählerwanderungen bei den Landtagswahlen seit 2013 wie der Bundestagswahl vom 24. September 2017 untermauern damit die Entwicklung zu einem »volatilen Mehrparteiensystem« mit auf Bundesebene aktuell einem Sieben-Parteien- respektive Sechs-Fraktionen-Parlament.

3.4 Gründe und Motive für Wahl und Nichtwahl

Wie kann man die gestiegene Volatilität zwischen Wahl und Nichtwahl, wie die Zunahme der Anzahl der Wechselwähler erklären? Protest, Denkzettel, kurzfristige Entscheidung kurz vor der Wahl oder auch erst am Wahltag – häufig von den Kommentatoren auf den Begriff der »Stimmungsdemokratie« gebracht – sind einige der gängigen Erklärungsversuche. Ähnliches gilt für die Thesen vom geringen politischen Interesse und fehlender Parteibindung. Auch sie werden vielfach als Erklärungsvariablen für die Nichtwahl und die Wechselwahl ins Feld geführt. All dies spielt sicherlich eine Rolle. Doch

36 Vgl. ARD Tagesschau/Infratest dimap 2017b: passim. Die Union gab im Saldo 1,36 Millionen Stimmen an die FDP, 980 000 Stimmen an die AfD ab, während der Austausch mit SPD (+20 000), Linkspartei (-90 000), Grüne (-30 000 Stimmen) gering blieb. Die SPD hingegen verlor lagerintern im Saldo deutlich an Linkspartei (-430 000) und Grüne (-380 000 Stimmen), aber auch an die beiden außerparlamentarischen Oppositionsparteien zusammen über 900 000 Stimme.

37 Vgl. ARD Tagesschau/Infratest dimap 2017b: passim. Die Linkspartei gewann im Saldo aus dem Nichtwählerlager 270 000, von SPD 430 000, Grünen 170 000 Stimmen; die Grünen erzielten Zugewinne im Saldo aus dem Nichtwählerlager 270 000, von SPD 380 000 Stimmen, gaben lagerintern aber auch an die Linkspartei Stimmen ab.

38 Vgl. ARD Tagesschau/Infratest dimap 2017b: passim.

greifen solche Erklärungsversuche zu kurz. Die Dinge liegen komplizierter; die Gründe für Bürger für eine Nichtwahl sind vielschichtiger.[39] Typologisch kann man unterscheiden – und zwar in nicht geringer Zahl:

- technische und zufällige Nichtwähler, also Bürger, die eigentlich beabsichtigen zu wählen, aber aus technischen Gründen, zum Beispiel kurzfristiger Wechsel des Wohnorts, verspäteter Eingang der Briefwahl, aus gesundheitlichen Gründen etc. an der Teilnahme gehindert sind;
- grundsätzliche Nichtwähler aus ideologischen/religiösen Überzeugungen, etwa die Zeugen Jehovas;
- die Gruppe konjunktureller Nichtwähler, die Wahlenthaltung praktizieren als rationalen Akt aus Gründen der Zufriedenheit mit den politischen Verhältnissen, fehlender Wettbewerbskonstellation etc.;
- die durchaus noch immer große Gruppe der »Nichtwähler alten Typs«, die sich wegen geringen politischen Interesses, abnehmender Wahlnorm, fehlender Parteibindung nicht beteiligen; sodann
- zwei Typen »Nichtwähler neuen Typs«, die Wahlenthaltung bei (a) geringem wie (b) hohem politischem Interesse als bewussten Akt des zeitweiligen Protestes oder auch der grundsätzlichen Abkehr von der Politik praktizieren.

Das heißt: Es gibt durchaus unterschiedliche Motive einer rational begründeten Nichtwahlentscheidung. Sie entsprechen den Logiken von »Widerspruch und Abwanderung« beziehungsweise von »Engagement und Enttäuschung«, wie sie von dem Sozialökonomen und Politikphilosophen Albert O. Hirschman klassisch auf den Begriff gebracht worden sind.

Widerspruch und Abwanderung: Widerspruch beziehungsweise »Voice« meint nach Hirschman die Artikulation von Opposition in den bestehenden Institutionen.[40] Abwanderung beziehungsweise »Exit« meint die Formierung einer neuen Organisation oder Institution, um die eigenen Ziele zu vertreten. Als zweite mögliche Form der Abwanderung bleibt der Rückzug ins Private oder allgemeiner formuliert: Auf Engagement folgt Enttäuschung, auf öffentliche Teilnahme der Rückzug ins Private.

Engagement und Enttäuschung: Der Bürger wechselt politisch zwischen Engagement und Enttäuschung.[41] Glaubt er sich durch die Beschränkung auf die Konsumentenrolle »politisch unterfordert« und/oder treten größere Repräsentationsdefizite zutage, bleiben ihm als Handlungsalternativen entweder die Abkehr vom Politischen und der Rückzug ins Private oder die

39 Vgl. das Folgende in Anlehnung an Schultze 2015.

40 Vgl. Hirschman 1974: passim; zur kritischen Rezeption vgl. für viele Barry 1974.

41 Vgl Hirschman 1984: passim.

Abbildung 13: Wechselwahl und Nichtwahl – Voice- und Exit-Optionen

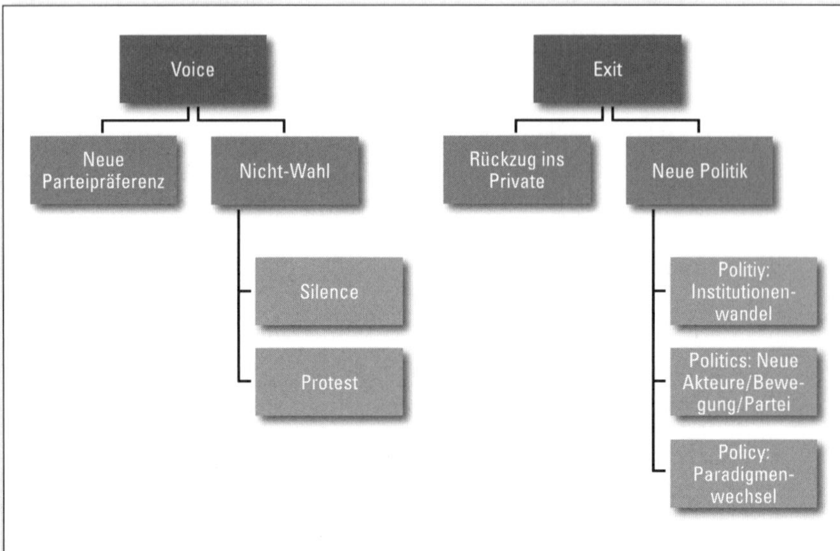

Quelle: eigene Darstellung (in Anlehnung an Hirschman).

Hinwendung zu alternativen und/oder neuen Formen der Partizipation, also Engagement für neue Interessen, Akteure und Aktionsformen (Beispiele: neue Parteien, neue soziale Bewegungen, Bürgerinitiativen und so weiter) sowie für neue oder mindestens stark veränderte Politikprogramme. Angewandt auf die Bedingungen repräsentativ-demokratischer Beteiligung bei Wahlen ergeben sich – in Weiterentwicklung der Hirschman'schen Konzeptualisierungen und in Abbildung 13 schematisiert – für den Bürger die folgenden Optionen:

»Voice« bedeutet selbstverständlich zunächst die Abkehr von der bestehenden Parteipräferenz und die Hinwendung wie Wahl anderer, auch neuer und auch populistischer Parteien von rechts wie links. »Voice« kann dabei den Bürger – wenngleich aus unterschiedlicher Motivation – auch zur Nichtwahl veranlassen: Dies erscheint auf den ersten Blick überraschend, wird aber leicht einsichtig, stellt man in Rechnung, dass die Nichtwähler keine homogene Gruppe sind, weder sozial-strukturell noch politisch-ideologisch. Die Nichtwähler gehören zwar überdurchschnittlich – wie gezeigt – zum unteren sozioökonomischen Drittel der Gesellschaft und haben ein geringeres politisches Interesse. Doch gilt für eine durchaus beachtliche Minderheit genau Gegenteiliges: hohes politisches Interesse und sozial zur oberen

Mittel- und Oberschicht gehörend. Nichtwähler sind in dieser Interpretation – folgt man Thomas Kleinhenz – »Bürger der Mitte«.[42] Insofern kann es bei Zufriedenheit mit dem Status quo für solche Bürger durchaus rational sein, die individuellen Kosten, die mit dem Wahlakt verbunden sind, durch Wahlenthaltung zu vermeiden: Nichtwahl also als »Silence«, als stille Zustimmung und Rational-Choice-begründet.[43] Bei den Landtagswahlen 2017 dürfte die CDU im Saarland wie in Nordrhein-Westfalen solche vormalige Nichtwähler neuerlich mobilisiert haben. Die Bilanzen der Wählerwanderung von Infratest dimap legen dies jedenfalls nahe (siehe oben).

Nichtwahl kann aber auch als (stille) Form des Protestes, als zeitweilige Abkehr von der Parteipräferenz praktiziert werden, sodass in der Folgezeit aufgrund der (weiter) bestehenden Parteibindung die Rückkehr zur traditionellen Wahlabsicht durchaus möglich zu sein scheint. Hierauf beruhte im Bundestagswahlkampf 2013 – wie gezeigt – die allerdings vergebliche Hoffnung der SPD. Im Gegenteil, Angela Merkel und die Unionsparteien profitierten hiervon infolge ihrer erfolgreichen Strategie der »asymmetrischen (De-)Mobilisierung«.

Zahlenmäßig mindestens so groß ist die Gruppe der Nichtwähler, die die Nichtwahl als »Exit« praktizieren – eben aus Gründen der Entfremdung und der mittel- oder auch längerfristigen Abkehr von der bisherigen Parteibindung oder auch der etablierten Politik als Ganzem: »Exit« also als Rückzug ins Private und/oder als Suche nach Grundsatzalternativen und der Beteiligung an Formen neuer Politik in der Gesellschaft und zwar in allen drei Dimensionen des Politischen. Profitiert haben hiervon in der jüngeren Vergangenheit nicht zuletzt die kleinen neuen Parteien, seit der Bundestagswahl 2013 insbesondere die AfD. Nichtwahl als »Silence« wie Nichtwahl aus Gründen der Entfremdung und die Suche nach Neuem – dies dürften gegenwärtig die Hauptmotive für die Nichtwähler sein.

4. Politische Beteiligung in Zeiten soziopolitischen Wandels

Diese in Anlehnung an Albert O. Hirschman formulierten Überlegungen führen im vierten Schritt zurück zu den drei, hier in aller Kürze rekapitulierten Eingangsthesen.

42 Kleinhenz 1995: 229f.

43 In Anlehnung an Brian Barry, der in seiner Kritik an Hirschman zu Recht darauf aufmerksam gemacht hat, dass »Silence« als individuelles Handlungsmuster nicht notwendig Abwanderung bedeuten muss, sondern »silent non-exit« auch als rationaler Akt praktiziert werden kann. Vgl. Barry 1974: passim, hier S. 91.

1. Bei politischer Beteiligung geht es um instrumentales Handeln in Form von Teilnahme, aber auch um Teilhabe.
2. Kennzeichen der Partizipation in der Demokratie ist die Vielfalt ihrer Formen. Und der Bürger praktiziert sie auch höchst unterschiedlich im Mix von repräsentativ- und direkt-demokratischen, konventionellen wie unkonventionellen Formen – und zwar in der konkreten politischen Praxis in Abhängigkeit der politisch-institutionellen Möglichkeiten, der tradierten Partizipationskultur und insbesondere auch des jeweiligen soziopolitischen Kontextes.
3. Prozesse starken gesellschaftlichen Wandels verändern Formen und Mix politischer Beteiligung tiefgreifend und nachhaltig, gegebenenfalls bis hin – um Ralf Dahrendorf zu paraphrasieren – zu Prozessen revolutionärer Veränderung.

Eine Reihe solcher Transformationsprozesse – gekennzeichnet von Stabilität und Wandel, aber auch von Stabilität und Starre – erleben wir seit geraumer Zeit.[44] Sie können hier nur mit einigen wenigen Stichworten benannt werden. Sie betreffen:

- Globalisierung und Transnationalisierung der Ökonomie, konkret
  - Digitalisierung und Technologisierung der Produktion (Industrie 4.0)
  - Konzentration und Polarisierung in Wirtschaft und Arbeitsmarkt
  - zunehmende Inkommensurabilität von Markt und Demokratie
- Strukturwandel der Öffentlichkeit, konkret
  - Digitalisierung der Kommunikation / Echtzeit-Kommunikation
  - Individualisierung / neue Formen der Netzwerkkommunikation
  - Zwei-Wege- / Ad-hoc-Kommunikation ohne Gatekeeper
  - Fragmentierung der Öffentlichkeit
- Werte- und Lebensstilwandel, konkret
  - Säkularisierung und Individualisierung der Lebenswelt
  - Multikulturelle Fragmentierung
  - Vielfalt der Lebensstile

Die globalen wie nationalen Wandlungsprozesse haben weitreichende politisch-soziologische Auswirkungen, denn im Gefolge des gesellschaftlichen Wandels vollzieht sich seit mehr als 30 Jahren und in der Form eines säkularen Transformationsprozesses sowohl die Lockerung beziehungsweise Auflösung der traditionellen sozial-moralischen Milieus und politischen »Cleavages« – verbunden mit umfassenden Prozessen gesellschaftlicher Indi-

44 Zum soziopolitischen Kontextwandel, der die Bedingungen des demokratischen Wahlprozesses tiefgreifend verändert siehe Schultze 2018.

vidualisierung – als auch die Entstehung neuer Konfliktlinien in Gesellschaft und Politik.[45] Einerseits kam es zur Lockerung der traditionellen Ligaturen des wohlfahrtsstaatlichen »Cleavages« zwischen Kapital und Arbeit zugunsten neoliberaler marktförmiger Modernisierung sowie des konfessionellen »Cleavages« zugunsten liberaler Säkularisierung und multikultureller Vielfalt. Der starke Mitgliederschwund der etablierten soziopolitischen Institutionen (unter anderem in den Kirchen, Gewerkschaften, Parteien) ist nicht zuletzt hierauf zurückzuführen (zu den Parteien[46]); an die Stelle institutioneller Mitwirkung treten die direkte Aktion und die Ad-hoc-Partizipation der Bürger.

Andererseits entstanden neue Konfliktlinien, die die bestehenden fragmentieren und ergänzen:

– der Konflikt um ökologische Nachhaltigkeit ebenso wie der zwischen traditionalen versus libertären Lebensstilen,
– der Konflikt zwischen Modernisierungsgewinnern versus Modernisierungsverlierern, der sich zusehends darstellt als Konflikt zwischen den Positionen nationalstaatlich bis nationalistischer Abschottung versus transnationaler oder europäischer Integration (sozial-liberale Modernisierung).
– Die Position des Zurück in das vermeintlich eiserne Gehäuse des Nationalstaats tritt dabei in rechts- wie linkspopulistischer Fassung auf – zumindest bei manchen westeuropäischen Nachbarn, etwa in der Brexit-Wählerschaft Großbritanniens oder wie bei der Präsidentenwahl 2017 in Frankreich.[47]

Die etablierten Kräfte der bundesrepublikanischen Politik – und zwar aus Regierung wie Opposition – reagierten auf diese soziopolitischen Herausforderungen mit durchaus widersprüchlichen Handlungsmustern – allerdings auch demokratiepolitisch unzulänglich.

Einerseits betrieben sie einen qualitativen Policy-Wandel in einer Vielzahl von Politikfeldern; einige besonders markante seien hier aufgelistet, etwa:

– neoliberale Modernisierung (Agenda 2010; Hartz IV-Reformen etc.),
– Berufsarmee / Abschaffung der Wehrpflicht,
– Atomausstieg,
– Abkehr von konservativen Wertvorstellungen zugunsten der Liberalisierung der Rechts- und Familienpolitik etc.,
– Zuwanderungs- beziehungsweise Flüchtlingspolitik.

45 Vgl. unter anderem Kriesi 2008, Kriesi 2012.

46 Vgl. Niedermayer 2017, Niedermayer 2019.

47 Zum Populismus im Allgemeinen siehe als Einstieg etwa Priester 2012, Müller 2016.

Andererseits wurde die Mehrzahl dieser Grundsatzreformen entweder technokratisch oder abrupt vollzogen – auf jeden Fall aber demokratisch nur unzureichend in Parteien, Öffentlichkeit, Wählerschaft vermittelt. Man verfolgte ganz offensichtlich multiple Strategien der Konfliktvermeidung – mit der Konsequenz, dass sich vielfältige Repräsentationslücken auftaten.[48] Die Argumentation von der vermeintlichen »Alternativlosigkeit« gehörte ebenso zu den Strategien der Konfliktvermeidung wie die Strategie des »Zeitkaufens« in den Finanzkrisen und damit die Verschiebung der Folgewirkungen in die Zukunft. Großkoalitionäre Regierungsbildungen und/oder informelle All-Parteien-Konsense führten in den Augen vieler zur Stilllegung des Parteienwettbewerbs. In den etablierten Parteien bewirkte dies Funktionsverluste in der innerparteilichen Willensbildung. Das Volksparteiensystem verwandelte sich zu einem System »professionalisierter Wählerparteien«, wie dies genannt worden ist.[49] Vor allem aber fanden die neu aufgetretenen soziopolitischen Konflikte in den etablierten Parteien keine angemessene Repräsentation. Die Verbreiterung des Parteiensystems zum »volatilem Mehrparteiensystem« war die – man kann wohl formulieren – fast logische Konsequenz.

In Anbetracht derartiger demokratischer Handlungs- und Repräsentationsdefizite verwundert es nicht, dass Bürger wie Politiker nach Auswegen aus der Input-Krise politischer Beteiligung suchten und suchen. Der Rückzug ins Private scheint fürs Erste vorbei und die Vermeidungsstrategien der etablierten Politik verfangen nicht mehr.

4.1 Zu den Reaktionsmustern der Bürger

In den letzten Jahren kam es zum Anstieg an Bürgerbeteiligung in allen Formen: direkt- wie repräsentativ-demokratisch, konventionell wie unkonventionell.[50] Allerdings verändern sich in solchen Zeiten soziopolitischer Transformation Ausmaß und Gewichtung politischer Beteiligung. Unter solchen Kontextbedingungen gewinnen diese Formen an Gewicht:

– die direkt-demokratische Beteiligung gegenüber der repräsentativ-demokratischen,
– die unkonventionelle gegenüber der konventionellen.

Konventionell stieg – wie wir sahen – die Wahlbeteiligung, aber auch in Anzahl und Ausmaß die direkt-demokratische Beteiligung an Volksbegehren

48 Vgl. Schultze 2013a.
49 So Beyme 2000, Beyme 2013.
50 Vgl. für viele Bertelsmann Stiftung 2014.

und Volksabstimmungen auf kommunaler und Landesebene.[51] Dies geht einher mit einer deutlichen Zunahme politischer Demonstrationen, die es zwar auch in der »alten Bundesrepublik« durchaus gegeben hat: Erinnert sei an den Kampf dem Atomtod, Anti-AKW-, Anti-Vietman-Krieg, Anti-Nachrüstung-Demonstrationen, in der DDR an die Schwerter-zu-Pflugscharen- wie die Montagsdemonstrationen und deren wesentlicher Beitrag zur Friedlichen Revolution. Seit etwa zwei bis drei Jahren hat der direktdemokratische populistische Protest indessen beachtlich zugenommen, wie er sich unter anderem in den Pegida- und den verschiedenartigsten Gegendemonstrationen äußert.[52]

Die gestiegene Bedeutung direkt-demokratischer Bürgerproteste ist dabei ganz sicher eine Folge der wachsenden sozialen Polarisierung. Sie hängen aber auch zusammen mit den gewandelten Möglichkeiten der digitalisierten Echtzeitkommunikation, die die politische Beteiligung der Bürger ebenso individualisiert wie aktiviert hat.

Wir erleben damit gegenwärtig ein gesundes Maß an doppelstrategisch praktizierter Partizipation der Bürger:[53] Zum einen sind dies Formen direkt-demokratischer Aktion, die solange unproblematisch sind, wie mit dem populistischen Protest nicht anti-pluralistische Ziele einer »wahren Demokratie« auf der Grundlage einer homogenen völkischen Identität verbunden sind.[54] Zum anderen verzeichnen wir die repräsentativ-demokratische Verbreiterung des Parteiensystems durch die Institution der Wahl, ohne die Stabilität und Wandel in der Demokratie unter derartigen Kontextbedingungen ebenso wenig zu haben sind.

4.2 Zu den Reaktionsmustern der politischen Eliten

Auch die politischen Eliten setzen in ihren aktuellen Reaktionen auf die offenkundigen Repräsentationsdefizite nicht allein auf die viel beschworene Bürgernähe, sondern verstärkt auf direkte Beteiligungsreformen – allerdings in unterschiedlichen Ausprägungen und Handlungsstrategien.

In der bundesrepublikanischen Politik sind es vor allem repräsentativ-demokratisch zentrierte Anpassungsreformen, mit denen die etablierten

51 Vgl. Bertelsmann Stiftung 2014.

52 Vgl. unter anderem Geiges 2015.

53 Vgl. Schultze 2013a.

54 Vgl. Müller 2016.

Parteieliten auf die Partizipationsforderungen der Bürger reagieren, zum Beispiel durch

- innerparteiliche Öffnungsversuche (basis- oder direkt-demokratisch) als Antwort auf den Mitgliederschwund wie auf innerparteiliche Funktions- und Repräsentationsdefizite;
- Schnuppermitgliedschaften, Seiteneinstieg, Quotierungen;
- Mitgliederentscheide über Parteivorsitzende, Spitzenkandidaten (zum Beispiel SPD 1984; Grüne 2013, 2017), Koalitionsvereinbarungen (SPD 2013).

Demgegenüber vollzieht sich der Politikwandel in einigen benachbarten, vergleichbaren Demokratien – wie uns tagtäglich durch die Berichterstattung vor Augen geführt wird – durch das gezielte Aufbrechen des Parteiensystems durch elitenangehörige Akteure mittels Handlungsstrategien, die auf den populistischen Anti-Establishment- und Bewegungscharakter setzen, zum Beispiel durch

- Donald Trumps Hijacking der Republikanischen Partei
- Emmanuel Macrons En-Marche-Bewegung und den drohenden Zerfall der französischen Sozialistischen Partei
- Sebastian Kurz' Umsturz der österreichischen ÖVP zur personalistischen Wahlpartei »Liste Sebastian Kurz – die neue Volkspartei«.

Die Experimente dieser – man ist versucht zu formulieren – Revolutionen von oben sind offen. Dass Parteisysteme und Politikprozesse neue Gestalt annehmen werden, scheint indessen sicher.

5. Drei Schlussbemerkungen

1. Phasen des tiefgreifenden soziopolitischen Wandels sind gekennzeichnet durch einen deutlichen Anstieg des politischen Engagements der Bürger, durch erhöhte Beteiligung in Formen und Ausmaß.
2. Die demokratische Gestaltung solcher Prozesse geht nur doppelstrategisch – durch die Stärkung des zivilgesellschaftlichen Einflusses in den Institutionen wie durch direkt-demokratische Aktion und durch die repräsentativ-demokratische Rückbindung an den Souverän mittels Wahl und Abstimmung. Die historische Erfahrung legt dies nahe: Denn kam es in der Geschichte moderner Demokratie zu Prozessen qualitativer Veränderung, stellten sich diese in der Regel nicht allein im Rahmen des etablierten Wahlprozesses her; sie resultierten vielmehr aus der Kombination von repräsentativ-demokratischer Wahlpolitik und direkt-demokratischer politischer Aktion. Sie ist Gewähr für Stabilität

und Wandel: Die Integration der Arbeiterbewegung und die Einhegung des Klassenkonfliktes im Kontext der Fundamentaldemokratisierung des Wahlrechts belegt dies ebenso wie die Integration der »stillen Revolution« der neuen sozialen Bewegungen seit den 1960/70er-Jahren und die sich anschließende Einhegung des Ökologiekonfliktes.

3. Eine hohe politische Beteiligung, auch in Form einer starken direktdemokratischen Aktion, ist unkritisch für die demokratische Stabilität, wenn drei Voraussetzungen dadurch nicht infrage gestellt oder ausgehöhlt werden:
   - Garantie und Praxis von Checks and Balances
   - Gewaltfreiheit direkter Aktionsformen
   - Konsens über die Demokratie als pluralistischer Konflikt; Verzicht auf totalitäre Wahrheitsansprüche.

Nicht – wie noch immer fälschlich angenommen – durch ein Übermaß an Beteiligung der Bürger droht der Demokratieverlust; in Gefahr geraten Demokratien vielmehr, sollte die Geltung dieser drei Grundbedingungen von wesentlichen Kräften nicht mehr akzeptiert werden. Dann nämlich drohen Prozesse der Involution in Richtung »defekter Demokratie« oder Autoritarismus, wie wir sie gegenwärtig in so manchen, gar nicht so fernen Ländern beobachten können.

Literatur

ARD Tagesschau / Infratest dimap (2013): Bundestagswahl 2013 Deutschland (online unter: https://wahl.tagesschau.de/wahlen/2013-09-22-BT-DE/ – letzter Zugriff: 21.09.2020).

ARD Tagesschau / Infratest dimap (2016): Landtagswahl 2016 Sachsen-Anhalt (online unter: https://wahl.tagesschau.de/wahlen/2016-03-13-LT-DE-ST/ – letzter Zugriff: 21.09.2020).

ARD Tagesschau / Infratest dimap (2017a): Landtagswahl 2017 Nordrhein-Westfalen (online unter: https://wahl.tagesschau.de/wahlen/2017-05-14-LT-DE-NW/index.shtml – letzter Zugriff: 21.09.2020).

ARD Tagesschau / Infratest dimap (2017b): Bundestagswahl 2017 Deutschland (online unter: https://wahl.tagesschau.de/wahlen/2017-09-24-BT-DE/index.shtml – letzter Zugriff: 21.09.2020)

Barry, Brian (1974): Review Article: ›Exit, Voice, and Loyalty‹, in: British Journal of Political Science 4 (1/1974), S. 79–107.

Bertelsmann Stiftung (Hg.) (2014): Partizipation im Wandel. Unsere Demokratie zwischen Wählen, Mitmachen und Entscheiden, Gütersloh.

Bertelsmann Stiftung (Hg.) (2017): Populäre Wahlen – NRW. Mobilisierung und Gegenmobilisierung der sozialen Milieus bei der Landtagswahl Nordrhein-Westfalen 2017, Gütersloh.

Beyme, Klaus von (2000): Parteien im Wandel, Wiesbaden.

Beyme, Klaus von (2013): Von der Postdemokratie zur Neodemokratie, Wiesbaden.

Blumenstiel, Jan E./Wiegand, Elena (2014): Wechselwähler, in: Rüdiger Schmitt-Beck et al. (Hg.), Zwischen Fragmentierung und Konzentration. Die Bundestagswahl 2013, Baden-Baden, S. 133–144.

Dahrendorf, Ralf (1968): Gesellschaft und Demokratie in Deutschland, München.

Dalton, Russel J. (2008): Citizen Politics. Public Opinon and Political Parties in Advanced Industrial Democracies, Washington D.C.

Geiges, Lars, et al. (2015): Pegida. Die schmutzige Seite des Protestes, Bonn.

Hilmer, Richard (2010): Bundestagswahl 2009: Ein Wechsel auf Raten, in: Zeitschrift für Parlamentsfragen 41 (1/2010), S. 147–180.

Hilmer, Richard/Kunert, Michael (2005): Wählerwanderung: Das Modell von Infratest dimap, in: Oscar Gabriel/Bernhard Weßels/Jürgen W. Falter (Hg.), Wahlen und Wähler. Analysen aus Anlass der Bundestagswahl 2002, Wiesbaden, S. 134–156.

Hirschman, Albert O. (1974): Abwanderung und Widerspruch. Reaktionen auf Leistungsabfall bei Unternehmungen, Organisationen und Staaten, Tübingen.

Hirschman, Albert O. (1984): Engagement und Enttäuschung, Frankfurt/M.

Hoecker, Beate (Hg.) (2006): Politische Partizipation zwischen Konvention und Protest, Opladen.

Infratest dimap (2009): Wahlreport Bundestagswahl. Eine Analyse der Bundestagswahl vom 27. September 2009, Berlin.

Infratest dimap (2013): Wahlreport Bundestagswahl. Eine Analyse der Bundestagswahl vom 22. September 2013, Berlin.

Jung, Matthias/Schroth, Yvonne/Wolf, Andrea (2009): Regierungswechsel ohne Wechselstimmung, in: Aus Politik und Zeitgeschichte 59 (51/2009), S. 12–19.

Kleinhenz, Thomas (1995): Der Nichtwähler. Ursachen der sinkenden Wahlbeteiligung in Deutschland, Opladen.

Kriesi, Hanspeter/Grande, Edgar/Lachat, Romain/Dolezal, Martin/Bornschier, Simon/Frey, Timotheos (2008): Western European Politics in the Age of Globalization, Cambridge.

Kriesi, Hanspeter/Grande, Edgar/Dolezal, Martin/Helbling, Marc/Höglinger, Dominic/Hutter, Swen/Wüest, Bruno (2012): Political Conflict in Western Europe, Cambridge.

Müller, Jan-Werner (2016): Was ist Populismus? Ein Essay, Berlin.

Münch, Ursula/Oberreuter, Heinrich (Hg.) (2015): Die neue Offenheit. Wahlverhalten und Regierungsoptionen im Kontext der Bundestagswahl 2013, Frankfurt/New York.

Neu, Viola (2015): Asymmetrische Demobilisierung – Mär oder Strategie?, in: Ursula Münch/Heinrich Oberreuter (Hg.), Die neue Offenheit. Wahlverhalten und Regierungsoptionen im Kontext der Bundestagswahl 2013, Frankfurt/New York, S. 149–166.

Niedermayer, Oskar (2017): Parteimitgliedschaften im Jahre 2016, in: Zeitschrift für Parlamentsfragen 48 (2/2017), S. 370–396.

Niedermayer, Oskar (2019): Parteimitgliedschaften im Jahre 2018, in: Zeitschrift für Parlamentsfragen 50 (2/2019), S. 225–250.

Petersen, Thomas / Hierlemann, Dominik / Vehrkamp, Robert B. / Wratil, Christopher (2013): Gespaltene Demokratie. Politische Partizipation und Demokratiezufriedenheit vor der Bundestagswahl 2013, Gütersloh.

Priester, Karin (2012): Rechter und linker Populismus. Annäherung an ein Chamäleon, Frankfurt/M.

Schäfer, Armin (2015): Der Verlust politischer Gleichheit. Warum die sinkende Wahlbeteiligung der Demokratie schadet, Frankfurt/New York.

Schäfer, Armin (2011): Die Nichtwähler als Durchschnittswähler: Ist die sinkende Wahlbeteiligung eine Gefahr für die Demokratie?, in: Evelyn Bytzek / Sigrid Roßteutscher (Hg.), Der unbekannte Wähler? Mythen und Fakten über das Wahlverhalten der Deutschen, Frankfurt/M, S. 133–254.

Schmitt-Beck, Rüdiger (2014): Euro-Kritik, Wirtschaftspessimismus und Einwanderungsskepsis: Hintergründe des Beinah-Wahlerfolges der Alternative für Deutschland (AfD) bei der Bundestagswahl 2013, in: Zeitschrift für Parlamentsfragen 45 (1/2014), S. 94–112.

Schmitt-Beck, Rüdiger / Rattinger, Hans / Roßteutscher, Sigrid / Weßels, Bernhard / Wolf, Christof (Hg.) (2014): Zwischen Fragmentierung und Konzentration. Die Bundestagswahl 2013, Baden-Baden.

Schultze, Rainer-Olaf (1995): Art. »Partizipation«, in: Dieter Nohlen / Rainer-Olaf Schultze (Hg.),Lexikon der Politik, Bd. 1: Politische Theorien, München, S. 396–406.

Schultze, Rainer-Olaf (2013a): Governance – ein neues Regime?, in: Zeitschrift für Parlamentsfragen 44 (3/2013), S. 659–674.

Schultze, Rainer-Olaf (2013b): Trends der Wahlforschung, in: Politische Bildung (1/2013), S. 84–106.

Schultze, Rainer-Olaf (2015): Art. »Wahlbeteiligung«, in: Dieter Nohlen / Florian Grotz (Hg.), Kleines Lexikon der Politik, München, S. 711–713.

Schultze, Rainer-Olaf (2018): Realignment oder das Ende normaler Politik? Wahlen und der Wandel des historisch-politischen Kontextes, in: Zeitschrift für Parlamentsfragen 49 (4/2018), S. 729–743.

Schultze, Rainer-Olaf (2019):Die bayerische Landtagswahl vom 14. Oktober 2018: Signal für nachhaltigen Wandel auch im Bund?, in: Zeitschrift für Parlamentsfragen 49 (2/2019), S. 223–244.

Verba, Sidney / Nie, Norman H. / Kim, Jae-On (1978): Participation and Political Equality, Cambridge.

Vehrkamp, Robert / Wratil, Christopher (2017): Die Stunde der Populisten? Populistische Einstellungen bei Wählern und Nichtwählern vor der Bundestagswahl 2017, Gütersloh.

Weßels, Bernhard (2011): Schwankende Wähler: Gefährden Wechselwähler die Demokratie?, in: Evelyn Bytzek / Sigrid Roßteutscher (Hg.), Der unbekannte Wähler? Mythen und Fakten über das Wahlverhalten der Deutschen, Frankfurt/M, S. 43–57.

Helmut Klages

Demokratie in der Krise?

Ergebnisse der empirischen Infragestellung eines scheinbar feststehenden Sachverhalts*

1. Einleitung: Ein erster Blick auf das Krisennarrativ

Folgt man den oft in schrillen Tönen vorgetragenen Warnsignalen der Medien, dann wird die Demokratie in Deutschland gegenwärtig von verschiedenen Gefahren bedroht, die es erlauben, von einer Krise der Demokratie zu sprechen. Nimmt man sich die Zeit für einen Rückblick, dann kann man mit Erstaunen feststellen, dass es sich bei dieser Krisenausrufung keinesfalls um eine neue Erscheinung handelt. Sie begleitet uns vielmehr schon mehrere Jahre lang, wobei allerdings die Belege, die angeführt werden, um die Krisenbehauptung plausibel werden zu lassen, immer wieder ausgewechselt werden, sodass Aktualität gewährleistet erscheint. Nehmen wir eine beliebige Tagungseinladung aus der letzten Zeit zur Hand, dann lesen wir zum Beispiel:

> »[Die Demokratie] scheint in einer Krise. Ihr wesensbestimmendes Fundament – die Legitimitätskraft des Volkes – erodiert zunehmend. Umfragen, Medienberichte und Online-Kommentare offenbaren eine wachsende Distanz zwischen politischen Eliten und Parteien einerseits und den Bürgern andererseits. Das öffentliche Vertrauen in politische Führung und demokratische Institutionen befindet sich nicht nur in Deutschland in einem Allzeittief.«

Es handelt sich bei dem Inhalt dieses Textauszugs um eine Grundbotschaft, die in den verschiedensten Varianten kursiert und die dabei ist, sich schon aufgrund ihrer unablässigen Wiederholung zu einer Überzeugung zu verdichten. Dieser scheinen die empirischen Belege in Fülle zuzuwachsen, weil Gegenbelege ausgeblendet werden. Man kann beobachten, wie das, was man als ein »post-faktisches Krisennarrativ« bezeichnen kann, zunehmend ein Eigenleben und einen

* Der Beitrag nimmt die Demokratie- und Politikskepsis während der 18. Wahlperiode des Deutschen Bundestags in den Fokus, welche maßgeblich als Folge der sogenannten Migrationskrise und der Konflikte um eine gemeinsame europäische Lösung manifest geworden ist. Angesichts dieser spezifischen Perspektive des Jahres 2016 wurde der Text nur behutsam aktualisiert.

scheinbaren Wirklichkeitsgehalt gewinnt. Es lässt sich absehen, dass demnächst jeder, der widerspricht, als – womöglich bezahlter – Lügner diffamiert wird, der im Dienste derer, die davon profitieren, Volksverdummung betreibt.

Nichtsdestoweniger versucht der nachfolgende Text den gerade noch offen stehenden Türspalt zu nutzen und Widerspruch einzulegen. Die Absicht, die damit verfolgt wird, besteht nicht darin, der Krisenbehauptung ein generelles Entwarnungssignal entgegenzusetzen. In der Tat befindet sich die Demokratie in Deutschland und in anderen Ländern in einem Veränderungsprozess, der Probleme mit sich bringt, die keinesfalls auf die leichte Schulter genommen werden dürfen. Es führt aber nicht weiter, diese Probleme mit einer schablonenhaften Krisenerzählung erfassen zu wollen. Zu einer realistischen Analyse bedarf es vielmehr der ernsthaften Anstrengung des Begriffs und vor allem auch eines überlegten empirischen Untersuchungskonzepts, das sich über die gefährlichen Untiefen einer Ad-hoc-Empirie hinwegzusetzen versteht. Eine Strategie, die wir nachfolgend mit dieser Zielsetzung zum Einsatz bringen wollen, besteht darin, das gesamte relevante Variablen- und Datenfeld und nicht nur diejenigen Teile von ihm in den Blick zu nehmen, die eine vorgefasste Meinung bestätigen können. Dies klingt sehr einfach und dermaßen plausibel, dass kaum jemand widersprechen wird. Die Praktizierung dieser Strategie ist allerdings offenbar sehr viel schwieriger, wie sich gleich herausstellen wird.

2. Parteien- und Politikerverdrossenheit – Indiz einer negativen Grundstimmung in der Bevölkerung?

Wir wollen in unsere eigene Untersuchung, die einer realistischen Diagnose des gegenwärtigen Zustands der Demokratie in Deutschland dienen soll, mit einem kritischen Blick auf die Behauptung einer verbreiteten »Parteien- und Politikerverdrossenheit« einsteigen, die in den Medien – aber auch in Teilen der politischen Wissenschaft – seit Längerem zur Kennzeichnung einer angeblich vorherrschenden negativen Grundstimmung in der deutschen Bevölkerung gegenüber der Demokratie dient. Tatsächlich gibt es eine Mehrzahl empirisch fundierter Faktenfeststellungen, die für die Richtigkeit dieser Behauptung zu sprechen scheinen.[1]

1 Elmar Wiesendahl hat sich mit konkurrenzloser Insistenz über einige Jahrzehnte hinweg um die Zusammentragung, Präsentation und Kommentierung von Daten bemüht, welche für eine empirische Fundierung der Verdrossenheitsthese verwendbar sind (vgl. etwa Wiesendahl 1992, Wiesendahl 2011). Eine nach wie vor als erstrangig informativ anzusehende Sammlung, kritische Kommentierung und empirische Nachkontrolle von Aussagen, Behauptungen und Untersuchungen zur »Verdrossenheitsthematik« findet sich bei Arzheimer 2002.

- Zumindest bis ins Jahr 2016 gab es einen Abwärtstrend bei der Beteiligung an Wahlen, der mit unterschiedlichen Steilheitsgraden sowohl die Bundestagswahlen, wie auch die Landtags- und Kommunalwahlen betraf.
- Die durchschnittliche Parteibindung (die sogenannte »Parteiidentifikation«) der Wähler ist in den zurückliegenden Jahren zunehmend zurückgegangen.
- In Verbindung hiermit hat die Zahl der sogenannten »Wechselwähler« kontinuierlich zugenommen und erreicht heute insbesondere bei den großen Volksparteien einen Anteil von circa 45 bis 50 Prozent, sodass diese Parteien nur noch mit einem stark verringerten Bestand von zuverlässigen »Stammwählern« rechnen können.
- Darüber hinaus haben diese Parteien im selben Zeitraum einen zunehmenden Teil – aktuell bis zu circa 50 Prozent – ihrer eingeschriebenen Mitglieder eingebüßt.
- Besonders gravierend ist aber auch, dass sich bei Befragungen über die Einstellung der Bevölkerung zu »den Parteien und Politikern« in den zurückliegenden Jahren zunehmend negative Ergebnisse einstellten. Unter anderem antworteten auf die Frage, ob die Politiker die Anliegen der Bevölkerung, oder vielmehr in erster Linie ihre eigenen Interessen im Auge hätten, bei Befragungen der letzten Zeit circa zwei Drittel der Befragten mit »ihre eigenen Interessen«.
- Geradezu erschreckend muss es aber letztlich erscheinen, dass das »Vertrauen in die politischen Parteien« nach übereinstimmenden Ergebnissen zahlreicher Befragungen dramatisch abgesunken ist und – je nach der Art der Fragestellung – im Extremfall inzwischen bereits die 10-Prozentgrenze unterschreitet. Mit anderen Worten hat sich bei der überwiegenden Mehrheit der Bevölkerung im Verhältnis zu den politischen Parteien und deren – von ihr selbst gewähltem – Personal ohne jeden Zweifel eine gravierende Vertrauenslücke herausgebildet.

3. Ergebnisse eines breiter angelegten Blicks

3.1 Das Vorhandensein individueller Politikerbilder

Alle diese auf einem gemeinsamen Entwicklungsstrang liegenden Erscheinungen vermitteln in der Tat den Eindruck, dass im Verhältnis zwischen der Bevölkerung und ihren gewählten politischen Repräsentanten eine zunehmende Entfremdung eingesetzt hat, die sich aufseiten der Bevölkerung – oder großer ihrer Teile – mit wachsender Gleichgültigkeit, gegebenenfalls aber auch mit Verdruss, Wut und Misstrauen verbindet. Es erscheint unsinnig, diesen Befund mit welchen Argumenten auch immer entschärfen zu wollen.

Dessen ungeachtet muss der Tendenz, die Belege für eine »Parteien- und Politikerverdrossenheit« pauschal als repräsentativ für die Einstellung der Bevölkerung gegenüber der Demokratie anzusehen, entschieden entgegengetreten werden. Der entscheidende Grund hierfür besteht darin, dass die als empirisches Phänomen geltende Parteien- und Politikerverdrossenheit keinesfalls die »Grundstimmung« der Bevölkerung in ihrer Gesamtheit wiedergibt. Sie verkörpert vielmehr innerhalb dieser Grundstimmung nur ein einzelnes Segment, welchem jedoch schwergewichtige Segmente mit entgegengesetzter Ausrichtung entgegenstehen.

Ein erster Schritt zur Auffindung solcher andersartiger Segmente bietet sich bereits bei der Betrachtung der regelmäßig aufgrund von Umfragen veröffentlichten Bewertungen einzelner Politiker an. Es zeigt sich, dass zwischen diesen Einzelbewertungen, die sich überwiegend im positiven Bereich bewegen, sehr deutliche Unterschiede bestehen, die zudem innerhalb verhältnismäßig kurzer Zeitspannen individuell variieren können. Es lässt sich hieraus schließen, dass die intertemporal nur wenig variierende pauschale (Negativ-) Bewertung *der* Politiker[2] nur das verhältnismäßig abstrakte Kollektivsubjekt dieser Personengruppe betrifft, nicht aber die realen Einzelpersönlichkeiten, aus denen es sich zusammensetzt. Mit anderen Worten handelt es sich bei dieser Negativbewertung um ein Konstrukt, dessen Wirklichkeitsbezug sehr begrenzt ist. Die Negativbewertung *der* Politiker reiht sich zwanglos in eine größere Zahl von Pauschalbewertungen verschiedenster Personengruppen ein, denen man in der Umfrageforschung begegnen kann. Überall zeigt sich, dass die abstrakten Kollektivsubjekte dieser Gruppen deutlich negativer beurteilt werden als ihnen zuzurechnenden Einzelpersonen, mit denen sich konkrete Vorstellungs- oder Erfahrungsgehalte verbinden lassen. Dies betrifft *die* Beamten ganz ebenso wie zum Beispiel *die* Zuwanderer oder Flüchtlinge, oder auch *die* Jugendlichen, *die* Polizisten, *die* Journalisten oder *die* Manager.

Zwar zeigen zum Beispiel die Berufsprestige-Ranglisten, dass die Kollektivbewertungen verschiedener Personengruppen auf unterschiedlicher Ebene liegen, wobei *die* Politiker zugegebenermaßen nicht allzu gut abschneiden. Die Differenz zwischen den Pauschalbewertungen der Personengruppen und den höher liegenden Individualbewertungen findet sich aber überall. Festhaltenswert ist außerdem, dass die hohen Bewertungen von Einzelpersonen

2 Vgl. zu einer wichtigen Ausnahme den nachfolgenden Abschnitt.

bei den niedrig bewerteten Gruppen durchaus höher liegen können, als die Mehrzahl der Einzelbewertungen bei den hoch bewerteten Gruppen.

3.2 Außerkraftsetzung der Verdrossenheit bei den Wahlen

Die empirischen Informationen über die Parteien- und Politikerverdrossenheit entstammen in der Regel einzelnen Umfragen. Das Wissen darüber, dass es sich hierbei um ein überdauerndes Phänomen handelt, geht auf die Auswertung verschiedener Einzelumfragen zu Zeitpunkten zurück, die in der Regel mindestens ein Jahr auseinander liegen und deren Zahl meist sehr begrenzt ist.

Ungeachtet der Bedeutung, die dem Verdrossenheitsphänomen in gängigen Diskursen zugeschrieben wird, hat sich bisher kaum jemand die Mühe gemacht, die Ergebnisse engmaschiger stattfindender Erhebungen wie etwa des monatlich ins Feld gehenden Politbarometers der Forschungsgruppe Wahlen lückenlos, das heißt unter Einbeziehung aller Zeitpunkte auszuwerten, für die Daten vorliegen. In der Tat handelt es sich hierbei um ein verhältnismäßig frustrierendes Unternehmen, das man mit einigem Abscheu als »Fliegenbeinzählerei« von sich weisen mag. Wo eine solche »Disgusting Activity« stattfand, haben sich allerdings – zumindest in einzelnen Fällen – höchst erstaunliche Ergebnisse eingestellt, die geeignet sind, selbst Auffassungen, die empirisch gut fundiert zu sein scheinen, ins Wanken zu bringen.

Einen solchen Fall bekommt man vor Augen, wenn man die Grafiken betrachtet, mit denen in der entsprechenden Veröffentlichung[3] die Ergebnisse einer engmaschigen Nachverfolgung der »mittleren Bewertung« der CDU (in Bayern der CSU), der SPD und der FDP und der »mittleren Bewertung« von Politikern dieser Parteien in West- und Ostdeutschland zwischen 1994 und 1999 wiedergegeben werden. Es zeigt sich, dass die Parteienbewertung kurz nach der Bundestagswahl von 1994 von einem bei der Wahl erreichten Höchststand zügig abfiel, um nach einer Trendwende im Jahr 1997 bis zur Bundestagswahl 1998 kräftig anzusteigen und unmittelbar nach der Wahl wiederum einem schnellen Abstieg zu verfallen. Ähnlich sank die mittlere Bewertung von Politikern der Altparteien nach der Bundestagswahl 1994 »dramatisch« und erholte sich erst im Wahljahr 1998 wieder.

3 Siehe hierzu Maier 2002; vgl. zur Beschäftigung mit weiteren empirisch begründeten Hinweisen auf Instabilitäten von »Verdrossenheitsindikatoren«, die mit dem »Wahlzyklus« verknüpft sind, den Exkurs »Die Entwicklung von Verdrossenheitsindikatoren im Zeitverlauf« in: Arzheimer 2012: 278ff.

Es lässt sich angesichts dieses Ergebnisses von einer temporären Außerkraftsetzung der Parteien- und Politikerverdrossenheit in Verbindung mit Wahlen sprechen (wir wollen mit einigermaßen gutem Gewissen von der Annahme ausgehen, dass das Untersuchungsergebnis, das sich zunächst nur auf zwei Bundestagswahlen bezieht, hochgradig verallgemeinerungsfähig ist). Mit anderen Worten vermag die Verstärkung medialer Aufmerksamkeit, die Politikern in Verbindung mit einer Wahl zuteil wird, sowohl ihr persönliches Image, wie auch das ihrer Partei deutlich zu erhöhen und gegebenenfalls auch ins Positive zu wenden.

Bei der Suche nach einer Erklärung liegt es nahe, ein weiteres Untersuchungsergebnis heranzuziehen, das für sich betrachtet ebenfalls sehr überraschend ist, das seine eigentliche Aussagekraft aber erst in Verbindung mit eben diesem Phänomen erhält: Bei der Korrelationsanalyse von Daten des auf Jahresbasis kumulierten Politbarometers 2009 zeigt sich, dass es eine extrem starke – und beinahe schon exklusive – Beziehung zwischen dem »Interesse an Politik« und dem »Interesse an der Bundestagswahl« gab, die in diesem Jahr stattfand ($r = 0{,}703$).

Gestatten wir uns auch hier die schon einmal praktizierte Verallgemeinerung, dann lässt sich folgern, dass die mit zentralen politischen Wahlen einhergehende forcierte Medieneinwirkung eine sprunghafte Steigerung des normalerweise nicht allzu starken politischen Interesses in der Bevölkerung und in Verbindung damit eine Fokussierung der Aufmerksamkeit der Menschen auf die zur Entscheidung anstehenden personellen Alternativen mit sich bringt, wobei naturgemäß die Inhaber der Spitzenpositionen in den Mittelpunkt rücken. Die politischen Parteien erfahren hierbei insofern eine ins Positive verlaufende Umwertung, als sie auf abgeleitete Weise zusammen mit den betreffenden Personen mitbewertet werden, sodass ihre gegebenenfalls deutlich tiefer liegenden Normalbewertungen nach oben gezogen und – jedenfalls teilweise – neutralisiert werden.

Natürlich dürfte es ein solches Gesamtergebnis, das auf einen verbreiteten – wenn auch sehr kurzfristigen – Einstellungswandel durch forcierte Medieneinwirkung schließen lässt, gar nicht geben, wenn es sich bei der Parteien- und Politikerverdrossenheit um eine in der Person der Wähler stark verankerte Einstellung handeln würde. Diese entpuppt sich vielmehr als eine an den Alltag des politischen Betriebs gebundene Erscheinung, die mit relativ geringem auf die Politik gerichteten Interesse und einem nur halb und oft auch nur widerwillig geöffneten Ohr für das bevorzugt auf Skandalisierung ausgerichtete, das heißt eher negativ gefärbte mediale Dauerrauschen einhergeht.

4. Das Zufriedenheitsparadox

4.1 Demokratiezufriedenheit im Fokus

Die vorstehenden Ergebnisse einer insistierenden empirischen Forschung sind schon für sich allein betrachtet geeignet, die gängige Annahme zu erschüttern, dass die Parteien- und Politikerverdrossenheit die politische Grundstimmung in der Bevölkerung im Ganzen charakterisiert.

Eine noch weitaus größere Bedeutung kommt allerdings – mit genau derselben Stoßrichtung – einem weiteren Sachverhalt zu, der sich abkürzend als politisches Zufriedenheitsparadox kennzeichnen lässt. Es handelt sich kurz gesagt um die höchst überraschende Tatsache, dass ungeachtet einer fortdauernden und sich tendenziell verstärkenden »Verdrossenheit« die »Demokratiezufriedenheit« in der deutschen Bevölkerung – oder zumindest in maßgeblichen ihrer Teile – immer wieder Hoch- und Höchstwerte zu erreichen vermochte.

Bevor diese Feststellung empirisch belegt wird, sei die These aufgestellt, dass die Bevölkerung der Demokratiezufriedenheit eine fundamentale Bedeutung zumisst. Zwar wird davon auszugehen sein, dass der Lebenszufriedenheit, die Menschen bei Befragungen angeben, eine noch grundlegendere Aussagekraft zukommt, weil sie grundsätzlich alle Lebens- und Erfahrungsbereiche überspannt. Wo die Lebenszufriedenheit und die Demokratiezufriedenheit der Menschen innerhalb ein und derselben Studie erfasst wurden, konnte aber festgestellt werden, dass die Demokratiezufriedenheit einen maßgeblichen Einflussfaktor der Lebenszufriedenheit darstellt.

Wohlgemerkt muss dies keinesfalls bedeuten, dass die Menschen der Demokratie im Sinne eines politologisch definierbaren Gestaltungsprinzips und damit auch der Politik selbst eine ausschlaggebende Bedeutung für ihre Lebensqualität zumessen. Vielmehr lässt sich die nachweislich bestehende enge Beziehung zwischen den beiden Zufriedenheiten eher umgekehrt mit einem ausgeweiteten Begriffsverständnis von Demokratie erklären. Dieses vermag den politischen Bereich im engeren Sinne des Wortes zu überschreiten und meint dann eher den Zustand des übergreifenden gesellschaftlichen Gesamtsystems, in welches man sich als Individuum eingebettet sieht und von dem man sich existenziell abhängig weiß, was naturgemäß die Lebenszufriedenheit in einem umfassend auf den Zustand der eigenen Person bezogenen Sinn maßgeblich beeinflusst.

Aufgrund diverser Ergebnisse von Datenanalysen, die der Abfassung dieses Textes zugrunde liegen, wird nachfolgend dieser erweiterten Interpretation gefolgt. Nichtsdestoweniger verbindet sich hiermit kein An-den-Rand-Drängen des politischen Bereichs, der sich vielmehr, wie sich noch zeigen wird, innerhalb des breiter ausgreifenden Bereichs, auf den sich die Variable »Demokratiezufriedenheit« bezieht, als einer der hauptsächlichen Gegenstände der Untersuchung anbietet.

4.2 Die zeitliche Entwicklung der Demokratiezufriedenheit

Will man sich einen Eindruck von der zeitlichen Entwicklung der Demokratiezufriedenheit in Deutschland verschaffen, dann ist man auf inhaltlich und methodisch vergleichbare Erhebungen angewiesen, welche über einen längeren Zeitraum hinweg durchgeführt wurden. Zu diesem Zweck bietet sich zum Beispiel das seit 1973 jährlich in den Ländern der Europäischen Union erhobene Eurobarometer an, bei welchem bei allen Einzelerhebungen nach der »Zufriedenheit mit der Art und Weise, in der die Demokratie funktioniert« gefragt wurde, insbesondere aber auch das Politbarometer der Forschungsgruppe Wahlen, das seit 1977 monatlich erhoben wird und das in allgemein zugänglicher Weise in einer auf Jahresbasis kumulierten Form zur Verfügung steht.

Der Blick auf die Daten legt grob gesagt eine Unterscheidung von drei Zeitabschnitten nahe: Erstens bewegte sich in der Zeit von den 1970er-Jahren bis circa 1990 die Demokratiezufriedenheit in (West-)Deutschland mit geringfügigen Schwankungen auf einem sehr hohen Niveau, das den EU-Durchschnitt bei weitem übertraf. Die zweite Phase begann circa 1991, das heißt also im direkten Anschluss an die Wiedervereinigung, als diese Größe überraschend sehr deutlich bis in die Nähe des EU-Durchschnitts absank und gleichzeitig stark zu schwanken begann. Bei der Bevölkerung der ehemaligen DDR, die seit 1991 in die Erhebungen einbezogen wurde, entwickelte sich – allerdings auf deutlich niedrigerem, das heißt unter dem EU-Durchschnitt liegendem Niveau – ziemlich exakt dasselbe unruhige Verlaufsprofil. Ungefähr im Jahr 2005 zeichnete sich demgegenüber der Beginn einer dritten Phase ab, die durch einen Wiederanstieg der Demokratiezufriedenheit auf das frühere hohe Niveau bei gleichzeitig wieder nachlassenden Schwankungen charakterisiert war.

Angesichts einer relativ geringen Aufmerksamkeit, welche die stark auf die politischen Parteien fixierte deutsche Politikwissenschaft der Demokratiezufriedenheit der Bevölkerung schenkte, fand diese bemerkenswerte Verlaufscharakteristik bisher keine befriedigende Erklärung. Die hier bestehende Erklärungslücke soll – und kann – auch im vorliegenden Zusammenhang nicht systematisch geschlossen werden. Die Dinge, die angesichts der aktuell verfolgten Fragerichtung von besonderer Bedeutung sind, lassen sich jedoch – unter Einbeziehung einiger hypothetischer Deutungselemente – wie folgt zusammenfassen:

- Bei der Nachverfolgung der zeitlichen Entwicklung der Demokratiezufriedenheit in Deutschland zeigt sich eine deutlich vorherrschende Tendenz zu hohen Werten, die sich ungeachtet zeitlich begrenzter Einbrüche immer wieder durchsetzte. Diese Expansionstendenz bestand ungeachtet der tendenziell zunehmenden Parteien- und Politikerverdrossenheit. Sie lässt sich als Folge des Vorhandenseins expansiv wirkender Einflussfaktoren interpretieren, denen seitens der Bevölkerung offensichtlich eine größere Bedeutung zugerechnet wird als denjenigen Faktoren, welche das Verdrossenheitssyndrom hervorbringen.
- Es ist zwar nicht auszuschließen, dass zu den Einflüssen, welche zeitweilige Zufriedenheitseinbrüche hervorbrachten, unter anderem auch eben diese letzteren Faktoren gehörten. Zusammenfassend lässt sich aber feststellen, dass die temporären Niveauveränderungen und Schwankungen des Zufriedenheitsniveaus als Störungen interpretiert werden können, die zwar in der Lage waren, den psychischen Zustand der Menschen zeitweilig zu beeinflussen, die aber nicht stark genug waren, um den positiven Gesamtverlauf der Zufriedenheitsentwicklung nachhaltig zu verändern.
- Eine auffällige Tendenz zu einem längerfristigen, relativ unterbrechungslosen (Wieder-)Ansteigen der Demokratiezufriedenheit lässt sich für die Zeitspanne zwischen 2005 und 2015 feststellen. Es kann davon ausgegangen werden, dass jedenfalls vorerst kein Anlass besteht, von einer »Krise« der Demokratiezufriedenheit zu sprechen. (Von einer »Krise« sollte nach Auffassung des Autors dann – und nur dann – gesprochen werden, wenn ein bisher bestehender Zusammenhang von Regelmäßigkeiten ernsthaft infrage gestellt ist, sodass maßgebliche deutungsleitende Hypothesen aufgegeben werden müssen).

4.3 Soziodemografie der Demokratiezufriedenheit

Bevor die Analyse an dieser Stelle fortgeführt wird, sollen zu der Beschreibung der Demokratiezufriedenheit in Deutschland noch einige Striche hinzugefügt werden. Mit der Charakterisierung des zeitlichen Verlaufs dieses Phänomens unter Angabe seiner Stärke zu verschiedenen Zeitpunkten und der Stabilität seines Auftretens sind wir diesbezüglich zwar schon relativ weit vorgedrungen. Nichtsdestoweniger ist das Bild an einigen wichtigen Punkten aber zunächst noch verhältnismäßig abstrakt. So ist insbesondere bisher noch nichts über die Intensität der Demokratiezufriedenheit insgesamt und über die Intensität ihres Auftretens in den verschiedenen Teilen der Bevölkerung, kurz gesagt über die »Soziodemografie« der Demokratiezufriedenheit ausgesagt.

Bei der Schließung dieser Lücke konkretisiert sich das bisher gewonnene Bild beträchtlich. So lässt sich verfügbaren Daten zunächst ein Aufschluss darüber entnehmen, wie sich die Ausprägungsgrade der Demokratiezufriedenheit in der Gesamtbevölkerung auf einer sechsteiligen Intensitätsskala verteilen. Nachfolgend werden die im Jahr 2008 bei der Bevölkerungsumfrage »Allbus« gemessenen Werte wiedergegeben:

Tabelle 1: Demokratiezufriedenheit in Deutschland 2008

Zufriedenheitsgrad	sehr zufrieden	ziemlich zufrieden	etwas zufrieden	etwas unzufrieden	ziemlich unzufrieden	sehr unzufrieden
	7,3 %	38,5 %	26,1 %	15,8 %	8,8 %	3,5 %

Quelle: Allbus 2008 und eigene Berechnung.

Überträgt man dieses in Prozentwerten ausgedrückte Verteilungsbild gedanklich in eine Graphik, so erhält man eine »links-steile« Verteilung, die ihre höchste Ausprägung bei dem zweithöchsten Verteilungsgrad (»ziemlich zufrieden«) hat und die nach den nachfolgenden Zufriedenheits- beziehungsweise Unzufriedenheitsgraden hin verhältnismäßig kontinuierlich abfällt. Es lässt sich hieraus die Feststellung ableiten, dass die in der Bevölkerung insgesamt überwiegende Demokratiezufriedenheit – jedenfalls im Zeitpunkt der Messung – durchschnittlich verhältnismäßig kräftig ausgeprägt war und umgekehrt die nichtsdestoweniger bei einem kleineren Bevölkerungsteil vorhandene Unzufriedenheit verhältnismäßig gemäßigt ausfiel (sie hatte ihren Schwerpunkt bei dem niedrigsten Unzufriedenheitsgrad).

Geht man noch einen Schritt weiter und befragt man die Daten danach, wie das Verteilungsmuster in verschiedenen Teilen der Bevölkerung ausfiel, so stößt man zunächst – man möchte sagen: überraschender Weise – bei der Abfragung des Geschlechts und der verschiedenen Altersgruppen nur auf sehr begrenzte Unterschiede. Grob gesagt sind die Extremwerte (»sehr zufrieden« und »sehr unzufrieden«) bei den Frauen etwas stärker ausgeprägt als bei den Männern, während sich dies bei den jungen Menschen im Vergleich zu den Älteren umgekehrt darstellt.

Auffallend stark sind die Unterschiede dahingegen bei den *sozialen Statusgruppen*, wie die nachfolgende Tabelle zeigt, welche die Verteilung der auf verschiedene Statusgruppen entfallenden Prozentanteile unter Beschränkung auf die oberste und die unterste Teilgruppe wiedergibt:

Tabelle 2: Demokratiezufriedenheit in Deutschland 2008 nach Statusgruppen

Zufriedenheitsgrad der Statusgruppen	sehr zufrieden	ziemlich zufrieden	etwas zufrieden	etwas unzufrieden	ziemlich unzufrieden	sehr unzufrieden
(ganz) oben	21,1 %	36,8 %	21,1 %	7,9 %	7,9 %	5,3 %
(ganz) unten	2,3 %	13,6 %	18,2 %	25,2 %	27,3 %	13,6 %

Quelle: Allbus 2008 und eigene Berechnung.

Da sich das Verteilungsmuster der Zufriedenheitsgrade beim Übergang von den höheren zu den niedrigeren Statusgruppen verhältnismäßig kontinuierlich verändert beziehungsweise verschlechtert, lässt sich zusammenfassend sagen, dass sich bezüglich der (Un-)Zufriedenheitsausprägungen beim Oben-Unten-Vergleich entgegengesetzte Muster abzeichnen.

Anders ausgedrückt führt es offensichtlich in die Irre, wenn man – gestützt auf einen Durchschnittsprozentsatz – von einer in *der* Bevölkerung vorherrschenden Demokratiezufriedenheit spricht. Allerdings handelt es sich bei dem Bevölkerungsanteil, bei dem im Jahr 2008 die Zahl der Unzufriedenen die Zahl der Zufriedenen überstieg, um eine sehr kleine Gruppe von maximal 5 Prozent der repräsentativ Befragten, sodass – jedenfalls für dieses der Erhebung zugrunde liegende Jahr und unter Einbeziehung aller Befragten, die eine auch noch so geringe Zufriedenheit angegeben hatten – von vorherrschender Demokratiezufriedenheit in der überwiegenden Mehrzahl der Statusgruppen ausgegangen werden kann. Es muss dabei in Rechnung gestellt werden, dass im Jahr 2008 keineswegs bereits der Gipfelpunkt des Anstiegs der Demokratiezufriedenheit seit 2005 erreicht war, der sich vielmehr noch über eine Reihe von Jahren hinweg fortsetzte. Man wird somit die realen Verhältnisse jenseits jeglicher Übertreibungsgefahr kennzeichnen, wenn man verallgemeinernd davon ausgeht, dass Demokratiezufriedenheit bisher bei der »breiten Mitte« der Bevölkerung vorherrschte.

Es sei dieser Feststellung die Bemerkung hinzugefügt, dass die »breite Mitte« dasjenige Bevölkerungssegment kennzeichnet, auf das es, politisch gesehen, »ankommt«. Wir werden deshalb die nachfolgende Analyse durchweg auf eben dieses zahlenmäßig dominierende Bevölkerungssegment beziehen. Zur Vermeidung von Missverständnissen sei nochmals verdeutlicht, dass es sich hierbei im vorliegenden Text um dasjenige Segment handelt, das diejenigen gesellschaftlichen Statusgruppen übergreift, bei denen unter den in den zurückliegenden Jahren gegebenen Bedingungen jeweils mit mehr oder weniger deutlich überwiegender Demokratiezufriedenheit gerechnet werden konnte.[4]

5. Gründe für die Demokratiezufriedenheit in der breiten Mitte

5.1 Economy matters …

Fragen wir nunmehr, wie sich die vorherrschende Demokratiezufriedenheit der »breiten Mitte« der Bevölkerung in den zurückliegenden Jahren erklären lässt, dann wollen wir uns weiterhin an empirische Quellen halten. Wir entscheiden uns weiterhin für eine vorrangige Nutzung der auf Jahresbasis kumulierten Daten der monatlichen Erhebungen des Politbarometer 2014 der Forschungsgruppe Wahlen, wobei wir uns sowohl von dem hochgradig einschlägigen Inhalt des zugrunde liegenden Fragebogens, wie auch von der zeitlichen Nähe der Erhebungen zum heutigen Zeitpunkt leiten lassen.

4 Die Konzentration auf die »breite Mitte« der Bevölkerung bringt eine Fokussierung der Analyse mit sich, die sowohl eine Schärfung des Blicks für Entwicklungen im Mehrheitsbereich der Bevölkerung, wie auch die Entstehung von – gewollten! – »Unschärfen« selbst in solchen gesellschaftlichen Minderheitsbereichen zur Folge hat, denen zumindest zeitweilig eine hohe Medienaufmerksamkeit zuteil wurde. Es hängt hiermit zusammen, dass in der vorliegenden Analyse zum Beispiel der gesamte »Partizipationskomplex« nicht in Erscheinung tritt, der – nüchtern betrachtet – bislang nur kleinere Teilbereiche der Bevölkerung unmittelbar zu involvieren vermochte. Gegen diese Feststellung spricht auch nicht, dass in den letzten Jahren eine beträchtliche Mehrheit der Bevölkerung bei Umfragen Partizipation als wichtig deklarierte, und gegebenenfalls die eigene Beteiligung in Aussicht stellte. Es wird hierzu – en passant, das heißt ohne empirische Belegung – die These in den Raum gestellt, dass diese in der Tat die »breite Mitte« übergreifende Interessiertheit und Bereitschaftshaltung keinesfalls auf eine hohe – und gewissermaßen ungeduldige – Bereitschaft der Bevölkerungsmehrheit zu einer intensiven Nutzung zusätzlicher Beteiligungsangebote oder zur spontanen Entwicklung entsprechender Initiativen schließen lässt, sondern vor allem eine Bereitschaft signalisiert, im Fall der Betroffenheit wesentlicher Eigeninteressen durch politisch-administrative Entscheidungen aktiv zu werden, das heißt zum Beispiel an lokalen »Bürgerentscheiden« oder Protestkundgebungen teilzunehmen, ein Protestwahlverhalten zu entwickeln, oder auch nur bei Umfragen Unmut zu äußern, das heißt Möglichkeiten zu ergreifen, die grundsätzlich als »funktionale Äquivalente« betrachtet werden können.

Nachfolgend wollen wir aus einer die Mehrzahl der erfassten Variablen einbeziehenden Korrelationsmatrix diejenigen beiden Korrelationskoeffizienten hervorheben, die eine herausragend starke Beziehung zur Variable Demokratiezufriedenheit ($r \geq 0{,}300$) signalisieren. Der eine dieser Koeffizienten, dem wir uns zunächst zuwenden, gibt das Ergebnis der Korrelation der Variable »Demokratiezufriedenheit« mit der Variable »Zufrieden mit der Marktwirtschaft« wieder ($r = 0{,}375$). Da hinter der hohen Ausprägung des Koeffizienten überwiegend hohe Zufriedenheitswerte bei beiden Variablen stehen, lässt sich folgern, dass die Demokratiezufriedenheit im Jahr der Erhebung umso höher war, je höher die Zufriedenheit mit der Marktwirtschaft war.

Bevor dieses überraschende Ergebnis einer Interpretation zugeführt wird, soll ergänzend festgehalten werden, dass die Variable »Zufrieden mit der Marktwirtschaft« in einem sehr engen Zusammenhang mit der Variable »Beurteilung der Wirtschaftslage« ($r = 0{,}322$) und der Variable »Beurteilung der eigenen Wirtschaftslage« ($r = 0{,}342$) stand. Unter Einbeziehung dieser zusätzlichen Information lässt sich folgern, dass es der breiten Mitte der Bevölkerung bei der Hervorhebung der Bedeutung der Marktwirtschaft für die Zufriedenheit mit der Demokratie nicht etwa um ein Grundsatzbekenntnis zum Kapitalismus, sondern um eine lebenspraktische Erfahrungsbewertung ging. Offensichtlich galt: »Economy matters«, wobei letzten Endes die persönliche Wirtschaftssituation (und vermutlich auch die Lage der eigenen Familie) den Ausschlag gab.[5]

Unter Rückkopplung zur Verdrossenheitsthematik lässt sich verallgemeinernd feststellen: Wenn es den Menschen – innerhalb ihres individuellen Handlungs- und Erfahrungsraums – gut geht, und wenn für das Fortdauern dieses Zustands innerhalb eines relevanten Zeitraums eine ausreichende Wahrscheinlichkeit besteht, dann verlieren diejenigen Eindrücke, welche unter Umständen Verdrossenheit hervorrufen können, entschieden an Bedeutungsgewicht. Man kann dann zwar im Hinblick auf gewisse Aspekte des politischen Systems »verdrossen« sein. Das übergreifende Gesamtsystem, in welches man sich eingebettet sieht (siehe oben), lässt sich dann aber nichtsdestoweniger positiv bewerten.

5 Dass die Demokratiebejahung der Bevölkerung der Bundesrepublik und die Erfahrung eines zunehmenden wirtschaftlichen Wohlstands schon frühzeitig in einer sehr engen Beziehung standen, wurde von empirieoffenen Beobachtern verschiedentlich registriert und – mit einiger Vorsicht und Zurückhaltung – im einschlägigen Schrifttum dokumentiert. Von Paul Nolte wurde das Thema – abweichend vom vorliegenden Text! – unter dem Obertitel »Spannungslinien« in eine Grundsatzdiskussion der Beziehungen von Demokratie und Kapitalismus eingeordnet (vgl. hierzu Nolte 2012: 426ff.).

5.2 … aber auch die Politik spielt – allerdings von unerwarteter Seite – massiv mit

Wenden wir uns dem zweiten hervorstechenden Korrelationskoeffizienten zu, dann kommt nun allerdings doch das »politische System« ins Blickfeld. Dass es den Menschen gut geht, dass also ihre ökonomische Situation zufriedenstellend ist, ist zwar eine notwendige, offenbar aber nicht hinreichende Bedingung einer hohen Demokratiezufriedenheit. Es bedarf vielmehr einer flankierenden Stützung und Absicherung dieser Zufriedenheitsbedingung durch das politische System, das in den Augen der Bevölkerung – ungeachtet der relativ eigenständigen Stellung, die sie der Wirtschaft zuschreibt – einen maßgeblichen Einfluss auf den Zustand des umfassenden Gesamtsystems besitzt.

Auch diese letztere Feststellung lässt sich empirisch vielfältig verifizieren, wobei wir uns den Nachweis im Augenblick schenken wollen. Wir wollen uns vielmehr auf die überraschende Tatsache konzentrieren, dass sich die politische Beeinflussung nicht von derjenigen Seite her geltend macht, die bei der Suche nach Antworten auf die Frage nach den Bestimmungsfaktoren von Demokratiezufriedenheit unter Zugrundelegung der Schulbuchdefinitionen von Demokratie eigentlich zu erwarten gewesen wäre. Es ist nicht etwa der parlamentarisch-legislative Sektor der Politik, der als besonders einflussreich in Erscheinung tritt, sondern vielmehr der exekutive Bereich, konkret die Bundesregierung: Bei der Inbeziehungsetzung der Variablen »Demokratiezufriedenheit« und »Arbeit der Bundesregierung gut?« ergibt sich unter Verwendung der Daten des Politbarometers 2014 ein Korrelationskoeffizient mit dem Wert $r = 0{,}333$. Die einschlägige Kreuztabelle bestätigt, dass die Demokratiezufriedenheit im Jahr der Datenerhebung in einem sehr hohen Ausmaß von Zufriedenheit der Menschen mit der Arbeit des exekutiven Machtzentrums der nationalen Politik abhängig war, die von der überwiegenden Mehrheit der Befragten geäußert wurde.

Mit Blick auf die Daten des Politbarometers mag geltend gemacht werden, dass in der betreffenden Umfrage, in welcher nicht nach der Bewertung der Arbeit der parlamentarisch-legislativen Organe oder der Parteien gefragt wurde, die direkte Gegenprobe fehlt. Diese Lücke liefert aber keine Grundlage für ein Gegenargument, da sie ohne Weiteres mit Daten aus anderen Quellen gefüllt werden kann. Fassen wir zum Beispiel nochmals die Ergebnisse des »Allbus« von 2008 in den Blick, dann zeigt sich zunächst mit großer Eindeutigkeit, dass der Bewertung der Bundesregierung (in diesem Fall handelt es sich um die Zuerkennung von Vertrauen) auch hier der stärkste Einfluss auf die Demokratiezufriedenheit zukommt. Zwar fallen hier auch dem Bundestag und den politischen Parteien, die in diese Erhebung mit gleicher Fragestellung einbezogen wurden, relativ hohe Einflussgrade zu. Die nähere Untersuchung enthüllt aber, dass diesen Einflussgraden überwiegend Negativbewertungen, konkret gesagt ein vorherrschendes Misstrauen, zugrunde liegen. Es zeigt sich weiter, dass diese Negativbewertungen sehr viel stärker ausgeprägt sind als diejenigen Negativbewertungen, die der Bundesregierung neben den bei ihr überwiegenden Positivbewertungen zufallen. Sie dokumentieren also letztlich die »Parteien- und Politikerverdrossenheit«, die offensichtlich primär den parlamentarisch-legislativen Sektor des politischen System und sehr viel weniger dessen exekutiven Bereich betrifft, welcher vielmehr als »Fels in der Brandung« sichtbar wird.

6. Das Bedürfnis, gut regiert zu werden – ein Stein des Anstoßes?

Grob gesagt wurde die Demokratiezufriedenheit in Deutschland in den zurückliegenden Jahren durch den parlamentarisch-legislativen Bereich des Politiksystems eher belastet und durch seinen exekutiven Bereich eher gestützt.[6] Kurz gesagt wollten die Menschen in der breiten Mitte der Gesellschaft vor allem gut regiert werden. Ihre Demokratiezufriedenheit richtete sich – soweit die Politik für sie maßgeblich war – in starkem Maße daran aus, inwieweit dieses Bedürfnis erfüllt wurde.

Diese Erkenntnis mag für manchen Demokratietheoretiker schockierend klingen. In der Tat finden sich in der politikwissenschaftlichen Literatur Aussagen, die denjenigen Menschen, welche die Exekutive höher bewerten als die Legislative, eine »Untertanenmentalität« zuschreiben.[7] Für einen

6 Die in dieser zusammenfassenden Aussage implizierte Feststellung eines tendenziellen Bedeutungsverlusts der politischen Parteien findet sich in der politologischen Literatur an verschiedenen Stellen (vgl. hierzu zum Beispiel Nolte 2012, passim) Verschiedentlich wird diese zutreffende Feststellung jedoch mit der Deutung verknüpft, dass vor allem in der Jugend – beginnend mit der »partizipativen Revolution« (Max Kaase) seit den ausgehenden 1960er-Jahren – eine Hinwendung zu anderen, vorwiegend informellen und teils unkonventionellen politischen Aktivitätsformen stattgefunden habe, deren gemeinsame Entwicklungsrichtung auf die Entstehung einer direktdemokratischen Basisdemokratie hinziele. In der Tat lässt sich zwar eine tendenzielle Verstärkung partizipativer Bedürfnisse und Aktivitäten nachweisen (vgl. unter anderem Klages/Vetter 2013). Sie findet sich bislang aber nur bei Minderheiten der Bevölkerung und fällt somit bei einer Analyse, die sich auf die »breite Mitte« der Bevölkerung konzentriert, (noch) nicht ins Gewicht (vgl. auch Anmerkung 4).

7 Die – im vorliegenden Text nicht geteilte – Auffassung, dass in einer Bevölkerung, die ihr Verhältnis zur Politik in erster Linie über die Exekutivinstitutionen definiert, eine »Untertanenmetalität« bestehe, geht auf Gabriel A. Almond und Sidney Verba zurück (vgl. Almond/Verba 1965: 17ff.); siehe hierzu auch Gabriel 1987: 39f.

Analytiker, der über die normativen Fixierungen mancher Politikwissenschaftler hinausblickt, muss eine solche »Publikumsbeschimpfung« aber denkbar unbefriedigend sein. Die Orientierung an der Vertrauenswürdigkeit und Erfolgsbilanz der politischen Exekutive lässt nach der hier vertretenen Auffassung vielmehr darauf schließen, dass die Menschen eine realistische Sicht auf die Fakten des politischen Systems zu entwickeln vermögen und vor allem die realen Machtgegebenheiten richtig einzuschätzen wissen. Es können hierbei die folgenden Sachverhalte in Rechnung gestellt werden:

- In ihrer Bedeutung kaum überschätzbar ist die seit Längerem zur Gewohnheit gewordene Zusammenführung der Ämter des Regierungschefs und des Vorsitzes derjenigen Partei, die den Regierungschef stellt. Diejenige Person, die aufgrund Artikel 65 GG als Regierungschef die Richtlinien der Regierungspolitik bestimmt, erhält damit die Chance, gleichzeitig auch die Richtlinien der Parteipolitik zu bestimmen. Dass hierbei eine möglichst weitgehende Übereinstimmung angestrebt wird, liegt in der Natur der Sache. Die »Gewaltenteilung«, eines der heilig gehaltenen Grundprinzipien des demokratischen Verfassungsdenkens, ist damit aber grundsätzlich infrage gestellt.
- In Verbindung hiermit wird die Erarbeitung der Beschlussvorlagen für Parteitage, wie auch der Vorlagen für die Beschlussfassung über Gesetze tendenziell zu einer Regierungsangelegenheit. Man geht davon aus, dass in Deutschland schon seit Längerem bis zu 90 Prozent der Gesetzesvorlagen aus dem Regierungsapparat kommen. Gestützt auf die Mehrheitsverhältnisse im Parlament zieht die Regierung beziehungsweise deren Spitze damit einen wesentlichen Teil der parlamentarischen Arbeit an sich.
- Die Machtstellung, welche die Regierung hierbei gegenüber dem Parlament gewinnt, verstärkt sich dadurch beträchtlich, dass sie – als »kooperativer Staat« – die Abstimmung mit den jeweils betroffenen gesellschaftlichen Gruppen und Kräften im Wege von Einzelverhandlungen und Anhörungen inzwischen bereits routinemäßig selbst praktiziert.[8] Die Anhörung durch Ausschüsse des Bundestags oder der

8 Die Bedeutung, welche Verhandlungen, Anhörungen etc. im Zuge des demokratischen Willensbildungsprozesses zukommt, wurde in den letzten Jahren verschiedentlich stark betont und zum Gegenstand gesonderter Untersuchungen erhoben. In Verbindung hiermit kam es wiederholt zur Feststellung gravierender Systemänderungen der Demokratie, welche unter anderem den Anlass dazu lieferte, dass anstelle der »repräsentativen Demokratie« zum Beispiel von einer »Wettbewerbs-« oder »Verhandlungsdemokratie« oder gar von einer »Postparlamentarischen Demokratie« gesprochen wurde (vgl. zum Beispiel Benz 1998). Von hier aus führen unmittelbare Verbindungswege zu einer weltweit verbreiteten Governance-

Landtage wird dadurch zu einer Ausnahmeerscheinung. Die Gesetzesvorlagen, die dem Parlament von der Regierung zugeleitet werden, können aufgrund dessen in der Regel den gesellschaftlichen Konsens für sich geltend machen und gewinnen dadurch den Status einer weitgehenden Einwandsimmunität.

- Die Macht, welche die Regierungsspitze über die hinter ihr – in Wahrheit aber unter ihr – stehende Partei auszuüben vermag, wird in Deutschland durch das Wahlsystem begünstigt. Dieses macht offiziell die Wahl der Hälfte der Abgeordneten davon abhängig, dass sie von der Führung ihrer Partei auf eine Liste gesetzt werden, die naturgemäß der Genehmigung des oder der Parteivorsitzenden unterliegt. Die betreffenden Abgeordneten gelten ausschließlich aufgrund einer Entscheidung der Parteispitze – gegebenenfalls also der Regierungsspitze – in nur indirekter Abhängigkeit vom Wahlausgang als gewählt. De facto muss darüber hinaus aber davon ausgegangen werden, dass die gesamte Kandidatenaufstellung von der Parteispitze – und damit gegebenenfalls von der Regierungsspitze – kontrolliert oder sogar aktiv gesteuert wird.
- Die dadurch ausgeübte Macht der Regierungsspitze über die Regierungspartei wird durch die Tatsache perfektioniert, dass es eine »innerparteiliche Demokratie« de facto allenfalls in schwacher Ausprägung gibt (für die übrigen Parteien gilt Ähnliches). Die Vergabe der lokalen Parteiämter erfolgt zwar formell aufgrund von Mitgliedervoten. Auch hier aber treten überall dort, wo dies wichtig erscheint, Voten »von oben« in Erscheinung, gegen die anzugehen inopportun ist, da der Vorwurf des »unsolidarischen Verhaltens« schnell im Raume steht.
- Die immer mehr an Bedeutung gewinnende internationale Koordinierung der Politik führt dazu, dass Verhandlungen in und außerhalb internationaler Gremien immer mehr der Regierung(sspitze) obliegen.

Diskussion, die bis heute ein fast unübersehbares Schrifttums hervorbrachte. Es kann zwar kein Zweifel daran bestehen, dass diese Entwicklungen zur intensiveren Beleuchtung einer Vielfalt empirischer Sachverhalte führten, die vorher eher vernachlässigt worden waren. Eine gemeinsame Schwäche, die allen diesen Entwicklungen anhaftet, ist jedoch die Annahme, dass diese Sachverhalte eine Grundlage für die Annahme liefern, dass die moderne Demokratie auf dem Weg sei, sich in ein »pluralistisches« System ohne ein eindeutig erkennbares Herrschaftssubjekt zu verwandeln. Von daher gesehen kann die hier vorgelegte Analyse als ein Ansatz zu einem Gegenentwurf betrachtet werden. Die – in diesem Text zunächst noch nicht unmittelbar angezielte – Gegenposition würde lauten, dass es – durchaus in Verbindung mit »pluralistischen« Entwicklungen – unter bestimmten Bedingungen zu Verschiebungen im Herrschaftsgefüge demokratischer Systeme (das heißt also nicht zu seiner Auflösung) kommt, die gegebenenfalls zu einschneidenden Gewichtsverlagerungen von seinem parlamentarisch-legislativen zu seinem exekutiven Funktionsbereich hinführen.

Der Bundestag pocht zwar – unter Bezugnahme auf Artikel 23 GG – unablässig auf sein Recht, über die jeweiligen Gesprächs- und Verhandlungsergebnisse frühzeitig in Kenntnis gesetzt zu werden und vor verbindlichen Beschlussfassungen ein Votum abgeben zu können. Dass es ihm jedoch in der Regel an Durchsetzungschancen mangelt, liegt allerdings offen zutage.[9]

– Darüber hinaus häufen sich die Fälle, in denen Verhandlungen auf internationaler Ebene in Regierungsabkommen enden, die im Rahmen der Rechtssetzungskompetenzen der beteiligten Regierungen verbindlich gemacht werden. Am Fall der inzwischen auf Eis gelegten TTIP-Verhandlungen ließ sich ablesen, dass im Einzelfall sogar der ausdrückliche Ausschluss von Mitwirkungsrechten der Parlamente beteiligter Länder zum Bestandteil eines Vertragsentwurfs und gegebenenfalls auch eines Vertragstextes werden kann.[10]

7. Bedingungen für das Gefühl, »gut regiert« zu werden

7.1 Die Output-Leistung der Bundesregierung als maßgebliche Einflussgröße

Natürlich muss sich an dieser Stelle die Frage erheben, auf welcher Qualitäts- und/oder Leistungsgrundlage die Bundesregierung eigentlich die Funktion wahrnehmen kann, unter der Voraussetzung einer ausgeprägten Parteien- und Politikerverdrossenheit, die den gesamten parlamentarisch-legislativen Bereich betrifft, als »Fels in der Brandung« zu wirken.

Eine erste Antwort liefert bereits die Benennung der Variable, die zu der Entdeckung dieser Tatsache geführt hatte: Wenn die breite Mitte der Bevölkerung der Bundesregierung bescheinigt, »gute Arbeit« zu leisten,

9 Vgl. hierzu etwa Benz 1998: 214f.

10 Es soll an dieser Stelle nur am Rande registriert werden, dass die Wirkungen der hier aufgelisteten »Machtgegebenheiten« durch die zunehmende Komplexität und Dynamik der Rahmenbedingungen politischer Gesellschaftssteuerung begünstigt und verstärkt werden. Dass hierbei insbesondere auch ein wachsender Beschleunigungsdruck eine Rolle spielt, der auf den politischen Entscheidungsbedingungen lastet, wurde von einer Reihe von Beobachtern registriert. Dass dieser Beschleunigungsdruck die »Verlagerung von Entscheidungen in schnellere Systeme« begünstigt und dass es in diesem Zusammenhang zu »Entscheidungsverschiebungen« vom Parlament zur Regierung beziehungsweise, noch weitergehend, zu deren »Spitzenakteuren« kommt, wird zusammenfassend von Wilharm festgestellt (vgl. hierzu Wilharm 2016).

dann bedeutet dies, dass ihr eine gute »Performance« oder auch eine hohe »Output-Leistung« zugerechnet wird.

In der Tat liefert die empirische Kontrolle eine Mehrzahl von Bestätigungen dieser Interpretation. Es lassen sich im kumulierten Politbarometer 2014 die folgenden thematisch einschlägigen Beziehungen zwischen der Variable »Die Bundesregierung leistet gute Arbeit« und einzelnen Output-Bewertungen auffinden: Regierung leistet gute Arbeit (im folgenden »REG«) x:

Tabelle 3: Beziehung zwischen Regierungszufriedenheit und weiteren Output-Bewertungen

»Regierung leistet gute Arbeit« (REG)		Output-Bewertung	Korrelations-koeffizient r =
REG	x	Kommt voran: Soziale Gerechtigkeit	0,350
REG	x	Kommt voran: Bekämpfung der Arbeitslosigkeit	0,345
REG	x	Kommt voran: Lösung der Eurokrise	0,341
REG	x	Zufrieden mit der Marktwirtschaft	0,300
REG	x	Zufriedenheit mit der Politik auf EU-Ebene	0,285
REG	x	Kommt voran: Abbau der Staatsverschuldung	0,248
REG	x	Kommt voran: Energiewende	0,226

Quelle: eigene Darstellung; kumuliertes Politbarometer 2014.

Es fällt allerdings auf, dass sich ein besonders hoher Koeffizient bei der Korrelation der REG-Variable mit der Variable »Lösung von Problemen: Regierung leistet Beitrag« findet (r = 0,445). Es lässt sich von daher feststellen, dass nicht nur eine auf ein Einzelproblem bezogene Performance honoriert wurde. Vielmehr wurde der Bundesregierung offensichtlich eine allgemeine Problemlösungskompetenz zuerkannt, wobei auch die Erfahrung mit ihrer bisherigen Leistung eine Rolle spielte. Einen Beleg hierfür liefert die Variablenbeziehung REG x »Rückblick auf 2014 für Deutschland« mit einem r = 0,371.

Erstaunlich niedrig fällt dahingegen die auf die zukünftige Entwicklung gerichtete Performance-Erwartung aus. Dass es eine solche Erwartung in Bezug auf Einzelprobleme durchaus gab, erweist sich zwar zum Beispiel an der Variablenbeziehung REG x »Erwartung an die Strompreisentwicklung«: r = 0,216. Insgesamt gesehen scheint die Zukunftsperspektive der Menschen aber von Sorgen um die weitere Entwicklung weitestgehend entlastet gewesen zu sein. So weist die Variable »Ausblick auf 2015« keine einzige nennenswerte Korrelation positiver oder negativer Art mit der Nennung von Problemthemen auf. Die Erklärung dieser Zukunftsindifferenz ist offensichtlich darin zu suchen, dass nach der Auffassung der breiten Mitte der Bevölkerung mit der positiv bewertbaren Regierungsperformance auch in Zukunft zu rechnen sein werde. Ein eindeutig in diese Richtung weisender Beleg findet sich bei der Verteilung der Antworten auf die Frage nach dem Ausblick für 2015. 68,4 Prozent der Befragten entschieden sich bei dieser Frage für die Antwort »Es wird sich nicht viel ändern«. Da sich weitere 25,7 Prozent der Befragten für die Antwort »eher besser als 2014« und nur 5,9 Prozent für »eher schlechter« entschieden, liegt es nahe, zusammenfassend von der positiv getönten Erwartung einer Fortsetzung des aktuellen guten Gangs der Dinge auszugehen.

7.2 Die ausschlaggebende Rolle der Kanzlerin

All dies korrigiert einige etablierte Überzeugungen von der inneren Verfassung unserer Demokratie an wichtigen Stellen. Nichtsdestoweniger ist noch ein entscheidendes Analyseergebnis nachzutragen: Unter den Einflussgrößen, welche sichtbar machen, wovon die Zufriedenheit mit der Arbeit der Bundesregierung als einer zentralen Ursache der Demokratiezufriedenheit im Jahr 2014 abhing, dominiert mit konkurrenzloser Stärke die Beziehung mit der Variable »Arbeit von Merkel gut« (r = 0,533). Es wird damit – und dies kann grundsätzlich als verallgemeinerungsfähig angesehen werden – mit unmissverständlicher Eindeutigkeit dokumentiert, dass die Menschen einer personalen Komponente, nämlich der Besetzung des Spitzenamtes der Bundesregierung, auf die in den angegebenen Daten erfasste Situation bezogen also der Person der Bundeskanzlerin, eine entscheidende Bedeutung für die Output-Performanz der Bundesregierung zuschreiben.

Dass im Jahr 2014 auch der Arbeit des Vizekanzlers Sigmar Gabriel mit r = 0,434 eine bemerkenswert hohe Bedeutung für die Qualität der Arbeit der Bundesregierung zugeschrieben wurde, kann zwar nicht außer Acht gelassen werden. Nichtsdestoweniger kam dieser Bewertung in den Augen der Menschen jedoch eine andere – und grundsätzlich geringere – Bedeutung zu als der Bewertung von Angela Merkel. Es kommt dies schlagend darin zum Ausdruck, dass im Jahr 2014 Kanzlerin Merkel von 89,0 Prozent, Vizekanzler Gabriel dagegen nur von 28,6 Prozent der Befragten als »wichtiger Politiker« genannt wurde.

In der relativ hohen Bewertung der Qualität der Arbeit des Vizekanzlers schlägt sich offenbar vor allem die Anerkennung der Tatsache nieder, dass die Bundeskanzlerin aufgrund der politischen Kräfteverhältnisse gezwungen ist, mit einer Koalition zu regieren. Es leitet sich davon eine doppelte Aufgabe ab, die von ihr bewältigt werden muss, damit sie den Spitzenjob gut machen kann: Einerseits einen leistungsfähigen Partner zu haben, der ihre persönliche Performance nicht durch Unfähigkeit konterkariert; gleichzeitig aber auch eine ausreichende Übereinstimmung mit diesem Partner zu gewährleisten, hinter dem ja eine politische Partei steht, die mit ihrer eigenen Partei bei jeder Wahl und insbesondere bei der Bundestagswahl in Konkurrenz steht. Wie bedeutsam die Bewältigung der mit dieser Aufgabe verknüpften Abhängigkeit von der breiten Mitte der Bevölkerung eingeschätzt wird, lässt sich aus der höchst intensiven Beziehung der Variable »Arbeit der Bundesregierung gut« mit der Variable »Neue Bundesregierung: Perspektive der Zusammenarbeit« ($r = 0{,}450$) eindrucksvoll ablesen.

7.3 Die Kanzlerin unter Erwartungsdruck – und als Fels in der Brandung

Die Zentrierung der Aufmerksamkeit der Menschen auf eine personal definierte Mitte des politischen Systems hat weitreichende, wenn nicht einschneidende Konsequenzen. So lässt sich vielfältig belegen, dass sich die emotional unterbauten, direkt auf sie selbst als Einzelperson gerichteten Erwartungen, die Angela Merkel zuteil werden, in einer umfassenden Zurechnung von Verantwortung für eine Fülle von Problemlösungen niederschlägt, die mehr oder weniger dringlich von der Politik erwartet werden.

Gehen wir vom Politbarometer 2014 aus, so können wir zunächst feststellen, dass die von den Befragten am häufigsten als vorrangig wichtig genannten Probleme unter anderem um die Arbeitsplatz- und Alterssicherung kreisten. Da die Menschen mehrheitlich den Eindruck hatten, dass die Regierung mit der Bekämpfung der Arbeitslosigkeit und mit der Sicherung der Renten gut vorankam, billigten sie Angela Merkel für diese Problembereiche insgesamt gesehen überwiegend eine gute Arbeit zu. Diejenigen Minderheiten, die diesbezüglich einen negativen Eindruck hatten, bewerteten ihre Arbeit aber großenteils »eher schlecht«. Im Fall der Arbeitsplatzsicherung fiel in diesem Fall der Anteil der positiven Bewertungen ihrer Arbeit von 91,8 Prozent auf durchschnittlich 55,7 Prozent ab. Bei der Alterssicherung ergab sich ein Abrutschen dieser Bewertungen von 82,4 Prozent auf 66,1 Prozent.

Schwere Einbußen stellten sich für Merkel insbesondere auch dort ein, wo die Wirtschaftslage im Allgemeinen und die eigene Wirtschaftslage als schlecht eingeschätzt wurden. Der Anteil der positiven Bewertungen ihrer Arbeit sank dort im ersten Fall von 89,2 Prozent auf durchschnittlich 50,6 Prozent und im zweiten Fall von 87,6 Prozent auf 64,5 Prozent ab. Zwar zeigen auch diese Zahlen, dass die positive Bewertung selbst bei den negativ Votierenden nicht unter die 50-Prozentgrenze fiel. Nichtsdestoweniger wird man die eklatante Abhängigkeit der Zustimmung zur Kanzlerin – und das heißt gleichzeitig: der Zufriedenheit mit der Bundesregierung, letztlich aber auch der Zufriedenheit mit der Demokratie im Ganzen – von einigen die Menschen im privaten Alltag umtreibenden Entwicklungen als prekär einzuschätzen haben.

Man wird es angesichts dessen mit Überraschung zur Kenntnis zu nehmen haben, dass sich diese prekäre Abhängigkeit in einer größeren Zahl weiterer Fälle nicht erkennen lässt.

Es lässt sich dies – unter Nutzung des Politbarometers 2014 – sehr eindrucksvoll zum Beispiel an der Beantwortung der Frage nachweisen, ob gegen die Eurokrise, gegen die Terrorgefahr durch den IS, gegen die Gefährdung durch eine damals drohende Ebola-Epidemie, gegen die Gefahr durch die Krise in Griechenland oder auch für den Klimaschutz genügend getan werde, oder ob die Sanktionen gegen Russland eventuell mehr Deutschland als Russland selbst schaden könnten. In allen diesen und einer Reihe weiterer Fälle ging es um Probleme, die zahlreiche Menschen sehr beunruhigten, was sich deutlich in den Antworten auf die betreffenden Fragen niederschlug. In allen diesen Fällen blieb jedoch die hohe bis sehr hohe durchschnittliche Bewertung der Arbeit von Angela Merkel auch bei denen, die diese Fragen negativ beantworteten, zumindest annähernd stabil. Erstaunlicherweise blieb auch bei der negativen Bewertung der Zuwanderung von Ausländern – der akute Flüchtlingsschock von 2015/16 war im Zeitpunkt der Datenerhebung allerdings noch nicht eingetreten – der Merkel betreffende Negativeffekt völlig aus. Da die Mehrzahl der Befragten davon ausging, dass mit der als vorteilhaft eingeschätzten Entwicklung eines Ausgleichs von Vor- und Nachteilen der Zuwanderung zu rechnen war, wurde Merkel bei diesem Problemthema im Jahr 2014 sogar noch ein leichter Zugewinn zuteil.

Mit anderen Worten war die Kanzlerin in allen diesen Fällen gegen den Andrang der Beunruhigung der Menschen hochgradig immun, sodass sie in der Lage war, die der Bundesexekutive zuzurechnende Funktion eines »Felses in der Brandung« persönlich wahrzunehmen.

7.4 Die Beherrschung komplexer (und in dauernder Bewegung befindlicher) Rahmenbedingungen als Erfolgsbedingung politischen Handelns

Bei der Bewertung aller dieser höchst eindrucksvollen Ergebnisse wird man in Rechnung zu stellen haben, dass sie angesichts der zugrunde gelegten Datenbasis zeitpunktbezogen und in ihrer Geltung entsprechend eingeschränkt sind. Da die Wirklichkeit aber dynamisch ist, wird man der Frage nicht ausweichen können, inwieweit diesen Ergebnissen unter den sich dauernd verändernden Rahmenbedingungen, mit denen in der Wirklichkeit zu rechnen ist, eine mehr als augenblicksbezogene Aussagekraft zuzubilligen ist.

Einer einfachen Beantwortung dieser Frage stehen offensichtlich einige Hindernisse entgegen. Dass die Bewertung der Arbeit von Merkel bei unterschiedlicher Wirtschaftslage der Menschen sehr unterschiedlich ausfällt, hatten wir gerade schon festgestellt. Diese Bewertung vermag aber zusätzlich zu variieren, falls etwa eine allgemeine »Wirtschaftskrise« einsetzt. Sie vermag sich allerdings auch bereits dann zu verändern, wenn sich die Zukunftsperspektive der Wirtschaftsentwicklung verändert und sich auch bei denjenigen, denen es eigentlich noch gut geht, Furcht davor einstellt, dass es ihnen bald schlechter gehen könnte. Mit anderen Worten wird man anzunehmen haben, dass die Bewertung der eigenen Wirtschaftslage – und mit ihr die Bewertung der Arbeit von Merkel, wie auch die hiervon abhängige Demokratiezufriedenheit – in Abhängigkeit von der Einschätzung der zukünftigen Entwicklung der Wirtschaft variiert. Eben dasselbe gilt natürlich auch für alle anderen Tätigkeitsbereiche der Regierung. Die vorstehend mitgeteilten Beziehungen zwischen der Bewertung der Arbeit der Bundesregierung beziehungsweise Merkels und der Demokratiezufriedenheit der Menschen gelten streng genommen nur für den Zeitpunkt der Datenerhebung. Überall dort, wo sich die Bewertung des Regierungsoutputs ändert, ist jedenfalls mit der Möglichkeit einer Änderung seiner Wirkung auf die Demokratiezufriedenheit zu rechnen.

Die Daten lassen es nur zu, die Richtung der zu erwartenden Änderung einzuschätzen, ohne über deren voraussichtliches Ausmaß Zuverlässiges auszusagen. Allerdings liefert zum Beispiel die Korrelation zwischen dem »Ausblick auf 2015« und der Bewertung der »eigenen Wirtschaftslage« hierzu interessante Anhaltspunkte. Wo etwa die Zukunftseinschätzung »eher besser« ausfiel, bewerteten 60,2 Prozent der Befragten die aktuelle eigene Wirtschaftslage mit »gut«. Wo sie »eher schlechter« eingeschätzt wurde, schrumpfte der letztere Anteil dagegen auf nur noch 42,0 Prozent. Ähnlich verhielt es sich mit einer ganzen Reihe weiterer Lagebewertungen und Problemgewichtungen, so etwa mit dem Urteil darüber, ob genug für den Klimaschutz getan werde. Im Jahr 2014 übte dieses Thema nur einen verhältnismäßig geringen Einfluss auf die Bewertung der Arbeit von Merkel aus, wohingegen sein Einfluss einige Jahre vorher mit Sicherheit sehr groß war. Umgekehrt liegen, wie zu vermuten ist, die Dinge bei der Zuwanderung von Ausländern, die im Jahr 2014 kaum einen messbaren Einfluss auf die Bewertung der Arbeit der Kanzlerin ausübte, der aber nachweislich nach dem Einsetzen der »Flüchtlingskrise« ein starker Negativeffekt zukam, zumal sie die Verantwortlichkeit für das Thema – warum auch immer – mit starker Medienwirkung ausdrücklich auf sich selbst fokussiert hatte.

Es zeigt sich an diesen Beispielen, die durchaus vermehrt werden können, dass die Fähigkeit der Kanzlerin zu einer gesellschaftsweiten »Absorption« von Unsicherheit und Angst aufgrund ihres eigenen Persönlichkeitsgewichts und in Verbindung hiermit zur Beeinflussung der Demokratiezufriedenheit von einer jeweils gegebenen Konstellation situativer Bedingungen abhängig ist, die hochvariabel ist. Es kommt aber hinzu, dass diese situativen Bedingungen nicht unbedingt »objektiv« gegeben zu sein brauchen, sondern vielmehr oft mit einem »Medienhype« in Verbindung stehen, der zwar in der Regel einen objektiven Kern hat, welcher jedoch einer massiven Inflationierung unterliegen kann. Es entsteht dann unter Umständen eine »Stimmung«, der sich Faktenerzählungen (sogenannte «Narrative«) anlagern, sodass ein Realitäts-/Fiktionskonglomerat ins Leben tritt. Dies ist der ernst zu nehmende Kern der sogenannten »Stimmungsdemokratie«, die ursprünglich von einem Politikwissenschaftler in die Diskussion eingeführt wurde, um eine von Meinungsströmungen beeinflusste, das heißt in seinen Augen deformierte Öffentlichkeit abwertend zu kennzeichnen.[11]

Die personale Mitte des politischen Systems (lies: die Kanzlerin) ist all diesen Einflüssen ausgesetzt, wobei sich ihre Führungsfähigkeit unter anderem auch darin entscheidet, inwieweit es ihr gelingt, diese zu »managen«. Aufgrund ihrer Möglichkeiten zu einer quasi-monokratischen Beherrschung des politischen Systems (siehe oben) hat sie hierzu in der Tat verschiedene Ansatzpunkte zur Verfügung, von denen einige nachstehend kurz genannt seien:

- Intensive Beobachtung der Meinungsentwicklung in der Öffentlichkeit unter Nutzung des Instruments der Umfrageforschung.
- Beeinflussung der Medien in Verbindung mit der Nutzung ihrer »Konsonanztendenz«, die eine starke Wirkung bis in den »letzten Winkel« hinein garantiert.[12]

11 Vgl. Oberreuter 1987.
12 Vgl. Noelle-Neumann 1989.

- Direkte Beeinflussung der Meinungsentwicklung in der Öffentlichkeit durch die – am parlamentarisch-legislativen Bereich vorbei erfolgende – Arrangierung von »Bürgerdialogen«, die auf publikumswirksame Weise die Bemühung der Kanzlerin um gesellschaftsbezogene Responsivität demonstrieren.[13]
- Direkte Beeinflussung der Meinungsentwicklung in der Öffentlichkeit durch »kraftvoll-optimistische«, Sicherheitsgefühl verbreitende Äußerungen (Paradebeispiel: »Wir schaffen das!«).
- Intervention in den Politikprozess, gegebenenfalls auch durch »Herumreißen des Ruders« im Sinne einer Befürchtungen in der Bevölkerung entgegenwirkenden beziehungsweise deren Erwartungen nachkommenden Realpolitik (Paradebeispiel: Das Agieren der Kanzlerin bei der »Energiewende«).
- Demonstration zielbewusster Führungsstärke, gegebenenfalls durch die Einnahme einer scheinbar kompromisslos harten Position gegenüber »Abweichlern« bei verdeckter Anpassung der Politik an die Entwicklung aktueller Meinungsströmungen unter Nutzung pragmatischer Handlungschancen (Paradebeispiel: das Verhalten der Kanzlerin gegenüber der »Obergrenzen«-Forderung der CSU in der Flüchtlingsdebatte).

7.5 Angela Merkel als Ausnahmeerscheinung

Es sei dem Leser überlassen, sich selbst ein Urteil darüber zu bilden, inwieweit diese Strategien als Systemstabilisierungsstrategien oder gegebenenfalls auch als Strategien zur eigenen Herrschaftssicherung ansprechbar sind. Unabhängig davon drängt sich die Frage auf, welche Ursachen dafür maßgeblich sind, dass die breite Mitte der Bevölkerung der Kanzlerin überhaupt denjenigen breiten Bewegungsspielraum einräumt, den sie benötigt, um solche Strategien überhaupt zum Einsatz zu bringen.

Dass die Menschen der Bewertung der Arbeit der Bundeskanzlerin die hierfür erforderliche Bedeutung zumessen, weist zunächst nochmals auf ihren nüchternen Blick bei der Einschätzung der politischen Realitäten hin. Das gegebene System ist, wie schon einmal gesagt, in seiner gegenwärtigen Verfassung auf die Entstehung einer Machtkonzentration an der Spitze der Bundesregierung angelegt, die durch Artikel 65 GG, demzufolge der Bundes-

13 Vgl. hierzu den im November 2016 vorgelegten Bericht der Bundesregierung zur Lebensqualität in Deutschland, der Ergebnisse einer größeren Zahl solcher Veranstaltungen zusammenfasst (Bundesregierung 2016).

kanzler die Richtlinien der Politik »bestimmt«, noch ausdrücklich unterstrichen wird. De facto und de jure haftet dem politischen System Deutschlands eine sehr deutliche monokratische Ausrichtung an, die dem Bundeskanzler grundsätzlich die Chance gibt, sich als Monokrat zu verhalten.

Dass es sich nur um eine Chance handelt, muss allerdings deutlich betont werden und ist nach all dem vorstehend Gesagten wohl einleuchtend. Grob gesagt – und an dieser Stelle nur ins Unreine gesprochen – vermochte keiner der Vorgänger von Angela Merkel ungeachtet der Elogen, die ihnen in der offiziellen Regierungsgeschichtsschreibung der Bundesrepublik gewidmet werden, diese Chance in der vermutlich gewünschten Weise auszuschöpfen und zu nutzen.

Dies hat – in aller Kürze gesagt – in einem erheblichen Ausmaß damit zu tun, dass sich der Verlass der breiten Mitte der Bevölkerung darauf, durch den Amtsinhaber »gut regiert« zu werden, keineswegs nur auf rational begründete und kontrollierte Erwartungen stützt. Diese Erwartung entspricht vielmehr überraschend deutlich denjenigen emotional unterbauten Erwartungen, die im gesellschaftlichen Alltag Menschen des persönlichen Nahumfeldes entgegengebracht werden, die aber im Enttäuschungsfall auch in bitteren Hass oder in gleichgültige Abwendung umzuschlagen vermögen.[14] Gerade im Fall von Merkel wird diese emotionale Zuwendungskomponente beinahe überdeutlich daran erkennbar, dass sie schon frühzeitig in den Medien als »Mutti« tituliert wurde, was keineswegs nur einer Journalistenmarotte entsprang, sondern eine Stimmungslage zunehmend breiter Teile der Bevölkerung wiedergibt. Nichts desto weniger schließt – oder schloss – diese unübersehbare emotionale Zuwendungskomponente aber nicht eine überragend hohe Wertschätzung der rationalen Fähigkeiten der Kanzlerin aus, was sich durch die Ergebnisse einer empirischen Studie belegen lässt, die ihr Verfasser, Thomas Petersen, mit dem beziehungsreichen Titel *Die alternativlose Angela Merkel* überschrieben hat.[15]

Aus dieser aufschlussreichen Studie soll an dieser Stelle nur eine Feststellung übernommen werden, aus der sich der vom Verfasser gewählte Titel erklärt: Für eine Mehrheit der Bevölkerung war Merkel selbst in einem Augenblick, als sich mehr als 70 Prozent der Befragten gegen ihre Flüchtlingspolitik aussprachen, insofern »alternativlos«, als sich kaum jemand vorstellen konnte, dass irgendjemand in der Lage sein könnte, sie als

14 Vgl. zur empirischen Belegung der strukturellen Ähnlichkeit der Erwartungen gegenüber Politikern und Personen des persönlichen Nahumfeldes bereits Klages/Herbert 1983.

15 Für die nachfolgenden Zitate wurde die folgende Quelle verwendet: Allensbach Institut für Demoskopie 2015.

Kanzlerin zu ersetzen. Es lässt sich die These aufstellen, dass diese Einmaligkeitszuschreibung der Überzeugung zuzuschreiben ist – oder war –, dass die Persönlichkeit der Kanzlerin Qualitäten aufweist, die es rechtfertig(t)en, sie als mit »außeralltäglichen, nicht jedem andern zugänglichen Kräften oder Eigenschaften begabt« anzusehen.

8. Das Umschlagen von Amtsausübung in charismatische Herrschaft – Chance und/oder Risiko?

8.1 Resümee der maßgeblichen Kausalbeziehungen

Das vorstehende Zitat verweist unmittelbar auf Max Webers klassische Beschreibung der »charismatischen Herrschaft«.[16] In der Tat liegt es nahe, der von Angela Merkel praktizierten Amtsausübung und der Resonanz, die sie zumindest in der breiten Mitte der deutschen Gesellschaft findet oder fand, charismatische Züge zuzuschreiben.

Dieser Feststellung soll zunächst die Bewertung hinzugefügt werden, dass das charismatische Element bei der Wahrnehmung der Kanzlerrolle mit Sicherheit dazu beiträgt – oder zumindest in den zurückliegenden Jahren dazu beigetragen hat – das schwerwiegende Funktionsdefizit im politischen System Deutschlands zu kompensieren, das durch die »Parteien- und Politikerverdrossenheit« entstand. Angesichts des diesem Phänomen zugrunde liegenden weitgehenden Ausfalls der gewählten Abgeordneten als der mit Vertrauen belehnten und somit gewissermaßen »geborenen« Interessenvertreter der Bevölkerung wäre eigentlich eine massive Demokratieunzufriedenheit zu erwarten gewesen. Dass diese überraschender Weise nicht eintrat, ist, wie wir feststellten, zu einem sehr erheblichen Teil der Tatsache zuzuschreiben, dass die politische Exekutive in der Lage war, die bestehende Funktionslücke ersatzweise mit ihrem Output-Angebot auszufüllen. Diese Feststellung wurde durch den Hinweis auf die zentral wichtige Einflussposition der Kanzlerin ergänzt, wobei die Erinnerung an die – an früherer Stelle nur im Vorbeigehen erwähnte – Tatsache nahe liegt, dass der relativ kontinuierliche Wiederanstieg der Demokratiezufriedenheit nach dem Einbruch von 1990/91 im Jahr 2005, das heißt also exakt im Jahr des Regierungsantritts von Merkel, seinen Anfang nahm. Es wurden des Weiteren verschiedene auf Einzelproblemfelder Bezug nehmende empirische Belege für die Fähigkeit der Kanzlerin zur »Absorption« potenzieller Unzufriedenheit geliefert, wobei offenbar

16 Vgl. Weber 2002: 140ff.

ihre Fähigkeit zur Erzeugung einer die verschiedensten Themenbereiche erreichenden charismatischen Ausstrahlung eine ausschlaggebende Rolle spielt. Es ließe sich endlich hinzufügen, dass sehr vieles für die Richtigkeit der noch weitergehenden Behauptung spricht, dass dieser charismatischen Fähigkeit bei der Genesis dessen, was wir das »Zufriedenheitsparadox« genannt hatten, ein notwendiger Stellenwert zukommt.

8.2 Charismatische Herrschaft als Systemrisiko

Die Vermutung, dass dem persönlichen Charisma der Kanzlerin eine unverzichtbare Rolle im Funktionszusammenhang der Sicherung der Demokratiezufriedenheit der Bevölkerung zukommt, liefert nun allerdings nicht nur Anlass zu der – gewissermaßen freudig überraschten – Entdeckung einer Chance der Systemstabilisierung in schwieriger Lage.

Der »Pferdefuß« charismatischer Herrschaft wird vielmehr bereits bei der Behandlung des Themas durch Max Weber sichtbar, wenn er feststellt, dass diese Herrschaft einem Zwang zur daueraktuellen »Bewährung« unterliegt, ohne welche die Chance ihrer Anerkennung durch ihre Anhänger »schwindet«. Der Maßstab ist dabei der fortwährende Nachweis des »Erfolgs« des Charismabesitzers bei der Sicherstellung des »Wohlergehens« der Anhänger.[17] Dieser Erfolg mag zwar im Einzelfall fraglich sein oder ausbleiben, was aber, wie wir gesehen haben, verschmerzbar ist, solange der Glaube an die Problemlösungskraft der betreffenden Person fortdauert. Wie wir ebenfalls gesehen haben, vermag dieser Glaube durchaus die kritische Distanzierung der Anhänger von einzelnen Handlungen dieser Person überdauern. Nichtsdestoweniger unterliegt dieser Glaube aber Grenzen seiner Belastbarkeit. Ohne dass sich die diesbezüglichen Grenzwerte genau angeben ließen, gibt es eine kritische Schwelle, an welcher die generalisierte Erfolgserwartung, die sich mit diesem Glauben verbindet und von deren Intaktheit seine Geltung letzten Endes abhängt, in eine generalisierte Misserfolgserwartung umschlägt, die sich mit Enttäuschungsgefühlen und gegebenenfalls mit hasserfüllter Abwendung – konkret gesagt zum Beispiel auch mit »Merkel muss weg!«-Plakaten – verbindet.

Wie prekär die Entscheidungen sind, die in Verbindung hiermit getroffen werden müssen, lässt sich eindrucksvoll am Beispiel des im Jahr 2015 verhältnismäßig plötzlich einsetzenden massiven Zustroms von Flüchtlingen und weiterer Zuwanderergruppen demonstrieren. Die Kanzlerin hatte diesen

17 Vgl. Weber 1956: 140ff.

Zustrom – unter anderem wohl aufgrund der ursprünglich vorherrschenden sehr positiven Einschätzung seiner Wirkungen auf den deutschen Arbeitsmarkt – anfangs als eine Chance für Deutschland, gleichzeitig aber auch als eine Möglichkeit zur weiteren Stärkung ihrer persönlichen Position eingeschätzt. Sie begab sich deshalb mit großer Öffentlichkeitsresonanz unmittelbar an die Frontlinie einer von ihr selbst nachdrücklich geförderten und mitgetragenen »Willkommenskultur«, für die es in Teilen der Bevölkerung viel Zustimmung und Unterstützung gab. Mit anderen Worten ließ sie es unter nachdrücklichem eigenem Zutun geschehen, dass ihr die Offenheit des Landes gegenüber dem Flüchtlingszustrom einschließlich aller sich daraus ableitenden Folgerungen persönlich zugerechnet wurde.

Als sich im weiteren Verlauf herausstellte, dass die sich abzeichnende Massivität des Zustroms in Verbindung mit den erkennbar werdenden Schwierigkeiten einer erfolgreichen Flüchtlingsintegration in der breiten Mitte der Bevölkerung schwere Ängste und Sorgen und eine wachsende Kritik an »Merkels Flüchtlingspolitik« hervorrief, aus der eine bis dahin relativ randständig dahinstagnierende Protestpartei überraschend großen Nutzen ziehen konnte, erkannte sie allerdings offensichtlich die dem Lande wie auch ihr selbst drohende Gefahr und leitete verschiedene Absetzungsschritte ein. So delegierte sie die Koordinationszuständigkeit für die Flüchtlingspolitik an den Chef des Bundeskanzleramtes, der ihr auch weitgehend die Aufgabe abnahm, den sich mehrenden Herausforderungen zur öffentlichen Darstellung und Vertretung der Flüchtlingspolitik nachzukommen. Gleichzeitig nahm sie davon Abstand, der sich abzeichnenden Schließung der »Balkanroute« des Zustroms aufgrund rigider Abwehrmaßnahmen durch die unmittelbar betroffenen südosteuropäischen Länder entgegenzuwirken. Sie unterstützte diese Maßnahmen aber auch nicht in erkennbarer Weise, sodass die beteiligten Länder in den Augen der Öffentlichkeit als unabhängig handelnde Akteure in Erscheinung treten konnten. Nichtsdestoweniger begünstigte sie die dem Zustrom entgegenwirkenden Entwicklungen durch ein Abkommen mit der Türkei, das diese zur dauernden Aufnahme solcher Flüchtlinge verpflichtete, die – von der nordafrikanischen Küste kommend – an den griechischen Ägäisinseln anlandeten. Weiterhin beteiligte sie sich aktiv an der Ergänzung der bestehenden Zuwanderungsgesetzgebung durch einreise- und aufenthaltserschwerende und abschiebungserleichternde Zusatzbestimmungen, wobei sie aber nicht persönlich als Initiatorin in Erscheinung trat, sondern »die Bundessregierung« als Akteur tätig werden ließ. Gleichzeitig wehrte sie sich allerdings – in diesem Fall unter sehr deutlicher Herausstellung ihres persönlichen Standpunkts – vehement gegen die von der CSU aufgestellte Forderung nach einer »Obergrenze« der Zuwanderung.

Die scheinbare Widersprüchlichkeit aller dieser Schritte wird verständlich, wenn man davon ausgeht, dass es der Kanzlerin darum ging, einander entgegengesetzten Bevölkerungsteilen, die an der »Willkommenskultur« festhielten beziehungsweise sie gerade umgekehrt angsterfüllt als Bedrohung und Gefährdung ihrer persönlichen Sicherheit ablehnten, gleichermaßen gerecht zu werden. Man kann hinzufügen, dass sie dabei das Ziel verfolgte, einem sich in Umfragedaten wie zum Beispiel auch einem in Wahlerfolgen der AfD auf der Länderebene und im Bund 2017 in Erscheinung tretenden Protestwahlverhalten dramatisch abzeichnenden Zustimmungsverlust vorzubeugen.

Für den außenstehenden Beobachter offenbart sich in alledem die Tatsache der grundsätzlichen Labilität und fortwährenden Verfallsgefährdung – und das heißt letztlich: der Risikobelastung – eines personengebundenen Charismas, das sein Inhaber gegebenenfalls einem von starkem Stress belasteten, mehr oder weniger hektischen, rationalen Maßstäben nur begrenzt zugänglichen Handlungsdruck auszuliefern vermag.

Inwieweit das hierbei zustande kommende Verhalten erfolgreich ist, hängt mit Sicherheit von einer Vielzahl von Faktoren ab, die teils in der »Psychologie« der/des Charismabesitzers/in selbst, teils aber auch in der Dynamik und Problembelastung der jeweiligen Situation zu suchen sind. Ohne das sich hier abzeichnende Feld denkbarer detaillierter Ursachenforschung betreten zu wollen, lässt sich als nüchterne Tatsache festhalten, dass das vorher konkurrenzlos hohe Anerkennungs-, Beliebtheits- und Wichtigkeitszuschreibungsniveau der Kanzlerin angesichts der ihr ungeachtet aller Absetzungsschritte weiterhin ad personam zugerechneten »Flüchtlingskrise« schlagartig unter das Niveau einiger anderer Politiker absinken konnte.

Mit Sicherheit hatte dieser Einbruch Auswirkungen bei einer großen Zahl von Politikbewertungen, welche die Kanzlerin vorher kraft der Ausstrahlungskraft ihres Charisma hochgehalten hatte. Die Kausalkette, die wir vorstehend darstellten, spulte sich nunmehr gewissermaßen nach rückwärts ab und wirkte sich letzten Endes unvermeidlich auch auf eine absinkende Demokratiezufriedenheit aus. Das dem persönlichen Charisma – und damit zunächst scheinbar nur der Personen des Charismaträgers – anhaftende Risiko enthüllte sich damit letztlich als ein potenzielles Systemrisiko von möglicherweise unbeherrschbarer Größe. Von hieraus könnte sich die Frage nach einer Krise der Demokratie und nach den Möglichkeiten ihrer Bewältigung, die wir zunächst weit von uns gewiesen hatten, am Ende doch nochmals stellen, wenngleich angesichts unserer zwischenzeitlichen Untersuchungsergebnisse die Verwendung des Risikobegriffs anstelle des Krisenbegriffs wahrscheinlich näher liegen würde.

9. Warnung vor Alarmismus – und offenbleibende Fragen

Vor der Beschäftigung mit weitreichenden Folgerungen solcher Art empfehlen sich allerdings einige zusätzliche Blicke auf aktuelle empirische Fakten.

Dabei kann von der Beobachtung ausgegangen werden, dass die Folgen der Unzufriedenheit der breiten Mitte der Bevölkerung mit der Flüchtlingspolitik der Kanzlerin letztlich doch nicht das Extremniveau erreichten, das in einem Worst-Case-Szenario vorstellbar gewesen wäre. Fragt man, welche abpuffernden Faktoren möglicherweise im Spiel waren und hält man sich dabei an die Empirie, dann können verschiedene Dinge angeführt werden: Erstens wurde der für die Höhe der Demokratiezufriedenheit auf eigenständige Weise mitverantwortliche Gesamtbereich der wirtschaftlichen Lage von dem Debakel der Kanzlerin nicht unmittelbar mitbetroffen. Zweitens kann der Beliebtheitsvorsprung, der einigen vorher eher im Schatten der Kanzlerin stehenden Politikern zuwuchs, durchaus als eine Entwicklung verstanden werden, die das volle Durchschlagen dieses Debakels auf die Demokratiezufriedenheit im Sinne eines Auffangnetzes verhinderte. Drittens muss mit Aufmerksamkeit registriert werden, dass die sogenannte »Alternativlosigkeit« Angela Merkels als Kanzlerin offensichtlich – jedenfalls bisher – in keinem Augenblick ernsthaft gefährdet war. Konkret gesagt wurde die Frage, ob es jemanden gäbe, der anstelle von Angela Merkel besser als Kanzler geeignet wäre, einer Feststellung Allensbachs zufolge selbst auf der Höhe der Flüchtlingskrise auch von der Mehrheit ihrer Kritiker verneint.[18] Viertens fällt aber auch auf, dass eine Mehrheit ihrer Anhänger der Kanzlerin ungeachtet des ihr zuerkannten Charismas »mangelnde Durchsetzungskraft« zuschreibt, wobei möglicherweise ihre Situation als Frau in einer überwiegend männlichen, von Spannungen gekennzeichneten Koalitionsregierung in Rechnung gestellt wird. Man kann dies als Exkulpation interpretieren. Sehr viele Menschen scheinen anzunehmen, dass die Kanzlerin durch hemmende Einflüsse gebremst wird und somit ihre Leistungskraft nicht voll zur Geltung bringen konnte, sodass ihr Leistungsschwächen nicht voll angerechnet zu werden brauchen.

Letztlich vermitteln die Daten aber auch – jedenfalls im Zeitpunkt der Abfassung dieses Textes – den Gesamteindruck, dass dem eingetretenen Einbruch inzwischen eine Tendenz des Zurückpendelns zum Ausgangsniveau, das heißt also letztlich eine Tendenz zur Wiederherstellung des möglicherweise im Kern noch intakten Charisma innewohnt. Von daher lässt sich

18 Vgl. hierzu nochmals den bereits zitierten Artikel von Thomas Petersen (Allensbach Institut für Demoskopie 2015).

der Effekt erklären, dass – unterstützt durch das deutliche Absinken der Zuwanderungszahlen und das damit verbundene Abklingen des Schocks der »Flüchtlingskrise« – die zuungunsten der Kanzlerin wirkende »Stimmungsdynamik« wieder auslief und einem zügigen Wiederaufschwung Platz machte, so wie dies bereits einmal im Jahr 2011 der Fall war.

Offenbar befinden wir uns in einer Lage, in der sich nur schwer Prognosen abgeben lassen, weil zu vieles »in der Schwebe« ist. Die Frage, wie groß das zweifelsohne bestehende Systemrisiko ist, dem die Stabilität des Landes aufgrund der sehr weitgehenden Abhängigkeit von einem auf eine Einzelperson zentrierten Charisma unterliegt, lässt sich nicht völlig eindeutig beantworten. Das beunruhigende Bild, dass sehr vieles, möglicherweise allzu vieles, am seidenen Faden eines extrem personalisierten, institutionell relativ ungesicherten Erfolgsvertrauens hängt, steht nichtsdestoweniger im Raum und wird auch durch noch so viele beruhigend wirkende empirische Beobachtungen nicht völlig verdrängt. Letztlich bleibt damit auch die Frage offen, wie dringlich es ist, sich ernsthaft über Möglichkeiten zu einer nachhaltigeren Systemstabilisierung und damit möglicherweise auch zur Sicherung der Zukunft der Demokratie Gedanken zu machen.

Literatur

Almond, Gabriel A./Verba, Sidney (1965): The Civic Culture. Political Anitudes and Democracy in Five Nations, Boston.

Allensbach Institut für Demoskopie (Hg.) (2015): Die alternativlose Angela Merkel. Eine Dokumentation des Beitrags von Dr. Thomas Petersen in der Frankfurter Allgemeinen Zeitung Nr. 269 vom 19. November 2015 (online unter: www.ifd-allensbach.de/fileadmin/kurzberichte_dokumentationen/FAZ_November.pdf – letzter Zugriff: 21.09.2020).

Arzheimer, Karl (2002): Politikverdrossenheit. Bedeutung, Verwendung und empirische Relevanz eines politikwissenschaftlichen Begriffs, Wiesbaden.

Benz, Arthur (1998): Postparlamentarische Demokratie?, in: Michael Greven (Hg.), Demokratie – eine Kultur des Westens?, Opladen, S. 214–215.

Bundesregierung (2016): Bericht der Bundesregierung zur Lebensqualität in Deutschland, Berlin.

Gabriel, Oscar W. (1987): Demokratiezufriedenheit und demokratische Einstellungen in der Bundesrepublik Deutschland, in: Aus Politik und Zeitgeschichte 37 (22/1987), S. 32–45.

Klages, Helmut/Herbert, Willi (1983): Wertorientierung und Staatsbezug. Untersuchungen zur politischen Kultur in der Bundesrepublik Deutschland, Frankfurt/New York.

Klages, Helmut / Vetter, A. (2013): Bürgerbeteiligung auf kommunaler Ebene. Perspektiven für eine systematische und verstetigte Gestaltung, Berlin.

Maier, Jürgen (2002): Politische Skandale – Quelle der Politikverdrossenheit?, in: Heribert Schatz / Patrick Rössler / Jörg-Uwe Nieland (Hg.), Politische Akteure in der Mediendemokratie, Wiesbaden, S. 223–241

Noelle-Neumann, Elisabeth (1989): Öffentliche Meinung. Die Entdeckung der Schweigespirale, Frankfurt/Berlin.

Nolte, Paul (2012): Was ist Demokratie? Geschichte und Gegenwart, München.

Oberreuter, Heinrich (1987): Stimmungsdemokratie. Strömungen im politischen Bewusstsein, Zürich/Osnabrück.

Weber, Max (2002): Wirtschaft und Gesellschaft. Grundriss der verstehenden Soziologie, hrsg. von Johannes Winckelmann, 5. Aufl., Tübingen [zuerst 1922].

Wiesendahl, Elmar (1992): Volksparteien im Abstieg, in: Aus Politik und Zeitgeschichte 42 (34–35/1992), S. 3–14.

Wiesendahl, Elmar (2011): Volksparteien. Aufstieg, Niedergang und Zukunft, Opladen/ Farmington Hills.

Wilharm, Robin (2016): Politisches Entscheiden in Krisenmomenten – ein konzeptioneller Vorschlag, in: Karl-Rudolf Korte (Hg.), Politik in unsicheren Zeiten, Baden-Baden, S. 172–195.

Claudio Franzius

Demokratie, aber wo?

Über die Schwierigkeiten europäischer Demokratie*

1. Einleitung

Eine zentrale Aufgabe des Rechts besteht in der Ermöglichung demokratischer Politik. Doch das scheint immer schwerer zu fallen. Woran liegt es? Eine denkbare Antwort lautet: Die Sachverhalte sperren sich. Denn es geht nicht mehr allein um staatliche Politik. Europäische Politik leide aber an einem unüberwindbaren Demokratiedefizit. Eine andere Antwort weist auf die Unzulänglichkeiten unserer Demokratiemodelle hin, die für die Europäische Union nicht zu passen scheinen. In der Tat stellt sich die Frage, ob unser Verständnis von Demokratie für die sich vernetzende Herrschaftsgewalt im 21. Jahrhundert noch passt. Es fehlt jedoch an einem konsentierten Demokratieverständnis für die Europäische Union.

Deshalb konkurrieren auch die Lösungsangebote. Eine scheinbar einfache Lösung liegt im Austritt aus der Union. Der »Brexit« propagiert die Rückkehr zum Nationalstaat oder mit den Worten der ehemaligen britischen Premierministerin Theresa May zu einem vollständig souveränen und unabhängigen Land.[1] Demokratie »jenseits« des Staates wird von vielen für unmöglich gehalten. Auch das Bundesverfassungsgericht vermag sich von der gefühlten Demokratiefeindlichkeit der Union nicht zu befreien. Ganz anders lauten demgegenüber die Vorschläge, die Erfahrungen parlamentarischen Regierens auf die Union zu übertragen. Alles werde besser, sobald die Kommission vom Parlament gewählt werde.[2] Aber stimmt das? Meine These ist, dass beide Angebote nicht wirklich überzeugen.

---

* Der Beitrag ist im Wesentlichen auf dem Stand des Vortrags von Ende 2016. Die Vortragsform wurde beibehalten.

1 Vgl. May 2016.

2 Vgl. Schulz 2015: 42f.

2. Demokratisches Regieren?

Erläuterungsbedürftig ist zunächst, warum demokratisches Regieren an Grenzen stößt. Dabei geht es nicht um das demokratische Regieren an sich, sondern vielmehr um die zu einfache Übertragung »unseres« Modells parlamentarischen Regierens auf die Union. Ich möchte zwei Gründe für die bestehende Zurückhaltung nennen.

2.1 Vielfalt der politischen Systeme

Die Propagierung des parlamentarischen Regierungssystems für die Union ist nicht neu. Sie ist auch verständlich, haben wir doch mit dieser Form gute Erfahrungen gemacht. Aber das sieht anderswo schon ganz anders aus. Frankreich hat ein präsidentielles Regierungssystem. Und das, was im Vereinigten Königreich mit einem exekutiv vollzogenen Brexit im Streit steht, wäre in Deutschland unstreitig anders. Wollte Deutschland aus der EU austreten, benötigte man ein verfassungsänderndes Gesetz, das mit einer Zweidrittelmehrheit vom Parlament zu verantworten wäre.[3]

Mit anderen Worten: Wir haben es in der Union mit einer Vielfalt politischer Systeme zu tun, die eine Übertragung des eigenen Modells auf die Union erschweren. Um das an einem Beispiel zu verdeutlichen: Als die deutschen Vertreter im Verfassungskonvent die Wahl des Kommissionspräsidenten durch das Europäische Parlament vorschlugen, traf dies nicht auf ungeteilte Zustimmung. Vertreter aus Spanien, England und Frankreich konnten sich eher einen von den Staaten benannten Regierungschef vorstellen. Herausgekommen ist der bekannte Kompromiss, verbunden mit einer Verkomplizierung des politischen Systems: Der Vertrag von Lissabon führt das neue Amt des Präsidenten des Europäischen Rates ein und wählt für den Kommissionspräsidenten in Artikel 17 Absatz 8 EUV eine Zwischenlösung. Das Vorschlagsrecht behält der Europäische Rat unter Berücksichtigung des Ergebnisses zu den Wahlen zum Europäischen Parlament. Einen »Spitzenkandidaten« kannte das Unionsverfassungsrecht bislang nicht. Es verbietet die eingeführte Praxis aber auch nicht.

3 Vgl. Michl 2016: 1366, Simon 2017; zur britischen Diskussion siehe Craig 2016.

2.2 Gründe für vertragliche Zurückhaltung

Es gibt aber auch noch andere Gründe für die Zurückhaltung, ein parlamentarisches Regierungssystem einzuführen. Manchmal hat es den Anschein, erst die Schaffung einer parlamentarisch verantwortlichen Regierung könne das beklagte Demokratiedefizit beheben.

Aber das täuscht. Die EU will kein parlamentarisches Regierungssystem sein. Jedenfalls ist die Europäische Kommission bislang keine Regierung. Gleichwohl haben wir ein Parlament, das freilich weniger als »Redeparlament« nach dem Vorbild von Westminster, sondern eher als Arbeits- und Kontrollparlament konzipiert ist. Die Sehnsucht nach einer zentralen Agora, einer »Bühne« scheint in Europa unerfüllbar zu sein. Jedenfalls sind Stilisierungen und Überzeichnungen des Parlamentarismus fehl am Platz. Das Europäische Parlament soll nicht die Leitlinien der Politik vorgeben. Der Vertrag weist diese Aufgabe explizit dem Europäischen Rat, also den Staats- und Regierungschefs zu. Eine effektive Kontrolle der Kommission setzt aber Distanz voraus. Insoweit war die Nähe des Parlamentspräsidenten zum Kommissionspräsidenten europapolitisch verständlich, unionsverfassungsrechtlich aber problematisch.

2.3 Rückkehr zum Nationalstaat?

Bedeutet dies, dass es Demokratie nur im Nationalstaat geben kann? Das wäre zu einfach, wird den unionsverfassungsrechtlichen Vorgaben nicht gerecht und hätte fatale Auswirkungen. Die Schwierigkeiten europäischer Demokratie gebieten keine Rückkehr zum introvertierten Nationalstaat, den es als integrationsoffenen Mitgliedstaat nicht geben kann.[4]

Im Nationalstaat als Mitgliedstaat, so beschreibt es Jürgen Habermas, sehen die Bürger immer noch den Garanten für Freiheit und Sicherheit. Aber dessen demokratische Substanz könne nicht einfach unterstellt werden.[5] Und es reiche nicht, auf die zweigliedrige Legitimation zu verweisen, die Artikel 10 Absatz 2 EUV treffend dadurch zum Ausdruck bringt, dass die Bürgerinnen und Bürger auf Unionsebene unmittelbar im Europäischen Par-

4 Verfehlt Papier 2016. Immer wieder wird der Nationalstaat als Vergleichsfolie gewählt, was verkennt, dass wir seit 1957 nur noch von Mitgliedstaaten sprechen können. Es fehlt jedoch an Untersuchungen zu den grundlegenden Merkmalen des europäischen Mitgliedstaates.

5 Vgl. Habermas 2011: 62ff.

lament vertreten sind, die Mitgliedstaaten dagegen im Europäischen Rat von ihrer jeweiligen Regierung vertreten werden, die ihrerseits gegenüber ihren nationalen Parlamenten Rechenschaft ablegen müssen.[6] Vielmehr müsse die konstituierende Gewalt im Sinne einer »an der Wurzel geteilten« Souveränität verstanden werden. So ungewöhnlich ist der Vorschlag nicht, zumal er ungeachtet aller Einwände auf die föderale Dimension des Gefüges verweist.[7]

Das freilich macht die Dinge kompliziert. Um es an einem Beispiel zu verdeutlichen: Mit der Übernahme des Modells gegenseitiger Anerkennung von Hoheitsakten, wie es für den Binnenmarkt entwickelt worden ist, in den Raum der Freiheit, der Sicherheit und des Rechts rücken die Legitimationsfragen einer unionsrechtlich abverlangten Anerkennung »fremder« Entscheidungen – wie beim Europäischen Haftbefehl – in den Vordergrund. Hier muss gesehen werden, dass sich diese »Anerkennung« in Ermangelung einer sekundärrechtlichen Mindestharmonisierung nur schwer unionsrechtlich legitimieren lässt, eine nationalstaatliche Legitimation aber ausscheidet, weil es mitgliedstaatlichen Akteuren untersagt ist, die Anerkennung unter Berufung auf nationales Recht infrage zu stellen.

Will man vermeiden, dass zentrale Mechanismen der Union leerlaufen, weil nationalstaatliche Vorbehalte mit dem Hinweis auf demokratische Legitimationsprobleme geltend gemacht werden, dann muss nach passenden Konzepten, Figuren und Formen gesucht werden, damit dieser transnationale Mechanismus demokratisch hinreichend legitimiert werden kann. Hier wird man – ich kann das an dieser Stelle nur andeuten[8] – auf das Vertrauen beziehungsweise die Vertrauenswürdigkeit abzustellen haben, die sich in der horizontalen Dimension als demokratischer Legitimationsmodus »of the people« erweist.[9]

3. Gegeneinwände

Um das Erfordernis neuer Wege zu verdeutlichen, seien kurz die Gegeneinwände skizziert, die einem Anzapfen nationalstaatlicher Legitimationsquellen entgegenstehen. Die Mitgliedstaaten allein können die Union nicht tragen, geschweige denn mit Legitimation versehen. Zum einen hat sich die Union von den Mitgliedstaaten emanzipiert, kann jedenfalls nicht länger als

6 Zur zweigliedrigen Legitimationsstruktur siehe Franzius 2013: 659ff.

7 Vgl. Günther 2016.

8 Der Topos des Vertrauens gewinnt im rechtswissenschaftlichen Schrifttum – bedingt durch die Rechtsprechung des EuGH – an Bedeutung (vgl. aus jüngerer Zeit Meyer 2017, Lübbe 2017).

9 Siehe näher Schwarz 2016: 319ff.

Produkt derselben verstanden werden.[10] Zum anderen ist die gegenwärtige Lage auch nicht so, dass sich der scheinbar »bösen« Welt der Union die »gute« Welt der Mitgliedstaaten gegenüberstellen lassen könnte.

3.1 Systemische Defizite

Wie labil die mitgliedstaatlichen Demokratien sein können, zeigen die Beispiele Ungarn und Polen, aber vielleicht auch das Vereinigte Königreich. So kann das Beharren auf dem Recht, genauer dem Europarecht und vermeintlichen Überstellungspflichten von Flüchtlingen, die unter die Dublin-III-Verordnung fallen, nicht darüber hinwegtäuschen, dass es in den Mitgliedstaaten der Union »systemische Defizite« geben kann, die ein Überstellungsverbot oder Anerkennungshindernis begründen können. Man kann diesen Gedanken zuspitzen und sagen, dass der Union das Intaktbleiben der mitgliedstaatlichen Demokratien nicht gleichgültig sein kann, was Maßnahmen nahelegt, gegen systemische Defizite im betroffenen Mitgliedstaat vorzugehen. Das provozierte die Frage, ob sich britische Staatsangehörige als Unionsbürger vor dem Gerichtshof der Europäischen Union (EuGH) darauf berufen können, dass die Rechte des nationalen Parlaments bei der Entscheidung über den »Brexit« gewahrt bleiben.[11]

3.2 Erosion der kollektiven Dimension

Freilich zeigt die vielen als Hilflosigkeit erscheinende Schwäche der Union, solchen systemischen Risiken wirksam zu begegnen, dass die Souveränität der Mitgliedstaaten nicht einfach durch eine Selbstüberhöhung der Union ersetzt werden kann. Um die Demokratie der Mitglieder als einer tragenden Grundvoraussetzung der Union zu sichern, bedarf diese immer noch merkwürdige, weil wenig vertraute politische Entität einer stabilen demokratischen Legitimation, die sich von Anleihen am Bundesstaat befreien muss.

10 Das zeigt sich schon in der Flexibilisierung des Vertragsänderungsverfahrens mit der Ermöglichung »halb-autonomer« Vertragsänderungen nach Artikel 48 Absatz 7 EUV. Jedenfalls lässt sich die Verfassungsstruktur nicht mehr problemlos mit dem Souveränitätsbegriff erfassen (vgl. Mayer 2016a: 51ff.)

11 Vgl. zur Konzeption am Beispiel des anders gelagerten Falls Ungarns: Bogdandy et al. 2012. In Großbritannien war das nicht notwendig. Der britische Supreme Court hat für den »Brexit« die Beteiligung des Parlaments eingefordert: vgl. Supreme Court (UK) vom 24. Januar 2017 [R (Miller) v Secretary of State for Exiting the European Union (2017) UKSC 5]; vgl. dazu Alter 2017.

Insbesondere ist in Rechnung zu stellen, dass kein vorpolitisches Makrosubjekt verlangt werden kann.

Dies zeigt sich schon daran, dass die kollektive Dimension auch auf der mitgliedstaatlichen Ebene erodiert. Namentlich in Deutschland mehren sich die Stimmen, die eine Bezugnahme auf das Volk zugunsten eines individuellen Demokratieverständnisses zurückstellen oder wie das Bundesverfassungsgericht durch ein »Recht auf Demokratie« ersetzen.[12] Es wird deutlich, dass ein individuelles Verständnis der Demokratie, wie es für die Union mit der Bezugnahme auf die Unionsbürger in den Verträgen vorgegeben ist, nicht folgenlos bleibt, jedenfalls die Aufrechterhaltung des traditionell kollektiven Ansatzes mit der Adressierung des Volkes erschwert. Das kann man beklagen und versuchen, das Legitimationssubjekt der Union in einem »Wir der Anderen« zu rekonstruieren.[13]

3.3 Wider die »Jenseits-Formeln«: Transnationalisierung der Demokratie

Ich will das an dieser Stelle nicht vertiefen, sondern nur darauf hinweisen, dass sich die herkömmlichen »Jenseits-Formeln« als verfehlt erweisen. Es geht nicht um Demokratie jenseits des Staates, sondern um eine Transformation staatlicher Demokratie, die im europäischen Rechtsraum kein Monopol demokratischer Selbstherrschaft beanspruchen kann.

Geboten ist ein transnationales Verständnis von Demokratie, was im Begriff der »demoi-kratie« nur unzureichend zum Ausdruck kommt.[14] Weder gibt es einen Ebenenvorrang zugunsten der Mitgliedstaaten.[15] Noch macht es Sinn, die deutschen Erfahrungen des Rechtsstaates an die Stelle von Demokratie treten zu lassen oder auf Output-Legitimation auszuweichen. Schon schwieriger ist es, das abverlangte Vertrauen in die demokratischen und rechtsstaatlichen Grundstrukturen anderer Mitgliedstaaten im horizontalen Verhältnis zueinander nicht nur als föderale, sondern als demokratische Kategorie zu begreifen.[16]

12 Einklagbar ist das Wahlrecht. Artikel 38 GG schütze die wahlberechtigten Bürger vor einem Substanzverlust ihrer verfassungsstaatlich gefügten Herrschaftsgewalt durch weitreichende Übertragungen von Aufgaben und Befugnissen des Bundestages auf supranationale Einrichtungen. Vgl. BVerfGE 89, 155 (172) Maastricht; BVerfGE 123, 267 (330) Lissabon.

13 Vgl. Franzius 2015.

14 Vgl. statt vieler Cheneval/Schimmelfennig 2013; kritisch: Gaus 2014.

15 Vgl. Möllers 2011.

16 Ohne ein auf bestimmte Institutionen bezogenes Vertrauen der Akteure fehlt der Verschränkung der Rechtsordnungen die horizontale Legitimität als einer legitimationstheoretischen Bedingung dafür, dass die EU unmittelbar auf den Einzelnen zugreift. Oder ungeachtet aller

Insoweit relativiert die Praxis den theoretischen Anspruch. Erinnert sei daran, dass schon die demokratische Legitimation der föderalen Ordnung in Deutschland einige Fragen aufwirft. Jedenfalls verfügt der Bundesrat als Staatenkammer mit Vertretern der Exekutive nur über eine eingeschränkte – und theoretisch nur schwer zu begründende – Legitimation. Ähnlich verhält es sich in der Union. Die Mitglieder des Rates gehören der Exekutive an, die sich auf dem Weg nach Brüssel zu einem Teil der Legislative verwandeln. Weil sie dafür nicht gewählt sind, bleiben Forderungen nach einer Stärkung des mitgliedstaatlichen Legitimationsstrangs angreifbar.

Umgekehrt macht es aber nur wenig Sinn, das Europäische Parlament einfach die Rolle nationaler Parlamente übernehmen zu lassen. Zu unterschiedlich sind die Parlamente und deren Stellung im jeweiligen politischen System. Zum einen wird es stets Mischformen geben und zum anderen fragt sich, ob die Fokussierung auf Parlamente überhaupt angemessen ist. Für eine transnationale Demokratie ist die Politisierung der Entscheidungen – und damit auch ein politisches Verständnis der Rechtsgemeinschaft[17] – von zentraler Bedeutung.[18] Das setzt Transparenz voraus, erfordert verbesserte Partizipationsmöglichkeiten und drängt auf die Schaffung von Verfahren zur Artikulation von Widerspruch, Opposition und damit die Hervorbringung von Alternativen, also Kontestation.[19] Vor diesem Hintergrund lassen sich drei Folgerungen formulieren.

4. Folgerungen

4.1 Demokratisierung durch Gerichte?

Erstens ist die jüngere Europarechtsprechung des Bundesverfassungsgerichts zu kritisieren. So wichtig die Rechtsprechung für den Aufbau der Demokratie in Deutschland auch war, so problematisch ist es heute, auf eine Demokratisierung durch Gerichte zu setzen, nehmen diese typischerweise doch

Vorbehalte gegenüber einer kommunitaristischen Entgleisung des Arguments in Anlehnung an Claus Offe, dass das vertikale Phänomen überstaatlicher Herrschaft entsteht und Bestand haben kann (vgl. Franzius 2009: 643).

17 Vgl. Bogdandy 2017. Durch die physische Außengrenze unterscheide sich der europäische Rechtsraum kategorial von Konzepten eines globalen Rechtsraums, vom Recht virtueller Räume oder von Räumen entterritorialisierter privater Rechtsregime.

18 Vgl. Rauh/Zürn 2015, Vauchez 2016: 105ff.

19 Vgl. Franzius 2014: 215ff.

nur die eigene politische Ordnung in den Blick. Institutionell sind nationale Gerichte nicht dazu aufgerufen, die Probleme der Weltgesellschaft zu lösen.[20]

4.2 Verfassungsidentität als Demokratieschutz?

Zweitens eignet sich die nationale Verfassungsidentität nicht als Demokratieschutz, soweit sie unilateral mit der Menschenwürde gegen die Union gerichtet, nicht aber unter Inanspruchnahme des Vorlageverfahrens zum EuGH kooperativ verstanden wird.[21] Zumindest die Praxis des Bundesverfassungsgerichts ist an dieser Stelle durchaus angreifbar. Das soll aber nicht darüber hinwegtäuschen, dass sich die Verfassungsidentität in der Hand der politischen Organe auch demokratieförderlich einsetzen lassen kann. Allerdings setzt das voraus, dass die nationale Verfassungsidentität nicht als Verweigerung der Gefolgschaft, sondern proaktiv im Wege der Mitgestaltung des Rechtsetzungsprozesses artikuliert wird.[22]

4.3 Direkte Demokratie als Ausweg?

Drittens ist die direkte Demokratie kein Ausweg. Zwar ist die Entscheidung für oder gegen die Mitgliedschaft in der Union die autonome Entscheidung der Mitgliedstaaten. Sie dürfen festlegen, unter welchen verfassungsrechtlichen Voraussetzungen dies geschieht, was plebiszitäre Entscheidungen einschließt. Auch in der EU sind direktdemokratische Einflussnahmen der Unionsbürger möglich, werden aber nur selten praktiziert. Denn es können nur solche Fragen zum Gegenstand einer Europäischen Bürgerinitiative gemacht werden, die im Rahmen der Unionsrechtsordnung verbleiben.[23]

5. Ausblick

Ich komme zum Schluss und zu einem Ausblick: Demokratie sollte nicht introvertiert als Grenze der Integration verstanden werden. Wo diese verläuft, ließe sich unter ihrerseits demokratietheoretisch angreifbaren Über-

20 Vgl. Simon 2016.

21 Vgl. Reinbacher/Wendel 2016.

22 Vgl. zum schillernden Topos nationaler Verfassungsidentität: Franzius 2017: Rn. 24ff.

23 Siehe kritisch: Franzius/Preuß 2012: 131ff.

höhungen der »Ewigkeitsklausel« des Grundgesetzes (Artikel 79 Absatz 3 GG) nur dezisionistisch festlegen. Wichtiger ist es, den politischen Raum für die bürgerschaftliche Aneignung von Herrschaft offen zu halten.[24] Gerade im Streit über den Weg, den wir gehen, manifestiert sich der demokratische Charakter der Union, die auf der freiwilligen Mitgliedschaft der Staaten beruht. Wer demgegenüber diese politische Entität in der Dichotomie von Staatenbund und Bundesstaat begreift, verkennt die Besonderheiten europäischer Demokratie, die auf solche Fluchtpunkte bewusst verzichtet. Es mag sein, dass die Rolle der Staaten in der Union aus demokratischen Gründen wichtiger wird. Eine Rückkehr zum Nationalstaat ist aber nicht geboten und die demokratischen Kosten, die der »Brexit« für das Vereinigte Königreich verursacht, sind mit dem Wegfall politischer Einflussrechte auf den Binnenmarkt hoch.

Mit anderen Worten: Die im Titel meines Vortrags anklingende Ebenenfrage sollte nicht überhöht werden. Vielleicht ist es auch die falsche Frage. Denn wer von europäischer Demokratie spricht, darf von der Demokratie in den Mitgliedstaaten nicht schweigen. Demokratische Legitimationskanäle lassen sich nicht einfach ebenenspezifisch aufspalten. Das zeigte der Streit um die Einordnung des CETA-Abkommens, das als gemischtes Abkommen nicht allein unionsrechtlich durch den Rat und das Europäische Parlament zu verantworten ist, sondern auch der Legitimation aus den Mitgliedstaaten unterworfen wird.[25] Es ist unbestritten, dass die Demokratie auf Unionsebene verbesserungsbedürftig ist. Aber das geht eben auch die nationalen Demokratien etwas an. Also muss nach dem Wechselspiel und danach gefragt werden, wie es der mitgliedstaatlichen Demokratie gelingen kann, die demokratische Legitimation supranationaler Entscheidungen zu erhalten und zu verbessern. Gefordert ist keine defensive Abwehr europäischer Zumutungen, sondern die offensive Mitgestaltung der transnationalen Ordnung, in der wir leben. Gefragt ist nicht nur Kreativität in der Entwicklung neuer Legitimationsbausteine, sondern auch das Hinterfragen mancher Grundannahmen, die wie das »Legitimationskettenmodell« mit einer Überzeichnung der Input-Legitimation für die Bonner Republik gepasst haben mögen, aber für

24 Der Versuch, über die nationale Verfassungsidentität ein statisches Element einzuführen, verdeckt, dass die in Artikel 79 Absatz 3 GG in Bezug genommenen Begriffe wie Menschenwürde, Demokratie oder Rechtsstaatlichkeit erheblichen Veränderungen in ihrer verfassungsrechtlichen Wahrnehmung unterliegen (vgl. Ingold 2015: 21). Das Bundesverfassungsgericht versucht der Kritik dadurch zu begegnen, dass es erklärt, Artikel 79 Absatz 3 GG gewährleiste nicht den unveränderten Bestand des geltenden Rechts, sondern Strukturen und Verfahren, die den demokratischen Prozess offen halten: vgl. BVerfGE 132, 195 (244) ESM/Fiskalvertrag.

25 Siehe kritisch: Mayer 2016b.

die demokratische Gestaltung des europäischen Raums nicht weiterhelfen. Kurz: Wir brauchen kein gänzlich neues Demokratieverständnis, wohl aber eine Überwindung der Vorstellung, dass es Demokratie nur im Nationalstaat geben kann.

Literatur

Alter, Maximilian J. (2017): Der »Brexit« zwischen Parlamentssouveränität, Prärogativbefugnissen und regionaler Autonomie, in: Juristen-Zeitung 72 (8/2017), S. 405–413.

Bogdandy, Armin von (2017): Von der technokratischen Rechtsgemeinschaft zum politisierten Rechtsraum, in: Claudio Franzius / Franz C. Mayer / Jürgen Neyer (Hg.), Die Neuerfindung Europas. Bedeutung und Gehalte von Narrativen für die europäische Integration, Baden-Baden, S. 67–89.

Bogdany, Armin von / Kottmann, Matthias / Antpöhler, Carilino / Dickschen, Johanna / Hentrej, Simon / Smrkolji, Maja (2012): Reverse Solange. Protecting the Essence of Fundamental Rights against EU Member States, in: Common Market Law Review 49 (2/2012), S. 489–519.

Cheneval, Francis / Schimmelfennig, Frank (2013): The Case for Demoicracy in the European Union, in: Journal of Common Market Studies 51 (2/2013), S. 334–350.

Craig, Paul (2016): Brexit: A Drama in Six Acts, in: European Law Review 41 (4/2016), S. 447–468.

Franzius, Claudio (2009): Horizontalisierung als Governance-Struktur. Der europäische Regulierungsverbund in den Netzwirtschaften, in: Sebastian Botzem / Jeanette Hofmann / Sigrid Quack / Gunnar Folke Schuppert / Holger Straßheim (Hg.), Governance als Prozess. Koordinationsformen im Wandel, Baden-Baden, S. 635–651.

Franzius, Claudio (2010): Europäisches Vertrauen? Eine Skizze, in: Humboldt Forum Recht, Nr. 12/2010, S. 159–176.

Franzius, Claudio (2013): Demokratisierung der Europäischen Union, in: Europarecht 48 (6/2013), S. 655–668.

Franzius, Claudio (2014): Recht und Politik in der transnationalen Konstellation, Frankfurt/New York.

Franzius, Claudio (2015): Das »Wir der Anderen« in Europa. Wer ist das demokratische Subjekt in der Europäischen Union?, in: Claudio Franzius / Tine Stein (Hg.), Recht und Politik. Zum Staatsverständnis von Ulrich K. Preuß, Baden-Baden, S. 171–192.

Franzius, Claudio (2017): Artikel 4 EUV: Föderative Grundsätze, in: Matthias Pechstein / Carsten Nowak / Ulrich Häde (Hg.), Frankfurter Kommentar zu EUV, GRC und AEUV, Bd. 1: EUV und GRC, Tübingen, S. 120–190.

Franzius Claudio / Preuß, Ulrich K. (2012): Die Zukunft der europäischen Demokratie, Baden-Baden.

Gaus, Daniel (2014): Demoi-kratie ohne Demos-kratie. Welche Polity braucht eine demokratische EU?, in: Oliver Flügel-Martinsen / Daniel Gaus / Tanja Hitzel-Cassagnes / Franziska Martinsen (Hg.), Deliberative Kritik – Kritik der Deliberation. Festschrift für Rainer Schmalz-Bruns, Wiesbaden, S. 297–322.

Günther, Klaus (2016): Geteilte Souveränität, Nation und Rechtsgemeinschaft, in: Kritische Justiz 49 (3/2016) S. 321–337.

Habermas, Jürgen (2011): Die Krise der Europäischen Union im Lichte einer Konstitutionalisierung des Völkerrechts. Ein Essay zur Verfassung Europas, in: ders., Zur Verfassung Europas, Berlin, S. 39–96.

Ingold, Albert (2015): Die verfassungsrechtliche Identität der Bundesrepublik Deutschland. Karriere – Konzept – Kritik, in: Archiv des öffentlichen Rechts 140 (1/2015), S. 1–30.

Lübbe, Anna (2017): ›Mutual Trust‹ und die Folgen des Aufenthaltsbeendigungshandelns, in: Neue Zeitschrift für Verwaltungsrecht 36 (10/2017), S. 674–681.

May, Theresa (2016): Full Spech: Theresa May Announces Brexit Plan at Conservative Party Conference, in: YouTube, 2. Oktober 2016 (online unter: www.youtube.com/watch?v=EddGOL3xi8s – letzter Zugriff: 21.09.2020).

Mayer, Franz C. (2016a): Verfassung im Nationalstaat: Von der Gesamtordnung zur europäischen Teilordnung?, in: Veröffentlichungen der Vereinigung der Deutschen Staatsrechtslehrer 75 (2016), S. 7–63.

Mayer, Franz C. (2016b): Die Mitwirkung deutscher Gesetzgebungsorgane an der EU-Handelspolitik: europarechtliche und verfassungsrechtliche Erfordernisse, in: Zeitschrift für Europarechtliche Studien 19 (4/2016), S. 391–399.

Meyer, Frank (2017): Der Grundsatz gegenseitigen Vertrauens. Konzeptualisierung und Zukunftsperspektiven eines neuen Verfassungsprinzips, in: Europarecht 52 (2/2017), S. 163–185.

Michl, Walther (2016): Die formellen Voraussetzungen für den Austritt des Vereinigten Königreichs aus der Europäischen Union, in: Neue Zeitschrift für Verwaltungsrecht 35 (19/2016), S. 1365–1369.

Möllers, Christoph (2011): Demokratische Ebenengliederung, in: Ivo Appel / Georg Hermes / Christoph Schönberger (Hg.), Öffentliches Recht im offenen Staat. Festschrift für Rainer Wahl, Berlin, S. 759–778.

Papier, Hans-Jürgen (2016): Europa zwischen Nationalstaatlichkeit und Einheit, in: Frankfurter Allgemeine Zeitung, 17. Oktober 2016, S. 6.

Rauh, Christian / Zürn, Michael (2015): Die Politisierung der Europäischen Union als Chance nutzen, in: Claudio Franzius / Franz C. Mayer / Jürgen Neyer (Hg.), Modelle des Parlamentarismus im 21. Jahrhundert, Baden-Baden, S. 469–486.

Reinbacher, Tobias / Wendel, Mattias (2016): Menschenwürde und Europäischer Haftbefehl. Zum ebenenübergreifenden Schutz grundrechtlicher Elementargarantien im europäischen Auslieferungsverfahren, in: Europäische Grundrechte-Zeitschrift 43 (13–17/2016), S. 333–343.

Rosanvallon, Pierre (2017): Die Gegen-Demokratie. Politik im Zeitalter des Misstrauens, Hamburg.

Schulz, Martin (2015): Parlamente in Not?, in: Claudio Franzius / Franz C. Mayer / Jürgen Neyer (Hg.), Modelle des Parlamentarismus im 21. Jahrhundert, Baden-Baden, S. 35–43.

Schwarz, Michael (2016): Grundlinien der Anerkennung im Raum der Freiheit, der Sicherheit und des Rechts, Tübingen.

Simon, Sven (2016): Grenzen des Bundesverfassungsgerichts im europäischen Integrationsprozess, Tübingen.

Simon, Sven (2017): Rechtliche Vorgaben für den Austritt des Vereinigten Königreichs aus der EU, in: Juristenzeitung 72 (10/2017), S. 481–489.

Vauchez, Antoine (2016): Europa demokratisieren, Hamburg.

Dirk Lüddecke

Demokratie und Öffentlichkeit im Krisenmodus

Überlegungen zu einer gegenstrebigen Fügung im Wandel

Sie verstehen nicht, wie das Unstimmige mit sich übereinstimmt:
des Wider-Spännstigen Fügung wie bei Bogen und Leier.
(Heraklit, Fragmente, B 51)

1. Einleitung

Demokratische Regierungsformen sind auf besondere Weise angewiesen auf und geprägt durch den öffentlichen Raum, den Charakter der öffentlichen Kommunikation und die öffentliche Meinung. Daher wird auch in Krisendiagnosen der Demokratie[1] zumeist ein beklagenswerter Zustand der Öffentlichkeit und der öffentlichen Meinung konstatiert, sei es als Symptom des demokratischen Verfalls, sei es als wesentliche Ursache für Störungen in Prozessen demokratischer Meinungs- und Willensbildung oder der demokratischen Legitimation. Auch in gegenwärtigen Krisendiskursen der Demokratie werden pathologische Formen von Öffentlichkeit und öffentlicher Meinung beschrieben.

Der britische Politikwissenschaftler Colin Crouch beklagt in seiner primär politisch-ökonomisch argumentierenden Krisenbeschreibung der sogenannten Postdemokratie einen »Verfall der politischen Kommunikation« sowie einen »Niedergang der ernsthaften Diskussionskultur«.[2] Cass Sunstein sieht die doppelte Gefahr einer gesellschaftlichen Fragmentierung, hervorgerufen durch soziale Medien, die in ihren Echokammern sowohl die ungeplanten Begegnungen mit fremden Sichtweisen verhindern als auch den sozialen Raum geteilter Erfahrungen parzellieren.[3] Kulturelle und ethische Voraus-

1 Vgl. Crouch 2004, Merkel 2015a, Diamond/Plattner 2015, Rosanvallon 2017, Sunstein 2017, Mounk 2018, Runciman 2018, Levitsky/Ziblatt 2018, Castells 2019, Nussbaum 2019, Fukuyama 2019.

2 Crouch 2004: 38, 41.

3 Vgl. Sunstein 2017.

setzungen der Demokratie geraten dadurch ins Wanken. Das Stimmungsbarometer im öffentlichen Raum, der zu einem »Raum kollektiver Empörung«[4] geworden sei, zeige zudem eine hohe »Intensität des Misstrauens, des Hasses und der Einschüchterung«[5] an. Martha Nussbaum untersucht die politischen und politisierten Emotionen der Angst und des Zorns, des Ekels und des Neids sowie deren negative Auswirkungen auf das politische Leben in einer Demokratie. Die Macht der Netzwerke[6] und die neuen technischen Möglichkeiten der Kommunikation in der sich digital transformierenden Gesellschaft werden als das zweischneidige Schwert erkannt, das sie sind. Denn wenn »sich die richtigen Communities bilden können, dann auch die falschen: Terroristen, Pädophile, Kriminelle. Sie können das grenzübergreifende Vergrößerungspotenzial des Internets erfolgreich einsetzen, um Hass und Gewalt zu verbreiten«.[7] Für den französischen Politikwissenschaftler Pierre Rosanvallon bestehe der alles beherrschende Trend der Gegenwart in einem Verfall einer kritischen Souveränität, »die einst konstruktiver Bestandteil demokratischer Politik war, zu einer rein negativen Souveränität« der Verhinderung (»souveraineté d'empêchement«).[8]

Insgesamt betrachtet geben wissenschaftliche Publikation der vergangenen Jahre eher Anlass zur Sorge als zur Hoffnung, was den Wandel von Öffentlichkeit und Demokratie betrifft. Dabei ist es unzutreffend, hier einen deutschen Sonderweg erkennen zu wollen, wie es die Historikerin Hedwig Richter in einem Beitrag für die Süddeutsche Zeitung suggerierte: »Die Deutschen erweisen sich als Meister der Apokalypse. Wissenschaftlerinnen sprechen unter dem Ruf ›Weimar‹ von präfaschistischen Zeiten.«[9] *Faschismus. Eine Warnung* – um ein Beispiel zu nennen – ist der Titel eines Buches der ehemaligen US-amerikanischen Außenministerin Madeleine Albright.[10] Und auch der Fachbuchbestseller *Wie Demokratien sterben* ist eine Übersetzung aus dem Amerikanischen.

Die Krisendiagnosen der Gegenwart folgen dabei einerseits vertrauten Mustern klassischer Verfallsgeschichten moderner Demokratie und Öffentlichkeit, andererseits geben die gegenwärtigen Krisenerscheinungen, deren strukturelle Ursachen und globales Ausmaß sowie die verstörende Ratlosigkeit, wie ihnen substanziell zu begegnen wäre, Anlass zu akuter Besorg-

4 Vorländer 2016: 102.

5 Mounk 2018: 121.

6 Vgl. Ferguson 2018.

7 Garton Ash 2016: 95.

8 Rosanvallon 2017: 114.

9 Richter 2018; vgl. zur Vielfalt der neueren Literatur Anmerkung 1.

10 Vgl. Albright 2018.

nis. Im Folgenden werden zunächst die zugrundeliegenden Konzepte von Demokratie und Öffentlichkeit eingeführt (siehe 2.). Zum Zwecke einer historischen und gleichsam palliativen Einbettung werden danach klassische Niedergangsnarrative demokratischer Öffentlichkeit und ihrer Probleme in Erinnerung gerufen (siehe 3.). Auf diesem Hintergrund können die aktuellen Herausforderungen von Demokratie und Öffentlichkeit in ihrem akuten Gefährdungspotenzial erörtert werden (siehe 4.). Als Kontrapunkt dazu werden in einem abschließenden Kapitel Überlegungen dazu angestellt, worin gleichsam strukturelle Gründe für das chronische intellektuelle und politische Unbehagen am Zustand der Öffentlichkeit und der öffentlichen Meinung liegen mögen (siehe 5.).

2. Gegenstrebig-gefügte Demokratie und Öffentlichkeit – eine Skizze

Bevor die Herausforderungen der liberalen Demokratie durch einen Strukturwandel der Öffentlichkeit diskutiert werden können, ist genauer zu bestimmen, welches Demokratieverständnis den folgenden Überlegungen zugrunde gelegt wird und welche Rolle der öffentliche Raum und die öffentliche Meinung darin spielen. Denn »Demokratie ist ein umstrittenes Konzept«[11], und je nachdem, welchem Demokratiemodell man folgt, stellen sich Herausforderungen und Gefahren unterschiedlich dar oder es wird Unterschiedliches überhaupt als Herausforderung wahrgenommen. Nehmen wir als Beispiel die gesteigerten Möglichkeiten der Informationsgewinnung und der Partizipation an der politischen Meinungs- und Willensbildung durch die digitale Transformation der Öffentlichkeit. Aus der Sicht einer minimalistischen liberalen Demokratietheorie in der Nachfolge Joseph Schumpeters stellen solche Möglichkeiten eine große Herausforderung dar, während sie für ein Modell deliberativer Demokratie eher als Chancen gewertet werden. Genau umgekehrt verhält es sich mit der Wahrnehmung einer Gefahr dadurch, dass die Qualität des politischen Diskurses durch unerwünschte Nebeneffekte des digitalen Strukturwandels der Öffentlichkeit, durch Trolle, Social Bots und Echokammern sich erheblich verschlechtern könnte. »Wie verlässlich ist die demokratische Willensbildung der Bürger in Zeiten der Desinformation und Diskurs-Sabotage?« fragte sich besorgt Carolin Emcke.[12] Demgegenüber würde ein Anhänger eines minimalistischen Demokratiemodells nach Joseph

---

11 Merkel 2015b: 9.

12 Emcke 2018: 5.

Schumpeter in diesem Fall gelassen bleiben, da sein Modell genau so gemeint ist, dass es ohne hohe Erwartungen bezüglich des öffentlichen politischen Diskurses auskommt. Schließlich falle, laut Schumpeter, »der typische Bürger auf eine tiefere Stufe der gedanklichen Leistung, sobald er das politische Gebiet betritt. Er argumentiert und analysiert auf eine Art und Weise, die er innerhalb der Sphäre seiner wirklichen Interessen bereitwillig als infantil anerkennen würde. Er wird wieder zum Primitiven.«[13]

Das Demokratiemodell präformiert mithin die jeweilige Problemwahrnehmung der Öffentlichkeit in maßgeblicher Weise. Daher soll im Folgenden das für die weiteren Überlegungen zugrunde gelegte Demokratiemodell skizziert werden. Es ist weder ein minimalistisches liberales, noch ein republikanisches, noch ein deliberatives Demokratiemodell[14], sondern am leichtesten lässt es sich charakterisieren als ein signifikant modifiziertes Modell »eingebetteter Demokratie«.[15] Die Stärken dieses von Wolfgang Merkel und anderen entwickelten multidimensionalen Konzepts der eingebetteten Demokratie liegen darin, einerseits die vielfältigen Regime, die in einer liberalen Demokratie ergänzend und begrenzend zusammenwirken müssen, namhaft gemacht und in ihrem komplexen Zusammenspiel beschrieben zu haben, andererseits auch die über die politische Sphäre hinausweisenden Bedingungen demokratischer Regierungsformen anerkannt zu haben. Von einer eingebetteten Demokratie kann demnach gesprochen werden, wenn mit einem zentralen Regime freier, gleicher und fairer Wahlen vier ergänzende Komponenten zusammenwirken: politische Freiheits- und Partizipationsrechte, bürgerliche Freiheits- und Abwehrrechte, ein System der Gewaltentrennung und -kontrolle sowie eine effektive Regierungsgewalt, wodurch gewährleistet werden soll, dass gesamtgesellschaftlich verbindliche Entscheidungen ausschließlich von den dazu verfassungsmäßig oder demokratisch Ermächtigten getroffen werden.[16]

Hinzu kommen äußere Einbettungen dieses demokratischen Gefüges. »Die wichtigsten externen Einbettungsringe sind der soziökonomische Kontext, Staatlichkeit, die Zivilgesellschaft und die internationale und regionale Einbindung eines Landes in Organisationen, Bündnisse und Policy-Regime vor allem in der Wirtschafts-, Sicherheits- und Umweltpolitik.«[17] Zur maßgeblichen äußeren Einbettung sollten indes ebenso kulturelle Voraussetzungen der Demokratie gerechnet werden – etwa eine ausreichend säkularisierte

13 Schumpeter 2015: 416.

14 Vgl. zu den genannten idealtypisch herausgearbeiteten Demokratiemodellen: Habermas 1999, Ottmann 2008, Merkel 2015b: 9–14.

15 Vgl. Merkel 2015b: 14–21, Merkel et al. 2003.

16 Vgl. Merkel 2015b: 14–21.

17 Merkel 2015b: 20.

Gesellschaft[18] – wie auch ethische Voraussetzungen. Denn ohne ein »Ethos der Demokratie«[19], zu dem die Anerkennung und Zulassung divergierender Meinungen gehört sowie die Bereitschaft sowohl zum Kompromiss als auch dazu, sich bei politischen Entscheidungen am gemeinsamen Interesse und Wohl aller Bürger zu orientieren, verlieren Demokratien an Legitimität und Kraft.

Zu modifizieren ist das Modell insofern, als es die einzelnen Regime zu harmonisch zueinander fügt. Zwar wird anerkannt, dass sich die einzelnen Regime sowohl ergänzen als auch begrenzen können[20], der Akzent wird jedoch auf die Komplementarität gesetzt. Das zeigt sich besonders daran, dass Merkel mit der Demokratietheorie Jürgen Habermas' von der »Gleichursprünglichkeit« von Volkssouveränität und Menschenrechten, der demokratischen sowie der liberal-rechtsstaatlichen Grammatik liberaler Demokratien ausgeht. »Bürgerliche Freiheitsrechte und politische Partizipationsrechte sind funktional nicht voneinander zu trennen. Sie sind normativ wie funktional gleichursprünglich.«[21] Historisch wie systematisch angemessener ist es indes, die verschiedenen Regime so zu betrachten, dass sie sich, durchaus verschiedenen Ursprungs und einer unterschiedlichen normativen Logik folgend, in einer *gegenstrebigen Fügung* wechselseitig auszubalancieren haben. Insoweit sind in der Idee der liberalen Demokratie schwer vereinbare Ideen, Ideale und Verfahrensweisen in einem labilen dynamischen Gleichgewicht auf prekäre Weise miteinander verbunden.[22] Das Verhältnis liberaler und demokratischer Prinzipien einer politischen Ordnung ist immer nur auf Zeit ausgehandelt – auch das macht sie zu einer demokratischen und freien Ordnung, in der Gewohnheiten eine ebenso große Rolle spielen wie die Möglichkeiten dazu, das Gefüge auf demokratischem Wege neu zu formieren.[23]

---

18 Vgl. Croissant 2010: 97: Es »muss ein Mindestmaß an Säkularisierung des Rechtssystems und des politischen Prozesses selbst gegeben sein [...], da sowohl Rechtsstaat als auch liberale Demokratie ohne Säkularisierung des Rechts und ohne die Trennung zwischen religiösem Wahrheitsanspruch und politischem Herrschaftsanspruch schlicht unmöglich sind.« Merkel et al. 2003: 61; klassisch dazu Böckenförde 1991b.

19 Vgl. Böckenförde 1991a: 359ff.; vgl. Thiele 2017: 120ff.

20 Vgl. Merkel 2015b: 20.

21 Merkel 2015b: 18; vgl. Habermas 1993: 134f.

22 Vgl. Böckenförde 1991a: 364ff., Lüddecke 2014. Chantal Mouffe ist mit Carl Schmitt sogar der Überzeugung, es bestehe ein Konflikt »zwischen einer liberalen ›Grammatik‹, die Universalität und den Bezug auf die ›Menschlichkeit‹ postuliert, und der ›Grammatik‹ der demokratischen Gleichheit«. »Eine demokratische, liberale Politik besteht aus einem kontinuierlichen Aushandlungsprozess dieser konstitutiven Spannung vermittels unterschiedlicher hegemonialer Konfigurationen.« (Mouffe 2018: 25). Vgl. Mouffe 2015, Rosanvallon 2017: 11ff., 107.

23 Vgl. Mounk 2018: 69: »Es sind Eigenschaften eines Chamäleons, denen die liberale Demokratie ihre einzigartige Stabilität zu verdanken hat. Diese Vielseitigkeit ist wiederum nur möglich, weil die Geschichte der liberalen Demokratie höchst vieldeutig ist.« Zu reflexiven Formen der Selbstkonstituierung und zur »demokratischen Iteration« vgl. Benhabib 2008: 172ff.

Im modifizierten Konzept der eingebetteten Demokratie als gegenstrebiggefügter finden sich der politische öffentliche Raum und die öffentliche Meinung als Brückenprinzipien in verschiedenen Regimen und »externen Einbettungen«. Sie resultieren zum einen aus der Wahrnehmung der politischen Partizipationsrechte, die eine »Arena der Öffentlichkeit als eine eigenständige politische Handlungssphäre«[24] bilden, sowie aus der Rolle der Medien mit ihren wichtigen Funktionen der Öffentlichkeitsbildung und der informellen Gewaltenkontrolle. Zum anderen werden sie aus einer lebendigen Zivilgesellschaft sowie den ethischen und kulturellen Voraussetzungen einer liberalen Demokratie heraus gestaltet. Kurt Imhof nennt Öffentlichkeit ein »überwölbendes Moment von Sozialität«[25]. Aus dieser Mehrdimensionalität gewinnt auch das Verhältnis von Demokratie und Öffentlichkeit seine besondere Brisanz, indem Öffentlichkeit sowohl als ein Brückenprinzip zwischen der liberalen und der demokratischen Logik fungieren kann, als integratives Element einer Zivilgesellschaft wirkt, als auch als demokratische *Gegen*macht selbst wiederum spezifische Spannungsmomente erzeugt.[26]

3. Klassische Erzählungen über demokratische Öffentlichkeiten und ihre Probleme

> ... Abhandengekommen wie der Begriff dafür, was das heute eigentlich ist oder sein soll, die *Öffentlichkeit*.«[27]

Demokratie und Öffentlichkeit bilden ein altes, innig verbundenes Paar, die ohne einander nicht können, aber auch miteinander nicht immer gut auskommen. Die antike Demokratie – als »Kerndemokratie« »vor dem Liberalismus« (Josiah Ober) – war geprägt durch ein hohes Maß der bürgerlichen Teilhabe an öffentlichen Debatten auf der Agora und Entscheidungen. Öffentliche Rede war ein Herzstück der Demokratie. Daher fiel auch das sophistische Bildungsversprechen, die politische Kunst zu lehren und gewaltig machen zu können im Reden, in der klassischen Demokratie auf fruchtbaren Boden.

24 Merkel 2015b: 17.

25 Imhof 2011: 18.

26 Besonders schlägt sich dies etwa, um an dieser Stelle vorauszugreifen, beim *gegen*institutionellen Charakter der öffentlichen Meinung nieder (siehe unter Kap. 4) oder darin, dass Öffentlichkeit nicht nur politische Öffentlichkeit ist, sondern auch die der Religion, der Kultur etc. und damit zur Vervielfältigung der Orte gesellschaftlicher Macht beiträgt als vielfältiges *Gegen*über zur Sphäre politischer Macht.

27 Menasse 2017: 19.

Demokratische Politik meinte Meinungsaustausch und Meinungskampf, Miteinanderreden, Miteinanderhandeln und sich voreinander Auszeichnen der Bürger im öffentlichen Raum. Beides, Demokratie und Öffentlichkeit, wie ihr Verhältnis zueinander waren geprägt durch einen agonistischen Charakter. Der hohe Stellenwert der Rede im öffentlichen Raum und der demokratischen Partizipation hat indes auch die Anfälligkeit dieser demokratischen Ordnung für Demagogie und Populismus zur Konsequenz. Insofern hat Yascha Mounk Recht, wenn er die demokratische Energie auch im gegenwärtigen Populismus anerkennen will.

> »Anders als ihre rechtsradikalen Vorgänger wollen die Populisten die Demokratie nicht abschaffen, sondern die demokratischen Elemente unseres Systems vertiefen. [...] Aber obwohl ihr Bekenntnis zur Demokratie durchaus aufrichtig sein mag, stellen sie über kurz oder lang eine existentielle Gefahr für die Demokratie dar. [...] Um ihre Form [des Populismus; D.L.] zu verstehen, müssen wir die demokratische Energie, die sie antreibt, anerkennen. Aber um ihren möglichen Effekt einschätzen zu können, müssen wir uns gleichzeitig daran erinnern, wie schnell sich diese Energie gegen das Volk richten kann.«[28]

Kurz: Es kommt auf die passende *gegenstrebige* Fügung liberaler und demokratischer Strukturelemente an.[29] Mit den Revolutionen des 18. Jahrhunderts traten in den USA und Europa Demokratie, die Arena der Öffentlichkeit als besondere politische Handlungs- und Urteilsphäre sowie das Prinzip der Publizität von neuem gemeinsam auf die weltgeschichtliche Bühne. Das politische Denken der Aufklärung verband mit der Idee der Publizität die Vorstellung, politische Entscheidungen aus dem Arkanbereich der Herrschaft herauszuholen, um sie einer kritischen Kontrolle zu unterwerfen und sie im Prozess öffentlicher Beratung zu verbessern. Es ging um eine andere Form der Legitimation von Herrschaft und darüber hinaus um eine kommunikative Form der Beförderung von Zusammenhalt und Solidarität, der gesellschaftlichen Integration.[30]

Öffentlichkeit und öffentliche Meinung sind mithin grundlegende normative und funktionale Voraussetzungen demokratischer Regierungsformen; sie gewährleisten die Verantwortlichkeit der Regierenden gegenüber den Regierten, versorgen das politische System mit Themen, bilden eine Arena politischer Willens- und Meinungsbildung und sorgen auf diese Weise für

---

28 Mounk 2018: 67.

29 Folgt man der überzeugenden Argumentation Rosanvallons ist hinzufügen: auch der in seinem Sinne gegen-demokratischen Elemente. Rosanvallon (2017: 241) versteht den Populismus auf originelle Weise als »Pathologie der parlamentarisch-repräsentativen Demokratie, aber mehr noch der Gegen-Demokratie.«

30 Vgl. Imhof 2011: 100ff.

die Integration demokratischer pluralistischer Gesellschaften. Und indem Öffentlichkeit als »Aufklärungsutopie mit dem, was daraus entstand, [immer wieder aufs Neue] verglichen wird«, erhält sich unsere Gesellschaft auch heute noch ein »wirkmächtiges Kritikpotential.«[31] Wegen einer solch fundamentalen Rolle von Öffentlichkeit, öffentlicher Rede und Meinung für die Demokratie wurden sie seit je auch einer kritischen Beobachtung unterworfen. Ein Strukturwandel der Öffentlichkeit mochte als ein deutliches Warnsignal für Probleme der Demokratie wahrgenommen werden, wenn er nicht gar als Ausdruck eines Verfallsprozesses universalgeschichtlichen Ausmaßes gedeutet wurde.

Im 19. Jahrhundert hegte indes Alexis de Tocqueville eine tiefe Skepsis gegenüber der Macht der Öffentlichkeit. Der französische politische Denker hatte den Konformitätsdruck öffentlicher Meinung als außergewöhnlich hoch veranschlagt. Politischer wie geistiger Despotismus seien dadurch »vervollkommnet« worden.[32] Dementsprechend werde populistische Propaganda »eine der großen Gefahren aller heutigen Demokratien«[33], wie der Soziologe Ferdinand Tönnies bereits vor 100 Jahren konstatierte. Der englische Philosoph John Stuart Mill rezensierte Tocquevilles Bücher über die *Demokratie in Amerika* und er teilte in seiner Schrift *On Liberty* Tocquevilles Besorgnis über den öffentlichen Konformitätszwang.

Kaum etwas hat sich seither an der ambivalenten Natur der Öffentlichkeit, kaum etwas auch an Bedeutung und Gewalt der öffentlichen Meinung geändert. Diagnosen, die bereits für das 19. Jahrhundert gestellt wurden, lesen sich wie ganz aktuelle: Indes die Öffentlichkeit immer weitere Sphären der Gesellschaft und des privaten Lebens durchdringe, verliere sie zugleich ihre wesentlich politische Funktion, die laut Jürgen Habermas darin bestehe, veröffentlichte Tatbestände der Kontrolle eines kritischen Publikums zu unterwerfen.[34] Jürgen Habermas beschrieb 1962 einen epochalen *Strukturwandel der Öffentlichkeit* in der Form jener intellektuell beliebten Verfallsgeschichten kritischer Öffentlichkeit. Habermas stellte ihr eine zutiefst ernüchternde und deprimierende Diagnose: Öffentlichkeit sei aus einer kritischen zu einer rein rezeptiven Instanz gemacht worden. Sie sei zur Sphäre »demonstrativ und manipulativ verbreiteter Publizität für Personen und Institutionen, Verbrauchsgüter und Programme«[35] geworden. Der Kommunikationszusammen-

31 Imhof 2011: 28; vgl. Rosanvallon 2017: 34.

32 Vgl. Tocqueville 1976: 295.

33 Tönnies 2002: 100.

34 Vgl. Habermas 1990: 223.

35 Habermas 1990: 343.

hang eines räsonnierenden Publikums sei zerrissen. Auch diese Diagnose lässt sich unschwer in die Gegenwart einer digital transformierten Öffentlichkeit fortschreiben. Mit dem Internet, den neuen sozialen Medien und Netzwerken waren große Hoffnungen auf freien Zugang zu Informationen, auf demokratische Deliberations- und Partizipationschancen verknüpft, denen die triste Wirklichkeit von kommerziellen Angeboten, Pornografie, Social Bots und Trollen, Echokammern und Hate Speech nur spottet.

In einer formal ähnlichen narrativen Struktur einer Verfallserzählung wollte auch der Soziologe Richard Sennet einen Verfall des öffentlichen Lebens erkennen. Die öffentliche Sphäre leide laut Sennet unter einer dramatischen Auszehrung. In den Großstädten sei der öffentliche Raum zerfallen, politische Diskurse würden psychologisiert und die für den öffentlichen Raum so wesentlichen Ermöglichungsbedingungen von Distanz und Anonymität, die für Begegnung und Kommunikation unter Fremden wichtig wären, würden aus der Perspektive einer Ethik der Authentizität und der persönlichen Nähe als moralisch defizitär missbilligt. Der amerikanische Soziologe spricht daher sogar von einer »Tyrannei der Intimität«. Öffentliches und Privates seien aus dem Gleichgewicht geraten – zum Schaden von beidem. Es sei zu einer »Überlagerung der öffentlichen Sphäre durch die private Vorstellungswelt«[36] gekommen. Phänomene von Macht und Herrschaft sowie der öffentliche Umgang mit Konflikten würden verdeckt durch die vorrangige Befassung mit der Persönlichkeit, der persönlichen Glaubwürdigkeit und der privaten Lebensführung politischer Akteure.[37]

Das Verhältnis von Öffentlichem und Privatem scheint vollständig in Verwirrung geraten zu sein. Laut Hannah Arendt sei der agonal und plural verfasste, öffentliche politische Raum, in dem Bürger als Freie miteinander sprechen und handeln und voreinander in Erscheinung treten, um sich auszuzeichnen, in einem langen historischen Prozess gesellschaftlich umgestülpt worden. Unter den Leitbildern des *homo faber* und des *animal laborans* sei eine Gesellschaft entstanden als »Form eines Zusammenlebens, in der die Abhängigkeit des Menschen von seinesgleichen um des Lebens selbst willen und nichts sonst zu öffentlicher Bedeutung gelangt [sei] und wo infolgedessen die Tätigkeiten, die lediglich der Erhaltung des Lebens dienen, in der Öffentlichkeit nicht nur erscheinen, sondern die Physiognomie des öffentlichen Raumes bestimmen dürfen.«[38]

36 Sennet 2013: 64. Vgl. Plessner 2003: 55: »Öffentlichkeit beginnt da, wo Liebe und blutsmäßige Verbundenheit aufhören.«

37 Vgl. Sennet 2013: 587f.

38 Arendt 1989: 47.

Auch dieser Prozess der Verwandlung und Verwirrung des öffentlichen Raumes hat sich mit der digital transformierten Öffentlichkeit noch einmal dramatisch verschärft. Die heute zu beobachtende Erosion der Öffentlichkeit in realer wie digitaler Gestalt[39] scheint dabei überwiegend freiheitsgefährende Züge zu besitzen – sowohl in Bezug auf die politische Freiheit demokratischer Selbstbestimmung als auch in Bezug auf die private Freiheit persönlicher Lebensführung. In ihm droht, mit Habermas gesprochen, die Substanz jener Voraussetzungen aufgezehrt zu werden, auf welche demokratische Regierungsformen sowohl praktisch und funktional als auch legitimatorisch angewiesen sind. Öffentlichkeit und öffentlicher Raum scheinen immer weniger geeignet ihre für demokratische Gesellschaften unabdingbaren Funktionen der Themensetzung, der Mobilisierung und Partizipation, der Deliberation und Kritik sowie der Integration und Legitimation zu erfüllen.

4. Herausforderungen der Demokratie durch einen Strukturwandel und Verfall der Öffentlichkeit

Zu den auffälligsten Problemzonen von Demokratie und Öffentlichkeit werden seit Langem die Massenmedien gezählt.[40] Doch die Weisen der Mediennutzung wandeln sich seit zwei Jahrzehnten im Zuge der digitalen Transformation der Gesellschaft grundlegend. »The information technology revolution has completely altered the terms on which democracy must operate.«[41]

An die Seite – und teilweise bereits an die Stelle – einer massenmedialen Eins-zu-viele-Kommunikation tritt die Viele-zu-viele-Kommunikation via soziale Medien. Klassische Gatekeeper-Funktionen in den traditionellen Medien, die Ordnung und Übersicht schaffen (sollten), und »general-interest intermediaries«[42] verlieren dadurch an Bedeutung. Jeder Bürger ist für die eigene Auswahl an Informationen verantwortlich (beziehungsweise erhält sie personalisiert aufbereitet)[43] und ist zugleich potenzieller Sender und Empfänger, und das Gleiche gilt für die Angehörigen der politischen Klasse.

---

39 Vgl. etwa die Beschreibung eines »neuen« Strukturwandels der Öffentlichkeit bei Imhof 2011: 108ff., Sunstein 2017, Runciman 2018: 120–164.

40 Meyer 2001; vgl. jüngst umfassend dazu und mit weiterführender Literatur: Thiele 2017: 196–242, Münker 2009: 29–45.

41 Runciman 2018: 6f.; vgl. grundlegend Castells 2017: 405–462, xxix–xxxv, Münker 2009: 88, Mounk 2018: 161–176.

42 Vgl. Sunstein 2017: 18, Münker 2009: 48.

43 Pariser (2017: 11) spricht von einer Revolution unseres Informationskonsums in einer Ära der Personalisierung.

Dadurch wachsen aber auch die Gefahren der sozialmedialen manipulativen Steuerung öffentlicher Erregungszustände oder der »manipulativen Konsensbeschaffung für politische Maßnahmen«[44], zumal es neue pathologische Erscheinungsformen zur massiven Störung oder manipulativen Einflussnahme auf die öffentliche politische Kommunikation und Meinungsbildung wie Social Bots und Trolle gibt. Die manipulativen Techniken reichen bis zur direkten Wahlbeeinflussung oder Wahlfälschung. Die öffentliche Meinung verliert dadurch weiter an rationaler, kritischer und integrativer Dignität, und demokratische Wahlen drohen zuletzt ihre legitimierende Kraft einzubüßen.

Es wäre aber sicher einseitig und unterkomplex, hier allein Möglichkeiten intendierter strategischer, manipulativer Einflussnahmen auf öffentliche Kommunikation und politische Entscheidungen zu registrieren. Mindestens ebenso tiefgreifend sind die mittelbaren und strukturellen Veränderungen der gesamten Arena öffentlicher Kommunikation und der medienbedingten Veränderungen sozialer und kultureller Gewohnheiten und Mentalitäten. Dramatisch schildert es der Philosoph Byung-Chul Han, indem er schreibt:

> »Wir werden durch diese neuen Medien umprogrammiert, ohne dass wir diesen radikalen Paradigmenwechsel gänzlich erfassen. Wir hinken dem digitalen Medium hinterher, das unterhalb bewusster Entscheidung unser Verhalten, unsere Wahrnehmung, unsere Empfindung, unser Denken, unser Zusammenleben entscheidend verändert.«[45]

Ein signifikantes Beispiel dafür ist die Veränderung der Zeiterfahrung, die, wenn sie konfrontiert wird mit den mit Bedacht verlangsamenden politischen Verfahrensabläufen repräsentativer Demokratien, zu Unzufriedenheit mit den Letzteren führt: Die digitale Transformation der Gesellschaft lässt Räume und Zeiten zusammenschmelzen und treibt mithin die Beschleunigungsprozesse der Moderne weiter an. »Das digitale Medium ist ein *Präsenz*-Medium. Seine Zeitlichkeit ist die unmittelbare Gegenwart.«[46] Alles Stehende ist längst verdampft. Bedürfnisse sind umgehend zu befriedigen; Fragen, in einem digitalen Medium der Kommunikation gestellt, sind heute noch zu beantworten, Bestelltes ist möglichst noch am selben Tag auszuliefern. Dem können demokratische Entscheidungsprozesse nicht gerecht werden – und sie sollen es auch nicht:

> »Representative democracy was intended to work against our cognitive biases, dimly though these might have been understood at the time. It puts barriers in the way of intermediate gratification and slows down decision-making. [...] The founders of the American republic did whatever they could to ensure that the political impulses of

44 Peters 2007: 45.

45 Han 2017: 5.

46 Han 2017: 26; vgl. Thiele 2017: 156.

the people get filtered through institutions designed to correct for their biases. That's what makes representative democracy so frustrating. It is rarely gratifying. It is not meant to be.«[47]

Hinzu kommt die doppelte Gefahr einer gesellschaftlichen Fragmentierung: Zum einen verhindern soziale Medien in ihren sogenannten Echokammern oder Filterblasen ungeplante Begegnungen mit fremden Sichtweisen, zum anderen parzellieren sie auch den sozialen Raum geteilter Erfahrungen.[48] Beides lässt die relative Homogenität als Voraussetzung sich demokratisch regierender Gemeinschaften brüchig werden und schwächt die ethischen Voraussetzungen demokratischer Gesellschaften.

Zu den mittelbaren, strukturell wirksamen Veränderungen gehört auch, was aus den Untersuchungen Arendts, Sennetts und Habermas' zu lernen ist: Es ist wichtig, einerseits welche Aktivitäten, andererseits welche Stimmungen und ethischen Haltungen im öffentlichen Raum erscheinen und ihn maßgeblich prägen. Wie gesehen, habe laut Arendt in der Moderne das *animal laborans* den öffentlichen Raum erobert; laut Sennett leide er unter einer Tyrannei der Intimität. Die Öffentlichkeit aber setze »ein respektgeleitetes Wegsehen vom Privaten voraus«.[49] Habermas moniert, der öffentliche Raum sei zur Sphäre »demonstrativ und manipulativ verbreiteter Publizität für Personen und Institutionen, Verbrauchsgüter und Programme«[50] verkommen. Digitale Medien scheinen die Prozesse des Abbaus öffentlicher Distanz, der Privatisierung und Kommerzialisierung noch voranzutreiben. Derweil erobern kollektive Emotionen den realen wie den digitalen öffentlichen Raum und beeinflussen die politische Kommunikationskultur nachteilig. Kurt Imhof spricht von »Empörungsbewirtschaftung durch die Medien«.[51] Sicher ist: Sowohl die kritische diskursiv-demokratische Dignität des öffentlichen Raumes als auch seine affirmative Funktion als Erscheinungsort der Selbstvergewisserung einer politischen Gemeinschaft[52] leiden unter einer Verwandlung öffentlicher Straßen und Plätze wie der Medien in Räume kollektiver Empörung und kollektiven Hasses. Pegida habe das Ressentiment salonfähig gemacht, schrieb dazu der Dresdner Politikwissenschaftler Hans Vorländer.[53] Die öffentliche Meinung droht zu verrohen.

47 Runciman 2018: 160; vgl. Thiele 2017: 12. Zur politisch heilsamen Entschleunigung durch demokratische Verfahren vgl. auch Münkler 2018.

48 Sunstein 2017, Pariser 2017: 13, Albright 2018: 276.

49 Han 2017: 7.

50 Habermas 1990: 343.

51 Imhof 2011: 126; vgl. Menasse 2017: 31.

52 Vgl. Ottmann 2007: 112.

53 Vorländer 2016: 108.

Auch scheint es plausibel, dass die permanente sozialmediale Vermittlung schon vorher kritisch gesehene Prozesse verstärken. Theatokratische und mediokratische[54] Verkehrungen und Verzerrungen demokratischer Prozeduren und Kontrollfunktionen oder eine Psychologisierung und Personalisierung des politischen Diskurses werden durch den Wandel der Mediennutzung tendenziell noch befördert.[55] Gleichzeitig lässt sich im permanenten Licht der sozialen Medien wegen ihrer diffusen Aufmerksamkeitsstruktur[56] Regierungshandeln auch invisibilisieren. Neo-arkane, technokratisch für alternativlos[57] erklärte Politik und eine Stärkung der Exekutive durch Tendenzen der Entparlamentarisierung lassen sich so gegen öffentliche Kontrolle abschirmen. Sie werden im Licht versteckt.[58]

Merkwürdig daran ist, dass gleichwohl Überwachung und Kontrolle nicht abnehmen. Nur werden Subjekt und Objekt vertauscht. Nicht die Regierenden werden von den Regierten mit den Mitteln einer »Liberation Technolgy«[59] kontrolliert und gegebenenfalls zur Verantwortung gezogen, sondern die Bürger werden nun ihrerseits technisch transparent gemacht – sei es für staatliche Überwachung, sei es aber vor allem auch für gesellschaftliche, ökonomische Interessen, wozu jeder von uns durch seine hinterlassenen Kundendatenspuren und Suchhistorien im weltweiten Netz geradezu einlädt. »Sie schauen auf ihren Tabletcomputer, aber ihr Tabletcomputer schaut auch auf sie.«[60] Das Panoptikon ist real geworden.[61]

Dies führt zu einem weiteren besorgniserregenden Befund. Mit den geradezu tektonisch zu nennenden ökonomischen Verschiebungen im Zuge der digitalen Transformation der Gesellschaft haben neue gigantische gesellschaftliche Akteure[62] den öffentlichen Raum betreten – Akteure, die nicht nur in außergewöhnlicher Weise über ökonomische Macht verfügen, sondern deren Geschäftsmodell es gerade ist, den öffentlichen Raum selbst zu bilden, Kommunikation zu strukturieren. Ihr Einfluss ist daher nicht nur aufgrund ihres schieren ökonomischen Potenzials ein außergewöhnlich großer. Sie sind vielmehr die Herren des digitalen öffentlichen Raumes

54 Vgl. Meyer 2001.
55 Castells 2019: 20.
56 Vgl. Thiele 2017: 157.
57 Vgl. Thiele 2017: 132ff.
58 Vgl. jedoch dagegen Rosanvallon 2017: 31–109.
59 Diamond 2012.
60 Garton Ash 2016: 82.
61 Vgl. Han 2017: 91ff., Rosanvallon 2017: 35, Krastev 2013.
62 Vgl. Garton Ash 2016: 77–83, Runciman 2018: 129–139.

selbst.[63] Der öffentliche Raum geht in Privatbesitz über.[64] Der Begriff der kommunikativen Macht, einst Inbegriff eines demokratischen Versprechens autonomer Selbstbestimmung, Hort des kritischen Geistes und Gegenmacht aufgeklärter Intersubjektivität, bekommt dadurch eine zuvor ungeahnte, bedrohliche Konnotation der Fremdherrschaft. Alles in allem scheinen die Zeichen für Demokratie und Öffentlichkeit auf Niedergang zu stehen. Wer trotz allem auf ihr künftiges Gedeihen wetten wollte, scheint eine exzellente Quote zu verdienen. Gibt es Gründe, es zu wagen?

Im Folgenden soll gleichsam als Kontrapunkt zu den genannten kritischen Aspekten zu bedenken gegeben werden, welche in Demokratie und Öffentlichkeit angelegten strukturellen Gründe es gibt, die eine Tendenz befördern, Krisendiagnosen gegebenenfalls auch zu übertreiben oder allzu düstere Prognosen zur Zukunft von Demokratie und Öffentlichkeit zu stellen – nicht um abzuwiegeln; denn die Lage ist ernst. Und dennoch dient es nüchterner Erkenntnis, ein reflexives Gegengewicht zu bilden, um im tief besorgten und hochtourig laufenden demokratischen Krisendiskurs der Gegenwart auch der darin möglicherweise liegenden Gefahr politischer Hypochondrie zu begegnen. Wolfgang Merkel erinnert zu Recht wiederholt daran, dass die Rede von der Krise der Demokratie so alt sei wie die Demokratie selbst.[65]

5. Quellen des chronischen Unbehagens an öffentlicher Meinung und Demokratie

Es werden im Folgenden fünf Vermutungen angestellt und zur Diskussion gestellt, womit das chronische Unbehagen an Demokratie und Öffentlichkeit *auch* zusammenhängt.

5.1 Hohe Erwartungen

Je höher die Erwartungen sind, die an den öffentlichen Raum und die öffentliche Meinung gestellt werden, umso tiefer fallen die Enttäuschungen aus. Man kann es das Problem einer bipolar gestörten oder manisch-depressiven

63 Vgl. Runciman 2018: 7f.: »We now have technology that promises greater efficiency than anything we've ever seen before, controlled by corporations that are less accountable than any in modern political history. Will we abdicate democratic responsibility to these new forces without even saying goodbye?«

64 Vgl. Garton Ash 2016: 77.

65 Merkel 2015b: 7.

Begriffsbildung[66] nennen: Ein zu hoch angesetztes normatives Ideal und die krude Wirklichkeit scheitern wechselseitig aneinander.[67]

> »Wenn man die Auseinandersetzungen um die Öffentlichkeit durch die Moderne hindurch verfolgt, dann fällt auf, dass die Rede vom Zerfall, der Vermachtung und der Monopolisierung der Öffentlichkeit sowie die Klage über die Trivialisierung ihrer Inhalte mitsamt der Schaffung von ›falschem Bewusstsein‹ durchwegs auf einem Öffentlichkeitsverständnis beruht, das außerordentlich stark normativ geladen ist.«[68]

Das lässt sich an Arendts Verfallsgeschichte des öffentlichen Raumes in der Moderne ebenso studieren wie an Habermas' und Sennetts Theorien eines Niedergangs der Öffentlichkeit.[69]

Die normativen Maßstäbe hingegen erheblich zu ermäßigen oder gar zu kassieren, beraubt die Öffentlichkeit und die öffentliche Meinung indes wesentlicher ihrer demokratischen Funktionen. So ging beispielsweise Walter Lippmann bereits 1927 davon aus, dass der überambitionierte anspruchsvolle Charakter moderner Demokratietheorie die Öffentlichkeit mit Erwartungen konfrontiere, die sie einzig enttäuschen könne. Das Eröffnungskapitel seines Werkes *The Phantom Public* trägt die Überschrift »The Disenchanted Man«; und die angesprochene Enttäuschung gilt der Demokratie (»disenchantment of democracy«[70]).

Zu Recht bemerkte dagegen der amerikanische Pragmatist John Dewey in seiner zeitgenössischen Rezension des Buches, dass genau genommen nicht die Öffentlichkeit selbst bei Lippmann Züge des Phantomhaften trage, sondern vielmehr jene Öffentlichkeit, wie sie in den überambitionierten Theorien der Demokratie konzipiert und in Anspruch genommen werde.[71] Konzeptionelle Konfusion und bipolar gestörte Begriffsbildung aber führen zu Frustration, politischer Handlungsverfehlung oder zu Handlungsenthaltsamkeit. »The ideal of the omnicompetent, sovereign citizen is, in my opinion, such a false ideal. It is unattainable. The pursuit of it is misleading. The

66 Eine bipolar gestörte Begriffsbildung lässt sich auch strategisch zur Diffamierung nutzen. Ein Klassiker des Genres ist Carl Schmitts Polemik *Zur geistesgeschichtlichen Lage des Parlamentarismus* (vgl. Schmitt 2017).

67 Vgl. Merkel 2015b: 14: »Im demokratischen Maximalismus ist die Krisenbestätigung in Permanenz angelegt.« Rosanvallon (2017: 10) vertritt die These, die real existierenden Demokratien seien »unvollendet geblieben«. »Deshalb waren Enttäuschungen auch ständige Wegbegleiter der Hoffnungen, die der Ausbruch aus der Welt der Abhängigkeit und des Despotismus genährt hat.«

68 Imhof 2011: 28. Vgl. dazu veranschaulicht am Beispiel Pegida: Vorländer 2016: 107.

69 Vgl. Lüddecke 2016: 79f.

70 Lippmann 1993: 42f.

71 Dewey 20101: 12.

failure to achieve it has produced the current disenchantment.«[72] Anstatt der öffentlichen Meinung pantheistische Kräfte zu attestieren[73], gelte es daher, die Theorie der Demokratie näher heranzuführen an die tatsächliche Natur der öffentlichen Meinung, und das hieß für Lippmann vor allem: nicht zu hoch von ihr zu denken, nichts allzu Anspruchsvolles von ihr zu erwarten. »We are bound, I think, to express the ideal in its lowest terms, to state it not as an ideal which might conceivably be realized by exceptional groups now and then or in some distant future.«[74] Damit werden indes die Erwartungen an die öffentliche Meinung nun ihrerseits deutlich zu weit herabgesenkt, indem sie zu einer irrationalen und sprunghaften Ausnahme- und Krisenerscheinung erklärt werden[75], von deren Macht es heißt: »The force of public opinion is partisan, spasmodic, simple-minded and external.«[76]

Im Zuge der gegenwärtigen digitalen Transformation der Öffentlichkeit und der Bildung einer öffentlichen Meinung lassen sich vergleichbare Pendelausschläge beobachten. Mit den neuen technischen Möglichkeiten der Kommunikation, der Einschmelzung räumlicher Distanzen, der technisch vereinfachten Teilung von Informationen und Meinungen, der Transparentmachung von Entscheidungsprozessen sowie der politischen Teilhabemöglichkeiten durch die neuen Medien und Netzwerke gehen Erwartungen einer Intensivierung demokratischer Partizipation einher. Larry Diamond nennt sie optimistisch »Liberation Technology«.[77] Die Öffentlichkeit verspricht inklusiver und transparent zu werden, Teilhabeschwellen werden signifikant herabgesetzt. E-Democracy oder Liquid Democracy sollten Bürger aus der überwiegenden Rolle von Zuschauern der Demokratie und Konsumenten von Politik befreien und ihnen bei vergleichsweise niedrigem Aufwand (»Kosten«) die Möglichkeit geben, zu Aktivbürgern zu werden. Soziale Medien als Liberation Technology versprachen, es autoritären Staaten schwer zu machen; und gleichzeitig weckte digitale Demokratie Hoffnungen darauf, die Ideale einer deliberativen Demokratie partizipativer politischer Selbstbestimmung verwirklichen zu können.[78] Und in der Tat

72 Lippmann 1993: 29.

73 Vgl. Lippmann 1993: 188.

74 Lippmann 1993: 53.

75 Vgl. Lippmann 1993: 59: »Public opinion, in this theory is a reserve of force brought into action during a crisis in public affairs. [...] [I]t is itself an irrational force«.

76 Lippmann 1993: 141. Vgl. Peters 2007: 67: »Das Idealmodell von Öffentlichkeit wird als unrealisierbar dekuvriert; daraus wird gefolgert, daß *alle* normativen Gehalte dieses Modells nunmehr hinfällig seien.«

77 Diamond 2012; vgl. Mounk 2018: 165ff.

78 Vgl. Münker 2009: 53f., 76, Rosanvallon 2017: 66ff. Aus den Anfangsjahren etwa Meyer 2001: 177ff.

vermitteln die sozialen Medien ihren Nutzern sehr wirksam das Gefühl, Teil von etwas Großem zu sein, dazuzugehören, mitzuwirken, gehört zu werden und Antworten zu bekommen. In seinem Buch über Redefreiheit hält der britische Historiker Timothy Garton Ash darauf indes eine prompte Ernüchterung bereit:

> »Noch nie in der Menschheitsgeschichte gab es solche Möglichkeiten zur freien Meinungsäußerung. Und noch nie waren die Nachteile der schrankenlosen freien Meinungsäußerung – Todesdrohungen, pädophile Bilder, ganze Schlammfluten von Beschimpfungen und Beleidigungen – so leicht über alle Grenzen zu verbreiten.«[79]
> David Runciman stellt fest: »The digital revolution promised much for democratic politics and so far has delivered little.«[80]

Vier kritische Tendenzen lassen sich benennen: Erstens ist eine Fragmentierung der öffentlichen Sphäre zu beobachten, das demokratische Integrationsziel einer inklusiver werdenden Öffentlichkeit wird mithin verfehlt.[81] Zweitens stellt sich ein mit der Fragmentierung oftmals verbundener Einschluss in sogenannte Echokammern (oder »Filterblasen«[82]) ein. Dadurch kommt es weniger zu einer kritischen Prüfung und Infragestellung, sondern zur Verstärkung einmal eingenommener eigener Positionen, der eigenen Überzeugungen und politischen Absichten aber auch der eigenen unsozialen Emotionen. Es realisiert sich »das Gegenteil des liberalen Ideals eines durch das Internet ermöglichten öffentlichen Raums, in dem wir ständig mit unangenehmen Tatsachen, Gegenargumenten und anderen Werten als den eigenen konfrontiert werden«.[83] Hieraus resultiert die Salonfähigkeit des Hasses, und die diskursive Qualität des politischen Diskurses leidet. Drittens wachsen mit den Möglichkeiten zur aktiven Teilhabe im gleichen Maße auch die Risiken durch technische Manipulation. Und viertens schließlich führen die konzeptionelle Mündlichkeit dieser Medien verbunden mit dem permanenten Zugriff auf sie, das heißt jederzeit sich Einschalten-Können sowie der Ausfall von Gatekeeper-Funktionen zu einer beschleunigten Eskalation sowie strukturellen Intensivierung und Ausweitung von Konflikten. Soziale Medien kennen keine Abklingbecken, und kommunikative Neutronenfänger wären systemfremd, mit denen sich die Meinungskettenreaktionen im sozialmedialen Reaktor der Teilöffentlichkeiten steuern und das heißt vor allem: herunter regeln ließen.

79 Garton Ash 2016: 11.

80 Runciman 2018: 164; vgl. Mounk 2018: 168.

81 Vgl. Sunstein 2017

82 Vgl. Pariser 2017.

83 Vgl. Garton Ash 2016: 81.

»Die digitale Demokratie, so hat es den Anschein, wäre in vielerlei Hinsicht eine Rückkehr zur Stimmungsdemokratie der Antike«.[84]

Auch diese neuen Formen der Öffentlichkeit taugen daher weder dazu, etwaige Heilsversprechen demokratischer Partizipation und Unmittelbarkeit endlich zu erfüllen – das Internet ist kein Ort erfüllter partizipatorischer Utopien[85] –, noch verdienen sie indes schlechthin verteufelt zu werden, als bräche mit ihnen definitiv das Endzeitalter demokratischer Selbstbestimmung an. Sie sind, wie Öffentlichkeit und öffentliche Meinung seit je, ambivalent.[86] Und wer daher mit zu hohen Erwartungen beginnt, wird erneut nur enttäuscht werden.[87]

5.2 Enttäuschte Erwartungen: Das Versprechen der Selbstregierung oder wer ist das Subjekt der öffentlichen Meinung

Die Öffentlichkeit ist eine pluralistische Arena. Verdichtet indes zur »öffentlichen Meinung« als »Figur der gesellschaftlichen Allgemeinheit« tritt der Pluralismus in den Hintergrund. Die öffentliche Meinung hat ein Subjekt, das nicht das politische Individuum selbst ist. In ihr ist jedes Individuum nur »irgendwie« enthalten. Damit aber stellen sich bei vielen Bürgerinnen und Bürgern Erfahrungen der Entfremdung ein. Obwohl man dazugehört, ist man nicht dabei, zählt nicht mit, wird nicht gehört. Benjamin Constant fasste es in seinem berühmten Text über die Freiheit der Alten und der Modernen in klassische Worte: »In der Menge verloren, nimmt der Einzelne von dem Einfluß, den er ausübt, nichts mehr wahr. Niemals prägt sich sein Wille der Gesamtheit auf, nichts führt ihm seine Mitwirkung spürbar vor Augen.«[88]

Der Sachverhalt schlägt sich auch darin nieder, dass bereits in der der Publizität gewogenen Philosophie der Aufklärung nicht wenige Autoren in der öffentlichen Meinung eine obskure Erscheinung sahen. Der Aufklärungsphilosoph Christian Garve spricht von ihr als einer »qualitas occulta«[89], die

84 Münkler 2018: 95. Rosanvallon (2017: 68) stellt das Internet als politische Form hingegen eher in den Kontext der Überwachungs- beziehungsweise Gegen-Demokratie.

85 Münker 2009: 13.

86 Vgl. eingehender Kersten 2017, Rosanvallon 2017: 66.

87 Berücksichtigt man zudem mit Münkler, dass die schwache Enttäuschungsresistenz »eine der großen Verwundbarkeiten demokratischer Ordnungen« (Münkler 2018: 102) sei, ergibt sich eine geradezu chronische Belastung für die Demokratie. Vgl. Möllers 2008: 9, Thiele 2017: 12.

88 Constant 1972: 377. Die Herausforderung der Demokratie durch Prozesse der Individualisierung (vgl. Böckenförde 1999) nimmt mit wachsenden Ansprüchen der Individuen auf Individualität – wie berechtigt sie sein mögen – zu (vgl. Charim 2018: 113).

89 Garve 1985: 295.

»schwer mit Sicherheit zu erkennen«[90] sei; und immer wieder werden Zweifel daran laut, ob es denn eine öffentliche Meinung überhaupt gebe.[91] Die okkulte Qualität des Subjekts öffentlicher Meinung steigert sich in sozialen Medien noch dadurch, dass unklar ist, ob eine Äußerung überhaupt von einem humanen Wesen stammt oder lediglich durch einen Social Bot fingiert wurde. Und die »Tendenz zur ›Privatisierung‹ und Fragmentierung der öffentlichen Meinung, die das Internet befördert hat«[92], lässt es fraglich erscheinen, ob es ein Subjekt, von welch okkulter Qualität auch immer, überhaupt noch gibt.

Laut Hegel trete zwar die subjektive Freiheit der Einzelnen, die ihr »eigenes Urteilen, Meinen und Raten über die allgemeinen Angelegenheiten haben und äußern«, in der öffentlichen Meinung in Erscheinung.[93] Aber Freiheit und Meinung des Individuums treten dabei auch zurück hinter die anonyme Meinung und Freiheit eines sozialen Kollektivs, das lediglich ein abstraktes Versprechen gab, man selbst gehöre ebenfalls mit dazu. Allgemeiner gilt: Auch Demokratie ist eine Form der Herrschaft, und wie wir wissen, üben selbst große Minderheiten ihr demokratisches Selbstregierungsrecht oftmals dadurch aus, dass sie von der Selbstregierung der anderen, die die Majorität bilden, regiert werden. Der Soziologie und Philosoph Ferdinand Tönnies beschreibt den Sachverhalt in seiner *Kritik der öffentlichen Meinung* von 1922 anschaulich: Tönnies versteht die öffentliche Meinung als eine Form des sozialen Willens, und als solche wirke sie »auf die in [ihr] enthaltenen Einzelwillen [...] bestimmend ein, und zwar vorzugsweise hemmend, beschränkend, verwehrend. Die ›Determinationen‹ sind vor allem ›Negationen‹. Sie verwehren die Eigenwilligkeit, beschränken die Freiheit.«[94] Das heißt sie enttäuschen. Indem die öffentliche Meinung die Freiheit der einen als Figur der gesellschaftlichen Allgemeinheit – Rousseau nannte sie die *volonté générale* – erscheinen lässt, hemmt sie zugleich die Freiheit der anderen.

Enttäuschungssensibel reagieren hierauf zwei Gruppen besonders: zum einen die Gruppe der Intellektuellen, Wissenschaftler, Medienschaffenden und politischen Meinungsführer, wenn sich die von ihnen beanspruchte professionelle Vernünftigkeit und Objektivität in der öffentlichen Meinung und mithin im demokratischen Prozess nicht die erwartete und vermeintlich berechtigte, da schließlich wissenschaftlich und rational begründete oder auf politischer Erfahrung beruhende Geltung verschaffen können. Zum anderen

90 Garve 1985: 303.

91 Vgl. Nachweise dazu aus der älteren Forschung bei Bruch 1984: 392ff.

92 Rosanvallon 2017: 273; vgl. Pariser 2017, Sunstein 2017.

93 Hegel 1986: 483 (§ 316).

94 Tönnies 2002: 101.

reagieren aber auch Wutentschlossene höchst verärgert, die sich zur vermeintlichen – nur eben schweigenden – Mehrheit rechnen, sich jedoch systematisch um ihren Anspruch, maßgebender Teil der öffentlichen Meinung zu sein, betrogen wähnen.[95] In beiden Fällen liegt es nahe die Öffentlichkeit und das politische oder mediale System als sozial pathologisch zu denunzieren, sei es deshalb, weil sich die eigene bessere und gründlich reflektierte Einsicht nicht durchzusetzen vermochte, sei es deshalb, weil sich die politisch-mediale Elite gegen das Volk als den wahren Träger der eigentlichen öffentlichen Meinung verschworen habe. Die einen schreiben geistreiche politische Essays über den Verfall der Öffentlichkeit, die anderen schreien »Lügenpresse«. Und beides prägt auf seine Weise wiederum die öffentliche Wahrnehmung.

Aber auch weite Teile der Bürgerschaft liberaler Demokratien der Gegenwart werden insgesamt kritischer, ihre demokratischen Erwartungen sind mit der Zeit gewachsen, ihr kritisches Bewusstsein und ihr Anspruch selbstbestimmter Lebensführung ebenfalls. Auch das erklärt einen Teil des Unbehagens an Demokratie und Öffentlichkeit, die den gewachsenen Ansprüchen kritischer Bürger nicht durchweg gerecht werden können.

5.3 Schlechte Resultate und die Tiefenwirkung schlechter Nachrichten

Mit dem zuletzt Gesagten soll natürlich nicht ausgeschlossen werden, dass der Eine gegen die Vielen, die Minderheit gegen die Mehrheit nicht auch tatsächlich einmal Recht haben könnte oder dass es nicht wirklich pathologische Erscheinungsformen von Öffentlichkeit geben kann – etwa dort, wo sie sich als »Persecuting Society« formiert. Alexis de Tocquevilles und John Stuart Mills Sorgen vor einer »Tyrannei der Mehrheit« waren keineswegs unbegründet. Gibt es doch zu allen Zeiten, wie der Schriftsteller Christoph Martin Wieland einst lapidar feststellte, *herrschende Irrtümer*.[96]

Man darf sich die heilsame Funktion der Publizität, auf welche die Aufklärung gesetzt hat, nicht ohne Weiteres als emergentes Schwarmphänomen vorstellen. Der einschränkenden Macht der Filterblasen entkommt nur, wer auf traditionell aufklärerische Weise selber denkt.[97] So wenig originell diese Idee ist, so ambitioniert ist sie zugleich. Indes: Schon der Aufklärungsphilosoph Christian Garve hat die Qualität und den »wohltätigen Effekt« der

95 Vgl. Vorländer 2016: 103.

96 Vgl. Wieland 1799: 322.

97 Vgl. Garton Ash 2016: 95.

öffentlichen Meinung gerade nicht auf ihren Charakter des sozial offenen Austausches zurückgeführt, sondern sie verlangen die öffentliche »Übereinstimmung derjenigen Ideen, welche sich in den Köpfen der *einzelnen Menschen für sich* gebildet haben«[98] – ohne starken fremden Einfluss, in Ruhe und Unbefangenheit. Das Problem der Individualisierung ist mithin in ein Postulat zu verwandeln.

Die öffentliche Meinung kann sich in einem Irrtum befinden. Demokratische Entscheidungen können daneben liegen, sei es, dass eine demokratisch beschlossene Maßnahme völlig ungeeignet ist, den gewünschten Zweck zu erfüllen, sei es, dass der politische Zweck selbst nicht gut gewählt ist, sei es, dass eine demokratische Wahl eine Person in ein hohes Amt bringt, deren charakterliche Nichteignung evident ist. Auch können politische Strukturen überholt sein, Parteien oder Parlamente ihre Repräsentationsfunktion einbüßen und dadurch Raum für populistische Gegenbewegungen schaffen[99], Dysfunktionalitäten demokratische Prozesse behindern oder eine Konzentration auf dem Medienmarkt die Vielfalt der Meinungsbildung aushöhlen. In solchen und anderen Fällen stellen sich Enttäuschungen über Demokratie und Öffentlichkeit ein, selbst wenn niemand vorab zu hohe Erwartungen gehegt hätte. Die strukturelle Malaise daran ist nun, dass selbst bei ebenso vielen positiven Erfahrungen, die negativen einen nachhaltigeren Eindruck hinterlassen. Es liegt eine Asymmetrie vor. Vertrauen und Reputation[100] sind leichter zerstört als gebildet; negative Koalitionen der Verhinderung leichter gebildet als positiv gestaltende Mehrheiten.[101] »Negative messages are five times [?; D. L.] more effective in terms of influence than positive ones.«[102]

5.4 Zu hohe Erwartungen: Der überforderte demokratische Staat

Das Spektrum dessen, worüber sich in der Öffentlichkeit eine Meinung und im demokratischen System ein politischer Wille bilden lassen, ist nahezu unbegrenzt. Die Erwartungen an staatliche Sicherheitsversprechen und Daseinsvorsorge können potenziell jeden Winkel menschlicher Lebensführung erreichen. In der politischen Öffentlichkeit als einer »Arena für die Wahrnehmung, Identifizierung und Behandlung gesamtgesellschaftlicher

98 Garve 1985: 326 (Hervorhebung, D.L.).

99 Vgl. Castells 2019: 7ff.: »The crisis of liberal democracy: they do not represent us«; vgl. Issacharoff 2017: 338ff.

100 Vgl. Rosanvallon 2017: 51.

101 Vgl. Rosanvallon 2017: 20.

102 Castells 2019: 20; vgl. Rosanvallon 2017: 160.

Probleme«[103] werden daher immer mehr solcher Probleme identifiziert, als durch das administrative politische System überhaupt bearbeitet werden können. Allerdings vermag der Staat noch immer große Erwartungen zu wecken, wenn es um seine Lösungskompetenz geht. Schließlich ist er »das machtvollste Gebilde, das Menschen jemals geschaffen haben«[104]. Und verfassungsrechtlich wird garantiert, dass *alle* Staatsgewalt vom Volk ausgeht.[105]

In modernen, nach innen ausdifferenzierten, nach außen international verflochtenen und supranational integrierten Gesellschaften scheint politisches Entscheiden und Handeln gleichwohl immer über zu wenige nennenswerte Optionen und Alternativen zu verfügen. »Der demokratische Sozialstaat erweckt zwar mit seiner Allzuständigkeit immer noch den Eindruck von Stärke, ist aber im Hinblick auf seinen Handlungsspielraum längst zum schwachen Staat geworden.«[106] Die politische Autonomie demokratischer Selbstregierung ist durch Prozesse der Europäisierung und der Globalisierung in einer Weise herausgefordert[107], die selbst den einstmals ungeheuer mächtigen Leviathan ein wenig schmalbrüstig erscheinen lässt. Wir werden Zeugen eines »forcierten Vorgang[s] der Entstaatlichung«[108]. Insofern die moderne Demokratie ihre Ausprägung aber als eine bestimmte Form des Staates beziehungsweise als bestimmte Organisation von Staatlichkeit gewann, wirkt deren Zerfaserung auflösend auf die Demokratie zurück.[109] Volkssouveränität und eine ins Gewicht fallende politische Autonomie scheinen zu einer staatsrechtlichen Chimäre zu werden. Es stellt sich ein Eindruck der Ohnmacht demokratischer Politik ein, und infolge dessen gereicht der eng umgrenzte Handlungsspielraum politischer Autonomie auch der auf sie Einfluss nehmenden und staatliches Handeln programmieren wollenden Öffentlichkeit zur Vermutung vollkommener Macht- und Zwecklosigkeit. Vom Schwinden der Demokratie spricht der Staatsrechtler Horst Dreier und zieht ein ernüchterndes Fazit. Internationalisierung und Globalisierung werfen nicht nur ökonomische und soziale Fragen auf, sondern ziehen

103 Habermas 1999: 291.

104 Reinhard 2017: 14.

105 Vgl. Dreier 2018: 31f., Grimm 2012: 79.

106 Reinhard 2007: 21.

107 Vgl. Böckenförde 1999; siehe außerdem Dreier 2018, Castells 2019: 13ff., Thiele 2017: 89ff., Imhof 2011: 117ff.

108 Dreier 2018: 41. Zu entsprechenden Problemen der Demokratisierung *vor* der Etablierung moderner Staatlichkeit vgl. Fukuyama 2015.

109 Vgl. Böckenförde 1999: 108. John Dewey hat dieses Problem der Öffentlichkeit bereits 1927 ausgemacht: »Das Maschinenzeitalter hat […] das Ausmaß der indirekten Folgen so gewaltig erweitert […] daß die resultierende Öffentlichkeit sich nicht identifizieren und erkennen kann.« (Dewey 2001: 112). Vgl. Imhof 2011: 8, Mounk 2018: 89ff.

Demokratieverluste nach sich. Die Europäisierung führe »zu empfindlichen Einbußen bei der demokratischen Organisation und Legitimation der Ausübung öffentlicher Gewalt«.[110]

Die alternativen Modelle jedoch, wie demokratische Entscheidungsverfahren, Legitimations- und soziale Integrationsformen den global zu lösenden Problemen in eine Weltöffentlichkeit hinterherwachsen können[111], bleiben allesamt unbefriedigend. Muss »die Demokratie [...] so global werden wie die Probleme, die sie lösen soll«[112], dann ist absehbar, dass sich Bürgerinnen und Bürger erst recht als bloßes Nullum erfahren. Die Demokratie würde zu jener Hülle oder Fassade, als die sie die Diagnose der Postdemokratie heute schon auf der Ebene des demokratischen Nationalstaates identifizieren möchte. »[M]it der Errichtung des Nationalstaates scheint die Demokratie ihre größtmögliche räumliche Ausdehnung erreicht zu haben, ohne ihre Bestandsbedingungen in existentieller Weise strapazieren zu müssen.«[113] Die Spannung zwischen effektiver politischer Entscheidungsgewalt und demokratischer Entscheidungsdignität erreicht eine neue Qualität. Sollten Bürger, Politiker und Politikwissenschaftler daher nüchtern akzeptieren, dass sich »die Dominanz des demokratischen Prinzips als zentrales Legitimationsnarrativ politischer Ordnungen« schon heute auf dem Rückzug befinde?[114] Oder sollten sie doch noch auf die »Demokratisierung internationaler Institutionen« hoffen?[115] Die Strukturen eines »Regierens jenseits des Nationalstaates« (Michael Zürn) jedenfalls erscheinen gegenüber den historischen Erfahrungen mit Demokratien als etwas Neues und Andersartiges:

> »den antiken Großreichen, welche die politische Autonomie der Poleis aufhoben, nicht unverwandt: die Verbindung von bürokratisch-technischer Verwaltung [...] mit nurmehr lokal-kultureller Autonomie [...] aber ohne ins Gewicht fallende politische Beteiligung. Wird das unsere Zukunft?«[116]

---

110 Dreier 2018: 49; siehe außerdem Dreier 2018: 46, Böckenförde 1999: 125. Vgl. Castells 2019: 85: »Given that in order to be part of the supra-network, the nation-state has to transcend the ›Self‹, human representation in the democratic structure based on the community as defined by the nation-state suffers a profound crisis of legitimacy.«

111 Vgl. Vorländer 2003: 120ff. Zürn (2017: 497) formuliert: »Ein demokratisches politisches System muss nicht nur die institutionellen Kanäle zur demokratischen Entscheidungsfindung bereitstellen, es muss auch ein realer Entscheidungsspielraum zur Verfügung stehen. Deswegen sind nationale politische Systeme nur eingeschränkt geeignet, um demokratische Prozesse im Zeitalter der Globalisierung zu organisieren.« Vgl. schon Dewey 2001: 116ff.

112 Meyer 2009: 202; vgl. Zürn 2017: 500.

113 Vorländer 2003: 125.

114 Zürn 2017: 504.

115 Zürn 2017: 505; vgl. Thiele 2017: 92f. (»letztlich nur zwei Optionen«).

116 Böckenförde 1999: 126.

5.5 Der gegeninstitutionelle Charakter öffentlicher Meinung

In der gegenstrebigen Fügung von Demokratie und Öffentlichkeit besitzt Letztere und die in ihr erscheinende öffentliche Meinung einen ausgeprägt gegeninstitutionellen Charakter. Auch darin liegt ein erhebliches Enttäuschungspotenzial. Hegel bemerkte dazu:

> »Die öffentliche Meinung ist die unorganische Weise, wie sich das, was ein Volk will und meint, zu erkennen gibt. Was sich wirklich im Staate geltend macht, muß sich freilich auf organische Weise betätigen, und dies ist in der Verfassung der Fall.«[117]

Zu den Institutionen und den etablierten Prozeduren demokratischen Entscheidens steht die öffentliche Meinung gleichsam notorisch quer; ihr Einfluss ist diffus. »Die öffentliche Meinung entsteht und besteht ›unorganisiert‹«[118], konstatiert der Jurist Carl Schmitt – mit der Absicht, ihren Rationalitätsanspruch als unberechtigt erscheinen zu machen und ihre Äußerung daher wesentlich auf einen Akt der Akklamation beschränken zu dürfen.[119] Doch selbst wenn man diese denunziatorische Absicht nicht teilt, so ist der außerinstitutionelle Charakter öffentlicher Meinung damit gleichwohl getroffen. »Der Begriff hat gewisse ›oppositionelle‹ Konnotationen; der Sinn einer ideellen (oder intellektuellen) ›Gegenmacht‹ schwingt mit.«[120] Der französische Politikwissenschaftler Pierre Rosanvallon hat solchen widerstreitigen Elementen der Demokratie eine ganze Studie mit dem Titel *La contre-démocratie* gewidmet.[121] Er spricht vom »nebulösen Charakter der öffentlichen Meinung« und ihrer »rein informellen Macht«.[122]

Die mit ihrem gegen-demokratischen, außerinstitutionellen Charakter verbundene »Irritationsfunktion der Öffentlichkeit« kann indes auf diese selbst zurückschlagen, und zwar dann, wenn sich Gesetzgebung und Regierung, der etablierte politische Entscheidungsprozess partout nicht irritieren lassen und einfach weitermachen, als wäre nichts gewesen. Auf Dauer nämlich macht reine Opposition keinen Spaß. »Opposition ist Mist«, so

117 Hegel 1986: 483 (§ 316 Zusatz).

118 Schmitt 1993: 247.

119 »Die öffentliche Meinung ist die moderne Art der Akklamation. […] Es gibt keine Demokratie und keinen Staat ohne öffentliche Meinung, weil es keinen Staat ohne Akklamation gibt.« Schmitt 1993: 246f.

120 Peters 2007: 64. Vgl. Rosanvallon 2017: 96, der von einer »Konkurrenz der Demokratien« spricht und darin liegende Legitimitätskonflikte beschreibt.

121 Vgl. Rosanvallon 2017: besonders 26–28, 230f.

122 Rosanvallon 2017: 272.

brachte es der frühere SPD-Vorsitzende Franz Müntefering einmal lapidar auf den Punkt. Und das gilt eben auch für die gegeninstitutionelle Gestalt der öffentlichen Meinung. Sie mag ihre Festtage des Protests haben,[123] auf alltägliche Dauer gesehen, malt sie ihr Grau-in-Grau. »Die öffentliche Meinung ist eine Macht, die sich ähnlich wie die Religion vorzugsweise als moralisches Urteil in einem Lande geltend macht, richtend, verdammend.«[124] So besehen mag sie oft in der stolzen Freudlosigkeit des Rechthabens verharren, oder sie bricht sich zuletzt Bahn in kollektivem Hass und machtloser Gewalt (am Rande) öffentlicher Proteste. Politischer Gestaltungsanspruch hingegen lässt sich nur in den »organisierten« (Hegel: »organischen«) politischen Formen realisieren, setzt die Bereitschaft und den Erfolg beim Gang durch die Institutionen voraus. Den Modus der Einwirkung der Öffentlichkeit und kommunikativer Macht auf die Instanzen administrativer Macht hat der Philosoph Jürgen Habermas hingegen einmal durchaus sinnfällig als »Belagerung« beschrieben.[125] Auch diese Metapher drückt den Grundcharakter moderner liberaler Demokratien als gegenstrebiger Fügungen aus.

Literatur

Albright, Madeleine (2018): Faschismus. Eine Warnung, Köln.

Benhabib, Seyla (2008): Die Rechte der Anderen. Ausländer, Migranten Bürger, Frankfurt/M.

Böckenförde, Ernst-Wolfgang (1991a): Demokratie als Verfassungsprinzip, in: ders., Staat, Verfassung, Demokratie. Studien zur Verfassungstheorie und zum Verfassungsrecht, Frankfurt/M., S. 289–378.

Böckenförde, Ernst-Wolfgang (1991b): Die Entstehung des Staates als Vorgang der Säkularisation, in: ders., Recht, Staat, Freiheit. Studien zur Rechtsphilosophie, Staatstheorie und Verfassungsgeschichte, Frankfurt/M., S. 92–114.

Böckenförde, Ernst-Wolfgang (1999): Zur Zukunft politischer Autonomie. Demokratie und Staatlichkeit im Zeichen von Globalisierung, Europäisierung und Individualisierung, in: ders., Staat, Nation, Europa. Studien zur Staatslehre, Verfassungstheorie und Rechtsphilosophie, Frankfurt/M., S. 103–126.

Bruch, Rüdiger vom (1984): Wissenschaft, Politik und öffentliche Meinung. Gelehrtenpolitik im Wilhelminischen Deutschland, Husum.

Castells, Manuel (2017): Der Aufstieg der Netzwerkgesellschaft. Das Informationszeitalter. Wirtschaft, Gesellschaft, Kultur, Bd. 1, 2. Aufl., Wiesbaden.

123 Vgl. Habermas 1993: 460.

124 Tönnies 2002, S. 267.

125 Habermas 1993: 626, 630.

Castells, Manuel (2019): Rupture. The Crisis of Liberal Democracy, Cambridge/Meford.

Constant, Benjamin (1972): Über die Freiheit der Alten im Vergleich zu der Heutigen, in: ders., Werke in vier Bänden, hrsg. von Axel Blaeschke und Lothar Gall, Bd. 4, Berlin, S. 363–396.

Croissant, Aurel (2010): Analyse defekter Demokratien, in: Klemens H. Schrenk / Markus Soldner (Hg.), Analyse demokratischer Regierungssysteme, Wiesbaden, S. 93–114.

Dewey, John (2001): Die Öffentlichkeit und ihre Probleme, Berlin/Wien.

Diamond, Larry (2012): Liberation Technology, in: Larry Diamond / Marc F. Plattner (Hg.), Liberation Technology. Social Media and the Struggle for Democracy, Baltimore, S. 3–17.

Diamond, Larry / Plattner, Marc F. (Hg.) (2015): Democracy in Decline?, Baltimore.

Dreier, Horst (2018): Vom Schwinden der Demokratie, in: Friedrich W. Graf / Heinrich Meier (Hg.), Die Zukunft der Demokratie. Kritik und Plädoyer, München, S. 29–81.

Emcke, Carolin (2018): Manipulation, in: Süddeutsche Zeitung, 29./30. September 2018, S. 5.

Ferguson, Niall (2018): Türme und Plätze. Netzwerke, Hierarchien und der Kampf um die globale Macht, Berlin.

Garton Ash, Timothy (2016): Redefreiheit. Prinzipien für eine vernetzte Welt, München.

Garve, Christian (1985): Ueber die öffentliche Meinung, in: ders., Gesammelte Werke, hrsg. von Kurt Wölfel, Bd. 3, Hildesheim/New York, S. 291–334.

Grimm, Dieter (2012): Die Zukunft der Verfassung II. Auswirkungen von Europäisierung und Globalisierung, Berlin.

Habermas, Jürgen (1990): Strukturwandel der Öffentlichkeit. Untersuchungen zu einer Kategorie der bürgerlichen Gesellschaft, Frankfurt/M.

Habermas, Jürgen (1993): Faktizität und Geltung. Beiträge zur Diskurstheorie des Rechts und des demokratischen Rechtsstaats, Frankfurt/M.

Habermas, Jürgen (1999): Drei normative Modelle der Demokratie, in: ders., Die Einbeziehung des Anderen. Studien zur politischen Theorie, Frankfurt/M., S. 277–292.

Han, Byung-Chul (2017): Im Schwarm. Ansichten des Digitalen, 4. Aufl., Berlin.

Hegel, Georg W. F. (1986): Grundlinien der Philosophie des Rechts oder Naturrecht und Staatswissenschaft im Grundrisse (= Werke in 20 Bänden, hrsg. von Eva Moldenhauer und Karl M. Michel, Bd. 7), Frankfurt/M.

Heraklit (2007): Fragmente, übers. und hrsg. von Bruno Snell, 14. Aufl., München/Zürich.

Imhof, Kurt (2011): Die Krise der Öffentlichkeit. Kommunikation und Medien als Faktoren des sozialen Wandels, Frankfurt/New York.

Issacharoff, Samuel (2017): Die Defizite der Demokratie, in: Der Staat 56 (3/2017), S. 329–355.

Kersten, Jens (2017), Schwarmdemokratie. Der digitale Wandel des liberalen Verfassungsstaats, Tübingen.

Levitsky, Steven / Ziblatt, Daniel (2018): Wie Demokratien sterben, 3. Aufl., München.

Lüddecke, Dirk (2014): Gegenstrebige Fügungen der Demokratie. Das historisch-institutionelle und sozial-ordoliberale Demokratieverständnis Ernst-Wolfgang Böckenfördes, in: Reinhard Mehring (Hg.), Voraussetzungen und Garantien des Staates. Das Staatsverständnis Ernst-Wolfgang Böckenfördes, Baden-Baden, S. 119–144.

Lüddecke, Dirk (2016): Achtung und Verachtung öffentlicher Meinung im politischen Denken, in: Henning Ottmann / Pavo Barisic (Hg.), Demokratie und Öffentlichkeit. Geschichte – Wandel – Bedeutung, Baden-Baden, S. 79–98.

Menasse, Eva (2017): Fürchtet Euch nicht! Versuch über unsere Ängste, Kamenz.

Merkel, Wolfgang (Hg.) (2015a): Demokratie und Krise. Zum schwierigen Verhältnis von Theorie und Empirie, Wiesbaden.

Merkel, Wolfgang (2015b): Die Herausforderungen der Demokratie, in: Wolfgang Merkel (Hg.), Demokratie und Krise. Zum schwierigen Verhältnis von Theorie und Empirie, Wiesbaden, S. 7–42.

Merkel, Wolfgang, et al. (2003): Defekte Demokratie, Bd. 1, Opladen.

Meyer, Thomas (2001): Mediokratie. Die Kolonisierung der Politik durch die Medien, Frankfurt/M.

Meyer, Thomas (2009): Was ist Demokratie? Eine diskursive Einführung, Wiesbaden.

Möllers, Christoph (2008): Demokratie. Zumutungen und Versprechen, Berlin.

Mouffe, Chantal (2015): Das demokratische Paradox, Wien/Berlin.

Mouffe, Chantal (2018): Für einen linken Populismus, Berlin.

Mounk, Yascha (2018): Der Zerfall der Demokratie. Wie der Populismus den Rechtsstaat bedroht, München.

Münker, Stefan (2009): Emergenz digitaler Öffentlichkeiten. Die sozialen Medien im Web 2.0, Frankfurt/M.

Münkler, Herfried (2018): Verkleinern und Entschleunigen oder die Partizipationsformen neu arrangieren? in: Friedrich W. Graf / Heinrich Meier (Hg.), Die Zukunft der Demokratie. Kritik und Plädoyer, München, S. 83–119.

Nussbaum, Martha (2019): Königreich der Angst. Gedanken zur aktuellen politischen Krise, Darmstadt.

Ottmann, Henning (2008): Liberale, Republikanische und deliberative Demokratie, in: Werner J. Patzelt / Martin Sebaldt / Uwe Kranenpohl (Hg.), Res Publica Semper Reformanda: Wissenschaft und politische Bildung im Dienste des Gemeinwohls. Festschrift für Heinrich Oberreuter zum 65. Geburtstag, Wiesbaden, S. 104–113.

Pariser, Eli (2017): Filter Bubble. Wie wir im Internet entmündigt werden, 2. Aufl., München.

Peters, Bernhard (2007): Der Sinn von Öffentlichkeit, Frankfurt/M.

Reinhard, Wolfgang (2007): Aufstieg und Niedergang des modernen Staates, in: Zeitschrift für Staats- und Europawissenschaften 5 (1/2007), S. 8–24.

Reinhard, Wolfgang (2017): Staatsmacht und Staatskredit. Kulturelle Tradition und politische Moderne, Heidelberg.

Richter, Hedwig (2018): Streitbar, in: Süddeutsche Zeitung, 13. August 2018, S. 5.

Rosanvallon, Pierre (2017): Die Gegen-Demokratie. Politik im Zeitalter des Misstrauens, Hamburg.

Runciman, David (2018): How Democracy Ends, London.

Schmitt, Carl (1993): Verfassungslehre, 8. Aufl., Berlin [zuerst 1928].

Schmitt, Carl (2017): Die geistesgeschichtliche Lage des heutigen Parlamentarismus, 10. Aufl., Berlin [zuerst 1923].

Thiele, Alexander (2017): Verlustdemokratie, 2. Aufl., Tübingen.

Tönnies, Ferdinand (2002): Kritik der öffentlichen Meinung (= Gesamtausgabe Bd. 14), hrsg. von Alexander Deichsel et al., Berlin/New York.

Vorländer, Hans (2003): Demokratie. Geschichte – Formen – Theorien, Bonn.

Vorländer, Hans (2016): PEGIDA – Provinzposse oder Vorbote eines neudeutschen Rechtspopulismus, in: Karl-Siegbert Rehberg et al. (Hg.), Pegida. Rechtspopulismus zwischen Fremdenangst und »Wende«-Enttäuschung, Bielefeld, S. 99–111.

Wieland, Christoph M. (1799): Über die öffentliche Meinung, in: ders., Sämmtliche Werke, Bd. 31: Gespräche unter vier Augen, Leipzig, S. 309–351 (online unter: https://reader.digitale-sammlungen.de/de/fs1/object/display/bsb10129130_00317.html – letzter Zugriff: 21.09.2020).

Zürn, Michael (2017): Was steckt in der Krise: Nationale politische Systeme oder die Demokratie? in: Auriel Croissant et al. (Hg.), Demokratie, Diktatur, Gerechtigkeit, Wiesbaden, S. 493–507.

II. Demokratie als Parteiendemokratie?

Uwe Kranenpohl

Responsivität

Unzeitgemäße (?) Anmerkungen zu einer zentralen Kategorie repräsentativer Demokratie*

1. Einleitung

In einem Vortrag, den Ernst Fraenkel 1958 anlässlich der Jahrestagung der Deutschen Vereinigung für Politische Wissenschaft in der Akademie für Politische Bildung in Tutzing hielt, definierte er Repräsentation als »die rechtlich autorisierte Ausübung von Herrschaftsfunktionen durch verfassungsmäßig bestellte, im Namen des Volkes, jedoch ohne dessen bindenden Auftrag handelnde Organe [...], die ihre Autorität mittelbar oder unmittelbar vom Volk ableiten und mit dem Anspruch legitimieren, dem Gesamtinteresse des Volkes zu dienen und dergestalt dessen wahren Willen zu vollziehen.«[1] Diese Definition wirft eine ganze Reihe normativer und empirischer Fragen auf – weshalb Fraenkel sie wohl auch so formulierte –, von denen hier aber nur ein Aspekt weiter verfolgt werden kann.[2] Sofern Repräsentanten die Bürger, von denen sie ihre Autorität ableiten, nicht für inkompetent halten, sollten sie, um deren »wahren« Willen vollziehen zu können, über ein gewisses Gespür hinsichtlich deren Einschätzung politischer und gesellschaftlicher Fragen verfügen. Doch damit scheint es – zumindest aus Sicht der Bürger – nicht gut bestellt zu sein, denn sie sind sich weitgehend einig: »Die Politiker kümmern sich nicht viel darum, was Leute wie ich denken.« In der von GESIS – Leibniz-Institut für Sozialwissenschaften durchgeführten Allgemeinen Bevölkerungsumfrage der Sozialwissenschaften (Allbus) wurde wiederholt die Einschätzung der Bevölkerung zu diesem Statement erhoben. Die Ergebnisse sind ernüchternd (siehe Abbildung 1): Im Jahr 1988 stimmten der These immerhin gut zwei Drittel der Befragten (eher) zu, 20 Jahre später waren es sogar mehr als drei Viertel.

---

* Ich danke Tobias Markhof für zahlreiche hilfreiche Anmerkungen.

1 Fraenkel 2007: 153.

2 Vgl. zu wesentlichen Aspekten die konzisen Ausführungen von Hammer 2016: 44–57.

Abbildung 1: Einschätzung des Statements »Die Politiker kümmern sich nicht viel darum, was Leute wie ich denken« (in Prozent)

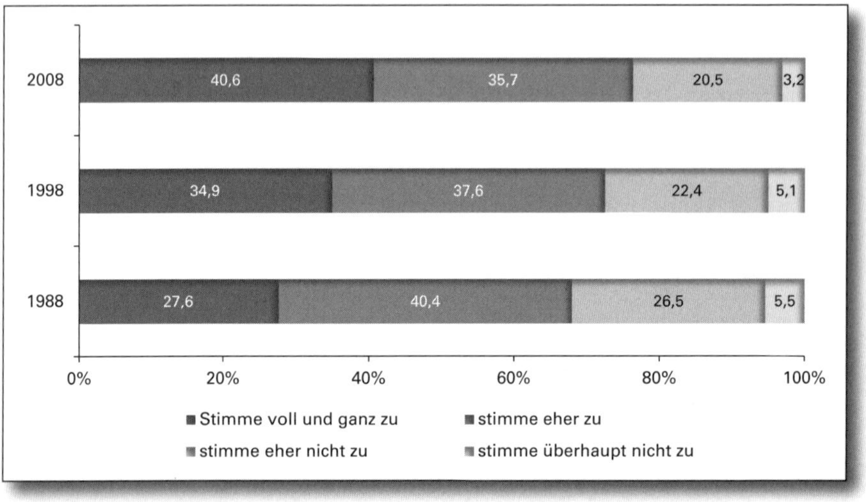

Quelle: ALLBUS; gültige n = 2918 (1988), n = 3160 (1998), n = 3395 (2008).

Andere Studien mit ähnlichen Fragestellungen bestätigen diesen Befund. Im Rahmen der deutsch-französischen CITREP-Studie ermittelte Suzanne S. Schüttemeyer, dass immerhin 49 Prozent der Befragten (eher) nicht zufrieden mit der Berücksichtigung der Einschätzungen von Bürgern bei parlamentarischen Entscheidungen sind, 35 Prozent halten Abgeordnete für (eher) nicht ansprechbar und 53 Prozent sind der Auffassung, dass diese (eher) keinen Kontakt zur Bevölkerung halten.[3] Immerhin zeigt sich aber die Hälfte der Bürger, die sich zu einer Beurteilung in der Lage sahen, mit der Vertretung der Wahlkreisinteressen durch ihre lokale Bundestagsabgeordnete oder ihren lokalen Bundestagsabgeordneten mehr oder weniger zufrieden.[4]

Der Befund weist auf die große Bedeutung hin, die Responsivität bei demokratischer Repräsentation zukommt.[5] Die »Aufnahmefähigkeit«[6] der

3 Vgl. Schüttemeyer 2013: 72f., Tabelle 7f.

4 Vgl. Schüttemeyer 2013: 69, Tabelle 4. Etwa ebenso viele Befragte gestanden ihren Abgeordneten »vernünftiges und sachbezogenes Handeln« zu.

5 So konstatieren Claudia Ritzi und Gary S. Schaal etwa eine grundsätzliche Responsivitätskrise der liberalen Demokratie (vgl. Ritzi/Schaal 2010: 13–16).

6 So der Übersetzungsvorschlag von Herzog 2002: 298. Weitere Übersetzungsvorschläge sind: Ansprechbarkeit, Empfänglichkeit, Anregbarkeit, Antwortbereitschaft, Reagibilität und Reaktionsfähigkeit (vgl. Uppendahl 1981b: 89).

Abgeordneten, ihre Zugänglichkeit und Reaktionsbereitschaft (beziehungsweise die Einschätzung der Bürger hinsichtlich dieser Dimension) ist essenziell, um Herrschaft tatsächlich im Namen des Volkes ausüben zu können. Auch wenn Dieter Herzog um die Jahrtausendwende feststellte, der Begriff habe sich in den vorangehenden »etwa drei Jahrzehnten in der [deutschsprachigen] Politikwissenschaft eingebürgert«[7], muss man wohl konstatieren, dass er insgesamt eher zurückhaltend rezipiert worden ist.[8] Daher soll zunächst nochmals das Konzept Responsivität und seine Verortung in der Repräsentationstheorie vorgestellt (siehe 2.) und traditionelle Konzepte zur Messung von Responsivität kritisch beleuchtet werden (siehe 3.). Im Weiteren wird dargelegt, welche Befunde zur Frage vorliegen, wie responsiv deutsche Repräsentanten gegenüber ihren Wählern sind (siehe 4.). Schließlich folgen eine kritische Würdigung des Forschungsstandes (siehe 5.) sowie Überlegungen zum angemessenen Verständnis von Responsivität (siehe 6.).

2. Responsivität als zentrales Element einer Repräsentationsbeziehung

Hanna F. Pitkin hat in ihrer politiktheoretischen Untersuchung *The Concept of Representation*[9] Ende der 1960er-Jahre eine fulminante Darstellung der sich oftmals widersprechenden Repräsentationstheorien geleistet und einen eigenen Ansatz formuliert, der diese Spaltung zu überwinden vermag. Sie orientiert sich dabei am »Ordinary Language Approach« der Oxforder sprachanalytischen Schule.[10] Ihr Ausgangspunkt ist, dass alle geläufigen Definitionen von Repräsentation Elemente des Vorstellungsinhalts enthalten, durch ihre unterschiedlichen Perspektiven aber auch Blindstellen aufweisen. Ihr eigenes Konzept von Repräsentation entwickelt sie folglich, indem sie zunächst die Fülle unterschiedlicher Repräsentationstheorien detailliert analysiert.[11] Ein zutreffendes Verständnis von Repräsentation lässt sich ihrer Ansicht nach dann erarbeiten, wenn das aus allen Perspektiven gemeinsam Gemeinte herausgegriffen wird und die jeweiligen Verkürzungen der einzelnen Ansätze durch Bezugnahme auf andere aufgefangen werden.

7 Herzog 2002: 298.

8 Eine Abfrage der Datenbank für deutschsprachige Sozialwissenschaftliche Literatur ergab gerade einmal 291 Treffer (Suchalgorithmus: responsiv*).

9 Vgl. Pitkin 1967.

10 Vgl. Pitkin 1967: 6. Vgl. für eine luzide Zusammenfassung: Patzelt 1993: 19–40.

11 Vgl. Pitkin 1967: 38–208. Vgl. auch Patzelt 1993: 23–27.

Das von ihr entwickelte Repräsentationskonzept ist durch vier Aspekte gekennzeichnet:[12]

- »Representing here means acting in the interest of the represented, in a manner responsive to them.«[13]
- Die Repräsentanten müssen eigenständig handeln können.[14]
- Die Repräsentierten müssen als eigenständig Handelnde begriffen werden.[15]
- Die Repräsentanten müssen das aus diesem Spannungsverhältnis entstehende Konfliktpotenzial auffangen.[16]

Pitkins Repräsentationskonzept überwindet damit nicht nur die wesentlichen blinden Flecken der bekannten Repräsentationstheorien, sondern macht auch empirisch zutreffende Aussagen, wie der Rekurs auf die klassische Studie *The Role of the Representative* von Heinz Eulau, John C. Wahlke, William Buchanan und Leroy C. Ferguson über Repräsentationsrollen in vier Parlamenten von US-Staaten zeigt.[17] Nach ihren Ergebnissen sind Repräsentanten nicht Laufburschen[18] ihrer Wähler ohne eigenen Willen – auch wenn sie selbstverständlich aus eigenem Entschluss die Entscheidung treffen können, vor allem die bekundeten Interessen ihrer Wähler zu vertreten, also einer Delegate-Orientierung zu folgen. Fehlen aber solche Bekundungen – und sind auch entsprechende Informationen nicht zu gewinnen – sind auch diese darauf zurückgeworfen, eigenständig »the interest of the represented« zu erschließen. Im Umkehrschluss werden Abgeordnete kaum auf Dauer ihr Amt behalten, wenn sie aus einer Trustee-Orientierung heraus eigenständig gemäß der »eigentlichen« Interessen ihrer Wähler entscheiden wollen, aber nicht in der Lage sind, dies diesen – gegebenenfalls auch in Konfliktfällen – zu vermitteln. Schließlich stellen Eulau et al. auch fest, dass eine Dichotomie von

12 Pitkin 1967: 209f. Bei der Strukturierung der Ausführungen orientiere ich mir hier an Patzelt 1993: 34f.

13 Pitkin 1967: 209.

14 »The representative must act independently; his action must involve discretion and judgment; he must be the one who acts.«

15 »The represented must also be (or conceived as) capable of independent action and judgment, not merely being taken care of.«

16 »And, despite the resulting potential for conflict between representative and represented about what is to be done, that conflict must not normally take place. The representative must act in such a way that there is no conflict, or if it occurs an explanation is called for. He must not be found persistently at odds with the wishes of the represented without good reasons in terms of their interest, without a good explanation of why their wishes are not in accord with their interest.«

17 Vgl. Eulau et al. 1959.

18 Vgl. Crane 1961.

Trustee und Delegate die tatsächlich vorliegenden Repräsentationsrollen nicht zureichend erfasst und kreieren daher die zusätzliche Rollenorientierung des Politico, der – mit Pitkin gesprochen – das Konfliktpotenzial auffängt, indem er je nach Situation gemäß der bekundeten Interessen seiner Wähler oder gemäß eigener Erwägungen hinsichtlich deren Interessen entscheidet.[19] Zwar ermitteln Eulau et al. einen hohen Anteil von Parlamentariern mit Trustee-Orientierung (63 Prozent); dies relativiert sich allerdings, wenn der Repräsentationsfokus (Wahlkreis versus Staat) kontrolliert wird. Denn Abgeordnete, die nicht (nur) die Interessen des Wahlkreises zu repräsentieren suchen, tendieren deutlich stärker zu einer Trustee-Orientierung – nachvollziehbarerweise, da in der größeren Entität die (bekundeten) Interessen heterogener werden und daher eine Delegate-Orientierung kaum noch umzusetzen ist.[20] Auch Werner J. Patzelt kann in seinen Abgeordnetenbefragungen zeigen, dass die Kernelemente der Pitkin'schen Repräsentationstheorie das Repräsentationsverständnis deutscher Parlamentarier treffen.[21]

3. Responsivität als Congruence?

Responsivität stellt somit zwar einen zentralen Begriff des repräsentationstheoretischen Ansatzes von Pitkin dar, doch verzichtet sie – durchaus stringent im Verständnis der Oxford-Schule – darauf, diesen explizit zu machen.[22] Eine naheliegende Überlegung ist es, Responsivität durch die Übereinstimmung (*congruence*) zwischen den Meinungen der Wähler und dem Abstimmungsverhalten der Repräsentanten zu messen, wie dies Warren E. Miller und Donald E. Stokes[23] Anfang der 1960er-Jahre taten. Ein nicht unwesentliches Ergebnis der Studie ist allerdings, dass es für Abgeordnete nicht trivial ist, überhaupt eine zutreffende Einschätzung der Auffassungen der Wähler zu erhalten. Von drei untersuchten Politikfeldern stimmten lediglich beim Thema Bürgerrechte die Einschätzungen der Repräsentanten hinsichtlich der Einstellung der von ihnen Repräsentierten in den meisten Fällen mit der tatsächlichen Einstellung überein. Die Einschätzungen hinsichtlich Sozial- und Außenpolitik waren dagegen meist unzutreffend.[24] Immerhin

19 Vgl. Eulau et al. 1959: 750.

20 Vgl. Eulau et al. 1959: 751, 755f.

21 Vgl. Patzelt 1993: 243–246.

22 Vgl. allgemein zur Begriffsgeschichte: Uppendahl 1981a: 126–128.

23 Vgl. Miller/Stokes 1963.

24 Vgl. Miller/Stokes 1963: 52. Die relativ unzutreffende Einschätzung der außenpolitischen Präferenzen der Wähler bestätigt sich in Folgestudien allerdings nicht.

zeigt sich zumindest bei jenem Politikfeld, bei dem die Wahlkreismeinung mehrheitlich korrekt eingeschätzt wird, dass sich die Abgeordneten in ihrem Abstimmungsverhalten stärker an ihrer Wahrnehmung der Wahlkreismeinung als an ihren eigenen Einstellungen orientierten.[25]

Allerdings beziehen sich Miller und Stokes – und zahlreiche Folgestudien[26] – auf die jeweilige Mehrheits- oder Durchschnittsmeinung im Wahlkreis. Eine solche Analyse mag im Kontext des First-Past-the-Post-Prinzips bei Wahlen zum US-amerikanischen Kongress – auf den ersten Blick – sinnvoll erscheinen. Es wird dabei aber übersehen, dass selbst wenn die Repräsentanten in jedem Fall dieser folgen, gleichwohl andere Bevölkerungsgruppen sich in den Entscheidungen nicht repräsentiert fühlen.[27] Dieser Befund verschärft sich noch, da sich US-amerikanische Representatives in ihrem Repräsentationsverständnis sehr stark auf ihre Primary Constituency, das heißt ihre stärksten Unterstützer beziehen, die ihnen die erneute Nominierung durch ihre Partei – und damit in den meisten Fällen auch ihre Wiederwahl – sichern.[28]

Normativ kann allerdings die Auffassung vertreten werden, dass Repräsentanten ihre politische Rolle nicht allein auf die Vertretung partikularer Interessen ausrichten sollten, sondern sich – wie es in Artikel 38 Absatz 1 Satz 2 GG heißt – als »Vertreter des ganzen Volkes« verstehen sollen.[29] Pikanterweise zielt schon Edmund Burke mit seinem Plädoyer für die Trustee-Orientierung letztlich darauf ab, dass sich diese mit anderen Parlamentariern zusammenschließen könne.[30]

Wie Ursula Hoffmann-Lange in einer pointierten Kritik der Forschung ausführt, muss somit letztlich schon theoretisch offenbleiben, wem gegenüber ein Parlamentarier seine Responsivitätsverpflichtung überhaupt erfüllen muss: Als Parteivertreter ist er gewiss seiner Partei und somit deren Parteimitgliedern verpflichtet. Oder eher den aktiven Parteimitgliedern, denen er seine (Re-)Nominierung verdankt – und die in ihren politischen Einstellungen mitunter deutlich radikaler als die einfachen Mitgliedern sind?[31] Oder sollten die Stammwähler der Partei, die die Wiederwahl sichern und die sich in ihrer politischen Einstellung nochmals von den Mitgliedern unterscheiden,[32] den Bezugspunkt bilden? Oder vielleicht eher die Wechselwähler,

25 Vgl. Miller/Stokes 1963: 52.

26 Vgl. für einen internationalen Forschungsüberblick: Kühne 2013, Walter 1997: 23–115.

27 Vgl. Hoffmann-Lange 1991: 277.

28 Vgl. Fenno 1978: 18–24.

29 Vgl. Hoffmann-Lange 1991: 277.

30 Vgl. Steffani 1981: 117–120.

31 Vgl. May 1973: 142f.

32 Vgl. Spier 2011: 128–131.

denen die Partei und ihre Parlamentarier einen aktuellen Erfolg zu verdanken hat? Aber müssten sich Volksvertreter nicht auch politisch passiven Bürgern verpflichtet fühlen – wenn nicht gar nachkommenden Generationen? In jedem Fall werden sich aber bestimme Bevölkerungsgruppen im Handeln der Abgeordneten nicht repräsentiert fühlen.[33]

Wenig stimmig erscheint der Ansatz, die Responsivitätsgüte mittels eines Vergleiches des Abstimmungsverhaltens der Parlamentarier einerseits und der Mehrheitsmeinung der Bevölkerung andererseits zu ermitteln, erst recht im Kontext eines Verhältniswahlsystems, welches gerade verschiedene politische Positionen entsprechend ihrer jeweiligen Stärke abbilden soll.[34] Zusätzlich ist bei einer Übertragung in den europäischen Kontext zu beachten, dass diese Länder fast ausnahmslos parlamentarische Regierungssysteme aufweisen, in denen die Parteien eine starke Rolle einnehmen. In Reaktion auf solche Einwände formulieren Stokes und Miller ein Responsible-Party-Modell. Nach diesem ist es nicht erforderlich, dass der oder die einzelne Abgeordnete responsiv ist, sondern dass die Parteien ihre Parteiprogramme – und damit ihr Angebot – an die Wähler responsiv anpassen.[35] Man kann hier den Fokus aber noch weiter spannen: Schon Pitkin hat explizit darauf hingewiesen, dass Repräsentation – und damit auch Responsivität – eine »Systemeigenschaft«[36] ist:

> »Political representation is primarily a public, institutionalized arrangement involving many people and groups, and operating in the complex ways of large-scale social arrangements. What makes it representation is not any single action by any one participant, but the over-all structure and functioning of the system, the patterns emerging from the multiple activities of many people.«[37]

Diese vielfältigen Repräsentationsprozesse bündeln sich dann in Parlament und Regierung, sodass auch Studien vorliegen, die die Gesamtresponsivität des Systems gegenüber der Bevölkerung messen – wobei wie bei entsprechenden Untersuchungen auf Wahlkreisebene die Gefahr besteht, die Heterogenität bestehender Interessen zu negieren.[38]

33 Vgl. Hoffmann-Lange 1991: 277–279.

34 Vgl. Nohlen 2014: 153f.

35 Vgl. Stokes/Miller 1972: 481–483

36 Vgl. Patzelt 1993: 37. Einen etwas anderen Weg geht Jane Mansbridge, wenn sie in Abgrenzung zu Pitkins Überlegungen drei neue, dezidiert systemische Repräsentationsprinzipien identifiziert (Mansbridge 2003). Auch neuere Repräsentationskonzeptionen wie die von Michael Saward formulierten »representative claims« lassen die Idee einer dyadischen Beziehung zunehmend fraglich erscheinen (Saward 2010: 39–56).

37 Pitkin 1967: 221f.

38 Ein nochmal deutlich weiteres Verständnis dokumentiert Alemann 1992: 120–130.

4. Forschungsergebnisse zur Responsivität deutscher Politik

Angesichts der angesprochenen konzeptionellen Probleme ist es wenig überraschend, dass Studien zur Responsivität der deutschen Politik sehr unterschiedliche Wege beschreiten. Im Gefolge der Untersuchung von Miller und Stokes macht Barbara G. Farah einen ersten Versuch, das Ausmaß der Responsivität von Bundestagsabgeordneten zu erfassen.[39] Dabei stellt sie insbesondere bei den über Landeslisten gewählten Abgeordneten einen negativen Zusammenhang zwischen der Bevölkerungsmeinung im Wahlkreis und dem Abstimmungsverhalten fest.[40] Die Untersuchung krankt allerdings am Problem der Adaption unter den Bedingungen eines parlamentarischen Regierungssystems mit Verhältniswahl. Da keine individuellen Abstimmungsergebnisse der Parlamentarier vorliegen, nutzt Farah die Fraktionslinie als Näherungswert, ermittelt damit aber lediglich, wie stark das Abstimmungsverhalten der Fraktion jeweils die politischen Auffassungen in den jeweiligen Wahlkreisen widerspiegelt.[41] Damit leistet die Studie aber nicht, was sie verspricht, sondern misst allenfalls Responsivität im Sinne des Responisible-Party-Modells. Dann hätten aber auch die Einstellungen der jeweiligen Anhänger der Parteien den Vergleichsmaßstab bilden müssen.[42]

Dezidiert auf die Beziehung zwischen Wahlkreis und der oder dem einzelnen Abgeordneten zielt das Forschungsdesign der CITREP-Studie, sodass Daten zur Einschätzung der Repräsentationsbeziehung aus Sicht der Wähler vorliegen: Nach deren Einschätzung bilden vor allem die Parteien das Repräsentationssubjekt der Abgeordneten (81 Prozent Zustimmung) – eine in einer Parteiendemokratie durchaus sachlogische Einschätzung –, immerhin meinen aber beträchtliche Minderheiten, dass Abgeordnete vor allem ihren Wahlkreis (36 Prozent) beziehungsweise ihre eigenen Wähler (38 Prozent) repräsentieren.[43] Die Befunde bestätigen insgesamt wohl eine kritische Einschätzung der Repräsentationswirklichkeit durch die Bürger, zeigen aber

39 Vgl. Farah 1980.

40 Vgl. Farah 1980: 158–161.

41 Farah ist allerdings zugutezuhalten, dass in der von ihr untersuchten 6. Wahlperiode (1969–1972) keine namentlichen Abstimmungen stattfanden, auf die sie hätte zurückgreifen können.

42 Vgl. Walter 1997: 107. Zusätzlich ist zu berücksichtigen, dass die Beteiligung an der Bevölkerungsbefragung sehr gering war (vgl. Walter 1997: 133).

43 Vgl. Schüttemeyer 2013: 71, Tabelle 6. Für 28 Prozent repräsentieren Abgeordnete vor allem alle Bundesbürger.

auch, dass deren Vorstellungen keineswegs kohärent sind.[44] Zudem ist nicht immer klar, ob die Einschätzungen sich auf normativ als wünschenswert erachtete oder empirisch zutreffend wahrgenommene Gegenstände beziehen.

Auch Melanie Walter zeigt anhand einer repräsentativen Panelbefragung in den Jahren 1994 und 1998, »dass die Bewertung der politischen Responsivität der Politikerklasse eher den diffusen als den spezifischen Orientierungen zugeordnet werden kann. Misstrauen die Bürger den Politiker[n], so fühlen sie sich auch nicht von Ihnen [sic!] vertreten bzw. umgekehrt die Bürger misstrauen den Politikern aufgrund fehlender Responsivität.«[45] Insgesamt scheint im Vergleich der staatlichen Ebenen die wahrgenommene Responsivität auf lokaler Ebene etwas höher zu liegen als auf Bundesebene.[46]

Die weitaus meisten Befunde zur Responsivität in Deutschland liegen aber aus der Kommunalpolitik vor.[47] Dabei kommt Klaus Arzberger zu durchaus ambivalenten Befunden: In fünf untersuchten Städten zeigt sich, dass die Ratsmitglieder die Präferenzen der Bürger zwar auf einem mittleren Niveau korrekt einschätzen, zwischen den Präferenzen der Repräsentanten einerseits und der Bürger andererseits besteht aber nur in den beiden kleinsten Städten ein nennenswerter Zusammenhang, während sich in den anderen faktisch kein Zusammenhang zeigt, das heißt, dass die jeweiligen Präferenzen keinen Bezug zueinander aufweisen.[48]

Frank Brettschneider kann anhand der Großstadt Stuttgart für die Lokalpolitik zeigen, dass die Repräsentanten über die kommunalpolitischen Präferenzen relativ gut informiert sind.[49] Zudem zeigt sich auch eine relativ hohe Übereinstimmung der eigenen Präferenzen mit der perzipierten wie tatsächlichen Meinung der Bürger.[50] Dies gilt aber nur bedingt für die Stuttgarter Sportpolitik, wie Walter zeigt. Zwar ist auch hier die Perzeption der durchschnittlichen Bevölkerungsmeinung durch die Kommunalpolitiker weitgehend zutreffend, dagegen weniger die ihrer Parteianhänger. Zudem zeigt sich, dass die Einschätzung für traditionelle Sportbereiche weniger zutreffend ist als für moderne.[51] Hinsichtlich seiner sportpolitischen Respon-

44 Vgl. Converse 1964.

45 Walter 2000: 290.

46 Vgl. Geißel 2004: 1244.

47 Von Kristina Köhler gibt es eine Reihe sehr spezifischer Befunde von CDU-Abgeordneten gegenüber CDU-Parteimitgliedern in Hinsicht auf (non)egalitäre Wertunterteile (vgl. Köhler 2010).

48 Vgl. Arzberger 1980: 154–156.

49 Vgl. Brettschneider 1997: 261f.

50 Vgl. Brettschneider 1997: 262–269.

51 Vgl. Walter 1997: 150–159.

sivität zeigt der Gemeinderat insgesamt zwar eine hohe Übereinstimmung, bezogen auf alle diskutierten Maßnahmen plädiert dieser aber in fast allen Fällen für eine weniger intensive Ausweitung als die Wählerschaft.[52]

In einer explorativen Studie zur Responsivitätsbereitschaft von Kommunalpolitikern stellt Frank Brettschneider gemeinsam mit Oscar W. Gabriel und Volker Kunz zudem fest, dass Repräsentanten zwar nicht eine spiegelbildliche Darstellung der wahrgenommenen Präferenzen ihrer Parteianhänger anstreben, aber diese in einer multivariaten Analyse doch den stärksten Erklärungsfaktor für deren eigene Präferenzen bildet.[53] Thorsten Frerk bestätigt diese Befunde insgesamt.[54]

Stärker auf kommunikative Aspekte von Responsivität kapriziert sich eine Untersuchung von Marc Debus und Hanna Bäck, die Parlamentsreden von Bundestagsabgeordneten zu wirtschafts-, finanz- und sozialpolitischen Fragen in Abhängigkeit von Mandatstypus und Wahlkreis untersuchen. Ihre Untersuchung der 14. Wahlperiode (1998 bis 2002) zeigt, dass Abgeordnete, die sich in ihren Wahlkreisen mit einem erhöhten sozioökonomischen Problemdruck – gemessen an der Arbeitslosenquote – konfrontiert sehen, stärker entsprechende Wahlkreisinteressen in ihren Redebeiträgen ansprechen. Dabei spielt es auch keine Rolle, ob sie Wahlkreis- oder Listenabgeordneten sind.[55]

Thomas Bräuninger findet, dem Konzept des Responsible-Party-Modells folgend, deutliche Hinweise, dass sich deutsche Landesparteien zwischen 1990 und 2006 durchaus politisch responsiv verhalten.[56] Verschiebt sich die ideologische Selbsteinschätzung der Wählerschaft zu ungunsten einer Landespartei, so reagiert diese mit einer entsprechenden Anpassung der (im Wordscore-Verfahren gemessenen) ideologischen Ausrichtung des Landtagswahlprogramms.[57]

Daneben gibt es eine Reihe von Studien, die ausgehend von Pitkins Konzept von Repräsentation als Systemeigenschaft, die Gesamtresponsivität des Parlamentshandelns untersuchen. Joel E. Brooks kommt bei einer solchen

52 Vgl. Walter 1997: 164–167. Grundsätzlich liegt der Fokus von Walter aber auf einer Erörterung der beträchtlichen methodischen Probleme, die bei Studien zur Responsivität zu bewältigen sind. Vgl. Walter 1997: 9–16.

53 Vgl. Gabriel/Brettschneider/Kunz 1993: 45.

54 Vgl. Frerk 1998: 82–88.

55 Vgl. Debus/Bäck 2014: 343–346.

56 Vgl. Bräuninger 2009. Vgl. zu den empirischen Restriktionen des Untersuchungsdesigns: Bräuninger 2009: 44.

57 Vgl. Bräuninger 2009: 41f. Zusätzlich beobachtet er auch einen Anpassungseffekt an die politischen Positionen der letztmaligen Gewinner der Landtagswahl (Bräuninger 2009: 42f.). Zu einer ähnlichen Einschätzung kommt Alexander Petring (2015) in einer international angelegten Untersuchung.

Untersuchung zu dem Ergebnis, dass nur in etwa zwei von fünf Fällen das Regierungshandeln letztlich die Mehrheit der Bevölkerungsmeinung widerspiegelt.[58] Lediglich in außenpolitischen Fragen ist die Politik mehrheitlich responsiv,[59] während sich die Politik bei Umverteilungsfragen besonders inresponsiv zeigt.[60]

Zu einer deutlich positiveren Einschätzung kommt dagegen Brettschneider, der gegenüber Brooks zwei bedeutsame Veränderungen im Forschungsdesign vornimmt: Zum einen untersucht er einen deutlichen längeren Zeitraum, nämlich die Jahre 1949 bis 1990 anhand der Umfragedaten des Instituts für Demoskopie Allensbach (während Brooks nur Emnid-Daten für die Jahren 1977 bis 1987 zur Verfügung standen). Zugleich sieht er politischen Reaktionsbedarf, vor allem im Hinblick auf einen Wandel der Bevölkerungsmeinung; er begreift Responsivität also als dynamisches Phänomen. Schließlich untersucht er alle parlamentarischen Reaktionen binnen zweier Jahre und nicht nur das Handeln von Parlamentsmehrheit und Regierung.[61]

Mit diesem veränderten Forschungsdesign ermittelt Brettschneider eine deutlich höhere Responsivität: In immerhin 58 Prozent der Fälle sind die parlamentarischen Handlungen kongruent zum Meinungsumschwung, in sogar 69 Prozent der Fälle entsprechen die Handlungen der Mehrheitsmeinung. Lediglich ein Fünftel der Handlungen ist weder kongruent zur Mehrheitsmeinung noch zum Meinungswandel.[62] Dies ist auch deshalb ein hoher Wert, da eine Vielzahl der parlamentarischen Handlungen aus Minderheitenrechten resultiert, die auch eingesetzt werden können, um sich einem Meinungswandel in der Gesamtbevölkerung entgegenzustellen.

Auch im Zeitverlauf stellt Brettschneider kaum Phasen dezidiert niedriger Responsivität fest.[63] Nach Politikfeldern gegliedert stellt auch er eine hohe Responsivität in der Außenpolitik fest, niedrige Werte dagegen in der Sicherheitspolitik (die bei Brooks wohl unter »Foreign Policy« firmiert) sowie in der Wirtschafts- und Finanzpolitik. Zudem weist der Bundestag eine deutlich niedrigere Responsivität auf, wenn die Bürger eine Änderung der Politik gegenüber dem Status quo fordern; dies ist aber – wie Brooks' Befund bei Umverteilungsfragen – ein durchaus plausibles Ergebnis, treffen Policy-Veränderungen doch meist auf Widerstand bei jenen, die von der bestehenden

58 Vgl. Brooks 1990: 513, Tabelle 1.

59 Vgl. Brooks 1990: 519, Tabelle 4.

60 Vgl. Brooks 1990: 517, Tabelle 3.

61 Vgl. Brettschneider 1996: 110–114.

62 Vgl. Brettschneider 1996: 114.

63 Vgl. Brettschneider 1996: 115–117.

Situation profitieren. Aussagekräftige Differenzen hinsichtlich der Fraktionen und Regierungen kann Brettschneider ebenso wie Brooks – abgesehen von Effekten der ideologischen Ausrichtung – nicht feststellen.[64] Anders als es der in Umfragen ermittelten Meinung der Bürger entspricht, kann von Brettschneider damit »alles in allem [...] ein substantieller Zusammenhang zwischen parlamentarischem Handeln und öffentlicher Meinung ermittelt werden.«[65]

Anknüpfend an die US-amerikanische Diskussion[66] brechen Lea Elsässer, Svenja Hense und Armin Schäfer das vom Bundestag zu repräsentierende Kollektiv »deutsches Volk« auf. Anhand von DeutschlandTrend-Daten der Jahre 1998 bis 2013 stellen sie fest, dass die in Umfragen erhobenen politischen Vorstellungen der Bürger zu möglichen Politikänderungen hinsichtlich des Bildungsstandes, Alters und Geschlechts,[67] vor allem aber mit Blick auf die sozioökonomische Lage mitunter sehr stark differieren.[68] Eine Regressionsanalyse ergibt, dass die Wahrscheinlichkeit einer Politikänderung deutlich höher ist, wenn diese in der Gruppe der einkommensstärksten Bürger unterstützt wird (und vice versa umso geringer, wenn diese eine Politikänderung ablehnen). Die Zustimmung der mittleren Einkommensgruppe hat nur einen leichten positiven Effekt, die der niedrigsten Einkommensgruppe sogar einen (sehr geringen) negativen Effekt auf die Wahrscheinlichkeit eines Politikwechsels.[69] Nach Elsässer et al. stellt sich also das Problem, dass das Parlament je nach sozioökonomischen Status sehr unterschiedlich stark responsiv gegenüber politischen Präferenzen der Bevölkerung ist.

5. Wie responsiv sind also unsere Parlamentarier?

Der Überblick zeigt deutlich: Ein eindeutiger Befund zur Responsivität der Repräsentanten und Repräsentationen in Deutschland ist nicht zu ermitteln. Mitunter zeigen sich recht deutliche Unterschiede in den Präferenzordnungen von Repräsentierten und Repräsentierenden, doch mag ein wesentlicher Erklärungsansatz für diese Differenzen weniger in der Frage von Responsivität und Responsivitätsbereitschaft liegen. Diese »lassen sich eher durch die

64 Vgl. Brettschneider 1996: 118–123.

65 Brettschneider 1996: 124.

66 Vgl. etwa Bartels 2008.

67 Dies gilt außerdem für eine Differenzierung der Bürger aus Ost- und Westdeutschland.

68 Vgl. Elsässer/Hense/Schäfer 2017: 168–171.

69 Vgl. Elsässer/Hense/Schäfer 2017: 172f.

system- und politikbezogene Perspektive der lokalen Eliten einerseits und die lebensweltliche Wahrnehmung der Bürger andererseits«[70] erklären. Schon »McClosky und seine Mitarbeiter schlossen hieraus, dass es offensichtlich weniger die Eliten sind, die nicht angemessen auf die Forderungen der Wähler reagieren, sondern dass umgekehrt die Wähler die Konflikte ignorieren, die auf Elitenebe[ne] existieren.«[71]

Aber auch der Vergleich der Politikpräferenzen von Wählern mit denen ihrer Abgeordneten ist nicht unproblematisch. Denn Einstellungskongruenzen können lediglich der Ausgangspunkt für responsive Politikgestaltung sein, in konkrete Policies setzen sie sich nur um, wenn auch parlamentarische Handlungen folgen. Brettschneider plädiert daher, Einstellungskongruenzen bei der Frage nach Responsivität zu vernachlässigen und nur parlamentarische Handlungen oder ihre materiellen Ergebnisse zu erfassen.[72]

Noch weiter geht Herzog, der Studien, die lediglich Einstellungen im Zuge eines »Eliten-Masse-Vergleichs« messen, für hochproblematisch hält: Denn die Wählerschaft (in Form des Wahlkreises) ist nun einmal differenziert, die Repräsentantin oder der Repräsentant kann auch die Interessen von Minderheiten vertreten (oder von Gruppen, die er in Zukunft mobilisieren möchte). Schließlich kann er sich auch aufgefordert fühlen, politische Führung zu übernehmen, indem er etwa die Rechtslage oder Minderheiten berücksichtigt, unpopuläre Entscheidungen oder Interessenausgleich ermöglicht oder zukünftige Probleme antizipiert.[73] Nach Herzog ist Responsivität ein Rückkopplungsprozess[74], besteht also gerade nicht in der Kongruenz der Einstellungen und auch nicht in der vollständigen Umsetzung aller Bevölkerungssignale.[75]

Dieser Kritik pflichtet Hoffmann-Lange bei, wenn sie darauf hinweist, dass die meisten vorgenommenen Messungen Kommunikationsdynamiken weitgehend ausschließen; Responsivität müsse also immer schon bestehen, sie könne nicht hergestellt werden. Zudem könne dieser Anpassungsvorgang in zwei Richtungen erfolgen: Nicht nur können sich die Repräsentanten an die Wähler anpassen, sie können auch politische Überzeugungsarbeit leisten und Bürger von ihrer Position überzeugen. Darüber hinaus weist sie auch auf die Möglichkeit der Depolitisierung von Streitfragen hin.[76] Damit macht

70 Geißel 2004: 1247.

71 Hoffmann-Lange 1991: 288; vgl. auch McClosky/Hoffmann/O'Hara 1960.

72 Vgl. Brettschneider 1995: 227.

73 Vgl. Herzog 1989: 323f.

74 Herzog 1989: 326.

75 Vgl. Etzioni 2011: 504f.

76 Vgl. Hoffmann-Lange 1991: 288f.

Hoffmann-Lange auf einen wesentlichen Punkt aufmerksam: Können Repräsentierende nicht auch in anderer Hinsicht responsiv sein als nur bezüglich ihrer politischen Überzeugungen (oder ihres Abstimmungsverhaltens)?

Einen wichtigen Beitrag zur Differenzierung leistet Eulau gemeinsam mit Paul D. Karps gut zwei Jahrzehnte nach Veröffentlichung von *The Role of the Representative*.[77] Sie fordern dabei ein komplexes Verständnis, hinsichtlich welcher Aspekte sich Repräsentanten responsiv verhalten können: »Only when responsiveness is viewed as a compositional phenomenon can the approach to representation-as-responsivness recommended by Pitkin be useful.«[78] Diese Komplexität fangen sie durch eine vierfache Unterscheidung von Politik-, Service-, Allokations- und symbolische Responsivität ein.[79]

Politikresponsivität (*policy responsiveness*) besteht, wenn Abgeordnete auf Wünsche und Anregungen der Repräsentierten bestimmte politische Projekte zu verfolgen, sensibel reagieren. Dies ist der Hintergrund der Versuche zur Messung von Responsivität und steht auch im Zentrum der oben angesprochenen Debatte um Repräsentationsrollen. Denn insbesondere am Delegate-Konzept orientierte Ansätze gehen – meist nur implizit – davon aus, dass Repräsentanten insbesondere die Auffassung der Repräsentierten zu konkreten politischen Fragen widerzuspiegeln hätten.

Service-Responsivität (*service responsivness*) bezieht sich dagegen auf dezidiert »non-legislative services«[80] von Repräsentanten gegenüber ihren Wählern, wenn diese mit persönlichen Wünschen und Anliegen an sie herantreten. Oft bitten diese Abgeordnete um Unterstützung oder Hilfe bei Problemen mit Behörden. Auch wenn Abgeordnete dieses »Casework« als wichtige Informationsquelle für ihre politische Arbeit ansehen, da sie auf diese Weise die Wirkung politischer Steuerungsimpulse evaluieren können,[81] ist klar, dass die Repräsentierten diese hierbei weniger in der Rolle politischer Gestalter als der von Ombudsleuten sehen. Gleichwohl erscheint Responsivität in dieser Dimension essenziell, damit Herrschaftsausübung im Rahmen einer repräsentativen Demokratie über ausreichende (empirische) Legitimation verfügt und damit Repräsentanten das von Pitkin konstatierte Konfliktpotenzial der Repräsentationsbeziehung gut managen können.

Während sich Abgeordnete im Rahmen ihrer Service-Responsivität bemühen, für Anliegen einzelner Bürger anregbar zu sein, zielt Allokationsre-

77 Vgl. Eulau/Karps 1978.

78 Eulau/Karps 1978: 62.

79 Vgl. Eulau/Karps 1978: 62–67.

80 Eulau/Karps 1978: 64.

81 Vgl. Patzelt 1993: 366–377.

sponsivität (*allocation responsivness*) darauf ab, dass das politische System besondere Leistungen bereitstellt, die der Gemeinschaft insgesamt zugutekommen – hier ist etwa an besondere Infrastrukturmaßnahmen zu denken. In den Vereinigten Staaten wird traditionell in diesem bereits seit den 1860er-Jahren als »Pork Barrel Politics« bezeichneten Bereich von Abgeordneten hohe Aktivität erwartet. Aber auch wenn die nationalen Fleischtöpfe dem Zugriff einzelner Parlamentarier stärker als in den USA entzogen sind, sollen diese Projekte zugunsten des Wahlkreises oder einzelner in ihm gelegenen Kommunen unterstützen. Auf diese Weise können Abgeordnete ebenfalls dokumentieren, dass sie die Interessen des Wahlkreises vertreten und damit einen Beitrag zur Entschärfung des Konfliktpotenzials leisten.

In ihrer Bedeutung wohl gar nicht zu unterschätzen ist schließlich symbolische Responsivität (*symbolic responsiveness*). Eindrucksvoll illustrieren dies Eulau und Karps anhand der ersten Handlungen des frisch inaugurierten US-Präsidenten Jimmy Carter. Dieser sucht seinen Wählern zu vermitteln: »Ich bin weiter einer von Euch!«[82] Die weitere (unausgesprochene) Argumentationskette ist offensichtlich: Deshalb kenne ich eure Interessen. Ich werde diese berücksichtigen. Ihr könnt mir vertrauen – auch wenn ihr nicht jeden meiner Schritte verfolgt oder wenn ihr mein Handeln aktuell nicht nachvollziehen könnt!

Solche symbolische Responsivität muss selbstverständlich fortlaufend durch Gesten aller Art dokumentiert werden: Sei es im Kleidungsstil, durch die Anwesenheit bei dezidiert unpolitischen, aber gemeinschaftsstiftenden Veranstaltungen oder durch öffentliche Sichtbarkeit und demonstrative Ansprechbarkeit. Richard F. Fenno hat in seiner bahnbrechenden Studie über den Homestyle amerikanischer Kongressabgeordneter aufgezeigt, auf welch unterschiedliche Weise diese ihre Verbundenheit mit und ihre Zugänglichkeit für Wähler dokumentieren.[83] Ein solch komplexes Verständnis von Responsivität verdeutlicht auch, in welch vielfältiger Weise Parlamentarier gegenüber unterschiedlichen Bezugsgruppen responsiv sein können und das von Pitkin identifizierte Konfliktpotenzial der Repräsentationsbeziehung auffangen können. Die Ergebnisse der Abgeordnetenbefragungen von Patzelt bestätigen, dass auch deutsche Parlamentarier in dieser Strukturierung eine weitgehend zutreffende Beschreibung der von ihnen wahrgenommenen Responsivitätserwartungen sehen.[84]

82 Vgl. Eulau/Karps 1978: 66f.

83 Vgl. Fenno 1978.

84 Vgl. Patzelt 1993: 242f.

Im Rahmen der CITREP-Studie findet Elisa Deiss-Helbig deutliche Hinweise dafür, dass auch vonseiten der deutschen Bürger symbolischer Responsivität im Sinne demonstrativer Verbundenheit große Bedeutung zugemessen wird – selbst wenn sich dieser Aspekt, dem Forschungsdesign geschuldet, nur in Form deskriptiver Repräsentation[85] erfassen ließ.[86] Zu konstatieren ist allerdings auch, dass empirische Befunde – abgesehen von Selbstauskünften der Abgeordneten[87] – zu den weiteren Responsivitätsdimensionen weitgehend fehlen: Eine experimentelle Fallstudie von Steffen Elsner und Karin Algasinger zur Service-Responsivität kam zu ambivalenten Ergebnissen hinsichtlich der Bereitschaft, bei individuellen Anliegen zu helfen (was aber möglicherweise auch durch das Forschungsdesign verursacht war, da nicht für jeden Abgeordneten ein klarer Wahlkreisbezug bestand).[88] Im Rahmen der CITREP-Studie wurde erstmals eine empirische Beobachtung der Wahlkreisarbeit deutscher Parlamentarier vorgenommen. Die Publikation dieser Ergebnisse steht aber noch aus – und ein deutscher Fenno, der über einen längeren Zeitraum Abgeordnete im Wahlkreis begleitete, ist nicht in Sicht.

6. »Nun sag, wie hast du's mit der Responsivität?«

Der kurze Ausflug in das Forschungsfeld macht deutlich: Responsivität ist nicht nur ein schillernder Begriff, sondern dieser steht auch noch in einem Spannungsfeld der Bedeutungen. Wie Pitkin schon herausarbeitet, wird Repräsentationsbeziehung sinnlos, wenn ihr nicht der Gedanke von Responsivität inhärent ist: Repräsentation ohne Responsivität macht keinen Sinn! Die Idee der Repräsentation erscheint aber nur dann sinnvoll, wenn Responsivität und politische Führung stets gemeinsam gedacht werden. Damit werden aber alle Ansätze, die Responsivität als Ziel verabsolutieren, problematisch, wie Herzog hervorhebt:

> »Denn nun unterstellte man den Meinungsverschiedenheiten zwischen Wählern und Gewählten ein spezielles Paradigma: die Auffassung, dass es die Schuldigkeit der Abgeordneten sei, ›to fulfill the wishes of their constituents‹. Doch das eben gibt theoretisch keinen Sinn.«[89]

85 Vgl. Pitkin 1967: 60–91, Patzelt 1993: 24f.
86 Vgl. Deiss-Helbig 2013: 571–579.
87 Vgl. als erste Studie: Patzelt 1993.
88 Vgl. Elsner/Algasinger 2001.
89 Herzog 1989: 323.

Denn ein kompliziertes demoskopisches Vermittlungssystem ist etwas völlig anderes als die durch den Begriff Responsivität bezeichnete Aufnahmefähigkeit, Zugänglichkeit und Reaktionsbereitschaft, die in einer Fülle unterschiedlicher Reaktionen resultieren kann.

Zudem ist unklar, zwischen welchen Akteuren sich eine Repräsentationsbeziehung eigentlich aufspannt. Die Repräsentation der Interessen einer Bürgerin oder eines Bürgers erfolgt nun einmal nicht zwangsläufig durch die im entsprechenden Wahlkreis gewählten Abgeordneten. Hier sind vielfache, anders geartete Beziehungen nicht nur denkbar, sondern auch empirisch festzustellen.[90] Gerade dies ermöglicht es aber, dass über die Repräsentationsleistung des Gesamtsystems spezifische Repräsentationslücken doch geschlossen werden können. Dieses prozesshafte Bild des Schließens (im Gegensatz zum Fehlen) von Lücken verdeutlicht auch die Dynamik, die Repräsentationsbeziehungen innewohnt und damit auch »Responsivität als Prozess politischer Kommunikation«[91].

Repräsentationslücken können auch durch symbolische Responsivität geschlossen werden, wenn Repräsentanten dezidiert als Vertreter spezifischer Gruppeninteressen auftreten (und denen sie ihre Wahl nicht unmittelbar zu verdanken haben). Daher ist es erforderlich, den Blick über die Politikresponsivität hinaus zu weiten und alle Formen von Responsivität in den Blick zu nehmen. Gerade diese scheinen ein nicht unwesentliches Instrument für Repräsentierende zu sein, um das unvermeidliche Konfliktpotenzial konstruktiv bearbeiten zu können.

Überhaupt stimmt bedenklich, dass die Wahrnehmung der Bürger einerseits und der Repräsentierenden andererseits oftmals auseinanderklaffen. Brigitte Geißel stellt für die kommunalpolitische Ebene beträchtliche Divergenzen zwischen der Responsivitätswahrnehmung der Bevölkerung und der bekundeten Responsivitätsbereitschaft der lokalen Eliten fest.[92] »Responsivitätswahrnehmung hat wenig mit den Handlungsorientierungen der [...] Politiker oder mit Einstellungskongruenzen zwischen Politikern und Bevölkerung zu tun.«[93] Ein deutlicher Zusammenhang zeigt sich dagegen mit der generellen Zufriedenheit der Bürger mit der lokalen Politik sowie der Zufriedenheit mit ihrer wirtschaftlichen Situation.[94] Sehr deutlich zeigt

90 Vgl. Mansbridge 2003, Saward 2010.

91 Kielhorn 2002: 260.

92 Vgl. Geißel 2004: 1245.

93 Vgl. Geißel 2004: 1251.

94 Vgl. Geißel 2004: 1249.

sich hier die Differenz zwischen der Prozessebene und der Produktebene der Responsivität.[95]

Schließlich wäre noch zu fragen: Kann Politik auch zu responsiv sein? Nicht nur die Überlegungen von Dietrich Herzog[96] und Ursula Hoffmann-Lange[97] zur Frage des von Repräsentanten zu vertretenden Repräsentationssubjekt stimmen nachdenklich, sondern auch die empirischen Befunde von Lea Elsässer, Svenja Hense und Armin Schäfer[98] lassen es angeraten sein, ein Caveat zu formulieren: Wenn Responsivität nicht gleichmäßig verteilt ist und insbesondere jene sie erfolgreich beanspruchen können, die ohnehin schon im demokratischen Willensbildungs- und Entscheidungsprozess privilegiert sind,[99] fällt es schwer, pauschal ein Mehr an Responsivität von Parlamentariern einzufordern.

Literatur

Alemann, Ulrich von (1992): Parteien und Gesellschaft in der Bundesrepublik. Rekrutierung, Konkurrenz und Responsivität, in: Alf Mintzel / Heinrich Oberreuter (Hg.), Parteien in der Bundesrepublik Deutschland, 2. Aufl., Opladen, S. 89–130.

Arzberger, Klaus (1980): Bürger und Eliten in der Kommunalpolitik, Stuttgart et al.

Bartels, Larry M. (2008): Unequal Democracy: The Political Economy of the New Gilded Age, Princeton.

Bräuninger, Thomas (2009): Responsivität und strategische Adaption im Parteienwettbewerb in den deutschen Bundesländern, in: Christian Henning / Eric Lionhart / Susumol Shikano (Hg.), Parteienwettbewerb, Wählerverhalten und Koalitionsbildung. Festschrift zum 70. Geburtstag von Franz Urban Pappi, Baden-Baden, S. 27–46.

Brettschneider, Frank (1995): Öffentliche Meinung und Politik. Eine empirische Studie zur Responsivität des Deutschen Bundestages zwischen 1949 und 1990, Opladen.

Brettschneider, Frank (1996): Parlamentarisches Handeln und öffentliche Meinung. Zur Responsivität des Deutschen Bundestages bei politischen Sachfragen zwischen 1949 und 1990, in: Zeitschrift für Parlamentsfragen 27 (1/1996), S. 108–126.

Brettschneider, Frank (1997): Ratsmitglieder und Bürger: Einstellungskongruenzen und ihre Folgen für politisches Vertrauen, in: Oscar W. Gabriel / Frank Brettschneider / Angelika Vetter (Hg.), Politische Kultur und Wahlverhalten in einer Großstadt, Opladen, S. 249–273.

95 Vgl. Kielhorn 2002: 258.

96 Vgl. Herzog 1989: 223f.

97 Vgl. Hoffmann-Lange 1991: 288f.

98 Vgl. Elsässer/Hense/Schäfer 2017: 168–178.

99 Vgl. für die Vereinigten Staaten etwa: Bartels 2008: 252–282.

Brooks, Joel E. (1990): The Opinion-Policy Nexus in West Germany, in: Public Opinion Quarterly 54 (4/1990), S. 509–529.

Converse, Philip E. (1964): The Nature of Belief Systems in Mass Publics, in: David E. Apter (Hg.), Ideology and Discontent, New York, S. 206–261.

Crane, Wilder (1961): The Errand-Running Function of Austrian Legislators, in: Parliamentary Affairs 15 (2/1961), S. 160–169.

Debus, Marc / Bäck, Hanna (2014): Der Einfluss von Mandatstyp und Wahlkreiseigenschaften auf die inhaltlichen Positionen in Parlamentsreden. Eine Untersuchung anhand der parlamentarischen Debatten im Deutschen Bundestag von 1998 bis 2002, in: Swiss Political Science Review 20 (2/2014), S. 330–353.

Deiss-Helbig, Elisa (2013): »Ich bin einer von Euch« – Zur Bedeutung sozialer und politischer Kongruenz von Abgeordneten und Bürgern für das Gelingen von Repräsentation, in: Zeitschrift für Parlamentsfragen 44 (3/2013), S. 566–580.

Elsässer, Lea / Hense, Svenja / Schäfer, Armin (2017): »Dem Deutschen Volke«? Die ungleiche Responsivität des Bundestags, in: Zeitschrift für Politikwissenschaft 27 (2/2017), S. 161–180.

Elsner, Steffen H. / Algasinger, Karin (2001): »Sehr geehrte Frau Abgeordnete!« »Sehr geehrter Herr Abgeordneter!«. Der Bürger- und Wählerservice deutscher Abgeordneter zwischen Anspruch und Wirklichkeit. Ergebnisse einer experimentellen Fallstudie, München.

Etzioni, Amitai (2011): Gemeinwohl *und* Grundrechte. Ein responsiver kommunitaristischer Ansatz, in: Lino Klevesath / Holger Zapf (Hg.), Demokratie – Kultur – Moderne. Perspektiven der politischen Theorie, München, S. 35–51.

Eulau, Heinz / Karps, Paul D. (1978): The Puzzle of Representation, in: Heinz Eulau / John C. Wahlke (Hg.), The Politics of Representation. Continuities in Theory and Research, Beverly Hills/London, S. 55–71.

Eulau, Heinz / Wahlke, John C. / Buchanan, William / Ferguson, Leroy C. (1959): The Role of the Representative. Some Empirical Observations on the Theory for Edmund Burke, in: American Political Science Review 53 (3/1959), S. 742–756.

Farah, Barbara G. (1980): Political Representation in West Germany. The Institutions and the Maintenance of Mass-Elite Linkages, Ann Arbor.

Fenno, Richard F. (1978): Home Style. House Members in Their Districts, Boston/Toronto.

Fraenkel, Ernst (2007): Die repräsentative und die plebiszitäre Komponente im demokratischen Verfassungsstaat, in: ders., Demokratie und Pluralismus, hrsg. von Alexander von Brünneck, Baden-Baden, S. 165–207.

Frerk, Thorsten (1998): Die Responsivität kommunaler politischer Eliten. Untersucht am Beispiel der Ratsmitglieder der Städte Oberhausen, Krefeld, Mülheim (Ruhr) und Solingen, Dortmund.

Gabriel, Oscar W. / Brettschneider, Frank / Kunz, Volker (1993): Responsivität bundesdeutscher Kommunalpolitiker, in: Politische Vierteljahresschrift 34 (1/1993), S. 29–46.

Geißel, Brigitte (2004): Responsivität und Responsivitätswahrnehmung. Thesen zu einem undurchsichtigen Verhältnis, in: Zeitschrift für Politikwissenschaft 14 (4/2004), S. 1235–1255.

Hammer, Dominik (2016): Gemeinwohl heute?, Dresden.

Herzog, Dietrich (1989): Was heißt und zu welchem Ende studiert man Repräsentation?, in: Dietrich Herzog / Bernhard Weßels (Hg.), Konfliktpotentiale und Konsensstrategien. Beiträge zur politischen Soziologie der Bundesrepublik, Opladen, S. 307–335.

Herzog, Dietrich (2002): Responsivität, in: Otfried Jarren (Hg.), Politische Kommunikation in der demokratischen Gesellschaft. Ein Handbuch mit Lexikonteil, Opladen, S. 298–304.

Hoffmann-Lange, Ursula (1991): Kongruenzen in den politischen Einstellungen von Eliten und Bevölkerung als Indikator für politische Repräsentation, in: Hans-Dieter Klingemann / Richard Stöss / Bernhard Weßels (Hg.), Politische Klasse und politische Institutionen. Probleme und Perspektiven der Elitenforschung. Dietrich Herzog zum 60. Geburtstag, Wiesbaden, S. 275–289.

Kielhorn, Achim (2002): Rollenorientierungen von Abgeordneten in Europa. Eine empirische Analyse von Bestimmungsgründen und Konsequenzen der Repräsentationsrolle von Parlamentariern in elf EU-Ländern, Berlin.

Köhler, Kristina (2010): Gerechtigkeit als Gleichheit? Eine empirische Analyse der objektiven und subjektiven Responsivität von Bundestagsabgeordneten, Wiesbaden.

Kühne, Alexander (2013): Repräsentation enträtselt oder immer noch »the Puzzle of Representation«? Entwicklungen und Lehren aus unterschiedlichen Forschungsstrategien, in: Zeitschrift für Parlamentsfragen 44 (3/2013), S. 459–485.

Mansbridge, Jane (2003): Rethinking Representation, in: American Political Science Review 97 (4/2003), S. 515–528.

May, John D. (1973): Opinion Structure of Political Parties: The Special Law of Curvilinear Disparity, in: Political Studies 21 (2/1973), S. 135–151.

Miller, Warren E. / Stokes, Donald E. (1963): Constituency Influence in Congress, in: American Political Science Review 57 (1/1963), S. 45–56.

McClosky, Herbert / Hoffmann, Paul J. / O'Hara, Rosemary (1960): Issue Conflict and Consensus Among Party Leaders and Followers, in: American Political Science Review 54 (2/1960), S. 406–427.

Nohlen, Dieter (2014): Wahlrecht und Parteiensystem. Zur Theorie und Empirie der Wahlsysteme, 7. Aufl., Opladen.

Patzelt, Werner J. (1993): Abgeordnete und Repräsentation. Amtsverständnis und Wahlkreisarbeit, Passau.

Petring, Alexander (2015): Parteien, hört Ihr die Signale? Bevölkerungseinstellungen zur Ungleichheit und die Responsivität der Parteien, in: Wolfgang Merkel (Hg.), Demokratie und Krise. Zum schwierigen Verhältnis von Theorie und Empirie, Wiesbaden, S. 221–244.

Pitkin, Hanna Fenichel (1967): The Concept of Representation, Berkeley.

Ritzi, Claudia / Schaal, Gary S. (2010): Responsivität und Pluralismus – das Dilemma liberaler Demokratien, in: Vorgänge 49 (189/2010).

Saward, Michael (2010): The Representative Claim, Oxford.

Schüttemeyer, Suzanne S. (2013): Abgeordnete: Repräsentanten oder Rädchen im Getriebe?, in: Heinrich Oberreuter (Hg.), Macht und Ohnmacht der Parlamente, Baden-Baden, S. 59–78.

Spier, Tim (2011): Welche politischen Einstellungen haben die Mitglieder der Parteien?, in: Tim Spier / Markus Klein / Ulrich von Alemann / Hanna Hoffmann / Annika Laux / Alexandra Nonnenmacher / Katharina Rohrbach (Hg.), Parteimitglieder in Deutschland, Wiesbaden, S. 121–137.

Steffani, Winfried (1981): Edmund Burke: Zur Vereinbarkeit von freiem Mandat und Fraktionsdisziplin, in: Zeitschrift für Parlamentsfragen 12 (1/1981), S. 109–122.

Stokes, Donald E. / Miller, Warren E. (1972): Party Government and the Saliency of Congress, in: David W. Abbott / Edward T. Rogowsky (Hg.), Political Parties: Leadership, Organization, Linkage, 2. Aufl., Chicago, S. 480–494.

Uppendahl, Herbert (1981a): Repräsentation und Responsivität. Bausteine einer Theorie responsiver Demokratie, in: Zeitschrift für Parlamentsfragen 12 (1/1981), S. 123–134.

Uppendahl, Herbert (1981b): Responsive Demokratie, in: Dietrich Thränhardt / Herbert Uppendahl (Hg.), Alternativen lokaler Demokratie. Kommunalverfassung als politisches Problem, Königstein/Ts., S. 85–111.

Walter, Melanie (1997): Politische Responsivität. Messungsprobleme am Beispiel kommunaler Sportpolitik, Wiesbaden.

Walter, Melanie (2000): Die deutschen Politiker in der Sicht der Bevölkerung – Wert-, Macht- oder Funktionselite?, in: Jürgen W. Falter / Oscar W. Gabriel / Hans Rattinger (Hg.), Wirklich *ein* Volk? Die politischen Orientierungen von Ost- und Westdeutschen im Vergleich, Opladen, S. 275–317.

Pola Lehmann

Enacting the Citizens' Preferences in Parliament

Representation as a Dynamic Process: Concept and Measurement

1. Introduction

»[W]e can finally say with some confidence what representation is not. But, in spite of many centuries of theoretical effort, we cannot say what representation is«.[1] Despite it being more than 40 years since Eulau drew this conclusion in 1978, it appears to remain true, and is still quoted in theoretical literature on representation today.[2] In contrast with the late 1970s, we can today look back on decades of empirical research on representation that have added new insights into the relationship between represented and representatives, and into the mechanisms of representation. However, all of these efforts have not reduced the complexity or increased the clarity of the term, but have instead added many different models, definitions and forms to the concept.[3]

Adding even more to this confusion is the fact that there seems to be a contradiction between the general assessment of the representational quality in public and political debate on the one hand, and in empirical research on the other. Public and academic debates are shaped by discussions about disenchantment with politics and a lack of trust in political parties. The core institutions of representative democracies (parties, elections, and parliaments) are failing in the eyes of many citizens.[4] As in all Western democracies political parties are the central agents of representation, this contains the danger of affecting the principal of representation itself: »the effectiveness of a system of political representation depends on the interaction between political parties and individual voter«.[5]

---

1 Eulau 1978: 31.

2 See for example Holmberg 1989: 1, Lembcke 2016: 24.

3 See for example Pitkin 1967: 3f., Converse/Pierce 1986: 490.

4 See Alonso/Keane/Merkel 2011: 10.

5 Thomassen/Schmitt 1997: 168.

Thus, if voters start losing trust in parties, representation stands on shaky grounds. Voters vote for political parties and expect them to enact their promises.[6] If voters stop believing that parties are acting in their interest, they will also lose trust in them as agents of representation. This is exactly one of the reasons for the dissatisfaction with politicians: the feeling that they are not properly representing the preferences of their voters and that it makes no difference for whom one votes, because all parties will conduct the same policies irrespective of the public's will.

But empirical research often does not confirm this evaluation of the parties.[7] One explanation for such conflicting findings might be different benchmarks and interpretations of what good representation entails. Especially between normative-theoretical and empirical research there is a stark difference in how political representation is discussed and which benchmarks are to be used in defining good representation.[8] Today the most cited book concerning *The Concept of Representation* is probably Pitkin's book by the same name.[9] In this book Pitkin introduces a type of representation often taken to be the model for the representational relationship between voters and parties: *substantive acting for* (the citizens). In empirical research, however, representation is mostly measured as the congruence between voters and representatives: a high level of congruence means good representation, a low level stands for a representational deficit.

In this chapter I will discuss why the measurement of congruence can only ever capture a static moment, and not the dynamic process that is entailed in representation when it is defined as *acting for* the citizens. I propose a theoretical and empirical model which accounts for the dynamic process in which the representatives take actions anchored to the voters' preferences but not always identical with them. In this model the quality of representation does not only depend on the level of congruence, but also on how any divergence from positions taken at the beginning of the process can be explained through democratic mechanisms installed in this process.

6 See Converse/Pierce 1986: 41f./499.

7 See for example Johnson/Brace/Arceneaux 2005, Bartels 1991, Dalton 1985.

8 See Mansbridge 2003: 515, Rehfeld 2009: 216.

9 Pitkin 1967.

2. Representation and Democracies or Democracy through Representation

The reason why we should be interested in representation and a good working representational relationship between voters and political parties is very simple: all modern democracies today rely on some kind of political representation. »In modern times almost everyone wants to be governed by representatives [...]; every political group or cause wants representation; every government claims to represent«.[10] Even though claims for more direct democratic elements are on the upswing again due to the growing dissatisfaction with representatives and parliamentary outcomes, there is not a single democracy that does not have some kind of representational system implied. Irrespective of that, the concept of representation is still widely discussed, and researchers do not agree on whether representation is a necessary part of democracy,[11] or just a »sorry substitute for the real thing«[12] or even an element endangering the democratic principle of self-government of the people.[13] But the truth is that without representation it would be difficult for democracies to exist today. With the rise of large nation-states, questioning the necessity of representation is less pertinent: »Without a system of representation, effective popular participation in large-scale governments was impossible«.[14] Representative institutions are hence not a danger for democracy, but are what makes democracy possible in large nation states, or as Saward puts it, »*all* democratic politics is representative politics«.[15]

Thus, the important question today is not the *if* of representation but the *how*. How (and with what institutions) can it be ensured that the sovereignty remains with the people even though the people are and could not be involved in day-to-day politics? The solution is an elected assembly that is supposed to represent the citizens in the law-making process. Introducing representation in a democratic system thus creates a new group of actors: the representatives. The claim that the system is democratic does not weaken with the introduction of these representatives; rather the (elected) representatives are expected to represent the people in the governing process in such a

10 Pitkin 1967: 2.

11 See Schmitter/Karl 1991, Plotke 1997: 19, Urbinati 2000.

12 Dahl 1982: 13; for a similar argument see Pitkin 2004: 340.

13 See Barber 2003: 145.

14 Dahl 1982: 9.

15 Saward 2010.

way that the will of the people remains the main controlling factor. The most important institution in enabling and ensuring this in modern democracies is the election. Elections are the starting point for political representation[16] and the main device for the people to influence the policy making process.[17]

But how is the representational relationship – once established through elections – supposed to work, and what makes political parties good representatives? The next sections look closer into what we can expect from representatives and how we can measure whether they are performing their task well.

3. The Act of Representation

The focus of this chapter is the representational relationship between voters and political parties, the latter serving as the voters' representatives in parliament. This relationship can take different forms. One of the most prominent discussions of these forms is given by Hanna F. Pitkin in her book *The Concept of Representation.*[18] She distinguishes between formal, symbolic, descriptive, and substantial representation.[19] While all of these forms play a role in representational relationships between voters and parties, what is clearly the most important today is substantial representation: voters vote for parties on the basis of their policy programmes, expect them to follow these programmes, and punish them at the subsequent election if they break their policy pledges.[20] Hence, the important link between voters and parties are their policy preferences. Parties are supposed to represent the voters' preferences in parliament and during the entire policy making process.

But what does the representation of preferences entail? In theoretical work, substantive representation is often discussed as a dynamic process. For example, Alonso, Keane, and Merkel state that elections are a beginning as well as an ending, and point to the circular nature of representation.[21] They go on to claim that for representation to work »a process of perma-

16 See Weßels 2011: 100.

17 Powell 2000: 3.

18 See Pitkin 1967.

19 Descriptive representation, for example, is about depicting someone by reproducing his characteristics. Descriptive representation is, thus, about questions of how well the parliament represents different sexes, ethnicities or social strata.

20 See Thomassen/Schmitt 1997: 168.

21 See Alonso/Keane/Merkel 2011: 6.

nent contact and deliberation between representatives and represented«[22] is necessary. Representation thus does not only take place at the time of the election – when voters vote for the parties who they think will represent their preferences the best – but it is an activity taking place in between elections. As mentioned before, Pitkin calls this form of representation substantive acting for, which highlights the fact that here representation not only constitutes »what he [i. e. the representative] is or how he is regarded«[23] but what he does. It is in these actions that the relationship between voters and political parties comes into being. To ensure this link the representatives are not completely free to act as they want, but they also need a certain kind of autonomy to act on behalf of the citizens.[24]

In empirical research, however, substantive representation is generally assessed through measuring some kind of congruence between citizens' preferences and either the parties' preferences[25] or their actions.[26] Even though the latter does consider actions, both of these types of analysis assess a static component. They require that the parties represent the citizens' preferences measured at one specific time point and do not leave room for preference change by either the citizens or the political parties. In reality, however, preferences that are challenged in actions, i. e. if they are subject to discussions and building compromises, will not stay static but will change in the course of action. Without such change compromise would not be possible: »A discussion can produce agreement among participants with divergent opinions at the outset only if they are in a position to change their minds during the course of exchange«.[27] It thus makes a difference if one looks at these preferences before or after the action has taken place. But if taking action implies change, a dynamic interpretation of representation is needed – one in which the ongoing actions of representatives are not tied to a fixed snapshot of past voter preferences.

If, however, representation comes into being in the actions of the representatives, this has many implications with respect to what representation is and can be, and how it can be measured. After representatives have been selected and before they reach a final policy decision they are engaged in

22 Alonso/Keane/Merkel 2011: 6.

23 Pitkin 1967: 113.

24 See Pitkin 1967: 152.

25 See for example Converse/Pierce 1986, Golder/Stramski 2010, Lehmann/Regel/Schlote 2015, Powell 2000, Thomassen/Schmitt 1997.

26 See for example Converse/Pierce 1979, Hofferbert/Klingemann 1990, Johnson/Brace/Arceneaux 2005, Klingemann/Hofferbert/Budge 1994, Kuklinski/Elling 1977, Thomson 2001.

27 Manin 1997: 205f.

different actions, such as defining and prioritizing problems, making compromises, and forming majorities.[28] »Any conception of a legislature pictures it to begin with as a collection of individuals engaging in various actions«[29]. All these actions are part of the representation process, i.e. the actions the representatives take when negotiating with each other and various external actors like lobby groups, constituency members, party officials, when engaging in committee discussions and plenary debates, and when voting on new laws and making decisions.

The fact that representation includes steps like problem formation, bargaining, and compromise building, has implications on the scope of representatives' actions. To act on behalf of the citizens in all these different situations requires representatives to have a certain amount of autonomy,[30] not in order to act against the citizens' preferences, but in order to reflect upon these preferences in the event that new light is thrown on them during the discussion. Here representatives face the problem that they cannot know what the citizens' preferences would be if they were subject to the discussion. Madison already formulated this dilemma for the members of the Constitutional Convention: »No member of the convention could say what the opinions of his constituents were at this time; much less could he say what they would think if possessed of the information and lights possessed by the members here.«[31] To solve this dilemma representatives need to rely on the preferences, upon which the electorate decided to elect them. The best they can do is to make these preferences the guide for their actions, and assume that this must lead them to the same decisions their voters would take if they participated in the discussions.[32] But as representation is more than a mirroring of substantive preferences, these preferences are only a starting point: the act of representation is necessary to transform the disparate preferences of citizens into policies in the common interest of the citizens. Or as Castiglione and Warren write: »[neither] ›interests‹ or ›identities‹ or even ›values‹ pre-exist the representative relationship. They become the objects of representation through the relationship«.[33]

In conclusion understanding representation as a dynamic process entails that citizens' preferences cannot be used as an independent standard up to

28 See Weßels 1993: 103.

29 Wahlke 1978: 23.

30 See Pitkin 1967: 152/222.

31 Madison 1845: 184.

32 See Pitkin 1967: 153.

33 Castiglione/Warren 2006: 13.

which acts of representation can be held accountable. Preferences that are subject to bargaining and discussion in the course of the dynamic process of representation are not static, but can be and are changed within the process: political representation produces the terms on which it is to be judged.[34]

4. Four Stages of Representation in a Dynamic Process

If representation is understood as a dynamic process, it is not just the moment in which the public elects a parliament and the moment in which the public evaluates this parliament on its output, that are important for representation, but what happens in between those points. Representation covers this whole range of actions that go beyond just stating of a position, and do not manifest themselves in a final and binding decision but prepare and inform the final decision. The theoretical implications of this understanding are, however, often not reflected in empirical research.

To better evaluate representation in its dynamic nature we need to observe this whole process. The remainder of this chapter introduces a model of representation which breaks the representation process into four stages that are not only theoretically relevant for representation, but which can also be used to better measure the performance of the representative system empirically. The first stage in the model is about preference exchange. It is the stage in which citizens and parties inform each other about their preferences and get into dialogue about what the most pressing problems in society are and what possible solutions might be. This stage of preference exchange is followed by the election, during which the voters select those parties to be their representatives for the subsequent legislative term, whose policy offer was most appealing to the voters. This is the stage of supply selection. After the election, the parties and representatives that have been selected need to translate their preferences and positions into actions. This is the stage of preference expression. It is followed by the fourth stage, which concerns policy selection. During this final stage the parliamentary parties create a final policy output by taking a vote in parliament.

To fully understand the representation process and to analyse how well or badly it is functioning, researchers need to evaluate the representational quality at these different stages separately and define the rules and goals at each stage. The different stages are not only different parts of the same overall act, but they serve different purposes within the representation process. In

34 See Disch: 13.

Graph 1: Representation as a dynamic process

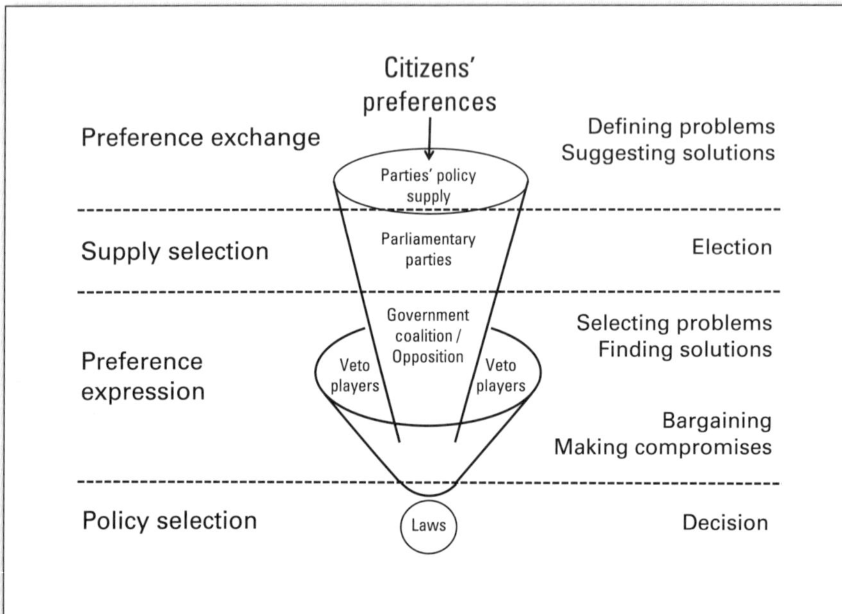

Source: own research.

all these different stages the representation process can fail, and there are various and very different reasons for defects at different stages. Different actors are responsible for failure on these stages and there are different ways in which these failures can be repaired. This is why it makes both theoretical and empirical sense to separate them from one another. The subsequent part of this chapter develops the different stages of this process of representation and discusses how they can be measured in a dynamic process.

4.1 Preference Exchange

The first stage is the stage of preference exchange – representing both the beginning as well as the end of the representation process. It is the stage in which the parties make a policy offer to the citizens. They inform them about their plans and goals for the next legislative term and explain to them why they have taken certain actions during the last legislative term. The decisions they have taken and the process of how they developed have to be transmitted and translated to the citizens.[35] Simultaneously the citizens communicate their preferences to the parties and disclose to what extent they approve of their actions so far.

As it is the central goal of democratic systems to implement the will of the people,[36] this constant dialogue between citizens and representatives is necessary to give citizens the opportunity to influence the course of government. Hence, this stage of preference exchange is needed to transmit information about preferences and positions of the citizens and the parties between the two actors: parties can only be good as representatives as they have correct information about citizens' preferences. And the citizens will only be able to choose their most appropriate representatives and hold them accountable at the next stage of the representatiol process if they receive all necessary information about the parties and their positions and actions at this stage.

This constant process of communication between citizens and parties is especially necessary if one keeps in mind that there are various differences between citizens and their representatives.[37] There are reasons why the representatives have been standing for office and have been elected; normally they are, for example, more politically engaged than the average citizen. Following Converse's idea about »belief systems«[38] we can thus also expect that they hold deviating preferences. As a consequence, if policy supply is very unclear and parties are sending mixed messages, voters might become misinformed about representatives' past performance or their proposed programmes. Likewise, if the citizens are not communicating their preferences properly, parties might not offer any policy supply in line with voters' preferences, which would drastically reduce the chances for good representation.[39] To ensure good communication, parties and citizens rely on many transmitting agents.[40] Such agents can be different interest groups, such as trade unions and other associations, or the media.

The goal of the stage of preference exchange is to reduce any differences between citizens' preferences and the policy supply of the parties. If at this very early stage the preferences of the citizens do not correspond with parties' policy supply, representation is faltering early on as there is little chance of voters electing a party at the next stage that shares their preferences. To

35 See Weßels 1993: 108f.

36 See Weßels 1991: 325.

37 See Weßels 1991: 332.

38 See Converse 2006.

39 See Giebler 2014: 120.

40 See Weßels 1991: 332.

detect the quality of representation at this stage the congruence between the preferences of all citizens and the policy supply of the parties needs to be measured. The quality of representation is high if every citizen finds a party that offers policies which are close to his or her preferences. On the other hand, representation is weakened, if there is a significant gap between citizens' preferences and the parties' policy supply that hinders some citizens from finding a party offering a programme that is congruent to their preferences. This does not in turn mean that all parties have the same likelihood of winning seats, but if enough citizens share the same policy preferences as a party then that party must have the ability to win seats.

4.2 Supply Selection

The just described stage is a necessary condition for the second stage in the representation process. At this second stage the voters need to elect their representatives for the subsequent legislative term. Only if citizens and parties have communicated well about their preferences, can voters make an informed decision when standing in the ballot box.[41] And only if voters are able to make such informed decisions will elections be meaningful.[42]

This second stage is the stage of supply selection. At this stage the voters select their representatives based on the information they received about the parties during the stage of preference exchange. The voters can base their voting decision on prospective assumptions about how these representatives will act, for example by consulting the policy programme the party offers, or they can base it on a retrospective assessment of how the representatives have acted during the prior legislature.[43] Accordingly, there are two functions embedded in an election: voters give a mandate to some parties to represent them, but they also hold the parties accountable who have been representing them during the last legislative term. Evaluating a party's past performance and their future plans might lead voters to vote some of the parties out of office, confirm others, or vote new ones into office. Through this selection mechanism the voters determine a group of representatives that will represent them in the legislature for the subsequent legislative term. At the stage of preference exchange all parties that want to make an offer to the citizens are involved, no matter whether these parties are in parliament at that time

41 See Dalton/Farrell/McAllister 2011: 130f.

42 See Thomassen/Schmitt 1997.

43 See Dalton/Farrell/McAllister 2011: 170.

or whether they will be in parliament in the future. At the stage of supply selection the voters minimize this group of parties to a smaller sample that – in the best scenario – is a sample with preferences very close to the voters own preferences.

The reason why it is important that the preferences of voters match the preferences of the elected parties is that these preferences will be the basis for the parties' actions in parliament. Parliament is a »Congress of Opinions; an arena in which not only the general opinion of the nation, but that of every section of it, and as far as possible of every eminent individual whom it contains, can produce itself in full light and challenge discussion«.[44] The influence voters will have during the next stages of the representation process depends on the size of the group of representatives bargaining in their name: election result should thus produce an assembly in which the number of elected representatives corresponds to the number of votes for a specific representative or group of representatives.[45] The citizens normally comprise a large and diverse number of people with very different preferences. For the legitimacy of parliament it is important that parliament is able to absorb this diversity.[46] In order to do this the representatives in parliament need to share most of the preferences held by their voters and it must be ensured that no group of voters is systematically underrepresented.

How well the selection of the representatives at this stage works depends in parts on the previous stage. If the voters are not well informed or make incorrect assumptions about parties' policy supply, they might make a decision that does not correspond to the best match according to their preferences. But there are also factors directly embedded in the stage of supply selection that impact the result of the election. A high disproportionality of the electoral system, for example, might lead to a situation where many preferences only stand a low chance of entering parliament. This can lead to a situation where citizens do not vote for the party whose preferences are closest to their own.

To evaluate the quality of representation at this stage, the congruence between voters' preferences and the preferences of the parliamentary parties must be evaluated. Compared to the stage of preference exchange the samples used to calculate this congruence measure are reduced: instead of the citizens the voters are observed, and instead of the total policy supply of all parties only the supply of those that were elected to parliament are observed. This

44 Mill 1861.

45 See Powell 2000: 13.

46 See Weßels 1991: 332.

is not meant to disregard any non-voters – instead this reduction allows each problem to be identified at the stage in which it occurs. If citizens do not consider the policy supply of any party worth their vote, the deficit has occured at the stage of preference exchange. In the additive model suggested here this deficit stays relevant, but is not measured a second time at the subsequent stage. The stage of supply selection can then solely focus on the question of how capable the electoral system is at producing a parliament that represents its voters' preferences.

4.3 Preference Expression

The next two stages look at what happens to the voters' preferences in parliament, where they are translated into various actions that in the end lead to new policy output. Preferences are a good prerequisite for actions taken later on, but there is no guarantee that parties will always make decisions in line with previous preferences.[47] The stage of preference expression therefore goes one step beyond the stage of supply selection and is not interested in whether the preferences are similar, but whether the preferences become visible in respective actions. More specific preference expression looks at how these preferences are articulated in parliament. It is the period in which the parties translate their policy supply into actions by drafting laws, raising parliamentary questions and debating about and bargaining for their positions with the other parties in parliament and different veto players. In this stage the preferences are carefully weighted and reflected in the light of the many other demands the country has to address.

During this process preferences can change and such a change is induced in the nature of parliament. A parliament (derived from the French word »parler« = »talk«) is a body of discussion, and discussions – in order not to be meaningless – always need a certain amount of autonomy. A discussion would be pointless if none of the representatives could change their viewpoint in the course of the discussion. »The will of the community, in a democracy, is always [or at least should be] created through a running discussion between majority and minority, through free consideration of arguments for and against a certain regulation of a subject matter«.[48]

The fact that all preferences have the possibility to be part of the discussions is what ensures that democracy is rule by the people and not rule by the

47 See Putnam 1976: 80.

48 Kelsen 1961: 287.

majority. Even if decisions are made by majority, the fact that this majority might be challenged in discussion before a decision is reached marks an important aspect of democracies. In reverse, however, this also means that the preferences of the citizens can and should be the basis for discussion, but cannot always be completely congruent with the final output. Thus, even though representatives should be responsive to citizens, they can also deviate from citizens' preference if the nation's interests require them to take other actions.[49] The nation's interests, however, are not laid-out infront of them: they need to discuss and deliberate on the issues at stake to determine what the best actions might be. Additionally, if they were to follow the voters' preferences on an issue-by-issue basis and vote according to their wishes an incoherent set of laws might be the result, or a situation where different laws undercut each other.[50]

At the beginning of the stage of preference expression, the best that representatives can do is to assume that their voters have voted for them because they agree with the positions and preferences that they have framed before an election, and because the voters have evaluated their previous actions in parliament positively. In accordance with this the stage of preference expression looks at the question of whether the representatives raise these positions and preferences in parliament. The congruence between election programmes and the actions parties take in parliament should be quite high if representation is working well. If this is not the case the representatives are obviously not very responsive to the will that the people have expressed at election time. If they enter parliament with a different set of policies than they proposed during the election, they do not meet their responsibilities as representatives. However, it is also too short sighted to expect them to completely adhere to the original preferences. In fact, there are various reasons that can justify a deviation from the original preferences in the representation process; and parties are not completely free to act as they like in parliament. In many democracies the bargaining process is affected by many factors beyond the control of the individual representative or the parties, such as different veto players, minority rights or the constitution.[51] The institutional set-up within a country impacts whether it is easy or difficult for parties to enforce their policies,[52] or how easy it is for opposition parties to influence governmental

49 See Pitkin 1967: 213.

50 This is exemplified in detail in the discursive dilemma which shows that positions on different issues that are in itself coherent can lead to very incoherent results on the aggregate level (see Pettit 2009: 75).

51 See Mansergh/Thomson 2007, Miller/Stokes 1963: 51.

52 See Immergut 1992, Müller/Strøm 1999, Shepsle/Weingast 1987.

decisions.[53] This is not necessarily a bad thing, as there are different and well-thought-out reasons why different countries have chosen their respective institutions. Only rarely though, have they been designed to maximise the quality of representation. More commonly, they serve other purposes: such as the balance of powers, policy stability[54] or the protection of minorities.[55]

The measure suggested here for testing the representational quality at this stage accounts for these different institutional settings. Because change is implied at this level it is not enough to measure congruence levels as it has been done at the previous stages. Instead the quality of representation at this stage is measured by a regression model that includes the democratically justified explanations for preference change as interaction terms. The unexplained variance in this model then captures those preference changes that did not occur as a result of these predefined reasons and marks the representational deficit at the stage of preference expression.

4.4 Policy Selection

Policy selection, as the final stage, looks at the act in which the representatives vote[56] on the issues subject to discussion during the previous stage. It is the stage where all actions taken during the stage of preference expression are finally bundled together. Here the parliamentary output is created, which has often binding effects on the citizens. As the output is created after bargaining processes in parliament have taken place, representatives should know more about the things they are deciding upon than they had previously known, and should therefore also make more informed decisions.[57] Consequently, this also means that they may deviate from some of the positions they had proposed in their programmes before the election.

After the vote has been taken, the citizens can again evaluate whether the representatives' actions have been congruent with their preferences, or at least whether they have been in their interest. Because of the direct effect this output has on the citizens, the stage of policy selection marks a very important part of the representation process and the output should generally

53 See Döring 1995, Louwerse 2012: 1251.

54 See Hammond/Miller 1987.

55 See Lever 2009.

56 Even though in most West European countries this vote should only be based on the representatives' conscience (see for example the German constitution Artikel 39 Absatz 2 GG), in reality it is often based on party discipline (Thomassen 1991: 268–270).

57 See Rawls 1972: 358f., Bächtiger 2014: 149.

Graph 2: Measuring the dynamic process of representation

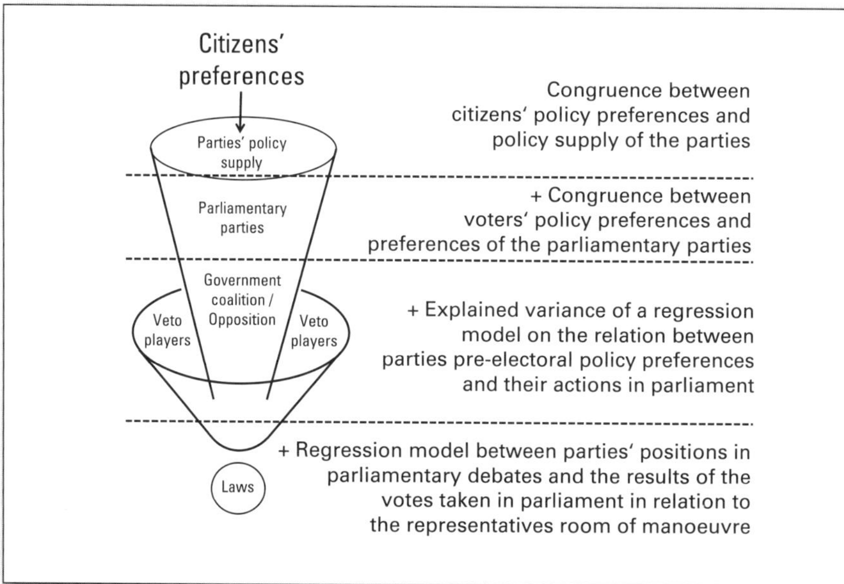

Source: own research.

be congruent with the citizen's preferences. That being said, the output will probably never be completely congruent with the original preferences. Even if the representatives have congruent preferences with their voters, and may have bargained accordingly, the legislative output might still fail to reflect that the representation process worked on all previous stages.[58] The reason for this deviation at the final stage does not necessarily need to lie with the parties, but can also be the result of a variety of exogenous aspects that can influence parliamentarians' behaviour and the parliamentary output: such as the state of the global economy[59], global developments[60], unforeseen events[61], or internationally binding treaties. The most far reaching example of such a treaty is obviously the European Union[62]. Including these external aspects in the equation is important as they might offer justifications for a deviation

58 See Weßels 1993: 102–104.

59 See Huber/Stephens 2001: 23f.

60 See Dale 1999.

61 See Katz/Mair 2009: 754, Walgrave/Varone 2008.

62 See Auel 2007, Keating/Hooghe 1996.

from the citizens' preferences. A change in preferences between the stage of preference exchange and the stage of policy selection is thus not necessarily a sign of unrepresentative behaviour: it may simply be a result of constraints the individual representative is facing.

The level of the quality of representation at this stage must therefore again be measured using a regression model, comparing the articulated preferences from the stage of preference expression with the output while controlling for majority status, veto players such as a constitutional court, and internationally binding treaties. Such an analysis helps disentangling the reasons as to why a vote might not be completely congruent with the actions at the stage of preference expression.

4.5 Measuring Representational Quality in a Dynamic Process

Representation can only reach its full capacity when all the different stages of this process function well. However, what should not be implied by the circular nature of the process is that the four stages occur distinctly and consecutively. In actuality, all these stages can overlap and happen more or less at the same time. An issue can be subject to ongoing discussion in parliament, thus being in the stage of preference expression, while from time to time a vote is taken on specific questions pertaining to that issue, placing it in the stage of policy selection. In fact, the stage of preference exchange has to happen parallel to the other stages at all times.

This chapter has introduced a model that can be used to evaluate the whole process of representation, and to measure the quality of representation at the four stages. It calculates the overall representational deficit in an additive system. If the quality of the process is calculated in such an additive way this also means that each stage can only be as good as the previous stage. For example, if parties have not made sufficient supply at the stage of preference exchange, one cannot expect the selected parties at the stage of supply selection to represent the citizens' preferences better than all parties together at the previous stage. Consequently, we also cannot expect the parties on the stage of policy selection to fulfil the promises they have made at the stage of preference exchange if there have been well explained reasons why they have moved away from these preferences at the stage of preference expression. Thus, which preferences should be represented at each stage depends on the outcome of the previous stage.

In fact, representation is more than just a perfect copy of the preferences at one stage onto the next stage. Depending on which stage is investigated there might be a difference between how congruent the parties' preferences and actions of representatives are with their voters' preferences, but this does not simultaneously mean that the representational quality has diminished. This challenges perspectives that focus merely on the output side of representation. While it is certainly problematic if voters do not see their preferences reflected in legislative output, to focus on this aspect alone would obscure that representation might have occurred at an earlier stage of the policy process.[63] If representation is only measured as the congruence between citizens' preferences and the final parliamentary output nothing is said about the reasons for this divergence from the citizens' preferences. It does not include information about whether this is due to bargaining processes or action constraints on parliamentarians, or if the parliamentarians ignored the citizens' preferences from the start and representation has failed at the stage of preference expression. The model introduced here allows for a more fine-grained analysis, allowing the researcher to disentangle the different reasons as to why and when representation is not working perfectly.

5. Conclusion

Representation, just like democracy, is one of the huge subjects of political science research. This chapter has elaborated on the question of whether representation describes a static or a dynamic relationship, locating a divide between theoretical and empirical literature. There is overall agreement between theorists and empiricists that substantive representation underlies some kind of dynamic process. However, the measures used by empiricists to analyse the representational quality are only able to measure a static relationship.

This chapter has introduced a concept of representation that takes the dynamic process into account and allows for the empirical testing of the representational quality within this dynamic process. This dynamic process consists of four stages: preference exchange, supply selection, preference expression, and policy selection. Each of these stages fulfils different purposes and representation at each stage might be measured by slightly different benchmarks. To evaluate the overall quality of representation the model introduced here assesses the performance of the representative system at each of these stages not individually, but in an integrated way that accounts for the connection between these stages. Such a model allows for deeper insights into representational quality and for learning more about the reasons for defective

63 See Weßels 1993: 104, Weßels 2011: 96.

representation. If citizens do not feel represented the model can show where the representative deficit occurs, and whether it was the fault of the political parties as agents of representation or whether other institutions hindered a better functioning of the process of representation. This knowledge is not only informative for researchers, citizens and political parties, but it can help to improve existing institutions.

References

Alonso, Sonia / Keane, John / Merkel, Wolfgang (2011): Editors' Introduction: Rethinking the Future of Representative Democracy, in: Sonia Alonso / John Keane / Wolfgang Merkel (eds.), The Future of Representative Democracy, Cambridge/New York, pp. 1–22.

Auel, Katrin (2007): Democratic Accountability and National Parliaments: Redefining the Impact of Parliamentary Scrutiny in EU Affairs, in: European Law Journal 13 (4/2007), pp. 487–504.

Bächtiger, André (2014): Debate and Deliberation in Legislatures, in: Shane Martin / Thomas Saalfeld / Kaare W. Strøm (eds.), The Oxford Handbook of Legislative Studies, Oxford, pp. 145–166.

Barber, Benjamin R. (2003): Strong Democracy. Participatory Politics for a New Age, Berkeley.

Bartels, Larry M. (1991): Constituency Opinion and Congressional Policy Making: The Reagan Defense Build Up, in: American Political Science Review 85 (2/1991), pp. 457–474.

Castiglione, Dario / Warren, Mark E. (2006): Rethinking Democratic Representation: Eight Theoretical Issues (= Paper Prepared for Delivery to »Rethinking Democratic Representation« Centre for the Study of Democratic Institutions University of British Columbia, May 18–19, 2006).

Converse, Philip E. (2006): The Nature of Belief Systems in Mass Publics (1964), in: Critical Review 18 (1–3/2006), pp. 1–74.

Converse, Philip E. / Pierce, Roy (1979): Representative Roles and Legislative Behavior in France, in: Legislative Studies Quarterly 4 (4/1979), pp. 525–562.

Converse, Philip E. / Pierce, Roy (1986): Political Representation in France, Cambridge (Mass.).

Dahl, Robert (1982): Dilemmas in Pluralist Democracy: Autonomy vs. Control, New Haven/London.

Dale, Roger (1999): Specifying Globalization Effects on National Policy: A Focus on the Mechanisms, in: Journal of Education Policy 14 (1/1999), pp. 1–17.

Dalton, Russell J. (1985): Political Parties and Political Representation. Party Supporters and Party Elites in Nine Nations, in: Comparative Political Studies 18 (3/1985), pp. 267–299.

Dalton, Russell J. / Farrell, David M. / McAllister, Ian (2011): Political Parties and Democratic Linkage. How Parties Organize Democracy, Oxford/New York.

Disch, Lisa (1967): Representation »Do's and Don'ts«: Hanna Pitkin's The Concept of Representation, Berkeley/Los Angeles.

Döring, Herbert (1995): Time as a Scarce Resource: Government Control of the Agenda, in: Herbert Döring (ed.), Parliaments and Majority Rule in Western Europe, Frankfurt/New York, pp. 223–246.

Eulau, Heinz (1978): Changing Views of Representation, in: Heinz Eulau/John C. Wahlke (eds.), The Politics of Representation. Continuities in Theory and Research, Beverly Hills/London, pp. 31–53.

Giebler, Heiko (2014): Contextualizing Turnout and Party Choice: Electoral Behaviour on Different Political Levels, in: Bernhard Weßels/Hans Rattinger/Sigrid Roßteuscher/Rüdiger Schmitt-Beck (eds.), Voters on the Move or on the Run?, Oxford et al., pp. 115–138.

Golder, Matt/Stramski, Jacek (2010): Ideological Congruence and Electoral Institutions, in: American Journal of Political Science 54 (1/2010), pp. 90–106.

Hammond, Thomas H./Miller, Gary J. (1987): The Core of the Constitution, in: American Political Science Review 81 (4/1987), pp. 1155–1174.

Hofferbert, Richard I./Klingemann, Hans-Dieter (1990): The Policy Impact of Party Programmes and Government Declarations in the Federal Republic of Germany, in: European Journal of Political Research 18 (3/1990), pp. 277–304.

Holmberg, Sören (1989): Political Representation in Sweden, in: Scandinavian Political Studies 12 (1/1989), pp. 1–36.

Huber, Evelyne/Stephens, John D. (2001): Development and Crisis of the Welfare State: Parties and Policies in Global Markets, Chicago.

Immergut, Ellen (1992): Health Politics. Interests and Institutions in Western Europe, Cambridge.

Johnson, Martin/Brace, Paul/Arceneaux, Kevin (2005): Public Opinion and Dynamic Representation in the American States: The Case of Environmental Attitudes, in: Social Science Quarterly 86 (1/2005), pp. 87–108.

Katz, Richard S./Mair, Peter (2009): The Cartel Party Thesis: A Restatement, in: Perspectives on Politics 7 (4/2009), pp. 753–766.

Keating, Michael/Hooghe, Liesbet (1996): By-Passing the Nation State? Regions and the EU Policy Process, in: Jeremy J. Richardson (ed.), European Union. Power and Policy-making, London/New York, pp. 216–229.

Kelsen, Hans (1961): General Theory of Law and State, New York.

Klingemann, Hans-Dieter/Hofferbert, Richard I./Budge, Ian (1994): Parties, Policies, and Democracy, Boulder.

Kuklinski, James H./Elling, Richard C. (1977): Representational Role, Constituency Opinion, and Legislative Roll-Call Behavior, in: American Journal of Political Science 21 (1/1977), pp. 135–147.

Lehmann, Pola/Regel, Sven/Schlote, Sara (2015): Ungleichheit in der politischen Repräsentation. Ist die Unterschicht schlechter repräsentiert?, in: Wolfgang Merkel (ed.), Demokratie und Krise. Zum schwierigen Verhältnis von Theorie und Praxis, Wiesbaden, pp. 157–180.

Lembcke, Oliver W. (2016): Theorie demokratischer Repräsentation, in: Oliver W. Lembcke/Claudia Ritzi/Gary S. Schaal (eds.), Zeitgenössische Demokratietheorie. Vol. 2: Empirische Demokratietheorien, Wiesbaden, pp. 23–58.

Lever, Annabelle (2009): Democracy and Judicial Review: Are They Really Incompatible?, in: Perspectives on Politics 7 (4/2009), pp. 805–822.

Louwerse, Tom (2012): Mechanisms of Issue Congruence: The Democratic Party Mandate, in: West European Politics 35 (6/2012), pp. 1249–1271.

Madison, James (1845): The Debates on the Adoption of the Federal Constitution in the Convention Held at Philadelphia in 1787, with a Diary of the Debates of the Congress of the Confederation as Reported by James Madison, Revised and Newly Arranged by Jonathan Elliot. Complete in One Volume, Vol. 5: Supplement to Elliot's Debates, Washington.

Manin, Bernhard (1997): The Principles of Representative Government, Cambridge.

Mansbridge, Jane (2003): Rethinking Representation, in: American Political Science Review 97 (4/2003), pp. 515–527.

Mansergh, Lucy/Thomson, Robert (2007): Election Pledges, Party Competition, and Policymaking, in: Comparative Politics 39 (3/2007), pp. 311–329.

Mill, John St. (1861): Representative Government, Raleigh.

Miller, Warren E./Stokes, Donald E. (1963): Constituency Influence in Congress, in: American Political Science Review 57 (1/1963), pp. 45–56.

Müller, Wolfgang C./Strøm, Kaare W. (1999): Conclusions: Party Behaviour and Representative Democracy, in: Wolfgang C. Müller/Kaare W. Strøm (eds.), Policy, Office, or Votes? How Political Parties in Western Europe Make Hard Decision, Cambridge et al., pp. 279–309.

Pettit, Philip (2009): Varieties of Public Representation, in: Ian Shapiro/Susan C. Stokes/Elisabeth J. Wood/Alexander S. Kirshner (eds.), Political Representation, Cambridge/New York, pp. 61–89.

Pitkin, Hanna F. (2004): Representation and Democracy. Uneasy Alliance, in: Scandinavian Political Studies 27 (3/2004), pp. 335–342.

Pitkin, Hanna F. (1967): The Concept of Representation, Berkeley/Los Angeles.

Plotke, David (1997): Representation is Democracy, in: Constellations 4 (1/1997), pp. 19–34.

Powell, G. Bingham (2000): Elections as Instruments of Democracy. Majoritarian and Proportional Visions, New Haven.

Putnam, Robert D. (1976): The Comparative Study of Political Elites, Englewood Cliffs/New Jersey.

Rawls, John (1972): A Theory of Justice, Oxford.

Rehfeld, Andrew (2009): Representation Rethought: On Trustees, Delegates, and Gyroscopes in the Study of Political Representation and Democracy, in: American Political Science Review 103 (2/2009), pp. 214–230.

Saward, Michael (2010): The Representative Claim, Oxford/New York.

Schmitter, Philippe C./Karl, Terry Lynn (1991): What Democracy Is ... and Is Not, in: Journal of Democracy 2 (3/1991), pp. 75–88.

Shepsle, Kenneth A./Weingast, Barry R. (1987): The Institutional Foundations of Committee Power, in: American Political Science Review 81 (1/1987), pp. 85–104.

Thomassen, Jacques (1991): Empirical Research into Political Representation. A Critical Reappraisal, in: Hans-Dieter Klingemann / Richard Stöss / Bernhard Weßels (eds.), Politische Klasse und politische Institutionen. Probleme und Perspektiven der Elitenforschung. Dietrich Herzog zum 60. Geburtstag, Opladen/Wiesbaden, pp. 259–274.

Thomassen, Jacques / Schmitt, Hermann (1997): Policy Representation, in: European Journal of Political Research 32 (2/1997), pp. 165–184.

Thomson, Robert (2001): The Programme to Policy Linkage: The Fulfilment of Election Pledges on Socio-economic Policy in The Netherlands, 1986–1998, in: European Journal of Political Research 40 (2/2001), pp. 171–197.

Urbinati, Nadia (2000): Representation as Advocacy: A Study of Democratic Deliberation, in: Political Theory 28 (6/2000), pp. 758–786.

Wahlke, John C. (1978): The Problem of a Legislative Model, in: Heinz Eulau / John C. Wahlke (eds.), The Politics of Representation. Continuities in Theory and Research, Beverly Hills/London, pp. 23–30.

Walgrave, Stefaan / Varone, Frédéric (2008): Punctuated Equilibrium and Agenda-Setting: Bringing Parties Back in: Policy Change after the Dutroux Crisis in Belgium, in: Governance 21 (3/2008), pp. 365–395.

Weßels, Bernhard (1991): Abgeordnete und Bürger: Parteien und Wahlkreiskommunikation als Faktoren politischer Repräsentation, in: Hans-Dieter Klingemann / Richard Stöss / Bernhard Wessels / Dietrich Herzog (eds.), Politische Klasse und politische Institutionen. Probleme und Perspektiven der Elitenforschung: Dietrich Herzog zum 60. Geburtstag, Opladen/Wiesbaden, pp. 325–356.

Weßels, Bernhard (1993): Politische Repräsentation als Prozeß gesellschaftlich-parlamentarischer Kommunikation.

Weßels, Bernhard (2011): Performance and Deficits of Present-day Representation, in: Sonia Alonso / John Keane / Wolfgang Merkel (eds.), The Future of Representative Democracy, Cambridge/New York, pp. 96–123.

III. Demokratie, Medien und Demoskopie

Georg Paul Hefty

Medien zwischen Politik und Volk, zwischen Auftrag und vierter Gewalt

Journalismus ist Willkür – nicht gegenüber der Wahrheit,
jedoch gegenüber der Wirklichkeit.

1. Einleitung

Die Demokratie lässt sich wissenschaftlich theoriegeleitet oder auch empirie- und statistikgesättigt betrachten. Ausnahmsweise sei erlaubt, sich dem Thema auf eine andere Weise zu nähern. Im Vordergrund stehen im Laufe der eigenen Berufsbiografie sowie durch die Beobachtung von Zeitgenossen erworbene Befunde, Ein- und vielleicht Ausblicke, jedoch keine Theorien und Zahlennachweise. Allerdings geht es auch nicht um Medienkritik unter dem Gesichtspunkt, was in den letzten Monaten oder Jahren an Demokratieförderlichem oder Demokratieschädlichem gedruckt oder gesendet, jedenfalls von Journalisten veröffentlicht worden ist. Stattdessen ist über Erfahrungen und Erkenntnisse eines fast abgeschlossenen Arbeitslebens zu sprechen.[1]

Zum Einstieg in den Themenkreis »Demokratie – Medien – Demoskopie« genügen die Begriffe Demokratie einerseits und Medien andererseits. Für den Bezug zwischen ihnen liefert dann die Demoskopie die Belege – mit einem gewissen Die-Katze-kreist-um-den-eigenen-Schwanz-Effekt. Im Unterschied zu vertraulichen Meinungsforschungen für Parteien oder Unternehmen arbeiten die Demoskopen in ihren allgemein zugänglichen Untersuchungen fast ausschließlich im Auftrag von Medien, die dann den Lesern oder Zuhörern berichten, wie die Leute, so zum Teil sie selbst, in der vergangenen Woche gedacht haben. Die Demoskopie kann die Wirkung von Medien auf die demokratische Entscheidungsbildung der Bevölkerung bestenfalls punktuell und auch dann nur annäherungsweise erfassen, denn neben den medialen Einflüssen gibt es noch viele andere, die Wirkung entfalten.

1 Zum Arbeitsplatz vgl. Hoeres 2014: »Die Bedeutung der Frankfurter Allgemeinen als Leitmedium im vordigitalen Zeitalter kann kaum überschätzt werden. Die Zeitung diente als Primärquelle für Nachrichten und Wissensvermittlung, sie bot Orientierung, Einordnung und strukturierte die Wissensaufnahme.«

2. Demokratie und Medien

Die Demokratie kommt in zwei Gestalten vor. Die eine ist – nach wie vielen Übersetzungen auch immer – als Wahlverhalten sichtbar und messbar. Die andere Gestalt tritt als politische und gesellschaftliche Haltung alltäglich in Erscheinung. In Deutschland maßt sich kein Medium – zumindest nicht öffentlich – an, jemals absichtsvoll das Wahlverhalten beeinflusst zu haben. Wie passt diese Einflusslosigkeit zu der sonst hervorgehobenen Einflussstärke der Medien? In anderen Ländern und hinter den Kulissen deutscher Medienhäuser, Verbandszentralen und Parteivorstände geht man wohl ehrlicher mit diesem Aspekt und solchen Widersprüchen um.

Die allgemeine demokratische Haltung der Bevölkerung wird hingegen gern auf der Erfolgsseite der Medien verbucht. Dies ist mit Skepsis zu betrachten, denn nirgends ist zu hören oder zu lesen, dass andernfalls die Medien die diesbezüglich immer wieder nachweisbaren Misserfolge sich selbst zuschreiben oder – zumindest in Teilen – auf ihre Kappe nehmen würden.

Der Hugenberg-Presse geben journalistische Zeithistoriker routiniert Mitschuld am Aufstieg des Nationalsozialismus.[2] Doch dass je eine bundesrepublikanische Zeitung oder Rundfunkanstalt den zeitweiligen Aufstieg der NPD[3] oder die Radikalisierung der Republikaner[4] als eigenes oder mitbeteiligtes Versagen in der Aufklärung der Wählerschaft empfunden hätte, ist nicht erinnerlich. Sollten Medien überhaupt für die Entwicklung der Demokratie mitverantwortlich gemacht werden, sei es von ihnen selbst, sei es von anderen, so muss es diese Zurechenbarkeit in beiden Fällen – sowohl bei Erfolgen, als auch bei Misserfolgen – geben, soll sie glaubhaft und berechtigt sein.

Die Bedeutsamkeit für das demokratische Wahlverhalten, zumindest für die Wahlbeteiligung, grenzt notwendigerweise die Zahl und Vielfalt all dessen ein, was in der deutschsprachigen pädagogischen Literatur als Medien bezeichnet wird von den Arbeitsblättern über die Schultafel und Facebook bis zum ZDF und den Zeitungen. Medien in dem hier betrachteten Sinne sind beständige Einrichtungen, die in berechenbaren Abständen Einzelheiten nicht lediglich über sich selbst veröffentlichen und von vielen Personen wahr- oder entgegengenommen werden.

---

2 So zum Beispiel: Spiegel 1964.

3 In den Landtagswahlen der Jahre 1966 bis 1968 zog die NPD in die Landesparlamente von Hessen, Bayern, Bremen, Rheinland-Pfalz, Niedersachsen, Schleswig-Holstein und Baden-Württemberg ein.

4 Im Jahr 1989 gewannen die Republikaner bei der Wahl zum Berliner Abgeordnetenhaus 7,5 Prozent und bei der Europawahl bundesweit 7 Prozent der Stimmen.

Diese Umschreibung ist aus später Einsicht in den unaufhörlichen technischen und habituellen Wandel so offen gehalten. Das Wort »Einzelheiten« trifft mehr als Ausdrücke wie Nachrichten oder Neuigkeiten. Denn das meiste, das veröffentlicht wird, ist im strengen Sinne gar keine Nachricht oder Neuigkeit. Dennoch kann es, vielleicht erst später und in einem anderen Zusammenhang, nachrichtliche und nachhaltige Wirkung entfalten. Auch folgt bisweilen die Wirkung nicht aus der Darlegung von Unbekanntem, sondern der absichtsvollen, jedenfalls bewussten Wiederholung von Bekanntem. Jede hintergründige Berichterstattung besteht zu zwei Dritteln aus Bekanntem. Doch gerade die Rückblende liegt im Belieben der Autoren und Redaktionen.

Die Einschränkung, dass die Veröffentlichungen »nicht lediglich über sich selbst« gehen dürfen, schließt wöchentliche Werbung, tägliche Pressemitteilungen und stündliche Selfie-Einträge desselben Ursprungs als Medien im einschlägigen Sinn aus. Auf die Blogs wird noch zu kommen sein.

Das Volk ist der schwierigste Begriff in diesem Wirkungsgeflecht. Das Volk ist gerade wegen seiner Entscheidungsgewalt in der Demokratie nicht völlig gleichzusetzen mit der Bevölkerung eines Landes. Die Debatte aus den 1990er-Jahren um die Inschrift eines der Innenhöfe des Reichstagsgebäudes ist noch in Erinnerung und dennoch nicht geklärt. Von der Bevölkerung unterscheidet sich das Volk entweder national – da gibt es Deutsche und Ausländer – oder legalistisch durch die Berechtigung zur Teilnahme an Wahlen auf kommunaler, Landes-, Bundes- und Europaebene.

Die Medien erreichen nicht nur das Volk, sondern die ganze Bevölkerung. Die Mitteilungen, Berichte und Kommentare üben jedoch einen unvergleichlich größeren Einfluss aus, falls sie Wahlberechtigte erreichen oder überzeugen, als wenn ihre Argumente vor allem von den gesetzlichen Nichtwählern aufgegriffenen werden. Allerdings kann die Meinungsbildung der nicht wahlberechtigten Bevölkerung, unmittelbar oder durch die Medien verstärkt, wiederum das demokratische Verhalten des Wahlvolkes prägen. Schwierig ist das Volk für die Medien – im Unterschied zu den Wissenschaften – auch deswegen, weil insbesondere das Volk nicht nur Adressat der journalistischen Botschaften, sondern auch der Großteil der Geschäftskunden der Medien ist als Offline- und Online-Abonnenten/Gebührenzahler/Käufer bis zu Anzeigen- und Werbesendung-Auftraggebern.

3. Mittler zwischen Politik und Bürger

Der Auftrag der Medien und dessen Voraussetzungen finden sich in den deutschen Pressegesetzen. Zitat aus dem nächstliegenden, dem bayerischen:

»*Artikel 2 (1)* Die Errichtung eines Verlagsunternehmens oder eines sonstigen Betriebes des Pressegewerbes bedarf keiner gewerberechtlichen Zulassung. (2) Die für alle Gewerbebetriebe geltenden Vorschriften bleiben unberührt.

Artikel 3 (1) Die Presse dient dem demokratischen Gedanken. (2) Sie hat in Erfüllung dieser Aufgabe die Pflicht zu wahrheitsgemäßer Berichterstattung und das Recht, ungehindert Nachrichten und Informationen einzuholen, zu berichten und Kritik zu üben. (3) Im Rahmen dieser Rechte und Pflichten nimmt sie in Angelegenheiten des öffentlichen Lebens berechtigte Interessen im Sinn des § 193 des Strafgesetzbuchs wahr.

Artikel 4 (1) Die Presse hat gegenüber Behörden ein Recht auf Auskunft. Sie kann es nur durch Redakteure oder andere von ihnen genügend ausgewiesene Mitarbeiter von Zeitungen oder Zeitschriften ausüben.«[5]

Die hier gesetzte Reihenfolge überrascht zunächst, doch sie macht auf kluge Weise deutlich, dass die Presse in erster Linie ein Gewerbe und erst in der Folge Trägerin eines Grundrechts ist. Dies wird noch zu behandeln sein.

Die Bevölkerung sieht in den Medien das, was auch die Medien gern von sich behaupten: Mit ihrer Berichterstattung seien sie Mittler zwischen Politik und Bürger und zwar in beide Richtungen.

Tatsächlich können in den üblicherweise großräumigen Demokratien Bürger einerseits und die Personen sowie Institutionen der Politik andererseits aus geografischen wie zeitlichen Gründen nur ausnahmsweise unvermittelt miteinander in Beziehung treten. Die Medien tragen die Last der Vermittlung. Sie bekräftigen ihre Mittlereigenschaft mit Eigenbezeichnungen wie »unabhängig, überparteilich«. Da wundert es schon, wieso – als Beispiel – im Bundestagswahlkampf 1972 die großen Medien geradezu einhellig für Bundeskanzler Willy Brandt stritten. In der Selbsteinschätzung der Medien fehlt nur noch das ethisch, nicht steuerrechtlich gemeinte Adjektiv »gemeinnützig«.

4. Nicht die vierte Gewalt im Staate

Wie aber verträgt sich die Lauterkeit der Mittlereigenschaft mit dem in Medienkreisen gepflegten Selbstverständnis als vierte Gewalt? Diese Einschätzung ist so verbreitet, dass sie sogar von Landesregierungen vor dem Bundesverfassungsgericht vorgetragen wird.[6] Allerdings ist jede Anspielung, als seien die Medien eine Staatsgewalt wie die übrigen drei Gewalten, hof-

5 Vgl. Bayerisches Pressegesetz (BayPrG) in der Fassung der Bekanntmachung vom 19. April 2000 (GVBl. S. 340, BayRS 2250-1-I), das zuletzt durch § 1 Nr. 290 der Verordnung vom 22. Juli 2014 (GVBl. S. 286) geändert worden ist.

6 Siehe beispielhaft das Urteil des Zweiten Senats des Bundesverfassungsgerichts vom 12. März 2008 2BvF 4/03 im Verfahren SPD-Bundestagsfraktion gegen Hessen.

fentlich grundsätzlich falsch. (Wenn überhaupt jemandem, so steht der Titel »vierte Gewalt« im Staate der – allseits betont »unabhängigen« – Bundesbank zu, deren besondere Stellung nunmehr auf der überstaatlichen Ebene an der Europäischen Zentralbank innerhalb der Europäischen Union unbestritten sichtbar wird.)

In der Selbsteinschätzung der Meiden als vierte Gewalt steckt jedoch der Anspruch, über die Vermittlung hinaus eine eigene, in sich selbst gerechtfertigte Agenda zu haben und zu betreiben, wie es auch das Parlament und die Regierung vorweisen und tun. Das bedeutet, dass die Medien, insbesondere die Presse aufgrund der jedermann zustehenden Meinungsfreiheit je eigene Maßstäbe dafür hat, was dem Staat und der Demokratie in der Gesamtheit guttut. Diese Maßstäbe können sowohl dem widersprechen, was Regierung oder Parlament, als auch dem, was das Volk in seiner Mehrheit für angebracht hält. Es entsteht eine Spannung zwischen der überparteilichen Vermittlung und der Verfolgung der eigenen, hoffentlich mit niemandem abgesprochenen Agenda. (Mit Dritten abgesprochene oder gar in deren Dienst gestellte Medienäußerungen sollen hier gar nicht erst erörtert werden, weil sie systemwidrig und somit missbräuchlich sind und endloser Erörterungen bedürften.) Das muss zu Konflikten zwischen der lauteren Vermittlung und dem eigenen Bestreben führen. Die Versuchung ist zu groß, das Vermitteln in den Dienst der eigenen Ziele zu stellen. Für das Sprachgefühl der Bevölkerung spielt es möglicherweise eine Rolle, dass eine solche Agenda im Zusammenhang mit der Lautmalerei des Wortes Medien mehr verstört als mit der des Wortes Presse, dessen historisch-technische Herkunft an Bedeutung verliert gegenüber den Anklängen an »Pressure« und »Pressure-Group«.

Die Medienkonsumenten erkennen das Dilemma und benennen mögliche Auswirkungen auf ihre Weise. Bundeskanzler Konrad Adenauer machte am 7. November 1962 seinem Ärger Luft, als er im Zuge der Spiegelaffäre den Vorwurf eines »Abgrunds an Landesverrat« erhob. Der sprichwörtliche Mann auf der Straße hingegen erhob ähnlich verärgert auf dem Höhepunkt der Pegida-Bewegung den Vorwurf der »Lügenpresse«.

5. Willkür des Journalismus

Was viele Beteiligte – sollte man von Betroffenen sprechen? – ungeachtet aller Einblicke im Einzelnen nicht verstehen oder nicht zugestehen wollen, lässt sich in wenigen Worten auf den Grund führen: Journalismus ist Willkür – nicht im Umgang mit der Wahrheit, jedoch im Umgang mit der Wirklichkeit. Journalismus muss naturbedingt willkürlich sein, sonst könnte er die gestellten Aufgaben überhaupt nicht erfüllen, geschweige denn eine eigene Agenda verfolgen. Denn die Mediennutzer erwarten eigentlich objektiv Unmögliches. Zum Beispiel die umfassende und gut verständliche Zusammenfassung einer achtstündigen Bundestagsdebatte auf 60 bis 120 Zeilen oder in 30 Sekunden – unter angemessener Berücksichtigung der Kanzlerin, des Vizekanzlers, des Oppositionsführers und eines an diesem Tage besonders geistreichen Abgeordneten der Grünen. Ebenso sollen die sieben oder zwanzig Ausschusssitzungen[7] erläutert sowie die Spreu vom Weizen getrennt werden, damit die Weitsicht der Regierungsmehrheit und der Fleiß der Minderheit samt erreichtem Sachstand angemessen den Wahlberechtigten vermittelt wird. Oder: Aus 20 Bürgerkriegen und 50 Hungersnöten dieser Tage müssen drei hervorgehoben werden, weil die Kenntnisnahme und Verarbeitung der Schilderung von 20 Konflikten und 50 Katastrophen keinem Bürger und nicht einmal einem Minister zugemutet werden kann. Aus den täglich Hunderten von Auftritten der Staatschefs dieser Welt müssen drei oder vier ausgewählt werden, die entweder im eigenen Land oder in den Nachbarländern oder in den befreundeten oder den rivalisierenden Staaten besonders aufgefallen sind, auffallen werden oder unter neuen Umständen nachträglich auffallen könnten.

Dasselbe wie in den Zeitungen und Wochenzeitschriften gilt für die Auswahl in der Tagesschau, in den politischen Magazinsendungen oder für die Frage, welcher Politologe bei Phoenix auftreten soll. Oder es ist zu entscheiden, wie ausführlich der Kanzler mitten im Wahlkampf an seinem runden Geburtstag gewürdigt und ein Ausrutscher des Rivalen behandelt werden. Oder – um das allereinfachste Beispiel zu nehmen – aus den täglich, bei anderen Organen wöchentlich eingegangenen 50 bis 100 Leserbriefen müssen jene sechs herausgepickt werden, die am übernächsten Tag veröffentlicht werden. Jede Kleinigkeit der berühmt-berüchtigten Themensetzung, jede Bildauswahl, jede Festlegung eines Bildausschnittes und jede Längenbestimmung, jede Platzierung auf den Seiten 1 bis 8, am Anfang, in der Mitte oder kurz vor dem Ende der Sendung müssen wöchentlich, täglich, stündlich von Offline- wie von Online-Journalisten entschieden werden. Das Aufkommen der digitalen Technik hat das Tempo in den Redaktionen und die Menge des von wem auch immer angebotenen Materials deutlich gesteigert, die Grundsätze redaktioneller Entscheidungsfindung und Sorgfalt jedoch nicht gelockert.

Für keine dieser Entscheidungen gibt es ein Handbuch oder einen Kriterienkatalog, schon gar nicht unter dem Aspekt, was von all dem im Sinne des

7 In der 19. Wahlperiode des Bundestages gibt es 23 ständige Ausschüsse (vgl. Deutscher Bundestag 2020).

bayerischen Pressegesetzes »dem demokratischen Gedanken dient«. Ganz zu schweigen von der für Verleger und ihre Töchter besonders brennenden Frage, was von der ganzen journalistischen Rosinenpickerei die Verlagsgewinne am sichersten steigert. In einem anderen Zweig der medialen Wertschöpfung lautet die Eine-Million-Euro-und-mehr-Frage, welche Rosinenpickerei die Einschaltquoten und die Zuschaueranteile hochtreibt. Und gesetzlich mitbestimmungsberechtigte Politiker urteilen über die Tages- und Jahresleistungen der Redaktionen nach dem Maßstab: Was sichert mehr Wählerzustimmung – ein reiches Rundfunkprogramm oder die Senkung der Rundfunkgebühr von 17,50 Euro auf 17,20 Euro im Monat?

Neunmalkluge erwidern: Selbstverständlich gibt es vorgegebene Auswahlkriterien für die Journalisten und Redakteure, sonst gäbe es trotz der angeblich grenzenlosen Pressefreiheit, die zu einer unendlichen Pressevielfalt führen müsste, nicht dauerhafte Gleichförmigkeiten einerseits und Unterschiedlichkeiten andererseits zwischen den Medienerzeugnissen. Linke Zeitungen gleichen sich, ungeachtet der Grenzen zwischen Deutschland, Frankreich, Spanien und so weiter; rechte Zeitungen blasen ins gleiche Horn, auch wenn sie in Dänemark, Polen oder Rumänien erscheinen. Andererseits unterscheiden sich deutsche Zeitungen sichtlich von österreichischen oder Schweizer Zeitungen. Und schließlich sind norddeutsche Zeitungen anders als süddeutsche. Nicht zuletzt unterscheiden sich die Regionalfernsehprogramme nach Großregionen wie westdeutsch und ostdeutsch.

6. Sozialisation

Des Rätsels Lösung: die Sozialisation der Journalisten, bei der die Regionalisierung und Assoziierung einen viel höheren Rang hat als die Globalisierung. Diese Sozialisation beschneidet nicht die momentane Willkürlichkeit der jeweiligen Entscheidungen, sorgt jedoch, zwar breit gefächert, für die Ähnlichkeit der Ergebnisse.

Die Sozialisation hat nichts mit dem politischen Druck in den vergangenen hochideologisierten Zeiten zu tun. Wenn sich Bürger in Ungarn über das weitgehend einhellige Urteil der deutschen Medien hinsichtlich des ungarischen Ministerpräsidenten Viktor Orbán wundern und dies mit Mutmaßungen über »Vorgaben von oben« erklären, dann übersehen sie, dass 90 Prozent der deutschen Journalisten bundesdeutsche Schulen besucht haben, und zwar in ihrer Mehrheit nach 1968, vor allem aber nach 1990, und im Zuge des Verfassungspatriotismus zu einem grundgesetzlichen Reflex gegenüber Machtgehabe erzogen worden sind, wobei die im Einzelnen möglichen sachlichen

Argumente nach dem Grundsatz »So nicht!« gar nicht mehr geprüft werden. Es gibt im deutschen Journalismus eine deutsche Leitkultur, was zu bestreiten jedoch einer ihrer Bestandteile ist. Diese Leitkultur führt unter anderem dazu, dass es im deutschen Journalismus – fast – keine Extremisten gibt.

Die nächste Stufe der Sozialisation nach dem Besuch deutscher Schulen und Universitäten sind die Bewerbungsgespräche, in denen die alten Redakteure mit oder gegen den talentierten Nachwuchs um den Schutz der von ihnen jahrzehntelang gepflegten publizistischen Tendenz ringen. Und nach der Aufnahme in den Kreis der freien Mitarbeiter, der ständigen freien Mitarbeiter und gar der Redakteure und Korrespondenten gibt es dann die täglichen Begegnungen der Journalisten in den großen Redaktionsgebäuden, wo schnell zum Liebling auf- oder zum Problemfall absteigt, wer die »Linie des Hauses« in die eine oder andere Richtung drängt oder zerrt. Sozialisierend, geradezu disziplinierend wirken auch die Begegnungen der Kollegen aus unterschiedlichsten Verlagen und Medienhäusern in den Bundes-, Landes- oder Branchenpressekonferenzen, wo die Stars hofiert und die Dickköpfe geschnitten werden. Das System des Primats der Redakteure gegenüber den sogenannten freien, in Wirklichkeit erst recht abhängigen Mitarbeitern ist die letzte Stufe der Sozialisation. Besondere Fälle sind die Berichte der »Freien« aus Gegenden, über welche die Zentralredaktion ihre unerschütterlichen Urteile pflegt. Man nehme das Beispiel der DDR-Wirtschaft vor und nach dem Mauerfall. Einwände, Korrekturen sind denkbar, doch höchst selten erfolgreich, wahrscheinlicher ist die Beendigung der Zusammenarbeit.

Wer die Verflechtungen zu durchschauen glaubt, aber die eigene vielfältig begründete Einflusslosigkeit spürt, sucht nach Erklärungen, mehr noch nach Sündenböcken. Da ist das Wort von der Lügenpresse nicht weit. Wer dieses Schimpfwort ruft, muss nicht Deutschlands schreckliche Vergangenheit im Sinn haben, sondern kann ganz einfach enttäuscht sein. Etwa darüber, dass seine Zeitung die für ihn plausibelste der zurzeit 33 vermeintlichen Verschwörungstheorien nicht veröffentlicht. Dieser Frust ist gar nicht so weit entfernt von dem Frust der diesbezüglich höflich schweigenden Politiker und Manager, die sich von der Presse unzureichend gewürdigt, verkannt oder missachtet fühlen. Übrigens war aus diesem Grund vor Jahrzehnten als Korrektiv zu dem Meinungsbildungsbeeinflussungsmonopol der ersten Fernsehanstalten zunächst das Zweite Deutsche Fernsehen gegründet und – weil das auch nichts half – später das »privat« genannte kommerzielle Fernsehen neben das öffentlich-rechtliche gestellt worden. Der unternehmensfreundliche Flügel der deutschen Elite glaubte, mit Neugründungen die unternehmensskeptische Einstellung der öffentlich-rechtlichen Redaktionen ausgleichen zu können. Als ob das so einfach funktionieren würde.

Auch der Vorwurf der Lügenpresse nährt sich aus der mangelnden Einsicht in die Komplexität der Wirklichkeit[8] und aus dem Gefühl, mit den eigenen Anliegen und Erwartungen in der Medienberichterstattung nicht ernstgenommen zu werden. Die Klage lautet meist nicht, dass berichtenswert Wichtiges falsch kommentiert werde, sondern dass Wichtiges unerwähnt geblieben sei.[9] Darin sehen die sich missachtet Fühlenden einen Missbrauch der Pressefreiheit, welche ihrer Überzeugung nach Berichtspflichten und Pflichtberichterstattungen auch im Einzelnen enthält. Man sieht, nicht erst die Veröffentlichungen der Medien sind demokratierelevant, sondern bereits ihre Arbeitsweise und besonders ihre Verzichte beziehungsweise Nichtbefassungen.

7. Pressefreiheit

Im Arbeitsalltag ist gar nicht so klar wem die Pressefreiheit zukommt: dem Organ, einem Presserzeugnis oder einer Rundfunkanstalt, oder dem einzelnen Redakteur, gar dem einzelnen Journalisten. Und welche Bedeutung die Pressefreiheit und die Meinungsfreiheit im Konflikt zwischen Verleger und Redakteuren sowie Journalisten haben. Die Frage wird im Zweifelsfall gerichtlich geklärt. Ein Persilschein oder gar ein Passepartout ist die Pressefreiheit entgegen den üblichen Annahmen nicht.

Das ist alles klassischer Journalismus und müsste eigentlich längst überholt sein. Eigentlich müsste mit der Digitalisierung ein großer Teil der Medienvermittlung nebensächlich geworden sein. Denn, so die einstige Vision, jedermann setzt mit seinen Blogs und Tweet die Volksvertreter und die Regierenden unvermittelt unter Druck – und die Regierenden und solche, die Regierende werden wollen, senden ihre Tweets den Wahlberechtigten unmittelbar aufs Handy oder Smartphone. Und wo die Arbeitskraft der menschlichen Wahlkampfhelfer und Dauerstimmungsmacher nicht ausreicht, werden Roboter – Bots – eingesetzt, um das Netz mit persönlich anmutenden Botschaften zu versehen, an denen garantiert die Mehrheit hängen bleibt.

Doch die Strategie der digitalen Unvermitteltheit und Unmittelbarkeit geht nicht auf. Vor allem ist die Zeitspanne zwischen zwei Wahlen viel zu lang, um die hohe gegenseitige Sendedichte auch außerhalb der Wahlkampfspitzen

8 Eine unter unzähligen Stellungnahmen von Wissenschaftlern dazu ist Grundmann 2017.

9 Ungewöhnlich – schon wegen der Kosten – ist eine Stellungnahme zur laufenden Berichterstattung zweier, vielleicht sogar mehrerer Zeitungen in einer halbseitigen Anzeige, erschienen in der Frankfurter Allgemeine Sonntagszeitung Nr. 23, am 11. Juni 2017 auf S. 56.

aufrecht und erträglich zu erhalten. Die Tweets der Politiker werden zwar ebenso oft zitiert wie früher die sogenannten Pressemitteilungen, und haben aufgrund der originären Kürze den Vorteil, dass sie in Gänze wiedergegeben werden könnten und nicht nur in ein, zwei Schlüsselsätzen. Aber die Rückkopplung der Bürger funktioniert nicht besser als früher. Den Mangel schienen die Blogger zu beheben, die sich als Einzelpersonen ohne den Filter einer Redaktion äußern und dafür auch Leserkommentare, Volkes unverfälschte Stimme, einheimsen und irgendwie »nach oben« transportieren wollten.

Die große Welle der freischaffenden und vorgeblich oder tatsächlich unabhängigen, jedoch allseits beachteten und wertgeschätzten Blogger lief jedoch nicht lang, denn schnell traten Schwächen, sogar Nachteile des Modells zutage – zumindest in übersichtlichen Teilen. Zwar verlieh das Bundesverfassungsgericht einer Bloggergemeinschaft den Status eines Presseorgans und wertete das Instrument damit überraschend auf. Doch erwies sich bald, dass den einsamen Bloggern das wichtigste Glaubwürdigkeitskriterium fehlt, nämlich das der geprüften Qualität, die niemals der Zensor, doch stets der redigierende Kollege herbeiführen kann. Symptomatisch ist der Fall des gewieften Journalisten und Bloggers M. M., dessen Blogs sich weder mit der Redaktionslinie des *Spiegels* noch mit derjenigen der *Welt* vereinbaren ließen. Ein entscheidender Facebook-Eintrag aus seiner Feder lautete im November 2015: »Ich schätze mal, der Terror von Paris wird auch unsere Debatten über offene Grenzen und eine Viertelmillion unregistrierter junger islamischer Männer im Lande in eine ganz neue frische Richtung bewegen.« Ein lächelnder Smiley am Schluss.[10] Was für einen Privatmann eine Frage des Geschmacks sein mag, ist für einen journalistischen Profi ein Unding. Ein gegenlesender Kollege hätte das Smiley und zwei Worte gestrichen: »mal« und »frische«.

Es ist unabweisbar, dass Medienerzeugnisse der Redigatur, des Fertigmachens zur Veröffentlichung bedürfen. Wollen Blogger als Teil der Medien auftreten, um der Demokratie auf die Sprünge zu helfen oder – bescheidener ausgedrückt – als Wettbewerber der Parteien »bei der politischen Willensbildung der Bürger mitzuwirken«, so ist es notwendig, sie in redaktionelle Arbeitsgemeinschaften einzubinden. Dieses Modell verfolgt der neue Jugendspartensender Funk.

Der sogenannte Fall Böhmermann zeigt, dass Risikofreude auch auf diese Weise gelebt werden kann, doch dann nicht auf alleiniges persönliches Risiko, sondern getragen von einem riesigen und nicht zuletzt finanzstarken Apparat. Trotz aller gespielten Individualität ist auch die neue digitale Welt

10 Vgl. Spiegel Online 2015.

nicht die Arena von Einzelkämpfern, sondern sowohl bei den Anbietern als auch bei den fließend übergängigen Abnehmern eine Massenveranstaltung. So erwarten es auch die Nutzer; sie wollen nicht von journalistischen Aktivisten an der Nase herumgeführt werden, sondern sich auf die inneren Kontrollen einer Qualitätsredaktion verlassen können, bevor sie sich auf das verlassen, was ihnen dargelegt wurde. Schließlich hängt nicht weniger als ihre demokratische Willensbildung und letztlich ihr Wahlverhalten – auch – davon ab.

8. Medien als unübersichtliche Ware

Das Heikelste zum Schluss. Die Presse und mit ihr die digitalen Medien sind in mehrfachem Sinne eine Ware, allerdings eine der unübersichtlichsten der Volkswirtschaft. Ein komplettes Verlagshaus ist eine Ware, die nach den Gesetzen der Marktwirtschaft und des Gewinnstrebens gekauft und verkauft, sogar zerteilt – oder wie Rundfunksprecher gerne sagen – zerschlagen wird. Auch einzelne Pressetitel sind eine Ware. Dasselbe gilt für Fernsehsender mit ihren Spartenkanälen. Mit ihnen kann im mehrfachen Sinne des Wortes gehandelt werden. Auch das einzelne Exemplar des Presseerzeugnisses oder die einzelne Sendung des Bezahlfernsehens ist eine Ware. Schließlich ist auch der Platz in einem Einzelexemplar der Zeitung oder die Sekunde in einer Sendung eine Ware, die zum Beispiel an Werbekunden verkauft werden kann – auch zulasten des Platzes, der bis dahin üblicherweise für die journalistische Berichterstattung oder Kommentierung vorgesehen war.

Anders als bei anderen Waren auf den Märkten kann dieses Geschäft in seinen Auswirkungen durchaus den demokratischen Gedanken berühren. Dennoch wird die Frage, ob das öffentlich-rechtliche Mediensystem erhaltenswert oder jedoch abzuschaffen ist, nicht an der Bedeutung für die demokratische Stabilität – für die es auch keinen Maßstab außer dem ihres Zusammenbruchs gibt – geprüft, sondern daran, ob Einsparungen oder Gewinne zu erwarten sind. Keines der Mediengeschäfte, ob Eigentümerwechsel oder Zusammenlegungen von Titeln, wird von den Geschäftspartnern nach dem Maßstab vollzogen, ob es die redliche demokratische Aufklärung stärkt oder schwächt. Das Maß ist allein, ob es finanziellen Ertrag verspricht oder nicht. Dieser Behauptung liegt zugrunde, dass es unter den offenen und hintergründigen Partnern keine politischen Parteien und kein Staatsorgan gibt. Irgendwo mag es dann bei den Geschäftsleuten auch noch Überlegungen geben, politisch »nahrhafte« Titel durch populärere Titel quer zu subventionieren.

Es gibt kein Verbot für Medieneigentümer, in der Politik tätig zu sein – siehe das frühere Presseimperium der SPD oder das Beispiel Silvio Berlusconi – und auch kein Verbot für Politiker, sich die Eigentumsverhältnisse in den Medien zu Nutze zu machen – siehe die Einführung des Verlegerfernsehens durch die erste Kohl-Regierung. Hierzulande folgt dies aus den Geburtsbedingungen der modernen deutschen Presse. Nach dem Zweiten Weltkrieg haben die Besatzungsmächte USA und Großbritannien, beides lupenreine Demokratien, die Presselizenzen nach parteipolitischer Zuverlässigkeit vergeben. Nach der deutschen Einheit wurden 1990 die ostdeutschen Zeitungen wie Strumpffabriken gehandelt. Die Rechtfertigung war, dass die Zeitungen auf jeden Fall demokratischer sein werden als sie es in der DDR gewesen waren. Da dies nicht zu widerlegen ist, scheint auch die Methode gerechtfertigt zu sein.

Postskriptum (laut Duden!): Wie passen zu dem Vorgetragenen die Visionen oder Zielsetzungen, eines Tages einen Großteil der Medien von superintelligenten Redaktionsrobotern herstellen zu lassen? Gar nicht. Zwar ließe sich das, was hier als Sozialisation umrissen wurd, in Algorithmen pressen, so wie die feststehenden und langfristig unveränderlichen Regeln und die Geometrie des Schachspiels den Schachcomputer überhaupt erst ermöglichen. Doch was als journalistische Willkür beschrieben wurde, lässt sich nicht digitalisieren – so lange Pressefreiheit und Freiheit ihren Wortsinn behalten.

Literatur

Deutscher Bundestag (2020): Auschüsse (online unter: www.bundestag.de/ausschuesse – letzter Zugriff: 21.09.2020).

Grundmann, Thomas (2017): Die Wahrheit über Fake News, in: Frankfurter Allgemeine Zeitung, 21. Juni 2017, S. 13.

Hoeres, Peter (2014): Frankfurter Allgemeine Langweile – Antrittsvorlesung in Würzburg am 20. Oktober 2014, in: Frankfurter Allgemeine Zeitung, 21. Oktober 2014, S. 22–23.

Spiegel (1964): Hugenberg: Auge wundermild, in: Der Spiegel, Nr. 45, 4. November 1964, S. 89–95 (online unter: https://magazin.spiegel.de/EpubDelivery/spiegel/pdf/46175958 – letzter Zugriff: 21.09.2020).

Spiegel Online (2015): Eklat über Facebook-Posting: »Welt« trennt sich von Autor Matussek, 17. November 2015 (online unter: www.spiegel.de/kultur/gesellschaft/matussek-nach-facebook-eintrag-als-welt-autor-gefeuert-a-1063232.html – letzter Zugriff: 21.09.2020).

Ursula Alexandra Ohliger / Veronika Ohliger

Der gläserne Wähler?

Die Ambivalenz politischer Meinungsforschung in der Mediendemokratie

1. Einleitung

> »Wir leben in einer Demoskopiedemokratie. Diese verführt die Parteien dazu, in die Gesellschaft hineinzuhorchen, dort die erkennbaren Wünsche zu ermitteln, daraus ein Programm zu machen, dieses dann in die Gesellschaft zurückzufunken und sich dafür durch das Mandat für die nächste Legislaturperiode belohnen zu lassen.«[1]

Mit diesen Worten warnte schon der ehemalige Bundespräsident Richard von Weizsäcker 1992 vor den Folgen politischer Demoskopie. Besonders in der Politikberichterstattung werden Meinungsumfragen verwendet, um den vermeintlichen »Puls« in der Bevölkerung permanent zu messen. Die politische Berichterstattung oder Bezüge zu Umfragen über politische Akteure, Parteizustimmungen oder Themenfragen haben in den vergangenen Jahren weiter zugenommen, sodass auch in Deutschland Ergebnisse von Umfragen zu politischen Themen aus der Medienberichterstattung kaum mehr wegzudenken sind[2] und wir daher »in einem wertneutralen Sinn […] tatsächlich in einer ›Demoskopiedemokratie‹ [leben].«[3] Während für einige Demoskopie aber ein hilfreiches Messinstrument für die Bestimmung der öffentlichen Meinung darstellt, sehen Kritiker in ihr ein unzulässiges Einflussinstrument, das die repräsentative Demokratie gefährdet.

Einerseits stellen Umfragen für Journalisten[4] und politische Akteure eine wichtige Quelle der Beobachtung der öffentlichen Meinung dar,[5] denn mit immer geringerer zeitlicher Verzögerung liegen repräsentative Ergebnisse zur öffentlichen Wahrnehmung politischer Themen und zur Bewertung von

---

1 Weizsäcker 1992: 165.

2 Vgl. Schoen/Greszki 2014: 18.

3 Schoen/Greszki 2014: 24.

4 Im weiteren Verlauf wird bei der Nennung von Personen nur die männliche Form genannt, die weibliche Form ist dabei implizit mit eingeschlossen.

5 Vgl. Raupp 2007b, Ohliger/Vögele 2020.

Parteien und einzelnen politischen Akteuren vor. Innerhalb des politischen Systems kann dies aber andererseits auch zu einer Rückkoppelung führen, wenn die mittels Umfragen erhobene – vermeintliche – öffentliche Meinung politische Akteure beeinflusst, beispielsweise bei der Schwerpunktsetzung in der öffentlichen Politikvermittlung, was sich so auch auf den zentralen Prozess der öffentlichen Meinungsbildung selbst auswirkt.

Verknüpft mit den Warnungen vor dem Einfluss der Demoskopie auf die Demokratie sind aber auch die Wirkungsannahmen von Wahlumfragen auf das individuelle Wählerverhalten, auf politische Akteure und die Medienberichterstattung. In vielen Ländern (zum Beispiel Portugal, Frankreich, Schweiz, Spanien oder Polen) unterliegt die Veröffentlichung politischer Umfragedaten daher rechtlichen Beschränkungen[6] und auch in Deutschland wurden immer wieder Diskussionen über mögliche Veröffentlichungsbeschränkungen geführt.[7] Die Diskussion dreht sich dabei vor allem um mögliche Wirkungsannahmen von veröffentlichten Meinungsumfragen auf das Wahlverhalten, wobei dazu bisher wenige empirische Belege und Forschungsergebnisse existieren, die aufgrund der methodischen Vorgehensweise nur begrenzt belastbare Ergebnisse liefern.[8]

Der Beitrag untersucht die Wechselwirkungen zwischen Politik, Medien und Demoskopie in der repräsentativen Demokratie. Die Studie zielt darauf ab, die Wahrnehmungen verschiedener Wählergruppen bezüglich der demokratietheoretisch begründeten Chancen und Risiken veröffentlichter Wahlumfragen zu diskutieren. Im weiteren Verlauf sollen dazu zunächst Chancen und Gefahren veröffentlichter Wahlumfragen in der repräsentativen Demokratie erläutert werden. Anschließend wird auf Basis einer quantitativen Onlinebefragung untersucht, wie verschiedene Wählergruppen die möglichen Effekte veröffentlichter Meinungsumfragen auf Medien, Elektorat und Politik wahrnehmen.

2. Demokratie und Demoskopie – Wechselwirkungen und Wirkungsannahmen

Der Demokratiebegriff geht auf die politische Ordnungsformenlehre der griechischen Antike zurück, dort diente das altgriechische Wort *demokratia* »zur Klassifizierung einer politischen Ordnung, in der die Bevölkerung

6 Vgl. Brettschneider 2000: 478, Gallus/Lühe 1998: 153, Gallus 2003a: 327.

7 Vgl. Brettschneider 2000, Raupp 2003: 118; zur Problematik von Veröffentlichungsverboten siehe weiterführend: Benda 1981.

8 Vgl. Hoffmann/Klein 2013: 221, Hoffmann 2015: 714, Aalberg/Van Aelst 2014.

(*demos*) die politische Herrschaft macht- und kraftvoll ausübt (*kratein*)«.[9] Der Begriff der Demoskopie ist ein Kunstwort und setzt sich aus den griechischen Wörtern »demos« (Volk) und »skopein« (betrachten) zusammen.[10] Heute werden die Begriffe politische Meinungsforschung, Umfrageforschung und Demoskopie meist synonym verwendet.

Seit Ende des 19. Jahrhunderts hatte sich die zahlenmäßige Erfassung der Meinungen auf dem politischen Massenmarkt herausgebildet, was eine Vermarktlichung der Beziehungen zwischen politischen Akteuren und Wählern zur Folge hatte.[11] In den USA wurde die Umfrageforschung maßgeblich durch die Gründung des American Institute of Public Opinion durch George Gallup im Jahr 1935 vorangetrieben; in den Massenmedien begann anschließend die Berichterstattung über Umfrageergebnisse. In der Bundesrepublik Deutschland setzte eine vergleichbare Diskussion erst mit der Bundestagswahl 1965 ein – knapp 20 Jahre nach der Gründung der ersten deutschen Meinungsforschungsinstitute.[12] Seither hat die mediale Berichterstattung über die Ergebnisse aus Wahlumfragen vor Bundes- und Landtagswahlen enorm zugenommen und die Zahl der veröffentlichten Wahlumfragen hat sich zwischen den Bundestagswahlen 1980 und 2005 mehr als versechsfacht.[13]

Ein Grund dafür ist, dass Wahlprognosen einen hohen Nachrichtenwert besitzen: Sie sind aktuell, haben einen Ereigniswert und erfüllen Negativismus- und Konfliktkriterien.[14] Vor allem in der Wahlkampfkommunikation hat sich daher die Berichterstattung über politische Meinungsumfragen zu einem festen Bestandteil etabliert, dabei gilt, je knapper der erwartete Wahlausgang, umso häufiger wird über Umfragen berichtet.[15] Die deutliche Zunahme der Umfrageberichterstattung in Deutschland, aber auch in anderen Ländern, steht dabei unter anderem im Zusammenhang mit der Verbesserung der technischen Möglichkeiten, die zur schnelleren Verfügbarkeit und zu reduzierten Kosten führen.[16] Gleichzeitig beachten in den letzten Jahrzehnten auch immer mehr Wähler aktuelle Wahlumfragen.[17] So konnte belegt werden, dass der Anteil der Wähler, die sich mit Wahlumfragen beschäftigen, vor allem in den letzten fünf Wochen vor der Bundestagswahl

9 Buchstein 2016: 3.
10 Vgl. Dodd 1948; vgl. dazu weiterführend Behrens 1966: 15.
11 Vgl. Kruke 2014: 17.
12 Vgl. Brettschneider 1992: 56.
13 Vgl. Maier/Brettschneider 2009: 321.
14 Vgl. Donovitz 1998: 50.
15 Vgl. Brettschneider 1996: 475.
16 Vgl. Brettschneider 2003: 262.
17 Vgl. Faas 2014: 5f.

2013 sehr stark anstieg und unmittelbar davor bei circa 70 Prozent lag.[18] Damit war »die Dynamik der Wahrnehmung von Meinungsumfragen [...] noch ausgeprägter als 2009 – die Zuwendung hat sich im Verlauf des Wahlkampfes 2013 mehr als verdoppelt«.[19]

Die Diskussion um Chancen und Risiken der politischen Meinungsforschung als Instrument der Interessensvermittlung und -durchsetzung wird vor dem Hintergrund demokratietheoretischer, verfassungsjuristischer, politik- und kommunikationswissenschaftlicher Dimensionen geführt.[20] Die Beschäftigung mit der Frage, inwieweit die Demoskopie die repräsentative Demokratie beeinflusst, ist nicht neu, da schon Wilhelm Hennis 1957 davor warnte, dass die Meinungsforschung das Prinzip der repräsentativen Demokratie untergraben könne.[21] Eine neue Dimension hat dieses Beziehungsgeflecht zwischen Medien, Umfrageinstituten, Parteien und politischen Akteuren aber durch die Veränderungen in der modernen Mediendemokratie erfahren.[22] So haben sich die Bedeutung der Demoskopie sowie deren Implikationen für das Elektorat, das Mediensystem und das politische System im Zuge der Transformationsprozesse innerhalb des Mediensystems, des politischen Systems und der politischen Öffentlichkeit verändert.[23]

Bezüglich der Chancen der Demoskopie für die repräsentative Demokratie werden vor allem zwei Potenziale diskutiert: Einerseits wird die politische Meinungsforschung als objektive Informationsquelle für Wähler und politische Akteure gesehen,[24] andererseits sehen manche darin auch eine Stärkung plebiszitärer Elemente für die parlamentarische Repräsentation, da die Bevölkerung damit – unabhängig von Milieu- oder Klassenunterschieden – zusätzliche Artikulationschancen erhält.[25] Anhänger dieser Komponente der parlamentarischen Repräsentation weisen auf eine Stärkung der – im Grundgesetz nur in einigen Ansätzen angelegten – plebiszitären Dimension der Verfassung durch die Meinungsforschung hin.[26]

Mehr Zuwendung finden in der wissenschaftlichen Diskussion aber die potenziellen Gefahren der Demoskopie für die Demokratie. Bezogen auf die repräsentative Demokratie werden dabei im Wesentlichen drei Gefahren

18 Vgl. Partheymüller/Schäfer 2013: 582.

19 Partheymüller/Schäfer 2013: 582.

20 Vgl. Donovitz 1998: 15.

21 Vgl. Hennis 1957: 40.

22 Vgl. Raupp 2007b: 11.

23 Vgl. Ohliger/Vögele 2020.

24 Vgl. Gallus/Lühe 1998: 148, Raupp 2007a: 246.

25 Vgl. Benda 1981: 96.

26 Vgl. Benda 1981: 96.

diskutiert: Erstens, die Instrumentalisierung und Manipulation von Umfragen durch Medien sowie zweitens, die Effekte von Wahlumfragen auf das individuelle Wahlverhalten. Schließlich sind vor allem drittens, die Effekte der Demoskopie auf die Politik Gegenstand der kritischen Bewertung der Demoskopie für die Demokratie.

2.1 Instrumentalisierung von Wahlumfragen durch Medien

Ein Gefahrenpotenzial von Meinungsumfragen für die repräsentative Demokratie besteht in der Instrumentalisierung von Umfragen durch Meinungsforschungsinstitute, durch Politik oder Medien. Weil die Bevölkerung über die Ergebnisse der Meinungsforschung in der Regel über die Massenmedien erfährt, spielt die Art und Weise, wie Journalisten über Umfrageergebnisse berichten, eine wichtige Rolle im Meinungsbildungsprozess.[27] Meinungsumfragen und Medienberichterstattung können daher nicht völlig unabhängig voneinander betrachtet werden, worauf auch der Begriff der »Echo-Demoskopie« in der Theorie der Schweigespirale verweist – der Begriff beschreibt die Wirkung der Medienberichterstattung auf die Umfrageergebnisse selbst.[28] Medien geraten in die Kritik, wenn die tatsächlichen Wahlergebnisse stark von den zuvor prognostizierten Werten abweichen, dann sehen sich Journalisten und Umfrageinstitute oft dem Vorwurf der bewussten Wählerbeeinflussung oder sogar dem Versuch der absichtlichen Manipulation ausgesetzt.[29] Medien berichten nicht nur die bloßen Zahlen, stattdessen werden die Umfragedaten in der Berichterstattung Teil der Kontextualisierung politischer Prozesse.[30]

Diese kann sich etwa in der strategischen Interpretation von Umfrageergebnissen manifestieren: Eine Framing-Analyse der Berichterstattung über Umfragen in deutschen Qualitätszeitungen im Bundestagswahlkampf 2002 zeigte, welchen Deutungsmustern die Verwendung von Umfragen in der Wahlberichterstattung folgt. Dabei konnten drei dominante Deutungsrahmen in der Berichterstattung über Umfragen festgestellt werden: Erstens, der *Nachrichtenframe*, der dadurch gekennzeichnet ist, dass über Ergebnisse der politischen Meinungsforschung vorwiegend sachlich-neutral berichtet wird.[31] Zweitens, der *Instrumentalisierungsframe*, der sich in der Berichterstattung

27 Vgl. Raupp 2007b: 14. Zur Wahrnehmung der Bedeutung der medialen Umfrageberichterstattung durch Journalisten siehe Ohliger/Vögele 2020.

28 Vgl. Raupp 2007b: 54, Noelle-Neumann 1991.

29 Vgl. Gallus/Lühe 1998: 152.

30 Vgl. Faas 2014: 5.

31 Vgl. Raupp 2003: 129.

dadurch manifestiert, dass Umfragen als Basis für wertende Aussagen über den politischen Prozess und politische Akteure sowie als Argumente im Wahlkampf verwendet werden.[32] Der dritte Frame, der *Metaberichterstattungsframe*, zeigt sich in Beiträgen, in denen Demoskopie im Zusammenhang mit Wahlkampfstrategien thematisiert wird sowie die Rolle der Medien bei der Berichterstattung über die Ergebnisse der Meinungsforschung allgemein.[33] Die quantitative Verteilung der Frames zeigt, dass Umfragen in der Wahlkampfberichterstattung tatsächlich nicht vorrangig für die sachlich-neutrale Berichterstattung verwendet werden, sondern diese vor allem für die instrumentelle Interpretation eingesetzt werden.[34] In Anknüpfung an diese Studie wurde auch untersucht, inwiefern diese Instrumentalisierung systematisch ist. Dabei konnte belegt werden, dass die Wahlaussagen mit der jeweiligen redaktionellen Linie korrespondierten.[35] Medien veröffentlichen im Zuge der Umfrageberichterstattung also überdurchschnittlich häufig Aussagen, in denen das Lager, das sie auch in ihrer sonstigen Berichterstattung begünstigen, bessere Umfragewerte vorweisen kann.[36]

2.2 Effekte der Demoskopie auf das Wahlverhalten

Das aus demokratietheoretischer Sicht mitunter größte Problem ist die Annahme, dass Umfrageergebnisse auf illegitime Art und Weise in den politischen Meinungs- und Willensbildungsprozess der Wähler eingreifen und Umfragen die Wahlbeteiligung und/oder die Wahlentscheidung der Wähler beeinflussen. Die Analyse der Beeinflussung des Wahlverhaltens durch die Veröffentlichung von Umfrageergebnissen zählt schon seit Beginn der Umfrageforschung zu den am intensivsten diskutierten Themen in der politischen Sozialforschung.[37] Schon von Anfang an wurde in vielen Diskussionsbeiträgen der Verdacht geäußert, der vermutete Einfluss von Wahlumfragen sei illegitim und schädlich für die Demokratie.[38]

32 Vgl. Raupp 2003: 128, 130.

33 Vgl. Raupp 2003: 130ff.

34 Vgl. Raupp 2003: 133.

35 Vgl. Donsbach/Weisbach 2005: 119ff. Zu den analysierten Medien gehören: Süddeutsche Zeitung, Welt, Bild, Frankfurter Allgemeine Zeitung, Frankfurter Rundschau, Bild am Sonntag, Stern, Frankfurter Allgemeine Sonntagszeitung, Welt am Sonntag, Rheinischer Merkur, Spiegel.

36 Vgl. Donsbach/Weisbach 2005: 125.

37 Vgl. Jandura/Petersen 2009: 486.

38 Vgl. Jandura/Petersen 2009: 486.

Grundsätzlich können sich publizierte Wahlumfragen auf die Wahlbeteiligung oder auf die Wahlentscheidung auswirken. Die verschiedenen, existierenden Wirkungsannahmen lassen sich hinsichtlich des dabei unterstellten kognitiven Wirkungsprozesses strukturieren (Tabelle 1). Die kognitiven Wirkungswahrnehmungen von Wahlumfragen beziehen sich auf die Beeinflussung der Überzeugungen der Wähler.[39] Im Hinblick auf das deutsche Wahlrecht werden zudem weitere, taktisch-rational begründete Effekte diskutiert, die eng mit theoretischen Überlegungen aus der Rational-Choice-Perspektive über das Wählerverhalten in Mehrparteiensystemen zusammenhängen und in Verbindung mit Sperrklauseln, der Möglichkeit des Aufteilens von Erst- und Zweitstimme und dem Verhältniswahlrecht stehen.[40]

Tabelle 1: Strukturierung der Wirkungsannahmen von Umfrageergebnissen

Kognitiver Wirkungsprozess		
affektive Reaktionen	rationale Reaktionen	rational-strategische Reaktionen
Bandwagon-Effekt	Bandwagon-Effekt	Fallbeil-Effekt
Underdog-Effekt	Mobilisierungseffekt	Leihstimmen-Effekt
	Bequemlichkeitseffekte (Defätismus-Effekt, Lethargie-Effekt)	

Quelle: eigene Darstellung (nach Hoffmann 2013: 46).

Der konkrete Einfluss konnte empirisch bisher wenig präzise bestimmt werden, denn zur Frage, »ob und wie Umfrageergebnisse und insbesondere Wahlprognosen das Wahlverhalten der Bevölkerung beeinflussen, fehlen bis heute eindeutige wie empirisch gesicherte Antworten«.[41] In einer Metaanalyse von insgesamt 34 Studien, die bis 2001 erschienen sind, konnten nur schwache Indizien für die Wirkung von Wahlumfragen auf die Bevölkerungsmeinung belegt werden.[42] Insgesamt steht den hypothetischen Wirkungsannahmen eine

39 Vgl. Hoffmann/Klein 2013: 222.

40 Vgl. Gallus 2002: 34, Hoffmann/Klein 2013.

41 Faas 2014: 9.

42 Vgl. Hardmeier 2008: 510.

bemerkenswert geringe empirische Evidenz gegenüber.[43] Teilweise können die widersprüchlichen Forschungsergebnisse durch die unterschiedlichen Analysemethoden und durch die Tatsache erklärt werden, dass unterschiedliche Wahlen auf unterschiedlichen Systemebenen untersucht wurden.[44]

Die Ergebnisse der bisher für Deutschland auf Individualdatenbasis durchgeführten Studien legen unter anderem nahe, dass Wählergruppen mit verschiedenen Wahlabsichten und Parteipräferenzen Meinungsumfragen unterschiedlich rezipieren.[45] Einerseits nehmen politisch interessierte Wähler Wahlumfragen eher wahr, politisches Interesse wiederum hängt stark mit soziodemografischen Merkmalen, insbesondere der formalen Bildung zusammen. Auch die Parteineigung kann Effekte auf die Wahrnehmung von Wahlumfragen entfalten.[46] So konnten in einer Studie zur Bundestagswahl 2005 unter Verwendung von Vor- und Nachwahlbefragungen parteiabhängige Effekte von veröffentlichten Wahlumfragen auf das individuelle Wahlverhalten belegt werden.[47] Bisherige Studienergebnisse deuten auch darauf hin, dass Wahlumfragen für bestimmte Wählergruppen von überdurchschnittlicher Bedeutung sind, so etwa für die Wähler kleinerer Parteien (zum Beispiel FDP, Grüne) oder für Wechselwähler.[48] Daher wird in der vorliegenden Studie die Wahrnehmung der medialen Umfrageberichterstattung durch verschiedene Wählergruppen abhängig von ihrer Parteineigung beziehungsweise ihrer Wahlabsicht analysiert.

2.3 Meinungsforschung und Effekte auf das politische System

Ein weiteres Spannungsverhältnis hinsichtlich der Bedeutung von Demoskopie in der Demokratie wird dahingehend diskutiert, welchen Einfluss politische Meinungsumfragen auf das politische System entfalten.[49] Einerseits wird hierbei gemutmaßt, dass die Umfrageforschung einen quantitativ schwer abschätzbaren Einfluss auf die Regierungs- und Parlamentsarbeit ausüben könnte,[50] andererseits wird vor allem aufgrund der zunehmenden

43 Vgl. Jandura/Petersen 2014: 486.
44 Vgl. Hoffmann/Klein 2013: 221.
45 Vgl. zum Beispiel Brettschneider 1991: 142.
46 Vgl. Groß 2010: 10.
47 Vgl. Faas/Machenrodt/Schmitt-Beck 2008: 319; vgl. weiterführend Maier/Brettschneider 2009: 335, Hoffmann/Klein 2013.
48 Vgl. Brettschneider 1991: 142.
49 Vgl. zum Beispiel Rothmayr/Hardmeier 2002, Fahimi 2017.
50 Vgl. Benda 1981: 97.

Medialisierung der Politik davor gewarnt, politische Akteure und Parteien könnten Meinungsumfragen gezielt für den Wettbewerb der Stimmenmaximierung verwenden.[51]

Diese aus demokratietheoretischer Perspektive wohl größte Gefahr besteht darin, dass die Meinungsforschung als quasi-plebiszitäres Instrument die repräsentative Demokratie untergräbt, indem sich Politiker von der scheinbar öffentlichen Meinung (ver-)leiten lassen und ihr politisches Entscheidungshandeln dadurch in einer nicht zulässigen Art und Weise beeinflusst wird.[52] Laut Artikel 20 des Grundgesetzes ist die Bundesrepublik Deutschland eine Demokratie, Artikel 38 Absatz 1 GG definiert dazu unter anderem die Repräsentativität durch die Abgeordneten: »Sie sind Vertreter des ganzen Volkes, an Aufträge und Weisungen nicht gebunden und nur ihrem Gewissen unterworfen.« Dennoch wird der Demoskopie von vielen unterstellt, sie untergrabe das Gebot des freien Mandats, denn die fortwährende Untersuchung der Mehrheitsmeinung könne dazu führen, dass Politiker ihre Entscheidung nicht mehr souverän treffen, sondern politische Entscheidungen davon beeinflusst werden, weil Umfrageergebnisse als Volkswille aufgefasst werden.[53] Hinter dieser Argumentation steckt auch die Befürchtung, politische Entscheidungsträger würden aufgrund von politischen Umfrageergebnissen vor dem Dilemma stehen, der Bevölkerungsmehrheit zu folgen oder bewusst eine – vermeintlich – unpopuläre Position zu vertreten.[54] Kritiker postulierten dabei die Unterminierung der parlamentarischen Demokratie, »da durch den massiven Rückgriff auf die Ergebnisse der Meinungsforschungsinstitute plebiszitäre Elemente – entgegen dem Willen der Verfassungsväter – gestärkt würden«.[55] Vor diesem Hintergrund bewertet Wilhelm Hennis die Demoskopie sogar als »demokratiefeindliches Instrument«.[56]

Die Responsivitätsforschung untersucht den möglichen Zusammenhang zwischen politischer Meinungsforschung und politischer Gesetzgebung. Dazu wird das zeitliche und sachliche Zusammentreffen von Umfrageergebnissen und politischen Entscheidungen analysiert.[57] Studienergebnisse legen dabei bis in die 1980er-Jahre sowohl in den USA als auch in Deutschland eine

51 Vgl. Raupp 2007b: 97, Petersen 2015: 761, Strömbäck 2012.
52 Vgl. dazu weiterführend Kruke 2007: 452ff.
53 Vgl. Groß 2010: 44.
54 Vgl. Hennis 1957: 41–43.
55 Groß 2010: 46.
56 Hennis 1957: 37.
57 Vgl. Brettschneider 2002: 542.

verhältnismäßig hohe Responsivität des politischen Systems nahe.[58] Kausalrückschlüsse sind dabei allerdings fraglich, denn politische Akteure können die aktuelle Meinungsverteilung höchstwahrscheinlich auch unabhängig von repräsentativen Umfragen einschätzen. Lawrence Jacobs und Robert Shapiro haben den Zusammenhang zwischen Umfragen und politischen Entscheidungen systematisch anhand von Fallstudien in der US-Politik untersucht und konnten zwei Formen von Responsivität nachweisen (*»substantive«* und *»instrumental« responsiveness*), wobei die Autoren davon ausgehen, dass bei der instrumentellen Form – im Gegensatz zur substanziellen Responsivität – diese lediglich simuliert und öffentliche Meinung als Instrument eingesetzt werde, um diese zu beeinflussen.[59] Die Zielsetzung folgt hier also der Beeinflussung der öffentlichen Meinung mithilfe der Beobachtung der öffentlichen Meinung.[60] Diese Studienergebnisse legen nahe, dass Umfragen innerhalb des politischen Systems eher den Bereich der politischen Kommunikation beeinflussen als den Bereich der tatsächlichen politischen Entscheidungen.[61]

Umfragen ermöglichen den am politischen Prozess beteiligten Akteuren aber unter bestimmten Bedingungen auch einen Feedbackprozess zwischen Bevölkerung und Politik.[62] Die empirisch schwer zu messenden Effekte veröffentlichter Meinungsumfragen auf Abgeordnete liegen dabei vermutlich eher im Bereich der Beeinflussung der Inhalte von Parteiprogrammen sowie der vor Ablauf jeder Legislaturperiode erstellten Wahlprogramme.[63] Es besteht aber auch die Vermutung, dass einzelne politische Akteure mithilfe der demoskopisch ermittelten öffentlichen Meinung gezielte Maßnahmen zur strategischen Selbstdarstellung ergreifen können.[64] Es ist zudem möglich, dass Umfragen Impulse für die Wahl von Spitzenkandidaten innerhalb von Parteien und die Koalitionsbildung geben können.[65] Bezogen auf das politische System unterscheidet Frank Decker (Tabelle 2) die mögliche Instrumentalisierung von Umfragen nach verschiedenen politischen Ebenen (Partei/Regierung), deren zeitliche Dimensionen (kurzfristig/langfristig) und ihrem Kontext (intern/extern). Während die interne Verwendung in der Regel von außen nicht einsehbar ist, werden Umfragen im externen Kontext von Parteien für

58 Vgl. Raupp 2007a: 252.

59 Vgl. Jacobs/Shapiro 2000: 48.

60 Vgl. Jacobs/Shapiro 2000: 48; vgl. dazu weiterführend: Raupp 2007a: 253.

61 Vgl. Raupp 2007a: 253.

62 Raupp 2007a: 258.

63 Vgl. Benda 1981: 96.

64 Vgl. Raupp 2007b: 96.

65 Vgl. Traugott 1970: 109–130.

die Stimmenwerbung, die Wählermobilisierung oder die Beeinflussung des von den Medien vermittelten Meinungsklimas verwendet.[66]

Tabelle 2: Instrumentalisierung von Umfragen

<table>
<tr><th rowspan="2">Zeithorizont</th><th rowspan="2">Ebene</th><th colspan="2">Kontext</th></tr>
<tr><th>intern</th><th>extern</th></tr>
<tr><td rowspan="2">kurzfristig</td><td>Partei</td><td rowspan="2">Meinungs- und Willensbildung</td><td>Stimmenwerbung</td></tr>
<tr><td>Regierung</td><td>Legitimation</td></tr>
<tr><td rowspan="2">langfristig</td><td>Partei</td><td>Strategieplanung</td><td rowspan="2">Politikvermittlung / Öffentlichkeitsarbeit</td></tr>
<tr><td>Regierung</td><td>Politische Planung</td></tr>
</table>

Quelle: Darstellung in Anlehnung an Decker 2001: 43f.

3. Methodisches Vorgehen

Aus den theoretischen Vorüberlegungen wurde die forschungsleitende Fragestellung abgeleitet, inwiefern verschiedene Wählergruppen die Effekte von veröffentlichten Meinungsumfragen auf das Elektorat, das politische System und Medien wahrnehmen. Zu politischen Umfrageergebnissen werden dabei neben der Sonntagsfrage auch Umfragen zur Bedeutung von politischen Themen, zur Problemlösungskompetenz von Parteien sowie die Beurteilung von Spitzenpolitikern gerechnet.

Für die Analyse wurde mithilfe des SoSci-Panels für Sozialwissenschaften im Juni 2017[67] eine nicht-repräsentative Onlinebefragung durchgeführt.[68] Die Stichprobe der freiwilligen und unbezahlten Befragung bildeten 437 Teilnehmer. Jeweils rund ein Viertel beziehungsweise ein Fünftel der Teilnehmer waren zwischen 21 und 29 (23,5 Prozent) und 40 bis 49 Jahre (22,0 Prozent) Jahre alt.[69]

---

66 Decker 2001: 43f.

67 Die Befragung wurde vom 20. Juni bis 12. Juli 2017 online durchgeführt.

68 Das SoSci-Panel weist dabei keine Repräsentativität für die deutsche Bevölkerung auf; zudem sind Panelteilnehmer überrepräsentiert, die eine hohe formale Bildung haben und sich politisch links der Mitte verorten. Der Frauenanteil im SoSci-Panel liegt bei 61 Prozent (vgl. dazu weiterführend Leiner 2016a, Leiner 2016b).

69 In der Befragung wurden nur Teilnehmer über 18 Jahren (Wahlberechtigung) berücksichtigt.

Um verschiedene Wählergruppen zu unterscheiden, wurde im Fragebogen nach der aktuellen Wahlabsicht (Sonntagsfrage) und nach der Parteineigung gefragt. Im Einklang mit Studienergebnissen, die eine Abnahme langfristig stabiler Parteibindungen belegen[70] und eine grundsätzliche Tendenz zur Lockerung psychologischer Bindungen von Wählern an eine Partei feststellen,[71] haben auch bei der Erhebung mehr als ein Viertel der Befragten (25,8 Prozent) angegeben, zu keiner bestimmten Partei zu neigen. Daher soll in der Ergebnisauswertung – falls nicht anders gekennzeichnet – hauptsächlich die Wahlabsichtsfrage (»Sonntagsfrage«) als Basis für die Erfassung der Wirkungswahrnehmungen veröffentlichter Wahlumfragen auf verschiedene Bezugsgruppen berücksichtigt werden.[72]

Die Wahrnehmung der Wähler, welche möglichen Effekte Meinungsumfragen auf Medien und Journalisten entfalten, wurde mithilfe der durch Inhaltsanalysen identifizierten *Berichterstattungsframes* untersucht.[73] Dabei wurden vor allem der *Instrumentalisierungsframe*, der sich in der instrumentellen, wertenden Berichterstattung über Politik im Zusammenhang mit Umfrageergebnissen äußert, sowie der *Nachrichtenframe*, der sich durch eine sachlich-neutrale Berichterstattung über Meinungsumfragen zeigt, berücksichtigt.[74]

Die Wahrnehmungen der Wählergruppen bezüglich der Effekte von Meinungsumfragen auf das individuelle Wahlverhalten wurden entlang möglicher Effekte auf die Wahlbeteiligung und die Wahlabsicht operationalisiert, dabei wurden sowohl rationale als auch rational-strategische Reaktionen berücksichtigt.[75]

Die empirisch schwer zu messenden Effekte der Demoskopie auf die Politik liegen, wie bereits erläutert, vermutlich vor allem im Bereich der politischen Kommunikation. Bei der Operationalisierung der Erhebung der wahrgenommenen Effekte auf die Politik wurden daher sowohl die Meso-

70 Vgl. Schoen/Weins 2005.

71 Vgl. Schmitt-Beck/Schrott 1994: 544. Auch die Daten des Politbarometers belegen, dass etwa ein Drittel der Wähler keine psychologische Verbindung zu einer bestimmten Partei aufweist. Vgl. dazu weiterführend Gesis – Leibniz Institut für Sozialwissenschaften 2013.

72 Die Zahl derjenigen Befragten, die angab zu einer Partei zu tendieren, schwankte dabei stark: n = 7 (AfD) bis n = 92 (Grüne), weshalb für die Auswertung vor allem die Angabe der Wahlabsicht für die Einteilung von Wählergruppen berücksichtigt wurde.

73 Raupp 2003: 129ff.

74 Abgefragt wurde hier auf einer 5-stufigen Likert-Skala (*1: Stimme überhaupt nicht zu; 5: Stimme voll und ganz zu*), wie die Befragten die Neutralität und Objektivität beziehungsweise die Instrumentalisierung von Medien bei der Berichterstattung über politische Umfrageergebnisse bewerten.

75 Dieses Vorgehen orientiert sich an Ohliger/Vögele 2020.

ebene (Parteien) als auch die Mikroebene (politische Akteure), sowohl in einem internen, als auch externen Kontext und in einem kurz- und langfristigen Zeithorizont berücksichtigt.[76] Bei der Befragung sollten dabei mögliche Wirkungsannahmen veröffentlichter Wahlumfragen auf Parteien und politische Akteure, die entlang der Systematisierung der möglichen Instrumentalisierung von Umfragen in der Politik operationalisiert wurden,[77] in eine Rangordnung gebracht werden.

4. Ergebnisse: Wirkungswahrnehmungen veröffentlichter Wahlumfragen auf Journalisten, Wähler und politische Akteure

Die Wahrnehmung verschiedener Wählergruppen wird im Folgenden entlang der möglichen Effekte veröffentlichter Wahlumfragen auf verschiedene Akteursgruppen vorgestellt.

4.1 Medien und Demoskopie – Wahrgenommene Effekte politischer Meinungsumfragen auf Journalisten

Nehmen Wahlberechtigte Umfrageergebnisse wahr, so geschieht dies in der Regel mittelbar, also über den Umweg der medialen Berichterstattung. Viele Medienunternehmen wollen durch die Umfrageergebnisse zu politischen Themen Aufmerksamkeit erregen und so Einschaltquoten, Verkaufs- oder Klickzahlen steigern.[78]

Die Ergebnisauswertung zeigt hier die ambivalente Bewertung der Rolle der Medien bei der Verarbeitung politischer Umfrageergebnisse: Die meisten Wählergruppen nehmen zwar an, dass Journalisten sachlich und neutral über die Ergebnisse der politischen Meinungsforschung berichten,[79] da bis auf die AfD-Wähler alle Wählergruppen einen Mittelwert oberhalb des Skalenmittelpunktes aufweisen ($M = 2{,}48–3{,}59$) (Abbildung 1). Allerdings zeigen sich in der Bewertung der Neutralität von Journalisten signifikante Unterschiede

76 Vgl. Decker 2001, Ohliger/Vögele 2020.

77 Vgl. Decker 2001: 43; vgl. Kap. 2.3.

78 Vgl. Schoen/Greszki 2014: 19.

79 Frageformulierung: »Vor politischen Wahlen berichten Medien oft über die Ergebnisse aktueller politischer Meinungsumfragen (zum Beispiel Sonntagsfrage). Was trifft Ihrer Meinung nach am ehesten zu? Journalisten berichten sachlich und neural über die Ergebnisse der politischen Meinungsforschung« (Antwortoptionen: *1: Stimme überhaupt nicht zu; 5: Stimme voll und ganz zu*).

Abbildung 1: Wählerwahrnehmung zur journalistischen Neutralität in der Umfrageberichterstattung (*Konfidenzintervall nach Wahlabsicht*)

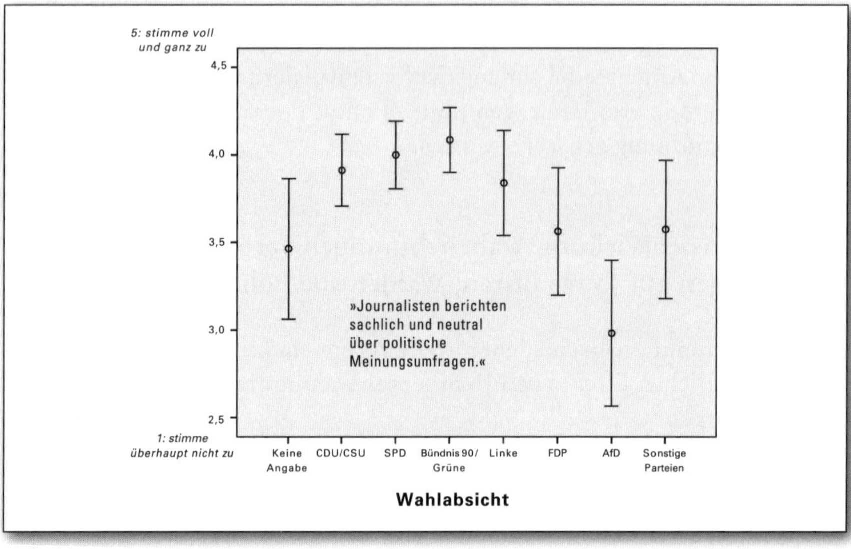

Quelle: eigene Darstellung.

Abbildung 2: Wählerwahrnehmung zur journalistischen Instrumentalisierung von Wahlumfragen (*Konfidenzintervall nach Wahlabsicht*)

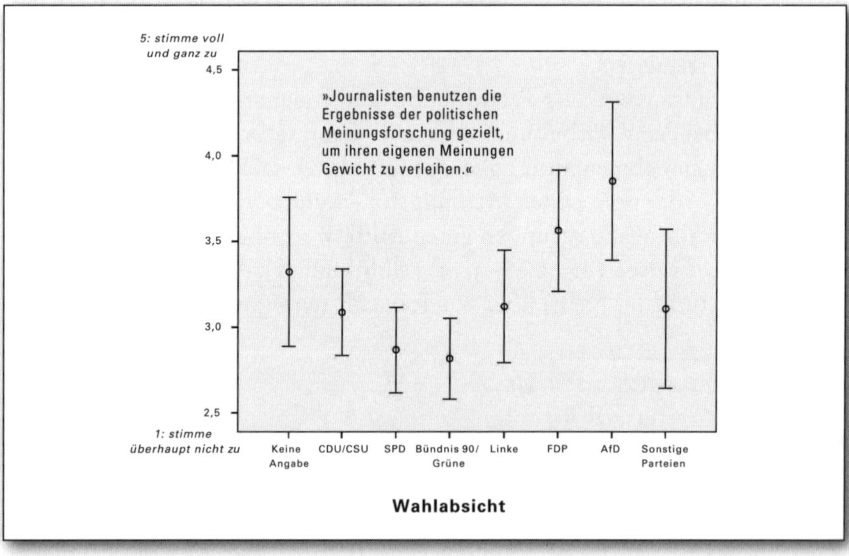

Quelle: eigene Darstellung.

zwischen den Wählergruppen [$F(7, 405) = 5{,}58$, $p < 0{,}001$]: So bewerten die AfD-Wähler die Objektivität von Journalisten im Zusammenhang mit der politischen Umfrageberichterstattung signifikant niedriger als die anderen Wählergruppen ($M = 2{,}48$, $SD = 1{,}05$) (Abbildung 1, Tabelle 3).

Wie die Dominanz des Instrumentalisierungsframes in der medialen Berichterstattung in Bezug auf Umfragen nahe legt, veröffentlichen die Massenmedien nicht nur die bloßen Ergebnisse der politischen Meinungsforschung, sondern Journalisten verwenden diese Kennzahlen auch für die Kontextualisierung und Bewertung politischer Prozesse.[80] Die Ergebnisse zeigen hier, dass sich die Wähler dieser möglichen Einflussnahme der Medien durchaus bewusst sind.[81] So gehen alle Wählergruppen eher davon aus, dass Journalisten die Ergebnisse der politischen Meinungsforschung gezielt nutzen, um ihrer eigenen Meinung Gewicht zu verleihen (Abbildung 2), da auch hier die durchschnittliche Bewertung aller Wählergruppen über dem Skalenmittelpunkt liegt ($M = 2{,}81–3{,}85$). AfD-Wähler ($M = 3{,}85$) vermuten am stärksten, dass Journalisten Umfrageergebnisse in der Berichterstattung instrumentalisieren, und unterscheiden sich damit signifikant [$F(7, 401) = 3{,}92$, $p < 0{,}001$] von allen anderen Wählergruppen, mit Ausnahme der FDP-Wähler, die die Gefahr einer Instrumentalisierung ähnlich hoch einschätzen (Tabelle 3).[82]

4.2 Elektorat und Demoskopie – Wahrgenommene Effekte veröffentlichter Meinungsumfragen auf das Wahlverhalten

Den Bürgern und Wählern fallen im Prozess der Verarbeitung politischer Meinungsforschung zwei Rollen zu, einerseits sind sie (potenzielle) Befragte,

80 Vgl. Raupp 2003.

81 Frageformulierung: »Vor politischen Wahlen berichten Medien oft über die Ergebnisse aktueller politischer Meinungsumfragen (z.B. Sonntagsfrage). Was trifft Ihrer Meinung nach am ehesten zu? Journalisten benutzen die Ergebnisse der politischen Meinungsforschung gezielt, um ihren eigenen Meinungen Gewicht zu verleihen« (Antwortoptionen: *1: Stimme überhaupt nicht zu; 5: Stimme voll und ganz zu*).

82 Ein ähnliches Bild zeigt sich auch, wenn die verschiedenen Wählergruppen bezüglich ihrer Parteineigung unterschieden werden: Bezogen auf die Wahrnehmung der Neutralität in der Medienberichterstattung unterscheiden sich die Wähler mit einer Parteineigung zur AfD signifikant von allen anderen Wählern mit Parteineigung [$F(8, 404) = 3{,}33$, $p < 0{,}001$]. Wähler mit einer parteipsychologischen Bindung zur AfD schätzen die journalistische Neutralität im Umgang mit Umfragedaten signifikant niedriger ein. Bezüglich der Frage nach der Neutralität von Journalisten bei der Umfrageberichterstattung konnten zwischen Nicht-Wechselwählern und Wechselwählern keine signifikanten Unterschiede festgestellt werden, ebenso bezüglich der Frage nach der Instrumentalisierung.

andererseits Rezipienten der medialen Berichterstattung über Umfrageergebnisse.[83]

Effekte von kurz vor einer Wahl veröffentlichten Meinungsumfragen auf das *Wahlverhalten allgemein* werden von den meisten Wählergruppen bejaht ($M = 2{,}96–3{,}45$).[84] Am stärksten schätzen die Wähler der »kleineren« Parteien, nämlich der AfD ($M = 3{,}35$), der Linken ($M = 3{,}45$) und der FDP ($M = 3{,}27$) die möglichen Effekte auf das Wahlverhalten allgemein ein. Die Effekte auf das *Wahlverhalten von unentschlossenen Wählern* werden allerdings von allen Wählergruppen deutlich höher eingestuft ($M = 3{,}61–4{,}04$).[85] Signifikante Unterschiede zwischen den Wählergruppen zeigen sich nur bezüglich der Wahrnehmung des Einflusses auf das *persönliche Wahlverhalten* [$F(7, 405) = 3{,}472$, $p < 0{,}001$].[86] Grundsätzlich bewerten alle Wählergruppen die Effekte veröffentlichter Wahlumfragen auf das persönliche Wahlverhalten viel niedriger als beispielsweise auf das Verhalten von Wählern allgemein und auf das Wahlverhalten von unentschlossenen Wählern. Eine Ausnahme bilden die Wähler mit der Absicht, die Grünen zu wählen: Sie schätzen die Effekte auf das eigene Wahlverhalten signifikant höher ein [$t(412) = 29{,}36$, $p < 0{,}001$], als andere Wählergruppen, mit Ausnahme der FDP-Sympathisanten (Tabelle 3). Dies könnte ein Hinweis darauf sein, dass Wählergruppen mit der Absicht, ihre Stimme einer Partei zu geben, deren Einzug in das Parlament nicht immer sicher ist,[87] die Effekte veröffentlichter Wahlumfragen auf ihr eigenes Wahlverhalten etwas höher einschätzen.

Die Ergebnisse lassen dabei insgesamt auf einen Third-Person-Effekt bei der Veröffentlichung von Umfrageergebnissen schließen, wonach Wähler den Ergebnissen medial vermittelter Umfrageergebnisse einen größeren Einfluss auf die politische Meinungsbildung anderer zurechnen, als auf ihre eigene.[88] Dieses Ergebnis steht im Einklang mit Studienergebnissen vor und nach der Bundestagswahl 2002, wonach nur 8 Prozent aller Wahlberechtigten

---

83 Vgl. Schoen/Greszki 2014: 19.

84 Frageformulierung: »Wie stark wirken sich Ihrer Meinung nach kurz vor der Wahl veröffentlichte Wahlumfragen auf das Verhalten von Wählern im Allgemeinen aus?« (Antwortoptionen: *1: Kein Einfluss bis 5: Sehr hoher Einfluss*).

85 Frageformulierung: »Wie stark wirken sich Ihrer Meinung nach kurz vor der Wahl veröffentlichte Wahlumfragen auf das Verhalten von unentschlossenen Wählern aus?« (Antwortoptionen: *1: Kein Einfluss bis 5: Sehr hoher Einfluss*).

86 Frageformulierung: »Wie stark wirken sich Ihrer Meinung nach kurz vor der Wahl veröffentlichte Wahlumfragen auf das Verhalten von Ihnen persönlich aus?« (Antwortoptionen: *1: Kein Einfluss bis 5: Sehr hoher Einfluss*).

87 Zum Zeitpunkt der Befragung wurden in der Sonntagsfrage Werte zwischen 6,5 Prozent (INSA) und 9 Prozent (GMS) für die Grünen und zwischen 8 Prozent (Forsa) und 9 Prozent (Allensbach) für die FDP prognostiziert.

88 Vgl. Rössler 2003: 145.

eine Wirkung von Wahlumfragen auf sich selbst vermuten, aber 62 Prozent dies von anderen Wählern erwarten.[89]

Eine Mehrheit der Befragten befürwortet rechtliche Beschränkungen bei der Veröffentlichung von Wahlumfragen (50,7 Prozent), die in anderen Ländern existieren – etwa zeitliche Befristungen für die Veröffentlichung von Wahlumfragen kurz vor Wahlen. Solche rechtlichen Beschränkungen werden zu einem signifikant höheren Anteil von denjenigen Befragten unterstützt, die veröffentlichten Wahlumfragen einen hohen oder sehr hohen Einfluss auf das Wahlverhalten im Allgemeinen attestierten [$Chi^2(4) = 16{,}484$, $p = 0{,}002$].[90]

Weiterhin wurden die Teilnehmer nach möglichen rationalen und rational-strategischen Reaktionen auf veröffentlichte Wahlumfragen befragt: Die Ergebnisauswertung zum hypothetischen Verhalten von Wählern für den Fall, dass Umfragen kurz vor der Wahl für die von ihnen präferierte Partei aussichtslose Chancen für den Einzug in den Bundestag prognostizieren, können Hinweise auf unterschiedliche Wirkungswahrnehmungen verschiedener Bezugsgruppen geben.

Zu den möglichen Effekten der Wahlentscheidung durch Wahlumfragen gehört der Bandwagon-Effekt (oder Mitläufer-Effekt).[91] Die zugrunde liegende Annahme dabei ist, dass Menschen sich nicht sozial isolieren wollen.[92] Der Effekt postuliert dabei, dass Wähler von ihrer ursprünglichen Wahlabsicht abrücken und zu einer Partei wechseln könnten, die laut Umfragen die größten Siegchancen hat.[93] Die Ergebnisse zeigen hier, dass die befragten Wählergruppen mehrheitlich *nicht* von ihrer Wahlabsicht abrücken wollen, um für eine andere Partei zu stimmen, die höchstwahrscheinlich erfolgreich sein wird ($M = 1{,}21 – 2{,}08$). Auch hier zeigen sich signifikante Unterschiede zwischen den Wählergruppen [$F(7, 400) = 2{,}16$, $p < 0{,}037$], allerdings nur zwischen den Wählern »sonstiger Parteien« einerseits und Wählern von allen

89 Vgl. Zubayr/Gerhard 2002: 595.

90 Frageformulierung: »In vielen anderen Ländern (zum Beispiel Brasilien, Frankreich, Portugal) unterliegt die Veröffentlichung von Ergebnissen der politischen Meinungsforschung rechtlichen Beschränkungen. So dürfen beispielsweise in einigen Ländern die Umfrageergebnisse nur in zeitlich begrenzten Abständen vor Wahlen veröffentlicht werden, um einer Beeinflussung von Wählern vorzubeugen. Sind Sie der Meinung, auch in Deutschland sollten rechtliche Beschränkungen für die Veröffentlichung von politischen Meinungsumfragen vor der Wahl eingeführt werden?« (Antwortoptionen: *Ja – Nein – Keine Angabe*).

91 Abgefragt wurde hier auf einer 5-stufigen Likert-Skala (*1: Stimme überhaupt nicht zu; 5: Stimme voll und ganz zu*) die Wahrscheinlichkeit, eine andere Partei mit aussichtsreichen Chancen zu wählen, für den Fall, dass die präferierte Partei laut Umfragen nicht in den Bundestag einziehen wird.

92 Vgl. Noelle-Neumann 1976.

93 Vgl. Brettschneider 1992: 61, Gallus 2002: 33, Groß 2010: 39.

anderen aktuell im Deutschen Bundestag vertretenen Parteien[94] sowie der FDP andererseits. Wähler mit einer Präferenz für letztere Parteien können sich in diesem Fall eher vorstellen, ihre Stimme einer anderen Partei mit höheren Erfolgsaussichten zu geben.

In genau umgekehrter Weise geht der Leihstimmen-Effekt[95] (*coalition insurance effect*) davon aus, dass Anhänger größerer Parteien einem potenziellen (kleineren) Koalitionspartner ihre Stimme geben, wenn dieser – den publizierten Umfrageergebnissen zufolge – etwa an einer Sperrklausel zu scheitern droht.[96] Dahinter steht die Vermutung, dass bestimmte Koalitionen von Parteien bevorzugt und innerhalb dieser möglichen Koalitionskonstellationen Stimmen »verliehen« werden.[97] In der Auswertung finden sich einige Hinweise auf einen Leihstimmen-Effekt: So sehen es zwar alle Wählergruppen eher nicht als Option, ihre Stimme zu verleihen ($M = 1{,}48 - 2{,}33$). Allerdings gibt es auch hier signifikante Unterschiede zwischen den Wählergruppen [$F(7, 392) = 3{,}01$, $p < 0{,}004$]: So zeigt sich, dass vor allem Wähler der Union, der SPD und der Grünen sich eher vorstellen können, auf einen möglichen Koalitionspartner auszuweichen, als etwa Wähler mit der Wahlpräferenz AfD oder »sonstige Parteien« (Tabelle 3).

Die Ergebnisauswertung zeigt dagegen keine Anhaltspunkte bezüglich des *Defätismus-Effekts*[98], bei dem angenommen wird, dass die Anhänger der – vermeintlich – schwächeren Partei nicht mehr zur Wahl gingen, weil der Sieger ohnehin feststünde.[99] So bewerten die Wählergruppen die Wahlenthaltung ebenfalls mehrheitlich nicht als adäquate Alternative, falls die präferierte Partei laut Wahlumfragen vermutlich nicht in den Bundestag einziehen wird ($M = 1{,}04 - 1{,}64$). Dennoch zeigen sich auch hier – wie schon bei vorherigen Auswertungen – signifikante Unterschiede zwischen AfD-Wählern und allen anderen Wählergruppen [$F(7, 397) = 4{,}51$, $p < 0{,}001$]. Die AfD-Wähler würden in diesem Fall eher zu einer Wahlenthaltung neigen.

---

94 Im 18. Bundestag (2013–2017) vertreten: CDU, CSU, SPD, Linke, Bündnis 90/ Grüne.

95 Abgefragt wurde hier auf einer 5-stufigen Likert-Skala (*1: Stimme überhaupt nicht zu; 5: Stimme voll und ganz zu*) die Wahrscheinlichkeit, eine mögliche Koalitionspartei zu wählen, für den Fall, dass die präferierte Partei laut Umfragen nicht in den Bundestag einziehen wird.

96 Vgl. Faas 2014: 9.

97 Vgl. Groß 2010: 40.

98 Abgefragt wurde hier auf einer 5-stufigen Likert-Skala (*1: Stimme überhaupt nicht zu; 5: Stimme voll und ganz zu*) die Wahrscheinlichkeit einer Wahlenthaltung für den Fall, dass die präferierte Partei laut Umfragen nicht in den Bundestag einziehen wird.

99 Vgl. Brettschneider 1992: 61, Gallus 2002: 33.

Tabelle 3: Varianzanalysen zu den Wirkungsannahmen von Wahlumfragen auf Journalisten und Wähler nach Einschätzung verschiedener Wählergruppen

	Union n=78–81	SPD n=82–84	Grüne n=78–82	Linke n=50–53	FDP n=32–33	AfD n=27–33	sonstige Parteien n=25–28	keine Angaben n=25–28
Effekte politischer Meinungsumfragen auf Journalisten								
Journalisten berichten neutral und sachlich	3,41 [b,c,d] (0,92)	3,50 [c,d] (0,89)	3,59 [d] (0,85)	3,34 [b,c,d] (1,09)	3,06 [b,c] (1,01)	2,48 [a] (1,05)	3,07 [b,c] (1,00)	2,96 [b] (1,04)
Journalisten instrumentalisieren Wahlumfragen	3,09 [a,b] (1,14)	2,87 [a] (1,14)	2,81 [a] (1,07)	3,12 [a,b] (1,20)	3,56 [b,c] (0,99)	3,85 [c] (1,17)	3,11 [a,b] (1,20)	3,32 [a,b] (1,12)
Effekte veröffentlichter Meinungsumfragen auf das Wahlverhalten								
Effekte auf das persönliche Wahlverhalten	1,65 [a,b] (0,82)	1,63 [a,b] (0,87)	2,08 [c] (1,02)	1,57 [a,b] (0,67)	1,79 [b,c] (0,93)	1,62 [a,b] (0,75)	1,34 [a] (0,55)	1,61 [a,b] (0,74)
Effekte veröffentlichter Wahlumfragen auf das Wahlverhalten (rationale und rational-strategische Effekte)								
Änderung Wahlabsicht (Bandwagon-Effekt)	1,76 [b] (1,23)	1,89 [b] (1,19)	2,08 [b] (1,20)	1,87 [b] (1,13)	1,85 [b] (1,15)	1,63 [a,b] (1,12)	1,21 [a] (0,56)	1,59 [a,b] (0,75)
Wahl Koalitionspartner (Leihstimmen-Effekt)	2,29 [c] (1,38)	2,33 [c] (1,33)	2,38 [c] (1,23)	1,96 [a,b,c] (1,27)	2,13 [b,c] (1,23)	1,58 [a,b] (0,99)	1,48 [a] (0,91)	1,92 [a,b,c] (1,06)
Wahlenthaltung (Defätismus-Effekt)	1,10 [a] (0,50)	1,05 [a] (0,44)	1,04 [a] (0,34)	1,06 [a] (0,31)	1,21 [a] (0,74)	1,48 [b] (1,22)	1,07 [a] (0,26)	1,64 [b] (1,29)

Quelle: eigene Darstellung. Werte mit unterschiedlichen Identifikationsbuchstaben unterscheiden sich signifikant gemäß des »Duncan-Post-hoc-Test« ($p<0,05$).

Die Studiendaten enthalten auch keine Hinweise für einen Fallbeil-Effekt[100] *(wasted vote effect)*. Diesem liegt die Annahme zugrunde, dass Wähler nur dann für die von ihnen präferierte Partei stimmen, wenn deren Einzug in das Parlament wahrscheinlich ist, um ihre Stimme nicht zu verschenken.[101] Denkbar ist hier, dass Wähler das Scheitern ihrer präferierten Partei , etwa an einer Sperrklausel, berücksichtigen.[102] Die Analyse demonstriert diesbezüglich, dass die Wahlberechtigten sich mehrheitlich nicht von ihrer Wahlabsicht abbringen lassen und trotzdem für die von ihnen präferierte Partei stimmen wollen ($M = 3{,}92–4{,}83$). Hier zeigen sich keine signifikanten Unterschiede zwischen den verschiedenen Wählergruppen.

4.3 Politik und Demoskopie – Wahrgenommene Effekte politischer Meinungsumfragen auf politische Akteure

Schließlich wurden auch mögliche Effekte veröffentlichter Wahlumfragen auf die Politik aus Sicht der Wähler untersucht.[103] Politische Parteien, politische Stiftungen, Regierungszentralen, Landes- und Bundesministerien sowie einzelne Politiker fungieren neben Medienunternehmen ebenfalls als Aufraggeber von Meinungsumfragen.[104] Als Reaktion auf die Zunahme von Wechselwählern und Spätentscheidern ist das Verlangen nach Umfragen, vor allem seitens der Politik, gewachsen und professionelle Berater entwickeln Strategien und steuern Kampagnen, um unentschlossene oder zum Wechsel bereite Wähler zu mobilisieren.[105] Die Befunde zeigen hierzu, dass die Effekte der politischen Meinungsforschung durch die Befragten stärker auf den externen Kontext eingestuft werden als auf den internen und die Wählergruppen dabei eine relativ hohe Homogenität aufweisen. Die Ergebnisauswertung legt nahe, dass über alle Wählergruppen hinweg die kurzfristigen Effekte auf den externen politischen Kontext am stärksten bewertet werden: Dabei zeigt sich, dass alle Wählergruppen die größten Effekte dahingehend

100 Abgefragt wurde hier auf einer 5-stufigen Likert-Skala (*1: Stimme überhaupt nicht zu; 5: Stimme voll und ganz zu*) die Wahrscheinlichkeit, die Wahlabsicht beizubehalten für den Fall, dass die präferierte Partei laut Umfragen nicht in den Bundestag einziehen wird.

101 Vgl. Gallus, 2002: 34.

102 Vgl. Faas 2014: 9.

103 Frageformulierung: »Welchen Einfluss haben die Ergebnisse politischer Meinungsforschung Ihrer Meinung nach auf Politikerinnen, Politiker und politische Parteien?« Die Antwortoptionen (siehe Abbildung 3) sollten von den Befragten dazu in eine Rangordnung gebracht werden.

104 Vgl. Schoen/Greszki 2014: 19

105 Vgl. Gallus 2003b: 123.

Abbildung 3: Bewertung des wichtigsten Effekts der politischen Meinungsforschung auf politische Akteure (nach Wahlabsicht, in Prozent; n = 26–76)

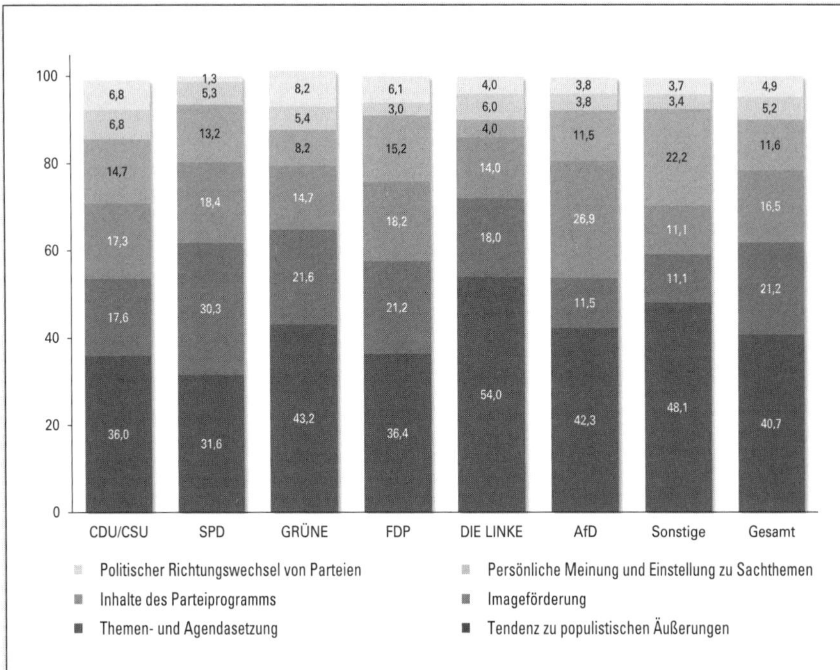

Quelle: eigene Darstellung. Häufigkeit der Nennung eines Effekts auf Rangplatz 1. Abweichungen in der Gesamtsumme von 100 Prozent sind auf Rundungen zurückzuführen.

vermuten, dass die Veröffentlichung aktueller Meinungsumfragen politische Akteure innerhalb eines kurzfristigen Zeithorizonts im externen Politikkontext zu populistischen Äußerungen verleitet (Abbildung 3). Über alle Parteipräferenzen hinweg wurde dies am häufigsten auf den ersten Rangplatz der möglichen Effekte auf die Politik gelistet (31,6 bis 54,0 Prozent). Die Wähler mit der Absicht, die Linke zu wählen, nannten diese Form der Instrumentalisierung von Meinungsumfragen durch die Politik am häufigsten.

Berücksichtigt man neben der Verteilung auf den Rangplatz eins auch die auf die anderen Rangplätze, stuft ein jeweils geringerer Anteil aller Wählergruppen sowohl die langfristigen (externen) Effekte von veröffentlichten politischen Meinungsumfragen zur Imageförderung sowie die langfristigen (externen) Effekte auf die Themen- und Agendasetzung in den Medien am bedeutsamsten ein. Den Effekten auf die Themen- und Agendasetzung werden von einem etwas größeren Anteil der SPD-Wähler die größte Bedeutung beigemessen (30,3 Prozent), im Vergleich zu anderen Wählergruppen.

Zu den schwächer eingeschätzten Effekten veröffentlichter Meinungsumfragen auf das politische System zählen über alle Wählergruppen hinweg die kurzfristigen (externen) Wirkungen auf die Inhalte des Wahlprogramms und die kurzfristigen (internen) Effekte auf einen politischen Richtungswechsel von Parteien. Allerdings finden sich auch hier kleinere Unterschiede zwischen den Parteien: So schätzten die Grünen-Wähler den politischen Richtungswechsel innerhalb von Parteien durch den Einfluss veröffentlichter Wahlumfragen als eher möglich ein als die anderen Wählergruppen und listeten dies häufiger auf die vorderen Rangplätze. Den langfristigen (internen) Effekten auf die politische Meinung und Einstellung von politischen Akteuren zu Sachthemen wird von allen Wählergruppen die geringste Bedeutung zugeschrieben.

5. Diskussion und Schlussfolgerungen

Die Bedeutung der Demoskopie innerhalb eines medialisierten politischen Systems hat sich gewandelt. Dazu trägt unter anderem die zunehmende Volatilität der Parteienlandschaft innerhalb eines Vielparteiensystems bei, in dem nicht immer klar ist, welche Parteien Sperrklauseln überwinden und welche Koalitionen sich bilden können.[106] Demokratietheoretisch werden die Gefahren der Demoskopie vor allem hinsichtlich einer möglichen Manipulation von Meinungsumfragen durch Medien und die Politik gesehen und in der Beeinflussung der Wahlbeteiligung und Wahlentscheidung von Wählern. Ausgangsziel des Beitrags war es daher, die Wirkungswahrnehmungen veröffentlichter Meinungsumfragen auf Journalisten, Wähler und politische Akteure durch verschiedene Wählergruppen zu untersuchen.

Die Ergebnisse einer nicht-repräsentativen Onlinebefragung konnten dabei zeigen, dass es bei der Bewertung der Wirkungen auf die verschiedenen Akteursgruppen signifikante Unterschiede zwischen den Wählergruppen gibt. So wird den Medien bei der Berichterstattung über politische Umfragen eine ambivalente Rolle zugeschrieben: Die Wählergruppen gehen zwar mehrheitlich davon aus, dass Journalisten sachlich und objektiv über die Ergebnisse der politischen Meinungsforschung berichten. Gleichzeitig vermutet die Mehrheit der Befragten, dass Umfragen von Journalisten aber auch gezielt verwendet werden, um eigenen Anschauungen mehr Gewicht

106 Vgl. Faas 2014: 8.

zu verleihen. Die signifikanten Unterschiede zwischen den Wählergruppen legen gleichzeitig nahe, dass die Wähler der rechtspopulistischen AfD die Neutralität von Journalisten bei der Berichterstattung im Zusammenhang mit politischen Meinungsumfragen signifikant niedriger und die Gefahr der Instrumentalisierung politischer Meinungsumfragen durch Journalisten signifikant höher bewerten als die anderen Wählergruppen – mit Ausnahme der FDP-Wähler, die eine mögliche Instrumentalisierung ähnlich einschätzen.

Grundsätzlich schätzen alle Wählergruppen die Effekte veröffentlichter Wahlumfragen auf das persönliche Wahlverhalten viel geringer ein als auf das Wahlverhalten allgemein und auf das Wahlverhalten unentschlossener Wähler, was auf einen Third-Person-Effekt hindeutet. Die Ergebnisse geben auch Hinweise bezüglich möglicher rationaler beziehungsweise rational-strategischer Reaktionen von Wählern auf veröffentlichte Wahlumfragen: So können sich etwa die Wähler von Union, SPD und Grünen eher vorstellen, ihre Stimme strategisch einem möglichen Koalitionspartner zu geben (Leihstimmen-Effekt); damit unterscheiden sie sich signifikant von den AfD-Wählern und Anhängern »sonstiger Parteien«, die dies mehrheitlich nicht als Option sehen – was vermutlich auch mit nicht vorhandenen Koalitionsoptionen zusammenhängt. Die AfD-Wähler würden sich im Falle eines durch Umfragen prognostizierten wahrscheinlichen Scheiterns der präferierten Partei auch eher der Wahl enthalten als andere Wählergruppen (Defätismus-Effekt). Die Anhänger »sonstiger Parteien« können sich am wenigsten vorstellen, im Falle negativer Umfragewerte ihre Stimme einer Partei mit höheren Siegchancen zu geben (Bandwagon-Effekt), wodurch sie sich signifikant von allen anderen Parteien unterscheiden. Beide Ergebnisse können eventuell damit erklärt werden, dass diese Wähler Anhänger von Parteien mit einer spezifisch ideologischen und programmatischen Ausrichtung sind und andere Parteien für diese Wähler daher keine adäquate Alternative darstellen.

Bei der Bewertung von Wirkungen politischer Meinungsumfragen auf die Politik zeigt sich eine hohe Homogenität und die Effekte auf den externen Kontext werden von allen Wählergruppen stärker eingestuft als die Effekte auf den internen. Alle Wählergruppen bewerten die kurz- beziehungsweise langfristigen Effekte dahingehend am stärksten, dass aktuelle Meinungsumfragen von politischen Akteuren und Parteien für populistischen Äußerungen, zur Imageförderung und zur öffentlichen Themen- und Agendasetzung verwendet werden.

Insgesamt zeigen sich bei den Wirkungsannahmen veröffentlichter Wahlumfragen auf Medien, Elektorat und Wähler verschiedene Muster zwischen den einzelnen Wählergruppen.[107] So bewerten vor allem die Wähler mit der Wahlabsicht AfD und teilweise auch die Wähler mit der Wahlabsicht FDP und »sonstige Parteien« die Effekte signifikant anders als andere Wählergruppen. Die Unterschiede können teilweise damit erklärt werden, dass bei diesen Parteien die Erfolgschancen häufig von Sperrklauseln abhängig sind. Teilweise können sich diese Abweichungen aber auch aufgrund der Etablierung der Parteien innerhalb des politischen Parteienspektrums ergeben. Damit können etwa Unterschiede zwischen Sympathisanten der rechtspopulistischen AfD sowie »sonstiger Parteien« und Wählern mit Wahlabsicht Union, SPD, Grüne, Linke und FDP erklärt werden, also Parteien, die schon seit Längerem in Parlamenten vertreten sind und allesamt Regierungserfahrung aufweisen.

Die Ergebnisse zeigen auch, dass es aus Sicht der Wähler bestimmte Effekte veröffentlichter Wahlumfragen auf Journalisten, politische Akteure und Wähler gibt, weshalb die Warnungen vor den potenziellen Gefahren der Demoskopie für die Demokratie also durchaus berechtigt erscheinen. Tatsächlich zeigen sich bei der Wirkungswahrnehmung der politischen Meinungsforschung parteiabhängige Unterschiede. Dies muss aber wiederum vor dem Hintergrund, dass die Ergebnisse Selbstauskünfte von Wahlberechtigten darstellen, kritisch reflektiert werden.[108] Unklar dabei ist, ob Wähler die der Wahlentscheidung zugrundeliegenden kognitiven Prozesse überhaupt verbalisieren können.[109] Obwohl vor diesem Hintergrund Selbstauskünfte von Wählern für die Validität der Ergebnisse nicht unproblematisch sind, sind sie für die Untersuchung von Umfrageeffekten dennoch wichtig[110] und können Tendenzen unterschiedlicher Wirkungsannahmen in Abhängigkeit der Wahlabsicht aufzeigen. Eine Verknüpfung der Ergebnisse dieser Studie mit anderen Methoden wäre bei zukünftigen Forschungsvorhaben sinnvoll. So könnte etwa ein experimentelles Design mit politischen Akteuren oder Medienakteuren helfen, die von den Wählergruppen vermuteten Wirkungsannahmen explizit zu überprüfen. Auch die Entscheidung, die Wählergruppen anhand der Wahlabsichtsfrage zu unterscheiden, beschränkt die Aussagekraft der Ergebnisse, da die Wahlabsicht stärker von kurzfristigen Faktoren beeinflusst wird als eine langfristige Parteibindung. Allerdings

107 Die Analyse ergab, dass auch der Faktor Bildung (abgefragt durch den höchsten erreichten Bildungsabschluss) signifikante Effekte auf die wahrgenommene Wirkung veröffentlichter Wahlumfragen hat, was in Einklang mit bisherigen Studienergebnissen steht (vgl. dazu weiterführend Groß 2010). Da dies aber nicht Gegenstand der vorliegenden Studie war, wurde das im Ergebnisteil nicht detaillierter thematisiert.

108 Vgl. Maier/Brettschneider 2009: 321.

109 Vgl. Hoffmann/Klein 2013: 223f., Nisbett/Wilson 1977.

110 Vgl. Maier/Brettschneider 2009: 322.

verursacht auch die Lockerung von Parteibindungen Verzerrungen bei der Berechnung von Unterschieden zwischen den jeweiligen Wählergruppen.

Die Frage, ob Demoskopie aufgrund dieser Befragungsergebnisse als Gefahr für die repräsentative Demokratie eingestuft werden kann, ist vielschichtig und kann nicht pauschal beantwortet werden. Die Bewertung des Einflusses und des Nutzens der Demoskopie für die repräsentative Demokratie hängt maßgeblich vom zugrundeliegenden Politik- und Demokratieverständnis ab: Die Orientierung von Regierungspartei und Opposition an Umfrageergebnissen ist ein legitimes Mittel im Rahmen der politischen Auseinandersetzung.[111] Wenn Medien und Politik Umfragen nutzen, um herauszufinden, wie in der Bevölkerung zu bestimmten Fragen gedacht wird, kommt der Umfrageforschung eine demokratieförderliche Rolle zu; beispielsweise kann so ermittelt werden, wo noch öffentlicher Vermittlungsbedarf besteht. Werden aber Umfrageergebnisse in die politische Entscheidung einbezogen, besteht die Gefahr, dass volatile Stimmungsbilder der öffentlichen Meinung von Medien und Politik instrumentalisiert und Wähler manipuliert werden können. Die Bedeutung der Demoskopie für die repräsentative Demokratie bleibt daher aus normativ-demokratietheoretischer Perspektive ambivalent zu beurteilen.

Literatur

Aalberg, Toril / van Aelst, Peter (2014): Who Is Afraid of Preelection Polls? How Perceptions of Polls Influence Support for Polling Regulations among Elites. International Journal of Public Opinion Research 26 (4/2014), S. 517–530.

Behrens, Karl Chr. (1966): Demoskopische Marktforschung, 2. Aufl, Wiesbaden.

Benda, Ernst (1981): Meinungsforschung und repräsentative Demokratie, in: Horst Baier / Hans M. Kepplinger / Kurt Reumann (Hg.), Öffentliche Meinung und sozialer Wandel, Opladen, S. 96–104.

Brettschneider, Frank (1991): Wahlumfragen. Empirische Befunde zur Darstellung in den Medien und zum Einfluß auf das Wahlverhalten in der Bundesrepublik Deutschland und den USA, München.

Brettschneider, Frank (1992): Der taktische und rationale Wähler. Über den Einfluß von Wahlumfragen auf das Wählerverhalten bei den Bundestagswahlen 1983 bis 1990, in: Politische Vierteljahresschrift 33 (1/1992), S. 55–72.

Brettschneider, Frank (1996): Wahlumfragen und Medien – Eine empirische Untersuchung der Presseberichterstattung über Meinungsumfragen vor den Bundestagswahlen 1980 bis 1994, in: Politische Vierteljahresschrift 37 (3/1996), S. 475–493.

111 Vgl. Benda 1981.

Brettschneider, Frank (2000): Demoskopie im Wahlkampf – Leitstern oder Irrlicht?, in: Markus Klein / Wolfgang Jagodzinski / Ekkehard Mochmann / Dieter Ohr (Hg.), 50 Jahre empirische Wahlforschung in Deutschland, Wiesbaden, S. 477–505.

Brettschneider, Frank (2002): Responsivität, in: Martin Greiffenhagen / Sylvia Greiffenhagen (Hg.), Handwörterbuch zur politischen Kultur der Bundesrepublik Deutschland, Wiesbaden, S. 541–547.

Brettschneider, Frank (2003): Wahlumfragen: Medienberichterstattung und Wirkungen, in: Andreas Wüst (Hg.), Politbarometer, Opladen, S. 257–282.

Buchstein, Hubertus (2016): Typen moderner Demokratien. Überblick und Sortierungsvorschlag, Wiesbaden.

Decker, Frank (2001): Politische Meinungsforschung in der Bundesrepublik Deutschland. Eine Bilanz nach fünfzig Jahren, in: Zeitschrift für Politikwissenschaft 11 (1/2001), S. 31–69.

Dodd, Stuart C. (1948): Developing Demoscopes for Social Research, in: American Sociological Review 13 (3/1948), S. 310–331.

Donovitz, Frank (1998): Journalismus und Demoskopie: Wahlumfragen in den Medien, Berlin.

Donsbach, Wolfgang / Weisbach, Kerstin (2005): Kampf um das Meinungsklima. Quellen und Inhalte der Aussagen über den möglichen Wahlausgang, in: Elisabeth Noelle-Neumann / Wolfgang Donsbach / Hans M. Kepplinger (Hg.), Wählerstimmungen in der Mediendemokratie, München/Freiburg, S. 104–127.

Faas, Thorsten (2014): Zur Wahrnehmung und Wirkung von Meinungsumfragen, in: Aus Politik und Zeitgeschichte 64 (43–45/2014), S. 3–10.

Faas, Thorsten / Mackenrodt, Christian / Schmitt-Beck, Rüdiger (2008): Polls that Mattered: Effects of Media Polls on Voters' Coalition Expectations and Party Preferences in the 2005 German Parliamentary Election, in: International Journal of Public Opinion Research 20 (3/2008), S. 299–325.

Fahimi, Yasmin (2017): Zahlen machen Politik – Politik machen mit Zahlen? Zum Verhältnis von Umfragen und Politik, in: Thorsten Faas / Dietmar Molthagen / Tobias Mörschel (Hg.), Demokratie und Demoskopie – Machen Zahlen Politik?, Wiesbaden, S. 59–66.

Gallus, Alexander (2002): Demoskopie in Zeiten des Wahlkampfs. »Wirkliche Macht« oder »Faktor ohne politische Bedeutung«?, in: Aus Politik und Zeitgeschichte 52 (15–16/2002), S. 29–36.

Gallus, Alexander (2003a): Medien, öffentliche Meinung und Demoskopie, in: Eckhard Jesse / Roland Sturm (Hg.), Demokratien des 21. Jahrhunderts im Vergleich. Historische Zugänge, Gegenwartsprobleme, Reformperspektiven, Opladen, S. 313–340.

Gallus, Alexander (2003b): Wahl als »Demoskopiedemokratie«. Überlegungen zur Meinungsforschung und ihren Wirkungen aus Anlass der Bundestagswahl 2002, in: Eckhard Jesse (Hg.), Bilanz der Bundestagswahl 2002. Voraussetzungen – Ergebnisse – Folgen, Wiesbaden, S. 123–137.

Gallus, Alexander / Lühe, Marion (1998): Öffentliche Meinung und Demoskopie, Berlin.

Gesis – Leibniz Institut für Sozialwissenschaften: Institut für Sozialwissenschaften: Politbarometer 2013 (online unter: http://zacat.gesis.org/webview/index.jsp?object=http://zacat.gesis.org/obj/fStudy/ZA2391 – letzter Zugriff: 21.09.2020).

Groß, Jochen (2010): Die Prognose von Wahlergebnissen. Ansätze und empirische Leistungsfähigkeit, Wiesbaden.

Hardmeier, Sibylle (2008). The Effect of Published Polls on Citizens, in: Wolfgang Donsbach / Michael G. Traugott (Hg.), The Sage Handbook of Public Opinion Research, Los Angeles, S. 504–513.

Hennis, Wilhelm (1957): Meinungsforschung und repräsentative Demokratie. Zur Kritik politischer Umfragen (= Staat in Geschichte und Gegenwart, Heft 200/201), Tübingen.

Hoffmann, Hanna / Klein, Markus (2013): Wirkungen von veröffentlichten Wahlumfragen auf die Koalitionserwartungen, die Wahlbeteiligung und die Wahlentscheidung bei der Bundestagswahl 2009: Eine Mehrebenenanalyse auf der Grundlage der Rolling Cross-Section-Befragung der German Longitudinal Election Study (GLES), in: Thorsten Faas / Kai Arzheimer / Sigrid Roßteutscher / Bernhard Weßels (Hg.), Koalitionen, Kandidaten, Kommunikation. Analysen zur Bundestagswahl 2009, Wiesbaden, S. 221–246.

Hoffmann, Hanna (2013): Wahlumfragen und Wähler. Analysen zum Einflusspotential veröffentlichter Umfrageergebnisse bei den Bundestagswahlen 2009 und 2005, Frankfurt/M.

Jacobs, Lawrence R. / Shapiro, Robert Y. (2000): Politicians Don't Pander. Political Manipulation and the Loss of Democratic Responsiveness, Chicago.

Jandura, Olaf / Petersen, Thomas (2009): Gibt es eine indirekte Wirkung von Wahlumfragen? Eine Untersuchung über den Zusammenhang zwischen der auf Umfragen gestützten und der sonstigen politischen Berichterstattung im Bundestagswahlkampf 2002, in: Publizistik 54 (4/2009), S. 485–497.

Kruke, Anja (2007): Demoskopie in der Bundesrepublik Deutschland. Meinungsforschung, Parteien und Medien 1949–1990, Düsseldorf.

Kruke, Anja (2014): Fragen über Fragen: Zur Geschichte der politischen Umfrage, in: Aus Politik und Zeitgeschichte 64 (43–45/2014), S. 11–17.

Leiner, Dominik J. (2016a): Our Research's Breadth Lives on Convenience Samples. A Case Study of the Online Respondent Pool »SoSci Panel«, in: Studies in Communication / Media 5 (4/2016), S. 367–396.

Leiner, Dominik J. (2016b): SoSci Panel für Wissenschaftlerinnen und Wissenschaftlern, in: SoSci Panel – offenes wissenschaftliches Befragungspanel (online unter: www.soscipanel.de/researchers.php – letzter Zugriff: 21.09.2020).

Maier, Jürgen / Brettschneider, Frank (2009): Wirkungen von Umfrageberichterstattung auf Wählerverhalten: Ein Online-Experiment zu den Landtagswahlen in Baden-Württemberg 2006, Rheinland-Pfalz 2006 und Hessen 2008, in: Nikolaus Jackob / Harald Schoen / Thomas Zerback (Hg.), Sozialforschung im Internet. Methodologie und Praxis der Online-Befragung, Wiesbaden, S. 321–337.

Nisbett, Richard E. / Wilson, Timothy D. (1977): Telling More than We Know: Verbal Reports on Mental Processes, in: Psychological Review 84 (3/1977), S. 231–259.

Noelle-Neumann, Elisabeth (1976): Das doppelte Meinungsklima. Der Einfluß des Fernsehens im Wahlkampf 1976, in: Politische Vierteljahresschrift 18 (2–3/1976), S. 408–451.

Noelle-Neumann, Elisabeth (1991): Demoskopische Geschichtsstunde. Vom Wartesaal der Geschichte zur deutschen Einheit, Zürich.

Ohliger, Ursula A. / Vögele, Catharina (2020): Objektive Informationsquelle oder Mittel zur politischen Instrumentalisierung? – Wie Landtagskorrespondenten die Bedeutung und Effekte der medialen Umfrageberichterstattung wahrnehmen, in: Medien- und Kommunikationswissenschaft 68 (1–2/2020), S. 113–141.

Partheymüller, Julia / Schäfer, Anne (2013): Das Informationsverhalten der Bürger im Bundestagswahlkampf 2013, in: Media Perspektiven (12/2013), S. 574–588.

Petersen, Thomas (2012): Regulation of Opinion Polls: A Comparative Perspective, in: Christina Holtz-Bacha / Jesper Strömbäck (Hg.), Opinion Polls and the Media: Reflecting and Shaping Public Opinion, Houndmills, S. 47–68.

Raupp, Juliana (2003): Informationen, Instrumentalisierung, Reflexion: Die widerspruchsvolle Verwendung von Umfragen in der Wahlberichterstattung, in: Christina Holtz-Bacha (Hg.), Die Massenmedien im Wahlkampf. Die Bundestagswahl 2002, Wiesbaden, S. 116–137.

Raupp, Juliana (2007a): Demoskopie als Instrument der Interessenvermittlung, in: Otfried Jarren / Dominik Lachenmeier / Adrian Steiner (Hg.), Entgrenzte Demokratie? Herausforderungen für politische Interessenvermittlung, Baden-Baden, S. 247–261.

Raupp, Juliana (2007b): Politische Meinungsforschung: Die Verwendung von Umfragen in der politischen Kommunikation, Konstanz.

Rothmayr, Christine / Hardmeier, Sibylle (2002): Government and Polling: Use and Impact of Polls in the Policy-Making Process in Switzerland, in: International Journal of Public Opinion Research 14 (2/2020), S. 123–140.

Rössler, Patrick (2003): Big Pollsters Are Watching You! Zur Darstellung und Wahrnehmung von Umfragen zur Bundestagswahl 2002 in unterschiedlichen Medien, in: Christina Holtz-Bacha (Hg.), Die Massenmedien im Wahlkampf. Die Bundestagswahl 2002, Wiesbaden, S. 138–161.

Schoen, Harald / Greszki, Robert (2014): Politische Meinungsforschung in Deutschland, in: Aus Politik und Zeitgeschichte 64 (43–45/2014), S. 18–24.

Schoen, Harald / Weins, Cornelia (2005): Der sozialpsychologische Ansatz zur Erklärung von Wahlverhalten, in: Jürgen W. Falter/ Harald Schoen (Hg.), Handbuch Wahlforschung, Wiesbaden, S. 187–242.

Schmitt-Beck, Rüdiger / Schrott, Peter R. (1994): Dealignment durch Massenmedien? Zur These der Abschwächung von Parteibindungen als Folge der Medienexpansion, in: Hans-Dieter Klingemann / Max Kaase (Hg.), Wahlen und Wähler. Analysen aus Anlaß der Bundestagswahl 1990, Opladen, S. 543–572.

Strömbäck, Jesper (2012): Published Opinion Polls, Strategic Party Behavior and News Management, in: Christina Holtz-Bacha / Jesper Strömbäck (Hg.), Opinion Polls and the Media. Reflecting and Shaping Public Opinion, Houndmills, S. 246–266

Traugott, Edgar (1970): Die Herrschaft der Meinung. Über die Wechselwirkung von demoskopischen Daten und politischen Entscheidungsprozessen, Düsseldorf.

Weizsäcker, Richard von (1992): Richard von Weizsäcker im Gespräch mit Gunter Hofmann und Werner A. Perger, Frankfurt/M.

Zubayr, Camille / Gerhard, Heinz (2002): Berichterstattung zur Bundestagswahl 2002 aus Sicht der Zuschauer. Ergebnisse einer Repräsentativbefragung und der GfK-Fernsehforschung, in: Media Perspektiven (12/2002), S. 586–599.

IV. Partizipation, direkte und digitale Demokratie

Ursula Münch

Bedroht die digitale Transformation die liberale Demokratie?

1. Einleitung

Die Schwierigkeit für Laien, die sich mit den Auswirkungen der Digitalisierung auf das Gemeinwesen im Allgemeinen und die liberale Demokratie im Besonderen befassen wollen, beginnt mit den Begriffen.[1] Trotz Dauernutzung des Begriffsfelds »Digitalisierung« in Medien, Unternehmen, Politik und Bildungseinrichtungen sowie der Vielzahl der in diesem Feld neu gegründeten Forschungszentren und Beratungseinrichtungen[2] hält die Verwirrung darüber an, welche technischen Veränderungen mit welchen wirtschaftlichen und gesellschaftlichen Wirkungen bereits Einzug gehalten haben oder zu erwarten sind und welche auch auf absehbare Zeit Science-Fiction bleiben dürften. Unbestritten aber ist die Gültigkeit einer von John Dewey zuerst im Jahr 1931 für das sogenannte »erste Maschinenzeitalter«, also die Ablösung der manuellen Arbeit durch Dampfmaschine und Elektrizität, getroffenen Feststellung auch für das »zweite Maschinenzeitalter«, also das digitale Zeitalter: Demnach erfolgt die Verbreitung von technologischen Innovationen im Alltag weitaus schneller als die Anpassung der rechtlichen, ökonomischen und sozialen Rahmenbedingungen.[3]

Am Anfang der digitalen Transformation steht die Digitisierung, also die Wandlung eines Objekts »von einem stufenlosen und kontinuierlichen (also analogen) in einen gestuften und diskreten (also digitalen) Zustand«.[4]

1 Vgl. Talin 2020, Oberle 2001.

2 Das vom Bundesministerium für Bildung und Forschung geförderte deutsche Internet-Institut (»Weizenbaum-Institut für die vernetzte Gesellschaft«) sowie das durch Google finanziell geförderte »Alexander von Humboldt Institut für Internet und Gesellschaft« (HIIG) sind beide in Berlin ansässig. Die Autorin gehörte bis Mai 2020 dem Direktorium des Bayerischen Internetinstituts an: Das »Bayerische Forschungsinstitut für digitale Transformation« (bidt) ist an der Bayerischen Akademie der Wissenschaften angesiedelt und wird vom Freistaat Bayern finanziert.

3 Vgl. Dewey 2003: 311.

4 Huppertz 2019.

Dadurch kann ein automatisierter Arbeitsablauf ausgelöst werden. Der Begriff Digitalisierung umschreibt die Umwandlung von Texten, Grafiken, Nachrichten, Abbildungen mithilfe von softwarebasierenden »Digitalisierungsautomaten«wie etwa Rechnern, Smartphones, Digital(isierungs)kameras oder Scannern in »Digitate«, die auf diese Weise sowohl weiterbearbeitet oder an andere weiterkommuniziert werden können.[5]

Die Digitalisierung ist also nicht Zukunftsmusik, sondern eine den meisten Menschen schon seit mehreren Jahrzehnten vertraute Alltagstätigkeit. Im Geschäftsalltag wird Digitalisierung häufig auch synonym für Automatisierung verwendet, also für die Möglichkeit effizienzorientiert zu handeln, ohne dass ein Mensch dabei interveniert. Der Begriff digitale Transformation umfasst dagegen etwas Anderes: Er umschreibt die Neugestaltung von Geschäftsmodellen und von Arbeitsweisen. Digitale Transformation meint nicht den Umgang mit der Technologie, sondern beschreibt die völlige Umgestaltung von Prozessen und damit der Art und Weise, wie etwa Unternehmen oder auch Mobilität funktionieren. Die digitale Transformation kann ohne Digitalisierung nicht stattfinden, umgekehrt ist dies möglich. Digitale Plattformen oder die Blockchain-Technologie komplementieren und substituieren bestehende Produkte, und sind daher häufig Ausgangspunkt digitaler Transformation. Die bekanntesten Beispiele sind digitale Plattformen wie Airbnb oder Uber, die die Vorteile einer »Wirtschaft des Teilens« (Sharing Economy) bieten und etablierte Tourismus- oder Beförderungsunternehmen zumindest vor Ausbruch der Pandemie extrem unter Druck setzten. Eine Blockchain, deren Einsatz nicht nur die Finanzbranche stark verändern wird, sondern Lösungsansätze für die Bewältigung komplizierter Abläufe im bundesdeutschen Verwaltungsföderalismus wie zum Beispiel den Asylgewährungsprozess bieten soll,[6] ist eine dezentrale Datenbankstruktur, in der Daten in kryptografisch miteinander verketteten Blöcken in chronologisch strukturierter Reihenfolge gespeichert werden.

Das Sammeln riesiger Datenmengen und deren Verarbeitung mithilfe von Algorithmen, also von Berechnungen, die ein spezifisches Problem in genau definierten Schritten lösen, erlauben es, vergangenheitsbezogene Informationen zu nutzen, um auf ihrer Grundlage Korrelationen herzustellen, mit denen dann automatisierte Entscheidungen getroffen werden können. Algorithmen filtern Informationen nicht nur, sondern lassen Muster erkennbar werden und klassifizieren die Informationen auch nach Relevanz. Dieses Vorgehen erlaubt Rückschlüsse auf die Eigenschaften auch von Personen,

5 Huppertz 2019.

6 Vgl. Bundesamt für Migration und Flüchtlinge 2019.

deren Daten der Algorithmus nicht ausgewertet hat: Mittels sogenannter »Stellvertreterdaten« (Geschlecht, formaler Bildungsgrad, Wohnort, Alter etc.) lassen sich Personen Eigenschaften (zum Beispiel Zuverlässigkeit der Bedienung von Krediten) zuschreiben, die die Träger dieser Merkmale typischerweise aufweisen.[7] Algorithmen werden also eingesetzt, um basierend auf der Mustererkennung von statistischen Berechnungen Aussagen über die Zukunft zu machen. Big-Data-Anwendungen basieren auf dem sogenannten Datenextraktivismus mittels Data Mining beziehungsweise Datenanalyse, also dem Durchsuchen großer Datenmengen nach Mustern.[8] Die mit diesen Techniken verbundene »Vermessung« der Individuen lässt die Frage, ob der klassische Datenschutz überhaupt ein wirksames Instrument sein kann, um die »informationelle Selbstbestimmung« im Zeitalter von »E-Life« zu gewähren,[9] müßig wirken.

Als »maschinelles Lernen« werden Verfahren bezeichnet, bei denen der Algorithmus aus der »Beobachtung« vieler Fälle selbst Regeln ableitet. Datenbasierte Annahmen über Nutzerpräferenzen erlauben damit Vorhersagen über die Interessen der Nutzer ebenso wie eine Personalisierung von Inhalten. Auf diese Weise wird es möglich, nicht nur Dienstleistungen und die Herstellung von Gütern zu individualisieren, sondern durch die algorithmisch getroffene Vorauswahl medialer Inhalte auch das Kommunikationsverhalten von Individuen. Auf demselben Prinzip basiert eine »algorithmische Entscheidungsfindung«[10] innerhalb von Unternehmen oder Behörden, etwa die Entscheidung über die Einstellung von Mitarbeitern oder die Vergabe eines Kredits.

Mit solchen algorithmischen Zuschreibungen gehen offensichtlich verschiedene Gefahren einher: Zum einen wird eine aktuelle gesellschaftliche Situation – wie etwa die Diskriminierung bestimmter Personengruppen auf dem Arbeits- oder Kreditvergabemarkt – durch das sogenannte »Scoring« in die Zukunft fortgeschrieben: »Die statistische Abbildung diskriminierender Strukturen [kann] zu einer selbsterfüllenden Prophezeiung werden«. Schließlich gilt: »Wer von einem Algorithmus in eine statistische Schublade gesteckt wird, kommt aus dieser kaum mehr heraus«.[11] Mit Blick auf den Prozess der Meinungs- und Willensbildung besteht die Gefahr, dass eine algorithmisch getroffene Auswahl von Inhalten zu einer »personalisierten Umweltwahr-

7 Vgl. Marcinkowski/Starke 2019: 269f.
8 Vgl. Morozov 2018.
9 Heckmann 2018.
10 Schallbruch 2018: 40.
11 Fröhlich/Spiecker genannt Döhmann 2018.

nehmung«[12] führt und damit die freie Meinungsäußerung unmittelbar und die politische Partizipation mittelbar betrifft.[13]

Die durch diese verschiedenen technischen Innovationen überhaupt erst möglich werdenden Geschäftsmodelle erlauben nicht nur erhebliche Produktivitätssprünge, stellen also eine sogenannte »Sprunginnovation« dar, sondern sind geeignet, große wirtschaftliche, gesellschaftliche und damit auch politische Veränderungen auszulösen. Auch wenn die Einschätzungen über die Qualität dieser Veränderungen zwangsläufig auseinandergehen: Die meisten Beobachter stimmen darin überein, dass es berechtigt ist, in weitgehend allen Lebensbereichen sogar massive Umwälzungen, also eine Disruption, zu erwarten. Zusätzlich zu diesen direkten Folgen der Digitalisierung auf den Arbeitsmarkt, die Mobilität, das Kommunikations- und Freizeitverhalten intensivieren die zeitgleich wirksam werdenden Folgen von Digitalisierung und Globalisierung die Wahrnehmung vieler Menschen, nicht die Subjekte, sondern die Objekte dieser revolutionären Veränderungen zu sein. Diese Einschätzung raubt nicht nur »den Menschen das Gefühl von Sicherheit« und gibt ihnen »das Gefühl, nicht mehr Herr ihres eigenen Lebens zu sein«,[14] sondern bestärkt sie womöglich in ihrem Urteil, dass auch die Politik aus strukturellen Gründen nicht über die erforderliche Gestaltungsmacht verfüge.

2. Die Schwierigkeiten der Politik im Umgang mit der Digitalisierung

Die Anpassung der sozialen, ökonomischen und rechtlichen Rahmenbedingungen an die Verbreitung technischer Innovationen geht in Form eines reflexiven Prozesses vonstatten, in dem sich die technologische Innovation und ihre Regulierung gegenseitig bedingen. Die damit einhergehende Technikfolgenabschätzung steht unter dem Vorzeichen des Gegensatzes »zwischen äußerer und innerer Wirksamkeit« technologischer Entwicklungen.[15] Obwohl alle Industriestaaten die Technikentwicklung zum Beispiel durch Forschungsförderung unterstützen,[16] fällt es den politischen Akteuren in demokratischen und gewaltenteilenden politischen Systemen

12 Schweiger 2017: 86.

13 Vgl. Vieth/Wagner 2017.

14 So der frühere Präsident des Instituts für Weltwirtschaft Kiel (vgl. Snower 2018).

15 Vgl. Dewey 2003: 310.

16 Vgl. Expertenkommission Forschung und Innovation 2018: 80, 98.

schwer, angemessen auf die Digitalisierung sowie die digitale Transformation zu reagieren: »Die Digitalisierung fordert den Staat nicht einfach nur heraus. Sie überfordert ihn.«[17] Eine der Ursachen für diese Schwäche des Staates ist der Faktor Zeit: Nicht nur sind demokratische Systeme mit ihren auf Zeit gewählten Repräsentanten und Amtsträgern zu wirklich vorausschauender Politik kaum in der Lage.[18] Hinzu kommt, dass die unvermeidliche Langsamkeit demokratischer politischer Prozesse in einem Rechtsstaat auf fast schon absurd anmutende Weise mit der Geschwindigkeit von Entwicklungen in der Informations- und Kommunikationstechnik kontrastiert. Zu bedenken wäre auch, dass es gerade im Feld Künstliche Intelligenz (KI) zudem um Themen geht, die vielleicht erst in 40 bis 50 Jahren virulent sein werden, für die aber bereits heute Grundlagen gelegt werden, etwa durch das Sammeln und Auswerten von Daten, die das »Machine Learning« überhaupt erst ermöglichen. Die Herausforderung für die Politik besteht deshalb – eigentlich – darin, sich bereits heute auf die technischen Voraussetzungen ebenso wie auf mögliche juristische Folgen des Einsatzes von KI einzustellen, ohne abschätzen zu können, was diese Technologie tatsächlich realistisch zu leisten in der Lage sein wird.[19]

Zu diesen Unsicherheiten über die tatsächliche technologische Entwicklung kommen ganz konkrete Vollzugsprobleme hinzu. Der Staat bewegt sich mit seinen gesetzlichen Regelungen und seinem Behördenapparat »in einem neuen Raum, in dem andere Gesetzmäßigkeiten gelten«,[20] die sich aus der Intransparenz, der technischen Komplexität und dem mit der Digitalisierung einhergehenden Ausweichen in fremde Rechtsordnungen ergeben. Das Datenrecht beispielsweise ist nicht nur kompliziert, sondern auch überaus kleinteilig: Wer etwa eine Finanz-App installiert, löst nicht nur eine Fülle datenschutzrechtlich erfasster Vorgänge aus, sondern gerät in Kontakt – wenn nicht sogar in Konflikt – mit einer Vielzahl sich überlagernder Gesetzesordnungen, die immer auch ausländisches Recht umfassen. Spätestens hier verlieren die Nutzer den Überblick über das unüberschaubare Zusammentreffen datenschutzrechtlicher Regelungen und die territorial gebundenen nationalen, meist aber auch die politischen

17 Schallbruch 2018: 2.

18 Vgl. Hösl/Kniep 2020.

19 Zu den institutionalisierten Bemühungen, diesem Problem etwa bei der Ausgestaltung von Forschungsstrukturen und bei der Forschungsplanung entgegenzuwirken, siehe das von der Europäischen Union geförderte Technologie-Roadmapping-Projekt »Companion« (Collaborative Commerce in Expanding Value Creating International Networks). Vgl. Thoben/Eschenbächer 2017, Münch 2019: 3, Dickow/Jacob 2018.

20 Schallbruch 2018: 22.

Institutionen der Europäischen Union büßen ihre Handlungsmacht ein. Vor allem das Territorialitätsprinzip, demzufolge der Geltungsbereich einer nationalen Rechtsordnung grundsätzlich auf das Gebiet des jeweiligen Staates beschränkt ist, wird durch die digital basierten Geschäftsmodelle in bislang einmaliger Weise herausgefordert. Um Standards über Staatsgrenzen hinaus zu sichern, bedarf es mühsamer und zeitaufwendiger völkerrechtlicher Vereinbarungen beziehungsweise Verträge. Die Ohnmacht der Nationalstaaten mit Blick auf die Regulierung der Digitalisierung zeigte sich zuletzt beim Erlass der Europäischen Datenschutzverordnung. Der Verordnung gelingt es nicht, die ursprünglich beabsichtigte Regulierung der US-amerikanischen Internetplattformen wirksam durchzusetzen, sie zwingt aber zum Beispiel europäischen Kleinstunternehmen komplizierte bürokratische Regeln auf.

Das Verhältnis von Politik und Technik war immer davon geprägt, dass nur wenige politische Akteure das Fachwissen besitzen, um technologische Entwicklungen auch fachlich einschätzen zu können.[21] Bei den Themen Digitalisierung und digitale Transformation besteht die Gefahr, dass sich das Wissensdefizit von Repräsentanten, Amtsinhabern und Verwaltungsangehörigen allein schon aufgrund des ungleichen Wettbewerbs um die »klügsten Köpfe« noch weiter verfestigen wird. Die Einbeziehung externer Experten wird an diesem strukturell bedingten Wissensdefizit von Legislative aber auch Exekutive nichts ändern.[22] Die genannten Herausforderungen von Demokratien im Umgang mit der Digitalisierung sowie der digitalen Transformation werden noch größer dadurch, dass die Digitalisierung nicht der einzige Entwicklungstrend ist, der Gesellschaft, Wirtschaft und Politik derzeit massiv verändert. Weitere Trends wie die vielfältigen Interdependenzen zum Beispiel in der Umwelt- und Klimapolitik, aber auch die Technisierung des Lebens im Allgemeinen, die Europäisierung und Globalisierung sowie die Veränderungen der Gesellschaften durch die nachlassende Bindungskraft von gesellschaftliche Organisationen treten zur Digitalisierung hinzu und werden zum Teil durch diese auch vorangetrieben.[23]

21 Vgl. Mayntz 2001.

22 Vgl. die Berufung von ehrenamtlichen Mitgliedern des »Digitalrats« im August 2018, der »mindestens zweimal jährlich mit der Bundeskanzlerin und weiteren Mitgliedern der Bundesregierung tagen« soll und darüber hinaus weitere, eigene Sitzungen durchführt (vgl. Bundesregierung 2018).

23 Zum Thema Beschleunigung sowie zum Zusammenwirken von Technologie, Globalisierung und Klimawandel vgl. Friedman 2017.

3. Forschungsthemen der Politikwissenschaft mit Blick auf demokratierelevante Auswirkungen der Digitalisierung

Die genannten Schwierigkeiten der Politik im Umgang mit Digitalisierung und digitaler Transformation sind auch Themen der Politikwissenschaft. Anfänglich hatte die Politikwissenschaft dem Thema Digitalisierung nur wenig Aufmerksamkeit geschenkt.[24] Das hat sich inzwischen gründlich geändert. Entsprechend der politikwissenschaftlichen Dreiteilung des Politischen in die Dimensionen institutionelle Ordnung beziehungsweise Form der Politik (*polity*), Inhalt von Politik (*policy*) sowie politischer Prozess (*politics*) lässt sich auch die »Digitalpolitik« in drei Dimensionen einteilen:

»Digital Polity« befasst sich zunächst mit der politischen Zuständigkeit unter anderem für den Aufbau und den Unterhalt der technischen Infrastruktur und fragt nach der Regulierungszuständigkeit: Wird auf der jeweiligen politischen Ebene ein (eigenständiges) Ressort für Digitales mit möglichst klar umrissenen Gesetzgebungskompetenzen und Befugnissen geschaffen? Oder wird die Digitalisierung als Querschnittsaufgabe wahrgenommen, die zwangsläufig in allen Ressorts angesiedelt ist und deren Wahrnehmung unvermeidbar mit Kompetenzkonflikten einhergeht? Innerhalb dieser Politikdimension sind auch die föderale sowie die Aufgabenteilung innerhalb der Europäischen Union zu behandeln.[25]

Das Thema Digitalisierung als »Politikfeld«, also die »Digital Policy«, untersucht die vielen einzeln zu regelnden Teilbereiche der Digitalisierung: Welche politischen Entscheidungen sind hinsichtlich zum Beispiel Urheberrecht, Datenschutz im Allgemeinen sowie Jugendschutz im Besonderen zu treffen? Welche konkurrierenden Interessen sind mit Blick auf die sogenannte Netzneutralität durch politische Maßnahmen auszugleichen, und wie lassen sich die arbeitsmarktpolitischen Folgen der digitalen Transformation mit den Instrumenten des Sozialstaates auffangen? Zu einem der zentralen Themen regionaler Infrastruktur- und Wirtschaftspolitik dürfte sich die Frage entwickeln, welchen Beitrag staatliche Akteure etwa durch die Bereitstellung digitaler Infrastrukturen, die inzwischen als Teil der staatlichen Daseinsvorsorge gelten,[26] leisten können, um dem wachsenden Stadt-Land-Gefälle und dessen

---

24 Eine Ausnahme ist das PVS-Sonderheft, das sich bereits im Jahr 2001 ausführlich mit vielen Aspekten der Digitalisierung befasst hat, ohne jedoch diesen Begriff intensiv zu verwenden (vgl. Simonis/Martinsen/Saretzki 2001).

25 Vgl. Härtel 2017, Brunner et al. 2020..

26 Vgl. Füracker 2018.

problematischen gesellschaftlichen und politischen Folgen zu begegnen.[27] Die Querschnittsdimension der Digitalisierung zeigt sich also darin, dass praktisch jedes Politikfeld durch den Einsatz zum Beispiel von Big-Data-Anwendungen weitreichende Veränderungen erfährt. Im Bereich der Außen- und Sicherheitspolitik setzt unter anderem das Bundesverteidigungsministerium darauf, mit Blick auf Krisenregionen Informationsauswertung und lernfähige Software dazu einsetzen zu können, Handelsdaten, Arbeitslosenquoten und Kriminalitätsraten unter anderem mit Informationen über politische Gewalt analytisch zu verknüpfen. Mit derartigen Krisenmodellierungsprojekten lassen sich zwar immer noch nicht kriegerische Konflikte vorhersagen, aber mittels automatisierter Auswertung von Informationen könnte es möglich sein, frühzeitig Hinweise auf krisenhafte Entwicklungen zu erhalten, die das Potenzial besitzen, in einer Eskalation zu münden.[28] Im nationalen Kontext soll der Einsatz von Data Analytics eine Optimierung von Verwaltungshandeln ermöglichen.[29] So wertet das Gesundheitsamt von Chicago die Daten früherer Betriebsinspektionen, Bürgerbeschwerden und sozialer Medien aus, um sich bei Lebensmittelkontrollen angesichts knapper Personalmittel effizient auf jene Gastronomiebetriebe zu konzentrieren, bei denen Verstöße aufgrund früherer Vorfälle und entsprechender Kommentierungen von Gästen am wahrscheinlichsten auftreten.[30] Und das österreichische Bundesministerium gründete im Jahr 2016 ein »Predictive Analytics Competence Center« (PACC), das unter anderem einen Beitrag dazu leisten soll, verdächtige Steuerfälle für die genauere Prüfung durch Finanzbeamte zu identifizieren.

Dass sich »datengeleitetes« Regieren und damit »evidenzbasierte Politikgestaltung«[31] derzeit wieder großer Beliebtheit erfreut, steht in Zusammenhang einerseits zur Repräsentationskrise liberaler Demokratien und andererseits zur Komplexität sozialer Phänomene.[32] Prädiktive Verfahren stellen demnach nichts anderes als »algorithmische Techniken der Kontingenzbewältigung« dar.[33] Gleichzeitig erlauben datenbasierte wissenschaftliche Nachweise immer schon, politische Entscheidungen in einer von Komplexität und

27 Vgl. Bertschek/Briglauer 2018: 2f.

28 Zum Bericht über ein entsprechendes Forschungsprojekt an der Universität der Bundeswehr München vgl. Stieler 2018.

29 Vgl. Thapa/Parycek 2018.

30 Vgl. Sia 2018.

31 Rieder/Simon 2018: 159.

32 Vgl. Diehl 2016.

33 Mohabbat Kar/Parycek 2018: 20.

Unsicherheit geprägten Zeit zu entpolitisieren und gegenüber kritischen Teilöffentlichkeiten zu rechtfertigen.[34]

Zur Untersuchungsdimension »Digital Policy« gehört auch die grundsätzliche Frage nach den individuellen Rechten und Verantwortlichkeiten der Individuen, nach Haftung und Verantwortung für algorithmisch veranlasste Maßnahmen sowie dem Verhältnis von Staat und Wirtschaft. Indem die Digitalisierung neue Handlungsräume zum Beispiel im Bereich von Handel, Produktion, Mobilität oder Kommunikation eröffnet, stellt sie zugleich tradierte Wertevorstellungen und akzeptierte Prinzipien infrage (zum Beispiel prinzipielle Gleichheit, Handlungsfreiheit und Diskriminierungsverbot). Daraus ergibt sich das Erfordernis der gesellschaftlichen (Neu-)Aushandlung von Werten und Prinzipien. So wird immer wieder neu diskutiert werden müssen, was aus der im 18. und 19. Jahrhundert entwickelten Idee der Persönlichkeit im Zeitalter der Digitalisierung wird. Wie bei jeder technologischen Innovation müssen auch im Bereich der Digitalisierung nicht-technologische Implikationen – also ethische, politische, rechtliche, wirtschaftliche, soziale Implikationen – bedacht und gegebenenfalls politisch umgesetzt werden. Das Grundgesetz geht von der Pluralität der Menschen aus, die in der Lage sind, spontan zu handeln. Menschliches Handeln lässt sich diesem Verständnis nach nicht von einem digitalen Profil deduzieren.

Praktische Anforderungen an die politische Gestaltung einer digitalen Gesellschaft ergeben sich nicht zuletzt aus der digitalen Sorglosigkeit individueller Nutzer, die massive Sicherheitsprobleme auch für kritische Infrastruktur nach sich ziehen kann. Die politischen Parteien werden sich unterschiedlich zu der Frage positionieren, ob es eine staatliche Aufgabe darstellt, individueller digitaler Naivität entgegenzuwirken und wie das Spannungsfeld von IT-Sicherheit versus Übermaßverbot zu gestalten ist. Auch die Frage, ob und wie staatliche Hilfe zur Selbsthilfe unter diesen völlig veränderten Vorzeichen gestaltet werden kann und welche Aufgaben dem digitalen Verbraucherschutz angesichts der Gefahren zukommen, die sich aus dem Einsatz veralteter IT-Produkten durch Unternehmen oder Dienstleister ergeben können, ist politisch zu klären. Was muss einerseits der Staat regeln und veranlassen und was andererseits Unternehmen und Privatleute, um sowohl Privateigentum als auch die öffentliche Infrastruktur bestmöglich vor Cyber-Kriminalität zu schützen?

Das Analysefeld »Digital Politics« befasst sich zum einen mit den politischen Prozessen, die auf das Politikfeld Digitalisierung bezogen sind. Dabei steht die »aus Interessensgegensätzen und interessengeleitetem Handeln

34 Vgl. Mohabbat Kar/Parycek 2018: 9.

hervorgehende Konfliktaustragung und Konsensbildung« im Bereich der Digitalisierung im Vordergrund.[35] Darüber hinaus geht es in dieser politikwissenschaftlichen Dimension aber vor allem auch um die Auswirkungen der Informations- und Kommunikationstechnik insgesamt auf den Prozess der politischen Meinungs- und Willensbildung.[36] Schließlich gehört es zu den Spezifika der Digitalisierung und der digitalen Transformation, dass sie nicht nur mit Machtverschiebungen infolge der Ablösung bisher abgrenzbarer souveräner Räume im Gefüge Politik, Gesellschaft und Wirtschaft durch Netzwerkstrukturen verbunden sind, sondern dass die Wirkweisen der digitalen Kommunikation Konsequenzen für buchstäblich alle Bereiche der politischen Willensbildung sowie der politischen Partizipation haben. Ein Aspekt der disruptiven Wirkung neuer Datentechnologien, Big Data und Data Analytics, besteht darin, dass diese Anwendungen jede Phase des klassischen Politikzyklus verändern können. So liegt es für Parteien, Wahlkämpfer oder Regierungen nahe, sich beim politischen Agenda-Setting des Instruments Data Analytics zu bedienen, um mithilfe der Auswertung großer Datenmengen ein (zusätzliches) Barometer für die Stimmung in der Bevölkerung oder in Teilen der Bevölkerung – sei es mit Blick auf politische Themen oder mit Blick auf Persönlichkeitswerte von politischen Akteuren – zu erhalten. Darüber hinaus verändern die neuen Möglichkeiten digitaler Kommunikation den öffentlichen Diskurs: So gelten im Netz zum einen andere Aufmerksamkeitsregeln, vor allem aber stellen »die vernetzten Vielen« eine neue Form der »Fünften Gewalt« dar.[37] Sie verändern die Agenda der klassischen Medien, werden als Medienkritiker und vor allem als Meinungskorrektiv aktiv, sie bilden Protestgemeinschaften, und mittels digitaler Kommunikation in den sogenannte sozialen Netzwerken beeinflussen sie auch die Politik der staatlichen Institutionen sowie von Unternehmen.

4. Das demokratiegefährdende Potenzial der Digitalisierung

Die Demokratie ist eine voraussetzungsvolle Staatsform.[38] Dies gilt in ganz besonderem Maße für unsere interdependente, technisierte, digitalisierte, globalisierte und beschleunigte (westliche) Welt. Die Bürger wenden sich von der

35 Schmidt 2004: 537.

36 Vgl. Hofmann et al. 2019.

37 Pörksen 2018: 81–87.

38 Einzelne Abschnitte des nachfolgenden Kapitels entstammen meinem Beitrag Münch 2018a: 109ff.

Demokratie ab, wenn sie den Eindruck haben, dass die nationalen Parlamente und Regierungen infolge eines doppelten Demokratiedefizits gar nicht mehr über die wirklich wichtigen Fragen entscheiden können.[39] Gleichzeitig verändert der gesellschaftliche Wandel auch die Ansprüche und Prioritätensetzung der Bürger: Manch einem erscheint die Handlungsfähigkeit des Staates (etwa mit Blick auf die Abwehr unerwünschter Migration) wichtiger als Selbstbestimmung und Freiheit. In der Folge sinkt die Demokratiezufriedenheit. Diese Abwendung wird durch verschiedene Begleitprozesse begünstigt: In allen westlichen Gesellschaften führen Emanzipations- und Individualisierungsprozesse, aber durchaus auch Machtmissbrauch und Missstände innerhalb einzelner Institutionen dazu, dass die Deutungshoheit gesellschaftlicher Intermediäre wie etwa Parteien, Kirchen, Verbände und Massenmedien nachlässt.[40] Das dabei entstehende Vakuum lässt Raum gerade für die digitalen Formen der Einflussnahme und Manipulation, die geeignet sind, die Freiheit des öffentlichen Austausches und damit das zentrale Merkmal, aber eben auch die Legitimationsgrundlage liberaler Demokratien zu gefährden.

Eine liberale Demokratie ist auf das möglichst manipulationsfreie Funktionieren des öffentlichen Diskurses angewiesen. Über ihn bestimmen die Bürger die Themen der öffentlichen Debatte maßgeblich mit, und in seinem Verlauf wird geklärt, welche Probleme und Herausforderungen von der Politik aufgegriffen und gelöst werden sollen. Die digitale Kommunikation verändert diesen Prozess der Meinungs- und Willensbildung dramatisch: Wir beobachten eine große Demokratisierung, aber auch Dezentralisierung des Zugriffs auf Informationen, auf Wissen sowie der Kommunikation. So verleihen sogenannte kollaborative Wissensspeicher (zum Beispiel Wikipedia) den Nutzern mehr Autonomie, und digitale Kommunikation ermöglicht hierarchiefreie »Mass Self-Communication«. Die aus dem Wegfall redaktioneller oder professionsbasierter Einstiegsbarrieren resultierende »Disintermediation« dezentralisiert und demokratisiert die Weitergabe sowohl von Informationen als auch von Falschinformationen[41] und schmälert die Bedeutung journalistischer Gatekeeper. Professionell arbeitende Redaktionen sollten bei ihrer Recherche nicht nur wahrheitsorientiert arbeiten, sondern auch Qualitätsstandards sowie die »publizistische Kartografie der aktuellen Lebenswirklichkeit« einhalten, also mit einem »Gespür für Relevanz, Proportionalität und Nuancen« berichten.[42]

---

39 Vgl. Rosteck 2018: 26f.

40 Vgl. Bein 2018, Krimmer 2019.

41 Vgl. Pörksen 2018: 64.

42 Pörksen 2018: 196.

Online-Plattformen leben vom Gegenteil: Ihr klick- und verweildauerbasiertes Geschäftsmodell beruht auf dem Vorrang von Schnelligkeit vor Objektivität, auf Personalisierung, geschürter Empörung und sogar Verunglimpfung. Und indem sich unser Kommunikationsverhalten dramatisch verändert, steigert sich die Gefahr einer folgenreichen Überforderung der Bürgerschaft: Anstelle der bisherigen Strukturierung durch hierarchisch funktionierende Qualitätsmedien erleben wir die globalisierte Ereigniskonfrontation in Echtzeit. Die Teilnehmer an dieser Weltkommunikation werden in eine »Nachbarschaft« hineingezwungen. Die digitalen Netzwerke und Plattformen vermitteln die Kontingenz und Komplexität von Wirklichkeit in Sekundenschnelle.

Als Folge der intensiv vernetzten Kommunikation prasseln unterschiedlichste Ausprägungen der Weltwahrnehmung und ihrer Deutung ungefiltert und in radikaler Unmittelbarkeit auf uns ein. Es entstehen immer wieder neue Gemeinschaften (zum Beispiel #MeToo), sogenannte »Konnektive«, die die Wucht des gemeinschaftlichen Auftritts mit ihrer persönlichen Geschichte und auch Selbstinszenierung verbinden und ihren Teil zum Phänomen der »erregten Gesellschaft« beitragen: »Der entscheidende Punkt für die gleichzeitige Beruhigung und Beunruhigung der Gesellschaft durch das Prinzip Information ist nicht deren enorm gewachsene Menge, sondern deren laufender Abgleich mit Nichtinformation.«[43] Da zugleich der Zugang zu technischen Manipulationsmöglichkeiten immer einfacher wird, erleben wir die Autoritätskrise des digitalen Zeitalters: Selbst Profis fällt es in Zeiten der Bild- und Videofälschung (Deepfakes) oder der gekauften Trolle und Social Bots schwer, wahr und falsch angemessen schnell zu unterscheiden. Und auch ein reflektierter Nutzer scheitert angesichts der vermeintlichen Gleichwertigkeit der Informationsquellen und der herrschenden Diskursanarchie durch den Verlust zivilisierender Filter an der eigentlich so dringlichen Prüfung der Identität und Integrität des Kommunikators. Und nur die wenigsten von uns sind gerade dann, wenn uns Extremereignisse zu angsterfüllten Voyeuren machen, zu einem verantwortungsbewussten Informations- und Kommunikationsverhalten in der Lage. Diese Überforderung fördert ebenso die Nachfrage nach den Botschaften der Vereinfacher und Populisten wie übertriebenes Bestätigungsdenken in »gatekeeperfreien Zonen«.[44]

Die kaum zu überschauenden Facetten dieser Veränderungen der öffentlichen Kommunikation provozieren die Frage, wie angesichts des damit einhergehenden Zerfalls der politischen Öffentlichkeit in Teilöffentlich-

---

43 Baecker 2018: 195 (unter Verweis auf Toffler 1970).

44 Vgl. Russ-Mohl 2017: 211ff.

keiten die »deliberative Legitimation«[45] gewährleistet werden kann. Dazu gehört die Klärung, welche Vorkehrungen erforderlich wären, um die mit dem technologischen und wissenschaftlichen Fortschritt einhergehende Professionalisierung der verschiedenen Lebensbereiche nicht in eine unüberbrückbare Distanz zwischen Eliten und Massen münden zu lassen. »Wenn aber spezialisiertere Wissensgemeinschaften die vorgefundenen Probleme auf zunehmend selektivere Weise in Angriff nehmen, entfernen sie sich in ihren Entscheidungen immer weiter von den konkreten Lebensumständen der Betroffenen«.[46] Mit einem solchen Prozess ginge nicht nur die Entwertung von fachlicher Expertise einher,[47] sondern er ist geeignet, Teile der Bevölkerung in ihrer Skepsis gegenüber den verschiedenen Erscheinungsformen von Elite zu bestärken und damit auch die Repräsentationskrise auszuweiten.[48]

Die Auswirkungen einer für das Individuum eigentlich unerträglichen und von ihm gleichzeitig konsequent gesuchten Informationsüberflutung verändern nicht nur den politischen Diskurs, sondern auch Abstimmungs- und Wahlergebnisse und damit mittelbar auch die Zusammensetzung von Parlamenten, Regierungen und sogar Gerichten. Die Digitalisierung wirkt sich demnach auch auf die »dezisive Ebene« der Gewaltenteilung (Winfried Steffani), also den politischen Willensbildungs- und Entscheidungsprozess aus. Gerade hier spüren wir den Wegfall der Gatekeeper am intensivsten: Die digitalen Plattformen und Netzwerke ermöglichen es jedem, ohne den (Um-)Weg über die Intermediäre (also Parteien, Verbände, klassische Medien) große Teile der Öffentlichkeit direkt – und vor allem emotional – anzusprechen und politisch zu mobilisieren. Mit dem Bedeutungsrückgang der klassischen Massenmedien ändert sich auch das Verhältnis zwischen politischen Akteuren und den Bürgern.

Nicht nur politischen Bildnern bereitet Sorge, dass die Wirkweisen der sogenannten sozialen Netzwerke vor allem den populistisch auftretenden Politikern zu nützen scheinen.[49] Dank digitaler Plattformen und sozialer Netzwerke sind die politischen Akteure in weit geringerem Umfang als bisher auf die Transferleistung der Massenmedien angewiesen. Stattdessen können sie nun selbst ungefiltert Nachrichten verbreiten und die herkömmlichen Nachrichtenkanäle umgehen. Dieses Ausschalten von professionellen

45 Schaal/Heidenreich 2016: 267f. (unter Verweis auf Geis/Nullmeier/Daase 2012.)

46 Hegmann 2001: 21.

47 Vgl. Hegmann 2001: 29.

48 Vgl. die Ergebnisse des *Edelman Trust Barometers*, das jedes Jahr in 28 Staaten die Vertrauenswerte von Politik, Massenmedien und Unternehmen erhebt und veröffentlicht (vgl. Edelman Holdings 2020).

49 Vgl. Maurer 2017.

Redaktionen und qualifizierten Journalisten erlaubt es, die direkte Kommunikation mit dem Publikum beziehungsweise den eigenen Anhängern zu pflegen. Gerade für sich (links- oder rechts-)populistisch gebende Politiker bietet diese Kontaktform einen enormen Vorteil: Soziale Netzwerke lassen Kommunikation horizontal werden. An die Stelle der hierarchischen vertikalen Kommunikation (»von oben nach unten«) der Massenmedien ist eine (scheinbar) egalitäre Welt der »Mass Self-Communication« getreten,[50] in der jeder zugleich Sender und Empfänger ist oder sein kann. Gerade Politikern, die bislang auf die Vermittlungsleistung der Massenmedien angewiesen waren und wegen dieser vertikalen und damit hierarchischen Kommunikation tendenziell elitär wirkten, erlaubt es eine neue Form politischer »b2b«-Kommunikation. US-Präsident Donald Trump führt vor, dass es auf diese Weise gelingen kann, einen unmittelbaren Draht zu den »einfachen Leuten« zu pflegen und den Adressaten seiner Botschaften, den »people like me«, nicht länger »von oben herab«, sondern auf der Ebene (vermeintlicher) Ebenbürtigkeit als »verwandte Seele« zu begegnen.

Nicht nur mit Blick auf den öffentlichen Diskurs, sondern auch in Hinsicht auf die Veränderungen der politischen Partizipation fällt die Beurteilung der Chancen und Risiken der Digitalisierung ambivalent aus. Zweifelsohne steigern neue deliberative Beteiligungsverfahren mit niedrigschwelligem partizipativem Potenzial wie etwa »Mini Publics«, Bürgerhaushalte oder Online-Petitionen die Chance auf individuelle politische Teilhabe. Die neuen Partizipationsformen sind auch durchaus geeignet, die demokratische Legitimation von Entscheidungen zu verbessern und marginalisierte Gruppen stärker einzubinden. Ob sich die Hoffnung auf »digitale Inklusion« aber tatsächlich erfüllt, ist umstritten. So spricht einiges dafür, dass der »Participatory Divide«, also die vor allem auf sozioökonomischen Ursachen beruhende unterschiedliche politische Wirkmacht gesellschaftlicher Gruppen, nicht allein durch die Vervielfachung der Ausspielkanäle überwunden wird.

Unabhängig davon, ob zum Nutzen oder zum Schaden der Demokratie: Fest steht, dass etablierte Prozesse und Strukturen politischer Meinungsbildung durch die digitalen Kommunikationsformen mindestens ergänzt, womöglich sogar außer Kraft gesetzt werden. Es ist möglich geworden, ohne nennenswerten Aufwand, nicht nur Meinungen, sondern auch die Stimmung in einer Gesellschaft zu beeinflussen. Die Einsatzmöglichkeiten gerade digitaler Kommunikation bergen das Potenzial, innerhalb kurzer Zeit vermeintlich festgelegte Stimmungslagen in der Bevölkerung zu verändern.[51]

50 Vgl. Castells 2009.

51 Vgl. Hegmann 2001.

Damit lässt sich aber auch unsere Wahrnehmung von gesellschaftlichen Mehrheiten und Minderheiten sowie die Einschätzung der gesellschaftlichen Relevanz von Themen und Problemen manipulieren, jeweils mit womöglich weitreichenden Folgen für das Wahl- und Abstimmungsverhalten der Bürger. Dass ein Staat das Verhalten seiner Bürger mittels »Social Scoring« überwacht, erwünschtes Verhalten belohnt und missliebiges privates, gesellschaftliches und eben auch politisches Verhalten sanktioniert, erscheint bislang dem autoritären politischen System der Volksrepublik China vorbehalten.[52] Zumindest im Grundgedanken sind jedoch Überschneidungen mit dem liberalen Paternalismus eines »Nudging«, das auch in Deutschland Einzug hält, nicht zu übersehen.[53]

Angesichts dieser technischen Möglichkeiten und der diversen Verlockungen einerseits sowie der fundamentalen Bedeutung des freiheitlichen öffentlichen Diskurses andererseits muss sich jede Demokratie intensiv und kontinuierlich mit folgenden Fragen befassen: Wie gewährleistet man faire Bedingungen? Was setzen wir einer möglichen Manipulation des Meinungsbildungs- und Mobilisierungsprozesses – sei es aus der Mitte des Gemeinwesens, sei es von ausländischen Staaten – wirksam entgegen? Und wie geht eine Wissensgemeinschaft, die sich bezüglich eines anzustrebenden Ziels einig ist, mit der Erkenntnis um, dass sie auch selbst womöglich auf Manipulation zurückgreifen muss, wenn sie sich mit anderen ebenfalls »selbstgewissen Gruppen«[54] auseinanderzusetzen hat?

Derzeit scheint ein Großteil der Bevölkerung gegenüber der Digitalisierung noch recht aufgeschlossen – und zwar nicht zuletzt deshalb, weil die Gratifikation durch die Internetnutzung scheinbar alle Nachteile aufwiegt. Dennoch dürfte den meisten Bürgern bewusst sein, dass die digitale Transformation massive Auswirkungen auf alle Dimensionen menschlichen Lebens hat. Die Bürger erwarten von der Politik, dass sie die Folgen der digitalen Revolution nicht nur frühzeitig erkennt, sondern auch angemessen reguliert. Gleichzeitig ahnen wir auch, dass die Politik zumindest im Augenblick auf eher verlorenem Posten kämpft. Wenn wir wollen, dass die Nationalstaaten und die transnationalen Staatenverbünde in der Lage sind, die Rahmenbedingungen des politischen und ökonomischen Handelns auch gegenüber den Technologiekonzernen zu bestimmen, dann müssen Demokratien handeln und der Macht der Internetkonzerne Gegenmacht in Form eigener nationaler und supranationaler Verfügungsmacht über technische Infrastruktur

52 Vgl. Strittmatter 2019.

53 Vgl. Backer 2018.

54 Hegmann 2001: 24.

entgegensetzen: Staaten müssen sich ein Mindestmaß an technologischer Unabhängigkeit wahren, um nicht gerade beim Ausbau Künstlicher Intelligenz in die Abhängigkeit von ausländischen Unternehmen zu geraten. Denn: Wenn uns diese besondere Art der Souveränität verloren geht, verlieren alle anderen Arten der Souveränität, seien sie ökonomische oder politische, womöglich ihre Bedeutung. Die westliche Staatengemeinschaft muss daher in eigene technische Infrastrukturen investieren, die sowohl Cyber-Attacken als auch den Launen der technofeudalen Unternehmen standhalten können. Es besteht also ein Erfordernis für zusätzliche staatliche Investitionen in Forschung und Entwicklung.

5. Politische Bildung allein genügt nicht: Zur Bedeutung von Bildung in der digitalen Welt

Aus dem Zusammenwirken der genannten Punkte könnte sich unter Umständen ein ideales Betätigungsfeld für politische Rattenfänger und digital kommunizierende Heilsversprecher ergeben[55] – vor allem dann, wenn wir uns der Illusion hingeben, dass Demokratie und Rechtsstaatlichkeit selbstverständlich seien, und wir weiterhin darauf verzichten, angemessen für die Grundlagen unseres Gemeinwesens, unserer Verfassungsordnung und unserer pluralistischen Demokratie einzutreten.[56] Nachdem die Strukturierungsfähigkeit der intermediären Institutionen weniger nachgefragt wird, sind die Bürger bei der Suche nach Einordnung und Orientierung stärker als bisher auf sich selbst gestellt. Wer nicht will, dass hier ein Vakuum entsteht, in dem sich digital verbreitete Botschaften und Falschmeldungen der Anti-Pluralisten unterschiedlicher Couleur festsetzen und ausbreiten, muss die vorpolitischen Grundlagen der freiheitlichen Demokratie und damit vor allem die Bevölkerung in ihrer Rolle als gemeinsinnorientierte und verantwortungsbewusste Bürger stärken. Dieses Postulat baut auf der Überlegung auf, dass die Demokratie und die Beachtung rechtsstaatlicher Grundsätze keinesfalls allein von der Qualität der Mandats- und Amtsinhaber und nicht einmal von gesetzlichen oder verfassungsrechtlichen Gewährleistungen abhängen. Wenn die Diagnose zutrifft, dass der Gesellschaftsvertrag der Nachkriegszeit – also der gesellschaftliche und politische Konsens über die Notwendigkeit, globale Macht durch internationale Verträge und nationale Macht durch gewaltenteilende Mechanismen zu bändigen – an Bedeutung verliert, dann hat dies

55 Einzelne Abschnitte des nachfolgenden Kapitels entstammen dem Beitrag Münch 2018b.

56 Vgl. Münch 2020.

auch auf die politische Bildung massive Auswirkungen: Die Elemente des materiellen Rechtsstaates beziehungsweise der »Checks and Balances« waren denjenigen, die »durchregieren« wollen, immer schon ein lästiges Hemmnis – das ist nichts Neues. Neu ist aber, dass diese anti-liberale Haltung zum Aufstand gegen das Establishment, gegen die Eliten verbrämt wird. Und neu ist auch, dass das auch biografisch geprägte Verständnis für die demokratie- und menschengefährdenden Wirkungen von Machtkonzentration gerade in den jüngeren Generationen weniger stark ausgeprägt zu sein scheint. In einer Zeit, in der die Sehnsucht nach den radikalen Lösungen auch mittels digitaler Kommunikation um sich zu greifen scheint, ist es angebracht, dieses Grundverständnis für den freiheitsschützenden Wert dieser Mechanismen des Interessenausgleichs zu schulen. Dieses Verständnis ist keinesfalls nur den jungen Leuten abzufordern. Das geht alle an.

Das zur politischen Urteilsbildung unabdingbare Orientierungs- und vor allem Deutungswissen wird jedoch gerade nicht durch die bloße Verfügbarkeit von Informationen erreicht: Das Vorhandensein der erwähnten kollaborativen Wissensspeicher allein wird es also nicht richten. Um politische Inhalte verstehen, konkurrierende politische Lösungen sowie die Geeignetheit des politischen Personals beurteilen zu können, reichen Recherchefähigkeiten nicht aus: Grundkenntnisse über das parlamentarische Regierungssystem, die Aufgabenverteilung zwischen den staatlichen Ebenen sowie die Arbeitsweise und Organisation der Medien in einer freiheitlichen Demokratie sind Mindestanforderungen. Nachdem das Netz und die digitalen Netzwerke gerade für junge Leute immer häufiger den einzigen Zugang zu politischen Themen darstellen und die Vereinfachung, Beschleunigung und Emotionalisierung von Politik an der Tagesordnung sind,[57] muss politische Bildung mehr denn je das Struktur- und Orientierungswissen vermitteln, ohne das wir in der digitalen Welt drohen verloren zu gehen. Aber: Politische Bildung ist auch mehr als nur Wissensvermittlung auf der kognitiven Ebene. Wir beobachten, dass trotz aller Appelle, eine »weitere Spaltung der Gesellschaft« zu vermeiden, die öffentliche Stimmung sowohl im Analogen als auch im Digitalen konfrontativer wird. In einer Zeit, in der sich viele Konflikte aufgrund ihrer Nähe zu Identitätsfragen sehr leicht ideologisch und emotional aufladen werden, besteht die Gefahr, dass politische Zuspitzungen durch bloßes Moralisieren beantwortet werden. Das dürfte jeweils damit zu tun haben, dass uns die Fähigkeit abhanden zu kommen scheint, neben unseren eigenen individuellen wie staatlichen Interessen auch die wohlbegründeten

57 Vgl. Schröder 2020: 4f.

Interessen und Haltung unserer jeweiligen Gegenüber zu berücksichtigen. Politische Bildung kann einen Beitrag leisten, dem entgegenzuwirken.

Politische Bildung allein wird aber nicht genügen: Die Bürger müssen auch befähigt sein, die Mechanismen der digitalen Kommunikation und der digitalen Wirtschaft zu durchschauen. Im Zeitalter der Digitalisierung und der digitalen Transformation womöglich auch der Demokratie müssen mündige Bürger auch die Prozesse verstehen, die dazu führen, dass »Nutzer« nicht Kunden, sondern eher Produkte von Internetkonzernen sind, die aus unseren Daten die für das Maschinenlernen beziehungsweise die Künstliche Intelligenz benötigten Informationen gewinnen.[58] Vielfältige Regulierungsansätze werden erforderlich sein, um der sich abzeichnenden Machtkonzentration bei den Giganten des Internets etwas Wirksames entgegensetzen zu können: Auf jeden Fall dazugehören wird der politische und algorithmische Sachverstand und das entsprechende Urteilsvermögen der Bürgerschaft und damit Gegenmacht in Form intelligenter öffentlicher Debatten und kritischer Nutzer, die entsprechend (aus)gebildet sind. Gerade in Zeiten der Demokratisierung und Dezentralisierung von digitaler Kommunikation bei gleichzeitiger weitgehender Regellosigkeit kommt es auf die Befähigung der Bürger an. Statt Rechthaberei empfiehlt sich die Einübung einer skeptisch-pluralistischen Haltung, die sich auch in ihrem eigenen Informations- und Kommunikationsverhalten von der Frage leiten lässt: »Und wenn das Gegenteil richtig wäre?«[59]

Literatur

Backer, Larry C. (2018): Next Generation Law. Data Driven Governance and Accountability Based Regulatory Systems in the West, and Social Credit Regimes in China, 7. Juli 2018 (online unter: ssrn.com/abstract=3209997 – letzter Zugriff: 21.09.2020).

Baecker, Dirk (2018): 4.0 oder Die Lücke die der Rechner lässt, Leipzig.

Bein, Simon (2018): Demokratien in der Krise? Zum Beitrag zentraler Indizes der Demokratiemessung zur Debatte um Funktionsstörungen etablierter Demokratien, in: Zeitschrift für Politikwissenschaft 28 (2/2018), S. 147–171.

Bertschek, Irene / Briglauer, Wolfgang (2018): Wie die Digitale Transformation der Wirtschaft gelingt. Research Report (= ZEW Policy Brief 5/2018), Mannheim (online unter: www.econstor.eu/handle/10419/178652 – letzter Zugriff: 21.09.2020).

58 Vgl. Münch 2019: 5, Dickow/Jacob 2018.

59 Gehlen 2018: 19.

Brunner, Katharina / Jager, Andreas / Hess, Thomas / Münch, Ursula (2020): Digitalisierungsstrategien bundesdeutscher Länder. Eine Bestandsaufnahme ihrer Entwicklung und Implementierung (= bidt Analysen und Studien 4), München.

Bundesamt für Migration und Flüchtlinge (Hg.) (2019): Entwicklung einer datenschutzkonformen Blockchain-Lösung im deutschen Asylprozess. Pilotierung im Kontext der AnkER-Einrichtung Dresden. Whitepaper der Projektgruppe Wirtschaftsinformatik des Fraunhofer-Instituts für Angewandte Informationstechnik FIT, Nürnberg (online unter: www.bamf.de/SharedDocs/Anlagen/DE/Digitalisierung/blockchain-whitepaper.pdf?__blob=publicationFile&v=10 – letzter Zugriff: 21.09.2020).

Bundesregierung (2018): Der Digitalrat – Experten, die uns antreiben (online unter: www.bundesregierung.de/breg-de/themen/digitalisierung/der-digitalrat-experten-die-uns-antreiben-1504866 – letzter Zugriff: 21.09.2020).

Castells, Manuel (2009): Communication Power, Oxford/New York.

Dewey, John (2003): Wissenschaft und Gesellschaft (1931), in: ders., Philosophie und Zivilisation, Frankfurt/M., S. 310–332.

Dickow, Marcel / Jacob, Daniel (2018): Das globale Ringen um die Zukunft der künstlichen Intelligenz (= SWP-Aktuell 24/2018), Berlin (online unter: www.swp-berlin.org/fileadmin/contents/products/aktuell/2018A24_dkw_job.pdf – letzter Zugriff: 21.09.2020).

Diehl, Paula (2016): Demokratische Repräsentation und ihre Krise, in: Aus Politik und Zeitgeschichte 66 (40–42/2016), S. 12–17.

Edelman Holdings (2020): 2020 Edelman Trust Barometer, 19. Januar 2020 (online unter: www.edelman.com/trustbarometer – letzter Zugriff: 21.09.2020).

Expertenkommission Forschung und Innovation (2018): Gutachten zu Forschung, Innovation und technologischer Leistungsfähigkeit Deutschlands, Berlin (online unter: www.stifterverband.org/pressemitteilungen/2018_02_28_efi_autonome_systeme – letzter Zugriff: 21.09.2020).

Friedman, Thomas L. (2017): Thank You for Being Late. Ein optimistisches Handbuch für das Zeitalter der Beschleunigung, Köln.

Fröhlich, Wiebke / Spiecker genannt Döhmann, Indra (2018): Können Algorithmen diskriminieren?, in: Verfassungsblog, 16. Dezember 2018 (online unter: verfassungsblog.de/koennen-algorithmen-diskriminieren/ – letzter Zugriff: 21.09.2020).

Füracker, Albert (2018): Daseinsvorsorge im Wandel durch Digitalisierung, in: Christian Bär / Thomas Grädler / Robert Mayr (Hg.), Digitalisierung im Spannungsfeld von Politik, Wirtschaft, Wissenschaft und Recht, Bd. 1: Politik und Wirtschaft, Wiesbaden, S. 97–108.

Gehlen, Dirk von (2018): Das Pragmatismus-Prinzip. 10 Gründe für einen gelassenen Umgang mit dem Neuen, München.

Geis, Anna / Nullmeier, Frank / Daase, Christopher (2012): Der Aufstieg der Legitimitätspolitik. Rechtfertigung und Kritik politisch-ökonomischer Ordnungen, in: dies. (Hg.), Der Aufstieg der Legitimitätspolitik. Rechtfertigung und Kritik politisch-ökonomischer Ordnungen (= Leviathan Sonderband 27), Baden-Baden, S. 9–39.

Härtel, Ines (2017): Digitale Staatskunst: Der Föderalismus als Laboratorium der digitalen Transformation in: Europäisches Zentrum für Föderalismus-Forschung (Hg.), Jahrbuch des Föderalismus 2017, Baden-Baden, S. 197–220.

Heckmann, Dirk (2018): IT-Sicherheit als Lebensader der Digitalen Gesellschaft … und der Wahrung der Freiheitsrechte, in: Sicherheitsmelder, 22. Mai 2018 (online unter: sicherheitsmelder.de/xhtml/articleview.jsf?id=1526994572_38 – letzter Zugriff: 03.08.2020).

Hegmann, Horst (2001): Die Konsequenzen des wissenschaftlich-technischen Fortschritts für die normative Demokratietheorie, in: Georg Simonis / Renate Martinsen / Thomas Saretzki (Hg.), Politik und Technik. Analysen zum Verhältnis von technologischem, politischem und staatlichem Wandel am Anfang des 21. Jahrhunderts (= PVS-Sonderheft 31), Opladen, S. 19–33.

Hösl, Maximilian / Kniep, Ronja (2020): Auf den Spuren eines Politikfeldes: Die Institutionalisierung von Internetpolitik in der Ministerialverwaltung, in: Berliner Journal für Soziologie 29 (2/2020), S. 207–235.

Hofmann, Jeanette / Kersting, Norbert / Ritzi, Claudia / Schünemann, Wolf J. (Hg.) (2019): Politik in der digitalen Gesellschaft, Bd. 1: Zentrale Problemfelder und Forschungsperspektiven, Bielefeld.

Huppertz, Paul G. (2019): Digital & Digitalisierung – Bedeutung und Abgrenzung. Wie man die Begriffe richtig verwendet und was Digitalisierung und Digital überhaupt bedeuten, in: More than Digital, 5. Januar 2019 (online unter: morethandigital.info/digital-digitalisierung-begriffserklaerung-bedeutung-und-abgrenzung/ – letzter Zugriff: 21.09.2020).

Krimmer, Holger (Hg.) (2019): Datenreport Zivilgesellschaft, Wiesbaden (online unter: link.springer.com/content/pdf/10.1007%2F978-3-658-22958-0.pdf – letzter Zugriff: 21.09.2020).

Marcinkowski, Frank / Starke, Christopher (2019): Wann ist Künstliche Intelligenz (un-)fair? Ein sozialwissenschaftliches Konzept von KI-Fairness, in: Jeanette Hofmann / Norbert Kersting / Claudia Ritz / Wolf J. Schünemann (Hg.), Politik in der digitalen Gesellschaft, Bd. 1: Zentrale Problemfelder und Forschungsperspektiven, Bielefeld, S. 269–288.

Maurer, Marcus (2017): Die Bedeutung Neuer Medien für populistische Parteien, in: Deutschland und Europa 34 (74/2017), S. 16–25.

Mayntz, Renate (2001): Triebkräfte der Technikentwicklung und die Rolle des Staates, in: Georg Simonis / Renate Martinsen / Thomas Saretzki (Hg.), Politik und Technik. Analysen zum Verhältnis von technologischem, politischem und staatlichem Wandel am Anfang des 21. Jahrhunderts (= PVS-Sonderheft 31), Opladen, S. 3–18.

Mohabbat Kar, Resa / Parycek, Peter (2018): Berechnen, ermöglichen, verhindern: Algorithmen als Ordnungs- und Steuerungsinstrumente in der digitalen Gesellschaft, in: Resa Mohabbat Kar / Basanta E. P. Thapa / Peter Parycek (Hg.), (Un)berechenbar? Algorithmen und Automatisierung in Staat und Gesellschaft, Berlin, S. 7–39 (online unter: www.ssoar.info/ssoar/handle/document/57562 – letzter Zugriff: 21.09.2020).

Morozov, Evgeny (2018): Digitale Abhängigkeit: Die Menschen müssen die Daten der Internet-Giganten zurückerobern, in: Süddeutsche Zeitung, 19. Januar 2018 (online unter: www.sueddeutsche.de/digital/digitale-abhaengigkeit-die-menschen-muessen-die-daten-der-internet-giganten-zurueckerobern-1.3828542– letzter Zugriff: 21.09.2020).

Münch, Ursula (2018a): Disruption der Demokratie? Warum die digitale Transformation von Kommunikation, Politik und Wirtschaft unsere Demokratien bedroht, in: Digma. Zeitschrift für Datenrecht und Informationssicherheit 18 (3/2018), S. 109–112.

Münch Ursula (2018b): Orientierung in Zeiten der Unsicherheit? Herausforderungen für die politische Bildung, in: Außerschulische Bildung. Zeitschrift der politischen Jugend- und Erwachsenenbildung 49 (3/2018), S. 27–33.

Münch, Ursula (2019): Digitale Transformation: Mehr als eine Herausforderung – eine Gestaltungsaufgabe (= Akademie-Kurzanalyse 1/2019), Tutzing (online unter: www.apb-tutzing.de/download/publikationen/kurzanalysen/Akademie-Kurzanalyse_2019_01.pdf – letzter Zugriff: 21.09.2020).

Münch, Ursula (2020): Die Corona-Krise als Bewährungsprobe für Rechtsstaat und Föderalismus, in: Akademie-Report, Nr. 2/2020, Tutzing, S. 6–9.

Oberle, Daniel (2001): Mythologie der Informatik, Karlsruhe (online unter: homepages.fhv.at/se/ws2002/im01/pr3im01_addon_mythologie_info.pdf – letzter Zugriff: 21.09.2020).

Pörksen, Bernhard (2018): Die große Gereiztheit. Wege aus der kollektiven Erregung, München.

Rieder, Gernot / Simon, Judith (2018): Vertrauen in Daten oder: Die politische Suche nach numerischen Beweisen und die Erkenntnisversprechen von Big Data, in: Resa Mohabbat Kar / Basanta E. P. Thapa / Peter Parycek (Hg.), (Un)berechenbar? Algorithmen und Automatisierung in Staat und Gesellschaft, Berlin, S. 159–178 (online unter: www.ssoar.info/ssoar/handle/document/57562 – letzter Zugriff: 21.09.2020).

Rosteck, Yvonne (2018): Wie Globalisierung und Mediatisierung die Demokratie verändern, hrsg. von NCCR Democracy, Zürich (online unter: vdf.ch/wie-globalisierung-und-mediatisierung-die-demokratie-verandern.html – letzter Zugriff: 21.09.2020).

Russ-Mohl, Stephan (2017): Die informierte Gesellschaft und ihre Feinde. Warum die Digitalisierung unsere Demokratie gefährdet, Köln.

Schaal, Gary S. / Heidenreich, Felix (2016): Einführung in die Politischen Theorien der Moderne, 3. Aufl., Opladen/Toronto.

Schallbruch, Martin (2018): Schwacher Staat im Netz. Wie die Digitalisierung den Staat in Frage stellt, Wiesbaden.

Schmidt, Manfred G. (2004): Wörterbuch zur Politik, 2. Aufl., Stuttgart.

Schröder, Michael (2020): Die Twitter-Demokratie: Der Strukturwandel politischer Kommunikation durch digitale Medien (= Akademie-Kurzanalyse 2/2020), Tutzing (online unter: www.apb-tutzing.de/download/publikationen/kurzanalysen/Akademie-Kurzanalyse_2020_02_web.pdf – letzter Zugriff: 21.09.2020).

Schweiger, Wolfgang (2017): Der (des)informierte Bürger im Netz. Wie soziale Medien die Meinungsbildung verändern, Wiesbaden.

Sia, Amanda (2018): Big Data and Predictive Analytics in Food Safety, 26. Juli 2018 (online unter: sciencemeetsfood.org/big-data-predictive-analytics-food-safety/ – letzter Zugriff: 21.09.2020).

Simonis, Georg / Martinsen, Renate / Saretzki, Thomas (2001) (Hg.): Politik und Technik. Analysen zum Verhältnis von technologischem, politischem und staatlichem Wandel am Anfang des 21. Jahrhunderts (= PVS-Sonderheft 31), Opladen.

Snower, Dennis (2018): »Es wird große soziale Konflikte geben«, in: Welt am Sonntag, 30. Dezember 2018, S. 40.

Stieler, Wolfgang (2018): Wo es brennen wird, in: Technology Review, 19. Dezember 2018 (online unter: www.heise.de/tr/artikel/Wo-es-brennen-wird-4253193.html – letzter Zugriff: 21.09.2020).

Strittmatter, Kai (2019): Die Neuerfindung der Diktatur. Wie China den digitalen Überwachungsstaat aufbaut und uns damit herausfordert, 5. Aufl., München.

Talin, Benjamin (2020): Digitalisierung vs. Digitale Transformation – Wo liegt der Unterschied?, in: More than Digital, 27. März 2020 (online unter: morethandigital.info/digitalisierung-vs-digitale-transformation-wo-liegt-der-unterschied/ – letzter Zugriff: 21.09.2020).

Thapa, Basanta E. P. / Parycek, Peter (2018): Data Analytics in Politik und Verwaltung, in: Resa Mohabbat Kar / Basanta E. P. Thapa / Peter Parycek (Hg.), (Un)berechenbar? Algorithmen und Automatisierung in Staat und Gesellschaft, Berlin S. 40–75 (online unter: www.ssoar.info/ssoar/handle/document/57531 – letzter Zugriff: 21.09.2020).

Thoben, Klaus-Dieter / Eschenbächer, Jens (2017): Technologie-Roadmapping in der staatlich geförderten Forschungsplanung: Erkenntnisse aus der Anwendung in europäischen Verbundforschungsprojekten, in: Martin G. Möhrle / Ralf Isenmann (Hg.), Technologie-Roadmapping. Zukunftsstrategien für Technologieunternehmen, 4. Aufl., Berlin, S. 277–290.

Toffler, Alvin (1970): Der Zukunftsschock, München.

Vieth, Kilian / Wagner, Ben (2017): Teilhabe, ausgerechnet. Wie algorithmische Prozesse Teilhabechancen beeinflussen können, Gütersloh (online unter: www.bertelsmann-stiftung.de/fileadmin/files/BSt/Publikationen/GrauePublikationen/Teilhabe_ausgerechnet.pdf – letzter Zugriff: 21.09.2020).

Frank Decker

Direkte Demokratie in Deutschland auf Landes- und Bundesebene

Welche Verfahren sind geeignet?*

1. Einleitung: Die Systemwidrigkeit der Volksgesetzgebung in der parlamentarischen Demokratie

Von den sieben Parteien, die im 2017 gewählten Bundestag vertreten sind, haben sich in ihren Wahlprogrammen bis auf eine – die CDU – alle dafür ausgesprochen, Volksabstimmungen auch auf der Bundesebene einzuführen. Mit besonderem Eifer wurde die Forderung im Wahlkampf freilich nicht verfolgt. Selbst bei der AfD, die sich mit dem Ziel, das »Schweizer Modell« der direkten Demokratie für die Bundesrepublik zu übernehmen, inzwischen an die Spitze der Plebiszitbefürworter gesetzt hat, spielte das Thema nur eine nachgeordnete Rolle. Ähnliches gilt für die CSU, die sich in ihrem »Bayernplan« erstmals für die Möglichkeit von Volksbegehren (bei Verfassungsänderungen) auf Bundesebene ausgesprach, nachdem sie zuvor bereits für obligatorische Referenden »bei nicht zu revidierenden Weichenstellungen und für europäische Fragen von besonderer Tragweite« eingetreten war. Dennoch belegen die Positionen eine bemerkenswerte Entwicklung. Die Forderung nach mehr direkter Demokratie, früher ein eher linkes Thema, wird zunehmend zu einem Thema der politischen Rechten. Das gilt nicht nur für das »Ob«, sondern auch für das »Wie«. Denn mit ihrer Präferenz für die »von unten«, also den Bürgern selbst ausgelöste »Volksgesetzgebung« machen sich die rechten Parteien heute dasselbe Modell der direkten Demokratie zu eigen, das in Deutschland bisher vor allem von SPD, Grünen und Linken propagiert wurde und die direktdemokratische Verfassungsgebung fast ausnahmslos bestimmt hat.

Fragt man die Bürger selbst, ob sie mehr unmittelbare Beteiligungsrechte wünschen, ist die Zustimmung überwältigend; in der Regel liegt sie bei um die 80 Prozent.[1] Dies spiegelt sich zwar nur zum Teil in der Nutzung der

---

* Eine längere, aber weitgehend textidentische Fassung dieses Beitrags ist in der Zeitschrift für Parlamentsfragen 49 (3/2018) erschienen.

1 Vgl. Decker/Lewandowsky/Solar 2013: 50–68.

Verfahren wider, die bis heute in den Ländern und Kommunen der Bundesrepublik sehr unterschiedlich ausfällt. Die Gründe für den zurückhaltenden Gebrauch sind jedoch nachvollziehbar und stehen zur hohen Wertschätzung der direkten Demokratie nicht unbedingt in Widerspruch. Sie liegen in den vom Verfassungsgeber aufgebauten Verfahrenshindernissen, die die Anwendbarkeit der Verfahren und deren Erfolgschancen beeinträchtigen, sowie in den individuellen Verhaltenskalkülen der Bürger. Diesen scheint es vor allem darauf anzukommen, dass sie die Möglichkeit haben, die Verfahren zu nutzen.[2] Ob sie sie nutzen, hängt davon ab, wie sehr sie sich von der zu entscheidenden Frage betroffen fühlen oder an ihr interessiert sind.

Wie lässt sich die hohe Wertschätzung der direkten Demokratie erklären? Drei Gründe erscheinen maßgeblich. Der erste und wichtigste Grund liegt in der Legitimationskrise der Parteiendemokratie, die durch rückläufige Wahlbeteiligungen, häufigere Abwahl von Regierungen und wachsende Stimmenanteile für Außenseiterparteien belegt wird. Die Unzufriedenheit mit den bestehenden repräsentativen Institutionen und der Ruf nach mehr direkter Demokratie stellen Seiten derselben Medaille dar. Dass der Ausbau und die verstärkte Nutzung der Verfahren in der Bundesrepublik ihren Ausgang in den 1980er-Jahren nahmen, als die Rede von der Parteien- und Politikerverdrossenheit die Runde machte, war kein Zufall. Heute wird die direkte Demokratie gerade von den Rechtspopulisten als einziges mögliches Mittel propagiert, um den »wahren« Volkswillen durch Umgehung der repräsentativen Entscheidungsorgane zu verwirklichen.[3] Das Attribut »direkt« soll dabei zugleich suggerieren, dass es sich um eine höherwertige, ja die eigentliche Form der Demokratie handelt.

Die anderen beiden Gründe werden verständlich, wenn man die direkte Demokratie mit sonstigen Formen und der politischen Partizipation vergleicht. Gegenüber den sogenannten deliberativen Verfahren (Bürgerhaushalte, Planungszellen etc.), aber auch gegenüber allen nicht-verfassten Beteiligungsformen (Bürgerinitiativen, Demonstrationen etc.) genießen die direktdemokratischen Verfahren aus der Sicht der Bürger den Vorzug, dass mit ihnen nicht nur Einfluss auf politische Entscheidungen genommen werden kann, sondern sie selbst diese Entscheidungen unmittelbar und verbindlich herbeiführen. Und mit den Wahlen (als der nach wie vor weitest verbreiteten Partizipationsform) verbindet sie, dass es sich um ein niedrigschwelliges, relativ einfach zu nutzendes Instrument handelt.

2 Vgl. Stutzer/Frey 2000.

3 Vgl. Decker 2004: 225–231.

Die Gründe zwei und drei beziehen sich allerdings nur auf den Volksentscheid (oder die Volksabstimmung) im engeren Sinne, der am Ende eines direktdemokratischen Verfahrens steht. Für die Einordnung und Bewertung der direktdemokratischen Verfahren kommt es vor allem darauf an, wer den Entscheid auslöst: die Verfassung (*obligatorisches Referendum*), die Regierungsorgane, das heißt Regierung und/oder das Parlament (*einfaches Referendum*), oder die Bürger selbst. Im letztgenannten Fall ist zusätzlich noch danach zu unterscheiden, ob über ein vom Parlament bereits beschlossenes Gesetz oder über eine Gesetzesvorlage aus dem Volk abgestimmt wird. Bei der ersten Variante, die in der Schweiz unter dem Begriff *fakultatives Referendum* geläufig ist, handelt es sich der Intention nach um eine »Vetoinitiative«, für die zweite Variante hat sich der in Deutschland übliche Begriff der »Volksgesetzgebung« eingebürgert.[4]

Wenig spricht dafür, dass die deutschen Bürger in ihrer Wertschätzung für die direkte Demokratie zwischen diesen Varianten differenzieren. Das heißt: Anders als in der Schweiz gibt es keine empirischen Belege, dass ihre Präferenz besonders den »von unten« ausgelösten Verfahren gilt. Die direkte Demokratie ist für sie also mehr oder weniger gleichbedeutend mit dem Volksentscheid. Darin spiegelt sich auch der Charakter der den Volksentscheid auslösenden Initiativen wider, die eine ausgesprochen hochschwellige Form der politischen Partizipation darstellen und sich darin mit den oben erwähnten anderen Verfahren der Bürgerbeteiligung treffen. Wenn von »Volksgesetzgebung« die Rede ist, sollte man deshalb in Erinnerung behalten, dass es zunächst immer politisch stark interessierte und häufig zugleich ressourcenstarke Minderheiten sind, die diese Initiativen betreiben.

Befragt man den politisch interessierten, aktiven und fachkundigen Teil des Volkes nach seiner Meinung zur direkten Demokratie, ergibt sich denn auch ein gänzlich anderes Bild. Hier genießen die »von unten« ausgelösten Verfahren nicht nur eine besondere Wertschätzung – sie gelten als die eigentlich wahre, authentische Form der direkten Demokratie. Die »von oben«, also von Regierung oder Parlament ausgelösten Referenden werden dagegen als normativ minderwertig betrachtet und gerne mit dem Hinweis abgetan, dass sich die Regierenden so vor ihrer Entscheidungsverantwortung im repräsentativen System »drücken« würden; zudem sei das von oben angeordnete »Plebiszit« ein typisches Akklamationsinstrument diktatorischer Regime.[5]

---

4 Zur Typologie und systemischen Verortung der Verfahren vgl. Decker 2016: 52–68.

5 Exemplarisch für diese Argumentation steht Patzelt 2011. Zur Diskreditierung des Instruments dürften auch die Volksabstimmungen beigetragen haben, die 1933, 1934 und 1938 im »Dritten Reich« von den Nationalsozialisten abgehalten wurden (vgl. Omland 2010).

An der Wirkmächtigkeit beider Argumente ändert es nichts, dass sie mit der Realität in den meisten verfassungsstaatlichen Demokratien wenig zu tun haben.[6] Bereits eine oberflächliche Betrachtung würde nämlich zeigen, dass die vermeintlich »schlechten«, von oben ausgelösten plebiszitären Instrumente hinsichtlich ihrer Integrierbarkeit in das vorhandene repräsentativ-parlamentarische System wesentlich weniger Probleme aufwerfen als die »gute«, von unten angestoßene Initiative. Dazu muss man sich nur die Funktionslogik der parlamentarischen Regierungsform etwas näher vergegenwärtigen. Im Unterschied zum gewaltentrennenden Präsidentialismus, wo Regierung und Parlament sich in ihrem gegenseitigen Bestand nichts anhaben können, handelt es sich bei dieser um ein System der Gewaltenfusion.[7] Die Regierung geht aus der Mehrheit des Parlaments hervor, die sie politisch trägt und mit ihr eine Einheit bildet. Zwischen regierender Mehrheit und Opposition besteht eine klar festgelegte Aufgabenteilung: Der Regierung gebührt das Monopol der politischen Initiative und Gestaltung, während die Opposition als parlamentarische Minderheit ganz auf ihre Kontroll- und Alternativfunktion zurückgeworfen bleibt, die sie mit dem Ziel wahrnimmt, die Regierung nach der kommenden Wahl abzulösen. Ein gleichzeitiges Initiativ- und Entscheidungsrecht des Volkes in der Gesetzgebung würde dieses Wechselspiel unterlaufen. Denn bemächtigt sich die parlamentarische Opposition dieses Instruments, könnte sie von der Regierungsmehrheit beschlossene oder geplante Gesetze über den Umweg einer Volksabstimmung schon im Vorfeld einer Wahl zu Fall zu bringen. Diese Möglichkeit besteht ganz unmittelbar bei einer »Vetoinitiative«, die dem Volk das Recht gibt, innerhalb einer bestimmten Frist eine Abstimmung über ein parlamentarisch beschlossenes Gesetz zu verlangen. Sie wäre aber auch bei einer »positiven«, von den Bürgern selbst formulierten und eingebrachten Initiative gegeben, wenn diese dazu dient, ein anstehendes Gesetzesvorhaben mit einem Gegenentwurf zu vereiteln. In beiden Fällen gerieten parlamentarischer Mehrheits- und Volkswille in Widerstreit.

Bei den von oben (und von der Verfassung) ausgelösten Verfahren steht ihre Vereinbarkeit mit dem parlamentarischen System dagegen außer Frage. Parlament und Regierung verfügen ja über eine mehrheitsdemokratische Legitimation, wenn sie das Volk zur Entscheidung aufrufen. Wie die Praxis

6 In elektoralen Demokratien sind »akklamatorische« Referenden dagegen ein weitverbreitetes Instrument. Ein typisches Beispiel ist die von der Fidesz-Regierung in Ungarn angesetzte Volksbefragung am 2. Oktober 2016 über die EU-Flüchtlingspolitik. Auch wenn die Abstimmung aufgrund der zu geringen Beteiligung formal ungültig war, belegt sie den Umbau des Landes zu einem quasidemokratischen autoritären System.

7 Vgl. Decker 2009.

zeigt, machen sie davon freilich äußerst selten Gebrauch. Zur Anwendung gelangen die Referenden auf der nationalen Ebene, wenn überhaupt, nur in Konstellationen, in denen die Regierenden in einer zentralen Frage politisch gespalten sind – so wie die Konservativen in Großbritannien beim Brexit.[8] Das Referendum dient dann dazu, die Frage für beide Seiten gültig zu entscheiden. In dieser Funktion ähnelt es der Streitschlichtung durch ein Gerichtsurteil.[9]

Die Systemunverträglichkeit der von unten ausgehenden Verfahren wird durch zwei Beobachtungen gestützt. Erstens zeigt ein Vergleich der europäischen Demokratien, dass die Volksgesetzgebung im nationalen Rahmen kaum verbreitet ist. Nur einige mittelosteuropäische Länder (insbesondere Litauen, Ungarn, die Slowakei und Slowenien) haben sie nach 1989 in ihre Verfassungen eingeführt.[10] Dies geschah nach dem von unten herbeigezwungen Systemwechsel zum einen aus einem gewissen demokratischen Überschwang heraus. Zum anderen konnte ein Teil der Länder an direktdemokratische Traditionen aus der Zwischenkriegszeit anknüpfen, die wiederum auf die Rezeption der Weimarer Reichsverfassung zurückgingen. In Westeuropa gibt es die von unten ausgelösten Verfahren dagegen bis heute nirgendwo, nicht einmal in der Schweiz, wo die Bürger keine einfachen Gesetze, sondern nur Verfassungsänderungen begehren können und sich die direkte Demokratie ansonsten im Veto gegen bereits beschlossene Gesetze konzentriert. Ein »abrogatives Referendum«, mit dem bestehende Gesetze nachträglich aufgehoben werden können, kennt außerhalb der Schweiz allein Italien.[11]

Zum anderen – und noch wichtiger – sind die Verfahren in der Regel so restriktiv ausgestaltet, dass die befürchteten Kollisionen zwischen parlamentarischem und Volksgesetzgeber ausbleiben oder keine größeren

8 In der Bundesrepublik haben viele Kommentare den unerwünschten Ausgang der Abstimmung als Argument gegen die direkte Demokratie als solche gewendet. Dabei hätte die Kritik eigentlich eher der von Premierminister David Cameron angeführten Regierung gebühren müssen, die sich bei der Auslösung des Referendums wenig verantwortungsvoll verhalten hat.

9 Gerade dieses Prinzip spielt in der Bundesrepublik eine überragende Rolle. Denn hier ist an die Stelle des im Verfassungsstaat nicht vorgesehenen Souveräns sukzessive das Bundesverfassungsgericht getreten, das durch seine letztverbindlichen Entscheidungen selber Regierungsgewalt ausübt und das Demokratieprinzip des Artikels 20 – die Ausübung der Staatsgewalt durch das Volk in Wahlen und Abstimmungen – aushebelt. Die »Entdemokratisierung« ist im verfassungsstaatlichen Konzept ausdrücklich intendiert. Dennoch bleibt es erstaunlich, dass sie in Deutschland keine großen Legitimationsprobleme verursacht. Was man im einen Falle als Flucht der Regierenden vor der Verantwortung mit markigen Worten kritisiert (das Weiterreichen einer Entscheidung an das Volk), wird im anderen Fall (wenn eine Entscheidung an das Verfassungsgericht weitergereicht wird) nicht nur widerspruchlos hingenommen, sondern sogar begrüßt.

10 Vgl. Ewert 2007.

11 Vgl. Schiller 2002: 131–138.

Schäden verursachen.[12] Begrenzt wird die Anwendbarkeit und Erfolgswahrscheinlichkeit unter anderem durch weitreichende Themenausschlüsse, insbesondere die sogenannte »Finanztrias«[13], hohe Quoren, die Möglichkeit der parlamentarischen Konterlegislatur sowie sonstige, nur scheinbar nebensächliche Regelungen.[14] Die Verfassungsgeber sind sich also des im Volksgesetzgebungsmodell angelegten »systemischen« Konflikts durchaus bewusst. Wären die Instrumente ähnlich leicht anwendbar und ihre Erfolgschancen so groß wie in der Schweiz, würde sich das auf dem Gegenüber von regierender Mehrheit und Opposition basierende Wettbewerbsmodell des parlamentarischen Systems über kurz oder lang in ein Konsens- oder Konkordanzsystem verwandeln. Denn wenn eine Regierung jederzeit damit rechnen muss, dass das Volk gegen ihre Gesetzesvorhaben das »Referendum ergreift«, setzt sie natürlich alles daran, durch eine vorsorgliche Berücksichtigung möglicher Interessenwiderstände genau dies zu verhindern. In der Schweiz haben die schon bald nach der Bundesstaatsgründung eingeführten Volksrechte dazu geführt, dass Zug um Zug alle wichtigen Parteien des Landes förmlich in die Regierung integriert wurden.[15] Wo das Volk selbst das Oppositionsrecht ausübt, wird die parlamentarische Opposition mit anderen Worten entbehrlich.

Im Umkehrschluss heißt das, dass die Vereinbarkeit des parlamentarischen Regierungssystems mit der Volksgesetzgebung nur gesichert werden kann, wenn man der Letzteren enge Grenzen auferlegt. Tertium non datur: Man muss sich zwischen einer der beiden Welten entscheiden. Eröffnet man den von unten ausgelösten Verfahren einen breiten Spielraum, müsste man die Umgestaltung des politischen Systems in Richtung einer Konsensdemokratie wollen oder zumindest in Kauf nehmen. Erwartet man sich von ihnen dagegen

12 Auf der nationalen Ebene bildet allenfalls Slowenien eine bezeichnende Ausnahme; hier haben die vergleichsweise leicht einsetzbaren Volksrechte in der Tat dazu geführt, dass das System begonnen hat, sich in Richtung einer Konsensdemokratie zu transformieren (vgl. Vospernik 2014: 389–424). Diese Entwicklung scheint jetzt allerdings gestoppt, denn 2013 wurden das für den Konsenseffekt hauptsächlich verantwortliche minoritäre Referendum (das von einer Minderheit des Parlamentsausgelöst werden kann) abgeschafft und das fakultative Referendum durch Themenausschlüsse und die Einführung eines 20-prozentigen Zustimmungsquorums kräftig beschnitten.

13 Die in allen Landesverfassungen nahezu wortgleich übernommene Bestimmung, wonach über Steuern, Besoldungsregelungen und das Haushaltsgesetz kein von unten ausgelöster Volksentscheid stattfinden kann, war in ähnlicher Form bereits in der Weimarer Reichsverfassung enthalten. Ihr brisantester Teil ist der Haushaltsvorbehalt, der – zumindest potenziell – alle Gesetze in den Ausschluss einbezieht, die finanzielle Auswirkungen haben.

14 Von besonderer Relevanz sind hier zum Beispiel die Modalitäten der Unterschriftensammlung beim Volksbegehren (frei oder Amtseintragung) oder die Frage, ob ein Volksentscheid zeitgleich mit einer regulären Wahl stattfinden kann/muss.

15 Vgl. Neidhart 1970.

lediglich punktuelle Korrekturen innerhalb des bestehenden Wettbewerbssystems, darf man bei der Öffnung nicht zu weit gehen. Das Dilemma der direktdemokratischen Verfassungsgebung in der Bundesrepublik liegt darin, dass weder der eine noch der andere Weg überzeugend beschritten werden kann. Im Unterschied zur Schweiz, wo das fakultative Referendum bereits seit 1874 besteht, ist das Alternierungsprinzip des parlamentarischen Systems hierzulande so fest verankert, dass der Wandel hin zu einem Konkordanzmodell utopisch erscheint. Auch in den Ländern und Kommunen wäre ein solcher Wandel nur möglich, wenn die unitarisierenden Tendenzen des Parteienwettbewerbs eingedämmt würden; dazu müsste man die direktdemokratischen Verfahren gleichzeitig auf der Bundesebene einführen. Auf der anderen Seite birgt eine lediglich punktuelle Ergänzung des Wettbewerbssystems durch plebiszitäre Verfahren das Problem, dass sie das Versprechen der Volksgesetzgebung nicht wirklich einlösen kann. Aus normativer Sicht ist es deshalb folgerichtig, wenn die Befürworter der direkten Demokratie diesen Widerspruch zwischen Theorie und Praxis durch eine erleichterte Anwendbarkeit der Verfahren beseitigen beziehungsweise abmildern möchten. Man könnte aus dem Dilemma aber auch genau die gegenteilige Schlussfolgerung ziehen, nämlich ein Versprechen, dass nicht oder nur zu einem hohen Preis erfüllbar ist, gar nicht erst abzugeben. Die Verfassungsgebungsprozesse in den Ländern und die Diskussion über den »Volksentscheid auf Bundesebene« bewegen sich exakt in diesem Spannungsverhältnis.

2. Konsequenzen für die Verfassungsentwicklung in den Ländern

Die Behandlung des Themas muss sich deshalb an dieser Stelle verzweigen. In den Ländern, wo es die Verfahren schon gibt, kann es nicht darum gehen, sie wieder los zu werden oder in der Praxis »stillzulegen«. Eine solche Lösung lässt sich nach den Regeln der Pfadabhängigkeit mit ziemlicher Sicherheit ausschließen. Nicht nur, dass die Abschaffung der Volksrechte als demokratischer Rückschritt empfunden würde, der gegen die Mehrheitsmeinung der Bevölkerung kaum durchsetzbar wäre. Auch die Restriktionen des Modells weisen entwicklungsgesetzlich eher in Richtung einer (das Modell bekräftigenden) Verfahrenserleichterung. Maßgeblich dafür sind unter anderem die durch den föderalen Wettbewerb erzeugten Lern- und Nachahmungseffekte, die starke Position des Interessenvereins »Mehr Demokratie«, von dem heute fast alle direktdemokratischen Initiativen in eigener Sache ausgehen,[16]

16 Vgl. Decker/Grotz 2011.

und die zunehmende Plebiszitfreundlichkeit der Staatsrechtslehre, die sich mittelfristig auch in der Verfassungsrechtsprechung niederschlagen dürfte. Es ist also durchaus möglich, dass es in den Ländern zu einer weiteren Verbesserung der Anwendungsbedingungen kommt, durch die die bisherigen Schlusslichter der direkten Demokratie zu den Vorreitern aufschließen. Nur bei den Letztgenannten dürfte das Potenzial für Verfahrenserleichterungen weitgehend ausgereizt sein. Wie das Hamburger Beispiel zeigt, besteht die Herausforderung hier in erster Linie darin, den verfassungsrechtlichen Ist-Zustand zu konsolidieren und die Volksrechte vor einer Rückabwicklung durch den Gesetzgeber und die Verfassungsgerichte zu schützen.[17]

Genauso abwegig ist die von vielen Plebiszitbefürwortern vertretene Vorstellung, dass es einen gemeinsamen Standard beziehungsweise ein Idealmodell der direkten Demokratie im Allgemeinen oder der Volksgesetzgebung im Besonderen gebe, um dessen Erreichung die Länder wetteifern müssten.[18] Wie gesehen, können sich mit den Volksrechten unterschiedliche normative Überlegungen und Zielvorstellungen verbinden: Wer sich von ihnen lediglich symbolischen Nutzen oder eine bessere Missbrauchskontrolle der Regierenden erhofft, wird eher für eine zurückhaltendere Ausgestaltung, wer eine konsensuelle Transformation des Regierungsprozesses nach Schweizer Vorbild im Sinn hat, für (noch) weitergehende Verfahrenserleichterungen plädieren. Gleichzeitig weisen die deutschen Länder trotz gemeinsamer Rahmenbedingungen in ihrer politischen Kultur, ihrer Verfassungstradition, ihren Parteiensystemen und ihren politischen Machtverhältnissen zum Teil erhebliche Unterschiede auf. Warum sollten sich diese Differenzen, die zur erwünschten Vielfalt eines föderalen Systems beitragen, nicht auch in der Ausgestaltung und Nutzung der direktdemokratischen Verfahren niederschlagen?

---

17 Mit dem Urteil des Hamburgischen Verfassungsgerichts vom Oktober 2016 (HVerfG 2/2016), das ein von »Mehr Demokratie« angestrengtes Volksbegehren für eine weitere Öffnung der Verfahren als größtenteils verfassungswidrig zurückwies, ist das Pendel in Hamburg inzwischen in Richtung einer restriktiveren Auslegung zurückgeschwenkt. Um die verfassungspolitische Fehlentwicklung zu korrigieren, bedienten sich die Richter dabei verfassungsrechtlicher Argumente, die in ihrer Willkür fast haarsträubend anmuten. So wird zum Beispiel postuliert, dass dem Volksgesetzgeber im Vergleich zum parlamentarischen Gesetzgeber »quantitativ und qualitativ (nicht) der gleiche oder ein höherer Stellenwert einzuräumen« sei. Der erste Hinweis (»quantitativ«) ist schon deshalb absurd, weil selbst in den Vorreiterländern der direkten Demokratie das Gros der Gesetzgebung von Regierung und Parlament erledigt wird. Und der zweite Hinweis (»qualitativ«) hätte das Gericht eigentlich veranlassen müssen, die Gültigkeit mancher zurückliegender Volksentscheide in Hamburg infrage zu stellen, die äußerst bedeutsame Materien betrafen (Schulreform, Rückkauf der Energienetze, Wahlsystem). Für eine pointierte Kritik des Urteils, das »in allen wesentlichen Punkten methodische Standards der Verfassungsauslegung unterschreitet«, vgl. Groß 2017.

18 Vgl. zum Beispiel Rehmet/Weber 2017.

Die Vielfalt und Bandbreite der Verfahren ist nicht gleichbedeutend mit ihrer Beliebigkeit. Die Analyse der Verfassungsgebungsprozesse und direktdemokratischen Praxis in den Ländern zeigt auf, welche Verfahrensarten und Ausgestaltungsformen sich generell bewährt haben.[19] Damit lassen sich einige normative Leitplanken für die künftige Verfassungsentwicklung formulieren.

Blicken wir zunächst auf die Verfahrensarten. Hier spricht grundsätzlich nichts dagegen, neben der überall vorhandenen Volksgesetzgebung auch ein einfaches Referendum oder eine Volksbefragung einzuführen.[20] Um die von unten ausgelösten Verfahren in ihrer oppositionellen Stoßrichtung nicht zu stark einzuschränken, sollten diese aber nur im Einvernehmen mit der Opposition, das heißt von einer parlamentarischen Zweidrittelmehrheit ausgelöst werden können. So ist es zum Beispiel in Hamburg geregelt. In der Abstimmung entscheidet die Mehrheit. Referenden und Volksbefragungen sind insbesondere bei großen Infrastrukturvorhaben (etwa Flughafenbauten oder -erweiterungen) sinnvoll, wo die nachträglich wirkenden Initiativrechte nicht greifen. Ihr Hauptproblem liegt – wegen der sich in der Regel überlappenden föderalen Zuständigkeiten – in der Festlegung des Kreises der Abstimmungsberechtigten. Keine Bedenken bestehen gegen obligatorische Verfassungsreferenden, die man – ebenfalls ohne Quorum – zeitgleich mit den Landtagswahlen durchführen könnte.[21] Erwägenswert wäre außerdem die Einführung einer allgemeinen Vetoinitiative, um die positive Initiative in ihrer potenziellen Oppositionsfunktion zu entlasten.[22] Dies erscheint aber

19 Vgl. Decker 2016: 84–118.

20 Das einfache Referendum kennen heute nur fünf Länder: Baden-Württemberg, Bremen, Hamburg, Nordrhein-Westfalen und Rheinland-Pfalz. In Hamburg wurde es 2015 aus Anlass der Olympia-Bewerbung der Hansestadt eigens eingeführt, in Nordrhein-Westfalen im Jahr darauf aus der Verfassung gestrichen. Die von der bayerischen CSU betriebene Einführung einer unverbindlichen Volksbefragung scheiterte 2016 am Verfassungsgerichtshof, weil sie ohne förmliche Verfassungsänderung erfolgt war und die Auslösungsbefugnis allein bei der Regierung beziehungsweise Parlamentsmehrheit gelegen hätte.

21 Dies sehen zurzeit nur drei Bundesländer vor (Bayern, Hessen und Berlin), wobei sich die seit 2006 bestehende Regelung in Berlin ausschließlich auf die Verfassungsartikel zur direkten Demokratie erstreckt.

22 In Thüringen und in Sachsen hat die CDU Vorstöße für die Einführung eines fakultativen Referendums unternommen. In Thüringen legte sie dazu 2016 sogar einen ausgearbeiteten Gesetzentwurf vor, der bei den Regierungsparteien Linke, SPD und Grüne allerdings auf wenig Gegenliebe stieß und deshalb nicht weiterverfolgt wurde. Nach diesem Entwurf sollten 2,5 Prozent der Wahlberechtigten innerhalb einer Frist von 100 Tagen eine Abstimmung über einen Gesetzesbeschluss verlangen können und, falls das Referendum zustande kommt, die Mehrheit der Abstimmenden über das Inkrafttreten oder Nicht-Inkrafttreten des Gesetzes entscheiden (bei einem Quorum von 25 Prozent). In Sachsen war die Forderung nach Einführung einer Vetoinitiative – unter der etwas merkwürdigen Bezeichnung »Volkseinwand« – 2019 Teil des CDU-Wahlprogramms. SPD und Grünen sorgten in den Koalitionsverhandlungen dafür, dass das Vorhaben zu einem Prüfauftrag herabgestuft wurde.

nur dort sinnvoll, wo es bereits eine nennenswerte Praxis der Volksgesetzgebung gibt, was heute allenfalls in Bayern, Berlin, Hamburg und – mit Abstrichen – Brandenburg, Mecklenburg-Vorpommern und Schleswig-Holstein der Fall ist. Gegenüber der Volksgesetzgebung hätte die Vetoinitiative den Vorteil, dass man weniger Ausschlussgegenstände benötigt. Das fakultative Referendum könnte also auch gegen Gesetze ergriffen werden, die dem Volksgesetzgeber ansonsten versperrt bleiben.

Ausgestaltet werden sollten die plebiszitären Verfahren so, dass sie den politischen Prozess in den Ländern beeinflussen können, aber nicht gänzlich überschatten. Bezogen auf die Ausschlussgegenstände liefe eine solche »mittlere Linie« darauf hinaus, dass Volksinitiativen und -begehren für finanzwirksame Initiativen stärker geöffnet werden, damit die zulässigen die ausgeschlossenen Gegenstände zumindest zahlenmäßig übersteigen. Um die Wähler über die finanziellen Folgen ins Bild zu setzen, könnte die Verwaltung eine Kostenschätzung vornehmen. Mit Blick auf die Quoren[23] ist das »bayerische« dem »Kieler Modell« vorzuziehen, da höhere Hürden in der Eingangsphase ein Beteiligungs- oder Zustimmungsquorum beim Volksentscheid entbehrlich machen. Damit könnte auch die in einem Volksgesetzgebungsverfahren unter Demokratiegesichtspunkten problematische Zusammenlegung von Abstimmungen und Wahlen entfallen. Bewährt haben sich die in den Ländern nahezu gleichförmig geregelten Verschränkungen der parlamentarischen und Volksgesetzgebung sowie die in den meisten Ländern mögliche Verbindung von freier Sammlung und Amtseintragung. Um die Verbindlichkeit der Volksbeschlüsse sicherzustellen, bietet sich die in Hamburg getroffene Regelung einer erleichterten Vetoinitiative an, falls das Parlament volksbeschlossene Gesetze nachträglich aufhebt oder abändert. Alle übrigen Vorschriften (Kostenübernahme, Beratungsanspruch, Offenlegungspflichten, Formen der Stimmabgabe, Informationsbroschüren etc.), sollten so ausgelegt sein, dass sie den Initianten das Leben nicht ohne Not schwer machen und die Bürger zur Teilnahme an den Verfahren ermuntert werden.

Eine andere Frage lautet, ob die Angleichung der Funktionslogiken der Volksgesetzgebung und des parlamentarischen Systems nicht auch auf umgekehrtem Wege herbeigeführt werden könnte, indem man nämlich die gewaltenfusionierende, auf dem Gegenüber von regierender Mehrheit und

Ganz verweigern konnten und wollten sie sich ihm nicht, hatten sie doch selbst den Ausbau der direkten Demokratie in der Vergangenheit regelmäßig gefordert. 2013 wollte die SPD das fakultative Referendum sogar auf der Bundesebene einführen (siehe Anm. 33).

23 Vgl. Meerkamp 2011.

Opposition fußende parlamentarische Regierungsform in den Ländern durch ein gewaltentrennendes präsidentielles System oder eine Proporzregierung ersetzt.[24] Das Pferd würde gewissermaßen von hinten aufgezäumt. Statt die Volksgesetzgebung dem bestehenden parlamentarischen System einzupassen, was eine restriktive Ausgestaltung der Plebiszite nach sich zieht, würde die Regierungsform auf das bestehende System der Direktdemokratie zugeschnitten. Die Volksrechte bekämen auf diese Weise einen breiteren Spielraum, könnten sich innerhalb des repräsentativen Systems als alternativer Pfad der Gesetzgebung leichter zur Geltung bringen.

Für eine solche Reform gibt es bereits ein Vorbild; es sind die Kommunen, wo der flächendeckende Übergang von der parlamentarischen zur präsidentiellen Regierungsform in den 1990er-Jahren zeitgleich mit dem Ausbau der plebiszitären Elemente (Bürgerbegehren und Bürgerentscheid) erfolgte. Bemerkenswert daran ist, dass das Argument der besseren wechselseitigen Verträglichkeit in diesem Prozess keine Rolle spielte. Die Direktwahl der Bürgermeister und die Stärkung der Bürgerrechte sollten unabhängig voneinander zu einer Stärkung der kommunalen Demokratie beitragen. Auch auf der Länderebene wurde der Zusammenhang zur Volksgesetzgebung in der Literatur bisher nicht hergestellt.[25]

Namhafte Politologen wie Wilhelm Hennis und Theodor Eschenburg hatten die Direktwahl schon in den 1950er- beziehungsweise 1960er-Jahren als alternative Regierungsform für die Länder ins Spiel gebracht. Sie begründeten dies hauptsächlich mit deren verwaltungslastigen Aufgaben, die einen konsensuellen Politikstil eher gestatteten als die stärker umkämpfte Bundespolitik. Das Argument bleibt prinzipiell richtig. Auch die Mitwirkung der Länder an der Bundesgesetzgebung über den Bundesrat, die tatsächlich einen bedeutsamen Unterschied zu den Kommunen markiert, steht ihm nicht entgegen. Sie wird ja bereits heute ausschließlich von den Länderregierungen wahrgenommen, was sich nach Einführung der Direktwahl nicht ändern würde.

Neben der besseren Integration der Volksgesetzgebung hätte der Wechsel zum präsidentiellen System in den Ländern den Vorteil, dass er sowohl die Regierung als auch das Parlament aufwerten würde. Weil das Parlament den Regierungschef nicht mehr im Amt halten müsste, könnte es ihm unbefangener als bisher gegenübertreten. Das präsidentielle System würde den Abgeordneten damit einen Teil ihrer verloren gegangenen Kontrollfunktionen zurückgeben. Und wo sie über legislative Restkompetenzen verfügen, wären die Landtage nicht mehr genötigt, die faktische Gesetzgebungsarbeit

24 Vgl. Decker 2013.

25 Vgl. zum Beispiel Arnim 2000: 258–271.

allein der Regierung zu überlassen. Eine solche Reform käme zugleich dem Föderalismus zugute, indem sie die notorische Überlagerung der Landes- durch die Bundespolitik zurückdrängt. Diese ist nicht nur der engen Verflechtung der beiden Ebenen geschuldet, sondern auch der Gleichförmigkeit ihrer jeweiligen Regierungssysteme. Eine Abkehr der Gliedstaaten von der parlamentarischen Regierungsform des Bundes würde also die Eigenständigkeit der Länderpolitik – unabhängig von der föderalen Aufgabenverteilung – automatisch stärker hervorheben.

Tabelle 1 stellt die Optionen der direktdemokratischen Verfassungsgebung in den Ländern zusammenfassend dar.[26]

Tabelle 1: Direkte Demokratie in den Ländern

Öffnung	
Erleichterung der Volksgesetzgebung Einführung des fakultativen Referendums Einführung eines Konkordanzsystems präsidentielle Regierungsform Proporzregierung	+ obligatorisches Referendum
Erleichterung der Volksgesetzgebung *Einführung des fakultativen Referendums*	*+ obligatorisches Referendum*
Erleichterung der Volksgesetzgebung	***+ obligatorisches Referendum*** ***+ einfaches Referendum***
Beibehaltung des Status quo	***+ obligatorisches Referendum*** ***+ einfaches Referendum***
Erschwerung der Volksgesetzgebung (bis hin zur faktischen Stilllegung)	+ obligatorisches Referendum + einfaches Referendum
Abschaffung der Volksgesetzgebung	+ obligatorisches Referendum + einfaches Referendum
keinerlei direktdemokratische Verfahren	
Schließung	

Quelle: eigene Darstellung. Die realistischen Optionen sind kursiv, die empfohlenen Optionen fett und kursiv hervorgehoben.

26 Nicht aufgeführt sind unverbindliche Initiativen, die elf Länder neben der Volksgesetzgebung heute zusätzlich vorsehen, und die in sechs Ländern mögliche plebiszitäre Parlamentsauflösung.

Vorstöße für die Einführung der Direktwahl hat es bisher nur in Rheinland-Pfalz (2000) und in Bayern (2012/2013) gegeben, beide liefen ins Leere. Dass die Initiativen in den Flächenländern und nicht in den Stadtstaaten zustande kamen, ist insofern merkwürdig, als sich gerade die Letzteren aufgrund ihres Doppelcharakters als Land und Kommune für eine Reform anbieten würden. So wäre zum Beispiel die Dreieinhalbmillionenstadt Berlin nach einer Fusion mit Brandenburg automatisch in den Geltungsbereich der »präsidentiellen« Kommunalverfassung eines gemeinsamen Bundeslandes gelangt. Das größte Hindernis dürfte darin liegen, dass die Direktwahl eine komplette Reorganisation des Regierungssystems mit umfangreichen Verfassungsänderungen erforderlich macht. Ob und in welchen Bundesländern sie irgendwann in das Visier des Volksgesetzgebers gelangen könnte, ist deshalb nur schwer abschätzbar.

3. Geeignete direktdemokratische Verfahren auf Bundesebene

Charakteristisch für die Verfassungsgebung und Praxis der direkten Demokratie in Deutschland ist ihre weitgehend gleichförmige Entwicklung auf Landes- und Bundesebene. Waren die Volksrechte in der Weimarer Republik in sämtlichen Ländern und der Reichsverfassung eingeführt worden und zum Einsatz gelangt, fand dieser Gleichlauf in der Bundesrepublik bis zum Ende der 1980er-Jahre allerdings nur in der Praxis statt, indem die in den meisten Ländern übernommenen Verfahren so gut wie keine Rolle mehr spielten. Verfassungsrechtlich ging man dagegen getrennte Wege, nachdem der Parlamentarische Rat entschieden hatte, auf die Einführung der plebiszitären Elemente in das Grundgesetz ganz zu verzichten. Einzige Ausnahme sind die Territorialplebiszite im Falle einer Länderneugliederung, die zwei Mal – bei der erfolgreichen Schaffung des Südweststaates Baden-Württemberg 1951/52 und der gescheiterten Fusion von Berlin und Brandenburg 1996 – zur Anwendung kamen. Ab den 1990r-Jahren öffnete sich die Schere zwischen beiden staatlichen Ebenen auch in der Praxis. Während die direkte Demokratie in den Ländern ausgebaut wurde und zu neuem Leben erwachte, änderte sich an der plebiszitären Zurückhaltung des Bundes nichts. Der Gleichlauf beschränkte sich hier auf die politische Debatte, die von der Forderung ausging, die in den Ländern bestehenden Verfahren in das Grundgesetz zu übernehmen. Die dazu unterbreiteten Vorschläge, die im Laufe der Zeit immer weiter ausgefeilt wurden, reflektieren teilweise unmittelbar die Verfassungsentwicklung in den Ländern.[27]

27 Vgl. Decker 2016: 137–148.

Dass die Vorstöße fast ausschließlich von der linken Seite ausgingen, verweist auf die Ursprünge der oppositionell verstandenen direkten Demokratie in der deutschen Verfassungsgeschichte. Unter den zehn beziehungsweise, wenn man die Vorschläge von SPD und Grünen in der Gemeinsamen Verfassungskommission hinzunimmt, zwölf Gesetzentwürfen für die Einführung der dreistufigen Volksgesetzgebung in das Grundgesetz, befinden sich vier der PDS/Linken, vier der Grünen, zwei der SPD und einer der FDP. 2002 legten SPD und Grüne als Regierungsparteien einen gemeinsamen Entwurf vor. FDP und Linke haben darüber hinaus in weiteren Entwürfen ein Referendum über die EU-Verfassung beziehungsweise über EU-Vertragsänderungen vorgeschlagen. Vom rot-grünen Regierungsentwurf abgesehen, stammten alle Entwürfe von Parteien, die zum Zeitpunkt ihrer Vorstöße in der Opposition waren.

Neben dem Inhalt der verschiedenen Entwürfe ist vor allem ihre Folgenlosigkeit bemerkenswert. Weder lösten sie eine größere Diskussion aus, noch konnten sie die CDU bewegen, ihre abwehrende Haltung zu den Plebisziten zu überdenken. Eine unausgesprochene Skepsis gegenüber der Volksgesetzgebung schwingt offenbar auch bei deren Befürwortern mit, insbesondere unter Sozialdemokraten und Grünen. Die Zweifel werden durch die Erfahrungen aus den Ländern genährt.[28] Je stärker die Volkrechte dort in den politischen Prozess eingreifen, umso mehr scheint die Sorge zu wachsen, dass die Einführung ähnlicher Verfahren auf Bundesebene die Handlungsfähigkeit der Regierung, wenn nicht gar die Funktionsfähigkeit des parlamentarischen Systems insgesamt beeinträchtigen könnte.[29] Insofern liegt die Vermutung nahe, dass der Fehlschlag der bisherigen Bemühungen, den Volksentscheid ins Grundgesetz einzuführen, in erster Linie auf das Festhalten am Volksgesetzgebungsmodell zurückzuführen ist.

28 Nimmt man jüngere Fälle und Entwicklungen in Berlin, Thüringen und Hamburg, sind ironischerweise gerade die drei linken Parteien (SPD, Grüne und Linke) die Hauptleidtragenden der direkten Demokratie. So musste der rot-grüne Senat in Berlin im September 2017 hinnehmen, dass die Bürger gegen seinen Willen in einem Volksentscheid für den Weiterbetrieb des Flughafens Tegel votierten,auch wenn die Umsetzung dieses Beschlusses später aus rechtlichen Gründen scheiterte In Thüringen nutzte die CDU die vorhandenen Verfahren der Volksgesetzgebung, um die von der rot-rot-grünen Landesregierung geplante Gebietsreform zu verhindern. Gleichzeitig setzte sie Linke, SPD und Grüne mit dem Vorschlag unter Druck, ein fakultatives Referendum einzuführen (siehe Anm. 22). Und in Hamburg, wo die Regierenden (auch der CDU) in der Vergangenheit bei Volksabstimmungen wiederholt den Kürzeren zogen, dürfte der rot-grüne Senat heilfroh gewesen sein, dass das Verfassungsgericht in seinem oben (Anm. 17) zitierten Urteil weiteren Verfahrenserleichterungen einen Riegel vorgeschoben hat.

29 Vgl. Hsu 2014: 196.

Tatsächlich würde die Einführung der Volksgesetzgebung im Bund noch sehr viel gravierendere Probleme aufwerfen als in den Ländern. In den Ländern können die überwiegend oppositionell eingesetzten Verfahren keine größeren Schäden anrichten, weil ihr Anwendungsbereich hier durch die föderalismusbedingt begrenzten Zuständigkeiten ohnehin sehr gering ist. Auf der Bundesebene stünden dem Volksgesetzgeber dagegen wesentlich mehr und wichtigere Materien offen. Die Übernahme des Volksgesetzgebungsmodells hätte daher vermutlich zur Folge, dass über die finanzwirksamen Gesetze hinaus weitere Ausschlussgegenstände benannt und auch die übrigen Verfahrensregeln restriktiver gehandhabt werden müssten, um die Funktionalität der Verfahren zu gewährleisten. Die Nichteinlösung des weitreichenden Demokratieversprechens in der Praxis würde damit im Rahmen der Bundespolitik noch sehr viel stärker ins Bewusstsein treten und Bestrebungen der Plebiszitbefürworter auf den Plan rufen, die Anwendungsbedingungen der Volksgesetzgebung zu erleichtern.

Darüber hinaus stellt sich die Frage, wie die Länder im Rahmen eines Volksgesetzgebungsverfahrens sinnvoll beteiligt werden können – ein Problem, das auf der gliedstaatlichen Ebene entfällt. Das in sämtlichen Gesetzentwürfen übereinstimmend vorgeschlagene »Ländermehr« nach Schweizer Vorbild[30], das die Zustimmung des Bundesrates durch die Zustimmung der Landesvölker ersetzen würde, bietet hier nur eine »Scheinlösung«: Erstens greift es allein bei den zustimmungspflichtigen Gesetzen, von denen ein Großteil dem Volksgesetzgeber aufgrund der Verletzung des Finanztabus ohnehin versperrt wäre. Bei den zahlenmäßig überwiegenden Einspruchsgesetzen bliebe die Beteiligung der Länder auf die Möglichkeit einer Vorabstellungnahme des Bundesrates beschränkt, die dem heutigen »ersten Durchgang« entspricht. Zweitens hätten die Anrufung des Vermittlungsausschusses und das anschließende Vermittlungsverfahren keinen Bestand mehr, da diese nur durch gewählte oder delegierte Vertreter wahrgenommen werden können. Dabei zählen gerade sie zu den funktional unentbehrlichen Bestandteilen der föderativen Mitregierung. Und drittens übersieht die Ländermehr-Lösung die fundamentalen Unterschiede zwischen dem schweizerischen und deutschen Föderalismus. In der Schweiz verfügen die Kantone sowohl in der materiellen Gesetzgebung als auch bei der Umsetzung der Bundesgesetze über weitreichende eigene Befugnisse, die die Schutzfunktion einer

30 Sowohl die Mehrheit des Bundesvolkes als auch die Mehrheit der Völker in den Kantonen muss danach der Vorlage zustimmen (»doppeltes Mehr«). Eine Übertragung dieses Modells auf die Bundesrepublik hätte den Vorteil, dass sie die unterschiedlichen Stimmengewichte der Länder im Bundesrat berücksichtigen könnte; die Mehrheit des Landesvolkes wäre dann gleichbedeutend mit der Abgabe der Bundesratsstimmen des Landes.

föderativ konstituierten Zweiten Kammer bis zu einem gewissen Grade entbehrlich machen und die Wahrnehmung der Kantonsinteressen durch das Ständemehr als ausreichend erscheinen lassen. In der Bundesrepublik kommt man demgegenüber nicht umhin, den Ländern auch ein inhaltliches Mitgestaltungsrecht an den Bundesgesetzen einzuräumen, weil der Bund hier durch die Regelung der Verwaltungsverfahren, die Steuergesetzgebung und die Überwälzung von Finanzierungslasten unmittelbar in deren Domäne eingreift. Diese Aufgabe, die ein hohes Maß an Expertise voraussetzt, kann nicht ersatzweise von den »Landesvölkern« wahrgenommen werden.[31]

Vor dem Hintergrund dieser Schwierigkeiten kann die Empfehlung an den Verfassungsgeber nur lauten, auf die Einführung einer (positiven) Gesetzesinitiative in das Grundgesetz zu verzichten! Die von den Befürwortern der Plebiszite insinuierte Vorstellung, dass das scheinbar bewährte Modell der direkten Demokratie in Ländern und Kommunen auch für den Bund »gesetzt« sei und dort eingeführt werden müsse, ist falsch. So wie sich die Regierungssysteme des Bundes und der Länder in der Ausgestaltung der Legislative (bi- oder unikameral) und Exekutive (separates oder verbundenes Staatsoberhaupt) unterscheiden, so können sie es auch bei der direkten Demokratie tun. Das naheliegende Beispiel sind die USA, wo es in der Hälfte der Einzelstaaten zum Teil stark ausgebaute direktdemokratische Verfahren gibt, während sich die andere Hälfte und der Bund in plebiszitärer Enthaltsamkeit üben.

Der Verzicht auf die Volksgesetzgebung ist nicht gleichbedeutend mit dem Verzicht auf die direkte Demokratie. Wenn es Verfahren gibt, die sich mit der Funktionsweise des parlamentarischen Parteienbundesstaates »vertragen«, sollte man nüchtern prüfen, welchen Nutzen sie aus demokratischer Sicht haben könnten und ob dieser Nutzen ihre Einführung rechtfertigt.

Vergleichsweise problemlos integrierbar wäre zum Beispiel ein *obligatorisches Verfassungsreferendum*. Weil dessen Auslösung automatisch erfolgt und die für Verfassungsänderungen vorgeschriebene doppelte Zweidrittelmehrheit in Bundestag und Bundesrat einen Kompromiss bereits auf der parlamentarischen Ebene erzwingt, würde dieses weder mit der gegnerschaftlichen Logik des Parteienwettbewerbs noch mit dem föderativen Prinzip kollidieren. Die Regierung müsste eine etwaige Niederlage nicht als gegen sich gerichtet betrachten. Um für eine möglichst hohe Legitimation zu sorgen, würde es sich anbieten, die Abstimmungen zeitgleich mit der Bundestagswahl stattfinden zu lassen. Ob für die Zustimmung eine nochmalige

31 Vgl. Estel 2006.

qualifizierte Mehrheit erforderlich ist oder – wie in Bayern und Hessen – nur die einfache Mehrheit, wäre zu klären.

Fraglich bleibt, ob ein obligatorisches Referendum für sämtliche Verfassungsänderungen angestrebt werden sollte. Diese betreffen in ihrer Mehrzahl organisations- oder kompetenzrechtliche Fragen, die zwar von erheblicher Trageweite sein können, in ihrer Komplexität aber für die meisten Wähler nur schwer durchschaubar sind. Deshalb erscheint eine Begrenzung auf die Kernbestandteile der Verfassung sinnvoll, worunter neben den Grundrechten (Artikel 1 bis 19 GG) und staatsorganisatorischen Grundprinzipien (Artikel 20 GG) auch die Abtretung von Souveränitätsrechten an die Europäische Union fallen (Artikel 23 GG).[32] Die Gegenstände könnten nötigenfalls um weitere Elemente des Staatsaufbaus ergänzt werden, die eine hohe Legitimationswirkung erzeugen, etwa das Wahlrecht oder die direktdemokratischen Verfahren selbst.

Schwieriger gestaltet sich die Einführung eines von Regierung und/oder Parlament ausgelösten einfachen Referendums. Dieses könnte sich entweder auf ein im parlamentarischen Verfahren »durchgefallenes« Gesetz beziehen (Zustimmungsreferendum) oder auf ein geplantes Gesetzesvorhaben (Entscheidungsreferendum). Im ersten Fall erhielte die Regierung das Recht, bei einem ablehnenden Gesetzesbeschluss des Bundestages oder Bundesrates diesen zur Abstimmung zu stellen. Stimmt die Mehrheit zu, würde der Volksentscheid das ablehnende Votum übertrumpfen und das Gesetz in Kraft treten. Lehnt sie ab, käme das einem Misstrauensvotum gleich, das die Regierung als Hebel nutzen könnte, um über eine Auflösung des Bundestages vorgezogene Neuwahlen herbeizuführen. Das Zustimmungsreferendum würde also helfen, Entscheidungsblockaden im Verhältnis von Bundesregierung, Bundestag und Bundesrat zu überwinden. Ob es in dieser Funktion einen großen Mehrwert hätte, bleibt jedoch fraglich. Die Zustimmung des Bundestages zu einer Gesetzesvorlage kann die Regierung ja bereits heute erzwingen, wenn sie diese mit der Vertrauensfrage nach Artikel 68 des Grundgesetzes verknüpft. Auch hier wären bei einer Ablehnung Neuwahlen die Folge. Und was den Bundesrat betrifft, hat der Wandel des Parteiensystems die Gefahr einer Blockadepolitik durch die jeweilige Opposition inzwischen spürbar reduziert.

32 Welche Fragen souveränitätsrelevant sind, dürfte im Einzelnen umstritten bleiben – linke Parteien würden wahrscheinlich eher an Handelsabkommen wie CETA oder TTIP denken, rechte Parteien an den Beitritt neuer Länder zur EU. Aus Sicht der europäischen Demokratie geht es dabei auch um das grundsätzliche(re) Problem, ob darüber ausschließlich von der EU entschieden werden kann oder es zusätzlich einer Ratifikation durch alle nationalen Mitgliedstaaten bedarf.

Grundsätzlich positiv zu betrachten wäre dagegen die Einführung eines Entscheidungsreferendums. Der Regierung oder Parlamentsmehrheit würde damit die Möglichkeit gegeben, ein geplantes Gesetzesvorhaben oder einen anderen Gegenstand der politischen Willensbildung zur Abstimmung zu stellen. Um eine Umgehung des Bundesrates zu vermeiden, müsste dieser einem solchen Referendum zustimmen. Ob für die Auslösung eine einfache oder Zweidrittelmehrheit verlangt werden sollte, wäre zu klären. Letzteres würde bedeuten, dass das Instrument nur im Einvernehmen mit der Opposition beziehungsweise eines Teils der Opposition eingesetzt werden kann. Auf der Länderebene ist diese Variante in Hamburg realisiert, für das Grundgesetz schlägt sie die SPD in ihrem 2013 eingebrachten Entwurf vor.[33] Angestrebt werden sollte nur ein verbindliches Referendum, keine unverbindliche Volksbefragung.

Von unten ausgelöste Verfahren wie die Volksinitiative oder ein fakultatives Gesetzesreferendum sind in einem parlamentarischen Regierungssystem im allgemeinen fehl am Platze. Sie kommen allenfalls dort in Betracht, wo dieses in seiner Funktionsweise beeinträchtigt ist. Eine solche Beeinträchtigung könnte angenommen werden, wenn in einem hegemonialen oder dominanten Parteiensystem über längere Zeit kein Regierungswechsel stattfindet oder die Möglichkeit zu einem solchen besteht. Auf der Länderebene gilt das zum Beispiel für Bayern, wo die plebiszitären Verfahren die Schwäche der parlamentarischen Opposition zum Teil kompensieren und so ein Gegengewicht zur Alleinherrschaft der CSU bilden.[34] Der andere Fall sind übergroße Mehrheiten etwa im Falle einer Großen Koalition, die dazu führen, dass die Opposition über keine Sperrminorität bei Verfassungsänderungen verfügt oder sie wesentliche Minderheitenrechte nicht einsetzen kann. Zu den Letzteren gehören vor allem das Recht, ein Gesetz vom Verfassungsgericht überprüfen zu lassen oder die Beantragung eines parlamentarischen Untersuchungsausschusses, die im Bundestag jeweils an ein Quorum von 25 Prozent gebunden sind.[35]

Keine Probleme bereitet die Einführung einer unverbindlichen Volksinitiative, die an die bereits bestehenden Verfahren in den Ländern anknüpfen würde. Das von der SPD und von der Linken für verbindliche Volksini-

33 Vgl. Deutscher Bundestag, Drucksachen 17/13873 und 17/13874.

34 Damit tragen sie freilich zugleich dazu bei, das Hegemonialsystem zu stabilisieren. Die CSU kann deshalb in Bayern mit den plebiszitären Korrektiven gut leben.

35 Konkret könnte ein Vorschlag wie folgt aussehen: Verfügen die Regierungsparteien über mehr als zwei Drittel und jede der Oppositionsparteien über weniger als ein Viertel der Sitze im Bundestag, haben eine Million Abstimmungsberechtigte das Recht, ein vom Bundestag beschlossenes Gesetz dem Volksentscheid zu unterwerfen.

tiativen auf der Bundesebene vorgeschlagene Eingangsquorum von 100 000 Unterschriften könnte dabei übernommen werden. Mit der Initiative würde der Bundestag aufgefordert, ein bestimmtes Thema auf die Tagesordnung zu setzen und zu beraten. Eine gegenständliche Einschränkung bräuchte es nicht – das Thema müsste sich lediglich im Rahmen seiner Zuständigkeit bewegen. Aus der Beratungspflicht ergeben sich für den Gesetzgeber keine weiteren Konsequenzen; ob und wieweit er dem Anliegen der Initiative inhaltlich Rechnung trägt, kann er frei entscheiden.

4. Schlussbemerkung

Bildete man eine an der Eingriffstiefe in das bestehende System orientierte Reihenfolge, wäre die Einführung der unverbindlichen Initiative am leichtesten möglich – der Verfassungsgeber würde damit keinerlei Risiken eingehen. Größere Widerstände wären dagegen beim Entscheidungsreferendum und obligatorischem Verfassungsreferendum zu erwarten. Das Entscheidungsreferendum ließe sich zwar vergleichsweise gut integrieren; allerdings stellt sich vor dem Hintergrund der Erfahrungen aus anderen Staaten die Frage, ob es überhaupt benötigt wird und in der Verfassungspraxis jemals eine größere Rolle spielen würde. Beim obligatorischen Referendum könnte wiederum der absehbare Streit, über wie viele und welche Verfassungsfragen das Volk das letzte Wort haben soll, die Regierenden vor einer Einführung zurückschrecken lassen. Noch stärker wären vermutlich die Bedenken gegen eine Vetoinitiative in der hier vorgeschlagenen »konditionierten« Form, mit der die Bundesrepublik verfassungsrechtliches und -politisches Neuland betreten würde.

Für den Vorschlag spricht, dass die vier infrage kommenden Verfahren kein zusammengehörendes Ensemble bilden; sie könnten also unabhängig voneinander und ohne vorgegebene Reihenfolge Stück für Stück eingeführt werden. Gleichzeitig wären sie ein Schritt, um vom untauglichen Volksgesetzgebungsmodell ganz loszukommen. Gerade die Befangenheit in diesem Modell hat eine realistische Einschätzung der mit einer Einführung der Plebiszite in das Grundgesetz verbundenen Chancen und Risiken bislang verhindert. Dass die Skepsis gegenüber den von unten ausgelösten Verfahren zunimmt, je mehr sich diese auf der Länderebene institutionell verfestigen und den politischen Prozess beeinflussen, ist dabei nur scheinbar paradox. Die Fixierung des Verfassungsgebers auf die Volksgesetzgebung entspringt ja nicht irgendeinem bösen Willen, sondern stellt das Produkt einer pfadabhängigen Entwicklung dar, deren Anfänge in der deutschen Verfassungsgeschichte bis Mitte des 19. Jahrhunderts zurückreichen. Diese Entwicklung nachzuzeichnen, war nicht das Thema des Aufsatzes. Vielmehr galt es die Konsequenzen zu beleuchten, die sich aus der Präferenz für die von unten ausgelösten Verfahren ergeben. Um die Pfadabhängigkeit gedanklich und in der Realität zu »durchbrechen«[36], bleibt die Kenntnis der historischen Ursprünge dennoch unabdingbar. Ein zentrales Problem der Debatte um die direkte Demokratie in Deutschland liegt darin, dass sie diesen Zusammenhängen bis heute zu wenig Beachtung schenkt. Auch wenn es Anzeichen für ein Umdenken gibt, fehlt es an der Bereitschaft, die Unhaltbarkeit des mit der Volksgesetzgebung gemachten Demokratieversprechens offen zuzugeben. Solange diese als sakrosankt gilt und die anderen, systemverträglicheren Alternativen der Direktdemokratie zweite oder dritte Wahl bleiben, werden die in Artikel 20 des Grundgesetzes postulierten Abstimmungen weiter auf sich warten lassen.

Literatur

Arnim, Hans H. von (2000): Vom schönen Schein der Demokratie. Politik ohne Verantwortung – am Volk vorbei, München.

Decker, Frank (2004): Der neue Rechtspopulismus, 2. Aufl., Opladen.

Decker, Frank (2009): Ist die Parlamentarismus-Präsidentialismus-Dichotomie überholt? Zugleich eine Replik auf Steffen Kailitz, in: Zeitschrift für Politikwissenschaft 19 (2/2009), S. 169–203.

Decker, Frank (2013): Direktwahl der Ministerpräsidenten. Begründung, Ausgestaltung und Umsetzbarkeit eines Wechsels der Regierungsform in den Ländern, in: Zeitschrift für Parlamentsfragen 44 (2/2013), S. 296–314.

Decker, Frank (2016): Der Irrweg der Volksgesetzgebung, Bonn.

Decker, Frank / Grotz, Florian (2011): More Direct Democracy via Direct Democracy? Different Paths of Institutional Innovations in the German Länder, ECPR Joint Sessions of Workshops, Sankt Gallen.

Decker, Frank / Lewandowsky, Marcel / Solar, Marcel (2013): Demokratie ohne Wähler? Neue Herausforderungen der politischen Partizipation, Bonn.

Estel, Denise (2006): Bundesstaatsprinzip und direkte Demokratie im Grundgesetz, Baden-Baden.

Ewert, Benjamin (2007): Potentiale der direkten Demokratie in Litauen, Slowenien und Ungarn unter besonderer Berücksichtigung der politischen Kultur, Frankfurt/M.

Groß, Thomas (2017): Hat das Hamburgische Verfassungsgericht die Diktatur des Volkes verhindert?, in: Juristenzeitung 72 (4/2017), S. 349–355.

36 Hsu 2014: 225.

Hsu, Yu-Fang (2014): Die Pfadabhängigkeit direkter Demokratie in Deutschland. Eine Untersuchung zu den ideen- und realgeschichtlichen Ursprüngen der Volksgesetzgebung, Baden-Baden.

Meerkamp, Frank (2011): Die Quorenfrage im Volksgesetzgebungsverfahren. Bedeutung und Entwicklung, Wiesbaden.

Neidhart, Leonhard (1970): Plebiszit und pluralitäre Demokratie. Eine Analyse der Wirkungen des schweizerischen Gesetzesreferendums, Bern.

Omland, Frank (2010): Plebiszite in der Zustimmungsdiktatur – Die nationalsozialistischen Volksabstimmungen 1933, 1934 und 1938: Das Beispiel Schleswig-Holstein, in: Lars P. Feld et al. (Hg.), Jahrbuch für direkte Demokratie 2009, Baden-Baden, S. 131–159.

Patzelt, Werner J. (2011): Welche plebiszitären Instrumente könnten wir brauchen? Einige systematische Überlegungen, in: Lars P. Feld et al. (Hg.), Jahrbuch für direkte Demokratie 2010, Baden-Baden, S. 63–106.

Rehmet, Frank / Weber, Tim (2017): Volksbegehrensbericht 2017. Direkte Demokratie in den deutschen Bundesländern 1946 bis 2016, Berlin.

Schiller, Theo (2002): Direkte Demokratie. Eine Einführung, Frankfurt/New York.

Stutzer, Alois / Frey, Bruno S. (2000): Stärkere Volksrechte – zufriedenere Bürger: eine mikroökonomische Untersuchung für die Schweiz, in: Swiss Political Science Review 6 (3/2000), S. 1–30.

Vospernik, Stefan (2014): Modelle der direkten Demokratie. Volksabstimmungen im Spannungsfeld von Mehrheits- und Konsensdemokratie – Ein Vergleich von 15 Mitgliedsstaaten der Europäischen Union, Baden-Baden.

Frank Brettschneider

Partizipative Landesgesetzgebung in Baden-Württemberg

1. Einleitung

Bauprojekte aus den Bereichen Verkehr, Energie und Stadtentwicklung stoßen immer wieder auf Protest von Teilen der Bevölkerung. Oft artikulieren lokale Bürgerinitiativen ihren Unmut. Umweltverbände springen ihnen bei. Nicht selten eskaliert die Auseinandersetzung. Inzwischen ist daher unstrittig, dass gesellschaftlich tragfähige Lösungen ohne Kommunikation zwischen Bürgern, Verbänden, Initiativen, Vorhabenträgern sowie Politik und Verwaltung nicht möglich sind.[1] Die Legitimation von Projekten beruht nicht nur auf formalen Rechtsverfahren. Sie müssen um frühzeitige und dialogorientierte Kommunikation und Beteiligung ergänzt werden. Dies schlägt sich unter anderem in zahlreichen Leitfäden für Bürgerbeteiligung und Kommunikation bei konkreten Bauvorhaben nieder.[2]

Aber auch auf der Ebene der Gesetzgebung gibt es den Wunsch der Bevölkerung nach mehr politischen Mitsprachemöglichkeiten.[3] Anders als bei Bauprojekten ist dialogische Bürgerbeteiligung an der Landesgesetzgebung bislang jedoch unüblich. In Rheinland-Pfalz, Sachsen, Thüringen und Nordrhein-Westfalen fand zwar bei einzelnen Gesetzesvorhaben (etwa in Rheinland-Pfalz beim Transparenzgesetz oder in Nordrhein-Westfalen beim Landesmediengesetz) eine Beteiligung der Bürger statt. Aber nur in Baden-Württemberg existiert eine systematische partizipative Landesgesetzgebung. Sie wurde nach der Landtagswahl 2011 von der grün-roten Landesregierung eingeführt – und nach der Landtagswahl 2016 von der grün-schwarzen Landesregierung sogar noch ausgebaut: Die Exekutive konsultiert Bürger bei Gesetzesvorhaben. Ein wichtiger Baustein ist seit März 2013 das »Online-

1 Vgl. unter anderem Brettschneider 2016.

2 Vgl. Bertelsmann Stiftung 2012; siehe außerdem Klages/Vetter 2011, Nanz/Fritsche 2012 sowie Verein Deutscher Ingenieure 2014.

3 Vgl. Bertelsmann Stiftung/Staatsministerium Baden-Württemberg 2014 sowie Baden-Württemberg Stiftung 2015.

Beteiligungsportal Baden-Württemberg«. Daneben kommen Face-to-Face-Formate der dialogischen Bürgerbeteiligung zum Einsatz (zum Beispiel Workshops, Runde Tische). Zudem ist die partizipative Gesetzgebung in eine umfassende »Politik des Gehörtwerdens« eingebettet.[4]

2. Forschungsfragen

Die partizipative Gesetzgebung in der 15. Legislaturperiode (2011–2016) des baden-württembergischen Landtags ist Gegenstand der vorliegenden Studie, die im Auftrag der Bertelsmann Stiftung durchgeführt wurde. Im Mittelpunkt stehen folgende Fragen:

- Welche Beteiligungsformate setzt die Exekutive in Gesetzgebungsverfahren ein? Wie werden sie mit dem Gesetzgebungsverfahren verknüpft?
- Wie nutzt die Bevölkerung die partizipativen Verfahren?
- Wie gehen die Fachministerien mit den Kommentaren aus der Beteiligung um? Ist im Gesetzentwurf ein partizipativer Fußabdruck erkennbar? Welchen Nutzen sehen die Mitarbeiter der Fachministerien in der Beteiligung?
- Wie wird im Landtag von Baden-Württemberg mit den Ergebnissen umgegangen? Und was halten Landtagsabgeordnete von der partizipativen Gesetzgebung?

Untersucht wird dies anhand von fünf partizipativen Gesetzgebungsverfahren:

- Psychisch-Kranken-Hilfe-Gesetz
- Nachbarrechtsgesetz
- Erneuerbare-Wärme-Gesetz
- Hochschulrechtsänderungsgesetz
- Nationalpark Schwarzwald.

Ergänzend wird die BEKO untersucht, die »Beteiligung zum Integrierten Energie- und Klimaschutzkonzept«. Bei diesem sehr komplexen Verfahren wurden zahlreiche Beteiligungsformate miteinander verknüpft.[5] Die sechs Vorhaben wurden ausgewählt, weil sie a) abgeschlossen sind und b) weil sie aus unterschiedlichen Themenbereichen und Zuständigkeiten stammen.

4 Vgl. Haug/Schmid 2014 sowie Arndt 2014.

5 Zur BEKO und zum Nationalpark Schwarzwald liegen bereits ausführliche Dokumentationen vor. Vgl. Beteiligungsportal Baden-Württemberg 2013, Beteiligungsportal Baden-Württemberg 2014.

Abbildung 1: Untersuchte Fälle und eingesetzte Methoden

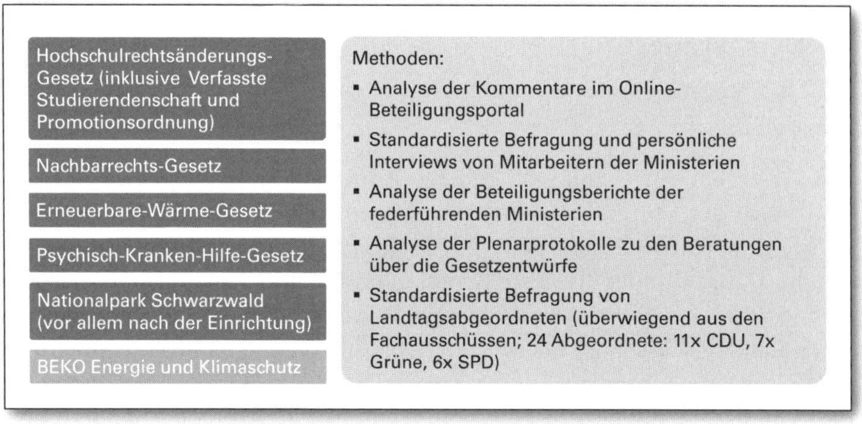

Quelle: eigene Darstellung.

Die Forschungsfragen werden mittels einer Methodenkombination[6] untersucht (siehe Abbildung 1):

1. Die Zahl und die Inhalte der Onlinekommentare im Beteiligungsportal des Landes Baden-Württemberg wurden inhaltsanalytisch untersucht.
2. Mitarbeiterinnen und Mitarbeiter aus den federführenden Fachministerien wurden mittels eines standardisierten schriftlichen Fragebogens sowie in persönlichen Leitfaden-Interviews befragt. Dabei ging es unter anderem um die Qualität der Onlinekommentare aus Sicht der Mitarbeiter sowie um deren Umgang mit den Kommentaren.
3. Die Beteiligungsberichte der federführenden Ministerien zu den Gesetzesvorhaben wurden im Hinblick auf einen partizipativen Fußabdruck analysiert.
4. In den Plenarprotokollen zu den Beratungen über die Gesetzentwürfe wurde analysiert, ob die Fachminister oder die Abgeordneten in ihren Reden auf die Beteiligungsverfahren Bezug genommen haben.
5. Die Landtagsabgeordneten wurden mittels einer standardisierten schriftlichen Befragung unter anderem danach gefragt, ob sie die Kommentare aus dem Online-Beteiligungsportal nutzen. Zudem ging es um den richtigen Zeitpunkt für die dialogische Bürgerbeteiligung an Gesetzgebungsverfahren sowie um eine Beurteilung von Online- und Face-to-Face-Beteiligung.

6 Die Methode ist im Abschlussbericht dokumentiert (vgl. Brettschneider/Renkamp 2016).

3. Integration partizipativer Elemente in die repräsentative Demokratie

3.1 Ablauf des Gesetzgebungsverfahrens

Ein Gesetzentwurf kann im Landtag von Baden-Württemberg von einer Fraktion oder von mindestens acht Abgeordneten eingebracht werden. Häufiger wird ein Gesetzentwurf jedoch von der Landesregierung eingebracht. Danach findet die Erste Beratung im Plenum statt. Hier werden die Grundsätze des Gesetzentwurfs vorgestellt und diskutiert. Sodann wird er an einen Landtagsausschuss überwiesen. Der Ausschuss gibt eine Empfehlung ab. Sie dient als Grundlage für die Zweite Beratung. Dort werden nochmals die Grundsätze aufgegriffen sowie Einzelbestimmungen oder Änderungsanträge diskutiert. Die Zweite Beratung endet mit einer Abstimmung über den Gesetzentwurf.[7] Bei mehrheitlicher Zustimmung wird das Gesetz durch den Ministerpräsidenten ausgefertigt und im Amtsblatt des Landes Baden-Württemberg veröffentlicht.

Die *Beratung und der Beschluss über den Gesetzentwurf* sind Sache der Legislative (Abbildung 2). Auf das Inkrafttreten des Gesetzes folgt das umsetzende Verwaltungshandeln. Im Mittelpunkt dieses Beitrags steht aber das Verwaltungshandeln in der *Vorbereitung* eines von der Landesregierung eingebrachten Gesetzentwurfs.

Abbildung 2: Exekutives und legislatives Handeln

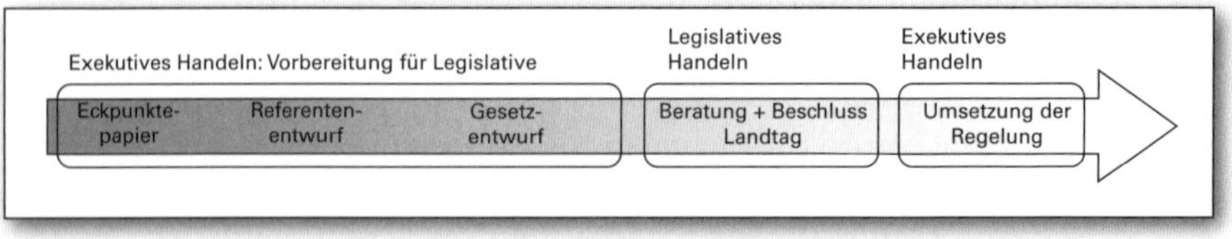

Quelle: eigene Darstellung.

Oft geht dem förmlichen Teil des Gesetzgebungsverfahrens ein *Eckpunktepapier* voraus. Darin beschreiben die beteiligten Ministerien die Ziele des Gesetzesvorhabens sowie wesentliche Umsetzungsvorschläge. Das Eckpunktepapier wird im Landeskabinett beschlossen und dient dann als Grundlage für das Handeln der Verwaltung im förmlichen Teil des Gesetzge-

7 Bei Haushaltsgesetzen und bei Verfassungsänderungen findet eine Dritte Beratung statt.

bungsverfahrens. Wie dabei innerhalb der Exekutive vorzugehen ist, legt die Verwaltungsvorschrift der Landesregierung zur Erarbeitung von Regelungen fest (VwV Regelungen).

Der förmliche Teil des Gesetzgebungsverfahrens beginnt mit der Ausarbeitung eines *Referentenentwurfs* durch die Verwaltung. Die Ausarbeitung liegt in der Hand eines federführenden Ministeriums, das gegebenenfalls weitere Ministerien einbezieht. Der fertige Referentenentwurf wird im Kabinett beraten und beschlossen.

Danach beginnt die förmliche *Anhörung von Verbänden*. In der Regel sind dies die kommunalen Landesverbände (Städtetag, Gemeindetag, Landkreistag), der Industrie- und Handelskammertag, der Handwerkertag, Gewerkschaften, Naturschutzverbände sowie weitere verfasste Akteure. Mitunter kontaktiert das federführende Ministerium über 100 Verbände. Die VwV Regelungen legen in Punkt 5.3.2 fest: »Den anzuhörenden Stellen ist Gelegenheit zu geben, zu den Regelungsentwürfen [...] in angemessener Frist schriftlich oder mündlich Stellung zu nehmen. Die Frist beträgt in der Regel sechs Wochen.« Zeitgleich muss das federführende Ministerium den Referentenentwurf an den Landtagspräsidenten und an die Geschäftsstellen der Landtagsfraktionen schicken.

Nach Ende der förmlichen Verbändeanhörung sichtet das federführende Ministerium die Kommentare der Verbände, und es verfasst dazu eine zusammenfassende Stellungnahme. Gegebenenfalls wird der Referentenentwurf nochmals überarbeitet. Das Ergebnis ist dann der *Gesetzentwurf*. Über ihn berät und entscheidet das Landeskabinett, bevor es den Gesetzentwurf in den Landtag einbringt.

Diese Gesetzgebung in der repräsentativen Demokratie kennt zwei mittelbare Einflussmöglichkeiten für Bürgerinnen und Bürger: Zum einen können Bürgerinteressen auf dem Weg der förmlichen Verbändeanhörung in den exekutiven Teil des Gesetzgebungsprozesses eingebracht werden. Voraussetzung ist, dass die Bürger in entsprechenden Verbänden aktiv sind und dort für ihre Sichtweise Mehrheiten finden. Zum anderen können Bürgerinteressen über die von ihnen gewählten Repräsentanten in den legislativen Teil des Gesetzgebungsprozesses einfließen. Voraussetzung ist, dass die Landtagsabgeordneten Bürgerinteressen zutreffend wahrnehmen und aufgreifen.

In Baden-Württemberg können Bürgerinnen und Bürger ihre Interessen darüber hinaus unmittelbar in den Gesetzgebungsprozess einbringen. Die Beteiligung findet aufseiten der Exekutive statt. So soll die Verwaltung der Legislative einen nicht nur fachlich, sondern auch aus Bürgerperspektive gut vorbereiteten Entwurf vorlegen können. Bevor dieser unmittelbare Ansatz dargestellt wird, ist zunächst zu klären, was unter partizipativer Gesetzgebung verstanden werden soll.

3.2 Gesetzgebung

Der Begriff *partizipative Gesetzgebung* ist bislang nicht definiert. Er lässt sich aber aus dem Partizipationsbegriff herleiten. In der Politikwissenschaft versteht man unter politischer Partizipation die freiwilligen Handlungen der Bürger mit dem Ziel, politische Sach- und Personalentscheidungen auf verschiedenen Ebenen des politischen Systems zu beeinflussen oder unmittelbar an derartigen Entscheidungen mitzuwirken. Damit werden solche Handlungen ausgeschlossen, die zwar politische Bedeutung erlangen können, die aber nicht intentional auf das Beeinflussen von Entscheidungen abzielen. Auch jene Handlungen, die das politische System den Bürgern vorschreibt, sind nicht in dieser Definition enthalten.[8] In der Rechtswissenschaft definiert Volker Haug »Partizipationsrecht« als die

> »Summe aller Normen, die natürlichen und juristischen Personen unabhängig von deren subjektiven Rechten die mit Rechtsfolgen verbundene Möglichkeit einräumen, hoheitliche Sach- oder Personalausnahmeentscheidungen zu initiieren oder zu beeinflussen, ohne dabei hoheitlich oder beruflich zu agieren«.[9]

In der Regel enthalten die Partizipationsdefinitionen vier Komponenten, die sich auf partizipative Gesetzgebung übertragen lassen:

1. *Partizipationssubjekte* sind Bürgerinnen und Bürger, nicht-organisierte Betroffene sowie Verbände.
2. *Partizipationstätigkeiten* sind das Kommentieren von Gesetzesvorhaben sowie das Entwickeln von Ideen für Gesetzesvorhaben.
3. *Partizipationsobjekte* sind die Gesetzesvorhaben – genauer: die gesamtgesellschaftlich verbindlichen Regeln in einem Gesetz.
4. *Partizipationsmodus:* Bürger partizipieren freiwillig.

Haug nennt fünf Partizipationsfunktionen.[10] Auch sie lassen sich auf partizipative Gesetzgebung übertragen:

1. *Legitimationsfunktion:* Staatliches Handeln muss »vom Volk« legitimiert sein. Bürgerinnen und Bürger müssen auf das staatliche Handeln

8 Vgl. Kaase 1992: 339; siehe außerdem Barnes/Kaase1979 sowie Jennings/van Deth 1990.

9 Haug 2014: 231.

10 Vgl. Haug 2014: 234.

Einfluss nehmen können. Am deutlichsten ist die Legitimation bei Wahlen. Aber auch eine funktionierende Rückkoppelung zwischen Bürgern und Exekutive mittels verschiedener Partizipationsformate ist für die Legitimation von Bedeutung.

2. *Akzeptanzfunktion:* Partizipation soll dazu beitragen, dass Bürger gesamtgesellschaftlich verbindliche Entscheidungen (Gesetze) akzeptieren. Dies setzt auch eine Akzeptanz des Gesetzgebungsverfahrens voraus.
3. *Kontroll- und Transparenzfunktion:* Partizipation schafft Transparenz im Gesetzgebungsverfahren – unterschiedliche Interessen und Sichtweisen werden deutlich. Es werden auch die Gründe deutlich, warum die Exekutive der Legislative bestimmte Regelungen vorschlägt. Damit geht automatisch auch eine Kontrolle des Handelns der Exekutive einher.
4. *Ausgleichsfunktion:* Partizipation soll einen »Ausgleich zwischen ›oben und unten‹ herbeiführen. Denn die politischen Institutionen [...] haben [...] im Entscheidungsprozess aufgrund ihrer (Rechts-)Stellung, ihrer Entscheidungsmacht und ihres Wissensvorsprungs (›oben‹) eine [...] ungleich stärkere Ausgangsposition [...] als der individuelle oder auch verbandsmäßig organisierte Partizipant (›unten‹) [...]. Indem das Partizipationsrecht den Partizipant mit Informations-, Äußerungs-, Beteiligungs- oder gar Mitentscheidungsrechten stärkt, bewirkt es zugleich Erklärungs-, Rechtfertigungs- und Berücksichtigungspflichten bei den systemischen Akteuren, was deren starke Stellung relativiert und folglich zu einem (gewissen) Ausgleich der unterschiedlichen Ausgangs- und Machtpositionen führt«.[11]
5. *Qualitätsfunktion:* Die Beteiligung von Bürgerinnen und Bürgern, nicht-organisierten Betroffenen und Verbänden soll die Qualität von Gesetzentwürfen sichern. Dies vermag sie dann zu leisten, wenn die genannten Personengruppen der Exekutive ihr Fach- oder Alltagswissen zur Verfügung stellen.

Partizipative Gesetzgebung kann also wie folgt gefasst werden: Die Exekutive ermöglicht Bürgerinnen und Bürgern, nicht-organisierten Betroffenen und Verbänden, im Rahmen der repräsentativen Demokratie freiwillig und in einem transparenten Verfahren Gesetzesvorhaben zu kommentieren beziehungsweise diese inhaltlich mitzuentwickeln. Die Exekutive macht bei Gesetzesvorhaben deutlich, wie diese Kommentare und Anregungen in den Gesetzentwurf eingeflossen sind, der dem Landtag zur Beratung und

11 Haug 2014: 238ff.

Entscheidung vorgelegt wird. Dieses Vorgehen verfolgt das Ziel, dass die Exekutive der Legislative einen qualitativ hochwertigen Entwurf vorlegen kann, der auch von breiten Teilen der Öffentlichkeit akzeptiert wird.

3.3 Partizipative Gesetzgebung in Baden-Württemberg

Neben der förmlichen Verbändeanhörung stehen in Baden-Württemberg für die partizipative Gesetzgebung sowohl Face-to-Face-Instrumente zur Verfügung als auch das Online-Instrument »Beteiligungsportal Baden-Württemberg«.

Die Face-to-Face-Instrumente umfassen grundsätzlich das gesamte Spektrum der Beteiligungsformate, bei denen sich Personen von Angesicht zu Angesicht begegnen, austauschen und gegebenenfalls gemeinsam Lösungsvorschläge erarbeiten.[12] Für die partizipative Gesetzgebung sind folgende Formate besonders geeignet: Workshops, Bürgerdialoge, Bürgerforen und Runde Tische. Diese Face-to-Face-Beteiligung kann vom Gesetzesvorhaben betroffene Bürgerinnen und Bürgern einbeziehen, aber auch zufällig ausgewählte Bürger sowie Verbandsvertreter.

Als Online-Instrument hat die Landesregierung im März 2013 das »Beteiligungsportal Baden-Württemberg« eingerichtet. Dort können Menschen ausgewählte Gesetzesvorhaben kommentierten. Zudem können sie Kommentare anderer Menschen »liken« oder »disliken« – also ihre Zustimmung oder Ablehnung zu den Kommentaren ausdrücken. In einigen Fällen können sie auch an Umfragen zu ausgewählten Aspekten des Gesetzesvorhabens teilnehmen.

Die übergeordnete Verantwortung für das Beteiligungsportal und die Koordinierungsaufgaben liegen bei der Stabsstelle für Zivilgesellschaft und Bürgerbeteiligung im Staatsministerium. Für die Inhalte sind die jeweiligen Fachministerien verantwortlich. Sie sollen das Gesetzesvorhaben allgemein verständlich beschreiben. Die Kommentierungsphase dauert sechs Wochen. Danach sichtet das federführende Fachministerium die Kommentare und verfasst eine zusammenfassende Stellungnahme. Diese wird auf dem Beteiligungsportal veröffentlicht.

In Baden-Württemberg wird eine dialogische Beteiligung der Bürgerinnen und Bürger, nicht-organisierter Betroffener sowie der Verbände in zahlreichen Phasen des Gesetzgebungsprozesses praktiziert. Dabei finden sich unterschiedliche Varianten (siehe Abbildung 3). Da die förmliche Verbände-

12 Für eine Übersicht und Beschreibung der Formate vgl. unter anderem Nanz/Fritsche 2012.

Abbildung 3: Varianten partizipativer Gesetzgebung

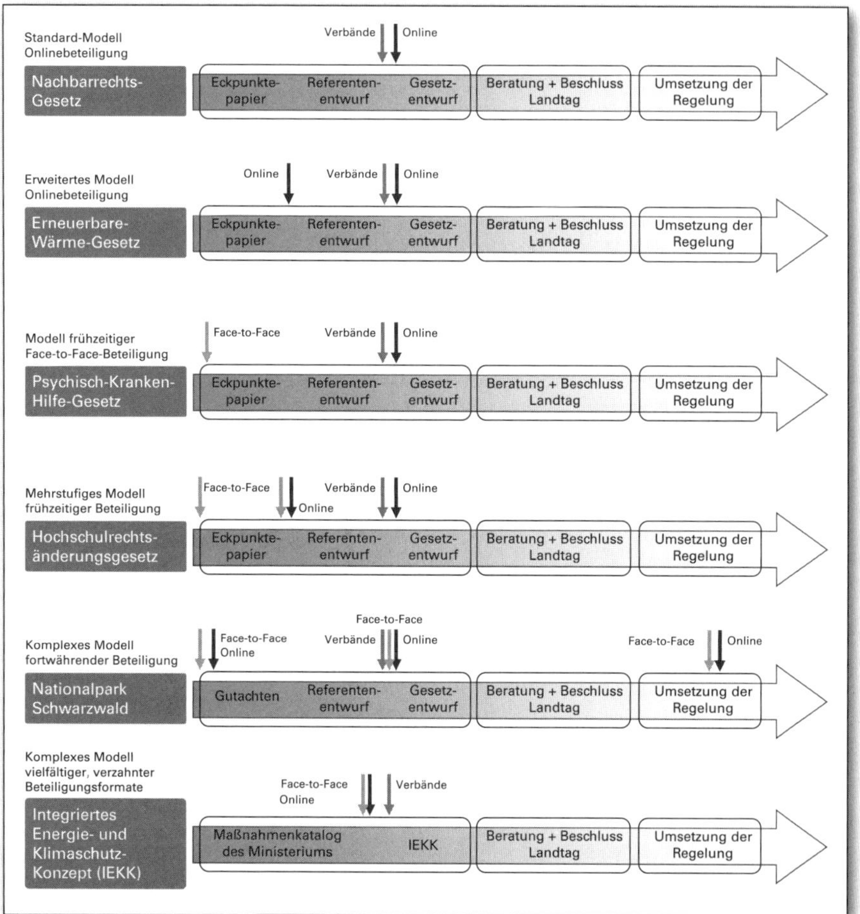

Quelle: eigene Darstellung.

anhörung zwischen Referentenentwurf und Gesetzentwurf vorgeschrieben ist, findet sie sich in allen Varianten.

Variante 1: Standardmodell Onlinebeteiligung

Zeitgleich zur förmlichen Verbändeanhörung findet eine Beteiligung der Bürgerinnen und Bürger im Onlineportal statt. Dort können sie den konkreten Referentenentwurf kommentieren. Die Kommentare werden von der Exekutive in einer Stellungnahme dargestellt und bewertet. In ihr macht das federführende Ministerium deutlich, welche Kommentare es aufgegriffen und in den Gesetzentwurf eingearbeitet hat. Diese Stellungnahme wird dem Gesetzentwurf ebenso beigefügt wie die Stellungnahme zu den Kommentaren aus der förmlichen Verbändeanhörung. Diese sparsamste Variante partizipativer Gesetzgebung kam beim Nachbarrechtsgesetz zum Einsatz.

Variante 2: Erweitertes Modell Onlinebeteiligung

Hier kommt eine frühzeitige dialogische Beteiligung im Onlineportal hinzu: Bürger können bereits das Eckpunktepapier kommentieren, sodass diese Kommentare in den Referentenentwurf einfließen können. Auf dem Beteiligungsportal heißt es dazu: »Die Bürgerinnen und Bürger sollen die Möglichkeit bekommen, gleich zu Beginn des Verfahrens – also noch bevor alle Details festgezurrt sind – das Vorhaben zu bewerten und ihre eigenen Vorschläge einzubringen.«[13] Dies war beispielsweise beim Erneuerbare-Wärme-Gesetz der Fall. Die vom Ministerium erarbeiteten Eckpunkte wurden auf dem Online-Beteiligungsportal veröffentlicht. Dort konnten sie kommentiert und in einer Umfrage bewertet werden.

Variante 3: Modell frühzeitiger Face-to-Face-Beteiligung

Hier findet die dialogische Beteiligung noch früher und vor allem in einem Face-to-Face-Format statt: Organisationen sowie nicht-verfasste Betroffene werden bereits an der Erarbeitung des Eckpunktepapiers beteiligt. Nach dessen Verabschiedung durch das Kabinett dient es der Exekutive als Grundlage für die Erarbeitung des Referentenentwurfs. Wie in Variante 1 und 2 wird der Referentenentwurf dann zeitgleich in die förmliche Verbändeanhörung gegeben sowie zur Kommentierung auf das Onlineportal gestellt.

Dies war beim Psychisch-Kranken-Hilfe-Gesetz der Fall. Hier wurden rund 100 Personen (aus Medizin, Wissenschaft, Sozialverbänden, Bürgerhilfe, aber auch Betroffene und ihre Angehörigen) eingeladen, ein Eckpunktepapier eigenständig und gemeinschaftlich zu erarbeiten. Dies geschah anhand von fünf Themenbereichen in Unterarbeitsgruppen. Jede Unterarbeitsgruppe legte am Ende einen ein- bis zweiseitigen Entwurf für das Eckpunktepapier vor. Das Ministerium selbst sah sich zu diesem Zeitpunkt in einer passiven Beobachter- sowie in einer aktiven Erklärerrolle. So habe man bei Vorschlägen der Teilnehmenden sofort sagen können, welche Regelungen in ein Gesetz aufgenommen werden können – und welche nicht.

13 Beteiligungsportal Baden-Württemberg 2019.

Das gemeinschaftlich erarbeitete Eckpunktepapier wurde zunächst im Arbeitskreis Soziales der Regierungsfraktionen diskutiert und dann dem Kabinett vorgelegt, dort diskutiert und als Basis für den auszuarbeitenden Referentenentwurf beschlossen. Auf das Bereitstellen des Eckpunktepapiers im Online-Beteiligungsportal wurde angesichts der breiten Face-to-Face-Beteiligung verzichtet. Aber der Referentenentwurf wurde dann zeitgleich in die förmliche Verbändeanhörung gegeben und zur Kommentierung auf das Online-Beteiligungsportal gestellt.

Variante 4: Mehrstufiges Modell frühzeitiger Beteiligung

Hier werden die Eckpunkte im Rahmen einer Face-to-Face-Beteiligung gemeinsam mit verfassten Betroffenen erarbeitet. Das Ergebnis wird dann sowohl zur Onlinekommentierung freigegeben, als auch in einem weiteren Face-to-Face-Format mit Betroffenen diskutiert. Auf dieser Basis wird der Referentenentwurf erarbeitet, der dann zeitgleich in die förmliche Verbändeanhörung gegeben sowie zur Onlinekommentierung freigegeben wird.

Dies war bei Teilen des Hochschulrechtsänderungsgesetzes der Fall. Da es sich um einen Gesetzentwurf mit zahlreichen Unterpunkten handelt, wurde zunächst ein Aspekt herausgegriffen: die Reform des Promotionsverfahrens. Dazu verfasste eine Arbeitsgruppe aus Ministerium, Hochschulvertretern und Promovierenden in sechs Sitzungen ein fünf Seiten umfassendes Eckpunktepapier. Dieses konnte anschließend online kommentiert werden. Zudem wurden fünf Fragen zur Abstimmung gestellt. Die Umfrage sollte vor allem zur Teilnahme an der Onlinediskussion anregen. Schließlich fand eine Face-to-Face-Beteiligung statt. Die Verwaltung ging dazu aktiv auf Zielgruppen zu: Beispielsweise wurden organisierte Promovierende sowie Begabtenförderwerke eingeladen, über die Eckpunkte zu diskutieren. Und schließlich fand noch eine Verbändeanhörung statt. Die Ergebnisse dieser Beteiligungsformate flossen in den Referentenentwurf ein. Dieser wurde abschließend komplett auf dem Beteiligungsportal zur Kommentierung freigegeben.

Variante 5: Komplexes Modell fortwährender Beteiligung

Variante 5 baut Variante 3 in drei Punkten aus. Erstens: Anregungen für die Erstellung des Eckpunktepapiers werden sowohl in einer Face-to-Face-Beteiligung als auch online eingeholt. Zweitens: Zwischen Referentenentwurf und Gesetzentwurf kommen neben der förmlichen Verbändeanhörung und der Onlinekommentierung auch Face-to-Face-Formate zum Einsatz. Drittens:

Nach dem Parlamentsbeschluss wird die Beteiligung bei der Umsetzung der beschlossenen Regelung fortgesetzt.

Dies ist beim Nationalpark Schwarzwald der Fall. Es handelt sich um eines der umstrittensten Gesetze der 15. Legislaturperiode. Nicht nur im Landtag, sondern auch vor Ort gab es zahlreiche Konflikte um den Nationalpark.[14] Analog zum Eckpunktepapier ist hier das Gutachten zu sehen, das die Grundlagen für den Nationalpark schafft. Zu dessen Erstellung wurden zahlreiche Face-to-Face- und Onlineformate kombiniert.[15] Das Gutachten wurde dann auf fünf Veranstaltungen in der Region präsentiert und mit Bürgern diskutiert. Auf der Basis des Gutachtens wurde der »Referentenentwurf« erstellt – der konkrete Vorschlag für die Ausgestaltung des Nationalparks. Zu diesem konnten sich Kommunen und Verbände äußern. Es gab zahlreiche Veranstaltungen vor Ort. Und der Entwurf konnte online auf dem Beteiligungsportal kommentiert werden.

Eine Besonderheit dieses Gesetzes: Es regelt auch die Beteiligung *nach* Einrichtung des Nationalparks. Zum einen wurde ein Nationalparkrat eingerichtet, in dem Vertreter der Region ihre Interessen einbringen können. Darüber hinaus finden Begehungen sowie Bürgerworkshops statt. Der Schwerpunkt der Beteiligung liegt bei Fachthemen (wie dem Borkenkäfermanagement) eher auf der Information, bei allgemein interessierenden Themen (wie dem Wegekonzept) eher auf der Konsultation der Bürger. Zum Wegekonzept hat ein Beteiligungsscoping stattgefunden, um zu klären, welche Gruppen zum Dialog eingeladen werden sollten. So wurden neben interessierten Bürgerinnen und Bürgern auch Personen eingeladen, die dem Nationalpark sehr kritisch gegenüberstehen (Vertreter der Mountainbiker, Wanderer). Zudem existiert auf der Homepage des Nationalparks eine eigene Dialogplattform.

Variante 6: Komplexes Modell vielfältiger, verzahnter Beteiligungsformate

Variante 6 bezieht sich nicht auf ein Gesetz, sondern auf ein Konzept. Hier wird ein Maßnahmenkatalog der Verwaltung – vergleichbar einem Referentenentwurf – zunächst intensiv in miteinander verzahnten Online- und Face-to-Face-Formaten diskutiert. Das Ergebnis wird dann in die förmliche Verbändeanhörung gegeben. Dies war beim Integrierten Energie- und Klimaschutzkonzept der Fall. Die »Bürger- und Öffentlichkeitsbeteiligung am Integrierten Energie- und Klimaschutzkonzept« – kurz: BEKO – verknüpfte

14 Zur Geschichte der Auseinandersetzung siehe unter anderem die Beschreibungen unter: Universität Hohenheim 2018.

15 Siehe Details dazu unter: Beteiligungsportal Baden-Württemberg 2014.

zahlreiche Beteiligungsformate auf innovative und bislang einzigartige Art und Weise miteinander: Ausgangspunkt war das vom Landtag beschlossene Klimaschutzgesetz. Um die darin festgelegten Klimaschutzziele zu erreichen, hat das Umweltministerium 110 Maßnahmen zusammengestellt. Die BEKO sollte diese Maßnahmen bündeln, gegebenenfalls ergänzen und priorisieren.

Zunächst wurde ein Beteiligungsscoping durchgeführt, um die zu beteiligenden Gruppen zu identifizieren. Das Umweltministerium ging mehrstufig vor: Die 110 Maßnahmen wurden auf einem eigens dafür eingerichteten Onlineportal[16] zur Diskussion gestellt (das Beteiligungsportal des Landes befand sich erst im Aufbau). Parallel dazu gab es aufeinander abgestimmte und miteinander verzahnte Face-to-Face-Beteiligungen. Diese bestanden im Kern aus drei Runden Tischen mit Bürgern zu den Handlungsfeldern Stromversorgung, Verkehr und Private Haushalte sowie aus sieben Runden Tischen mit Verbandsvertretern zu diesen und vier weiteren Handlungsfeldern. In jeweils zwei halbtägigen Sitzungen haben die Runden Tische Maßnahmen diskutiert, die ihre Handlungsfelder betreffen. Die Ergebnisse wurden in gemeinsamen Sitzungen von Vertretern der Bürger- und der Verbändetische diskutiert. Daraus resultierte eine mehr als 300 Seiten umfassende Empfehlung an die Landesregierung. Die Empfehlungen wurden geprüft und in das Integrierte Energie- und Klimaschutzkonzept eingearbeitet. Das überarbeitete Konzept ging in die traditionelle Verbändeanhörung.

Eine Besonderheit dieses Beteiligungsprozesses war die Auswahl der Bürgerinnen und Bürger. 100 Teilnehmer an den Runden Tischen wurden in einer Zufallsauswahl gewonnen (Bürgertische »Zufallsbürger«). Weitere Bürger konnten sich über das Onlineportal für die Teilnahme bewerben (Bürgertische »Experten-Bürger«). Eine weitere Besonderheit der BEKO war die Verzahnung der Online- mit der Face-to-Face-Beteiligung: Die Anmerkungen aus dem Onlineportal wurden von den Moderatoren der Bürger- und der Verbändetische gesichtet und in die Face-to-Face-Formate eingebracht.

4. Nutzung der Beteiligungsverfahren und Qualität der Ergebnisse

4.1 Nutzung der Beteiligungsverfahren

Das Online-Beteiligungsportal des Landes existiert seit März 2013. Bis zum Ende der 15. Legislaturperiode im Jahr 2016 konnten die Bürgerinnen und

16 Siehe dazu Ministerium für Umwelt, Klima und Energiewirtschaft Baden-Württemberg 2018.

Bürger 30 Gesetzesvorhaben beziehungsweise Regelungen kommentieren (siehe Tabelle 1). Insgesamt haben sie 3 265 Kommentare abgegeben. Die Zahl variiert zwischen 0 und 57 Kommentaren. Ausnahmen bildeten das Gesetz zum Nationalpark Schwarzwald (461 Kommentare) und das Jagd- und Wildtiermanagementgesetz (2 419 Kommentare).

Zudem konnten die Nutzer diese Kommentare »liken« oder »disliken«. Davon haben sie 96 411-mal Gebrauch gemacht. Eine Ausnahme bildet wiederum das Jagd- und Wildtiermanagementgesetz. Dort war die Bewertungsfunktion ausgeschaltet. Dies führte zu der großen Zahl der Kommentare: Personen, die anderen Kommentaren zustimmen oder diese ablehnen wollten, mussten dafür einen eigenen Kommentar verfassen.

Über die Gründe für die unterschiedlich häufige Kommentierung der Gesetzesvorhaben lassen sich aufgrund der geringen Zahl der untersuchten Fälle lediglich Tendenzaussagen treffen. Demnach hängt der Umfang der Beteiligung vor allem von drei Faktoren ab:

- von der Werbung, die für das Beteiligungsverfahren gemacht wurde,
- von der potenziellen Konflikthaltigkeit des Themas und
- von der Lebensnähe der Themen beziehungsweise von Themen mit Betroffenheiten.

Die sehr umfangreiche Beteiligung beim Integrierten Energie- und Klimaschutzkonzept (IEKK) lässt sich auf eine Kombination dieser Faktoren zurückführen. Der Entwurf des IEKK enthielt zahlreiche konfliktträchtige Maßnahmen. Und es waren Menschen in verschiedenen Lebenssituationen von den Maßnahmen betroffen. Vor allem aber wurde die Beteiligung zum IEKK intensiv beworben. Dabei kamen nicht nur die üblichen Kommunikationskanäle zum Einsatz: Webseite, Broschüre, Flyer, Medienarbeit. Im Mittelpunkt stand vielmehr die direkte persönliche Ansprache von Gruppen, die ein Interesse an dem Thema haben könnten. So wurden beispielsweise Jugendgruppen, die sich mit Energie- und Klimaschutzthemen befassen, aufgefordert, andere auf die Beteiligungsmöglichkeiten hinzuweisen.

Werbung für das Beteiligungsverfahren wurde auch beim Hochschulrechtsänderungsgesetz betrieben. Auch hier gab es eine eigene Webseite, auf der sich Menschen beteiligen konnten. Damit wurden vor allem direkt Betroffene angesprochen: Studierende sowie Mitarbeiterinnen und Mitarbeiter an Hochschulen. Zwar war die Bandbreite der Betroffenheiten nicht so groß wie beim IEKK, dafür waren die Betroffenheiten intensiver. Und die Regelungen enthielten potenziell konflikthaltige Aspekte. Ähnliches gilt für die Beteiligung zum Nationalpark Schwarzwald.

Keine besonderen Werbemaßnahmen gab es beim Nachbarrechtsgesetz, beim Erneuerbare-Wärme-Gesetz und beim Psychisch-Kranken-Hilfe-

Tabelle 1: Übersicht über Gesetzesvorhaben auf dem Online-Beteiligungsportal des Landes Baden-Württemberg in der 15. Legislaturperiode (2013–2016)

Vorhaben	Beginn	Ende	Kommentare	Bewertungen
Innenministerium				
Polizeistrukturreform	14.03.2013	22.03.2013	21	623
Gesetz Reformationstag	26.05.2014	30.06.2014	9	239
Kommunalverfassung	18.02.2015	27.03.2015	57	1 169
Wappenrecht	12.05.2015	24.06.2015	2	61
Leitbild Landesverwaltung	08.07.2015	03.08.2015	9	90
Feiertagsgesetz	27.07.2015	03.09.2015	11	442
E-Government-Gesetz	03.08.2015	30.09.2015	8	225
Informationsfreiheitsgesetz	03.08.2015	18.09.2015	24	908
Landesbeamtengesetz	03.08.2015	15.09.2015	7	220
Abschiebungshaftvollzugsgesetz	04.08.2015	18.09.2015	1	19
Sozialministerium				
Psychisch-Kranken-Hilfe-Gesetz	09.04.2014	16.05.2014	14	353
Landesbehindertengleichstellungsgesetz	25.07.2014	05.09.2014	18	434
Gesundheitsdienstgesetz	28.07.2015	05.09.2015	2	6
Landesgesundheitsgesetz	28.07.2015	04.09.2015	2	26
Landeskrebsregistergesetz	17.09.2015	30.10.2015	1	4
Staatsministerium				
Landesmediengesetz	23.07.2013	06.09.2013	0	0
Planungsleitfaden	05.11.2013	03.12.2013	19	487
Ernennung von Richtern und Beamten	12.08.2014	12.09.2014	0	0
Rundfunkstaatsvertrag	31.07.2015	31.08.2015	1	26
Justizministerium				
Nachbarrechtsgesetz	09.08.2013	27.09.2013	31	3 682
Grundbuchamts- und Notariatsreform	17.07.2014	22.08.2014	1	28
Landesrichter- und Staatsanwaltsgesetz	18.05.2015	25.06.2015	0	0
Ministerium für Umwelt, Klima und Energiewirtschaft				
Umweltverwaltungsgesetz	18.12.2013	31.01.2014	17	1.939
Erneuerbare-Wärme-Gesetz	30.07.2014	30.09.2014	45	2.592
Landesstrategie Ressourceneffizienz	10.12.2015	31.01.2016	5	83
Ministerium für Ländlichen Raum und Verbraucherschutz				
Nationalpark Schwarzwald	24.06.2013	14.08.2013	461	64 730
Jagd- und Wildtiermanagementgesetz	03.04.2014	15.05.2014	2 419	inaktiv
Ministerium für Verkehr und Infrastruktur				
Landesbauordnung	23.07.2013	11.10.2013	23	7 095
Ministerium für Wissenschaft, Forschung und Kunst				
Hochschulrechtsänderungsgesetz	27.10.2013	28.11.2013	57	1 930
Ministerium für Finanzen und Wirtschaft				
Zuständigkeiten Gewerbeordnung	16.12.2015	15.01.2016	0	0
Summe			3 265	96 411

Quelle: nach Angaben der Stabsstelle für Zivilgesellschaft und Bürgerbeteiligung und eigener Recherche. Beim Planungsleitfaden handelt es sich nicht um ein Gesetzesvorhaben. Hier nicht verzeichnet ist die BEKO. Sie fand statt, bevor das Online-Beteiligungsportal in Betrieb ging.

Gesetz. Die Zahl der Kommentare hielt sich hier mit 14 bis 45 in Grenzen. Auch der Kreis der potenziell betroffenen Personen ist stärker eingegrenzt. Zudem standen die Themen weniger im Zentrum öffentlicher Diskussionen. Potenziell konflikthaltig sind sie dennoch: Beim Psychisch-Kranken-Hilfe-Gesetz ging es unter anderem um Zwangsmaßnahmen gegenüber Patienten, beim Nachbarrechtsgesetz und beim Erneuerbare-Wärme-Gesetz um Vorschriften für Hauseigentümer.

Zu den sechs (Gesetzes-)Vorhaben gab es auch eine Reihe von Face-to-Face-Formaten. Bei den drei Vorhaben, bei denen die Onlinebeteiligung am intensivsten war, gab es auch eine intensive Face-to-Face-Beteiligung: IEKK, Hochschulrechtsänderungsgesetz und Nationalpark Schwarzwald. Zwei der drei Gesetzesvorhaben, bei denen es keine intensive Onlinebeteiligung gab, wiesen auch keine intensive Face-to-Face-Beteiligung auf: Nachbarrechtsgesetz und Erneuerbare-Wärme-Gesetz. Beim Nachbarrechtsgesetz beschränkte sich die Beteiligung auf die förmliche Anhörung von 24 Verbänden. Diese hatten insgesamt 135 Stellungnahmen abgegeben. Und beim Erneuerbare-Wärme-Gesetz hat das Umweltministerium im Rahmen der Verbändeanhörung knapp 90 Stellungnahmen erhalten. Eine Ausnahme bildet das Psychisch-Kranken-Hilfe-Gesetz. Hier war zwar die Online-Beteiligung der Bürgerinnen und Bürger gering, dafür war aber die Face-to-Face-Beteiligung sehr intensiv.

4.2 Qualität der Ergebnisse der Beteiligungsverfahren zu den sechs Vorhaben

Wichtiger als die Zahl der Onlinekommentare ist ihre inhaltliche Qualität. Dabei geht es zum einen um die Frage, ob sie sich überhaupt auf den Gegenstand des (Gesetzes-)Vorhabens beziehen. Zum anderen geht es um die Frage, ob sie den Ministeriumsmitarbeitern neue Erkenntnisse liefern, die sie nicht auf anderen Wegen erhalten. Die erste Frage lässt sich mittels einer Inhaltsanalyse untersuchen, die zweite Frage mittels der Befragung der Ministeriumsmitarbeiter.

Die Ergebnisse der Inhaltsanalyse decken sich mit den Ergebnissen einer Untersuchung von Kai Masser, Franziska Fischer und Tobias Ritter aus dem Jahr 2015. Die Autoren haben die Onlinekommentare in drei Kategorien eingeteilt:

- *konkrete* inhaltliche Beiträge zum Gesetzesvorhaben,
- *allgemeine* Statements zum Themenbereich des Gesetzesvorhabens,
- Kommentare *ohne inhaltlichen Bezug* zum Gesetzesvorhaben.

Jede Kategorie ist mit etwa einem Drittel aller Onlinekommentare vertreten. Mit anderen Worten: Nur ein Drittel der Onlinekommentare liefert den Ministeriumsmitarbeitern inhaltliche Ansatzpunkte, das Eckpunktepapier oder den Gesetzentwurf substanziell in konkreten Punkten zu hinterfragen und gegebenenfalls anzupassen. Allerdings variieren die Anteile der drei Kategorien je nach Gesetzesvorhaben.

Dies bestätigen auch die befragten Ministeriumsmitarbeiter, die für die sechs untersuchten Gesetzgebungsverfahren verantwortlich waren. Alles in allem seien die Kommentare im Online-Beteiligungsportal zwar eher in einem konstruktiven Ton verfasst, eher sachlich, interessant sowie hilfreich und verständlich. Aber meist seien sie vorhersehbar gewesen. Und oft handele es sich um pauschale Aussagen, statt um konkrete Hinweise.

5. Umgang der Exekutive mit den Ergebnissen

Aus Sicht der Ministeriumsmitarbeiter ist der Aufwand für Face-to-Face-Formate deutlich größer als für die Online-Beteiligung. Bei den Face-to-Face-Formaten müsse die Exekutive nicht nur entscheiden, wen sie zur Beteiligung einlädt. Sie müsste die Personen und Gruppen auch kontaktieren und dann betreuen. Zudem seien die Moderation und die Aufarbeitung der Ergebnisse aufwendig. Hingegen sei es einfach, ein (Gesetzes-)Vorhaben auf das Online-Beteiligungsportal zu stellen. Allerdings müssten dessen Ergebnisse gesichtet werden. Je mehr Kommentare online abgegeben wurden, desto aufwendiger empfanden die Mitarbeiter die Sichtung.

Während die Face-to-Face-Formate teilweise zu deutlichen substanziellen Veränderungen am Inhalt des (Gesetzes-)Vorhabens geführt haben (etwa beim IEKK, beim Psychisch-Kranken-Hilfe-Gesetz und beim Hochschulrechtsänderungsgesetz), ist dies mit Blick auf die Onlinekommentare seltener der Fall. Beim Nachbarrechtsgesetz und beim IEKK wurden noch vergleichsweise viele Anregungen aus Onlinekommentaren eingearbeitet. Beim Psychisch-Kranken-Hilfe-Gesetz waren es wenige Onlinekommentare, da die Hauptbeteiligung bereits vorher auf dem Face-to-Face-Wege stattgefunden hatte.

Im direkten Vergleich schreiben die Ministeriumsmitarbeiter den Online- und den Face-to-Face-Verfahren spezifische Profile zu: Die Onlinebeteiligung über das Beteiligungsportal des Landes liefert zwar weder repräsentative Hinweise auf Politikpräferenzen der Bürger, noch führt sie grundsätzlich zu zahlreichen substanziellen Verbesserungsmöglichkeiten für Eckpunktepapiere oder Gesetzentwürfe. Dennoch ist das Beteiligungsportal im Hinblick auf drei Leistungen von Bedeutung:

1. *Transparenz:* Am wichtigsten ist das Beteiligungsportal für die Herstellung von Transparenz des exekutiven Handelns. Bürgerinnen und Bürger können den Gang der Gesetzgebung verfolgen – von den ersten Überlegungen in Eckpunktepapieren, über den Referentenentwurf, bis hin zum Gesetzentwurf, der in den Landtag eingebracht wird. Und in der Sammelstellungnahme, die Bestandteil der Drucksache zum Gesetzentwurf ist, wird beschrieben, welche Onlinekommentare abgegeben wurden, auf welche Aspekte des Gesetzesvorhabens sie sich beziehen und wie mit ihnen umgegangen wurde. So wird auch für die Beratungen im Landtag deutlich gemacht, welche Veränderungen gegebenenfalls auf Onlinekommentaren beruhen. Die Zusammenfassungen sind mithin auch eine Dienstleistung der Exekutive für die Legislative.
2. *Bürgernähe:* Nach Ansicht der Ministeriumsmitarbeiter ermöglicht das Onlineverfahren ein bürgernahes Verwaltungshandeln. Denn erstens führten die Vorbereitungen auf das Onlineverfahren dazu, den im Gesetz zu regelnden Gegenstand bewusster durch die Brille der Bürgerinnen und Bürger wahrzunehmen. Dieser Effekt ergibt sich, weil die Mitarbeiter den Inhalt des Vorhabens für das Online-Beteiligungsportal in einer bürgerfreundlichen Kurzfassung zusammenfassen müssen. Dies zwinge dazu, die Expertensprache, die sonst das Gesetzgebungsverfahren dominiere, in eine Laiensprache zu übersetzen. Zweitens schaffe die Verpflichtung, in einer Zusammenfassung darzulegen, welche Anregungen aus den Beteiligungsverfahren kamen und wie mit ihnen umgegangen wurde, Bürgernähe. Sie motiviere die Mitarbeiter, ihre Entscheidungen für Laien verständlich zu begründen.
3. *Kommunikationskanal:* Auch wenn nicht immer viele Menschen die Kommentarfunktion des Onlineportals nutzen, so stellt es doch grundsätzlich einen zusätzlichen Kommunikationskanal für alle Bürgerinnen und Bürgern dar. Es handelt sich also um ein Kommunikationsangebot der Landesregierung an diejenigen Menschen, die ihre Sichtweisen nicht über andere Kommunikationskanäle einbringen (können).

Die Hauptfunktion der Face-to-Face-Beteiligung sehen die Ministeriumsmitarbeiter darin, wichtige Anregungen für einen gut vorbereiteten Entwurf der Exekutive für die Legislative zu liefern. Dabei sei sie hilfreicher als die Online-Beteiligung. Als Vorteile der Face-to-Face-Beteiligung nennen sie vor allem drei Punkte:

1. *Substanz der Beiträge aus der Bürgerschaft:* Face-to-Face-Beteiligung liefert nach Ansicht der befragten Ministeriumsmitarbeiter substan-

ziellere und sachlichere Beiträge. Sie würde häufiger neue Ideen und konstruktive Vorschläge hervorbringen als die Onlinebeteiligung. Dies läge auch an der Atmosphäre, die in Face-to-Face-Verfahren herrsche. Dort könnten die Beteiligten im unmittelbaren Gespräch Argumente austauschen.

2. *Direkter Austausch:* Der direkte Austausch in Face-to-Face-Verfahren sei geeignet, sachliche Fragen schneller und unmissverständlicher zu klären als in Onlineverfahren. Auch könnte auf Einwände unmittelbar eingegangen werden. Entscheidungsrelevante Punkte könnten besser erläutert werden. Generell wäre der direkte Austausch in der Regel auch respektvoller, da man sich gegenübersitze und »in die Augen« schaue. Die anderen am Prozess beteiligten Personen würden als »Menschen« wahrgenommen, und nicht als »Gegner«.
3. *Aufbau von Vertrauen:* Durch das direkte Gespräch entstünde auch nach und nach Vertrauen unter den beteiligten Akteuren. Man merke, dass der andere nichts »Böses« im Schilde führe. Selbst wenn man nach der Diskussion unterschiedlicher Meinung bliebe, entstünde doch ein Verständnis für die Position der anderen Beteiligten. Dieses Verständnis und das Vertrauen seien eine wichtige Basis nicht nur für die Diskussion über das aktuelle Gesetzesvorhaben, sondern auch für künftige Diskussionen.

Sowohl für die Online- als auch für die Face-to-Face-Beteiligung gelte: Die Qualität der Kommentare und des Verfahrens hingen vom Zeitpunkt und vom Spielraum ab. Wenn es um Eckpunkte geht, gibt es gute Ideen und Anregungen der Bürgerinnen und Bürger, die der Exekutive ihre vorbereitende Arbeit erleichtern. Durch die Resonanz der Bürger erhält die Verwaltung Hinweise, auf welche Lösungswege sie sich im weiteren Verlauf konzentrieren kann. Die Ministeriumsmitarbeiter geben an, dass die Beteiligungsverfahren ihnen dann eine größere Sicherheit im Hinblick auf ihr Handeln geben. Kommentare zu den Referentenentwürfen waren weniger ergiebig.

Die Face-to-Face-Beteiligung führe auch eher als die Online-Beteiligung dazu, dass die Vorlage im Landtag auf breitere Zustimmung stoße. So habe unter anderem die umfassende und frühzeitige Face-to-Face-Beteiligung bei der Erstellung des Eckpunktepapiers zum Psychisch-Kranken-Hilfe-Gesetz dazu geführt, dass ein potenziell konflikthaltiges Thema nicht nur inhaltlich gut bearbeitet wurde, bevor es in den Landtag kam. Sondern der Landtag hat den Gesetzentwurf dann auch einstimmig beschlossen. Ob dies auch ohne die frühzeitige Face-to-Face-Beteiligung der Fall gewesen wäre, darf bezweifelt werden.

6. Landtagsdebatten: Bezüge zu Beteiligungsverfahren

Wie sich die Online- und die Face-to-Face-Beteiligung in den parlamentarischen Beratungen niedergeschlagen hat, lässt sich anhand der Plenarprotokolle der Landtagssitzungen analysieren. In den Landtagsdebatten über die sechs hier untersuchten (Gesetzes-)Vorhaben haben sich insgesamt 45 Rednerinnen und Redner in der einen oder anderen Form auf die Bürgerbeteiligung bezogen (siehe Tabelle 2). Dies waren häufiger Mitglieder der Regierungs- als der Oppositionsfraktionen.

Immer verweisen die federführende Ministerin beziehungsweise der Minister sowie Mitglieder der Regierungsfraktionen bereits bei der Einbringung des Gesetzentwurfes darauf, dass eine umfangreiche Beteiligung

Tabelle 2: Bezüge auf Beteiligungsverfahren in den Plenardebatten (Zahl der Redner, die sich auf Beteiligungsverfahren beziehen)

	Minister/in		Regierungsfraktionen		Oppositionsfraktionen		Gesamt
	1. Beratung	2. Beratung	1. Beratung	2. Beratung	1. Beratung	2. Beratung	
Psychisch-Kranken-Hilfe-Gesetz	1		1				2
Nachbarrechtsgesetz	1	1	2	2		1	7
Erneuerbare-Wärme-Gesetz	1		2	1	2	1	7
Integriertes Energie- und Klimaschutzkonzept	1		2		1		4
Hochschulrechtsänderungsgesetz	1	1	2	2	1	1	8
Nationalpark Schwarzwald	1	2*	2	4	2	6	17
Summe	6	4	11	9	6	9	45

* In der Zweiten Beratung des Nationalparkgesetzes ergriff auch der Ministerpräsident das Wort.

Quelle: Plenarprotokolle. Beim Integrierten Energie- und Klimaschutzgesetz gab es lediglich eine Beratung. Beim Psychisch-Kranken-Hilfe-Gesetz fand in der Zweiten Beratung keine Aussprache statt.

stattgefunden habe und dass deren Ergebnisse teilweise in den Gesetzentwurf eingeflossen seien. Die Beteiligungsverfahren werden dann zur Legitimierung des (Gesetzes-)Vorhabens herangezogen. Neben der partizipativen Gesetzgebung als Wert für sich wird auch der partizipative Fußabdruck hervorgehoben – der entsprechende Gesetzentwurf habe durch die Beteiligung zahlreiche Verbesserungen erfahren. Auch habe der Gesetzentwurf eine breitere Akzeptanz gefunden.

Geht es um umstrittene Gesetzesvorhaben, gerät der Umgang der Regierung mit den Beteiligungsverfahren in die Kritik. Oft kritisieren die Oppositionsfraktionen dann, die Regierung habe die Wünsche der Bürgerinnen und Bürger oder der Verbände, die in Beteiligungsverfahren geäußert wurden, nicht ausreichend aufgegriffen.

Beim Erneuerbare-Wärme-Gesetz und beim Integrierten Energie- und Klimaschutzkonzept (IEKK) verliefen die Debatten kontrovers, aber relativ stark an der Sache orientiert. Beim Hochschulrechtsänderungsgesetz und beim Nationalpark Schwarzwald kam es hingegen zu »hitzigeren« Auseinandersetzungen. Dort finden sich auch die häufigsten Verweise auf Beteiligungsverfahren. So warf der FDP-Fraktionsvorsitzende Hans-Ulrich Rülke der Landesregierung in der Zweiten Beratung vor: »Die Politik des Gehörtwerdens ist eine reine Fassade, eine Schauveranstaltung.«[17] Ministerpräsident Winfried Kretschmann (Grüne) erwiderte, Vorschläge aus der Region seien berücksichtigt worden. Und die Politik des Gehörtwerdens setze nicht die legislativen Zuständigkeiten außer Kraft:

> »Wir [...] haben uns in unserem Koalitionsvertrag ausdrücklich dazu bekannt, einen Nationalpark anzustreben und den Dialog mit allen Akteuren vor Ort zu suchen. Das ist der Anspruch der Politik des Gehörtwerdens. Dieses Versprechen, den Dialog vor Ort zu führen, haben wir eingelöst [...]. Noch nie wurden die Bürgerinnen und Bürger bundesweit bei einem vergleichbaren Projekt so früh und so intensiv in die Beratungen und Diskussionen über die Chancen und Risiken einbezogen. [...] Viele im Zuge der Beteiligung gemachte Vorschläge sind in unseren Gesetzentwurf eingeflossen. Er trägt damit die Handschrift der Region und der Kritiker. [...] Die Bürgerbeteiligung ist in dieses Gesetzesvorhaben eingeflossen und hat das Ergebnis verbessert. [...] [Aber es gibt] eindeutige Zuständigkeiten, die die Entscheidung über die Einrichtung eines Nationalparks in die Hände von Ihnen, verehrte Abgeordnete, legt, in die Hände der gewählten Repräsentanten von fast elf Millionen Bürgerinnen und Bürgern. Diese klaren Zuständigkeiten sind deshalb sinnvoll, weil sonst Projekte von landes- und bundesweiter Bedeutung jederzeit an einem regionalen Veto scheitern könnten.«[18]

17 Landtag von Baden-Württemberg, Plenarprotokoll 15/84, S. 5076.

18 Landtag von Baden-Württemberg, Plenarprotokoll 15/84, S. 5064–5067.

7. Die Sicht der Legislative auf partizipative Gesetzgebung

Bleibt die Frage, wie die Landtagsabgeordneten verschiedene Beteiligungsverfahren bewerten. Um dies herauszufinden, wurden die Landtagsabgeordneten schriftlich befragt. 24 Abgeordnete, die überwiegend in den Fachausschüssen tätig sind, die sich mit den hier untersuchten Gesetzesvorhaben beschäftigt haben, gaben Auskunft.

7.1 Die Nutzung des Onlineportals durch Abgeordnete

Wenn sich die Abgeordneten im Vorfeld der parlamentarischen Beratung einen Eindruck von den Meinungen der Bürgerinnen und Bürger verschaffen, stehen Gespräche mit Bürgerinnen und Bürgern im eigenen Wahlkreis sowie deren Briefe und E-Mails an der Spitze der Informationsquellen. Hier wird die Aufgabe der Abgeordneten als Repräsentanten ihrer Wahlkreise deutlich. Zudem ziehen sie die Medienberichterstattung als Informationsquelle über die öffentliche Meinung heran. Darüber hinaus nennen viele Abgeordnete Gespräche mit Interessengruppen oder Verbänden als eine wesentliche Informationsquelle. Hinzu kommen Gespräche mit Fachleuten. Hier wird die Aufgabe der Abgeordneten deutlich, über die Bürger-Meinungen hinaus auch eine fachliche Expertise in die Beratungen einfließen zu lassen, die sich nicht nur auf den eigenen Wahlkreis bezieht.

Im Vergleich dazu spielt das Beteiligungsportal zwar eine wichtige, aber bei Weitem nicht die bedeutendste Rolle. Und wichtiger als die Originalkommentare ist für die Abgeordneten die zusammenfassende Stellungnahme des federführenden Ministeriums zu den Bürgerkommentaren im Onlineportal: Gut die Hälfte der befragten Abgeordneten gibt an, die zusammenfassende Stellungnahme zu den Bürgerkommentaren zu lesen. Aber nur 30 Prozent lesen die Kommentare direkt.

7.2 Bewertungen des Onlineportals durch Abgeordnete

Dass die Onlinekommentare keine starke direkte Beachtung erfahren, liegt auch an der Bewertung der Kommentare durch die Abgeordneten: Wie schon die Ministeriumsmitarbeiter, so sind auch die Abgeordneten häufig der Meinung, dass die Kommentare inhaltlich nur selten sinnvolle Anregungen bieten oder neue Gedanken zur Diskussion beitragen. Hier seien die Eindrücke aus persönlichen Gesprächen, aus der Verbändeanhörung oder aus Face-to-Face-Beteiligungen ergiebiger.

Die wenig begeisterte, aber realitätsgerechte Bewertung der Onlinekommentare durch die Landtagsabgeordneten führt aber nicht dazu, das Onlineportal abzulehnen. Vielmehr halten 74 Prozent der Abgeordneten das Beteiligungsportal für wichtig, um den Bürgerinnen und Bürgern einen Kommunikationskanal anzubieten. Und 65 Prozent der Abgeordneten sind der Meinung, das Beteiligungsportal schaffe für die Bürger mehr Transparenz. Damit befinden sich die Abgeordneten im Einklang mit den Ministeriumsmitarbeitern, die ebenfalls die Transparenz- und die Kommunikationsfunktion des Onlineportals hervorheben.

Die Abgeordneten wurden auch gebeten, den aus ihrer Sicht richtigen Zeitpunkt anzugeben, zu dem Bürgerkommentare auf dem Beteiligungsportal sinnvoll wären. Zwei Abgeordnete halten keinen Zeitpunkt für geeignet. Die meisten Abgeordneten (63 Prozent) halten den Zeitpunkt zwischen Eckpunktepapier und Referentenentwurf für sinnvoll. Das deckt sich mit den Erfahrungen der Ministeriumsmitarbeiter, die ebenfalls eine frühzeitige Beteiligung als sinnvoll erachten – mitunter sogar noch früher, nämlich beim Erstellen des Eckpunktepapiers.

Auch unter Landtagsabgeordneten genießt die Face-to-Face-Beteiligung ein deutlich besseres Ansehen als die Onlinebeteiligung. So sind nahezu alle befragten Landtagsabgeordneten der Meinung, dass im direkten Gespräch respektvoller miteinander umgegangen wird als auf dem Beteiligungsportal. Fast 90 Prozent der Abgeordneten meinen zudem, dass direkte Gespräche mit Bürgern und Betroffenen eher neue Ideen liefern als das Beteiligungsportal. Dementsprechend sind auch drei Viertel der Abgeordneten der Meinung, dass direkte Gespräche häufiger zu Verbesserungen an einem Gesetzentwurf führen als die Kommentare auf dem Beteiligungsportal. Große Akzeptanz findet unter den Abgeordneten das Einbeziehen von »Zufallsbürgern«: 71 Prozent der Abgeordneten meinen, dass das Einbeziehen von zufällig ausgewählten Bürgern konfliktträchtige Vorhaben entschärfen kann.

Abschließend wurden die Landtagsabgeordneten direkt danach gefragt, wie sie die Ergänzung der repräsentativen Demokratie durch partizipative Gesetzgebung finden. Dabei ging es nicht um direkt-demokratische Verfahren, sondern um eine Konsultation der Bürger. In diesem Sinn kann man die Bürger als »Berater« der Legislative verstehen. Nur ein CDU-Abgeordneter war der Meinung, die bestehende repräsentative Demokratie benötige keine partizipative Gesetzgebung. Die anderen Abgeordneten halten eine Ergänzung der repräsentativen Demokratie für sinnvoll. Und sie sind sich ziemlich einig, wie diese Ergänzung aussehen sollte: 62 Prozent der Landtagsabgeord-

Abbildung 4: Onlinebeteiligung – Quantität und Qualität

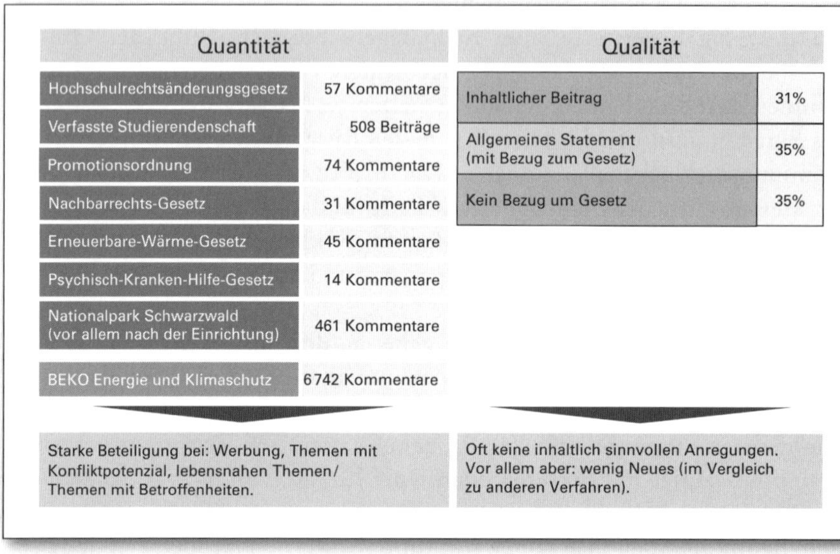

Quelle: eigene Darstellung.

Abbildung 5: Face-to-Face-Beteiligung – Quantität und Qualität

Quelle: eigene Darstellung.

neten bevorzugen den kombinierten Einsatz von Face-to-Face- und Online-Beteiligung. Dies entspricht weitgehend der in dieser Studie beschriebenen Praxis. Eine Ergänzung nur um Face-to-Face-Beteiligung finden 21 Prozent sinnvoll, eine Ergänzung nur um Online-Beteiligung 13 Prozent.

8. Zusammenfassende Bewertung

Vor dem Hintergrund der präsentierten Ergebnisse lässt sich die in Baden-Württemberg praktizierte partizipative Gesetzgebung grundsätzlich wie folgt bewerten:

a) Partizipative Gesetzgebung ist sinnvoll. Die repräsentative Demokratie wird durch den kombinierten Einsatz von Face-to-Face- und Onlinebeteiligung bereichert. Die Beteiligungsverfahren haben sich bewährt. Sowohl die befragten Mitarbeiter der federführenden Ministerien als auch die befragten Landtagsabgeordneten bewerten die in Baden-Württemberg eingesetzten Verfahren partizipativer Gesetzgebung positiv.

b) Face-to-Face-Verfahren hinterlassen einen partizipativen Fußabdruck. Ein Einfluss auf die Landesgesetzgebung geht am ehesten von einer frühzeitigen Beteiligung der Bürgerinnen und Bürger, von Betroffenen, Verbänden und Experten aus – am besten bereits bei der Festlegung von Eckpunkten, spätestens aber zwischen der Vorlage der Eckpunkte und dem Referentenentwurf. Der partizipative Fußabdruck der Face-to-Face-Beteiligung ist deutlich größer als der der Onlinebeteiligung.

c) Face-to-Face-Verfahren führen zu inhaltlicher Substanz. Und sie führen zu mehr Vertrauen unter den Beteiligten als Onlineverfahren. Letztere liefern selten substanzielle Beiträge, die über die Beiträge aus der Face-to-Face-Beteiligung hinausgehen (siehe Abbildungen 4 und 5).

d) Auch Onlineverfahren haben Stärken. Onlineverfahren bringen zwar keine neuen oder unerwarteten Anregungen, sie sind dennoch wichtig:

- Onlineverfahren sind symbolisch von Bedeutung, denn sie bieten jedem Bürger und jeder Bürgerin die Möglichkeit, eigene Anregungen zu formulieren. Auch wenn die Möglichkeit nur wenig genutzt wird, ist schon ihre Existenz wertvoll.
- Onlineverfahren erhöhen die Transparenz der Gesetzgebung. Sie machen deutlich, an welcher Stelle des Gesetzgebungsverfahrens was diskutiert wird. Damit entsprechen sie einer häufig zu hörenden Forderung aus der Bürgerschaft.

- Onlineverfahren führen dazu, dass Ministeriumsmitarbeiter die von ihnen für die legislative Beratung vorbereiteten Themen bewusster durch die Brille der Bürgerinnen und Bürger sehen.

e) Face-to-Face-Verfahren können potenzielle Konflikte entschärfen. Und sie können zu einer breit getragenen Lösung führen. Dies gelingt am ehesten, wenn die Beteiligung frühzeitig stattfindet und wenn ihr ein Beteiligungsscoping vorausgeht. Dabei sind auch jene Personengruppen zu identifizieren, die nicht organisiert sind, die aber einen wichtigen Beitrag zur Formulierung von Eckpunkten leisten können. Auch das Einbeziehen von Zufallsbürgern ist hier sinnvoll. Flankierende Onlineverfahren können dann zusätzlich die notwendige Transparenz herstellen.

f) Am besten ist eine aufeinander abgestimmte Kombination aus Face-to-Face-Verfahren, Onlineportal und Verbändeanhörung. Für die Landtagsabgeordneten und für die Mitarbeiter der federführenden Ministerien liefert die traditionelle Verbändeanhörung wichtige fachliche Hinweise für die Ausgestaltung eines (Gesetzes-)Vorhabens. Wie diese Form der Beteiligung mit informellen Face-to-Face-Verfahren und mit Onlineverfahren kombiniert und verzahnt werden kann, hängt unter anderem von der Reichweite eines zu regelnden Themas ab, von seinem konkreten Lebensbezug und von seiner Konflikthaltigkeit. Dafür stehen zahlreiche Varianten zur Verfügung. Die positiven Erfahrungen in Baden-Württemberg sollten andere Bundesländer motivieren, Gesetzesvorhaben partizipativ anzugehen. Für die repräsentative Demokratie wäre dies ein Gewinn.

Literatur

Arndt, Ulrich (2014): Die frühe Öffentlichkeitsbeteiligung in Baden-Württemberg, in: Verwaltungsblätter für Baden-Württemberg 36 (5/2015), S. 192–197.

Baden-Württemberg Stiftung (Hg.) (2015): Demokratie-Monitoring Baden-Württemberg 2013/2014. Studien zu Demokratie und Partizipation, Wiesbaden.

Barnes, Samuel H. / Kaase, Max (1979): Political Action. Mass Participation in Five Western Democracies, Beverly Hills/London.

Bertelsmann Stiftung (2012): Mehr Transparenz und Bürgerbeteiligung – Prozessanalysen und Empfehlungen am Beispiel von Fernstraßen, Industrieanlagen und Kraftwerken, Gütersloh.

Bertelsmann Stiftung / Staatsministerium Baden-Württemberg (Hg.) (2014): Partizipation im Wandel. Unsere Demokratie zwischen Wählen, Mitmachen und Entscheiden, Gütersloh.

Beteiligungsportal Baden-Württemberg (2013): Bürger- und Öffentlichkeitsbeteiligung zum Integrierten Energie- und Klimaschutzkonzept (online unter: https://beteiligungsportal.baden-wuerttemberg.de/de/informieren/projekte-und-berichte/lp-15/beko/ – letzter Zugriff: 21.09.2020).

Beteiligungsportal Baden-Württemberg (2014): Beteiligung zum Nationalpark Schwarzwald (online unter: https://beteiligungsportal.baden-wuerttemberg.de/de/informieren/projekte-und-berichte/lp-15/nationalpark-nordschwarzwald/ – letzter Zugriff: 21.09.2020).

Beteiligungsportal Baden-Württemberg (2019): So läuft ein Gesetzgebungsverfahren ab (online unter: https://beteiligungsportal.baden-wuerttemberg.de/de/mitmachen/lp-15/ewaermeg/gesetzgebungsverfahren/ – letzter Zugriff: 21.09.2020).

Brettschneider, Frank (2016): Erfolgsbedingungen für Kommunikation und Bürgerbeteiligung bei Großprojekten, in: Manuela Glaab (Hg.), Politik mit Bürgern – Politik für Bürger. Praxis und Perspektiven einer neuen Beteiligungskultur, Wiesbaden, S. 219–238.

Brettschneider, Frank / Renkamp, Anna (2016): Partizipative Gesetzgebungsverfahren. Bürgerbeteiligung bei der Landesgesetzgebung in Baden-Württemberg, hrsg. von der Bertelsmann Stiftung, Gütersloh (online unter: www.bertelsmann-stiftung.de/fileadmin/files/user_upload/Studie_Partizipative-Gesetzgebungsverfahren_161120.pdf – letzter Zugriff: 21.09.2020).

Haug, Volker (2014): »Partizipationsrecht« – Ein Plädoyer für eine eigene juristische Kategorie, in: Die Verwaltung 47 (2/2014), S. 221–241.

Haug, Volker / Schmid, Susanne (2014): Der Ausbau der Bürgerbeteiligung in Baden-Württemberg – eine Zwischenbilanz zur »Politik des Gehörtwerdens«, in: Verwaltungsblätter für Baden-Württemberg 35 (8/2014), S. 281–286.

Jennings, M. Kent / van Deth, Jan W. (1990): Continuities in Political Action. A Longitudinal Study of Political Orientations in Three Western Democracies, Berlin / New York.

Kaase, Max (1992): Politische Beteiligung, in: Manfred G. Schmidt (Hg.), Die westlichen Länder, München, S. 339–346.

Klages, Helmut / Vetter, Angelika (2011): Bürgerbeteiligung als Weg zur lebendigen Demokratie – Bedingungen für ein realistisches Konzept, in: Stiftung Mitarbeit (Hg.), Die Zukunft der Bürgerbeteiligung, Bonn, S. 230–254.

Masser, Kai / Fischer, Franziska / Ritter, Tobias (2015): Evaluation des Kommentieren-Bereichs des Beteiligungsportals des Landes Baden-Württemberg, Speyer.

Ministerium für Umwelt, Klima und Energiewirtschaft Baden-Württemberg (2018): Bürger- und Öffentlichkeitsbeteiligung am Integrierten Energie- und Klimaschutzkonzept Baden-Württemberg (online unter: https://um.baden-wuerttemberg.de/index.php?id=9978 – letzter Zugriff: 21.09.2020).

Nanz, Patrizia / Fritsche, Miriam (2012): Handbuch Bürgerbeteiligung, Bonn.

Universität Hohenheim (2018): Der Konflikt um den Nationalpark Nordschwarzwald. Eine Analyse der Kommunikationsstrategien beteiligter Konfliktparteien sowie deren Resonanz in der Tagespresse (online unter: https://komm.uni-hohenheim.de/nationalpark – letzter Zugriff: 21.09.2020).

Verein Deutscher Ingenieure (2014): VDI-Richtlinie 7001 – Kommunikation und Öffentlichkeitsbeteiligung bei Planung und Bau von Infrastrukturprojekten. Standards für die Leistungsphasen der Ingenieure, Berlin.

Andreas Kalina

Europa nach dem Brexit-Blues

Das Demokratiedilemma der EU: Volksabstimmungen als Ausweg?

1. Einleitung

Die Europäische Union scheint seit Beginn des neuen Jahrtausends nicht aus dem Krisenmodus herauszukommen, im Gegenteil: Je weiter die Einigung Europas voranschreitet, desto umstrittener ist sie.[1] Dies gilt mit Euro und Schengen auch für die beiden großen Pionierprojekte, denen noch unlängst hohes Integrationspotenzial beigemessen worden ist. Stattdessen fristet heute der gemeinsame Währungsraum infolge der Finanz- und Staatsschuldenkrise eine Existenz auf Bewährung und die offenen Grenzen mitsamt der grenzüberschreitenden Mobilität wackeln infolge der sogenannten Migrationskrise und der Corona-Pandemie. Mehr noch: Die Krisen führen die Union in einen immer tieferen Zwiespalt, da die Herausforderungen auf (europa-)politischer Ebene nach mehr Vertiefung verlangen, auf gesellschaftlicher hingegen desintegrative Tendenzen befördern.[2] Die formelle Einigung Europas schreitet also unaufhaltsam voran, die Bevölkerung aber geht nicht mit.[3] Vielmehr zeichnet sich ein Paradigmenwechsel im öffentlichen Integrationsdiskurs ab: weg vom entschiedenen Optimismus hin zum konsonanten Katastrophismus.[4]

Befunde für dieses Missverhältnis können aus den sinkenden Zustimmungswerten in den Eurobarometer-Umfragen herausgelesen werden. So ruft die EU laut der jüngsten Erhebung bei lediglich 42 Prozent der Unionsbürger ein positives Bild hervor. Im Jahr 2007, vor der Finanz- und Staatsverschuldungskrise, waren es noch 52 Prozent; gleichwohl scheinen die zwischenzeitigen Tiefpunkte mit 30 Prozent während der kulminierenden

1 Vgl. unter anderem Börzel 2016; zur Konzeptionierung der dauernden Krise der EU siehe Lefkofridi/Schmitter 2015 sowie Schimmelfennig 2017.

2 Vgl. Di Fabio 2017: 50–53; zur Darlegung des Krisendiskurses Vobruba 2017; zu den Wechselwirkungen von Krisen und europäischer Vergesellschaftung Heidenreich 2014.

3 Vgl. bereits Westle 2003 sowie Bach/Lahusen/Vobruba 2006: besonders 7–10.

4 Giandomenico Majone spricht in diesem Zusammenhang von einem »shift from the total optimism of the past to a mood of catastrophism« (Majone 2011).

Eurokrise im Jahr 2012 und 34 Prozent während der Migrationskrise 2016 überwunden.[5]
Als markanter Höhepunkt des Zwiespalts offenbart sich der Brexit und mit ihm die mehrheitliche Entscheidung der abstimmenden Briten über den Austritt des Vereinigten Königreichs aus der EU nach Artikel 50 EUV.[6] Der zum 31. Januar 2020 vollzogene Austritt stellt einen Meilenstein dar, zu dem das erste Mal ein Mitgliedstaat auf Betreiben seiner Bevölkerung die Union formell verlassen hat. Zugleich ist mit dem Brexit das Instrument der direkten Demokratie in den Fokus öffentlicher wie politischer Debatten gerückt. Je nach Perspektive wurde das Referendum problematisiert, zumal für dessen konkreten Ausgang mehr Emotionalität und Volksverführung, denn die Auseinandersetzung mit sachlichen, der Tragweite der Entscheidung angemessenen Argumenten verantwortlich gemacht werden.[7] Alternativ ist es insbesondere aus den (rechts-)populistischen Lagern zur Sternstunde europäischer Demokratie stilisiert worden, da den Bürgern endlich die Gelegenheit eingeräumt worden sei, ungefiltert über ihre Zukunft zu entscheiden.[8] Gleichwohl gelten auch abseits populistischer Parolen direktdemokratische Volksrechte unter Partizipationsgesichtspunkten als probates Mittel, um demokratische Legitimität[9] zu steigern.[10]

Insofern ist der Brexit durchaus Anlass für die Erörterung der Frage, inwieweit ein verstärkter Rückgriff auf Referenden in europapolitischen Entscheidungskontexten einen Beitrag zur Bewältigung der schwelenden Legitimationskrise der EU leisten könnte. Dabei sollen neben den partizipatorischen vor allem auch funktionale Aspekte Berücksichtigung finden, zumal ein jedes politisches System neben der Einbindung seiner Bürger auch effektive Steuerungsleistungen erbringen muss, soll es nachhaltig als legitim angesehen werden.

5 Vgl. zu den Daten Eurobarometer 64 bis 92 (Europäische Kommission 2020).

6 Für Analysen zum Brexit und dem diesem zugrunde liegenden Referendum vgl. unter anderem Clarke/Goodwin/Whiteley 2017, Geppert 2017, Winkelmann/Griebel 2018, Andreouli/Nicholson 2018, Koller/Kopf/Miglbauer 2019, Zappettini 2019.

7 Vgl. Welfens 2016 sowie Koller/Kopf/Miglbauer 2019.

8 Diese Argumente finden sich im gesamten Lager der (Rechts-)Populisten in Europa angefangen bei Nigel Farrage über Tomio Okamura, Marine Le Pen und Matteo Salvini bis hin zu Gert Wilders (vgl. unter anderem Spiegel 2016, Neue Zürcher Zeitung 2016).

9 Der Begriff »Legitimität« wird im vorliegenden Text genutzt, wenn es darum geht, einen konkreten, situativen Zustand zu beschreiben. »Legitimation« hingegen stellt vorrangig auf das Prozesshafte ab.

10 Vgl. statt vieler Abromeit 2003, Schmidt 2003: 114–116, Freitag 2006 sowie die ausgewogene Erörterung bei Merkel/Ritzi 2017a.

2. Die Legitimationskrise als Konstante der gegenwärtigen EU

Der Ausgang des Brexit-Referendums, das öffentliche Infragestellen der Problemlösungsfähigkeit der EU angesichts der drängenden Krisen und großen Transformationen, aber auch das zunehmende Hadern mit Sinn und Gestalt des Projektes Europa insgesamt machen auf ein tiefer liegendes Phänomen aufmerksam: auf einen langfristigen Trend, der in den Einstellungen der Bürger gegenüber der europäischen Integration wahrgenommen werden kann. Herrschte bis in die 1990er-Jahre der sogenannte »Permissive Consensus« vor, nach dem das europäische Projekt grenzüberschreitend eine stillschweigende, unhinterfragte Unterstützung genoss und eher ein Schattendasein in den Köpfen der Bürger fristete,[11] drängt die EU seitdem verstärkt ins öffentliche politische Bewusstsein. Gleichzeitig steigt die gesellschaftliche Sensibilität für Legitimation. Der ursprünglich wohlwollende Konsens hinsichtlich der europäischen Einigung scheint aufgekündigt.[12]

Eine größere Aufmerksamkeit gegenüber der Union und der europäischen Politik ist unter demokratietheoretischen Gesichtspunkten durchaus wünschenswert. Im betrachteten Kontext wird sie jedoch von Widersprüchlichkeiten begleitet:

- Zum einen geht sie kaum mit einer erhöhten Partizipationsbereitschaft einher. Dies zeigt sich unter anderem an der niedrigen Wahlbeteiligung bei Europawahlen, welche unionsweit kontinuierlich von 62 Prozent bei der ersten Direktwahl 1979 auf einen Tiefstand von knapp 43 Prozent bei den Wahlen 2009 und 2014 gesunken ist.[13] Der Anstieg auf im Vergleich mit nationalen Wahlen sehr verhaltene 51 Prozent im Jahr 2019 dürfte eher eine situative Aufnahme sein, als dass er einen neuen Trend begründete.[14] Die etablierten Beteiligungskanäle werden kaum

11 Vgl. Lindberg/Scheingold 1970.

12 Vgl. unter vielen anderen Zürn 2006.

13 Vgl. dazu Europäisches Parlament 2019.

14 Zur besonderen Mobilisierung der Wähler bei der Europawahl 2019 hat zum einen beigetragen, dass sie vor dem Hintergrund der internationalen Entwicklungen wie dem gewandelten Verhältnis zur USA, dem Klimawandel, den ungelösten Herausforderungen in der Asyl- und Migrationspolitik sowie dem stockenden Brexit-Prozess von vielen Politikern zum »Schicksalsereignis für die Europäische Union« erklärt worden ist (Niedermayer 2019: 691). Zum anderen wurde die Wahlbeteiligung durch das von den Parteien der Mitte verfolgte Spitzenkandidatenmodell begünstigt, dessen Missachtung bei der Konstituierung der Kommission von der Leyen in den Augen vieler Bürger die Wahl rückwirkend entwertet haben dürfte. Daher ist nicht von der Hand zu weisen, dass sich die erfahrenen Enttäuschungen beim nächsten Wahltermin negativ auf die Wahlbereitschaft auswirken werden.

genutzt. Anstelle kritisch-konstruktiver Haltungen und politischen Engagements überwiegt diffuse, generalisierende Kritik.

- Zum anderen werden politische Prozesse jenseits des Nationalstaates vonseiten der Öffentlichkeit nicht mit den üblichen Effektivitäts- und Legitimationsmaßstäben zwischenstaatlicher Politik konfrontiert, sondern mit Kriterien bemessen, die dem Kontext nationaler Demokratien entlehnt sind.[15]
- Und nicht zuletzt werden die nationalstaatlichen Ordnungen zusätzlich in ihrem institutionellen Aufbau und ihrer Funktionsweise allzu oft idealisiert. Damit begegnet die EU Ansprüchen, denen sie wesensgemäß nicht genügen kann.

Ergebnis dieses Missverhältnisses ist die Feststellung eines Demokratiedefizits und gar das Klagelied einer handfesten Krise der Union.[16] Auch wenn es argumentativ vertretbar ist, die These des Demokratiedefizits zu relativieren,[17] liegt Handlungsbedarf vor. Denn Legitimität – nach Max Weber zu verstehen als Anerkennung einer politischen Ordnung als rechtens – ist primär eine subjektive Kategorie: Entscheidend ist der Legitimitäts*glaube*.[18] Ist einmal von den Bürgern die Anerkennungswürdigkeit der Union infrage gestellt, steht Letztere notgedrungen in einer Bringschuld, nämlich vor der Aufgabe, die Anerkennungswürdigkeit herzustellen – also die EU zu demokratisieren, was auch immer dies vorerst heißen soll.

2.1 Das europäische Demokratiedilemma

Die weit vernehmbare Forderung, die EU zu demokratisieren,[19] führt zum Kernproblem des sogenannten Demokratiedefizits, da bei genauerer Betrachtung vielmehr ein Demokratiedilemma vorliegt.[20] Die EU kann unter den bisherigen Bedingungen nicht demokratischer werden, auch wenn sie es wollte.

15 Vgl. auch Decker 2019: besonders 870. Für das Phänomen der »Übertragung« nationalstaatlicher Denkweisen auf sämtliche gesellschaftliche Bereiche, insbesondere in den Sozialwissenschaften, hat Ulrich Beck den Begriff des »methodologischen Nationalismus« geprägt (vgl. Beck/Grande 2010).

16 Zur Debatte um das Legitimations- und Demokratiedefizit der EU vgl. aktuell Abels 2020, Schmidt 2019: 429–438, Bach 2018, Grimm 2015, Follesdal/Hix 2006 sowie nach wie vor prägnant Kielmannsegg 1996.

17 Vgl. dazu unter vielen anderen Lord 2017, Moravcsik 2002 sowie Majone 1998.

18 Vgl. Weber 2002: 122.

19 Vgl. als prominente Beispiele aus der Wissenschaft Guérot 2016 sowie Simms/Zeeb 2016.

20 Zu einer frühen Skizzierung des Demokratiedilemmas vgl. Dahl 1994; zum breiteren Kontext der demokratischen Dilemmata in der EU vgl. Hurrelmann/DeBardeleben 2009.

So bemisst sich die Qualität von demokratischen Ordnungen einerseits an formellen Kriterien des Regierens: an der Ausgestaltung der institutionellen Ordnung, am System der Checks and Balances sowie an den Partizipationsmöglichkeiten der Bürger. Mit Blick auf die EU könnte man hier etwa über eine weitere Aufwertung des Europäischen Parlaments, über die Behebung institutioneller Blockadeanfälligkeit und damit eine Effizienzsteigerung europäischer Entscheidungsfähigkeit und nicht zuletzt über die Schaffung neuer Beteiligungskanäle nachdenken. Andererseits verwirklicht sich Demokratie nicht alleine durch formale Strukturen der Herrschaftsorganisation, sondern – wie der erste Teil des Wortes Demokratie vermuten lässt – auch und insbesondere durch einen »Demos«, also durch kollektive Staatsbürgerschaft.[21] Damit nämlich eine politische Ordnung überhaupt demokratische Qualität entfalten kann, bedarf es gesellschaftlicher Voraussetzungen:

- Nötig ist ein Mindestmaß an Gemeinschaftsgefühl, eine Wir-Identität, die die Loyalität der Unionsbürger gegenüber der politischen Ordnung gewährleistet, die zur politischen Beteiligung animiert und die die Akzeptanz von Mehrheitsentscheidungen – auch vonseiten der jeweils Unterlegenen – sicherstellt.[22]
- Nötig ist zugleich eine ausgeprägte systemweite Öffentlichkeitssphäre. Denn erst sie ist die Grundlage für Meinungs- und Willensbildungsprozesse – und damit auch für Steuerung und Kontrolle der politischen Ordnung.[23] Ebenso laufen die erforderlichen Identitätsbildungsprozesse über sie. Schlechthin erfolgt »Legitimation [vorrangig] durch Kommunikation«.[24]
- Und nötig sind wechselseitige Vermittlungsinstanzen zwischen Unionsbürgern und politischen Entscheidungsträgern, wie Interessenorganisationen, politische Parteien und zivilgesellschaftliche Strukturen. Denn erst sie gewährleisten die gesamtgesellschaftliche Interessenvermittlung, Konfliktsteuerung und Moderation – und

---

21 Unter »Demos« wird in Anlehnung an Emerich Francis (1965) eine auf Solidarität basierende Gemeinschaft mit einem solchen Grad am Zugehörigkeitsgefühl verstanden, dass man sich den Beschlüssen der anderen – seien sie durch Konsensentscheidungen der Eliten oder per Mehrheitsvotum getroffen – unterwirft und dass man sogar die Umverteilung von Eigentum akzeptiert (vgl. Eder 2000: 89). Der Demos stellt somit die politische Bezugsebene des systemtragenden Volkes dar.

22 Vgl. prominent Elias 1987: unter anderem 210; sowie ausführlich Kaina 2009. Zur Diskussion, inwiefern komplexe Gesellschaften eine vernünftige Identität ausbilden können, vgl. Habermas 1976; zu Identitätsbildungsprozessen in Europa nach wie vor instruierend Delanty 1999 sowie Lepsius 2004.

23 Vgl. dazu Gerhards 2002 sowie Weßler 2007.

24 Vgl. Oberreuter 1984.

entscheiden somit wesentlich über die gesellschaftliche Integration beziehungsweise Desintegration.

Alle diese sozistrukturellen Komponenten sind in der Europäischen Union allenfalls in Ansätzen ausgebildet.[25] Damit entpuppt sich das Demokratiedefizit letztlich als das besagte Demokratiedilemma. Dieses erkennt zwar einerseits die formal-demokratischen Unzulänglichkeiten der EU an – gemessen an nationalen Standards. Andererseits fokussiert es aber jene soziostrukturellen Defizite als Kernproblem und negiert infolgedessen die Demokratiefähigkeit auf Unionsebene: Der Ausbau und die Optimierung formal-demokratischer Strukturen gliche der Schaffung Potemkinscher Dörfer, weil diese Strukturen ohne demokratisches Innenleben blieben.

Aus diesem Blickwinkel rücken vorrangig zwei Desiderate in den Mittelpunkt: zum einen die Frage nach den Chancen der Schaffung einer europäischen politischen Identität, welche die bereits bestehenden Identitätsgefüge ergänzt, nicht ersetzt; zum anderen die Frage nach Möglichkeiten der Generierung einer europäischen beziehungsweise europäisierten Öffentlichkeit, welche nicht nur einen grenzüberschreitenden Kommunikationsraum schafft, sondern ihrerseits auch die Entstehung unionsweiter intermediärer Vermittlungsinstanzen voranbringt.[26] Dabei besteht die Herausforderung für die EU darin, ein institutionelles Arrangement zu finden, das diese defizitären Voraussetzungen anerkennt, auf ihnen aufbaut und zugleich dazu beiträgt, dass diese Defizite mittelfristig abgebaut werden. Im Fokus steht damit ein Arrangement, das die Bildung eines europäischen Demos befördert, welcher sich durch grenzüberschreitend konsonante Deutungsmuster und Erwartungshaltungen bezüglich einer demokratischen Governance in der EU auszeichnet.

2.2 Die EU als System sui(sse) generis: Schweizer Erfahrungen für Europa

Auch wenn es auf den ersten Blick eigenwillig erscheinen mag, lohnt für die Analyse des politischen Systems der EU, seiner Defizite, aber auch seiner möglichen Entwicklungslinien ein vergleichender Blick auf die Genese

25 Vgl. zu frühen Analysen Kielmannsegg 1996, Eder 2000: 90–92, Grimm 2001: besonders 242; ausführlich Kalina 2009; zur gegenwärtigen Bestandsaufnahme Leiße 2020.

26 Zum aktuellen Forschungsstand hinsichtlich einer europäischen Öffentlichkeit vgl. Trenz 2018: 359–368; zur europäischen Identitätsbildung sowie zum Verhältnis von nationaler und europäischer Identität vgl. Kaina 2018: 344–349.

moderner Demokratien.[27] Denn auch im Falle der Nationalstaaten wuchs und wächst die demokratische Qualität, indem Identitätsbildung und Öffentlichkeitsgenerierung durch ihr gegenseitiges Wechselspiel mit der institutionellen Ordnung zunehmend an Tiefe gewinnen. Demokratisierung versteht sich als ein dynamischer Prozess der Koevolution von Institutionen, Akteuren und Bürgern, währenddessen sich die formalen und gesellschaftlichen Dimensionen demokratischer Herrschaft wechselseitig verstärken.[28] Dabei geschah und geschieht dies bei den Nationalstaaten ebenfalls in einem Umfeld, in dem kleinere territoriale Einheiten zu einem umfassenderen System integriert werden, welches für sich zunehmend Stabilität, Funktionalität und Legitimität reklamiert. Insofern reflektiert die Nationalstaatswerdung – unter funktionalen Gesichtspunkten – jene Herausforderungen, vor denen die EU gegenwärtig steht.[29]

Für die Relevanz einer solchen Sichtweise spricht nicht nur der Umstand, dass sich die Union im Laufe des Integrationsprozesses längst zu einem politischen (Mehrebenen-)System entwickelt hat, welches allgemeine Verbindlichkeit über die Verteilung begehrter Ressourcen und Dienstleistungen herstellt.[30] Sie wird auch dadurch unterstrichen, dass der EU durchaus Merkmale einer (Quasi-)Staatlichkeit zugesprochen werden.[31] Mithin legt das bereits erreichte Niveau an Verdichtung der Union nahe, sie an Maßstäben der vergleichenden Regierungslehre zu evaluieren. Schließlich sprechen für einen solchen Blickwinkel jene bereits skizzierten problematischen Deutungsmuster der Bürger, die in ihrem Demokratie- und Legitimitätsverständnis nationalstaatlich geprägt sind.

Im Besonderen bietet sich der Fokus auf die Schweiz und deren Referendumsdemokratie an.[32] Denn trotz aller offenkundigen Unterschiede zur

27 So plädiert auch Frank Decker in Bezug auf Demokratisierungserwägungen der EU gerade für ein Verständnis der Dynamik historischer Demokratisierungsprozesse (vgl. Decker 2020).

28 Vgl. hierzu den evolutionären Ansatz der politischen Systementwicklung von Stein Rokkan (1969, 1975 und 2000); darüber hinaus Pye 1963, Deutsch 1972, Verba 1973, Parsons 1979, Linz 1996 sowie in enger Rokkan'scher Tradition Flora 2000 und Walkenhorst 2007.

29 Vgl. auch Harbo 2005: 133f.

30 Vgl. unter vielen anderen Schmidt 2000: 42f.

31 Vgl. bereits Bornschier 2000: 10, Abromeit 2001: 15, Brunkhorst 2004: 214. Eine konträre Sicht vertritt bis heute etwa das Bundesverfassungsgericht, welches in seinen Urteilen die EU nicht als »Staat« ansieht (vgl. BVerfGE 89, 186 sowie BVerfGE 123, 267); die Europäischen Verträge begründeten vielmehr einen »europäischen Staatenverbund, der von den Mitgliedstaaten getragen wird und deren nationale Identität er achtet«, so die bis heute verfolgte Diktion des Maastricht-Urteils [vgl. BVerfGE 89, 155 (181)]. Zu einer differenzierten Betrachtung der Staatlichkeitsmerkmale der EU vgl. Kalina 2009: 96–102.

32 Zum inspirierenden Referenzcharakter der Eidgenossenschaft für die EU vgl. Deutsch 1976, Meyer/Kohler 1998, Kriesi 1999, Börzel/Hosli 2003, Braun 2003, Trechsel 2005

EU stellt sie unter den Demokratien westlicher Prägung jenes Gemeinwesen dar, welches die größte soziokulturelle, sprachliche und religiöse Heterogenität aufweist.[33] Sie setzt sich in vertikaler Perspektive ebenfalls aus drei weitgehend autonomen Staatsebenen zusammen; in horizontaler Perspektive wiederum aus 26 Kantonen, vier Sprachgruppen und einer Vielzahl sich überschneidender soziokultureller Konfliktlinien und Lager.[34] Dafür, dass trotz dieser Vielfalt Einheit gesichert wird, sind neben der föderalen Klammer folgende Momente verantwortlich:

- die pluralistische Konkordanzdemokratie, die auf vielfältigen Ausgleichsmechanismen fußt,[35]
- die Leitidee der Allparteienregierung,[36] der zufolge alle relevanten im Parlament vertretenen Parteien an der Regierung beteiligt sind, sowie
- das System der Referendumsdemokratie oder – zutreffender – der halbdirekten Demokratie.[37]

Genau dies sind auch die Momente, welche für die EU einschlägig sind: So ist die Entscheidungsstruktur innerhalb der Union ebenfalls durch konkordanzdemokratische Verfahren geprägt.[38] Die Kommission weist, was ihre Zusammensetzung und Stellung im EU-System anbelangt, eine gewisse Ähnlichkeit zur Allparteienregierung auf.[39] Und das Kokettieren mit direktdemokratischen Entscheidungsmustern ist allgegenwärtig – nicht erst seit der Brexit-Abstimmung.

Aus dieser Perspektive stellt die Europäische Union nicht nur ein System sui generis dar, sondern weist durchaus gewisse Charakteristika »suisse generis« auf.[40] Ein Blick auf die Eidgenossenschaft kann dazu beitragen, Entwicklungsbedingungen und -chancen der EU realistisch einzuschätzen.[41]

---

sowie Kranenpohl 2007. Als weitere geeignete Referenzmodelle für den demokratischen Konsolidierungsprozess der EU bieten sich grundsätzlich politische Systeme an, die es als sogenannte »Coming-together-Federations« vollbracht haben, eine Vielfalt von Ethnien und Nationalitäten im Rahmen einer entstehenden Verfassungsordnung zu integrieren: neben der Schweiz etwa die USA, Deutschland, Kanada oder Australien (vgl. unter anderem McKay 2000, Nicolaidis/Howse 2003, Ansell/Di Palma 2004, Fabbrini 2005 sowie Harbo 2005).

33 So bereits Deutsch 1976.

34 Vgl. Neidhart 2002 und Linder/Müller 2017.

35 Vgl. Lehmbruch 1993: 45 sowie ausführlich Lijphart 1969.

36 Zum Konzept der Allparteienregierung vgl. Oberreuter 1989.

37 Linder/Müller 2017: 408f.

38 Vgl. unter anderem Chryssochoou 1994, Schmidt 2000, Costa/Magnette 2003, Papadopoulos/Magnette 2010 sowie Kalina 2012.

39 Vgl. detaillierter Kalina 2009: 412–418.

40 Zum Terminus »Sui(sse) generis« vgl. Kranenpohl 2007: 497.

41 Vgl. unter anderem Deutsch 1976, Ernst 1998, Eichenberger 1998, Braun 2003, Kranenpohl 2007, Heidbreder/Stadelmann-Steffen/Thomann/Sager 2019.

3. Europaweite Referenden als neue Legitimationsquelle?

Akzeptiert man die analytische Figur des Systems sui(sse) generis, lassen sich auf Grundlage der Schweizer Erfahrungen verschiedene institutionelle Reformoptionen der europäischen Governance hinsichtlich ihrer möglichen Legitimationskraft differenzierter beleuchten. Neben den Kriterien des Föderalismus, der Konkordanzdemokratie und der Allparteienregierung, welche heute schon zu den prägenden Merkmalen der EU gehören und bereits breit diskutiert worden sind,[42] rückt nachfolgend die direktdemokratische Komponente als paradigmatisches Charakteristikum der Eidgenossenschaft ins Erkenntnisinteresse.

Das offensichtliche Potenzial einer systematischen Einführung direktdemokratischer Entscheidungsverfahren in EU-Angelegenheiten liegt darin, dass sie zwei zentrale legitimationstheoretische Lücken der EU-Governance adressierten. Zum einen würden sie unmittelbar die sogenannte europäische Partizipationskrise aufgreifen. Denn sie böten den Unionsbürgern neben dem spärlich angenommenen Wahlkanal die Möglichkeit einer zusätzlichen, ungefilterten europapolitischen Mitsteuerung und mobilisierten dadurch im Idealfall die politische Teilhabe, an deren Mangel die heutige Union leidet.[43] Zum anderen etablierten insbesondere direktdemokratische Vetorechte eine Art Bremse gegen den eingangs beschriebenen Zwiespalt von fortschreitenden Integrationsdynamiken einerseits und ansteigenden gesellschaftlichen Vorbehalten gegenüber der Vertiefung der Union andererseits.[44] Mit ihnen würde die Letztentscheidung etwa über die Europäisierung weiterer Kompetenzen oder über die Änderung der Finanzverfassung der EU an die Bürger übertragen werden.[45]

Neben entsprechenden demokratietheoretischen Erwägungen wird der Ausbau der direktdemokratischen Komponente oftmals aus politischem Kalkül gefordert: Sei es, dass dieses Instrument die nationale Opposition gegenüber europapolitischen Ambitionen der jeweiligen Regierung stärken

42 Vgl. dazu die Verweise in den Anmerkungen 32 (föderale Struktur) sowie 38 (Konkordanzdemokratie) und 39 (Allparteienregierung).

43 Zur partizipationsschaffenden Eigenschaft direktdemokratische Instrumente im Allgemeinen vgl. statt vieler Schmidt 2003: 114 sowie mit Blick auf die Schweiz Freitag 2006; zu ihrer Mobilisierungswirkung im eidgenössischen Kontext vgl. Vatter 2007: 86 sowie Linder/Müller 2017: 323.

44 Zur sogenannten Bremsfunktion beziehungsweise Status-quo-Orientierung von Referenden vgl. allgemein Decker 2014: 25f.; für die Schweiz Vatter 2007: 87–92; im EU-Kontext statt vieler bereits Feld/Kirchgässner 2003: besonders 6.

45 Vgl. hierzu bereits Feld/Kirchgässner 2003: 18–20.

soll; sei es, dass es entlang einer populistischen Argumentation dem »wahren Volk« eine Stimme verleihen möge, um sich gegen die »abgehobenen und fehlgeleiteten Eliten« durchzusetzen.[46] Insofern reicht die Bandbreite der Befürworter direktdemokratischer Verfahren in Europa von den grundsätzlichen Fürsprechern partizipativer Entscheidungsformen über tendenziell europaskeptische Lager, welche die Möglichkeit eines Opt-out aus einzelnen (vergemeinschafteten) Politikfeldern einfordern, bis hin zu EU-Gegnern, die über den direktdemokratischen Hebel den Austritt ihres Landes aus der Union betreiben möchten.[47]

Unabhängig von der konkreten Interessenlage und ihrer Berechtigung soll hier der instruierende Blick auf die Schweiz bei der Diskussion folgender Fragen behilflich sein: Inwieweit vermögen (europaweite) Referenden eine angemessene Antwort auf das Demokratiedilemma darzustellen? Sind die Erwartungen an vermehrte Partizipationsmöglichkeiten realistisch? Welche Chancen, welche Herausforderungen brächte eine europäische Referendumsdemokratie mit sich?[48]

3.1 Ansätze und europarechtliche Grundlagen einer europäischen Referendumsdemokratie

Die Auseinandersetzung mit einer europäischen Referendumsdemokratie kommt keinesfalls einem Glasperlenspiel gleich. Nicht nur im wissenschaftlichen Diskurs lassen sich Reformvorschläge mit unterschiedlich stark ausgeprägten plebiszitären Komponenten buchstäblich von A wie Abromeit

46 Zu den hier zum Ausdruck kommenden Merkmalen des Populismus vgl. Müller 2016; zum Faktum der Einforderung direktdemokratischer Instrumente seitens (rechts-)populistischer Akteure vgl. Deutsche Welle 2016 sowie wissenschaftlich begründet Decker 2018b: 639f. und Winkelmann/Cavaliere 2018: 206–210.

47 Als Beispiel für Erstere vgl. unter anderem Abromeit 2003, Feld/Kirchgässner 2003, Schiller 2016 oder auch Mehr Demokratie e.V. 2013 und Mehr Demokratie e.V. 2016; für die zweite Kategorie siehe exemplarisch das von Viktor Orbán angesetzte Referendum über Verteilungsquoten im Rahmen der europäischen Flüchtlingspolitik (vgl. Mendez/Mendez 2017: 24–26, Rose 2019: 213–217); für die dritte Kategorie siehe etwa Marine le Pens Forderung eines Frexit-Referendums in ihrem Präsidentschaftswahlkampf 2017 (vgl. Süddeutsche Zeitung 2017) sowie die Thematisierung eines Dexit-Plebiszits im AfD-Wahlprogramm für die Europawahl 2019 (AfD 2019: 12).

48 Unter dem Begriff »Referendumsdemokratie« wird hier in Anlehnung an Manfred G. Schmidt ein um direktdemokratische Instrumente angereichertes repräsentativ-demokratisches Regierungssystem verstanden (vgl. Schmidt 2003). Zur Diskussion der Komplementarität von Volksrechten und einem gewaltenfusionierenden System vgl. Decker 2014: 24–29.

bis Z wie Zürn finden,[49] und nicht nur sind sie regelmäßig Gegenstand öffentlich vernehmbarer Erwägungen.[50] Vielmehr sind direktdemokratische Beteiligungsrechte in Ansätzen bereits heute Elemente europäischer beziehungsweise europapolitischer Entscheidungsstrukturen.[51]

- Zum einen stellen nationale Europareferenden in der jüngeren Vergangenheit keine Ausnahme dar – sei es, dass sie (verfassungs-)rechtlich vorgeschrieben sind, sei es, dass sie aus opportunistischen Motiven heraus anberaumt werden. Beispiele neben der Brexit-Abstimmung 2016 sind etwa das Referendum über das Assoziierungsabkommen zwischen der EU und der Ukraine in den Niederlanden 2016 oder das Plebiszit über Verteilungsquoten im Rahmen der europäischen Flüchtlingspolitik in Ungarn im gleichen Jahr. Mitunter werden nationale Referenden angesetzt, um ein (nachträgliches) Opt-out beziehungsweise Opt-in bezüglich einzelner vergemeinschafteter Politikfelder zur Entscheidung zu stellen. Dies war etwa 2003 der Fall, als sich die Schweden in einer Volksabstimmung gegen die Einführung des Euros ausgesprochen haben – trotz der gegensätzlichen Verpflichtung im Zuge des EU-Beitritts. Auch stimmte Dänemark in einem Referendum 2015 gegen eine weitere Zusammenarbeit mit der Europol. Ebenso kommen in manchen Mitgliedstaaten Referenden bei der Ratifizierung des EU-Primärrechts vor: etwa die Plebiszite über den Vertrag von Lissabon in Irland 2008 und 2009 oder die Volksabstimmungen über den Verfassungsvertrag für Europa 2005 (mit Frankreich und den Niederlanden als den prominenten Beispielen) sowie vielfältige Referenden anlässlich früherer Vertragsänderungen. Auch werden in der Regel Plebiszite bei EU-Erweiterungsrunden in den Beitrittsländern anberaumt: so im Zuge der Osterweiterung oder auch – mit negativem Ausgang – in Norwegen und der Schweiz. All das sind Referenden, die zwar im nationalen Rahmen ablaufen, zum Gegenstand aber europäische Politik beziehungsweise die Gestalt der EU haben.

---

49 Die Erstgenannte erwägt ein »System verschiedener Referenda« (Abromeit 1998); Letzterer hinterfragt eine mögliche »europaweite […] Ausrufung und Abhaltung von Referenden bei großen Vertrags- und Verfassungsfragen« (Zürn 1996).

50 So taxieren Frank Decker, Marcel Lewandowsky und Marcel Solar den regelmäßigen Anteil derjenigen Bürger in Deutschland, die mehr unmittelbare Beteiligungsrechte wünschen, auf rund 80 Prozent (vgl. Decker/Lewandowsky/Solar 2013: 55–73). Für den gesamteuropäischen Kontext stellen Andreas Schuck und Claes de Vreese die grundsätzliche öffentliche Erwünschtheit von Referenden als Ergänzung repräsentativer Demokratien fest (vgl. Schuck/de Vreese 2015: besonders 153–156).

51 Vgl. dazu die systematischen Aufstellungen und Analysen von Mendez/Mendez/Triga 2014, Lichteblau/Steinke 2017, Schünemann 2017 sowie die Typologie von Mendez/Mendez 2017.

- Zum anderen ist auf Unionsebene mit dem Vertrag von Lissabon die sogenannte Europäische Bürgerinitiative eingeführt worden (Artikel 11 Absatz 4 EUV sowie Artikel 24 Absatz 1 AEUV), welche bei einer näheren Betrachtung allerdings direktdemokratische Merkmale mit denen einer Petition vereint.[52]
- Schließlich ist europarechtlich der Boden für eine Ausweitung der direkten Demokratie bereitet. Denn der Vertrag von Lissabon als die heute gültige »verfassungsrechtliche« Grundlage der EU bekennt sich einerseits zum Grundsatz der repräsentativen Demokratie als Prinzip der Arbeitsweise der Union (Artikel 10 Absatz 1 EUV). Andererseits verankert er ausdrücklich den Grundsatz der partizipativen Demokratie (Artikel 11 EUV).

So unsystematisch und fragmentarisch der Einsatz von Volksabstimmungen auch ist, so berechtigt lässt er Erwägungen, mitunter Einforderungen von neuen direktdemokratischen Instrumenten beziehungsweise deren konsequenter Ausweitung erscheinen.

3.2 Potenziale und Risiken einer europäischen Referendumsdemokratie

Blendet man jene Forderungen nach Plebisziten aus, welche zuvörderst einen Austritt aus der Union zum Zweck haben, orientieren sich die Hoffnungen und Erwartungen an europäische Referenden grundsätzlich an ihrer vermuteten legitimierenden und integrierenden Funktion.

- So wird von Volksabstimmungen angenommen, dass sie am ehesten den rudimentären soziostrukturellen Gegebenheiten der EU genügen, da sie weder einer ausgeprägten europäischen Identität der Bürger noch eines ausgebildeten intermediären Systems – mit europäischen Parteien, europäischen Interessengruppen und europäischen Medien – bedürfen (These 1).[53]
- Zudem würde die mit ihnen einhergehende Erweiterung der institutionellen Beteiligungsmöglichkeiten zu einer Erhöhung der Partizipation führen und insgesamt Entscheidungen besser legitimieren (These 2).[54]

---

52 Vgl. Maurer/Vogel 2009: 7–15, Clio 2014: 77–142 sowie Hrbek 2012.

53 Mit Fokus auf diese Gesichtspunkte unterbreitet Abromeit (1998) ihren Vorschlag eines »Systems verschiedener Referenda«, den Thomas Schmidt in Richtung eines plebiszitär ausgestalteten »demokratischen Sektoralismus« weiterentwickelt (Schmidt 2005: 290–304).

54 Zu dieser These in Hinblick auf direktdemokratische Entscheidungsverfahren vgl. statt vieler Schmidt 2003: 114–116 sowie mit Fokus auf die Schweiz unter anderem Freitag 2006.

- Und schließlich würden Referenden als Impulse eines europabezogenen politischen Diskurses dienen, dadurch nationale Öffentlichkeiten europäisieren und so gemeinschaftsbildendes Potenzial entfalten (These 3).[55]

Für die Analyse der Erwartungen, die an eine europäische Referendumsdemokratie herangetragenen werden, gilt es zwei mögliche Grundtypen zu unterscheiden:[56]

- zum einen Initiativreferenden, die zur Regelung eines (neuen) Sachverhalts aus der Bürgerschaft heraus angestoßen werden – also Referenden als politikgestaltende, konstruktive Instrumente;
- zum anderen Widerspruchs- beziehungsweise Kassationsreferenden, die eine Rechtsnorm der (nachträglichen) Überprüfung durch die Bürger unterziehen – also Referenden als politische Kontroll- oder Vetomittel.[57]

3.2.1 These 1 auf dem Prüfstand

Referenden stellen geringere Ansprüche an die soziostrukturellen Gegebenheiten und sind deshalb eine adäquate Antwort auf das europäische Demokratiedilemma.

Zuallererst stellt sich die Frage, wie Referenden eingeleitet werden. Im Falle von Initiativen bedarf es stets eines Agenda-Setters, der zustimmungsfähige Vorlagen erst formuliert und aushandelt, sodass sie überhaupt Aussicht auf Erfolg haben (sei es, dass sie die nötigen Quoren oder die erforderlichen Abstimmungsmehrheiten erreichen). Ähnliches gilt für Widerspruchsreferenden. Hier ist die Union als Urheber der Rechtsnorm darauf angewiesen, dass bereits in der Entwurfsphase möglichst viele (gesellschaftliche) Interessen berücksichtigt werden, um das Risiko einer späteren Kassation

55 Vgl. zur ausführlichen Diskussion dieses Aspekts Kalina 2009: 157–165.

56 Zur Typologie, systemischen Einordnung und internationalen Verbreitung der Verfahren vgl. Decker 2016: 52–68 und Merkel/Ritzi 2017b: 14–24. Abseits des wissenschaftlichen Diskurses spricht allerdings nach Decker wenig dafür, dass die (deutschen) Bürger in ihrer Wertschätzung für die direkte Demokratie zwischen den unterschiedlichen Varianten differenzieren (Decker 2018a: 231).

57 Grundsätzlich können solche Referenden vom Volk mit einem festzulegenden Quorum eingeleitet werden (vergleichbar mit dem fakultativen Referendum in der Schweiz) oder im Sinne eines einfachen Referendums durch die Regierung beziehungsweise eine qualifizierte Parlamentsmehrheit anberaumt werden. Auch das obligatorische Referendum ließe sich in diese zweite Kategorie subsumieren, das heißt Referenden, die verfassungs- oder vertragsrechtlich zwingend vorgeschrieben sind.

gering zu halten. Für die Kampagnen sind in beiden Fällen sodann öffentlich wahrnehmbare Fürsprecher und Unterstützer für die unterschiedlichen zur Abstimmung stehenden Positionen erforderlich.

Voraussetzung für die Anberaumung von Referenden wie auch für die Kampagnenführung wäre damit ein leistungsfähiges europäisches beziehungsweise europäisiertes intermediäres System, das effektiv Interessenorganisationen, zivilgesellschaftliche Strukturen und Öffentlichkeiten einbindet und mit den politischen Institutionen in Dialog bringt. Nur dann können emotionalisierende, zum Teil manipulierende Einflussnahmen (durch die Gegner wie auch durch die Befürworter) minimiert und nur dann kann eine sachgemäße öffentliche Diskussion des Entscheidungsgegenstandes gewährleistet werden. Dieses intermediäre System ist aber auf europäischer Ebene so nicht vorhanden – und ebenso wenig eine Öffentlichkeitssphäre als Arena für die argumentative Auseinandersetzung.[58]

Gleichermaßen problematisch zeigt sich hier das Fehlen einer gemeinsamen europäischen politischen Identität, da die Akzeptanz direktdemokratisch getroffener Entscheidungen eine stark durch Loyalität und Solidarität geprägte Gemeinschaft der Europäer voraussetzt.[59] Denn egal wie hoch die Schwellenwerte für eine beschlussfähige Mehrheit sind: Auch Referenden produzieren stets ein Gewinner- und ein Verliererlager.[60] Dies trifft auf Initiativverfahren ebenso zu wie auf Widerspruchsreferenden. Bei Letzteren möge man zwar einwenden, dass die Konfliktintensität angesichts ihrer Status-quo-Orientierung tendenziell niedriger ausfällt. Doch ändert dies nichts an dem Umstand, dass auch sie gesellschaftliche Spannungen entlang des Entscheidungsgegenstandes hervorrufen. Unabhängig davon ob Initiativen oder Widerspruchsreferenden: Die Herausforderung bleibt in beiden Fällen dieselbe, da im Gegensatz zu repräsentativ-demokratischen Entscheidungen der moderierende Faktor entfällt. Repräsentationssysteme zeichnet nämlich aus, dass es den gewählten Volksvertretern im Idealfall obliegt, auch die unterlegenen Minderheiten einzubeziehen, und insgesamt einen rationalen, sachorientierten Diskurs zu befördern.[61] Referenden stellen im Vergleich dazu majoritäre Entscheidungsinstrumente par excellence dar,[62] deren Nullsummencharakter für die extrem heterogene EU unangemessen erscheint. Hier offenbart sich der wesentliche Unterschied zwischen der Schweiz und

58 Vgl. statt vieler Kalina 2017, Heidbreder et al. 2019 und Leiße 2020.

59 Zum Identitäts- und Gleichheitserfordernis für die Legitimationskraft direktdemokratischer Entscheidungen vgl. im Allgemeinen Merkel/Ritzi 2017a: 235–238.

60 Vgl. klassisch Sartori 1992: 127

61 Vgl. unter anderem Hornig 2016.

62 Vgl. Sartori 1992: 127.

der EU: Wo Erstere längst eine »Willensnation«[63] mit vielfältigen Ausgleichsmomenten jenseits des politischen Konflikts ist, muss in der Letzteren die nötige Wir-Identität – und damit die soziostrukturelle Grundlage – erst noch erwachsen. Das Gleiche gilt hinsichtlich einer grenzüberschreitend konsonanten politischen Kultur, die Erwartungshaltungen und Deutungsmuster miteinander in Einklang bringt.

Eine europäische Referendumsdemokratie kann diese Defizite nicht kompensieren. Sie drohte vielmehr zu einer konfliktmaximierenden Struktur zu avancieren, als dass sie den vielfach erhofften Ausweg aus dem Demokratiedilemma vorzeichnete. Dennoch gilt es die Frage zu klären, inwiefern ein (verstärkter) Rückgriff auf einzelne direktdemokratische Instrumente zumindest punktuell einen Mehrwert in die Legitimationsbilanz der EU-Governance einbringen würde.

3.2.2 These 2 auf dem Prüftstand

Referenden begünstigen die Bürgerbeteiligung und führen insgesamt zu einem höheren Grad der Legitimität europäischer Politik.

Die Legitimation politischer Ordnungen lässt sich grundsätzlich an drei Dimensionen festmachen:

- an der Input-Legitimation, also an den Möglichkeiten und der Qualität der Bürgerbeteiligung;
- an der Output-Legitimation, sprich an der Leistungs- und Problemlösungsfähigkeit des politischen Systems; sowie
- an der sozialen Legitimation, das heißt an dem gesellschaftlichen Integrationsgrad einschließlich der Loyalität gegenüber der politischen Ordnung.[64]

Dabei gilt: Ist eine der Dimensionen schwächer ausgeprägt, müssen dies die anderen kompensieren.[65] Mit Bezug auf die EU ist deutlich geworden, dass der gegenwärtige gesellschaftliche Integrationsgrad kaum Legitimationskraft

63 Renan 1887: 298f. Dennoch zeigt sich auch in der eidgenössischen Praxis, dass trotz des hohen gesellschaftlichen Integrationsgrads bei etlichen relevanten Entscheidungen, etwa über die Schweizer Europapolitik, der sogenannte Röstigraben das Land entlang der deutsch-französischen Sprachengrenze spaltet (vgl. auch Schmidt 2019: 363).

64 Die konzeptionelle Auffächerung der Legitimation in drei operationalisierbare Stränge liegt etwa der frühen demokratietheoretischen Arbeit von Fritz W. Scharpf (1970) zugrunde. Für eine überzeugende Analyse der Legitimationsqualität und -anforderungen der EU-Governance mittels eines vergleichbaren Konzepts vgl. Höreth 1999 sowie Scharpf 2005.

65 Marcus Höreth spricht in diesem Kontext von einem »Legitimationstrilemma« (vgl. Höreth 1999).

zu entfalten vermag. Insofern rücken für die weitere Untersuchung die ersten beiden Dimensionen in den Vordergrund.

3.2.2.1 Referenden und Input-Legitimation

Wie würden sich europäische Referenden auf die Input-Legitimität auswirken? Zuerst steigern sie diese, da sie vordergründig neue, zusätzliche Beteiligungskanäle darstellen. Diese Tatsache mag zwar einen gewissen Placeboeffekt entfalten. Faktisch aber bedeuten mehr Kanäle nicht automatisch mehr Partizipation und mehr Beteiligungsqualität.[66] So lässt bereits ein Blick auf die verhaltene Wahlbeteiligung bei Europawahlen vermuten, dass auch europäische Volksabstimmungen nicht übermäßig mobilisieren würden. Denn die Empirie zeigt, dass in fast allen Ländern Europas die Beteiligung bei nationalen Volksabstimmungen deutlich unter dem Wert für nationale Parlamentswahlen liegt.[67] Auch die Schweiz selbst, in der sich die Stimmbeteiligung langfristig zwischen 30 und 50 Prozent eingependelt hat, scheint hier ein ernüchternder Indikator zu sein.[68] Die legitimationstheoretische Problematik niedriger Beteiligungsraten verschärft sich noch dadurch, dass das abstimmende Teilvolk in der Praxis eine soziostrukturell verzerrte Wählerschaft ist.[69]

Würden unter diesen Vorzeichen in der EU vermehrt allgemeinverbindliche Entscheidungen auf dem plebiszitären Weg getroffen, könnten sie für sich nur schwer den nötigen Legitimationskredit reklamieren. Volksabstimmungen würden (abhängig von der Höhe des Quorums und der Wahlbeteiligung) auch relativ kleine, nach spezifischen Interessen ad hoc organisierte Gruppen befähigen, Richtungsentscheidungen zu treffen beziehungsweise Entscheidungen europäischer Organe zu unterbinden, sähen sie eigene Belange von hoher Intensität verletzt.[70] So gilt bereits bei den bislang vereinzelt abgehaltenen EU-Referenden, dass die individuelle Beteiligungswahrscheinlichkeit stark mit sozioökonomischen und -demografischen Merkmalen korreliert: je ausgeprägter die Interessenlage und

66 Vgl. unter anderem Lacy/Niou 2000 sowie Schmidt 2003: 121.

67 Vgl. Merkel/Ritzi 2017b: 25–30.

68 Zur Stimmbeteiligung über Zeitverlauf vgl. Schmidt 2019: 361; im Detail die Daten des Schweizer Bundesamtes für Statistik 2020.

69 Vgl. allgemein zu diesem Phänomen Merkel/Ritzi 2017b: 26. Für die Schweiz weist Hanspeter Kriesi diesen Befund nach (vgl. Kriesi 2007).

70 Vgl. unter anderem Hurrelmann 2003: 686.

je höher der Status, desto wahrscheinlicher auch die Partizipation.[71] Der Ausbau des direktdemokratischen Beteiligungskanals würde dadurch vermehrt Situationen hervorrufen, die von Bürgern als Gefangennahme durch interessierte, oft sozial privilegierte Minderheiten wahrgenommen würden. Diese stießen umso weniger auf Akzeptanz, wenn man die im EU-Kontext unzureichende Identität, Loyalität und Solidarität in die Rechnung aufnimmt. Die Einführung einer europäischen Referendumsdemokratie wirkte aus dieser Perspektive mehr desillusionierend, als dass sie zusätzliche Legitimation stiftete.

Legitimationsschaffend könnte sich allenfalls die sichtbare »Bremsfunktion« von Widerspruchsreferenden erweisen, da angesichts der Vetomöglichkeit blockadefähige Minderheitspositionen gesichert würden: vor allem, wenn es sich dabei um einzelne Mitgliedstaaten als »Herren der Verträge«[72] handelt.[73] In der Ausnahmesituation von grundsätzlichen Vertragsänderungen, also der verfassungsrechtlichen »Neugründung« der EU, mag ein solches Vetorecht jedes Mitgliedstaates begründet sein. Die alltagspolitische Anwendung von Referenden hingegen würde neues Spaltungspotenzial schaffen – entlang nationalstaatlicher Grenzen und ebenso innerhalb einzelner nationaler Gesellschaften. Dies trifft gerade auf politische Ordnungen zu, in denen direktdemokratische Verfahren nicht zum gewohnten, in der politischen Kultur und Praxis verankertem Beteiligungsrepertoire gehören. Erahnen lassen dies die Auswirkungen des Brexit-Votums, das angesichts seines polarisierenden Ergebnisses neue, alte Gräben zwischen Jung und Alt und zwischen den unterschiedlichen Regionen des Königreichs aufgerissen hat.[74]

Um Referenden gemeinschaftsverträglicher zu gestalten, kommt die Justierung entlang zweier Stellschrauben infrage. Erstens – insbesondere in Fällen, in denen es grundsätzlich auf die Zustimmung aller Mitgliedstaaten ankäme – ließen sich die Risiken von Politikblockaden und/oder Polarisierung entlang nationalstaatlicher Grenzen dadurch verringern, dass man den »blockierenden« Staaten die Möglichkeit eines Opt-out zugestehen würde. Das heißt: Staaten, deren Bürgerschaft sich im Plebiszit gegen eine

71 Vgl. dazu die Analyse von Lichteblau/Steinke 2017: besonders 204–206. Alleine die Brexit-Abstimmung stellt eine Ausnahme dar, da ihr Ergebnis »Ausdruck der Meinungen jenes Teils der Bevölkerung [war], der ungebildeter, älter, einkommensschwächer und weniger kosmopolitisch ausgerichtet ist als die Befürworter eines Verbleibs in der EU« (Lichteblau/Steinke 2017: 217). Dennoch ändert die hier umgekehrte Polung nichts an dem Spaltungseffekt des Votums.

72 So BVerfGE 89, 155, 190.

73 Vgl. auch Kranenpohl 2007: 607.

74 Vgl. unter anderem Ford/Goodwin 2017.

Vorlage ausspricht, müssten diese Regelungen nicht automatisch umsetzen; umgekehrt würden sie aber der Implementierung der neuen Norm durch die Mehrheit der Mitgliedstaaten nicht im Wege stehen. Zweitens – und alternativ – könnten die Schwellenwerte für die Annahme der Vorlage so angepasst werden, dass zugleich das Veto kleinster Minderheiten verhindert, dennoch aber Minderheitspositionen geschützt wären. Ähnlich wie in der Schweiz ließe sich in der EU mit der Kombination aus einem »Stimmenmehr« und einem »Staatenmehr« verfahren.[75] Das heißt für die Verbindlichkeit eines unionsweiten Referendumsergebnisses wären sowohl eine qualifizierte Mehrheit der abstimmenden Unionsbürger (unabhängig von ihrer Nationalität) als auch eine qualifizierte Mehrheit der Mitgliedstaaten (gemäß ihres jeweiligen nationalen Abstimmungsergebnisses) erforderlich. Zusätzlich könnte man auch hier einzelnen Mitgliedstaaten, denen sonst eine Majorisierung durch ein anderslautendes Abstimmungsergebnis des Staatenmehrs drohte, die (an gewisse Voraussetzungen zu bindende) Möglichkeit eines Opt-out einräumen.

Beide Ansatzpunkte würden allerdings nur Nuancen verändern, nicht aber das Legitimationsproblem als solches lösen. Was die Schwellenwerte von Stimmen- und das Staatenmehr anbelangt, ließe sich durch ihre Feinjustierung zwar die Gewichtung innerhalb des Gewinner-Verlierer-Verhältnisses beeinflussen. Sie änderte allerdings nichts an der grundsätzlichen Existenz beider entgegengesetzter Lager, die – wie oben argumentiert – unter direktdemokratischen Bedingungen ungleich stärker desintegrativ wirkt als im repräsentativ-demokratischen Rahmen. Die Opt-out-Möglichkeit wiederum trägt zwar dazu bei, offene Auseinandersetzungen zwischen einzelnen EU-Mitgliedstaaten bis hin zu einer Blockade der EU zu verhindern. Zugleich aber würde sie die differenzierte Integration ad extremum treiben.[76] Der europäische Rechtsraum wäre dadurch je nach Politikfeld in unterschiedlich zusammengesetzte Staatenkoalitionen zerklüftet. Folge wäre, dass das bislang vorherrschende Leitbild einer einheitlichen europäischen politischen Ordnung durch ein Netzwerks unterschiedlich stark europäisierter Nationalstaaten abgelöst würde.[77] Insofern würde eine verstärkte bürgerliche Partizipation tendenziell zu einer Zerfaserung der EU führen beziehungsweise

75 Die in der Schweiz verwandten Termini lauten »Volksmehr »(für die Mehrheit der gültig abstimmenden Bürger) und »Ständemehr« (für die Mehrheit der Kantone). Für einen analogen Vorschlag für die EU vgl. unter anderem Feld/Kirchgässner 2003: 13f.; zu den Legitimationsaspekten der Quorumsfrage siehe allgemein Merkel/Ritzi 2017b: 19–23.

76 Zum Modell der differenzierten Integration vgl. Stubb 1996 sowie detailliert Leuffen/Rittberger/Schimmelfennig 2013.

77 Vgl. Kalina 2018: 461.

diese potenzieren – und damit die gesellschaftliche Desintegration mehr vorantreiben, als dass sie sie überbrückte.[78]

3.2.2.2 Referenden und Output-Legitimation

Mithin rückt die Output-Legitimation in den Vordergrund und damit die auch bisher mit Abstand wichtigste Legitimationsquelle der Europäischen Union. Denn mangels einer mit den Nationalstaaten vergleichbaren Input-Legitimation und mangels einer belastbaren europäischen Solidarität generiert die EU ihre gesellschaftliche Anerkennung vor allem durch ihre Leistungs- und Problemlösungsfähigkeit.[79] Damit aber eine effektive Steuerungsfunktion auch in einer Referendumsdemokratie aufrechterhalten bleibt, muss auch hier die Blockadeanfälligkeit infolge von Widerspruchsreferenden entschärft werden. Blockaden dürfen nur das äußerste Mittel darstellen.

In der Eidgenossenschaft wird dies durch institutionelle Arrangements der pluralistischen Konkordanzdemokratie gewährleistet.[80] Relevante Akteure – wie politische Parteien, kantonale Eliten, der Verwaltungsapparat sowie Vertreter der organisierten Interessen und der Zivilgesellschaft – bilden ein Verhandlungsforum, in dem bereits mit der Initiierung des Plebiszits »referendumsfeste« Vereinbarungen getroffen werden (etwa in Gestalt der sogenannten Vernehmlassung).[81] Dadurch werden die Risiken von potenziellen Vetos in der eigentlichen Abstimmung reduziert – sei es, dass die verfassungsrechtlich gegebene Option eines fakultativen Referendums überhaupt nicht wahrgenommen wird; sei es, dass dadurch bereits früh breite Allianzen für das Plebiszit geschmiedet werden. Doch selbst wenn man die zu entscheidenden Sachverhalte nicht »referendumsfest« macht, bedarf es für die alleinige Anberaumung des Referendums (erster) Abstimmungsgrundlagen, die ihrerseits auf Ergebnissen konkordanzdemokratischer Verfahren bauen. In beiden Fällen leben diese Verfahren weitgehend von Eingaben seitens der politischen Eliten und vor allem seitens des intermediären Systems mit seinen vielfältigen, organisations- und finanzstarken Akteuren.[82] Nur dann sind sie in der Lage, breit zu mobilisieren und letztlich nachvollziehbare und daher legitimationsfähige Outputs zu liefern. In der EU aber mangelt

78 Zu den Wechselwirkungen von differenzierter Integration und gesellschaftlicher Desintegration vgl. Kalina 2009: 197–203.

79 Vgl. statt vieler Scharpf 2005.

80 Vgl. Neidhardt 1970, Neidhardt 1988, Lehmbruch 1993: 45, Vatter 2000, Vatter 2007: besonders 81f.

81 Vgl. dazu ausführlich Neidhart 1970 sowie konzis Benz 2005: 263.

82 Vgl. auch Merkel/Ritzi 2017b: 31f.

es den Funktionseliten an der nötigen Legitimationskraft und die essenzielle intermediäre Struktur – zumal mit ihrer engen Anbindung an die Bürgerschaft – ist weder gegeben noch mittelfristig absehbar.[83]

Die europäische Entscheidungsfindung würde vielmehr zu einem unkalkulierbaren »Referendumsroulette« avancieren, das eine gestalterische, konzeptorientierte Politik verunmöglichte. Zugleich würde dieses »Glücksspiel« zu einer weiteren Desintegration beitragen, weil sich die Bevölkerungsmehrheit in der Union langfristig kaum mit der Beeinträchtigung aktiven Regierens durch – gut organisierte, mitunter populistisch verführte – Minderheiten (die Mehrheiten im jeweiligen nationalen Rahmen darstellen können) abfinden würde. Denn solange nicht ein Mindestmaß an politischer Identität und solidarischer Gesinnung in die Bilanz eingepreist werden kann, misst sich der Legitimationsgrad vor allem am wahrgenommenen Grad des Outputs. Erscheint dieser beliebig beziehungsweise unterhalb des Erwartungsniveaus, sinken die Akzeptanzwerte der politischen Ordnung. Und auch eventuelle Opt-out-Möglichkeiten wirkten unter Performanzaspekten eher ambivalent: Einerseits verringerten sie die Blockadeanfälligkeit der EU-Governance; andererseits beförderten sie die Erosion des europäischen Rechts- und Kompetenzraums und erhöhten damit den Komplexitätsgrad und mit ihm die Transaktionskosten europäischen Regierens.

3.2.2.3 Allgemeine Fallstricke von Referenden

Verstärkt würden die Auswirkungen des »Referendumsroulettes« durch die allgemeinen Risiken und Nebenwirkungen von Volksabstimmungen.

Das ist erstens die Tendenz zur undifferenzierten Volkswillensbildung. Denn schon bei Referenden im nationalen Rahmen gilt, dass der Einzelne, indem er »unter Bedingungen einer Massenöffentlichkeit gleichsam kommunikativ isoliert wird, […] eine Stütze für seine Meinung nicht in Argumenten, sondern in der Autorität der möglichst großen Zahl« sucht.[84] Zudem zeigt sich, dass Präferenzen der Bürger oft durch Informationsdefizite, Denkfaulheit, desorientierte beziehungsweise desorientierende Medien oder Populismus und Demagogie geprägt sind.[85] Als Korrektive dienen hier eine funktionierende Öffentlichkeit und das etablierte, ausdifferenzierte intermediäre System, da sie die notwendigen Rahmenbedingungen und Anreize für einen breiten Meinungsaustausch schaffen. Im Kontext der EU aber

83 Ähnlich auch Heidbreder et al. 2019: besonders 373f., 377f.

84 Schmalz-Bruns 2002: 274.

85 Vgl. auch Scharpf 2005: 709.

würden die Risiken durch das soziostrukturelle Defizit potenziert: infolge des Fehlens einer entsprechenden Öffentlichkeit, infolge des vorhandenen Unwissens und Desinteresses an europäischer Politik – und dadurch infolge einer ungleich höheren Anfälligkeit für Volksverführung und Manipulation.

Faktisch heißt dies, dass europäische Referenden, ähnlich wie man es bei den Wahlen zum Europäischen Parlament beobachten kann, weniger eine sachorientierte, europäische Präferenz offenbaren würden. Viel wahrscheinlicher erlägen sie Einflüssen, die außerhalb der eigentlich zur Abstimmung stehenden Frage liegen.[86] Sie würden Tür und Tor für eine sachfremde Instrumentalisierung öffnen: einerseits als Mittel einer generellen Abstimmung über das jeweilige nationale Regierungshandeln;[87] andererseits – wenn sich dennoch der europäische Bezug durchsetzen sollte – als ein Votum über die Union als Ganzes, weniger aber über die konkrete, zu entscheidende Materie.[88] Das Brexit-Referendum verdeutlicht diese Fallstricke: Angefangen bei der opportunistischen Anberaumung über die bewusst falschen Versprechungen in der Kampagne und Bürger, die in großen Teilen offenbar keine Vorstellung hatten, worüber sie überhaupt abstimmten, bis zur Katerstimmung nach der Auszählung, einschließlich der dadurch erneuerten und verstärkten Konfliktlinien in der Gesellschaft.[89] Und im Gegensatz zur EU ist Großbritannien ein integrierter Nationalstaat.

Zweitens würde das »Referendumsroulette« einer strategischen, gemeinwohlorientierten Politikentwicklung entgegenwirken. Denn Referenden begünstigen situative, isolierte Entscheidungen, die jeweils für sich alleine stehen und nicht einer konsistenten, aufeinander abgestimmten Linie eines Wahl- oder Regierungsprogramms folgen.[90] Da zudem Bürger als atomisierte Individuen entscheiden, entfallen Gelegenheitsstrukturen für Aushandlungsprozesse, Absprachen und Kompromissfindung, welche in repräsentativen

86 Diese Annahme stützt der im Kontext der Europawahlen von Karlheinz Reif und Hermann Schmitt entwickelte Ansatz der »Second-order Elections« (vgl. Reif/Schmitt 1980), demzufolge die Bürger die Relevanz von EU-Abstimmungen unterschätzen und sich daher bei ihrer Stimmabgabe mehr von nationalen und sachfremden Themen und Befindlichkeiten verleiten lassen, als dass sie über den tatsächlichen Gegenstand votierten (vgl. auch Hobolt 2006: besonders 154f., 160 sowie Lichteblau/Steinke 2017: 206–208).

87 So schreibt Simon Hug dem ehemaligen französischen Präsidenten François Mitterand die Feststellung zu, dass auch wenn man in einem Referendum eine spezifische Frage stellt, man immer die Antwort auf eine ganz andere Frage erhalten werde (Hug 2005: 411). Diese Erfahrung hat dann »europapolitisch« sein Nachfolger Jacques Chirac anlässlich des von ihm 2005 anberaumten Referendums über den Verfassungsvertrag für Europa mit bekanntem Ergebnis machen müssen (vgl. Schild 2005).

88 Vgl. Glencross/Trechsel 2011: 755.

89 Vgl. Decker 2018a: 233, Geppert 2017: 124 sowie die Beiträge in Koller/Kopf/Miglbauer 2019.

90 Vgl. dazu mit Blick auf die Schweiz Schmidt 2019: 362f.

Systemen als Momente der Gemeinwohlorientierung dienen.[91] Ebenso erübrigt sich das für parlamentarische Gremien charakteristische »Gesetz des Wiedersehens«[92], welches die sich immer wieder begegnenden politischen Akteure schon aus egoistisch-rationalen Motiven zum verantwortlichen und insgesamt kompromissorientierten Handeln veranlasst.[93] Und weil es schließlich kaum eine kollektive Identität in Europa gibt, gilt hier mehr als anderswo das Prinzip »Unterm Strich zähl' ich«. Verantwortlich für das Ergebnis ist letztendlich keiner, denn wenn alle entscheiden, verschwimmt jede politische Verantwortlichkeit.[94] Die Europäische Union drohte unter den Vorzeichen einer Referendumsdemokratie eher ins Anarchische abzudriften, als dass sie an Legitimität hinzugewinnen würde.

Als Instrument zum effizienten, problemorientierten Regieren taugen Referenden allenfalls bedingt. Vielmehr gewönne mit ihnen die »unsichtbare Hand« bestimmter, gut organisierbarer Interessen unverhältnismäßig an Gestaltungs- und Durchsetzungsmacht. Ein Gemeinwesen jenseits nationalstaatlicher Grenzen lässt sich auf diese Weise kaum steuern und verwalten.

3.2.3 These 3 auf dem Prüfstand

Referenden dienen als Impulse eines europabezogenen politischen Diskurses, führen dadurch zur Europäisierung nationaler Öffentlichkeiten und entfalten auf diese Weise gemeinschaftsbildendes Potenzial.

Diese These folgt dem Motto: Was nicht ist, kann noch werden. So zeigt die Empirie, dass Referenden durchaus zusätzliche Aufmerksamkeitsimpulse geben und als öffentlichkeitsunterstützende Maßnahmen verstanden werden können.[95] Ob sie dabei gemeinschaftsbildend wirken, ist allerdings kontingent. Denn die geschaffene Öffentlichkeit kann sowohl integrierend als auch desintegrierend wirken.

Die identitätsstiftende Wirkung von Referenden ist nämlich davon abhängig, ob sie es vermögen, einen sachbezogenen, differenzierten Diskurs anzustoßen. Denn nur dann werden in den unterschiedlichen Lagern Gemeinsamkeiten über die nationalen Grenzen auch ersichtlich und dadurch gemeinschaftsreflektierende, im Idealfall gemeinschaftsbildende Prozesse eingeleitet. Lösen

91 Vgl. auch Trechsel 2005: 409.

92 Luhmann 1969: 75.

93 Vgl. auch Merkel/Ritzi 2017b: 41.

94 Vgl. statt vieler Münch 2018: 31.

95 Vgl. unter anderem Schmidt 2003.

hingegen Referenden einen emotionalisierten, ideologisch aufgeladenen und inhaltlich diffusen Diskurs aus, führen sie letztlich zur (weiteren) Polarisierung der Gesellschaft beziehungsweise der Gesellschaften. Öffentlicher Austausch von Argumenten, zumal wenn er um ein gemeinsames Anliegen kursiert, verdeutlicht letztlich Verbundenheit. Glaubenssätze hingegen lassen keinen Ausgleich zu und verhärten vielmehr Spaltungen.[96] Auch diese Fallstricke werden an dem Brexit-Votum offensichtlich: Im Vorfeld der Abstimmung wurden öffentlichkeitswirksam vorwiegend emotionale Debatten geführt, sachliche Argumente aber verhallten.[97] Erst das (unerwartete) Ergebnis führte dazu, dass – auch und vor allem außerhalb der britischen Inseln – eine differenzierte, öffentliche Diskussion über Sinn und Relevanz der europäischen Integration geführt und dabei europäische Gemeinsamkeiten hervorgehoben wurden. Allerdings geschah dies sprichwörtlich um fünf nach zwölf: Nachdem das Referendum die Desintegration faktisch in Gang gesetzt hat.

Zieht man ein Zwischenfazit: Referenden schaffen grundsätzlich Öffentlichkeit. Öffentlichkeit schafft aber nicht automatisch Gesellschaften.

4. Was tun? Empfehlungen in Bezug auf Referenden in der EU

Die Analyse zeigt, dass Referenden kein Allheilmittel in Bezug auf das europäische Demokratiedilemma sind, im Gegenteil: Sie bergen ein nicht zu unterschätzendes Gefahrenpotenzial. Die für ihre legitimierende Wirkung erforderlichen Bedingungen – sprich eine europäische Wir-Identität und Loyalität, ein ausgebildetes intermediäres System und eine europäisierte Öffentlichkeit – sind bis heute allenfalls in Ansätzen vorhanden und werden auch in der näheren Zukunft kaum zu verwirklichen sein.[98] Das trifft auf die EU als Ganzes zu. Das trifft aber auch auf europapolitische Referenden im Rahmen von Nationalstaaten zu, in denen direktdemokratische Instrumente nicht zum Standardrepertoire der politischen Entscheidungsfindung gehören und entsprechend auch nicht in der politischen Kultur verankert sind.

Dennoch stellen Volksabstimmungen im europäischen Rahmen eine erwägenswerte Ergänzung der bestehenden institutionellen Infrastruktur der EU dar. Ihr Potenzial liegt darin, dass sie an den Kernaspekten des europäischen Demokratiedilemmas ansetzen. So erweitern sie grundsätzlich die Möglichkeiten für Bürgerpartizipation. Zugleich schaffen sie neue Anreize für die

96 Vgl. dazu auch Hirschi 2020: 8–11.

97 Vgl. Clark/Goodwin/Whiteley 2017 sowie Koller/Kopf/Miglbauer 2019.

98 Vgl. erneut statt vieler Leiße 2020, Kaina 2018: 344–349 sowie Trenz 2018.

öffentliche Debatte europäischer Themen und regen dabei zur Profilierung unterschiedlicher politischer Standpunkte, Konzepte und Problemlösungsansätze an – wenn sie gezielt und wohldosiert eingesetzt würden.

Erste Voraussetzung für die europäisierende Wirkung von Volksabstimmungen ist ihr lediglich punktueller Einsatz sowie eine ausreichende Bedeutung der zur Abstimmung stehenden Frage. Nur dann werden sie eine anhaltend hohe Aufmerksamkeit erzeugen. Damit sie aber nicht wie beim Brexit ins Belieben einzelner politischer Akteure gestellt würden, müsste ihre Ausrufung mit anspruchsvollen Hürden einhergehen – in dem Sinne, dass es für die Anberaumung eines Plebiszits eines großen überparteilichen Konsenses bedarf (etwa in Form einer parlamentarischen Zweidrittelmehrheit).[99] Das Gleiche gilt auch hinsichtlich der Zulassung von bottom-up angestoßenen Referenden und Initiativen, wo anspruchsvolle Hürden sicherstellen sollten, dass die Instrumente nicht allzu inflationär eingesetzt würden. In diesem Kontext ist die durch den Lissabonner Vertrag eingeführte Europäische Bürgerinitiative, mittels der die Unionsbürger mit mindestens einer Million Unterschriften die Europäische Kommission zu einer Normsetzung beauftragen können (Artikel 11 Absatz 4 EUV und Artikel 24 Absatz 1 AEUV), ein vernünftiger Schritt.

Zweitens sollten Referenden auf einzelne spezifische Sachverhalte, Maßnahmen oder Projekte – mit konkreten Alternativvorschlägen – beschränkt bleiben und nicht auf die Abstimmung ganzer Reformpakete ausgerichtet werden. Das Gleiche gilt für Volksentscheide zu komplexen politischen Materien, deren Zusammenhänge und Wechselwirkungen von Laien kaum überblickt werden können.[100] Auch eine direktdemokratische Abstimmung über einen möglichen Austritt aus der Union wie beim Brexit sollte eine absolute Ausnahme darstellen. Denn nur im ersteren Fall ist es auch wahrscheinlich, dass Plebiszite sachbezogene Debatten anregen. In den letzteren würden sie eher einen diffusen Charakter haben und wären dafür anfällig, Emotionen, Motivationen und Einflüssen zu unterliegen, die außerhalb der eigentlich zu regelnden Fragen stehen.[101] Die Herausforderung besteht (wie skizziert) darin, durch die zu entscheidende Materie hinreichend zu mobili-

---

99 Zur Gefahr des manipulativen Einsatzes direktdemokratischer Instrumente durch politische Eliten im Allgemeinen vgl. unter anderem Patzelt 2018: besonders 60.

100 Vgl. auch Scharpf 1998: 164 sowie Merkel/Ritzi 2017b: 26–28.

101 Damit könnten Referenden einerseits auf einzelne konstitutionelle Aspekte im Rahmen der (großen) Vertrags- und Verfassungsfragen der EU konzentriert werden: etwa auf die Entscheidung bezüglich konkreter Kompetenzverlagerungen, aber auch auf spezifische Fragen, wie etwa diejenige nach der Schaffung eines europäischen Außen- oder Finanzministers. Andererseits könnten sie auf die Bestimmung grundsätzlicher politischer Linien orientiert sein, wobei nach Möglichkeit die Schwerpunkte auf sozioökonomische Inhalte zu legen wären.

sieren, zugleich aber die Sachrationalität der Diskurse zu gewährleisten. Dies ist Voraussetzung für eine zunehmende Politisierung europäischer Politik, die als Grundbedingung demokratischer Legitimität gilt.[102] Denn politische Sachkonflikte schärfen das allgemeine Bewusstsein dafür, »dass ungeachtet aller Unterschiede der Position und der daraus resultierenden Vielfalt der Aspekte es doch offenkundig ist, dass alle mit demselben Gegenstand befasst sind.«[103] Sie sind damit auch Grundvoraussetzung dafür, dass Referenden neben der alleinigen Entscheidung integrative Impulse entfalten können.

Drittens und damit zusammenhängend sollte die direktdemokratische Komponente der EU-Governance vor allem auf unionsweiten Referenden mit einem einheitlichen Abstimmungsdatum gründen und nicht auf (asynchronen) nationalen Europareferenden (was nicht heißen soll, dass nicht auch die nationalen Ergebnisse im Sinne des Staatenmehr relevant wären). Denn erst der gesamteuropäische Charakter und die Gleichzeitigkeit des Urnengangs würden einen Anreiz zur grenzüberschreitenden Kommunikation und damit zu einer Europäisierung der nationalen Öffentlichkeiten geben. Im Konkreten führten sie dazu, dass sich die Abstimmungsmotive der Bürger am ehesten von nationalen sachfremden Einflüssen und Taktieren loslösen ließen. Zugleich würde die konsequente Hinwendung weg von nationalen EU-Referenden hin zu EU-weiten Volksabstimmungen die gegenwärtige Schieflage beheben. Denn aus legitimationstheoretischer Perspektive ist etwa im Falle der irischen Referenden zum Lissabonner Vertrag weniger problematisch, dass eine Minderheit (sprich die Iren) eine Reform verhindern kann, sondern vielmehr der Umstand, dass diese Möglichkeit nicht allen relevanten Minderheiten (sprich allen mitgliedstaatlichen Bevölkerungen) offen steht.[104]

Viertens und schließlich muss eine Balance gefunden werden, damit europäische Referenden weder zum strukturellen Blockadeinstrument europäischer Politik avancieren, noch zu einer Situation der ständigen Majorisierung von Minderheiten führen. Dazu bedarf es zum einen der Abkehr von der Einstimmigkeit hin zur qualifizierten Mehrheit, die sowohl hinsichtlich des erforderlichen unionsweiten Stimmenmehrs, als auch hinsichtlich dessen Verteilung auf die Mitgliedstaaten (Staatenmehr) definiert werden muss. Zum anderen muss damit einhergehend die grundsätzliche Opt-out-Möglichkeit neu austariert werden, die einerseits gegenüber dem Status quo flexibler wäre, andererseits aber nicht in eine Zerfaserung der Union münden dürfte.

---

102 Vgl. dazu Rauh/Zürn 2014, Zürn 2006 sowie ausführlich Kalina 2009: 311–386.

103 Arendt 1960: 57.

104 Vgl. im Allgemeinen unter anderem Dahl 1970: 64; für die EU-Perspektive auch Auer 2004: 580.

Unter Berücksichtigung dieser vier Aspekte erschiene die primärrechtliche Festschreibung einer genuin europäischen Referendumsoption mit den herausfordernden soziostrukturellen Gegebenheiten durchaus vereinbar. Sie wäre Grundlage dafür, dass Unionsbürger den politischen Prozess im europäischen Mehrebenensystem stärker als heute beeinflussen könnten, ohne diesen zu überschatten oder gar zu torpedieren.[105] Eine ausgeprägte Referendumsdemokratie im eidgenössischen Sinne entbehrte hingegen im Kontext der EU sowohl der gesellschaftlichen wie auch der systemischen Voraussetzungen.

5. Referenden: Kein Ersatz für verantwortungsvolle Europapolitik

Referenden mögen – mehr oder minder berechtigt – einen gewissen Reiz entfalten. Doch die schwelende europäische Legitimitätskrise lässt sich nicht dadurch bewältigen, dass man europäischen Institutionen (oder im Falle des Brexit: nationalen Regierungen) Verantwortung entzieht und sie an (Unions-)Bürger delegiert.

Die theoretischen Potenziale von direktdemokratischen Instrumenten im Unionskontext verflüchtigen sich letztlich am gleichen Faktor, der sich maßgeblich für das Demokratiedilemma der gegenwärtigen EU-Governance verantwortlich zeigt: am niedrigen gesellschaftlichen Integrationsgrad jenseits nationaler Grenzen, einhergehend mit einer kaum europäisierten Öffentlichkeit und einem nur in Ansätzen ausgebildeten europäischen intermediären System. Die konsequente Hinwendung zu einer europäischen Referendumsdemokratie erweiterte zwar auf dem Papier die Beteiligungsmöglichkeiten der Bürger. Zugleich aber würde sie unter den aktuellen Bedingungen neue gesellschaftliche Desintegrationsmomente hervorrufen und insgesamt zu einem Verlust der Entscheidungseffizienz des europäischen Mehrebenensystems gegenüber dem Status quo führen. Dabei offenbarte sich ein weiteres Problem: Wenn Referenden nicht völlig dysfunktional sein sollen, würden sie eher den Konkordanzcharakter und mit ihm die informellen politischen Aushandlungsprozesse stärken.[106] Sie verringerten also die (mehrheits-)demokratische Qualität und verschärften das scheinbare Demokratiedefizit. Unter dem Strich würde sich damit die Kluft zwischen den Erwartungshal-

105 So auch die analogen Erwägungen Deckers hinsichtlich einer möglichen Erweiterung der Volksgesetzgebung auf Länderebene in Deutschland (vgl. Decker 2018b: 650).

106 Vgl. dazu allgemein Hornig 2016: besonders 286.

tungen der (Unions-)Bürger und der Leistungsfähigkeit europäischer Politik ceteris paribus weiter vertiefen. In der Terminologie der Legitimationstrias ausgedrückt: Europäische Referenden würden die Input-Legitimation der Union begünstigen, gleichzeitig aber die soziale und Output-Legitimation beeinträchtigen.

Es wäre daher vermessen, im Zielbild einer europäischen Referendumsdemokratie eine demokratische Aufwertung der heutigen Governance-Struktur der Union zu suchen – im Sinne einer Patentlösung der schwelenden Legitimationskrise. Europäische beziehungsweise europaweite Referenden werden insofern erst dann einen legitimationstheoretischen Mehrwert erbringen, wenn sich die abstimmenden Bürger als Angehörige eines europäischen Demos verstehen. Erst ein solches Selbstverständnis ist Grundlage für eine informierte und reflektierte Präferenzbildung und damit Voraussetzung für einen differenzierten und verantwortungsvollen Umgang mit dem Instrument des Plebiszits jenseits nationaler Grenzen.[107] Bis dahin käme die Profilierung direktdemokratischer Entscheidungsstrukturen in der EU einem eher bedenklichen Heilmittel mit beträchtlichen Nebenwirkungen gleich,[108] da die Demos-Bildung einen Prozess markiert, der weitgehend noch aussteht.[109]

Gleichwohl kann ein punktueller Rückgriff auf einzelne plebiszitäre Elemente Impulse in die »richtige« Richtung geben, vorausgesetzt sie werden wohldosiert und kontextsensibel eingesetzt. Vor allem aber bedarf es auf dem Weg zu einem europäischen Demos einer verantwortungsvollen Politik seitens der Funktionseliten in Brüssel wie in den Nationalstaaten. Es bedarf einer vorbildlichen politischen Führung und Kommunikation, die auf die Belange der Bürger eingeht und sie von den Notwendigkeiten einzelner europapolitischer Entscheidungen überzeugt. Und es bedarf einer politischen Bildung, die den Sinn und Zweck des Integrationsprojekts aufzeigt; die zur reflektierten, dann gerne auch kritischen Auseinandersetzung mit der EU anregt; die die bereits bestehenden, vielfältigen Beteiligungsmöglichkeiten verdeutlicht und vor allem dazu animiert, diese auch tatsächlich wahrzunehmen. Das wäre auch die nötige Grundlage, auf der man über den Einsatz direktdemokratischer Instrumente nachsinnt – im Wissen um ihre Potenziale und Risiken. Denn um den Bogen zurück zum Brexit zu schlagen, ist das fragwürdige Ergebnis des Referendums weniger das Problem der direkten Demokratie, denn vielmehr des Versagens politischer Eliten. Schon daher

107 Vgl. auch Heidbreder et al. 2019.

108 Hier in Anlehnung an Udo Di Fabio, der in der Direktdemokratie ein »Heilmittel mit Nebenwirkungen« sieht (Di Fabio 1998: 127).

109 Vgl. Kalina 2009 sowie konzis Merkel/Ritzi 2017a: 244f.

gälte es, die Debatte über Volksabstimmungen zu versachlichen – was ihre Dämonisierung, aber auch die an sie herangetragenen Heilserwartungen anbelangt.[110]

Literatur

Abels, Gabriele (2020): Legitimität, Legitimation und das Demokratiedefizit der Europäischen Union, in: Peter Becke / Barbara Lippert (Hg.), Handbuch Europäische Union, Wiesbaden, S. 175–193.

Abromeit, Heidrun (1998): Ein Vorschlag zur Demokratisierung des europäischen Entscheidungssystems, in: Politische Vierteljahresschrift 39 (1/1998), S. 80–90.

Abromeit, Heidrun (2001): Ein Maß für Demokratie. Europäische Demokratien im Vergleich (= Reihe Politikwissenschaft des Instituts für Höhere Studien 76), Wien.

Abromeit, Heidrun (2003): Nutzen und Risiken direktdemokratischer Instrumente, in: Claus Offe (Hg.), Demokratisierung der Demokratie. Diagnosen und Reformvorschläge, Frankfurt/M., S. 95–110.

Alternative für Deutschland (2019): Europawahlprogramm. Programm der Alternative für Deutschland für die Wahl zum 9. Europäischen Parlament 2019, Berlin.

Andreouli, Eleni / Nicholson, Cathy (2018): Brexit and Everyday Politics: An Analysis of Focus Group Data on the EU Referendum, in: Political Psychology 39 (6/2018), S. 1323–1338.

Ansell, Christopher K. / Di Palma, Giuseppe (Hg.) (2004): Restructuring Territoriality. Europe and the United States Compared, Cambridge.

Arendt, Hannah (1960): Vita Activa oder vom tätigen Leben, München [zuerst 1958].

Auer, Andreas (2004): Referenden und europäische Öffentlichkeit. Nationale Volksabstimmungen über die Verfassung für Europa: Erfahrungen, Rechtgrundlagen, Perspektiven, in: Zeitschrift für Staats- und Europawissenschaften 2 (4/2004), S. 580–596.

Bach, Maurizio (2018): Demokratie und Legitimation, in: Maurizio Bach / Barbara Bach-Hönig (Hg.), Europasoziologie. Handbuch für Wissenschaft und Studium, Baden-Baden, S. 92–97.

Bach, Maurizio / Lahusen, Christian / Vobruba, Georg (Hg.) (2006): Europe in Motion. Social Dynamics and Political Institutions in an Enlarging Europe, Berlin.

Beck, Ulrich / Grande, Edgar (2010): Jenseits des methodologischen Nationalismus: Außereuropäische und europäische Variationen der Zweiten Moderne, in: Soziale Welt 61 (3–4/2010), S. 187–216.

Bornschier, Volker (2000): The State of the European Union, in: ders. (Hg.), State-building in Europe. The Revitalization of Western European Integration, Cambridge, S. 264–284.

110 Vgl. auch Decker 2018a: 235.

Börzel, Tanja A. (2016): From EU Governance of Crisis to Crisis of EU Governance: Regulatory Failure, Redistributive Conflict and Eurosceptic Publics, in: Journal of Common Market Studies 54 (1/2016), S. 8–31.

Börzel, Tanja A. / Hosli, Madeleine O. (2003): Brussels between Bern and Berlin: Comparative Federalism Meets the European Union, in: Governance 16 (2/2003), S. 179–202.

Braun, Dietmar (2003): Tradition und Effizienz in föderalen Strukturen: Das Beispiel des Schweizer Föderalismus, in: Europäisches Zentrum für Föderalismus-Forschung (Hg.), Europäischer Föderalismus im 21.Jahrhundert, Baden-Baden, S. 91–108.

Brunkhorst, Hauke (2004): Verfasst ohne Verfassung. Europäische Union zwischen Evolution und revolutionärer Umgründung, in: Blätter für deutsche und internationale Politik 49 (2/2004), S. 211–222.

Bundesamt für Statistik (2020): Stimmbeteiligung, Neuchâtel (online unter: www.bfs.admin.ch/bfs/de/home/statistiken/politik/abstimmungen/stimmbeteiligung.html – letzter Zugriff: 21.09.2020).

Chryssochoou, Dimitris N. (1994): Democracy and Symbiosis in the European Union: Towards a Confederal Consociation?, in: West European Politics 17 (4/1994), S. 1–14.

Clarke, Harold D. / Goodwin, Matthew / Whiteley, Paul (2017): Why Britain Voted for Brexit: An Individual-level Analysis of the 2016 Referendum Vote, in: Parliamentary Affairs 70 (3/2017), S. 439–464.

Clio, Selma (2014): Europäische Bürgerinitiative und demokratische Legitimität der EU, Hamburg.

Costa, Olivie / Magnette, Paul (2003): The European Union as a Consociation? A Methodological Assessment, in: West European Politics 26 (3/2003), S. 1–18.

Dahl, Robert A. (1970): After the Revolution? Authority in a Good Society, New Haven.

Dahl, Robert A. (1994): A Democratic Dilemma. System Effectiveness versus Citizen Participation, in: Political Science Quarterly 109 (1/1994), S. 23–34.

Decker, Frank (2014): Volksgesetzgebung und parlamentarisches Regierungssystem. Eine schwierige Kombination, in: Ursula Münch / Eike-Christian Hornig / Uwe Kranenpohl (Hg.), Direkte Demokratie. Analysen im internationalen Vergleich, Baden-Baden, S. 23–37.

Decker, Frank (2016): Der Irrweg der Volksgesetzgebung. Eine Streitschrift, Bonn.

Decker, Frank (2018a): Der »Brexit« als Problem der direkten Demokratie? Eine deutsche Perspektive?, in: Thorsten Winkelmann / Tim Griebel (Hg.), Der Brexit und die Krise der europäischen Integration. EU und mitgliedsstaatliche Perspektiven im Dialog. Festschrift für Roland Sturm zum 65. Geburtstag, Baden-Baden, S 223–239.

Decker, Frank (2018b): Direkte Demokratie auf Landes- und Bundesebene. Welche Verfahren sind geeignet?, in: Zeitschrift für Parlamentsfragen 49 (3/2018), S. 639–657.

Decker, Frank (2019): Das Scheitern des Spitzenkandidatensystems und andere populäre Irrtümer über die Demokratisierung der Europäischen Union, in: Zeitschrift für Parlamentsfragen 50 (4/2019), S. 870–879.

Decker, Frank / Lewandowsky, Marcel / Solar, Marcel (2013): Demokratie ohne Wähler? Neue Herausforderungen der politischen Partizipation, Bonn.

Delanty, Gerard (1999): Die Transformation nationaler Identitäten und die kulturelle Ambivalenz europäischer Identität. Demokratische Identifikation in einem postnationalen Europa, in: Reinhold Viehoff / Rien T. Segers (Hg.), Kultur, Identität, Europa. Über die Schwierigkeiten und Möglichkeiten einer Konstruktion, Frankfurt/M., S. 267–287.

Deutsch, Karl W. (1972): Nationenbildung, Nationalstaat, Integration, Düsseldorf.

Deutsch, Karl W. (1976): Die Schweiz als ein paradigmatischer Fall politischer Integration, Bern.

Deutsche Welle (2016): Rechte Parteien feiern sich in Wien, 17. Juni 2016 (online unter: https://p.dw.com/p/1J94W – letzter Zugriff: 21.09.2020).

Di Fabio, Udo (1998): Das Recht offener Staaten. Grundlinien einer Staats- und Rechtstheorie, Tübingen.

Di Fabio, Udo (2017): Die Europäische Union in der Populismusfalle?, in: Jürgen Rüttgers / Frank Decker (Hg.), Europas Ende, Europas Anfang. Neue Perspektiven für die Europäische Union, Frankfurt/M., S. 49–58.

Eder, Klaus (2000): Konstitutionsbedingungen einer transnationalen Gesellschaft in Europa. Zur nachholenden Modernisierung Europas, in: Wolfgang Heyde / Thomas Schaber (Hg.), Demokratisches Regieren in Europa? Zur Legitimation einer europäischen Rechtsordnung, Baden-Baden, S. 87–102.

Eichenberger, Kurt (1998): Die Zukunft der Integration. Die Schweiz und ihr Erfahrungsgut für die europäische Vergemeinschaftung, in: Martin Meye / Georg Kohler (Hg.), Die Schweiz – für Europa? Über Kultur und Politik, München, S. 29–49.

Elias, Norbert (1987): Wandlungen der Wir-Ich-Balance, in: ders., Die Gesellschaft der Individuen, Frankfurt/M., S. 207–315.

Ernst, Andreas (1998): Vielsprachigkeit, Öffentlichkeit und politische Integration: Schweizerische Erfahrungen und europäische Perspektiven, in: Swiss Political Science Review 4 (4/1998), S. 225–240.

Europäische Kommission (2020): Public Opinion. Standard-Eurobarometer (online unter: https://ec.europa.eu/commfrontoffice/publicopinion/index.cfm/Survey/index#p=1&instruments=standard – letzter Zugriff: 21.09.2020).

Europäisches Parlament (2019): Ergebnisse der Europawahl 2019: Wahlbeteiligung (online unter: www.europarl.europa.eu/election-results-2019/de/wahlbeteiligung/ – letzter Zugriff: 21.09.2020).

Fabbrini, Sergio (Hg.) (2005): Democracy and Federalism in the European Union and the United States. Exploring Post-national Governance, London/New York.

Feld, Lars P. / Kirchgässner, Gebhard (2003): The Role of Direct Democracy in the European Union (= CESifo Working Paper 1083), München.

Flora, Peter (2000): Externe Grenzbildung und interne Strukturierung. Europa und seine Nationen. Eine Rokkansche Forschungsperspektive, in: Berliner Journal für Soziologie 10 (2/2000), S. 151–165.

Follesdal, Andreas / Hix, Simon (2006): Why There Is a Democratic Deficit in the EU: A Response to Majone and Moravcsik, in: Journal of Common Market Studies 44 (3/2006), S. 533–562.

Ford, Robert / Goodwin, Matthew (2017): Britain After Brexit. A Nation Divided, in: Journal of Democracy 28 (1/2017), S. 17–30.

Francis, Emerich (1965): Ethnos und Demos. Soziologische Beiträge zur Volkstheorie, Berlin.

Freitag, Markus (2006): Bowling the State Back in. Political Institutions and the Creation of Social Capital, in: European Journal of Political Research 45 (1/2006), S. 123–152.

Geppert, Dominik (2017): Die Europäische Union ohne Großbritannien: Wie es zum Brexit kam und was daraus folgt, in: Jürgen Rüttgers/Frank Decker (Hg.), Europas Ende, Europas Anfang. Neue Perspektiven für die Europäische Union, Frankfurt/M., S. 117–130.

Gerhards, Jürgen (2002): Das Öffentlichkeitsdefizit der EU im Horizont normativer Öffentlichkeitstheorien, in: Hartmut Kaelble/Martin Kirsch/Alexander Schmidt-Gernig (Hg.), Transnationale Öffentlichkeiten und Identitäten im 20. Jahrhundert, Frankfurt/New York, S. 135–158.

Glencross, Andrew/Trechsel, Alexander (2011): First or Second Order Referendums? Understanding the Votes on the EU Constitutional Treaty in Four EU Member States, in: West European Politics 34 (4/2011), S. 755–772.

Grimm, Dieter (2001): Braucht Europa eine Verfassung?, in: ders., Die Verfassung und die Politik. Einsprüche in Störfällen, München, S. 215–254.

Grimm, Dieter (2015): Auf der Suche nach Akzeptanz. Über Legitimationsdefizite und Legitimationsressourcen der Europäischen Union, in: Leviathan 43 (3/2015), S. 325–338.

Guérot, Ulrike (2016): Warum Europa eine Republik werden muss! Eine politische Utopie, Bonn.

Habermas, Jürgen (1976): Können komplexe Gesellschaften eine vernünftige Identität ausbilden?, in: ders., Zur Rekonstruktion des Historischen Materialismus, Frankfurt/M., S. 92–125.

Harbo, Florentina (2005): Towards a European Federation? The EU in the Light of Comparative Federalism, Baden-Baden.

Heidbreder, Eva/Stadelmann-Steffen, Isabelle/Thomann, Eva/Sager, Fritz (2019): EU Referendums in Context: What Can We Learn from the Swiss Case?, in: Public Administration 97 (2/2019), S. 370–383.

Heidenreich, Martin (Hg.) (2014): Krise der europäischen Vergesellschaftung? Soziologische Perspektiven, Wiesbaden.

Hirschi, Caspar (2020): Politik der reaktionären Gegenmoral. Zum populistischen Konfliktverhalten, in: Merkur 74 (5/2020), S. 5–21.

Hobolt, Sara B. (2006): Direct Democracy and European Integration, in: Journal of European Public Policy 13 (1/2006), S. 153–166.

Höreth, Marcus (1999): Die Europäische Union im Legitimationstrilemma. Zur Rechtfertigung des Regierens jenseits der Staatlichkeit, Baden-Baden.

Hornig, Eike-Christian (2016): Zu viel Rousseau, zu wenig Fraenkel. Zur Debatte über direkte Demokratie in Deutschland, in: Manuela Glaab (Hg.), Politik mit Bürgern – Politik für Bürger. Praxis und Perspektiven einer neuen Beteiligungskultur, Wiesbaden, S. 273–288.

Hrbek, Rudolf (2012): Die Europäische Bürgerinitiative: Möglichkeiten und Grenzen eines neuen Elements im EU-Entscheidungssystem, in: Integration 35 (1/2012), S. 35–50.

Hug, Simon (2005): Möglichkeiten und Grenzen der direkten Demokratie in der EU, in: Francis Cheneval / André Utzinge / Sonja Dänzer (Hg.), Legitimationsgrundlagen der Europäischen Union, Münster, S. 411–432.

Hurrelmann, Achim (2003): Europäische Demokratie ohne europäischen Demos? Zivilgesellschaftliche Integration und die Reform der Europäischen Union, in: Zeitschrift für Politikwissenschaft 13 (2/2003), S. 661–692.

Hurrelmann, Achim / DeBardeleben, Joan (2009): Democratic Dilemmas in EU Multilevel Governance: Untangling the Gordian Knot, in: European Political Science Review 1 (2/2009), S. 229–247.

Kaina, Viktoria (2009): Wir in Europa. Kollektive Identität und Demokratie in der Europäischen Union, Wiesbaden.

Kaina, Viktoria (2018): Identität, nationale und europäische, in: Maurizio Bach / Barbara Bach-Hönig (Hg.), Europasoziologie. Handbuch für Wissenschaft und Studium, Baden-Baden, S. 344–351.

Kalina, Andreas (2017): Am Ende der europäischen Einigungsgeschichte? Die Europäische Union im Demokratiedilemma, in: Polis 21 (2/2017), S. 7–10.

Kalina, Andreas (2018): Europäischer Integrationsprozess, in: Staatslexikon. Recht, Wirtschaft, Gesellschaft, 8. Aufl., hrsg. von der Görres-Gesellschaft und dem Verlag Herder, Bd. 2, Freiburg/Br., S. 455–462.

Kalina, Ondřej (2009): Ein Kontinent – eine Nation? Prolegomena zur Bildung eines supranationalen Demos im Rahmen der EU, Wiesbaden.

Kalina, Ondřej (2012): Europa in Prokrustes' Bett? Die Europäische Union als Konkordanzsystem im Demokratiedilemma, in: Stefan Köppl / Uwe Kranenpohl (Hg.), Konkordanzdemokratie – ein Demokratietyp der Vergangenheit?, Baden-Baden, S. 189–215.

Kielmannsegg, Peter G. (1996): Integration und Demokratie, in: Markus Jachtenfuchs / Beate Kohler-Koch (Hg.), Europäische Integration, Opladen, S. 47–71.

Koller, Veronika / Kopf, Susanne / Miglbauer, Marlene (Hg.) (2019): Discourses of Brexit, London.

Kranenpohl, Uwe (2007): Sui(sse) generis. Die Eidgenossenschaft – Referenzsystem für die institutionelle Fortentwicklung der Europäischen Union?, in: Werner J. Patzelt / Martin Sebaldt / Uwe Kranenpohl (Hg.), Res Publica Semper Reformanda: Wissenschaft und politische Bildung im Dienste des Gemeinwohls. Festschrift für Heinrich Oberreuter zum 65. Geburtstag, Wiesbaden, S. 597–611.

Kriesi, Hanspeter (1999): Introduction: State Formation and Nation Building in the Swiss Case, in: Hanspeter Kriesi / Klaus Armington / Hannes Siegrist (Hg.), Nation and National Identity. The European Experience in Perspective, Zürich, S. 13–28.

Kriesi, Hanspeter (2007): The Participation in Swiss Direct-democratic Votes, in: Claes H. de Vreese (Hg.), The Dynamics of Referendum Campaigns. An International Perspective, Basingstoke/New York, S. 117–141.

Lacy, Dean / Niou, Emerson M. S. (2000): A Problem with Referendums, in: Journal of Theoretical Politics 12 (1/2000), S. 5–31.

Lefkofridi, Zoe / Schmitter, Philippe C. (2015): Transcending or Descending? European Integration in Times of Crisis, in: European Political Science Review 7 (1/2015), S. 3–22.

Lehmbruch, Gerhard (1993): Consociational Democracy and Corporatism in Switzerland, in: Publius 23 (2/1993), S. 43–60.

Leiße, Oliver (2020): Europäische Identität und öffentliche Meinung, in: Peter Becke/Barbara Lippert (Hg.), Handbuch Europäische Union, Wiesbaden, S. 217–234.

Lepsius, M. Rainer (2004): Prozesse der europäischen Identitätsstiftung, in: Aus Politik und Zeitgeschichte 54 (38/2004), S. 3–5.

Leuffen, Dirk/Rittberger, Berthold/Schimmelfennig, Frank (2013): Differentiated Integration. Explaining Variation in the European Union, Basingstoke.

Lichteblau, Josephine/Steinke, Clara (2017): Direkte Demokratie und die Europäische Union, in: Wolfgang Merkel/Claudia Ritzi (Hg.), Die Legitimität direkter Demokratie. Wie demokratisch sind Volksabstimmungen?, Wiesbaden, S. 193–225.

Lijphart, Arend (1969): Consociational Democracy, in: World Politics 21 (2/1969), S. 207–225.

Lindberg, Leon N./Scheingold, Stuart A. (1970): Europe's Would Be Polity: Patterns of Change in the European Community, Englewood Cliffs.

Linder, Wolf/Müller, Sean (2017): Schweizerische Demokratie. Institutionen, Prozesse, Perspektiven, 4. Aufl., Bern.

Linz, Juan J. (1994): Staatsbildung, Nationenbildung und Demokratie. Eine Skizze aus historisch vergleichender Sicht, in: Transit. Europäische Revue 5 (7/1994), S. 43–62.

Lipset, Seymour M./Rokkan, Stein (1967): Cleavage Structure, Party Systems and Voter Alignments: An Introduction, in: Seymour M. Lipset/Stein Rokkan (Hg.), Party Systems and Voters Alignments. Cross-Perspectives, New York, S. 1–64.

Lord, Christopher (2017): An Indirect Legitimacy Argument for a Directly Elected European Parliament, in: European Journal of Political Research 56 (3/2017), S. 512–528.

Luhmann, Niklas (1969): Legitimation durch Verfahren, Frankfurt/M.

Majone, Giandomenico (1998): Europe's Democratic Deficit: The Question of Standards, in: European Law Journal 4 (1/1998), S. 5–28.

Majone, Giandomenico (2011): Political and Normative Limits to Piecemeal Integration (= Keynote Lecture at RECON Concluding Conference, 24.–26. November 2011), Oslo.

Maurer, Andreas/Vogel, Stefan (2009): Die Europäische Bürgerinitiative. Chancen, Grenzen und Umsetzungsempfehlungen, Berlin.

McKay, David (2000): Designing Europe. Comparative Lessons from the Federal Experience, Oxford.

Mehr Demokratie e. V. (2013): Direkte Demokratie in der EU. Positionspapier laut Beschluss der Bundesmitgliederversammlung vom 28. April 2013, Berlin (online unter: www.mehr-demokratie.de/fileadmin/pdf/Positionen06_Mehr_Demokratie_in_EU.pdf – letzter Zugriff: 21.09.2020).

Mehr Demokratie e. V. (2016): Europa neu denken und gestalten. Vorschläge für eine Neubegründung der EU, Berlin (online unter: www.mehr-demokratie.de/fileadmin/pdf/Positionen11_Europa-neu-denken-und-gestalten.pdf – letzter Zugriff: 21.09.2020).

Mendez, Fernando/Mendez, Mario (2017): Referendums on EU Matters, Brüssel.

Mendez, Fernando/Mendez, Mario/Triga, Vasiliki (2014): Referendums and the European Union. A Comparative Inquiry, Cambridge.

Merkel, Wolfgang / Ritzi, Claudia (2017a): Direkte Demokratie oder Repräsentation? Zum Reformbedarf liberal-repräsentativer Demokratie im 21. Jahrhundert, in: Wolfgang Merkel / Claudia Ritzi (Hg.), Die Legitimität direkter Demokratie. Wie demokratisch sind Volksabstimmungen?, Wiesbaden, S. 227–250.

Merkel, Wolfgang / Ritzi, Claudia (2017b): Theorie und Vergleich, in: Wolfgang Merkel / Claudia Ritzi (Hg.), Die Legitimität direkter Demokratie. Wie demokratisch sind Volksabstimmungen?, Wiesbaden, S. 9–48.

Meyer, Martin / Kohler, Georg (Hg.) (1998): Die Schweiz – für Europa? Über Kultur und Politik, München.

Moravcsik, Andrew (2002): In Defense of the »Democratic Deficit«: Reassessing Legitimacy in the European Union, in: Journal of Common Market Studies 40 (4/2002), S. 603–624.

Müller, Jan-Werner (2016): Was ist Populismus? Ein Essay, Berlin.

Münch, Ursula (2018): Orientierung in Zeiten der Unsicherheit? Herausforderungen für die politische Bildung, in: Außerschulische Bildung 49 (3/2018), S. 27–33.

Neidhart, Leonhard (1970): Plebiszit und Pluralitäre Demokratie. Eine Analyse der Funktion des Schweizerischen Gesetzesreferendums, Bern.

Neidhart, Leonhard (1998): Die Schweizer Referendumsdemokratie, in: Der Bürger im Staat 38 (1/1998), S. 53–60.

Neidhart, Leonhard (2002): Die politische Schweiz. Fundamente und Institutionen, Zürich.

Neue Zürcher Zeitung (2016): Kommt jetzt der Domino-Effekt?, 25. Juni 2016 (online unter: www.nzz.ch/international/aktuelle-themen/die-eu-nach-dem-brexit-kommt-jetzt-der-domino-effekt-ld.91629 – letzter Zugriff: 21.09.2020).

Nicolaidis, Kalypso / Howse, Robert (Hg.) (2003): Legitimacy and Levels of Governance in the United States and the European Union, Oxford.

Niedermayer, Oskar (2019): Von der »nationalen Nebenwahl« zur »europäisierten Wahl«? Die Wahl zum Europäischen Parlament vom 26. Mai 2019, in: Zeitschrift für Parlamentsfragen 50 (4/2019), S. 691–714.

Oberreuter, Heinrich (1984): Legitimation durch Kommunikation. Zur Parlamentarismusforschung in der Bundesrepublik, in: Jürgen W. Falter / Christian Fenne / Michael Th. Greven (Hg.), Politische Willensbildung und Interessenvermittlung, Opladen, S. 238–253.

Oberreuter, Heinrich (1989): Allparteienregierung, in: Dieter Nohlen / Rainer-Olaf Schultze (Hg.), Pipers Wörterbuch zur Politik, Bd. 1: Politikwissenschaft, 2. Aufl., München, S. 15–16.

Papadopoulos, Yannis / Magnette, Paul (2010): On the Politicization of the European Union: Lessons from Consociational National Polities, in: West European Politics 33 (4/2010), S. 711–729.

Parsons, Talcott (1979): Evolutionäre Universalien in der Gesellschaft, in: Wolfgang Zapf (Hg.), Theorien des sozialen Wandels, 4. Aufl., Königstein/Ts., S. 55–74.

Patzelt, Werner J. (2018): Mehr direkte Beteiligung – ein »Heilmittel« gegen Populismus und Extremismus?, in: Andreas A. Apel / Dirk Reimer (Hg.), Repräsentative versus direkte Demokratie, Halle (Saale), S. 57–79.

Pye, Lucian W. (1963): Politics, Personality and Nation Building, New Haven.

Rauh, Christian / Zürn, Michael (2014): Zur Politisierung der EU in der Krise, in: Martin Heidenreich (Hg.), Krise der europäischen Vergesellschaftung? Soziologische Perspektiven, Wiesbaden, S. 121–145.

Reif, Karlheinz / Schmitt, Hermann (1980): Nine Second-Order National Elections: A Conceptual Framework for the Analysis of European Election Results, in: European Journal of Political Research 8 (1/1980), S. 3–45.

Renan, Ernest (1887): Discours et Conférences, Paris.

Rokkan, Stein (1969): Methods and Models in the Comparative Study of Nation-building, in: ders., Citizens, Elections, Parties, Oslo, S. 46–71.

Rokkan, Stein (1975): Dimension of State Formation and Nation-building: A Possible Paradigm for Research of Variations within Europe, in: Charles Tilly (Hg.), The Formation of National States in Western Europe, Princeton, S. 562–600.

Rokkan, Stein (2000): Staat, Nation und Demokratie in Europa. Die Theorie Stein Rokkans aus seinen gesammelten Werken rekonstruiert und eingeleitet von Peter Flora, Frankfurt/M.

Rose, Richard (2019): Referendum Challenges to the EU's Policy Legitimacy – and How the EU Responds, in: Journal of European Public Policy 26 (2/2019), S. 207–225.

Sartori, Giovanni (1992): Demokratietheorie, Darmstadt.

Scharpf, Fritz W. (1970): Demokratietheorie zwischen Utopie und Anpassung, Konstanz.

Scharpf, Fritz W. (1998): Demokratie in der transnationalen Politik, in: Wolfgang Streeck (Hg.), Internationale Wirtschaft, nationale Demokratie. Herausforderungen für die Demokratie, Frankfurt/M., S. 151–174.

Scharpf, Fritz W. (2005): Legitimationskonzepte jenseits des Nationalstaates, in:, Gunnar F. Schuppert / Ingolf Pernice / Ulrich R. Haltern (Hg.), Europawissenschaft, Baden-Baden, S. 705–741.

Schild, Joachim (2005): Ein Sieg der Angst – Das gescheiterte französische Verfassungsreferendum, in: Integration 28 (3/2005), S. 187–200.

Schiller, Theo (2016): Direkte Demokratie in der Vergleichenden Politikwissenschaft, in:, Hans-Joachim Lauth / Marianne Kneuer / Gert Pickel (Hg.), Handbuch Vergleichende Politikwissenschaft, Wiesbaden, S. 441–452.

Schimmelfennig, Frank (2017): Theorising Crisis in European Integration, in: Desmond Dinan / Neill Nugent / William E. Paterson (Hg.), The European Union in Crisis, Basingstoke, S. 316–336.

Schmalz-Bruns, Rainer (2002): Demokratisierung der Europäischen Union – oder: Europäisierung der Demokratie? Überlegungen zur Zukunft der Demokratie jenseits des Nationalstaates, in: Matthias Lutz-Bachmann / James Bohman (Hg.), Weltstaat oder Staatenwelt? Für und Wider die Idee einer Weltrepublik, Frankfurt/M., S. 260–307.

Schmidt, Manfred G. (2000): Der konsoziative Staat. Hypothesen zur politischen Struktur und zum politischen Leistungsprofil der Europäischen Union, in: Edgar Grande / Markus Jachtenfuchs (Hg.), Wie problemlösungsfähig ist die EU? Regieren im europäischen Mehrebenensystem, Baden-Baden, S. 33–58.

Schmidt, Manfred G. (2003): Lehren der Schweizer Referendumsdemokratie, in: Claus Offe (Hg.), Demokratisierung der Demokratie. Diagnosen und Reformvorschläge, Frankfurt/M., S. 111–123.

Schmidt, Manfred G. (2019): Demokratietheorien. Eine Einführung, 6. Aufl., Wiesbaden.

Schmidt, Thomas (2005): Der demokratische Sektoralismus und seine direktdemokratischen Ausgestaltungsmöglichkeiten in: Tanja Hitzel-Cassagnes / Thomas Schmidt (Hg.), Demokratie in Europa und europäische Demokratien. Festschrift für Heidrun Abromeit, Wiesbaden, S. 290–303.

Schuck, Andreas R. T. / de Vreese, Claes H. (2015): Public Support for Referendums in Europe: A Cross-national Comparison in 21 Countries, in: Electoral Studies, Nr. 38, S. 149–158.

Schünemann, Wolf J. (2017): In Vielfalt verneint. Referenden in und über Europa von Maastricht bis Brexit, Wiesbaden.

Simms, Brendan / Zeeb, Benjamin (2016): Europa am Abgrund. Plädoyer für die Vereinigten Staaten von Europa, München.

Spiegel (2016): Rechtspopulisten in Europa. »Und die Niederlande werden die Nächsten sein!«, 24. Juni 2016 (online unter: www.spiegel.de/politik/ausland/brexit-die-rechten-in-europa-fordern-ebenfalls-eu-referendum-a-1099491.html – letzter Zugriff: 21.09.2020).

Stubb, Alexander C.-G. (1996): A Categorization of Differentiated Integration, in: Journal of Common Market Studies 34 (2/1996), S. 283–295.

Süddeutsche Zeitung (2017): Marine Le Pen forciert den Frexit, 4. Februar 2017 (online unter: www.sueddeutsche.de/politik/front-national-marine-le-pen-forciert-den-frexit-1.3364152 – letzter Zugriff: 21.09.2020).

Trechsel, Alexander H. (2005): How to Federalize the European Union … and Why Bother, in: Journal of European Public Policy 12 (3/2005), S. 401–418.

Trenz, Hans-Jörg (2018): Öffentlichkeit, europäische, in: Maurizio Bach / Barbara Bach-Hönig (Hg.), Europasoziologie. Handbuch für Wissenschaft und Studium, Baden-Baden, S. 359–368.

Vatter, Adrian (2000): Consensus and Direct Democracy: Conceptual and Empirical Linkages, in: European Journal of Political Research 38 (2/2000), S. 171–192.

Vatter, Adrian (2007): Direkte Demokratie in der Schweiz: Entwicklungen, Debatten und Wirkungen, in: Markus Freitag / Uwe Wagschal (Hg.), Direkte Demokratie. Bestandsaufnahmen und Wirkungen im internationalen Vergleich, Münster, S. 71–113.

Verba, Sidney (1973): Entwicklungskrisen und ihre Abfolge, in: Martin Jänicke (Hg.), Politische Systemkrisen, Köln, S. 295–313.

Vobruba, Georg (2017): Krisendiskurs. Die nächste Zukunft Europas, Weinheim.

Wagschal, Uwe (2007): Diskurs oder Machtpolitik: Welche Interessen setzen sich in der Direktdemokratie am erfolgreichsten durch?, in: Markus Freitag / Uwe Wagschal (Hg.), Direkte Demokratie. Bestandsaufnahmen und Wirkungen im internationalen Vergleich, Münster, S. 303–329.

Walkenhorst, Heiko (2007): Konstruktion europäischer Identität. Gemeinschaftsbildung und path-dependency, in: Welttrends 15 (54/2007), S. 25–37.

Weber, Max (2002): Wirtschaft und Gesellschaft. Grundriss der verstehenden Soziologie, hrsg. von Johannes Winckelmann, 5. Aufl., Tübingen [zuerst 1922].

Welfens, Paul J. J. (2019): Brexit aus Versehen. Europäische Union zwischen Desintegration und neuer EU, Wiesbaden.

Weßler, Hartmut (2007): Politische Öffentlichkeit jenseits des Nationalstaates?, in: Otfried Jarren/Dominik Lachenmeier/Adrian Steiner (Hg.), Entgrenzte Demokratie. Herausforderungen für die politische Kommunikation, Baden-Baden, S. 49–71.

Westle, Bettina (2003): Europäische Identifikation im Spannungsfeld regionaler und nationaler Identitäten. Theoretische Überlegungen und empirische Befunde, in: Politische Vierteljahresschrift 44 (4/2003), S. 453–482.

Winkelmann, Thorsten / Cavaliere, Mario (2018): Der »Brexit« – eine Annäherung von den parteipolitischen Rändern, in: Thorsten Winkelmann/Tim Griebel (Hg.), Der Brexit und die Krise der europäischen Integration. EU und mitgliedsstaatliche Perspektiven im Dialog. Festschrift für Roland Sturm zum 65. Geburtstag, Baden-Baden, S. 201–222.

Winkelmann, Thorsten/Griebel, Tim (Hg.) (2018): Der Brexit und die Krise der europäischen Integration. EU und mitgliedsstaatliche Perspektiven im Dialog. Festschrift für Roland Sturm zum 65. Geburtstag, Baden-Baden.

Zappettini, Franco (2019): The Brexit Referendum: How Trade and Immigration in the Discourses of the Official Campaigns Have Legitimized a Toxic (Inter)National Logic, in: Critical Discourse Studies 16 (4/2019), S. 403–419.

Zürn, Michael (1996): Über den Staat und die Demokratie im europäischen Mehrebenensystem, in: Politische Vierteljahresschrift 37 (1/1996), S. 27–55.

Zürn, Michael (2006): Zur Politisierung der Europäischen Union, in: Politische Vierteljahresschrift 47 (2/2006), S. 242–251.

Uwe Wagschal / Thomas Metz / Thomas Waldvogel / Bernd Becker / Linus Feiten / Samuel Weishaupt

Das »Debat-O-Meter« als neues Tool in der E-Partizipation

1. Einleitung

»Frau Merkel […] [w]enn Sie den Wahl-O-Mat ehrlich ausfüllen, sind Sie sicher, dass da unten CDU rauskommt oder nicht etwa doch SPD?« Mit seiner unkonventionellen Eingangsfrage beim TV-Duell zur Bundestagswahl 2013 suchte der Moderator Stefan Raab nicht nur eine pointierte Eröffnung der Diskussionsrunde, sondern griff auch eine von Kritikern regelmäßig beklagte inhaltliche Übereinstimmung zwischen den Spitzenkandidaten von Union und SPD auf. Dieses Mysterium kursiert seit vielen Jahrzehnten in der politikwissenschaftlichen Literatur. Otto Kirchheimer klassifizierte bereits 1965 die Volksparteien als kaum mehr unterscheidbare »Allerweltsparteien«: »Sie gibt die Versuche auf, sich die Massen geistig und moralisch einzugliedern, und lenkt ihr Augenmerk in stärkerem Maße auf die Wählerschaft; sie opfert also eine tiefere ideologische Durchdringung für eine weitere Ausstrahlung und einen rascheren Wahlerfolg«.[1] Den Wandel zu einer »Catch-All-Party« versteht Kirchheimer als direkte Folge des politischen Wettbewerbs. Mit dem Ziel eines Wahlerfolges vor Augen passen sich Parteien dem erfolgreichen Stil des Kontrahenten an. Inhaltliche Auseinandersetzungen und Opposition vollziehen sich lediglich entlang von Allgemeinplätzen, »die vage genug sind, um die Partei als Konkurrentin erscheinen zu lassen, die diese Fragen zumindest ebenso gut in die Hand nehmen kann wie die jeweilige Regierung.«[2] Angestrebte Handlungsweisen bleiben allgemein und unkonkret. Die wichtigste Funktion einer Allerweltspartei sieht Kirchheimer in der Auswahl und Nominierung des politischen Spitzenpersonals, das die Wähler in Wahlen legitimieren soll.

In den letzten Jahren findet die politikwissenschaftliche Auseinandersetzung über die »parteiliche Ununterscheidbarkeit« vermehrt in Zusammen-

1 Kirchheimer 1965: 27; zur Diskussion siehe Schmidt 1985.

2 Kirchheimer 1965: 37.

hang mit dem von Colin Crouch geprägten Terminus der »Postdemokratie« statt.[3] Ein postdemokratisches Regime zeichnet sich für Crouch dadurch aus, dass die zentralen Institutionen der repräsentativen Demokratie wie Wahlkämpfe, periodisch stattfindende Wahlen und Parteienkonkurrenz de jure völlig intakt sind, während angesichts neuer Herausforderungen – etwa des globalisierten Kapitalismus und der Transnationalisierung – die liberale Demokratie de facto zunehmend erodiert und bestenfalls eine Hülle der »Scheindemokratie« zurück lässt. Der Parteienwettbewerb um verschiedene Programmatiken und Inhalte verliere an Substanz, Parteiendifferenz verschwinde zunehmend. Der Wahlkampf sei ein von professionellen Spindoctors inszeniertes Spektakel. Die ausgeprägte Kontrolle der politischen Agenda und die starke Personalisierung des Wahlkampfes drängten die meisten Bürgerinnen und Bürger in »eine passive, stille, bisweilen gar apathische Rolle, unfähig zur eigenen Gestaltung der politischen Auseinandersetzung.«[4] Politische Prozesse und Entscheidungen würden zwischen wirtschaftlichen und politischen Eliten verhandelt, die durch Wahlen vermittelte Teilhabe von Bürgerinnen und Bürger diene einzig der Erzeugung von Massenloyalität und der Scheinlegitimation.[5]

Chantal Mouffe knüpft an die Überlegungen von Crouch an und entfaltet eine »postpolitische Perspektive«.[6] Kernthese dieser Betrachtungsweise ist, dass sich die sozialdemokratischen Parteien in Europa, der Strategie des dritten Weges von Anthony Giddens folgend,[7] in den vergangenen Jahrzehnten zur politischen Mitte hin bewegten, was die programmatische Unterscheidbarkeit der verschiedenen Parteien bedeutend erschwert habe. Agonistische Debatten zwischen widerstreitenden Programmatiken seien ebenso verschwunden wie die Wahlmöglichkeit zwischen realen Alternativen, was eine »Entpolitisierung« bewirke. Für Chantal Mouffe hat dieser »Konsens in der politischen Mitte« direkte Auswirkungen und bedingt unmittelbar negative Folgeerscheinungen: Die Nichtunterscheidbarkeit von Parteien (der Mitte) ist demnach ein wesentlicher Faktor, der zu Demokratieunzufriedenheit, dem Aufstieg (rechts-)populistischer Parteien, Politikverdrossenheit und insbesondere zu einem allgemeinen Rückgang politischer Partizipation führt.[8]

3 Vgl. Crouch 2012, Westle 2012.
4 Jörke 2011.
5 Vgl. Ritzi/Schaal 2010.
6 Vgl. Mouffe 2007.
7 Vgl. Giddens 1997.
8 Vgl. Mouffe 2011; siehe ausführlich Mouffe 2007.

Anknüpfend an diese postdemokratischen Diagnosen diskutiert der vorliegende Beitrag Potenziale und Grenzen des Debat-O-Meter, einer Web-Applikation, die seinen Nutzern die Bewertung von politischen TV-Debatten in Echtzeit über das Internet als neuem Instrument der E-Partizipation erlaubt. An die postpolitische Anamnese, in deren Zentrum in der deutschsprachigen Literatur die Diskussion um Ursachen und Folgen von Politikverdrossenheit steht, wird die E-Partizipation als Mittel gegen die dargestellten postdemokratischen Symptome definiert und erläutert. Anschließend werden das Debat-O-Meter, das Elemente einer Voting Advice Application mit dem niederschwelligen Wahlinformationsangebot von politischen TV-Debatten verbindet, vorgestellt und Studienergebnisse zur Landtagswahl 2017 in Schleswig-Holstein präsentiert. Abschließend werden die Potenziale und Herausforderungen für das Debat-O-Meter als neuem Instrument der E-Partizipation beleuchtet.

2. E-Partizipation als Heilmittel gegen Politikverdrossenheit?

2.1 Politikverdrossenheit

Die politikwissenschaftliche und fachdidaktische Literatur hat sich seit Anfang der 1990er-Jahre mit dem Phänomen der Politikverdrossenheit – immerhin Wort des Jahres 1992 – und seinen Begleiterscheinungen in Deutschland intensiv befasst. In unterschiedlicher terminologischer Fassung wurden verschiedene Facetten der Verdrossenheit unter anderem als Parteien-, Politiker-, Demokratie- und Staatsverdrossenheit[9] oder zuletzt als Politikdistanz diskutiert.[10] Gemein ist diesen unterschiedlichen Betrachtungsweisen, dass sie Verdrossenheit als eine negative Einstellung gegenüber politischen Objekten und Handlungen bezeichnen, wenngleich damit eine starke definitorische Unschärfe verbunden ist, die eine Operationalisierung erschwert.[11] Anknüpfend an Diskussionsstränge aus der Regierbarkeitsforschung der 1970er-Jahre, teilweise auch in Rückbezug auf Befunde von Gabriel Almond und Sydney Verba zur politischen Kultur[12] und auf theoretischer Grundlage von David Eastons Modell der politischen Unterstützung,[13] wurden zum einen

9 Vgl. zum Beispiel Boher 1996: 111.
10 Vgl. Gaiser/Rijke/Wächter 2009.
11 Vgl. Arzheimer 2002: 116ff.
12 Vgl. Almond/Verba 1963.
13 Vgl. Easton 1967.

die unterschiedlichen Teilbereiche der Politikverdrossenheit auf der Einstellungs- aber auch ihre Folgeerscheinungen auf der Handlungsebene detailliert diskutiert.[14] Die Bezugsobjekte der Verdrossenheit lassen sich dabei anhand der drei Dimensionen des Politischen systematisieren: Auf der Polity-Ebene rekurriert sie auf die Unzufriedenheit der Bürgerinnen und Bürger mit der Regierungsform der repräsentativen (Parteien-)Demokratie in Deutschland, betrifft also das politische System als Ganzes und insbesondere die Herrschaftsordnung. In der Politics-Dimension richtet sie sich auf die Akteure und Akteurinnen des politischen Prozesses. Hier geraten insbesondere die Parteien und ihr Spitzenpersonal selbst in den Fokus, ebenso parteipolitisch geprägte Institutionen wie der Bundestag und die Bundesregierung und weitere Angehörige der politischen Eliten, aber auch andere Organisationen aus dem vorpolitischen Raum wie Kirchen und Gewerkschaften. Im Bereich der Policies umfasst sie unerfüllte Effizienz- und Effektivitätserwartungen an das politische System und seinem realisierten Output.[15]

Die Ursachen für Politikverdrossenheit werden in der Literatur einerseits bei den Bürgerinnen und Bürgern selbst, andererseits aber auch in der Politik und ihren Akteuren und Akteurinnen exogen verortet. So wurde zum einen der Zusammenhang zwischen soziodemografischen Merkmalen und Politikverdrossenheit wiederholt herausgearbeitet,[16] wobei vor allem Jüngere, Frauen, Menschen mit niedrigem Einkommen und Personen mit einer geringen formalen Bildung als eher politikverdrossen beschrieben wurden und der Bildungsaspekt besondere Beachtung fand[17]. Betrachtet werden dabei auch das politische Kompetenz- und Wirksamkeitsgefühl (*political efficacy*).[18] Als exogene Ursache wird der diagnostizierten Wertewandel gesehen, vor allem dann, wenn sich abnehmende Pflicht- und Akzeptanzwerte mit einem ausgeprägten Anspruchsdenken an die Politik verbinden.[19] Daneben stehen die Auflösung traditioneller Milieus, mediale Effekte, moralische Schwächen der Politiker, die problematische Selbstdarstellung der politischen Akteure und deren wahrgenommener Mangel an Sachkompetenz ganz oben auf der Liste der Ursachenforschung.[20]

Politikverdrossenheit manifestiert sich nicht nur in negativen Einstellungen auf unterschiedliche Bezugsobjekte, sondern hat auch ganz konkrete Auswir-

---

14 Für einen ausführlichen Überblick siehe Arzheimer 2002.

15 Vgl. Massing 2011; siehe ausführlich Arzheimer 2002: 122ff.

16 Vgl. zum Beispiel Niedermayer 2005.

17 Vgl. zum Beispiel Patzelt 2009.

18 Vgl. Arzheimer 2005.

19 Vgl. Klages 1993.

20 Vgl. Arzheimer 2002: 147ff.

kungen auf politische Handlungsweisen: Wechsel-, Protest- und Nichtwahl, die Zuwendung zu »unkonventionellen« Arten politischer Beteiligung (zum Beispiel Demonstrationen), Parteiaustritte beziehungsweise ein Nicht-Engagement in traditionellen Parteien respektive in gesellschaftlichen Organisationen des vorpolitischen Raums, das Aufkommen neuer Beteiligungsformen (Bürgerbeteiligung, E-Partizipation) und Protestbewegungen (zum Beispiel Pegida) werden in Zusammenhang mit Politikverdrossenheit gebracht.[21]

In der Politikdidaktik werden verschiedene Ansätze diskutiert, um die diagnostizierte Politikdistanz zu überbrücken.[22] Diese reichen von der Elementarisierung als didaktischem Prinzip der politischen Bildung[23] bis hin zur Weiterentwicklung und Erschließung von niederschwelligen methodischen Zugängen der aufsuchenden und »subversiven« politischen Bildungsarbeit.[24]

Vor dem Hintergrund des Rückgangs der Wahlbeteiligung in den 1990er-Jahren sowie in der ersten Dekade des neuen Jahrtausends bei Bundestags- und Landtagswahlen, bricht sich auch vor dem Hintergrund der disruptiven Veränderungen in deutschen Parteiensystem eine zunehmende Politisierung weiter Teile der Gesellschaft Bahn, die mit einem Anwachsen der Wahlbeteiligung verbunden ist. Galt Angela Merkels asymmetrische Demobilisierung als Beispiel für eine politische Machtgewinnungsstrategie, ändert das Erstarken populistischer Parteien den Kontext. So zeigt sich eine mittelstarke Korrelation der Wahlbeteiligung mit der Stimmenstärke der AfD bei Landtagswahlen. Die von Chantal Mouffe geforderte stärkere Emotionalisierung der politischen Auseinandersetzung hat tatsächlich den Effekt der stärkeren Beteiligung vormals Desinteressierter. Ihre Forderung nach Besetzen der Positionen im politischen Raum führt also zu einer Besetzung politischer Positionen im Links-Rechts-Spektrum.

2.2 E-Partizipation

Als Heilmittel gegen postdemokratische Symptome und postpolitische Erscheinungen gelangte mit dem Siegeszug des Internets die E-Partizipation in den Fokus der therapeutischen Überlegungen gegen die Politikverdrossenheit. Insbesondere zu Beginn der 1990er-Jahre entwickelten sich netzoptimis-

21 Vgl. Massing 2011; siehe detailliert dazu Arzheimer 2002: 141ff.

22 Siehe den Sammelband von Frech/Juchler 2011 sowie die Ausgabe *Kursiv – Journal für politische Bildung* 1/2009 mit dem Thema »Politikdistanz«.

23 Vgl. Schiele 2009, Detjen 2011.

24 Vgl. Wehner 2011.

tische Vorstellungen, die einer Verbesserung der politischen Partizipation und Mobilisierung vor allem durch die informationstechnische Implementierung direktdemokratischer Verfahren das Wort redeten.[25] Net Empowerment, E-Voting, E-Petition, E-Referenda bis hin zur Cyber-Democracy waren die begrifflichen Träger dieser Netzeuphorie.[26] Mit der empirischen Realität konfrontiert wurden die ursprünglichen, auch normativ im Sinne einer Stärkung deliberativer Elemente der Demokratie[27] begründeten Hoffnungen in der wissenschaftlichen Diskussion zu enttäuschten Utopien erklärt.[28] Der Mobilisierungsthese wurde die Reinforcement-These entgegengesetzt: Das Internet behebe nicht die politischen und funktionalen Defizite, sondern verstärke vielmehr die in Staat und Gesellschaft bereits angelegten Strukturen und Dysfunktionalitäten. Des Weiteren wurde das Problem der digitalen und partizipatorischen Spaltung der Gesellschaft intensiv vorgetragen, die zum Ausschluss ganzer Bevölkerungsschichten von digitalen Formen der politischen Information, Kommunikation und Partizipation führe.[29]

In der Auseinandersetzung mit diesen beiden gegensätzlichen Positionen kristallisierte sich in der Folge neben dem netzoptimistischen und dem netzpessimistischen Diskussionsstrang eine dritte Perspektive heraus, welche die Polarisierung zwischen utopischen Hoffnungen und weitreichenden Ängsten zu überwinden suchte. Dieser netzrealistische Zugang wendet sich der (empirischen) Analyse demokratieförderlicher Aspekte ebenso zu wie den Wirkmechanismen der E-Partizipation, die einer stärkeren demokratischen Partizipation entgegenstehen (zum Beispiel Digital und Participatory Divides) und versucht so, die Konfrontation zwischen Mobilisierungs- und Verstärkerthese zu überbrücken.[30] Zur Untersuchung dieser Ambivalenz finden unterschiedliche Konzepte zur Systematisierung des Untersuchungsgegenstandes Anwendung. Im Anschluss an die klassische Partizipationsforschung findet eine erste Differenzierung zwischen verfassten beziehungsweise konventionellen und unverfassten beziehungsweise unkonventionellen Formen der Teilhabe statt.[31] Wenngleich eine allgemeingültige Definition von E-Par-

25 Vgl. Rheingold 1993; siehe dazu auch Wilhelm 2000.

26 Vgl. Kneuer 2014.

27 Vgl. Habermas 1992.

28 Für das Folgende siehe Grunwald et al. 2006; ausführlich zur Diskussion Siedschlag 2004.

29 Vgl. Norris 2001.

30 Vgl. Buchstein 1996, Kneuer/Salzborn 2016.

31 Vgl. Andersen/Woyke 2013. Kersting (2014) unterscheidet zwischen zwei demokratischen Räumen: einem »invited space«, zumeist verfasst, kontinuierlich und häufig auf organisierten Interessen basierend sowie zweitens einem »invented space« in der Regel unverfasst, punktuell, individuell und unkonventionell.

tizipation aussteht[32], identifiziert Ann Macintosch drei Ebenen der E-Partizipation: Information, Konsultation und aktive Partizipation.[33] Die Vereinten Nationen fassen unter E-Particiaption in Anlehnung an Macintosch die drei Stufen E-Information, E-Consultation und E-Decision-making und gründen darauf ihren E-Participation-Index, in dem die Angebote der Regierungen aller UN-Mitglieder ausgewertet werden.[34]

Mit dem Aufkommen des Web 2.0 ist die E-Partizipation um eine weitere Facette ergänzt worden. Während sich das Web 1.0 der 1990er-Jahre durch One-to-One- oder auch One-to-Many-Kommunikationswege auszeichnete, ist die eigentliche revolutionäre Entwicklung in der Informations- und Kommunikationstechnologie die Vernetzung, die durch Web 2.0 möglich wird.

Der User ist nicht mehr nur Informationskonsument, sondern wird selbst zum »Content Provider«, Many-to-Many- und Many-to-One-Kommunikation wird möglich. Diese findet räumlich entgrenzt, in Echtzeit und mit einem hohen Maß an Interaktivität statt.[35] Neue Formen der Online-Interaktion wie Liking und Sharing bei Facebook und Instagram oder Favoriting und Retweeting bei Twitter provozieren eine weitere Klärung des Partizipationsbegriffs in seiner onlinebasierten Dimension.

Dem hier vorliegenden Beitrag liegt ein breites Partizipationsverständnis zugrunde, das nicht nur hochschwellige Formen der repräsentativen und direktdemokratischen Beteiligung, sondern auch niederschwellige Spielarten der Information, der deliberativen und symbolischen Partizipation einschließt, die sich sowohl horizontal (zum Beispiel zwischen Bürgerinnen und Bürgern), als auch vertikal (zum Beispiel zwischen Spitzenpolitikern und Bürgerinnen) vollziehen.[36]

Eines der erfolgreichsten und zugleich niederschwelligen Angebote der E-Partizipation und politischen Bildung sind Voting Advice Applications (VAA).[37] In Deutschland hat hier insbesondere der Wahl-O-Mat sehr große Resonanz erfahren und ist »zu einem obligatorischen Bestandteil der Vorwahlöffentlichkeit geworden«.[38] Das Debat-O-Meter greift das Potenzial von Voting Advice Applications auf und wendet es auf TV-Debatten als zentralem Wahlkampfevent und wichtige Quelle der Wahlinformation zu Personen und Programmatik der Parteien an.

32 Vgl. Voss 2014.

33 Vgl. Macintosh 2004.

34 Vgl. Vereinte Nationen 2016.

35 Vgl. Kneuer 2013.

36 Vgl. Kersting 2014.

37 Vgl. Kersting 2014.

38 Marschall 2011: 41.

3. Das Debat-O-Meter als Instrument der Echtzeitmessung von politischen TV-Debatten

3.1 Funktionsweise und Ziele des Debat-O-Meter

Seit wenigen Jahren erfährt die rezeptionsbegleitende Forschung zu TV-Duellen Innovation durch die Virtualisierung ihres Messinstrumentariums.[39] Virtualisierte Formen der Real-Time-Response-Messtechnik machen dabei mobile Endgeräte wie Smartphones, Tablets oder Notebooks als Eingabegeräte nutzbar, indem sie die RTR-Technologie als softwarebasierte Anwendung implementieren. Damit eröffnen sich sowohl für die Forschung als auch für die Zuschauer von TV-Debatten ganz neue Perspektiven: Als applikative Heimanwendung für mobile Endgeräte (Smartphone, Tablet, Notebook, etc.) erlaubt die Nutzung einer RTR-App Forschergruppen nicht nur ein größeres und repräsentativeres Studiensample in einer natürlichen Rezeptionssituation wie dem heimischen Wohnzimmer zu analysieren. Für die Nutzerinnen und Nutzer bietet sich darüber hinaus ein attraktives Second-Screen-Angebot zu einem bedeutenden politischen TV-Event sowie die Möglichkeit, die eigene Meinung in Echtzeit zu äußern. Damit wird die passive Haltung zur TV-Diskussion aufgelöst. Zuschauerinnen und Zuschauer können über die RTR-Applikation direkt an der Bewertung und der Berichterstattung partizipieren. Außerdem können sie auf das Potenzial einer Voting Advice Application zurückgreifen, die ihnen als innovatives Tool der Wahlinformation und politischen Bildung Hinweise auf die eigene Positionierung zu den an der Diskussion beteiligten Kandidaten, ihren Standpunkten und Argumenten gibt.

Das Debat-O-Meter erfasst die spontanen Eindrücke der Nutzerinnen und Nutzer über die TV-Debatte in Echtzeit. Mit ihm kann man sekundengenau sehen, welche Argumente die Wählerinnen und Wähler überzeugt haben und welche nicht, wer durch die Diskussion an Unterstützung gewonnen hat und wer durchgefallen ist. Aus den Nutzereingaben werden verschiedene Kennzahlen berechnet, mit denen die Wahrnehmung und Wirkungen der TV-Diskussion abgeschätzt und aussagekräftige Größen für eine fundierte Bewertung ausgegeben werden können.

Aufseiten der Nutzerinnen und Nutzer ist das Debat-O-Meter als einfache Website programmiert, deren Aussehen einer gewöhnlichen Applikation nachempfunden ist. Die Modulstruktur des Debat-O-Meter folgt dabei einem klassischen RTR-Studienaufbau: Der anonymisierten Registrierung folgt

39 Vgl. Waldvogel/Metz 2017.

ein Tutorial, in dem die Benutzeroberfläche erklärt und die Messanweisung erläutert wird. Daran schließt sich eine Vorbefragung an, in welcher soziodemografische Variablen, politische Einstellungen und Verhaltensweisen der Teilnehmerinnen und Teilnehmer sowie Einschätzungen und Erwartungen an die Debatte und Diskutantinnen und Diskutanten abgefragt werden. Im Kern der Webanwendung steht das RTR-Modul, welches es den Nutzerinnen und Nutzern ermöglicht, ihre Bewertung in Echtzeit abzugeben, die dann sekundengenau vom Debat-O-Meter erfasst und mit einem Zeitstempel versehen gemeinsam mit der pseudonymisierten Nutzerkennung in einer Datenbank auf dem Server gespeichert wird. Im Bewertungsmodul (siehe Abbildung 1) werden die Kandidatinnen und Kandidaten abgebildet. Für jede Kandidatin und jeden Kandidaten gibt es die Möglichkeit, diesen über »doppel-plus«, »plus«, »minus« und »doppel-minus« von sehr gut bis sehr schlecht zu bewerten. Am Ende der Debatte werden die Nutzerinnen und Nutzer unmittelbar zur Nachbefragung weitergeleitet. Vor- und Nachbefragung dienen als Grundlage für eine differenzierte Auswertung der RTR-Daten.

Zum Schluss erhalten die Nutzerinnen und Nutzer dann noch Einblick in das eigene Abstimmungsverhalten. Die Gesamtergebnisse gibt es dann in den Folgetagen bei den Medienpartnern oder auf Wunsch per Mail. Zudem gibt es ein interaktives Auswertungstool für alle Interessierten. Damit wird im Sinne maximaler Transparenz jedem Interessierten ermöglicht, die Analysen zu replizieren. Neben TV-Duellen mit zwei Kandidatinnen oder Kandidaten werden auch Debatten mit mehreren Personen mit dem Debat-O-Meter ausgewertet. Zudem gibt es mehrere grafische Oberflächen: Neben dem Push-Button-System wurde mit Slidern (Schiebereglern) und Rubber-Bands (automatisch auf die Neutralstellung zurückkehrende Regler) experimentiert.

Das Debat-O-Meter liefert aber keine Wahlprognosen, die Aussagekraft bis in die letzte Nachkommastelle beanspruchen, sondern ermittelt auf Basis der Eingaben seiner Nutzerinnen und Nutzer eine Vielzahl an Werten, die eine starke Grundlage für die Bewertung der Leistung von Spitzenpolitikerinnen und Spitzenpolitikern in TV-Diskussionen bieten. Für einzelne Nutzerinnen und Nutzer erfasst es zudem das eigene Abstimmungsverhalten und zeigt im Anaysemodul ganz individuell, in welchen Themenbereichen er oder sie näher bei einem der Kandidatinnen oder Kandidaten war, vergleichbar in etwa mit dem Wahl-O-Mat, der die Programme der einzelnen Parteien auswertet.

Eine wichtige Frage, die oft an das Debat-O-Meter-Team gestellt wird, ist die nach der Repräsentativität der Ergebnisse. Um diese Frage beantworten zu können, ist zunächst zu klären, auf wen sich die Repräsentativität

Abbildung 1: Bedienungsoberfläche des Debat-O-Meter

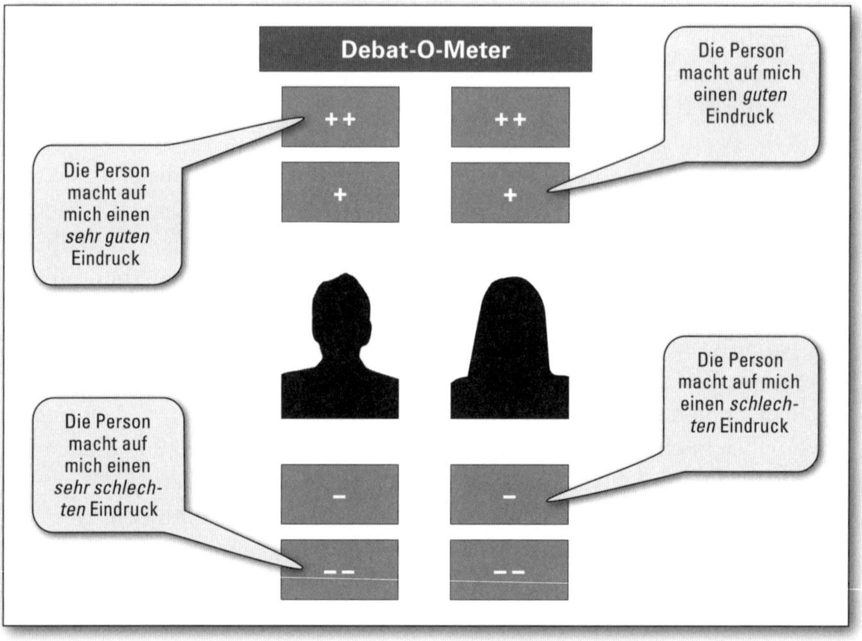

Quelle: eigene Darstellung.

beziehen soll: Auf die Gesamtbevölkerung, die Wahlbevölkerung (also nur die Wahlberechtigten) oder die tatsächlichen Wählerinnen und Wähler. Die Gesamtbevölkerung (81,3 Millionen Einwohner) ist problematisch, weil in ihr nicht Wahlberechtigte (zum Beispiel Ausländer, Minderjährige) enthalten sind. Diese können jedoch sehr wohl politisch interessiert sein und werden sich auch teilweise politische Debatten ansehen. Über diese Grundgesamtheit liegen auch die besten statistischen Informationen vor. Die Wahlberechtigten (zur Bundestagswahl 2017 61,5 Millionen) sind eine weitere mögliche Grundgesamtheit, gleichwohl nur wenig deskriptive Daten über sie vorhanden sind. Die tatsächlichen Wählerinnen und Wähler (2013: 43,7 Millionen) stellt die relevante Grundgesamtheit, vor allem aus Sicht der Parteistrategen, dar. Daten über diese Grundgesamtheit sind nur ex post aus der repräsentativen Wahlstatistik erhältlich. Dennoch ist auch sie nicht die sachlich richtige Grundgesamtheit für die Messung. Diese sachlich richtige Grundgesamtheit sind die Fernsehzuschauerinnen und -zuschauer, denn nur sie können gemessen werden. Bei der Debatte 2013 zwischen Merkel und Steinbrück waren dies immerhin 17,3 Millionen Menschen, die die Übertragung auf fünf Fernsehkanälen live verfolgten. Über deren Zusammensetzung ist wenig bekannt, weshalb gewisse Annahmen über deren Eigenschaften getroffen werden müssen. Die forschungspraktischste Annahme ist, dass die Zusammensetzung derjenigen der Bevölkerung entspricht.

Wir gewichten daher die Daten der Vor- und Nachbefragung, beispielsweise für die Bundestagswahl, nach den zur Verfügung stehenden Daten des Bundeswahlleiters. Hierzu werden die Faktoren Alter, Geschlecht, Bildung (jeweils auf Basis der Bevölkerung mit deutscher Staatsbürgerschaft) und Bundesland verwendet, das heißt: Durch die Gewichtung wird die Teilnehmerschaft an die Wahlberechtigten angepasst. Nehmen beispielsweise doppelt so viele Männer wie Frauen am Debat-O-Meter teil, dann zählen die Frauen in der Auswertung in etwa doppelt so viel. So gelangt man dann im Endeffekt auf die 48,5-zu-51,5-Prozentverteilung der Wahlberechtigten, die wir etwa in der Bevölkerung tatsächlich haben. Durch die Gewichtung werden Verzerrungen beseitigt beziehungsweise stark abgeschwächt. Alternative, stärker in der klassischen Wahlforschung verortete Ansätze wie zum Beispiel Zufallsstichproben wären mit dem Instrumentarium als alternative Designs ebenfalls umsetzbar, haben jedoch das Problem, dass der Gedanke einer großflächigen Beteiligung aus dem Fokus gerät.

3.2 Forschungsstand zu TV-Debatten

Ebenso wie Voting Advice Applications sind auch TV-Sendungen der Wahlvorberichterstattung eine wichtige und niederschwellige Quelle der Wahlinformation. Live im Fernsehen übertragene Diskussionen zwischen Spitzenpolitikerinnen und Spitzenpolitiken sind dabei das mediale Großereignis eines jeden Wahlkampfes. Vor einem großen TV-Publikum können die politischen Kontrahenten Positionen beziehen, Argumente austauschen, ihre Anhänger mobilisieren und Unentschlossene von den eigenen Standpunkten überzeugen. Wählerinnen und Wähler bietet dieses unterhaltsame Format die Möglichkeit, Personen und Programme direkt miteinander vergleichen zu können.

Auch in Deutschland sind TV-Duelle nach US-amerikanischem Vorbild spätestens seit ihrer Einführung zur Bundestagswahl 2002 fester Bestandteil von Landtags- und Bundestagswahlkämpfen. Hinzu treten Formate wie TV-Debatten mit einem Mehrpersonenpodium unter Berücksichtigung aussichtsreicher Kandidatinnen und Kandidaten weiterer Parteien, die ebenfalls regelmäßig von Hunderttausenden vor den Bildschirmen verfolgt werden. Ihre große Bedeutung erlangen TV-Debatten zum einen durch ihre schiere Reichweite. Sie gehören aber nicht nur zu den reichweitenstärksten, sondern zählen auch zu den medial meistdiskutierten Ereignissen von Wahlkämpfen.[40] Darüber hinaus sind TV-Duelle vor dem Hintergrund eines sich verändernden Wahlverhaltens von großer Relevanz: Abnehmende Parteibindungen, eine höhere Volatilität im Wahlverhalten, die Herauszögerung der Wahlentscheidung bis wenige Tage vor der Wahl, die zunehmende Bedeutung von Sachthemen und die verstärkte Personalisierung von Wahlkampagnen sind Zeichen dieser Veränderung.

TV-Debatten bringen in unmittelbarer zeitlicher Nähe zum Wahltag, unterhaltsam aufbereitet und in konzentrierter Form, Personal und Programmatik der Parteien auf den Bildschirm. Diese »Wahlkämpfe im Miniaturformat«[41] führen also nicht nur die für die individuelle Wahlentscheidung hochrelevanten Faktoren in Medienwahlkämpfen unter Vielkanalbedingungen wie unter einem Brennglas fokussiert zusammen, sondern ermöglichen den Wählerinnen und Wählern einen direkten Vergleich des zur Auswahl stehenden politischen Angebots.

Politische TV-Diskussionen sind seit ihrer Etablierung in bundesdeutschen Wahlkämpfen Untersuchungsgegenstand der politik- und kommunikationswissenschaftlichen Forschung. Eine Vielzahl innovativer Arbeiten hat dabei die Wahrnehmungsprozesse und Wirkmechanismen solcher Fernsehsendungen bei ihren Rezipienten untersucht.[42] Die meisten Studien setzen dafür methodisch auf rezeptionsbegleitende Messverfahren. Diese sogenannte Real-Time-Response-Technik erlaubt es Rezipienten, ihren spontanen Eindruck über die TV-Debatte mit einem Eingabegerät unmittelbar und in Echtzeit zu äußern, zum Beispiel durch das Drücken eines Knopfes oder das Bewegen eines Drehreglers. Diese individuellen Eindrücke werden auf einem zentralen Speichermedium für die weitere grafische und statistische Auswertung vorgehalten.

RTR-Messungen werden dabei zumeist mit Inhaltsanalysen verbunden und von Panelbefragungen gerahmt. Somit erlauben diese Studiendesigns eine detaillierte Untersuchung von Wahrnehmungsprozessen und Wirkmechanismen politischer TV-Debatten auf seine Rezipientinnen und Rezipienten unter Berücksichtigung individueller, soziodemografischer und politischer Prädispositionen.

Mithilfe der RTR-Messtechnik konnten in der Forschung grundlegende Befunde über die Wahrnehmung und Wirkung von TV-Debatten auf seine

40 Vgl. Bachl/Brettschneider/Ottler 2013.

41 Vgl. Faas/Maier 2014.

42 Vgl. Maurer/Reinemann 2003, Maurer et al. 2007, Bachl/Brettschneider/Ottler 2013, Faas/Maier 2014.

Zuschauerinnen und Zuschauer offengelegt werden. So wurde gezeigt, dass TV-Duelle unter anderem das politische Wissen und das subjektive Kompetenzgefühl insbesondere in bildungsfernen Wählersegmenten steigern können. Sie entfalten somit eine egalisierende Wirkung und können helfen, Kompetenz- und Wissenslücken zwischen politisch stark Involvierten und weniger Interessierten zu schließen.[43]

Auch im Hinblick auf die zentralen Akteure einer TV-Diskussion lassen sich signifikante Effekte nachweisen. Zunächst bedeutet die Teilnahme an einem TV-Duell zumeist für alle Beteiligten einen Gewinn in Bekanntheitsgrad und zumeist auch an Ansehen, allerdings ist zu berücksichtigen, dass die Effekte dann am meisten zum Tragen kommen, wenn eine Kandidatin oder ein Kandidat nur wenig bekannt ist oder das TV-Event zu einem frühen Zeitpunkt im Wahlkampf stattfindet, an welchem die politischen Einstellungen der Zuschauerinnen und Zuschauer noch weniger gefestigt sind.[44] Aber nicht nur die allgemeine Bewertung der Kandidatinnen und Kandidaten unterliegt Debatteneffekten. TV-Debatten helfen Wählerinnen und Wählern auch in der Ausbildung und Festigung von Kandidatenpräferenzen. Allerdings scheint dieser Prozess einem Muster zu folgen: Während Wählerinnen und Wähler mit einer ausgeprägten Parteiidentifikation nur in seltenen Fällen zu anderen Kandidatinnen und Kandidaten »wandern«, neigen sie in den meisten aller Fälle vielmehr dazu, ihre politischen Voreinstellungen zu stabilisieren und sich in ihrer Kandidatenpräferenz bestätigt zu fühlen. Bei ungebundenen, politisch aber interessierten TV-Zuschauerinnen und -Zuschauern, die nur über eine gering ausgeprägte Parteiidentifikation verfügen, lassen sich Änderungen in der Kandidatenpräferenz hingegen häufig beobachten.[45]

Mit Blick auf die Wahlbeteiligung und das Wahlverhalten steigert die Rezeption einer TV-Debatte zum einen die Partizipationsbereitschaft an der Wahl merklich.[46] Aber nicht nur auf die Bereitschaft zur Wahlteilnahme, sondern auch auf die konkrete Wahlabsicht selbst hat sie Einfluss. Eine gute Performanz im televisuellen Schlagabtausch ist deshalb für jede Kandidatin und jeden Kandidaten für den eigenen Wahlerfolg von großer Wichtigkeit.[47]

43 Vgl. Faas/Maier 2011, Maurer/Reinemann 2006, Maier/Faas/Maier 2013.

44 Vgl. Bachl 2013a, Maurer/Reinemann 2003.

45 Vgl. J. Maier/Thorsten 2011, Bachl 2013a.

46 Vgl. Klein 2005, Maier/Faas/Maier 2013.

47 Vgl. Faas/Maier 2004, Maier 2007, Klein/Rosar 2007, Klein/Pötschke 2005, Maier/Faas/Maier 2013.

4. Das Debat-O-Meter und die Landtagswahl 2017 in Schleswig-Holstein

4.1 Das TV-Duell und deskriptive Zusammensetzung der Debat-O-Meter-Teilnehmer

Das TV-Duell zwischen dem damaligen Ministerpräsidenten Torsten Albig (SPD) und seinem Herausforderer Daniel Günther (CDU) fand am 25. April 2017 statt, zwölf Tage vor der Landtagswahl in Schleswig-Holstein. Dabei folgte die Konzeption der 60-minütigen Live-Sendung des NDR aus der Lübecker Kulturwerft Gollan weniger einem klassischen Duell, sondern lehnte sich nach US-amerikanischem Vorbild vielmehr an die Idee eines Townhall-Meetings an. So wurden die Fragen nicht vom Moderator und Chefredakteur des NDR-Fernsehens Andreas Cichowicz selbst, sondern von rund 140 Wahlberechtigten und von Infratest dimap repräsentativ ausgewählten Zuschauerinnen und Zuschauern gestellt. Eine wichtige Neuerung zur Landtagswahl in Schleswig-Holstein betraf die Senkung des aktiven Wahlalters auf 16 Jahre, weshalb die Live-Sendung auch von einer jugendlichen Fragestellerin eröffnet wurde. Allein in Schleswig-Holstein verfolgten rund 270 000 Menschen das Duell vor den Bildschirmen. Dies entsprach einem Marktanteil von 4,6 Prozent und war eine deutliche Steigerung gegenüber dem TV-Duell zur Landtagswahl 2012, denn damals hatten lediglich 150 000 Menschen zugesehen.

Das Debat-O-Meter wurde mithilfe von Medienpartnerschaften mit den Kieler Nachrichten, den Lübecker Nachrichten und der Segeberger Zeitung sowohl in Print als auch online als Second-Screen-Angebot, als Beteiligungsprojekt und als Angebot der niederschwelligen Wahlinformation in Schleswig-Holstein beworben.[48] Für die Vorberichterstattung bekamen die Medienpartner verschiedenartige Inhalte zur Verfügung gestellt (zum Beispiel ein Experteninterview). Ungefähr eine halbe Stunde nach dem Ende der TV-Debatte erhielten die Zeitungsredaktionen eine verschriftliche Blitzauswertung mit ersten Ergebnissen aus den gesammelten Daten für die unmittelbare Berichterstattung online und in Print. Am darauffolgenden Tag folgte dann eine Detailanalyse für eine ausführliche Nachberichterstattung. Der eingeschlagene Weg erwies sich als quantitativ sehr erfolgreich. So beteiligten

48 Parallel erfolgte die Werbung in den sozialen Netzwerken (hier insbesondere Facebook und Twitter) und in Anzeigenblättern.

sich in der Spitze 856 Personen am Debat-O-Meter, was weit über den in der rezeptionsbegleiteten Debattenforschung üblichen Zahlen liegt.

Das Debat-O-Meter verfügt über unterschiedliche grafische Benutzeroberflächen und lässt sich damit einfach an unterschiedliche Diskussionssettings (zum Beispiel Duell oder Mehrpersonenpodium) softwareseitig anpassen. Zur Landtagswahl in Schleswig-Holstein wurde das Debat-O-Meter als Push-Button-Version implementiert (siehe Abbildung 1). Über eine graduelle Abstufung von »++« für einen sehr guten bis hin zu »--« für einen sehr schlechten Eindruck, konnten die Nutzerinnen und Nutzer ihren momentanen Eindruck über die Spitzenkandidatinnen und Spitzenkandidaten wiedergeben. Das Nicht-Drücken eines Knopfes wurde dabei als neutrale Position interpretiert.

Wie setzte sich die Nutzerschaft des Debat-O-Meter in Schleswig-Holstein zusammen? Augenfällig ist, dass die Nutzerinnen und Nutzer deutlich jünger waren als die landesweite Bevölkerung des nördlichsten Bundeslandes Deutschlands. Trotzdem waren Nutzerinnen und Nutzer aus beinahe allen Alterskohorten am Debat-O-Meter vertreten: Über einhundert Personen gaben an, älter als 60 Jahre zu sein. Das Teilnehmerfeld ist zudem deutlich männlich geprägt: Mit rund 67 Prozent waren männliche Teilnehmer in Bezug auf die Gesamtbevölkerung deutlich überrepräsentiert (48,9 Prozent), wenngleich auch 228 weibliche Userinnen das Debat-O-Meter zur Echtzeitbewertung der TV-Diskussion nutzten. Die Debat-O-Meter-Nutzerinnen und -Nutzer waren insgesamt sehr hoch formal gebildet: Über 46 Prozent verfügten über einen Hochschulabschluss, nur knapp ein Fünftel gab an, einen Hauptschulabschluss, die Mittlere Reife oder (noch) keinen Schulabschluss zu haben.

Und eine weitere Eigenschaft der Nutzerinnen und Nutzer ist auffällig: Sie sind in hohem Maße politisch interessiert. Rund vier Fünftel gaben an, ein starkes oder gar sehr starkes Interesse an Politik zu haben. Die Ergebnisse decken sich damit mit Befunden von Untersuchungen zur Nutzerschaft von Voting Advice Applications und anderen Angeboten der E-Partizipation.[49]

Aber nicht nur im Hinblick auf soziodemografische Größen lassen sich interessante Einblicke gewinnen. Auch die Betrachtung der politischen Voreinstellungen der Nutzerinnen und Nutzer bietet gewinnbringende Erkenntnisse für die weitere Analyse. So ist festzuhalten, dass mehr als ein Fünftel der Teilnehmerinnen und Teilnehmer über keine langfristige Parteineigung verfügten. Unter denjenigen, die eine Parteineigung angaben, lag die CDU mit rund 35 Prozent vor der SPD (26 Prozent). Ein ähnliches Bild zeigte sich auch

---

49 Vgl. Marschall 2011, Kneuer 2014.

in der »Sonntagsfrage« (32 Prozent CDU, 25 Prozent SPD), wenngleich der Anteil der Unentschlossenen bei rund 29 Prozent lag. Diese Beobachtungen decken sich in hohem Maße mit Umfragen anderer Wahlforschungsinstitute zu diesem Zeitpunkt des Wahlkampfes.[50] Entsprechend der politischen Prädispositionen lag der Herausforderer und CDU-Kandidat Daniel Günther auch bei Fragen zu kandidatenbezogenen Einstellungen in der Nutzerschaft leicht vor dem damaligen Amtsinhaber der SPD Torsten Albig.

Die Debat-O-Meter-Teilnehmerinnen und -Teilnehmer sind in soziodemografischer Hinsicht nicht repräsentativ für die Gesamtbevölkerung in Schleswig-Holstein, dies gilt jedoch auch für die Zuschauerinnen und Zuschauer einer TV-Debatte, und dies ist letztlich die eigentliche Grundgesamtheit für die Analyse der Debatte. Um die Frage nach Repräsentativität beantworten zu können, ist zunächst zu klären, auf wen sich die Repräsentativität beziehen soll: Auf die Gesamtbevölkerung, die Wahlbevölkerung (also nur Wahlberechtigte), die tatsächlichen Wähler oder die TV-Zuschauer der Debatte. Da immer erst nach der Wahl klar ist, wer wirklich wählen gegangen ist, kann für die Wählerinnen und Wähler keine Repräsentativität erreicht werden. Da die Teilnahme am Debat-O-Meter allen (also nicht nur Wählerinnen und Wählern) offensteht, wurden die Daten nicht auf die Wahlbevölkerung gewichtet (hier lagen auch keine Daten des Landeswahlleiters vor), sondern bevölkerungsrepräsentativ nach Alter und Geschlecht. Das heißt, durch die Gewichtung wurde die Teilnehmerschaft mathematisch an die Bevölkerung angepasst.

4.2 Ergebnisse der Vorbefragung

In der Befragung vor Beginn der Debatte hatten sich 43,3 Prozent der Teilnehmerinnen und Teilnehmer bei der Frage nach der Direktwahl für Albig als Ministerpräsidenten ausgesprochen, 41,6 Prozent für Günther, 15,1 Prozent waren noch unentschieden. Dieses Kopf-an-Kopf-Rennen vor der Debatte zeigte sich auch an einer ausgeglichenen Bewertung von Albig und Günther, wobei Günther (auf einer Skala von -2 bis +2) mit 0,17 im Durchschnitt leicht besser bewertet wurde als Albig (0,09).

Betrachtet man bei den Ergebnissen aus der Vorumfrage die Antworten nach der Sonntagsfrage, das heißt die Wahlabsicht, dann ergibt sich ein etwas anderes Bild der Zuschauerinnen und Zuschauer: Die CDU lag vor der SPD. Insgesamt waren vor der Debatte jedoch noch fast 29 Prozent der

50 Vgl. die Umfragen der Forschungsgruppe Wahlen und Infratest dimap auf Wahlrecht.de (Wahlrecht.de 2017).

Teilnehmerinnen und Teilnehmer unentschlossen, was ihre Stimmabgabe betraf. Auffallend ist zudem, dass für die Anhängerinnen und Anhänger kleiner Parteien das TV-Duell weniger attraktiv ist. Gemessen an den Vorwahlumfragen liegen die Prozentwerte jeweils deutlich niedriger, was vor allem an dem hohen Anteil der Unentschlossenen liegt. Bei der Frage nach der Parteineigung lagen in der Vorbefragung die Anhängerinnen und Anhänger der CDU (34,7 Prozent) vor den Anhängern der SPD (23,6 Prozent), rund 22 Prozent der Befragten wiesen keine längerfristige Parteiidentifikation auf.

4.3 Die Echtzeit-Bewertungen (RTR)

Im Debat-O-Meter wurden 193 038 Bewertungen bei den Echtzeitmessungen während der Debatte registriert, 858 Personen haben dabei mindestens einmal eine Bewertung abgegeben. Im Mittel sind das 225 Bewertungen pro Teilnehmerin oder Teilnehmer, im Durchschnitt also knapp vier Eingaben pro Minute und pro Person. Dies ist jedoch nach oben verzerrt, erstens, weil einzelne Teilnehmerinnen und Teilnehmer immens aktiv waren und zweitens, weil nicht alle Voten gezählt werden (wenn mehr als einmal pro Sekunde eine Wertung einging, zählte für beide Bewertungsrichtungen jeweils die stärkere, anschließend wurden für die fragliche Sekunde beide Wertungsrichtungen saldiert). Insofern reduzieren sich die gültigen Werte.

Für Albig wurden aufgrund dieser Begrenzung insgesamt 48 224 einzelne Bewertungen abgegeben, für Günther waren es 54 124 – ein erster Hinweis auf das partizipatorische Potenzial des Debat-O-Meter. Wenn man über alle abgegebenen Bewertungen mittelt (++ = 2, + = 1, - = -1, -- = -2), dann erreichte Albig einen Durchschnittswert von -0,762, während Günther bei 0,981 stand. Dies stützt die Befunde der Vor- und Nachbefragungen, dass es einen positiven Eindruck vom CDU-Kandidaten bei den Wählerinnen und Wählern gab. Zudem waren die CDU-Anhängerinnen und -Anhänger auch beim Debat-O-Meter etwas aktiver.

Allerdings nutzen die Anwenderinnen und Anwender des Debat-O-Meter das Instrument durchaus differenziert: Knapp 61 Prozent haben sowohl für Albig als auch Günther positive Bewertungen abgegeben. Rund 26,5 Prozent haben nur positive Voten für Günther und keine einzige positive Bewertung für Albig, während 12,5 Prozent der Teilnehmerinnen und Teilnehmer ausschließlich Albig positiv bewerteten. Daher kann man – vor dem Hintergrund der Vorbefragungsergebnisse – von einem gewissen Bias zugunsten der CDU bei den RTR-Voten sprechen. Allerdings lag Günther auch innerhalb der Gruppe der »differenziert Abstimmenden« vorne.

Abbildung 2: Wahlabsichtsfrage zur Landtagswahl in Schleswig-Holstein 2017 (in Prozent)

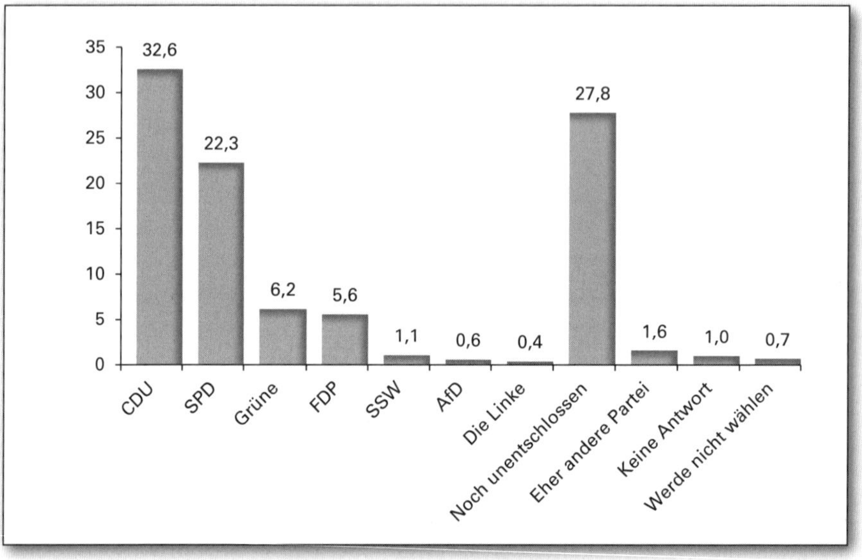

Quelle: eigene Daten. Anmerkung: Antwortverteilung auf die in der Vorbefragung des Debat-O-Meter gestellte Frage »Welcher Partei werden Sie bei der Landtagswahl voraussichtlich ihre Stimme geben« (Daten gewichtet nach Geschlecht und Alter; n = 856). Bei den ungewichteten Daten lag der Anteil der CDU bei 30,8 Prozent und derjenige der SPD bei 25,1 Prozent.

Die Aktivität im Debat-O-Meter stieg im Debattenverlauf immer weiter an, was einerseits daher kommt, dass immer noch eine Reihe »Nachzügler« in die Diskussion einstiegen, andererseits aber wohl auch damit zusammenhängt, dass die Konfrontation in der zweiten Hälfte der Debatte etwas höher war. Die höchste Aktivität gab es einerseits über die Koalitionsaussagen hinweg, vor allem zu Albigs Ausweichen zur Frage einer Koalition mit der Linkspartei (»kommen nicht in den Landtag«). Ferner gab es beim Infrastruktur-Abschnitt (Ausbau der Autobahn A20) und bei der Inneren Sicherheit (bei Günthers Bekenntnis zu einem Ausbau der Polizeikapazitäten) eine besonders hohe Aktivität.

Aggregiert man die Bewertungen für SPD- und CDU-Anhängerinnen und -Anhänger sowie für die Unentschlossenen, indem man innerhalb jeder Gruppe positive und negative Bewertungen saldiert, ergeben sich folgende Durchschnittsbewertungen: Die SPD-Wählerinnen und -Wähler bewerten ihren Kandidaten Albig im Durchschnitt mit 0,358, während Günther auf

-0,092 kommt. Die CDU-Wählerinnen und -Wähler bewerten Günther mit 1,85, während Albig mit -1,801 bewertet wird. Die CDU-Wählerinnen und -Wähler bewerten ihren Kandidaten damit deutlich besser als die SPD-Wählerinnen und -Wähler ihren Spitzenvertreter, insofern konnte im Duell nur Günther seine Reihen schließen. Eine weitere Perspektive ergibt sich, wenn man bei der Bewertung eines Kandidaten seine jeweiligen Anhängerinnen und Anhänger (und damit potenzielle »Parteisoldaten«) ausschließt. Für alle Teilnehmerinnen und Teilnehmer ohne die SPD-Wählerinnen und -Wähler ergibt sich hier eine Bewertung Albigs von -0,996 und 1,179 für Günther (jeweils Durchschnittswerte). Klammert man die CDU-Wählerinnen und -Wähler aus, so liegen die Durchschnittswerte bei -0,246 für Albig und bei 0,519 für Günther. Die Unentschiedenen bewerteten Albig im Mittel mit -0,476 und Günther mit 0,769. Daniel Günther kommt damit auch hier generell besser an als der Amtsinhaber, sowohl bei Zuschauerinnen und Zuschauern jenseits der eigenen Anhängerschaft als auch bei den Unentschlossenen. Neben der starken Ablehnung von Albig bei den CDU-Anhängerinnen und -Anhängern fällt auf, dass Albig sogar von seinen eigenen Anhängerinnen und Anhängern nur sehr zögerhafte Unterstützung bekommt. Dagegen wird Günther im gegnerischen Lager nicht besonders abgelehnt.

Diese Ergebnisse scheinen etwas im Widerspruch zu einer Vorwahlumfrage der Forschungsgruppe Wahlen zu stehen, die am Tag des TV-Duells veröffentlicht wurde. Nach dieser Umfrage wurde Albig besser als Günther bewertet.[51] Bemerkenswert war dabei jedoch, dass der Spitzenkandidat der FDP Wolfgang Kubicki am besten von allen Politikerinnen und Politikern in Schleswig-Holstein bewertet wurde. In der Wahlanalyse der Forschungsgruppe Wahlen, basierend auf einer Umfrage in der Woche vor der Wahl und damit nach der TV-Debatte, kommt Günther jedoch auch auf eine etwas bessere Bewertung als Albig (1,8 zu 1,7 auf einer Skala von +5 bis -5). Dieser Swing bei der Forschungsgruppe Wahlen in der Kandidatenbewertung lässt sich unseres Erachtens vor allem mit dem Sieg Günthers in der TV-Debatte erklären.

Betrachtet man die besten und schlechtesten Bewertungen für Albig, wurde er während der Debatte bei der Bildungsfrage am besten bewertet, als er an Günther folgende Aussage zu Gymnasium nach acht Jahren richtete: »G8 wurde unter Carstensen eingeführt, das verschweigen Sie«. Die schlechteste Bewertung erzielte Albig dagegen bei der Aussage, als er sich über die CDU-Vorgängerregierung lustig machte, dass sie keine Fledermäuse zählen könne und monierte, er habe durch einen Planfeststellungsbeschluss der CDU »Jahre verloren«.

51 Vgl. Forschungsgruppe Wahlen 2017.

Nach den Echtzeitbewertungen im Debat-O-Meter konnte als bester Moment für Daniel Günther die Kritik an der SPD-Landesregierung identifiziert werden: So warf er der Regierung Albig mangelnde Kommunikation beim Bau der Autobahn A20 vor (»Minister reden nicht miteinander«, »leerer Adlerhorst«). Die schlechteste Bewertung für Günther konnte wiederum festgestellt werden, als Albig ausführte, dass heute 300 mehr Lehrerinnen und Lehrer da sind als vor 2012.

Ein besonderer und unvorhergesehener Punkt der Debatte war jedoch der Vorwurf einer Zuschauerin an Daniel Günther, er habe sie als »Ver.di-Schlampe« bezeichnet. Diese Zuschauerin, die sich im Nachhinein als SPD-Funktionärin aus Flensburg herausstellte, warf Günther vor: »Sie haben mich mal Verdi-Schlampe genannt im Landtag« (im Nachgang konnten in den Landtagsprotokollen hierfür jedoch keine Belege gefunden werden). Auch diese Passage konnte im Debat-O-Meter gemessen werden, sie wird insbesondere dann nachvollziehbar, wenn man die Bewertung vor der Saldierung heranzieht und als eingehende Ströme positiver und negativer Bewertungen darstellt. Nach dem Vorwurf der Zuschauerin bleibt der negative Strom eingehender Bewertungen für Günther konstant, während der Strom positiver Bewertungen kurzfristig stark nachlässt, wodurch in Summe der Saldo kurzfristig rückläufig wird. Nach wenigen Augenblicken (und Günthers Replik) pendeln sich beide Ströme wieder auf dem ursprünglichen Niveau ein. Die Teilnehmerinnen und Teilnehmer haben Günther den Vorwurf also offenbar nicht negativ angerechnet, wahrscheinlich weil seine Beteuerung, das nicht gesagt zu haben, auf sie glaubhaft wirkte.

Im Nachgang zur TV-Debatte und in Folge der Diskussion in der Presse hat diese Beschuldigung wohl eher negativ für Albig gewirkt, da die in der Vergangenheit skandalgeprägten Wahlkämpfe in Schleswig-Holstein bis zu diesem Zeitpunkt keine Rolle in der Diskussion gespielt hatten. Insofern konnte hier ein negativer Backlash zulasten der SPD identifiziert werden. Verstärkt wurde die Wahrnehmung wohl auch dadurch, dass der NDR im Vorfeld angekündigt hatte, keine politischen Funktionärinnen und Funktionäre in der TV-Debatte als Fragesteller auftreten zu lassen, was auch den NDR in die Kritik geraten ließ.

4.4 Die Ergebnisse aus der Nachbefragung

Betrachtet man nur die (gewichteten) Teilnehmerinnen und Teilnehmer, die sowohl die Vor- als auch die Nachbefragung ausgefüllt haben, ergeben sich folgende Ergebnisse. In der Vorbefragung wurde Günther mit 0,318 (-2 bis

+2) leicht positiv bewertet, der Eindruck von Albig war mit -0,02 neutral bis durchwachsen. Nach der Debatte hatte sich Günther auf 0,582 verbessert, während Albig auf -0,176 kam.

Was das Durchsetzungsvermögen in der Diskussion anging, hatte Günther zu Beginn einen leichten Favoritenstatus (35,9 Prozent glaubten an seinen Sieg), während 30,3 Prozent von einem Sieg Albigs ausgingen (33,7 Prozent glaubten an ein »Unentschieden«). Nach der Debatte gaben 60,8 Prozent an, dass Günther die Debatte gewonnen habe. Einen Sieg Albigs sahen 32,3 Prozent der Befragten, während 7 Prozent für ein »Unentschieden« votierten. Günther konnte dabei sowohl den größeren Teil der »Unentschiedenen« an sich ziehen sowie vielfach auch Personen, die zuvor Albig als Sieger erwartet hatten.

Ebenfalls deutlich wird der Sieg Günthers, wenn man auf die Wahlabsichten schaut. Hier waren vor der Diskussion die größten Gruppen: CDU (32,6 Prozent), SPD (22,3 Prozent) und Unentschieden (27,8 Prozent).[52] Das Unentschiedenlager schmolz durch die Diskussion deutlich auf 7,5 Prozent ab. Die NDR-Wahlarena half also zahlreichen Zuschauerinnen und Zuschauern, sich eine Meinung zu bilden. Zudem kletterte die SPD zwar von 22,3 Prozent auf 27,1 Prozent, wurde aber von der stärkeren Wahlentscheidung zugunsten der CDU (von 32,0 Prozent auf 49,4 Prozent) überflügelt. Der Rest verteilt sich wieder auf die anderen Parteien und Nichtwählerinnen und Nichtwähler. Die Zahl der Antwortenden ging jedoch von 856 auf 470 zurück, ein Rückgang von 45 Prozent.

Die zuvor Unentschlossenen wechselten in der Nachbefragung etwas häufiger zur CDU: So gaben 48 Personen (20,2 Prozent der Unentschlossenen) nun eine Wahlabsicht für die CDU und 41 Personen (17 Prozent der Unentschlossenen) für die SPD an. Allerdings veränderten nur drei Personen ihre Wahlentscheidung von CDU auf SPD, während 19 nach der Diskussion nicht mehr die SPD, sondern die CDU wählen wollten. Die Wechsler gingen also klar an Günther, ebenso wie die Unentschlossenen.

5. Potenziale und Herausforderungen: Das Debat-O-Meter als neues Instrument der E-Partizipation?

Ausgehend von der politikwissenschaftlichen und -didaktischen Diskussion über Postdemokratie und Politikverdrossenheit erörterte der Beitrag Chancen und Grenzen der E-Partizipation als Heilmittel gegen postpoli-

52 Die Unterschiede zur Vorbefragung ergeben sich, weil nur Personen ausgewertet wurden, die sowohl an der Vor- und Nachbefragung teilgenommen haben.

tische Symptome. Das Debat-O-Meter wurde als Applikation für mobile Endgeräte vorgestellt, das in der Tradition eines RTR-Messinstruments die Stärken einer Voting Advice Application für politische TV-Debatten nutzbar macht, indem es den Nutzerinnen und Nutzern die Echtzeitbewertung von Positionen, Personen und Programmatiken der Parteien ermöglicht und die Fernsehzuschauerinnen und Fernsehzuschauer an der Sendung partizipieren lässt. Am Beispiel des TV-Duells zur Landtagswahl 2017 in Schleswig-Holstein zwischen dem damaligen Ministerpräsidenten Torsten Albig (SPD) und seinem CDU-Herausforderer und späteren Amtsnachfolger Daniel Günther wurde die Funktionsweise und Aussagekraft des Debat-O-Meter exemplarisch dargestellt. Abschließend sollen nun auf dieser Grundlage die Potenziale und Herausforderungen des Debat-O-Meter als neuem Instrument der E-Partizipation diskutiert werden.

Die vorangegangene Analyse hat das partizipative Potenzial des Debat-O-Meter quantitativ aufgezeigt. Zehntausende Klicks innerhalb der 60-minütigen Live-Sendung des NDR aus der Lübecker Kulturwerft Gollan von mehr als 850 Nutzerinnen und Nutzern sind Beleg für die Attraktivität dieses neuen Online-Tools zur Echtzeitbewertung von TV-Debatten und dafür, dass das Debat-O-Meter dazu geeignet ist, die »passive, stille, bisweilen gar apathische Rolle«[53] der TV-Zuschauerinnen und -Zuschauer und prospektiven Wählerinnen und Wähler aufzulösen. Das Debat-O-Meter stellt auch weitere postdemokratische und postpolitische Indikationen in Zweifel. Das Bewertungsverhalten macht ersichtlich, dass die Nutzerinnen und Nutzer sehr differenzierte Urteile bilden, Parteiendifferenzen und widerstreitende Programmatiken goutieren. Es ließen sich weder Abkehrbewegungen vom politischen Spitzenpersonal der Mitte beobachten noch wurden Parteien der populistischen Ränder gestärkt. Genau das Gegenteil ist der Fall: Das Debat-O-Meter zeigt, dass das TV-Duell in Schleswig-Holstein Orientierungshilfe gab, der Anteil der Unentschiedenen sank drastisch, es war ein Konzentrationsprozess in der Wahlabsicht zu den Parteien der Mitte zu beobachten, wovon der CDU-Kandidat Günther durch eine gute Performanz im verbalen Schlagabtausch stärker profitieren konnte als sein Kontrahent Albig von der SPD. Eine Hinwendung zur Gruppe der Nichtwählerinnen und Nichtwähler fand ebenso wenig statt, wohingegen sich Konversionen in nicht unerheblichem Maße beobachten ließen. Das Debat-O-Meter erreichte insbesondere ein junges Publikum, das gemeinhin als anfälliger für Verdrossenheitseinstellungen gilt, wenngleich die meisten Nutzerinnen und Nutzer eine hohe formale Bildung und ein starkes politisches Interesse anzeigten und damit

53 Jörke 2011: 13.

für User von Voting Advice Applications typische Eigenschaften aufwiesen. Obwohl in soziodemografischer Hinsicht verzerrt, erwies sich die Nutzerschaft im Hinblick auf ihre politischen Voreinstellungen als adäquates Abbild der Gesamtbevölkerung des Zwei-Küsten-Landes.

Das Debat-O-Meter hat als innovatives Tool der E-Partizipation also durchaus das Potenzial, auch politikdistanzierte Bevölkerungssegmente zu erreichen. Es kann – politikdidaktisch gesprochen – als aufsuchende Form der politischen Bildung verstanden werden, die die Nutzerinnen und Nutzer vor dem heimischen Bildschirm auf dem Sofa abholt und den Unterhaltungscharakter von TV-Duellen mit einem innovativen und niederschwelligen Instrument der Wahlinformation verbindet.

In der systematisierenden Erschließung des E-Partizipationsbegriffs ist das Debat-O-Meter als unkonventionelles, hybrides Instrument der E-Partizipation zu klassifizieren, das als digitales Wahlinformationsangebot Orientierungshilfe für den analogen Wahlakt bietet. Sein Schwerpunkt liegt somit auf der Dimension der E-Information. Der Nutzer und die Nutzerin verbleibt aber nicht in der Rolle des Informationskonsumenten, sondern wird mit seinem Abstimmungsverhalten zum Content Provider. Er oder sie partizipiert in Echtzeit an der TV-Debatte und bereitet in einer räumlich entgrenzten Situation der Many-to-Many-Kommunikation den Weg zu deliberativen Diskursen, die sich in der Anschlusskommunikation sowohl vertikal vermittelt über die Medien als auch horizontal zwischen den Nutzerinnen und Nutzern zum Beispiel in den sozialen Medien vollzieht. Das Debat-O-Meter zielt als Instrument der E-Partizipation auf repräsentative Beteiligung, nämlich den Wahlakt als Königsrecht in der Demokratie. Es verbindet dies aber mit niederschwelligen Elementen des symbolischen Handelns und führt damit auf innovative Art über den »invented space« in den Wahlraum verfasst-konventioneller Beteiligung.

Aus der RTR-Forschung ist bekannt, dass die Rezeption von politischen TV-Debatten eine egalisierende Wirkung auf das politische Wissen und das subjektive politische Kompetenzgefühl haben kann. Das Debat-O-Meter unterstützt als digitales Tool diesen Prozess, weil es Orientierungshilfe bietet und die unzähligen Informationen, die im Laufe auf den Zuschauer und die Zuschauerin einwirken, grafisch visualisiert und verdichtet. Das Debat-O-Meter kann also durchaus helfen, Informationslücken zwischen politisch stark Involvierten und politisch weniger Interessierten zu schließen. Eine weitere Stärke des Debat-O-Meter ist es, dass es das typische Nutzungsverhalten insbesondere Jüngerer für das Politische nutzbar macht, denn Informierung im Internet (E-Information) findet »interessen- und ereignisgetrieben« statt.

Das Debat-O-Meter steht gleichsam vor großen Herausforderungen. Weder die Mobilisierungs- noch die Reinforcement-These können im Hinblick auf das Debat-O-Meter uneingeschränkt Geltung für sich beanspruchen, sondern es ist vielmehr eine differenzierte Betrachtungsweise angeraten, wie sie die netzrealistische Perspektive entfaltet. Es wird dabei ersichtlich, dass das Debat-O-Meter nicht fähig ist, Digital und Participatory Divides aufzulösen: Es sind vor allem die Ressourcenstarken, die das Debat-O-Meter als Quelle der E-Information zur Verbesserung ihres Informationsstandes und zur politischen Meinungsbildung nutzen. Verbunden mit dem symbolischen und niederschwelligen Charakter der Partizipation stellt eine netzoptimistische Interpretation das Debat-O-Meter als Allheilmittel gegen Politikverdrossenheit und postdemokratische Symptome infrage.

Das Debat-O-Meter als neues Instrument der E-Partizipation ist alleine sicher kein hinreichendes Angebot der politischen Bildung. Vielmehr kann es sowohl für Politikinteressierte als auch für einerseits politikdistanzierte, aber zugleich unterhaltungs- und technikaffine Wählerinnen und Wähler als Ausgangspunkt dienen, sich weiter mit politischen Programmatiken, Parteien und Personen zu beschäftigen. Es ermöglicht seinen Nutzerinnen und Nutzern, elektronisch an einer bedeutenden politischen Wahlkampfveranstaltung zu partizipieren, die subjektive Meinung zu äußern, die eigenen Interessen zu artikulieren und sich politisch-handelnd zu engagieren – und sei es nur mit einem Klick auf dem eigenen Smartphone vor dem heimischen Bildschirm.

6. Zusammenfassung

Der Beitrag entfaltete die Potenziale und Grenzen des Debat-O-Meter, eine von Informatikern und Politikwissenschaftlern der Universität Freiburg entwickelte Web-Applikation, die zur Echtzeit-Bewertung von politischen TV-Debatten als neues Instrument der E-Partizipation dient. Ausgehend von in der Politikwissenschaft formulierten postdemokratischen Diagnosen wurde die E-Partizipation als Mittel gegen Symptome der Politikverdrossenheit diskutiert und in ihrem Bedeutungsinhalt für die folgenden Ausführungen definiert. Am Beispiel des TV-Duells zur Landtagswahl 2017 in Schleswig-Holstein wurde das Debat-O-Meter als mobile Applikation zur Real-Time-Response (RTR)-Messung vorgestellt, welche ihren Nutzern als Second-Screen-Angebot eine elektronische Partizipation an Fernsehdiskussionen ermöglicht. Der Forschungsstand zu TV-Debatten in Deutschland zeigte zunächst die hohe Relevanz dieser medialen Großereignisse als Quelle der Wahlinformation und für die politische Meinungs- und Willensbildung auf. Davon ausgehend wurden relevante Studienergebnisse zur Landtagswahl in Schleswig-Holstein vorgestellt, bevor abschließend Potenziale wie auch Herausforderungen für das Debat-O-Meter als neuem Instrument der E-Partizipation zu politischen TV-Debatten diskutiert wurden.

Literatur

Almond, Gabriel A. / Verba, Sydney (1963): The Civic Culture. Political Attitudes and Democracy in Five Nations, Princeton.

Andersen, Uwe/ Woyke, Wichard (2013): Handwörterbuch des politischen Systems der Bundesrepublik Deutschland, Wiesbaden.

Arzheimer, Kai (2002): Politikverdrossenheit. Bedeutung, Verwendung und empirische Relevanz eines politikwissenschaftlichen Begriffs, Opladen.

Arzheimer, Kai (2005): Politikverdrossenheit – eine Frage der Persönlichkeit? Der Zusammenhang zwischen Persönlichkeitsfaktoren und Verdrossenheitseinstellungen, in: Siegfried Schumann / Harald Schoen (Hg.), Persönlichkeit. Eine vergessene Größe der empirischen Sozialforschung, Wiesbaden, S. 193–207.

Bachl, Marko (2013a): Die Wirkung des TV-Duells auf die Bewertung der Kandidaten und die Wahlabsicht, in: Marko Bachl / Frank Brettschneider / Simon Ottler (Hg.), Das TV-Duell in Baden-Württemberg 2011. Inhalte, Wahrnehmungen und Wirkungen, Wiesbaden, S. 171–198.

Bachl, Marko (2013b): Die TV-Duell-Studie Baden-Württemberg 2011 in: Marko Bachl / Frank Brettschneider / Simon Ottler (Hg.), Das TV-Duell in Baden-Württemberg 2011. Inhalte, Wahrnehmungen und Wirkungen, Wiesbaden, S. 7–27.

Bachl, Marko (2014): Analyse rezeptionsbegleitend gemessener Kandidatenbewertungen in TV-Duellen Erweiterung etablierter Verfahren und Vorschlag einer Mehrebenenmodellierung, Hohenheim.

Bachl, Marko / Brettschneider, Frank / Ottler, Simon (Hg.) (2013): Das TV-Duell in Baden-Württemberg 2011. Inhalte, Wahrnehmungen und Wirkungen, Wiesbaden.

Boher, Sylvia (1996): Parteienverdrossenheit: Ursachen und Lösungsstrategien, München.

Buchstein, Hubertus (1996): Bittere Bytes: Cyberbürger und Demokratietheorie, in: Deutsche Zeitschrift für Philosophie 44 (4/1996), S. 583–608.

Crouch, Colin (2012): Postdemokratie, Berlin.

Debat-O-Meter (2017): Die NDR-Wahlarena Schleswig-Holstein am 25. April 2017 (online unter: https://debatometer.shinyapps.io/ltwsh17/ – letzter Zugriff: 21.09.2020).

Detjen, Joachim (2011): Elementarisierung. Grundsätzliche Überlegungen zur Brauchbarkeit eines didaktischen Schlüsselbegriffs für die politische Bildung, Eichstätt-Ingolstadt.

Easton, David (1967): A Systems Analysis of Political Life, New York.

Faas, Thorsten / Maier, Jürgen (2004): Mobilisierung, Verstärkung, Konversion? Ergebnisse eines Experiments zur Wahrnehmung der Fernsehduelle im Vorfeld der Bundestagswahl 2002, in: Politische Vierteljahresschrift 45 (1/2004), S. 55–72.

Faas, Thorsten / Maier, Jürgen (2011): Medienwahlkampf. Sind TV-Duelle nur Show und damit nutzlos?, in: Evelyn Bytzek / Sigrid Roßteutscher (Hg.), Der unbekannte Wähler? Mythen und Fakten über das Wahlverhalten der Deutschen, Frankfurt/M., S. 99–114.

Faas, Thorsten / Maier, Jürgen (2014): Wahlkämpfe im Miniaturformat: Fernsehdebatten und ihre Wirkung am Beispiel des TV-Duells 2013 zwischen Angela Merkel und Peer Steinbrück, in: Information – Wissenschaft und Praxis 65 (3/2014), S. 163–168.

Forschungsgruppe Wahlen (2017): Politbarometer-Extra Schleswig-Holstein April 2017 (online unter: www.forschungsgruppe.de/Umfragen/Politbarometer/Archiv/Politbarometer-Extra/PB-Extra_Schleswig-Holstein_April_2017/ – letzter Zugriff: 21.09.2020).

Frech, Siegfried / Juchler, Ingo (2011): Bürger auf Abwegen. Politikdistanz und politische Bildung, Schwalbach/Ts.

Gaiser, Wolfgang / de Rijke, Johann / Wächter, Franziska (2009): Politikdistanz?, in: Kursiv. Journal für politische Bildung 1/2009, S. 18–27.

Giddens, Anthony (1997): Jenseits von links und rechts. Die Zukunft radikaler Demokratie, Berlin.

Grunwald, Armin / Banse, Gerhard / Coenen, Christopher / Hennen, Leonard (2006): Netzöffentlichkeit und digitale Demokratie. Tendenzen politischer Kommunikation im Internet, Berlin.

Habermas, Jürgen (1992): Drei normative Modelle der Demokratie. Zum Begriff deliberativer Politik, in: Herfried Münkler (Hg.), Die Chancen der Freiheit, München, S. 11–124.

Jörke, Dirk (2011): Bürgerbeteiligung in der Postdemokratie, in: Aus Politik und Zeitgeschichte 61 (1–2/2011), S. 13–18.

Kersting, Norbert (2014): Online Beteiligung – Elektronische Partizipation – Qualitätskriterien aus Sicht der Politik, in: Kathrin Voss (Hg.), Internet und Partizipation, Wiesbaden, S. 53–87.

Kirchheimer, Otto (1965): Der Wandel des westeuropäischen Parteisystems, in: Politische Vierteljahresschrift 6 (1/1965), S. 20–41.

Klages, Helmut (1993): Häutungen der Demokratie, Zürich.

Klein, Markus (2005): Der Einfluss der beiden TV-Duelle im Vorfeld der Bundestagswahl 2002 auf die Wahlbeteiligung und die Wahlentscheidung. Eine log-lineare Pfadanalyse auf der Grundlage von Paneldaten, in: Zeitschrift für Soziologie 34 (3/2005), S. 207–222.

Klein, Markus / Pötschke, Manuela (2005): Haben die beiden TV-Duelle im Vorfeld der Bundestagswahl 2002 den Wahlausgang beeinflusst? Eine Mehrebenenanalyse auf der Grundlage eines 11-Wellen-Kurzfristpanels, in: Jürgen W. Falter / Oscar W. Gabriel / Bernhard Weßels (Hg.), Wahlen und Wähler. Analysen aus Anlass der Bundestagswahl 2002, Wiesbaden, S. 357–370.

Klein, Markus / Rosar, Ulrich (2007): Wirkungen des TV-Duells im Vorfeld der Bundestagswahl 2005 auf die Wahlentscheidung, in: Kölner Zeitschrift für Soziologie und Sozialpsychologie 59 (1/2007), S. 81–104.

Kneuer, Marianne (2013): Mehr Partizipation durch das Internet?, Mainz.

Kneuer, Marianne (2014): Mehr oder weniger demokratische Qualität durch das Internet, in: Der Bürger im Staat 64 (4/2014), S. 196–205.

Kneuer, Marianne / Salzborn, Samuel (2016): Digitale Medien und ihre Wirkung auf demokratische Prozesse, in: Zeitschrift für Vergleichende Politikwissenschaft 10 (2/2016), S. 1–14.

Macintosh, Ann (2004): Characterizing E-Participation in Policy-making, Edinburgh.

Maier, Jürgen / Faas, Thorsten (2011): Das TV-Duell 2009. Langweilig, wirkungslos, nutzlos? Ergebnisse eines Experiments zur Wirkung der Fernsehdebatte zwischen Angela Merkel und Frank-Walter Steinmeier, in: Heinrich Oberreuter (Hg.), Am Ende der Gewissheiten. Wähler, Parteien und Koalitionen in Bewegung, München, S. 147–166.

Maier, Jürgen / Faas, Thorsten / Maier, Michaela (2013): Mobilisierung durch Fernsehdebatten: zum Einfluss des TV-Duells 2009 auf die politische Involvierung und die Partizipationsbereitschaft, in: Bernhard Weßels / Harald Schoen / Oscar W. Gabriel (Hg.), Wahlen und Wähler, Wiesbaden, S. 79–96.

Maier, Michaela (2007): Verstärkung, Mobilisierung, Konversion. Wirkungen des TV-Duells auf die Wahlabsicht, in: Marcus Maurer / Carsten Reinemann / Jürgen Maier / Michaela Maier (Hg.), Schröder gegen Merkel. Wahrnehmung und Wirkung des TV-Duells 2005 im Ost-West-Vergleich, Wiesbaden, S. 145–165.

Marschall, Stefan (2011): Wahlen, Wähler, Wahl-O-Mat, in: Aus Politik und Zeitgeschichte 61 (4/2011), S. 40–46.

Massing, Peter (2011): Parteien- und Politikverdrossenheit – Mode oder Signum der Zeit, in: Siegfried Frech / Ingo Juchler (Hg.), Bürger auf Abwegen, SchwalbachTs., S. 131–148.

Maurer, Marcus / Reinemann, Carsten (2003): Schröder gegen Stoiber: Nutzung, Wahrnehmung und Wirkung der TV-Duelle, Wiesbaden.

Maurer, Marcus / Reinemann, Carsten (2006): Learning Versus Knowing. Effects of Misinformation in Televised Debates, in: Communication Research 33 (6/2006), S. 489–506.

Maurer, Marcus / Reinemann, Carsten / Maier, Jürgen / Maier, Michaela (Hg.) (2007): Schröder gegen Merkel. Wahrnehmung und Wirkung des TV-Duells 2005 im Ost-West-Vergleich, Wiesbaden.

Metz, Thomas / Wagschal, Uwe / Waldvogel, Thomas / Bachl, Markus / Feiten, Linus / Becker, Bernd (2016): Das Debat-O-Meter. Ein neues Instrument zur Analyse von TV-Duellen, in: Zeitschrift für Staats-und Europawissenschaften 14 (1/2016), S. 124–149.

Mouffe, Chantal (2007): Über das Politische, Frankfurt/M.

Mouffe, Chantal (2011): Postdemokratie und die zunehmende Entpolitisierung, in: Aus Politik und Zeitgeschichte 61 (1–2/2011), S. 3–5.

Niedermayer, Oskar (2005): Bürger und Politik. Politische Orientierungen und Verhaltensweisen der Deutschen, Wiesbaden.

Norris, Pippa (2001): Digital Divide: Civic Engagement, Information Poverty, and the Internet Worldwide, Cambridge.

Papastefanou, Georgios (2013): Reliability and Validity of RTR Measurement Device (= GESIS-Working Paper 27/2013), Mannheim.

Patzelt, Werner J. (2009): Politikfern sind die Ahnungslosen, in: Kursiv. Journal für Politische Bildung 1/2009, S. 12–17.

Rheingold, Howard (1993): The Virtual Community: Homesteading on the Electronic Frontier, Boston.

Ritzi, Claudia / Schaal, Gary S. (2010): Politische Führung in der ›Postdemokratie‹, in: Aus Politik und Zeitgeschichte 60 (2–3/2010), S. 9–15.

Schiele, Siegfried (2009): Elementarisierung politischer Bildung, in: Kursiv : Journal für politische Bildung (1/2009), S. 38–43.

Schmidt, Manfred G. (1985): Allerweltsparteien in Westeuropa? Ein Beitrag zu Kirchheimers These vom Wandel des westeuropäischen Parteiensystems, in: Leviathan 13 (3/1985), S. 376–397.

Siedschlag, Alexander (2004): Die Bewertung des Internets als Kanal und Verstärker deliberativer Demokratiekultur, München.

Vereinte Nationen (2016): UN E-Government Survey 2016, New York (online unter: https://drive.google.com/file/d/1VpiL5islLigFMKnmlM5_Q_upwS7Ey6RD/view – letzter Zugriff: 21.09.2020).

Voss, Kathrin (2014): Internet und Partizipation – Einleitung, in: dies. (Hg.), Internet und Partizipation, Wiesbaden, S. 9–23.

Wahlrecht.de (2017): Umfragen Schleswig-Holstein. Wenn am nächsten Sonntag Landtagswahl wäre … (online unter: www.wahlrecht.de/umfragen/landtage/schleswig-holstein.htm – letzter Zugriff: 21.09.2020).

Waldvogel, Thomas / Metz, Thomas (2017): Real-Time-Response-Messungen, in: Sebastian Jäckle (Hg.), Neue Trends in den Sozialwissenschaften, Wiesbaden, S. 307–331.

Wehner, Michael (2011): Niederschwellig oder nachhaltig: Welche Form der politischen Bildung hätten Sie denn gerne?, in: Siegfried Frech / Ingo Juchler (Hg.), Bürger auf Abwegen, Schwalbach/Ts., S. 165–185.

Westle, Bettina (2012): ›Postdemokratien?‹ – Zur Wahrnehmung der Parteien auf der ideologischen Links-Rechts-Skala: Großbritannien, Frankreich und Deutschland, in: Zeitschrift für Vergleichende Politikwissenschaft 6 (2/2012), S. 255–301.

Wilhelm, Anthony G. (2000): Democracy in the Digital Age: Challenges to Political Life in Cyberspace, New York.

V. Auf dem Weg zur »Postdemokratie«?

Ulrich von Alemann

Postdemokratie als Papiertiger

Die Konjunktur eines inhaltsleeren Begriffs

1. Post-It

Der Begriff »Postdemokratie« ist nur eine winzige Facette im Universum der Postmoderne. Es wimmelt nur so von Neologismen, wie: postkolonial, postindustriell, postfordistisch, posthuman, postliberal, postimperial, poststrukturalistisch, postcritical philosophy und viele mehr. Keiner dieser Begriffe sagt wirklich, was er will oder bringt etwas auf den Punkt, sondern propagiert nur ein »nach«, ein »spät« oder sogar ein »contra« wie der neueste Schrei: die postfaktische Demokratie.[1] Korrekt müsste es kontrafaktisch heißen und nichts anderes ist gemeint, wenn Donald Trump seit dem US-Wahlkampf Lügenmärchen erzählt.[2]

Man kann dem »Postismus« nicht entrinnen. Er findet sich in einer linguistischen Abhandlung von 2000 – da war Colin Crouchs *Postdemokratie* noch gar nicht publiziert – von Michael Kinne. Kinne weist aber auch die lange Wortgeschichte von hunderten und aberhunderten von Post-Worten nach: Es beginnt 1529 mit Post-Skript.[3] Wenn mein Beitrag heute doch ein letztes Postskript, ein Nachwort auf all diese ganze Post-Pest sein könnte. Aber es wird mir nicht vergönnt sein.

Seit den 1990er-Jahren findet Postdemokratie in den Sozialwissenschaften vermehrt Verwendung, um aktuellen und generellen Wandel demokratischer Systeme zu erfassen: und zwar als Abstieg. Maßgeblich geprägt und verbreitet wurde der Begriff durch eine Publikation des britischen Politikwissenschaftlers Colin Crouch aus dem Jahre 2003, auf Deutsch erschienen 2008. Nach Crouch ist postdemokratisch:

---

1 Ich danke Annika Niederkorn für wertvolle Hilfe bei Recherche und Redaktion. Der Text bleibt in seiner inhaltlichen Substanz seit dem Vortrag praktisch unverändert. Die Debatte um die Postdemokratie hat sich seitdem nicht wirklich weiterentwickelt, sondern ist abgeflaut. Gut so. Insofern ist der Text eine Art Resümee der damals hoch aufwogenden Debatte.

2 Vgl. Reinbold 2016.

3 Vgl. Kinne 2000.

> »ein Gemeinwesen, in dem zwar nach wie vor Wahlen abgehalten werden, [...] in dem allerdings konkurrierende Teams professioneller PR-Experten die öffentliche Debatte während der Wahlkämpfe so stark kontrollieren, dass sie zu einem reinen Spektakel verkommt, bei dem man nur eine Reihe von Problemen diskutiert, die die Experten zuvor ausgesucht haben«.[4]

Die Globalisierung und insbesondere der Neoliberalismus seien dafür verantwortlich. Arbeitnehmerrechte oder Umweltstandards würden mit Füßen getreten, staatliche Leistungen privatisiert, das internationale Finanzkapital nach der Deregulierung der Banken übermächtig. Westliche Demokratien näherten sich immer mehr dem Zustand der Postdemokratien an, die unter dem Einfluss privilegierter Eliten immer weiter abdriften. Soweit Colin Crouch in aller Kürze. Beschäftigen wir uns zunächst mit einigen Vorläufern und kommen dann zum Kern von Crouch zurück.

2. Vordenker und Mitdenker

Colin Crouch hat den Begriff Postdemokratie nicht erfunden, sondern fußt auf anderen Autoren. Der Älteste ist der US-Amerikaner Sheldon Wolin (1922–2015), der an der Princeton University Politische Theorie lehrte. Er hat sich mit Staats- und Verfassungstheorie, mit Hobbes und Tocqueville, Rousseau und Arendt befasst. Nach Wolin entwickeln sich die westlichen Demokratien zu Postdemokratien. Durch eine charakteristische »Interversion« politischer und gesellschaftlicher Machtverhältnisse und Funktionslogiken, die den demokratischen Gehalt von politischen Systemen zunehmend zum Verschwinden bringen.[5] Wolin fasst mit seinem Postdemokratiekonzept zwei Entwicklungsströme zusammen: Erstens die selbstzerstörerische Tendenz sei unausweichlich für die westliche Demokratie und zweitens Postmodernisierung der westlichen Gesellschaften am Ende des 20. Jahrhunderts würde den demokratischen Gehalt noch zusätzlich schwächen.[6] In einem demokratischen Deportismus nach Tocqueville werden die Menschen ihr Engagement für die Gemeinschaft zugunsten des Strebens nach individuellem Wohlstand und individueller Zufriedenheit weitgehend aufgegeben haben.[7]

So ist Wolins Denken geprägt von einer Kritik an ökonomischer Rationalität und insbesondere auch am Neoliberalismus, der seit den 1990er-Jahren

4 Crouch 2008: 10.

5 Vgl. Ritzi 2014: 61–94.

6 Vgl. Wolin 2001.

7 Vgl. Jörke 2005: 483–491.

den politischen Diskurs bestimmt. Er betrachtet den Neoliberalismus nicht nur als dominantes Paradigma nach Ende des Kalten Krieges unter den Bedingungen der Globalisierung, sondern geht auch von seiner Hegemonie aus. Dieser begünstige die Postdemokratisierung und damit die Aushöhlung der wertebasierenden Demokratie zu einer bloßen Hülse. Der individualistische Konsumismus zersetze die Demokratie der USA, die sein Hauptthema ist. Er ist insofern ein typischer Vertreter der US-Linken, die mehr der kritischen Theorie als dem orthodoxen Marxismus verdankt.[8]

Jacques Rancière, geboren 1940 in Algier, ist ein französischer Philosoph, der an der Universität Paris VIII lehrte. Die politische Theorie ist eher ein Nebenfeld in seinem Lebenswerk, da er sich auch mit Arbeiten zur Ästhetik befasste. Er selbst hat seine Arbeiten als »politische Interventionen« bezeichnet, die keinen theoretischen Anspruch erheben. Die zentralen Begriffe bei Rancière sind Gleichheit und Uneinigkeit. Die Gleichheit bei Rancière kann als ein »transhistorisches Konzept«[9] betrachtet werden, es dient als Ausgangspunkt für seine weiteren Überlegungen. Die Uneinigkeit charakterisiert für ihn die zentrale Bedrohung der zeitgenössischen Demokratie. Rancière gilt als Post-Marxist, auch weil sich die Prämisse der Gleichheit wie ein roter Faden durch alle seine Werke zieht.[10]

Sein Politikbegriff richtet sich explizit gegen solche Demokratietheorien, die Konsens als Ziel des politischen Handelns ansehen und damit auch gegen Jürgen Habermas' Theorie der deliberativen Demokratie.[11] Zugehörigkeit zum »Demos« sei nicht durch Status und Geburt, sondern durch Teilhabe am politischen Konflikt definiert. Rancière ist weitgehend auf die Entwicklung der politischen Situation in Frankreich fokussiert, obwohl er beansprucht, generelle Tendenzen zu formulieren. Für ihn sind zwar nicht alle Staaten zu Postdemokratien transformiert, aber alle seien durch einen Entpolitisierungsprozess geprägt, sodass Politik nicht mehr wirklich stattfinde. Auch für Rancière ist – wie für fast alle diese Autoren – der Neoliberalismus der Hebel, der die Demokratie zu ihren Ungunsten verändert. Die politische Logik würde durch die ökonomische Logik ersetzt, der Markt interveniere in die Politik, sodass politisches Handeln des Demos durch die »Herrschaft der Meinungsbefragung« ersetzt worden sei.[12]

8 Vgl. Wolin 1989.
9 Ritzi 2014: 34.
10 Vgl. Ritzi 2014: 34f.
11 Vgl. Habermas 1990.
12 Vgl. Rancière 2008: 9–14.

Chantal Mouffe, geboren 1943 in Charleroi (Belgien), lehrte lange Politische Theorie an der University of Westminster in London, hatte aber Gastaufenthalte an zahlreichen Universitäten in Europa. Ihr wichtigstes Werk *Hegemonie und radikale Demokratie. Zur Dekonstruktion des Marxismus* veröffentlichte sie 1985 gemeinsam mit ihrem Ehemann Ernesto Laclau, in dem die Demokratietheorie von Antonio Gramsci weiterentwickelt wird. Chantal Mouffe kritisiert wie Rancière Konsenstheorien der Politik. Basierend auf Carl Schmitt weist sie den »rationalen Glauben an die Möglichkeit eines auf Vernunft basierenden universellen Konsenses«[13] zurück. Wie Carl Schmitt unterscheidet sie Politik und das Politische, was aber genauso wie bei ihm wie bei manchen anderen recht wolkig und künstlich wirkt. Sie ist der poststrukturalistischen Theorie zuzuordnen. Sie sucht die »Wir-Sie«-Komponente der Politik und basiert damit auf der Freund-Feind-Unterscheidung von Carl Schmitt, die wir hier in Deutschland für weitgehend verhängnisvoll halten. Allerdings gibt es auch in Deutschland »Links-Carl-Schmittianer« (zum Beispiel: Michael Th. Greven), die ähnlich denken beziehungsweise dachten. Für Chantal Mouffe besteht die Krise der Demokratie in ihrer Fokussierung auf Konsens. Diese Schwäche sei aber keine neuere Entwicklung, sondern praktisch ein Geburtsfehler der liberalen, pluralistischen Demokratie. In dieser anhaltenden Schwäche liege auch der postdemokratische Diskurs.

3. Colin Crouch: Postdemokratie

Colin Crouch (geboren 1940 in London) hat einen anderen wissenschaftlichen Hintergrund als die bisherigen Autoren. Er kommt nicht aus der politischen Philosophie und Theorie, sondern aus der politischen Soziologie. Er hat immer die Politik eines demokratischen Sozialisten für und gegen die Labour Party mit einer Position als Wissenschaftler verknüpft. Er lehrte an den Universitäten Oxford, Florenz und bis zu seiner Emeritierung an der Warwick Business School. In den 1970er-Jahren hatte sich Crouch einen Namen in der Neokorporatismus-Debatte gemacht.[14] Dort kritisierte er den »Tripartismus« von Staat, Kapital und Arbeit als Machtkartell.[15]

Seine Beschäftigung mit dem Konzept Postdemokratie ging aus einem politischen Pamphlet im Jahre 2000 für die Fabian Society hervor mit dem

13 Mouffe 2007: 19.

14 Vgl. Alemann 1981.

15 Vgl. Crouch 1979.

Titel *Coping with Post-Democracy* und schließlich zu zwei weiteren Büchern ausgebaut sowie in zahlreichen Artikeln weiter verbreitet.[16]

3.1 Crouch I

Colin Crouchs *Postdemocracy* ist ein schmales Bändchen von 160 Seiten, das eine erstaunliche Karriere gemacht hat, gerade auch in Deutschland. Die renommierte Bundeszentrale für politische Bildung hat im selben Jahr mit der Suhrkamp-Publikation eine Lizenzausgabe für Schulen und Lehrer veröffentlicht.

Das Buch wurde in den Medien fast durchweg gefeiert: Zwar seien seine Thesen nach Kai Schlieter in der Tageszeitung weder neu noch besonders gut begründet.[17] Die Erfassung des Zeitgeistes mache es aber zu einer wertvollen Lektüre. Die Studie beschreibe gut den augenblicklichen »Schwebezustand der Demokratie« und die »Mechanismen des Unterschwelligen«. In der Süddeutschen Zeitung sieht Jens-Christian Rabe zwar einige Widersprüche, er ist dennoch überzeugt, dass hier polemisch aber elegant formuliert werde.[18] In der Frankfurter Allgemeinen Zeitung ist kein Geringerer als Claus Offe überzeugt, dass es Zeit sei, den Neoliberalen die Leviten zu lesen.[19] Die Politik habe sich aus Verkehr, Kultur, Medien, Vorsorge und so weiter zurückgezogen und dem Druck der Unternehmen, die im globalen Wettbewerb Standortvorteile erpressen, gebeugt. Zwar kritisiert Offe, die gesamte Diagnose hätte differenzierter ausfallen können, aber die »generalisierte Inkompetenz-Vermutung gegen Parteien, Behörden« sei zutreffend und ein großes Problem.

Crouchs erstes Büchlein bleibt ein politisches Pamphlet, aus dem es auch hervorgegangen ist. Er beklagt den Niedergang der Arbeiterklasse, der Intelligenz und der kritischen Öffentlichkeit. Seine These lautet:

> »Während die demokratischen Institutionen formal weiterhin vollkommen intakt sind (und heute weiter ausgebaut werden), entwickeln sich politische Verfahren und die Regierungen zunehmend in eine Richtung zurück, die typisch war für vordemokratische Zeiten: Der Einfluss privilegierter Eliten nimmt zu, in der Folge ist das egalitäre Projekt zunehmend mit der eigenen Ohnmacht konfrontiert.«[20]

16 Vgl. Crouch 2000, Crouch 2011, Crouch 2015.

17 Vgl. Schlieter 2008.

18 Vgl. Rabe 2008.

19 Vgl. Offe 2008.

20 Crouch 2008: 13.

Das ist aber keineswegs originell. In *Two Faces of Power* haben Peter Bachach und Morton S. Baratz bereits 1962 beklagt, dass es hinter der oberflächlichen Politik eine strukturelle Macht gäbe, die alles im Griff habe.[21] Oder Murray Edelman kritisiert schon 1985, dass auf der offenen Bühne den Bürgern ein politisches Schauspiel aufgeführt würde, dahinter zögen aber die wahren Mächte die Fäden.[22]

Besonders problematisch ist Crouchs Metapher (oder soll es eine Theorie sein? Oder sogar eine empirisch historische Tatsache?) von der »Parabel des politischen Einflusses der Arbeiterklasse«.[23] Die Arbeiterklasse habe sich von marginalen Positionen bis ins Zentrum der Macht im Zeitalter des Wohlfahrtsstaates emporgeschwungen und sei seit Margaret Thatcher im Abstieg, befördert durch eigene Labour-Politiker, insbesondere durch Tony Blair. Aufstieg und Abstieg wie eine Parabel. Schlichter geht es kaum.

Kurz, knapp und polemisch: Es handelt sich um einen aufgeblasenen Essay, ein Pamphlet für die interne politische Debatte in der Labour Party, das zu einer politischen Theorie aufgebläht wurde. Empirie wird ersetzt durch anekdotische Beispiele, die in der Regel ausschließlich dem britischen Diskurs entnommen, obwohl sie als generelle Symptome gedeutet werden. Eine systematische Definition von Postdemokratie sucht man vergeblich. Der Versuch, eine solche Theorie vergleichend in den westlichen Demokratien zu verorten, kommt nicht vor und selbst in Großbritannien wird eine tatsächlich empirische Studie unterlassen. Erklärungsbedürftig erscheint tatsächlich, wie ein solches schmales Bändchen in Qualität und Quantität einen so breiten Einfluss (gerade auch in der deutschen Debatte) haben konnte.

3.2 Crouch II

Sein zweiter Postdemokratie-Band *Das befremdliche Überleben des Neoliberalismus*[24] (2011 englisch und im gleichen Jahr deutsch) sammelt Aufsätze zusammen, die er in den letzten Jahren zu den einschlägigen Themen geschrieben hat. Alle kreisen um die gleichen Themen: der Siegeszug des Neoliberalismus über den Keynesianismus in Wirtschaft und Wirtschaftswissenschaft und schließlich auch in Staat und Politik. Der Neoliberalismus habe in der Wirtschaftswissenschaft als hegemoniale Theorie obsiegt und

21 Vgl. Bachrach/Baratz 1962: 947–952.
22 Vgl. Edelman 1985.
23 Crouch 2008: 12.
24 Vgl. Crouch 2011.

bestimme so die gesamte Wirtschaftspolitik und eben auch das politische Handeln und sogar die gesellschaftliche Debatte.

Neoliberalismus bedeute erstens, die Idee eines vollkommenen Marktes, indem alle nachgefragten Güter innerhalb des Marktes einen Preis haben. Zweitens existiere die Vorstellung, dass in einem vollkommenen Markt sowohl Anbieter als auch Nachfrager ungehinderten Zugang zu ihm haben. Drittens müsse, damit das Verhältnis von Angebot und Nachfrage die Preise bestimmen könne, eine hinreichende Zahl an Transaktionen mit niedrigen Zugangsbarrieren existieren. Viertens setze die wirtschaftliche Effizienz von Märken voraus, dass Verkäufer und Käufer über die gesamte Angebotspalette im Bilde sind, dass also eine vollkommene Transparenz herrscht. Und fünftens sei eine Trennung von Wirtschaft und Politik insofern notwendig, als die Politik in das Markgeschehen nicht einzugreifen haben, weder auf Preise, noch auf Löhne, noch auf sonstige Bedingungen einschließlich öffentlicher Dienstleistungen, da alles dem Markt überlassen sei und die Politik habe sich auf wenige regulatorische Funktionen zurückzuziehen.[25]

Gerade das Letztere ist der zentrale Punkt nach Crouch, denn: »das neoliberale Projekt beruht auf einem Marktbegriff, der Privatunternehmen pauschal effizientes Wirtschaften und Kundenorientierung, staatlichen Dienstleistungen ebenso Inkompetenz unterstellt«.[26] Im Folgenden wird dieser Neoliberalismus in seinen Auswirkungen auf Wirtschaft, Gesellschaft und Politik in Großbritannien in allen Einzelheiten durchdekliniert. Dies mochte unter der Regierung der Konservativen von David Cameron völlig legitim sein. Der Neoliberalismus feierte in der britischen Politik bis in jüngste Zeit fröhliche Urstände. Die Labour Party war im Parlament und in der öffentlichen Meinung marginalisiert.

Kritisch nachfragen muss man allerdings, ob sich diese Lage und diese Argumentation auf Europa oder auf einen weiteren Bereich ohne Weiteres übertragen lässt. Denn in Deutschland und Frankreich, Spanien und Italien, in Skandinavien oder in den Beneluxstaaten hat der Neoliberalismus als Leitmotiv sicherlich in den 1990er-Jahren und den Anfängen des neuen Jahrtausends intensiven Einfluss gehabt. Und in der Tat waren auch – wie unter Tony Blair in Großbritannien – die sozialdemokratisch geführte Regierung unter Gerhard Schröder und Finanzminister Peer Steinbrück in der folgenden Großen Koalition, die Deregulierungen sowohl des Arbeitsmarkes (Agenda 2010), als auch der Banken und des Finanzmarktes vom neoliberalen Paradigma geprägt.

25 Vgl. Crouch 2011: 57f.

26 Crouch 2011: 49.

Aber die Zeiten, die sind nicht mehr so. Deutschland, Frankreich, Spanien und Italien und andere Länder haben sich spätestens seit der Banken- und Schuldenkrise 2008 deutlich vom Neoliberalismus als Leitidee abgewandt und bereuen, die Wirtschaft zu stark dereguliert zu haben. Das Paradigma des Neoliberalismus ist in Europa nicht mehr übermächtig, mag es das auch bis in jüngste Zeit in Großbritannien gewesen sein. Colin Crouch erkennt dies nicht. Er ist in seiner Fixierung auf den Todfeind Neoliberalismus blind für neue Entwicklungen und Veränderungen der letzten 20 Jahre.

3.3 Crouch III

Colin Crouch hat 2015 erneut nachgelegt, dieses Mal mit dem Band, der auf Englisch lautet *The Knowledge Corruptors. Hidden Consequences of the Financial Takeover of Public Life*, der im selben Jahr wieder bei Suhrkamp in Deutschland erschien, unter dem Titel *Die bezifferte Welt. Wie die Logik der Finanzmärkte das Wissen bedroht. Postdemokratie III.*[27] Der Untertitel Postdemokratie III ist nur in der deutschen Fassung präsent, was darauf hinweist, dass die Postdemokratie-Debatte in Deutschland vehementer geführt wird als im Ursprungsland der Publikation, in Großbritannien.

Crouch intoniert hier das Leitmotiv der früheren Bücher erneut und vielfältig variiert. Seine Grundthese ist weiterhin, dass der Neoliberalismus als hegemoniale Ideologie Politik, Wirtschaft und Wirtschaftswissenschaft bestimmt und insofern auch zunehmend den öffentlichen Dienst dominiert – zumindest in Großbritannien. Insofern trifft der britische Untertitel die Sache besser als der deutsche, weil von den »Finanzmärkten des Wissens« im ganzen Band nicht die Rede ist. Von einem wissenssoziologischen Ansatz, wie der deutsche Titel suggeriert, kann nicht die Rede sein.

Besonders angetan haben es ihm der »Verfall der Moral im öffentlichen Dienst«, thematisiert an den Beispielen Outsourcing, Privatisierung und New Public Management zur Umwandlung des Staatsbürgers zum Kunden.[28] Ein besonderes Problem sieht er im britischen Gesundheitswesen und im Bildungssystem sowie in den dortigen Tendenzen, mit finanziellen Anreizen Pseudomärkte zu schaffen, um Ärzte, Schulpolitiker oder Universitätskanzlern zu effektivem ökonomischen Handeln zu motivieren.

Allerdings krankt der ganze Band daran, dass sein Titel allgemeine Erkenntnisse verspricht, der Inhalt aber allein auf Großbritannien fixiert

27 Vgl. Crouch 2015.

28 Vgl. Crouch 2015: 105ff.

ist. Dass der Neoliberalismus im kontinentalen Europa nirgends so intensiv Fuß fassen konnte wie dort und seit einem Jahrzehnt eher auf dem Rückzug ist, wird nicht thematisiert. In Deutschland redet man in den letzten Jahren im Gegenteil über eine allgemeine Sozialdemokratisierung fast aller Parteien und der Politik – Austritt aus der Kernenergie, Rückbau der Privatisierung durch Stadtwerke, Abbau von Studiengebühren, Einführung von Mindestlöhnen und so weiter. Aber Gegentendenzen zum Neoliberalismus scheinen für Crouch nicht zu existieren. Seine Beispiele sind wieder nicht systematisch erhoben, sondern anekdotisch ausgesucht, damit sie in sein Leitmotiv passen. So ist auch dieser Band keine wissenschaftliche Analyse, sondern politische Polemik, die ja durchaus legitim ist, sich aber nicht das Kleid einer wissenschaftlichen Analyse überziehen sollte.[29]

4. Deutsche Debatte

In kaum einem Land ist das Konzept der Postdemokratie so intensiv diskutiert worden wie in Deutschland. Dieser Tatsache ist wohl auch geschuldet, dass Colin Crouch und sein deutscher Verlag Suhrkamp den beiden Folgebänden die Untertitel *Postdemokratie II* und *Postdemokratie III* gegeben haben, die in den britischen Originalbüchern nicht zu finden sind. In der deutschen Diskussion und Rezeption sind im Grunde zwei Positionen aufgetreten: Erstens, allgemeine Zustimmung, allerdings häufig mit Einschränkungen, dass Crouch nicht zutreffende Begriffe und keine analytischen Methoden benutze. Zweitens, allgemeine Ablehnung, die Begrifflichkeit sei ähnlich unspezifisch wie der Begriff der Postmoderne, er sei inhaltsleer, könne alles und nichts einschließen und sei lediglich eine gewisse oberflächliche Zustandsbeschreibung, die aber nichts über die tatsächliche Substanz der Demokratie aussage. Es sei ein Abfolgebegriff (post-) ohne wirklichen Inhalt, so die Kritik von Emmanuel Richter, der allerdings auch einräumt, dass durchaus eine Krise der Demokratie zu konstatieren sei.[30]

Hubertus Buchstein und Dirk Jörke gehören zu den kritischen Freunden der Postdemokratie, da sie behaupten, die westlichen Gesellschaftssysteme seien zu einer »liberalen Oligarchie« verkommen.[31] Die postdemokratische Zuschreibung westdemokratischer Regierungssysteme sei nur gewissermaßen unterkomplex. »Wer von Postdemokratie spricht, hat eine historische Zäsur

29 Vgl. Alemann 2016: 542.

30 Vgl. Richter 2006: 23–37.

31 Buchstein/Jörke 2003: 488.

vor Augen«[32], die eine demokratische Phase von ihrer postdemokratischen Nachfolge scheidet. Jörke vertritt explizit die These, dass es in etablierten westlichen Demokratien gute Gründe gäbe, von postdemokratischen Verhältnissen zu sprechen. Wenn man sich die Minimaldefinition von Demokratie von Noberto Bobbio vor Augen hält, so müsse gelten: »Garantie der grundlegenden Freiheitsrechte, Existenz mehrerer, miteinander im Wettbewerb stehender Parteien, periodische Wahlen mit allgemeinem Wahlrecht, kollektive Entscheidungen, die auf Basis von Mehrheitsentscheidungen getroffen werden.«[33] Nach Jörke seien zahlreiche Versprechen der Demokratie nicht eingehalten, so erstens das Versprechen der gleichen Zugangsmöglichkeit und zweitens das Versprechen der demokratischen Gleichheit. Buchstein und Jörke monieren: »In der modernen Massengesellschaft des 20. Jahrhunderts ist die partizipative Komponente jedoch zu einem Ballast des Demokratiebegriffs geworden, der seinem weiteren Erfolg im Wege steht.«[34]

Die Ablehnung der Thesen von Crouch ist in erster Linie in der empirisch vergleichenden quantitativen Demokratieforschung zu finden. Hier wird davon ausgegangen, dass die Minimaldefinition von Noberto Bobbio durchaus der Wirklichkeit der führenden demokratischen Staaten der westlichen Welt weiterhin entspricht. Und dazu gehört auch Deutschland. So wird im *Economist Intelligence Unit's Democracy Index* Deutschland unter den »Full Democracies« an sehr ordentlicher 13. Stelle eingeordnet, hinter den skandinavischen Staaten sowie Neuseeland, Australien, Niederlanden, Luxemburg, Schweiz und Kanada.[35] Bei allen Problemen, die solche vergleichenden Rankings und Indizes in sich haben, kann von einer demokratischen Untergangsstimmung in diesen Ländern wohl kaum die Rede sein.

Nimmt man Deutschland allein nicht im vergleichenden empirischen Querschnitt, sondern im historischen Längsschnitt der letzten Jahrzehnte in den Blick, so wird eines noch viel deutlicher: Ich wage die Behauptung, dass der Zustand der Demokratie in den Jahrzehnten seit den 1950er-Jahren – von den 100 Jahren davor braucht man gar nicht erst zu reden – noch nie so gut war wie zurzeit. Verfassung und politische Kultur, wirtschaftliche und gesellschaftliche Entwicklung sind auf einem Stand, um den die meisten Nachbarländer Deutschland beneiden.

Sicherlich existieren ganz gravierende Probleme: Ausländerfeindlichkeit, autoritäres Denken, Aufkommen neuer national-konservativer und rechts-

32 Richter 2006: 25.

33 Bobbio 1988: 31.

34 Buchstein/Jörke 2003: 474.

35 Vgl. Economist 2015.

extremer Bewegungen wie AfD und Pegida. Aber hier müssen wir in Deutschland zugestehen, dass wir uns in einer komfortablen Lage befanden, da es bisher nie eine rechtextreme Partei in den nationalen Bundestag geschafft hat. Das hat sicherlich mit der Aufarbeitung der deutschen Vergangenheit zu tun, weil autoritäres Denken und fremdenfeindliche Einstellungen in Deutschland ähnlich verteilt sind wie in vielen anderen europäischen Ländern. Die Scheu schwindet nun, eine rechtskonservative, teilweise noch bürgerliche, teilweise schon rechtsextreme Partei in die Landtage und in den Bundestag zu wählen. Dies ist aber noch kein Grund, eine generelle Krise der Demokratie in Deutschland zu prognostizieren. Mir persönlich ist die AfD in den Parlamenten lieber als Pegida auf der Straße. Wenn die durchaus konfliktangereicherte Debatte in den Parlamenten dadurch gefördert wird, muss man das nicht beklagen.

5. Postdemokratie – was bleibt?

Natürlich haben Colin Crouch und seine von ihm losgetretene Debatte um die Postdemokratie den Verdienst, die negativen Folgen von Neoliberalismus, Deregulierung, Privatisierung oder auch Mediatisierung beim Namen genannt und angeprangert haben. Es soll gar nicht in Abrede gestellt werden, dass diese Probleme uns umtreiben und diese angegangen werden müssen. Aber wie immer bei der Fixierung einer Debatte auf wenige apokalyptische Reiter werden die Gegner nicht ins Auge gefasst. Die Menschen verlangen mehr Demokratie und Teilhabe, mehr Transparenz und mehr Gerechtigkeit. Fortschritte bei Klimaschutz und Transparenzgeboten, bei Sozialpolitik und Datenschutz fallen so leicht unter den Tisch der Debatte.

Vollends abwegig ist Crouchs Vorstellung einer Parabel, die Arbeiterrechte bis zu den 1970er-Jahren steigerte und seitdem plötzlich abfiel. Das gilt in dieser Form nicht einmal für Großbritannien. Ob die Arbeiterrechte heute noch ein Grundmaß für Demokratie sein sollen, steht auf einem ganz anderen Blatt. Wenn man sich das jüngere Wahlverhalten der Arbeiterschaft anschaut, kommt hier Skepsis auf.

Die generelle Fokussierung von Colin Crouch auf Großbritannien ist eine völlige Perspektivverengung: Kein größerer anderer Mitgliedstaat der EU hat so einseitig auf Neoliberalismus, Deregulierung in Gesundheit, Privatisierung, Sozialpolitik, Bildung und insbesondere auch beim Bankensektor gesetzt wie Großbritannien. Die Übertragbarkeit seiner Ideen, in Deutschland von vielen begeistert aufgenommen, ist deshalb äußerst fragwürdig.

Und in Großbritannien selbst ist die erfolgreiche Brexit-Kampagne gerade nicht der Empfehlung der Londoner City gefolgt, in der EU zu bleiben.

Allmacht des großen Geldes? Auch hatte die damalige Ministerpräsidentin Theresa May die Devise eines »starken Staates« aufgerufen.[36]

Was bleibt? Viel Lärm um wenig. Ein politisches Pamphlet von 2000, das in drei Büchern zu einer politischen Theorie aufgeblasen wurde, die keine Konsistenz, keinen analytischen Kern besitzt, keine empirische Relevanz hat, um sie an der Realität zu testen. Ein Narrativ, das viel erzählt und wenig Konkretes berichtet. Und das sich der gesellschaftlichen und politischen Entwicklung, die wir in 20 Jahren seit dem Jahre 2000 wahrhaftig erlebt haben, verschließt. Eine Begriffshülse ohne Substanz.

Literatur

Alemann, Ulrich von (2016): Neoliberalismus als hegemoniale Ideologie, Die bezifferte Welt (Colin Crouch), in: Neue politische Literatur 61 (3/2016), S. 542–543.

Alemann, Ulrich von (Hg.) (1981): Neokorporatismus, Frankfurt/M.

Bachrach, Peter / Baratz, Morton S. (1962): Two Faces of Power, in: The American Political Science Review 56 (4/1962), S. 947–952.

Blühdorn, Ingolfur (2011): Das postdemokratische Doppeldilemma. Politische Repräsentation in der simultativen Demokratie, in: Markus Linden / Winfried Thaa (Hg.), Krise und Reform politischer Repräsentation, Baden-Baden, S. 44–73.

Bobbio, Norberto (1988): Die Zukunft der Demokratie, Berlin.

Buchstein, Hubertus / Jörke, Dirk (2003): Das Unbehagen an der Demokratietheorie, in: Leviathan 31 (4/2003), S. 470–495.

Crouch, Colin (2015): Die bezifferte Welt. Wie die Logik der Finanzmärkte das Wissen bedroht, Berlin.

Crouch, Colin (2011): Das befremdliche Überleben des Neoliberalismus, Berlin.

Crouch, Colin (2008): Postdemokratie, Berlin.

Crouch, Colin (2000): Coping with Postdemocracy, London.

Crouch, Colin (1979): State and Economy in Contemporay Capitalism, London.

Economist (2015): The Economist Intelligence Unit's Index of Democracy (online unter: www.eiu.com/public/topical_report.aspx?campaignid=DemocracyIndex2015 – letzter Zugriff: 21.09.2020).

Edelman, Murray (1985): The Symbolic Use of Politics, 2. Aufl., Urbana.

Habermas, Jürgen (1990): Strukturwandel der Öffentlichkeit, Frankfurt/M.

Jörke, Dirk (2005): Auf dem Weg zur Postdemokratie, in: Leviathan 33 (4/2005), S. 482–491.

Kinne, Michael (2000): Die Präfixe post-, prä- und neo-. Beiträge zur Lehn-Wortbildung, Tübingen.

36 Siehe Theurer 2016.

Mouffe, Chantal (2007): Über das Politische. Wider die kosmopolitische Illusion, Frankfurt/M.

Offe, Claus (2008): Wie der Markt die Politik vergiftet. Die Finanzkrise als Demokratieverlust: Colin Crouchs Lagebericht, in: Frankfurter Allgemeinen Zeitung, 22. September 2008.

Rabe, Jens-Christian (2008): Das Volk, das obermiese, in: Süddeutschen Zeitung, 25. Juli 2008.

Rancière, Jacques (2008): Zehn Thesen zur Politik, Zürich.

Reinbold, Fabian (2016): Lehren aus dem Internet-Wahlkampf. Der Troll-in-chief, in: Spiegel Online, 10. November 2016 (online unter: www.spiegel.de/netzwelt/web/hillary-clinton-und-donald-trump-lehren-aus-dem-social-media-wahlkampf-a-1120496.html – letzter Zugriff: 21.09.2020).

Richter, Emmanuel (2006): Das Analysemuster der »Postdemokratie«. Konzeptionelle Probleme und strategische Funktionen, in: Forschungsjournal Neue Soziale Bewegungen 19 (4/2006), S. 23–37.

Ritzi, Claudia (2014): Die Postdemokratisierung politischer Öffentlichkeit, Wiesbaden.

Schlieter, Kai (2008): Die formale Demokratie, in: Tageszeitung, 4. Oktober 2008.

Theurer, Marcus (2016): In Großbritannien kehrt der starke Staat zurück, in: Frankfurter Allgemeine Zeitung, 6. Oktober 2016 (online unter: www.faz.net/aktuell/wirtschaft/wirtschaftspolitik/brexit-theresa-may-kaempft-fuer-gerechtigkeit-14467852.html – letzter Zugriff: 21.09.2020).

Wolin, Sheldon (1989): The Presence of the Past: Essays on the State and Constitution, Baltimore.

Wolin, Sheldon (2001): Tocqueville between two Worlds, Princeton/Oxford.

Peter Seyferth

Anarchismus ist die neue Demokratie

Vorschlag für die Neukonstituierung einer normativen politischen Theorie

1. Einleitung

Ich plädiere in diesem Essay für eine Politikwissenschaft, die in der Lage ist, demokratische Demokratiealternativen zu formulieren, um den Unzufriedenen zu helfen, den Freiheitswillen zu bewahren und autoritären Rattenfängern zu widerstehen. Ich schlage dazu eine besonders radikale Ideologie beziehungsweise Bewegung vor: den Anarchismus. Und ich formuliere das in einer fordernden, ein Sollen konstruierenden Haltung, die der Politikwissenschaft in den letzten Jahrzehnten weitgehend abhandengekommen ist und die daher womöglich etwas unzeitgemäß klingt.

2. Normative Politikwissenschaft

Die Politikwissenschaft war schon immer normativ, untersuchte also nicht (nur) bestehende Werte und Ordnungen von einem (vermeintlich) neutralen Standpunkt aus, sondern nahm auch selbst Ordnungen wertende Standpunkte ein. Die historisch wie aktuell verbreitetste Wertung ist die Zustimmung zur zeitgenössischen politischen Ordnung. Bis in 18. Jahrhundert hinein war die deutsche Politikwissenschaft als »Policeywissenschaft« oder »Kameralistik« eine meist aristotelisch orientierte Staatswissenschaft, die wohlfunktionierende hohe Diener und Beamte für die Herrscher ausbilden sollte. Zwischen der Französischen Revolution und dem Ende des Zweiten Weltkriegs gab es in Deutschland keine Politikwissenschaft als eigenständige Disziplin. Als sie zu Beginn der 1950er-Jahre neugegründet wurde, sollte sie vor allem als »Demokratiewissenschaft« der politischen Erziehung der Deutschen dienen. Seitdem ist Politikwissenschaft Demokratiewissenschaft geblieben, aber der Schwerpunkt hat sich hin zur empirisch-analytischen Erfassung des Ist-Zustands und seiner Regelmäßigkeiten der demokratischen Staaten verschoben.[1] Die Normativität der empirisch-analytischen Wissenschaftspraxis ist nicht so augenscheinlich wie die von Fürsten oder Besatzungsmächten verordnete In-die-Norm-Einpassungs-Tätigkeit. Aber wenn man nicht nur den jetzigen Ist-Zustand (Empirie) und das Geworden-Sein (Historie) eines politischen Phänomens kennen will, sondern auch nach Stabilität und Veränderung fragt, »dann hat man den rein empirischen Horizont bereits überschritten auf die Frage nach dem Möglichen hin.«[2] Geht es darüber hinaus auch noch um die davon untrennbare Frage nach der Legitimität politischer Ordnungen, so wird sogar nach dem Gesollten gefragt.[3] Außerdem ist die Politikwissenschaft stets doppelt praxisbezogen: Sie untersucht und bewertet die politische Praxis, und ihre Erkenntnisse können umgekehrt in dieser Praxis angewendet werden.[4] Wenn sich die Politikwissenschaft aber zu sehr der herrschenden Praxis annähert, läuft sie Gefahr, unkritisch zu werden, »während doch gerade auch die kritische Infragestellung des gegebenen Bezugsrahmens des politischen Prozesses zu einer ihrer wesentlichen Aufgaben gehören dürfte.«[5] Vergisst die Politikwissenschaft ihre kritisch wertende Aufgabe, führt das »langfristig gesehen zur Korrumpierung der Politikwissenschaft, zur Verkürzung ihrer Fragestellungen, zur Verengung ihres Horizonts und damit zur Frustration ihrer gesellschaftlichen Funktion.«[6]

Älteren Einführungen in die Politikwissenschaft war das noch deutlich bewusst (daher zitiere ich aus ihnen, nicht aus aktuellen Werken). Sie entstanden in einer Welt, in der es politische Alternativen gab, in der also Systemkritik und politisches Bekenntnis allgegenwärtig waren. Dirk Berg-Schlosser und Theo Stammen etwa plädierten bis in die frühen 1990er-Jahre hinein für einen dreidimensionalen Politikbegriff, der neben der objektiven (Macht, Herrschaft, Institutionen) und der subjektiven (Einstellungen, Attitüden) auch die normative Dimension anerkennt. Die drei Dimensionen sind allseitig interdependent.[7] Daher warnen Berg-Schlosser und Stammen angesichts der überwältigenden Dominanz der analytischen Empiriker:

1 Vgl. Berg-Schlosser/Stammen 1992: 15–20.

2 Hättich 1967: 42.

3 Vgl. Hättich 1967: 44, der dort konstatiert: »Im Kern des politischen Denkens steht die Frage nach der Legitimität politischer Herrschaft.« Vgl. zur Unvermeidlichkeit einer nicht nur analysierenden, sondern auch wertenden Perspektive bei der Untersuchung von Legitimität auch Beetham 1991: 243–250.

4 Vgl. Hättich 1967: 45; vgl. die ganz ähnliche Aussage bei Berg-Schlosser/Stammen 1992: 155f.

5 Hättich 1967: 46.

6 Hättich 1967: 52.

7 Vgl. Berg-Schlosser/Stammen 1992: 40–44.

> »[D]ie Isolierung einer einzelnen Dimension der politischen Realität und ihre Verabsolutierung zur einzigen und wesentlichen wird notwendig zu einer Verkürzung des Gegenstandes und damit zum Verfehlen der eigentlichen Erkenntnisaufgabe der Politikwissenschaft führen müssen.«[8]

Schon zuvor hatte Manfred Hättich die konstruktive Aufgabe der Politikwissenschaft betont. Erst muss sie auf empirisch-analytischem Wege Werte, Ziele und Bedingungen einer Gesellschaft herausfinden; aber dann »kommt es [ihr] zu, die Wert- und Normvorstellungen umzusetzen in gedanklich und praktisch nachvollziehbare Ordnungsentwürfe.«[9] Heutige Politikwissenschaft sollte Alternativen kennen (das heißt finden oder erfinden). Sie sollte entsprechend normativ werden. Aber dabei darf sie sich nicht auf den affirmativen Modus des Normativen beschränken.

Man kann in unterschiedlichen Modi normative Politikwissenschaft betreiben: affirmativ, kritisch, oder utopisch. Der seit jeher verbreitetste Modus ist die *Affirmation*. Zwar ist die emphatische, ausdrückliche, gar untertänigste Affirmation aus der Mode geraten. Aber es scheint politikwissenschaftliche Institute eher mir Stolz als mit Verlegenheit zu erfüllen, wenn (ehemalige) Regierungsmitglieder ihnen bestätigen, dass sie Unterstützer der Politiker heranzüchten: »Politologen sollen nicht historisch-theoretisch ausgebildet werden, sie sollen vielmehr das Handwerk erlernen, eines Tages brauchbare Vorlagen für Leute wie Otto Schily zu liefern«, ätzte Franziska Augstein in einem Kommentar über das Münchner Geschwister-Scholl-Institut, das ihrer Ansicht nach als »Dienerin der Politik« auftrat und zugleich die Lehrstühle für Politische Theorie und Philosophie vernachlässigte.[10] Dabei war gerade das Geschwister-Scholl-Institut für seine starke normative Theorieausrichtung bekannt – immerhin war es von Eric Voegelin gegründet worden. Nun darf man aber nicht schlicht der normativen Theorie die nicht-normative empirische Forschung gegenüberstellen. Der affirmative Modus der normativen Politikwissenschaft tritt meist ganz still als Nicht-Infragestellung des zu untersuchenden Ist-Zustands und seiner Regelmäßigkeiten auf. Insofern ist die empirische Sozialforschung normativ. Sie hilft den Befürwortern der gerade aktuellen Ordnung bei ihrem Projekt, Angriffe und Gegenentwürfe zu marginalisieren und als wissenschaftlich ungültige Äußerungen zu dis-

---

8 Berg-Schlosser/Stammen 1992: 45.

9 Hättich 1967: 56.

10 Augstein 2009: 13. Der Kommentar nimmt die 50-Jahres-Feier des Geschwister-Scholl-Instituts zum Anlass, einen »internationalen Trend« zu kritisieren, »der mittlerweile den meisten deutschen Universitäten als Königsweg erscheint: So wie im Mittelalter die Philosophie der Theologie als Magd dienen sollte, wird heute die Politologie zur braven Assistentin der praktischen Politik gemacht.«

kreditieren. Dafür gibt es aufgrund der Abhängigkeit von Zuteilungen aus Staatshaushalten und Drittmitteln auch gute Gründe.[11]

Abbildung 1: Modi normativer Politikwissenschaft

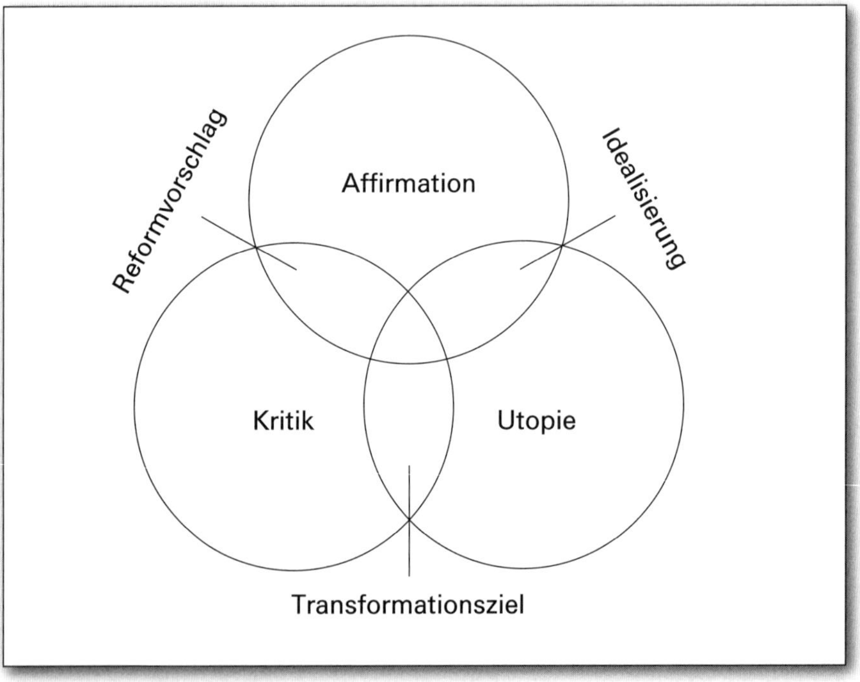

Quelle: eigene Darstellung.

Freilich findet man auch immer wieder die *Kritik* als normativen Modus. Normative politische Theorie kann negativ vorgehen und auf Übel des Status quo nicht nur hinweisen, sondern sie sogar direkt angreifen. Dass etwas »übel« ist, ist eine Wertung und entzieht sich daher der Urteilsfähigkeit der strikt empirischen Forschung. Daher ist kritische Wissenschaft seit der empirischen Wende der Politikwissenschaft seltener geworden – aber nie ganz verschwunden. Das hängt mit der Neigung der Wissenschaft zur Aufklärung zusammen. Raymond Geuss, der für eine »realistische«, also an empirischen

11 Zu diesen materiellen Gründen kommen auch ideelle beziehungsweise rechtliche. Wer etwa an bayerischen Universitäten eine Stelle antritt, muss an Eides statt seine Verfassungstreue versichern. Damit versprechen angestellte (und erst recht verbeamtete) Politikwissenschaftler, dass sie die Systemfrage entweder nicht stellen, oder, wenn doch, dann eben affirmativ beantworten werden.

Machtverhältnissen orientierte Politikwissenschaft plädiert, erinnert daran, dass sich die Analyse der Macht auch um die Ideologie kümmern muss, die bei der Machtausübung eine hilfreiche Rolle spielt:

> »Gewisse charakteristische Eigenschaften der Gesellschaft, die lediglich lokal und kontingent sind und nur durch die unentwegte Machtausübung erhalten werden, werden den Anschein gewinnen, als seien sie allgemeingültige, notwendige, unveränderliche oder natürliche Merkmale aller Formen menschlichen Soziallebens oder als seien sie spontan und zwanglos durch freies menschliches Handeln entstanden.«[12]

Dieser »Anschein« ist die Ideologie, und zu ihr kann sich die politische Theorie beziehungsweise Philosophie (um die es Geuss primär geht) affirmativ oder kritisch verhalten. Er betont die »Möglichkeit [...], dass eine politische Philosophie eine fortschrittliche Rolle bei der Bekämpfung ideologischer Illusion spielt.«[13] Die »fortschrittliche Rolle« ist aber eindeutig nicht-neutral – sie steht in kritischer Gegnerschaft zur Stagnation und zur Rückschrittlichkeit.

Gegenüber der Stagnation und der Rückschrittlichkeit hat die reine Kritik aber ein gravierendes Anschaulichkeitsproblem. Sie richtet sich gegen das, was war oder ist und daher auch bekannt ist. Diese Destruktion kann eine Leere hinterlassen, die sich unangenehm anfühlt. Dagegen hilft der normative Modus der *Utopie*, der freilich völlig aus der Mode geraten ist. Hier geht es um den positiven Entwurf einer ganz anderen Ordnung, ein Sollen, das dem Sein als radikaler Gesamtentwurf gegenübergestellt wird. Dass das nicht mehr gemacht wird, trägt zur scheinbaren Alternativlosigkeit des Status quo bei und macht die Kritik impotent. Solange aber der utopische Modus der Normativität sich nicht als Antizipation verkleidet, sondern ehrlich die Kontrafaktizität der etwa von Hättich geforderten »praktisch nachvollziehbare[n] Ordnungsentwürfe«[14] herausstellt, kann er sowohl dem wissenschaftlichen als auch dem politisch-praktischen Fortschritt dienen. Dabei darf und kann selbstverständlich nicht vom Sein aufs Sollen geschlossen werden. Normative Politikwissenschaft kann weder Fakten noch einzige Wahrheiten anbieten, sondern nur plausible Vorschläge. Es ist die begründete Plausibilität, die wissenschaftliche vor den nichtwissenschaftlichen Vorschlägen (die jeder machen kann) auszeichnen. Für die Ausarbeitung eines utopischen Gesamtentwurfs, der sich in seiner Idealität an den Idealen der zeitgenössischen empirischen Ordnungen

12 Geuss 2011: 77. Ich behaupte, dass die Hierarchie (Vertikalität) zu diesen ideologisch naturalisierten sozialen Eigenschaften gehört, die ubiquitär erscheinen und sich doch überwinden lassen – und dass gerade diese Überwindung demokratisch (horizontal) ist.

13 Geuss 2011: 78f.

14 Hättich 1967: 56.

und in seiner Verwirklichbarkeit an der Widerspenstigkeit komplexer Gesellschaften messen lassen müsste, ist hier kein Platz. Aber der utopische Modus kann sich auch der begrifflichen Innovation bedienen, um zumindest eine ungefähre Richtung angeben zu können, wenn schon die Zielsetzung außen vor bleiben muss. Die begriffliche Innovation ist (neben dem Verständnis, der Beurteilung, der Orientierung und eben der Ideologiekritik) eine weitere Aufgabe, die Geuss der politischen Theorie stellt. »Menschen können ratlos sein, weil sie nicht einmal wissen, was in der Situation, in der sie sich befinden, nicht stimmt, also was genau das Problem ist. Da sie ihre eigene Lage nicht übersehen, wissen sie nicht einmal, in welche Richtung und wonach sie Ausschau halten sollten.«[15] Ich verstehe die begriffliche Innovation, »Anarchismus ist die neue Demokratie« zu behaupten, als nicht nur kritisch, sondern vor allem utopisch normativ. Damit wird benannt, wonach man Ausschau halten sollte, wenn man die Probleme der Demokratie angehen möchte.

Es ist zu erwarten, dass diese Modi nicht rein auftreten. Es ist beispielsweise die Mischung von Affirmation und Kritik möglich, also die prinzipielle Anerkennung der Gültigkeit des Status quo, verbunden mit Vorschlägen zur Verbesserung, zum Beispiel Effizienzsteigerung einiger Verwaltungsabteilungen. Es wäre auch möglich, die Affirmation durch eine Vermischung mit dem utopischen Modus zur Idealisierung zu steigern, zum Beispiel in Form der patriotischen Verherrlichung des eigenen Landes. Für meinen Vorschlag fruchtbarer ist die Mischung aus Kritik und Utopie, bei der eine Verbindung zur Empirie insofern besteht, als sie den Ausgangspunkt darstellt, der verlassen werden soll – und möglicherweise finden sich schon utopische Anfänge in der Empirie. Die Utopie wird dadurch zu einem konkreten Transformationsziel mit dem Anspruch, verwirklichbar und wünschenswert zu sein. Den Anfang muss man aber bei der empirischen Realität der Vergangenheit und Gegenwart machen, selbst wenn man auf utopische Möglichkeiten für die Zukunft abzielt.

3. Demokratievarianten

3.1 Demokratie als Anti-Aristokratie

Als zum ersten Mal in der Geschichte Demokratie eingeführt wurde, war das ein herber Schlag gegen die zuvor herrschende Aristokratie. Dass das im Rahmen von aristokratischen Machtkämpfen geschah, in denen eine der Parteien den bisher von politischen Entscheidungen ausgeschlossenen nie-

15 Geuss 2011: 66.

deren Bürgern mehr Mitspracherecht versprochen hatte, ändert nichts daran, dass der Areopag (also die entscheidende Institution der Adelsherrschaft) entmachtet wurde. Es wurden neue Zugehörigkeiten zu Demen und Phylen geschaffen, neue Kompetenzen bestimmt und über Verfahren und Institutionen wurde eine neue politische Ordnung geschaffen, in der sich die Bürger gemeinsam in Selbstbestimmung üben konnten, ohne höhere Instanzen anrufen zu müssen. Das Losverfahren sorgte dafür, dass fast alle politischen Ämter von Laien ausgeübt wurden. Die Annuität oder noch kürzere Amtszeiten sollten verhindern, dass eine neue politische Klasse entsteht, die qua Expertise zu ungebührlicher Autorität gelangt. Das Mehrheitsprinzip setzte den Anspruch, dass alle Bürger gleich sind, in die politische Wirklichkeit um. Es nahmen zwar nie alle Bürger tatsächlich an den Volksversammlungen teil, aber die typischen 6000 Ekklesiasten machten immerhin etwa 10 bis 20 Prozent der Bürgerschaft aus.[16] Allerdings wurde prinzipiell der größte Teil der Bevölkerung Attikas ausgeschlossen: Frauen, Minderjährige, Metöken, Sklaven. Auch bedeutete die politische Gleichheit der Bürger keineswegs Gleichheit in anderen Sphären, etwa dichterische oder sportliche Exzellenz oder gar Wohlstand. Aber dennoch war die attische Demokratie der radikal egalitäre Versuch, die Zweiteilung der Bürger in obere, bessere, die herrschen, und untere, schlechtere, die gehorchen, aufzuheben. Dieser Versuch war lange erfolgreich und wurde daher von denjenigen, die eine aristokratische Zweiteilung für richtig hielten oder sogar von ihr profitiert hätten, heftig bekämpft.[17]

Schon die für die politische Ideengeschichte wichtigsten Zeitgenossen mussten zwar zugeben, dass die Demokratie beim Demos beliebt war, dass sie Freiheit mit Gleichheit verband und dass sie keinerlei Rücksicht auf die empfindliche Arroganz der Adligen nahm. Aber all das hassten sie aus tiefster Seele. Platon etwa beschreibt die Zustände in der Demokratie in seiner *Politeia* wie folgt: »Fürs erste sind die Menschen frei, der Staat quillt über in der Freiheit der Tat und der Freiheit des Worts, und jedem ist erlaubt zu tun, was

16 Das ist ein unerreicht hoher Prozentsatz. Die 709 Mitglieder des 19. Deutschen Bundestags machen nur 0,001 Prozent der 61 688 485 wahlberechtigten Bürger aus. Der 18. Bayerische Landtag erreicht eine Quote von 0,002 Prozent. Der 2014 gewählte Münchner Stadtrat erreichte 0,007 Prozent. Durchschnittlich wird in Bayern bei Stadt- und Gemeinderäten 2014 knapp 0,327 Prozent erreicht. Beim 2014 gewählten Gemeinderat Tutzing sind es 0,259 Prozent. (Die Zahlen sind entnommen aus: Bundeswahlleiter 2018: 28; Bayerisches Landesamt für Statistik 2020a: 9f.; 2020b: 10; 2020c: 10). Je kleiner die politische Einheit, desto größer offensichtlich der Anteil der Bürger, die man als Ekklesiasten oder Vollbürger bezeichnen könnte, also als Mitglieder des beratenden und entscheidenden Gremiums.

17 Meine Darstellung der attischen Demokratie orientiert sich an den einschlägigen Abschnitten von Meier 1980 und Flaig 2013.

er will!«[18] Für heutige Ohren klingt das attraktiv, und offensichtlich auch für viele Athener. Platon gibt die damalige Bewertung der Demokratie wieder:

> »Sie scheint also die schönste aller Staatsverfassungen zu sein. Wie ein Kleid mit farbenprächtigen Blumen bunt geschmückt ist, so ist auch sie mit allen Charakteren bunt durchsetzt und von prächtigem Anblick. Und gewiß erklären sehr viele Menschen sie für die schönste, wie es auch Frauen und Kinder tun, wenn sie die bunten Gewänder bestaunen!«[19]

Das heißt die positive Bewertung der Demokratie ist als weibisch und kindisch, also als unpolitisch und unreif und somit falsch zu verstehen. Ein weiterer von Platon betonter Wesenszug der Demokratie ist, dass »es in einem solchen Staat keinen Zwang gibt zur Übernahme von Ämtern, auch nicht, wenn du geeignet bist, auch keinen Zwang zum Gehorsam, wenn du nicht willst«[20]. Diese Klage über fehlende durch Gesetzeshärte durchgesetzte Diskriminierung formuliert Platon dann noch genauer:

> »Dazu die Sorglosigkeit und Geringschätzung, ja Verachtung, die dieser Staat unserem als wichtig betonten Grundsatz für die Staatengründung entgegenbringt: wer nicht eine überragende Anlage habe, werde niemals ein tüchtiger Mann, wenn er nicht schon von Kindheit auf in Spiel und Ernst mit dem Schönen umgehe. Mit welch erhabener Pose läßt die Demokratie dies alles weit unter sich und kümmert sich nicht um die Verhältnisse, aus denen ein Politiker kommt, sondern schätzt jeden, wenn er nur seine gute Gesinnung dem Volke gegenüber beteuert.«[21]

Obwohl er auch ein Gegner der Rhetorik war, greift Platon hier genüsslich zum Stilmittel der Ironie, um seine eigene Verachtung für Ordnungen auszudrücken, die nicht jeden an festgelegte Positionen bindet und dabei strikte Hierarchien betoniert. Aristoteles, sonst oft uneins mit seinem Lehrer Platon, stimmt mit weit nüchterneren Worten mit dessen Ablehnung der Demokratie überein:

> »[Z]wei Momente sind es, die das Wesen der Demokratie aussprechen möchten: die Herrschaft der Majorität und die Freiheit. Nun soll die Gerechtigkeit so viel als Gleichheit sein und die Gleichheit darin liegen, daß der Wille der Menge entscheidet; die Freiheit aber soll darin liegen, daß jeder tut was er will. So lebt denn in solchen Demokratien jeder, wie es ihm gefällt und [...] nach Herzens Begehr. Aber das ist ganz und gar verkehrt.«[22]

18 Platon 1994: 382 (Politeia, 557b).
19 Platon 1994: 382 (Politeia, 557c).
20 Platon 1994: 382 (Politeia, 557e).
21 Platon 1994: 383 (Politeia, 558b).
22 Aristoteles 1990: 194f. (Politik, 1310a29–35).

Diese Bewertung taucht im weiteren Verlauf der politischen Ideengeschichte immer wieder auf. Cicero beklagt, dass in der *civitas popularis* die »Stufen der Würde« ignoriert werden. Und noch in den Schriften der amerikanischen und französischen Revolutionäre finden wir die ausdrückliche Ablehnung der Demokratie, da man dem niederen Pöbel nicht traut; insbesondere befürchtet man, dass die Reichen ihre ökonomischen Privilegien verlieren – es soll zwar der alte Adel weg, aber gegen eine flexible und halb durchlässige Ständeordnung an sich hat man nichts einzuwenden. Daher setzen alle Demokratiefeinde, die die Forderung nach Mitbestimmung der einfachen Bürger nicht ganz abtun können, auf das Mischsystem.

3.2 Mischsystem als Anti-Demokratie

Das Mischsystem ist ein ausdrücklich auf die Stabilität einer Herrschaftsordnung, die klar obere und untere Positionen kennt, hin ausgelegt. Sie findet sich in Platons *Nomoi*, bei Aristoteles als »Politie«, Polybius und dann Cicero loben die Römische Republik, die später auch zum Vorbild der Revolutionäre des 18. Jahrhunderts wird. Anders als in der reinen Aristokratie herrschen hier die Besten nicht aufgrund angeborener Eigenschaften und auch nicht uneingeschränkt. Aber anders als in der reinen Demokratie herrscht hier auch nicht das Volk über sich selbst. Tatsächlich sind die Republiken stets der Aristokratie näher gewesen als der Demokratie. Das »demokratische Element« innerhalb der Mischung diente stets der Kanalisierung demokratischer Bestrebungen in Richtungen, die das prinzipielle Muster, dass die wenigen Besten über die vielen Schlechten regieren, unberührt lassen. Das war besonders frappant in den unfairen, da ungleichen Abstimmungsrechten innerhalb der Komitien der Römischen Republik; aber über zahlreiche Mechanismen wie Zensuswahlrecht oder den Ausschluss von ganzen Bevölkerungsgruppen haben auch die amerikanischen und französischen Republiken einen aristokratischen Charakter behalten.[23]

Das gilt auch noch für heutige Republiken mit repräsentativem Wahlsystem. Denn Wahlen sind grundsätzlich aristokratisch: Es werden die Besten gewählt – wobei als »Beste« nun nicht mehr die Abkömmlinge alter und blaublütiger Familien gelten, sondern eben die Beliebtesten, Beredtesten, Telegensten. In der attischen Demokratie war man um die Verhinderung von Aristokratie bemüht, also führte man gleichmachende Institutionen ein. Bei

23 Vgl. Matyszak 2015, Shankman 2015 und Markoff 2015, auch wenn sie nicht trennscharf zwischen »Demokratie« und »Mischsystem mit demokratischem Element« unterscheiden.

der Vergabe von Ämtern war das Losverfahren allgemein üblich, das jeden Bürger gleich wahrscheinlich treffen konnte. Das Wahlverfahren war auf sehr wenige Ämter beschränkt, in denen es aus militärischen oder finanziellen Gründen auf außergewöhnliche, im Grunde aristokratische Fähigkeiten ankam (womit strategische Führungseigenschaften und immenser Geldbesitz gemeint waren). In heutigen bürokratischen Rechtsstaaten wird die Voraussetzung, »Bester« zu sein, auf praktisch alle Ämter ausgeweitet – eine klare und gewollte Verletzung des Gleichheitsprinzips. Einige Amtsträger werden gewählt, die anderen dann von diesen bestimmt. Das macht durchaus Sinn, wenn Wahlsysteme korrekt als Mischverfassungen verstanden werden, die grundsätzlich aristokratisch sind, dabei aber als »demokratisches Element« ein Recht, die Aristokraten auf Zeit zu wählen, integriert haben, das aber möglichst wenigen Menschen gewährt wird – typischerweise nur den Gruppen, die es sich erkämpft haben. Wahlsysteme müssen von der Grundannahme ausgehen, dass die Bevölkerung in mindestens drei Arten von Menschen aufzuteilen ist: die in Bezug auf Herrschaftsausübung Würdigen, die Unwürdigen und die Unwichtigen. Auf die Unwichtigen braucht man keine politische Rücksicht zu nehmen, da sie keine politischen Rechte haben. Das gilt für Kinder, die (noch) unmündig und daher nicht wahlberechtigt sind, aber auch für eine ganze Reihe weiterer Bevölkerungsgruppen, denen man ebenfalls die Fähigkeit abspricht, wählen zu können.[24] Den anderen wird zugetraut, summarisch kompetent über die Differenzierung zwischen Würdigen und Unwürdigen entscheiden zu können.[25] Das Wahlrecht kann dabei nur einmal pro Legislaturperiode ausgeübt werden; in die noch niedere Klasse der Unwichtigen fallen die durch die Wahl als Unwürdige Deklassierten nach der Wahl nur deshalb nicht, da die Würdigen die zukünftigen Wahlentscheidungen der nun Unwürdigen taktisch in ihre politischen Kalküle einrechnen müssen.

So scheint es rätselhaft zu sein, weshalb man dazu überging, die Republiken »Demokratien« zu nennen – waren sie doch von Möchtegern-Aristokraten gegründet worden, die ausdrücklich keine Demokratie haben wollten, sondern lediglich ein die Herrschaft der Gewählten legitimierendes Sicherheitsventil benötigten. Denn die Idee der Demokratie war beim einfachen Volk bekannt und beliebt. Da liegt es nahe, »Demokratie« als ein durch

24 Heutzutage werden in Deutschland etwa die meisten Ausländer, aber auch Schwerverbrecher, wegen Krankheit Unmündige und Menschen, die zum Beispiel aufgrund von Obdachlosigkeit keine Papiere besitzen, ausgeschlossen. Historisch üblich war es, Männer ohne ausreichend Einkommen, Besitz oder Steuerzahlungen oder mit dem falschen Beruf sowie generell Frauen auszuschließen.

25 Die Wissensanforderungen, die für eine kompetente Wahl nötig wären, sind aber ähnlich unmöglich zu erfüllen wie die Wissensanforderungen für inhaltliche Entscheidungen.

Aristokraten zu erfüllendes Wahlversprechen darzustellen. Man kann den Bedeutungswandel des Begriffs »Demokratie« wohl am ehesten im Wahlkampf Andrew Jacksons zur Präsidentschaftswahl 1828 ausmachen. Jackson trat volkstümlich auf und nannte seine Partei »Democrats« (zuvor hieß sie, passender, »Republicans«). Die Selbstregierung des Volkes von unten wurde so von einer Art Volkstümlichkeit der autoritären und militaristischen Oberen als Bedeutung von »Demokratie« ersetzt – obwohl Erstere in Amerika schon immer bekannt war (bei Ureinwohnern wie Siedlern).[26] Mir scheint diese Begriffspolitik eine weitere Kanalisierung zu sein: Wenn »Demokratie« die Alternative zur Aristokratie oder Monarchie ist, tatsächlich aber ebenfalls hauptsächlich aristokratische und monarchische Elemente enthält, dann werden Aristokratie und Monarchie begrifflich alternativlos. Es sei denn freilich, man erfindet für den politischen Egalitarismus einen neuen Begriff, zum Beispiel Anarchismus. Aber politischer Egalitarismus soll generell als unmöglich diskreditiert werden. Dem Volk wird rundweg abgesprochen, dass es überhaupt zu eigener verantwortungsvoller Entscheidungsfindung fähig sei. Das kennt man seit der Antike. Im 19. Jahrhundert wurde es ein beliebter Topos der Elitetheorien à la Gaetano Mosca. Davon inspiriert zieht im 20. Jahrhundert Joseph Schumpeter über den formalen Souverän her, der angeblich so dumm ist, dass er der väterlichen Führung durch Bessere bedarf:

> »So fällt der typische Bürger auf eine tiefere Stufe der gedanklichen Leistung, sobald er das politische Gebiet betritt. Er argumentiert und analysiert auf eine Art und Weise, die er innerhalb der Sphäre seiner wirklichen Interessen bereitwillig als infantil anerkennen würde. Er wird wieder zum Primitiven.«[27]

Das ist wieder Platons antidemokratische Polemik gegen die kindische Unreife des niederen Volks, das völlig unfähig zur Selbstregierung sei. Schumpeters Modell der Konkurrenzdemokratie, der zufolge Demokratie »diejenige Ordnung der Institutionen zur Erreichung politischer Entscheidungen [ist], bei welcher einzelne die Entscheidungsbefugnis vermittels eines Konkurrenzkampfs um die Stimmen des Volkes erwerben«,[28] dieses hochgradig normative und polemische Modell steckt heutzutage in den Indikatoren der Demokratiemessung[29] und somit in zentralen publikumswirksamen Bereichen der empirischen Politikforschung – die somit selbst

26 Vgl. Graeber 2007: 344–347.

27 Schumpeter 1950: 416.

28 Schumpeter 1950: 428.

29 Für die Indikatoren für Polity IV vgl. Marshall/Gurr/Jaggers 2017: 14f.; für die Indikatoren für Freedom in the World siehe Freedom House 2019.

affirmativ-normativ wird und sich auf die Seite der antidemokratischen Mischverfassung stellt, die heutzutage »Demokratie« heißt.

Tabelle 1: Begriffswandel »Demokratie«

Begriffswandel »Demokratie«	Bis in die erste Hälfte des 19. Jahrhunderts	Spätestens ab Mitte des 19. Jahrhunderts
Institutionen sorgen dafür, dass wenige über alle regieren; zugleich gibt es Kanäle für die Beteiligung des Demos (Wahl, plebiszitäre Zustimmung)	Mischsystem, Politie, Republik	Demokratie
Institutionen sorgen dafür, dass die Regierung von wenigen über alle verhindert wird; zugleich gibt es eine möglichst breite Beteiligung des Demos (Entscheidungsprozesse)	Demokratie	Anarchismus

Quelle: eigene Darstellung.

4. Normative Demokratiewissenschaft

4.1 Affirmativ-kritische Reformvorschläge

Dass das »demokratische Element« nicht demokratisch genug ist, ist vielen normativen Theoretikern, die im kritischen Modus schrieben, aufgefallen. Zu längerfristigen akademischen Ehren kamen aber nur solche Kritiken, die ihre Kritik weniger mit Utopie und mehr mit Affirmation verbanden. Ein Beispiel dafür ist Jürgen Habermas. Er betont zu Beginn seines Buches *Faktizität und Geltung*, dass er ausdrücklich nicht auf Herrschaftsfreiheit, also Anarchismus, aus ist:

> »Übrigens möchte ich auf diesem Wege performativ den Einwand entkräften, daß die Theorie des kommunikativen Handelns blind sei gegenüber der Realität von Institutionen – oder daß sie gar anarchistische Konsequenzen habe. Einen anarchischen Kern hat freilich jenes Potenzial entfesselter *kommunikativer* Freiheiten, von dem die Institutionen des demokratischen Rechtsstaats zehren müssen, wenn sie gleiche *subjektive* Freiheiten effektiv gewährleisten sollen.«[30]

30 Habermas 1994: 10f.

Ich interpretiere den »anarchischen Kern« als das »anarchistische Element« eines erweiterten Mischsystems, das den Anarchismus kanalisieren und somit ausschließen soll, so wie das »demokratische Element« die Demokratie kanalisieren und somit ausschließen soll. Habermas' deliberative Demokratie hat etwas Utopisches und wäre sicherlich eine Verbesserung gegenüber einer Mischverfassung, die das demokratische Element auf die Wahl der Aristokraten auf Zeit beschränkt. Aber Aristokraten auf Zeit gibt es auch bei Habermas. Sein Vorschlag ist letzten Endes affirmativ, denn die kommunikative Rolle der Bürger soll außerhalb der gültigen Rechtssetzung bleiben und lediglich durch Kanäle die wenigen tatsächlichen Entscheider inspirieren. Es gibt auch affirmative Reformvorschläge, wie Bürger stärker nicht nur in die Deliberation, sondern auch in die Entscheidungsfindung einbezogen werden könnten – aber stets nur als ergänzende und letztlich die Legitimation und Macht der Oberen und Würdigeren untermauernde Hilfsmittel.[31] Erst recht sind die häufigen Rufe nach mehr Plebisziten kein gangbarer Weg zur Selbstregierung der Bürger. Sie dienen üblicherweise der Stabilisierung der Regierungsmacht – daher finden sich auch Napoleon III. und Horst Seehofer unter den gelegentlichen Plebiszitbefürwortern. Die affirmativ-kritischen Alternativmodelle haben als normative politische Theorien den Vorteil, dass sie anschlussfähig sind, gerade weil sie affirmativ sind. Der Nachteil für die normative politische Theorie besteht allerdings darin, dass sie sich selbst klein macht und ihre eigene Existenzberechtigung infrage stellt, indem sie wenig Neues anzubieten hat. Ich stelle die steile These auf, dass das derzeitige Siechtum normativer politischer Theorie innerhalb des Faches Politikwissenschaft an fehlender Radikalität liegt. Normative politische Theorie muss abseitiger, extremer, ärgerlicher und gefährlicher werden.

4.2 Anarchismus als moderne Anti-Aristokratie

Daher schlage ich vor, den Anarchismus als neue Demokratie zu verstehen. Nachdem es möglich geworden war, dass Präsidenten und Repräsentanten (also die Rollenträger des monarchischen und des aristokratischen Elements in der Mischverfassung) sich unwidersprochen »Demokraten« nennen, war es wohl an der Zeit, einen neuen Begriff einzuführen für diejenigen, die die

31 Zu nennen wären hier etwa Benjamin Barbers Modell der »Strong Democracy« (Barber 2003) und die von Archon Fung und Erik Olin Wright versammelten empirischen Beispiele für »Empowered Participatory Governance« (Fung/Wright 2003).

Abwesenheit von Höheren, von Befehlshabern, von Regierungen anstrebten. Pierre-Joseph Proudhon wählte 1840 einen solchen Begriff in seiner berühmten Schrift *Was ist das Eigentum?*:

> »Welche Regierungsform sollen wir vorziehen? – ›Aber wie können Sie das fragen?‹, antwortet zweifelsohne einer meiner jüngeren Leser. ›Sie sind doch Republikaner.‹ – Republikaner, ja, aber dieses Wort sagt nichts genaues. *Res publica* ist die öffentliche Sache. Wer nun also für die öffentliche Sache ist, unter welcher Regierungsform auch immer, kann sich Republikaner nennen. Auch Könige sind Republikaner. – ›Also gut! Sie sind Demokrat?‹ – Nein. – ›Nicht? Also müssen Sie Monarchist sein!‹ – Nein. – ›Konstitutionalist?‹ – Gott bewahre. – ›Sie sind also ein Anhänger der Aristokratie?‹ – Keineswegs. – ›Sie wollen eine gemischte Regierungsform?‹ – Noch weniger. – ›Was sind Sie denn also?‹ – Ich bin Anarchist. – ›Ich verstehe. Sie spotten, dies ist an die Regierung gerichtet.‹ – Überhaupt nicht. Sie haben soeben ein ehrliches und reiflich überlegtes Glaubensbekenntnis gehört. Obwohl ich ein Freund der Ordnung bin, bin ich – im wahrsten Sinne des Wortes – Anarchist.«[32]

Anarchismus ist ein Schreckgespenst. Die Befürworter der Aristokratie, auch diejenigen, die sich inzwischen »Demokraten« nennen, kriegen sich gar nicht ein in ihrer Aufregung über diese Radikalen, die Sozialismus mit Freiheit verbinden und jede Herrschaft von Menschen über Menschen abschaffen wollen. Die Argumente der Anarchismusgegner – oder soll ich lieber sagen: der Archisten, also Herrschaftsbefürworter – sind meist alt und bedienen sich bei den Topoi der antiken Demokratieschmähung. Anarchie widerspreche der menschlichen Natur, vernachlässige das Bedürfnis nach Größe, Höhe, Glanz und Unterordnung, käme Gesetzlosigkeit und Chaos gleich, sei eine jugendliche Abirrung etc. Es gab auch neuere Ideen, etwa dass Anarchisten im pathologischen Sinne Verrückte und Verbrecher seien, die man an ihren Missbildungen, Tätowierungen, Epilepsie und Hysterie erkenne.[33]

Heutige Politikwissenschaftler haben üblicherweise wenig Kenntnisse über den historischen oder den heutigen Anarchismus.[34] Wenn man über Anarchismus schreibt, tut man seiner Karriere innerhalb der bundesdeutschen Politikwissenschaft keinen Gefallen; vielleicht gehört es zum affirmativen Habitus der Politikwissenschaftler, eher den Vorurteilen als der Empirie des Anarchismus Beachtung zu schenken. So war es noch 2011

32 Proudhon 2014: 307.

33 Horst Stowasser fängt seine umfangreiche populäre Einführung in den Anarchismus mit der Abwehr solcher und ähnlicher Vorurteile an (Stowasser 2007: 15). Das ist ein offensichtlich notwendiges Vorgehen, das sich in so gut wie allen Texte über den Anarchismus, die sich nicht direkt an Anarchisten richten, findet.

34 Eine Übersicht über den schmalen derzeitigen Forschungsstand zum Anarchismus in der akademischen Landschaft Deutschlands (sowie in der Anarchistenszene, die besser informiert, aber eben auch parteiisch ist), bietet Briese 2017.

möglich, im Jahrbuch Politisches Denken einen Artikel über *Die Rationalität des Anarchismus* unterzubringen, der von eklatanter Unkenntnis der Materie zeugt – und das, obwohl in diesem Jahr ein Peer-Review-Verfahren eingeführt worden war. In dem Artikel wird den Anarchisten pauschal vorgeworfen, jede politische Vernunft abzulehnen, wobei mit »politischer Vernunft« offensichtlich ausschließlich »eine auf Herrschaft und Regierung ausgelegte Vernunft«[35] gemeint ist. Denken soll nur im Rahmen des Staates möglich sein, den die Anarchisten ja ablehnen. So wird aber sogar Thomas Hobbes zum Anarchisten erklärt, denn auch er behauptete ja, man könne schon vor der Staatsgründung – also ohne Staat – rational denken.[36] Normativ-affirmative Politikwissenschaft scheut mitunter nicht vor hanebüchenem Unsinn und verschleiernder Ideologie zurück, wenn damit das Ärgernis der Anti-Aristokratie bekämpft werden kann.

Das verbreitete Unverständnis der deutschen Politikwissenschaft bezüglich des Anarchismus kann hier nicht geheilt werden. Und das ist auch gar nicht nötig. Wie in vielen anderen (vor allem empirischen) Feldern der Politikwissenschaft werden sich ernsthaft interessierte Kollegen an angloamerikanische Forschungsliteratur halten. Da gibt es entsprechende Sektionen in den Fachverbänden, Fachzeitschriften, Buchreihen, regelmäßige internationale Konferenzen, kurz: Expertise auf hohem Niveau. Aber es ist noch nicht einmal nötig, einen Kanon anarchistischer Theorie aufzustellen, den »man kennen muss«. Anarchismus ist selbst so eklektizistisch und antidogmatisch, dass keine wohlumzäunte Theorie ihn repräsentieren könnte. Der Anarchismus ist außerdem stärker an der Praxis orientiert, liefert also über seine Aktivisten empirisches Anschauungsmaterial, das prinzipiell für die Erforschung durch Politikwissenschaftler offensteht. Damit kommt eine normativ-utopische Politikwissenschaft, die sich am Anarchismus orientieren will, nicht in Gefahr, normativ-ontologisch zu werden und so ganz zweifelhafte metaphysische Glaubenssätze vorauszusetzen. Man kann sich an das halten, was ist, was geschieht, was getan wird, was erstrebt wird – also an der Empirie, deren Erforschung dann normativ werden muss, wenn auch die Frage der Legitimität behandelt wird.

Um Legitimität kommt man nicht herum. David Beetham zufolge ist eine Ordnung legitim, die erstens ihren eigenen Regeln entspricht, welche zweitens zustimmungsfähig sind, und denen drittens auch tatsächlich zugestimmt

35 Kauffmann 2011: 245. Für Kauffmann ist politische Vernunft »die Idee einer richtigen politischen Ordnung und Regierung« (2011: 240). Anarchisten lehnen Regierung ab, werden in ihrem Kampf gegen die Regierung aber sehr wohl von Ideen von richtigen politischen Ordnungen geleitet oder zumindest inspiriert.

36 Vgl. Kauffmann 2011: 244.

wird.[37] Die Treue zu den eigenen Regeln (Legalität) ist relativ banal. Die Zustimmungsfähigkeit hängt von der Autoritätsquelle und vom Inhalt ab. Seit vielen Jahrzehnten ist als Autoritätsquelle nur doch das Volk (*demos*), das der Ordnung unterworfen ist, plausibel.[38] Daher streben ja auch autoritäre und sogar totalitäre Systeme nach Anerkennung als »Demokratie«.[39] Als Regelinhalt wird nur ein Gemeinwohl akzeptiert, das aber politisch zustande kommen muss – also nicht durch Philosophenkönige, Propheten oder Anführer schlicht bestimmt werden könnte.[40] Die Zustimmung kann durch Wahlen oder durch massenhafte direkte Teilnahme wirkungsvoll geäußert werden.[41] Beetham hält die modernen repräsentativen Demokratien für legitim, aber nicht für unproblematisch, da gerade die Trennung zwischen Oberen und Unteren Ersteren unverhältnismäßig mehr Vorteile bringt und doch im Rahmen des repräsentativen Systems nicht zu vermeiden ist. Ich schlage vor, Anarchismus als eine Ordnung zu verstehen, die legitim sein kann, da sie die Möglichkeit hat, die drei Legitimitätskriterien Beethams zu erfüllen. Sie kann ihre Regelsetzer (das sind potenziell alle) an die Einhaltung der Regelsetzungsregeln binden. Sie hat als Autoritätsquelle das Volk (*demos*), da alle, die in die anarchistische Ordnung eingeordnet sind, Quelle der ordnungsstiftenden Regeln sein können. Sie bestimmt ihr Gemeinwohl intern, das heißt in einem geregelten politischen Streit zwischen allen, die sich beteiligen möchten. Und ihr kann von allen durch massenhafte Teilnahme an den Entscheidungen zugestimmt werden.[42]

Das sind zunächst einmal bloße Behauptungen. Es gibt aber auch anarchistische Praxis, aus der solche Behauptungen abgeleitet sind. Zwar existiert kein anarchistischer Staat (was vielleicht erklärt, weshalb staatsorientierte Politikwissenschaftler blind für Anarchismus bleiben); aber es existieren auf nichtstaatlicher Ebene beobachtbare Zusammenschlüsse von politisch aktiven Menschen, die anarchistische Prinzipien realisieren. Marianne Maeckelbergh hat in teilnehmender Beobachtung die Entscheidungsprozesse innerhalb der vielfältigen Alterglobalisierungsbewegungen[43] untersucht. Grundsätzlich unterscheidet sie dabei zwischen »horizontalen«

---

37 Vgl. Beetham 1991: 16.

38 Vgl. Beetham 1991: 74–76.

39 Vgl. Beetham 1991: 112–114.

40 Vgl. Beetham 1991: 89.

41 Vgl. Beetham 1991: 94–95.

42 Mehr zur Legitimität des »anarchistischen Staates« bei Seyferth 2020.

43 Das sind die Bewegungen, die sich global vernetzen und eine andere, gerechtere Globalisierung erreichen wollen. Es ist bisweilen üblich, aber ganz unzutreffend, sie »Globalisierungsgegner« zu nennen.

und »vertikalen« Gruppen. Die vertikalen Gruppen sind hauptsächlich Parteien, Gewerkschaften und Nichtregierungsorganisationen (NGOs), die hierarchisch-demokratisch sind, also ähnlich wie demokratische Staaten die Entscheidungsfindung einer gewählten Führerschaft überlassen. Dagegen richten sich andere, egalitärere NGOs und vor allem autonome Netzwerke. Von ihnen stammt auch die begriffliche Unterscheidung von »horizontal« und »vertikal«. »Horizontality is a term used by movement actors to refer to less hierarchical, networked relationships of decision-making and organising structures that actively attempt to limit power relations.«[44]

Diesen Prinzipien folgend praktizieren die Horizontalen das, was in der Bewegung den Namen »Präfiguration« erhalten hat. Damit ist eine Praxis gemeint, die Mittel und Ziele in Einklang bringen soll: Schon im Kampf um eine freiere und gleichere Welt organisieren sich die Aktivisten so, wie sie sich die Organisation der Welt vorstellen.[45] Präfiguration gilt klassisch als ein Definitionsmerkmal des Anarchismus.[46] Horizontalität meint dann, dass die aktivistischen Netzwerke und Organisationen Regeln aufstellen, die hierarchische Machtbeziehungen beschränken sollen.[47] Maeckelbergh versteht das als Erschaffung neuer demokratischer Strukturen. »The democracy of the alterglobalisation movement is a non-state democracy, for some actors an anti-state democracy«.[48] Diese Demokratie entspricht nicht der attischen Demokratie, obwohl auch sie eine ausdrückliche Anti-Aristokratie ist. Sie entspricht aber auch nicht der Demokratie der Französischen Revolution oder der liberalen Staaten.[49] Der definitive Unterschied ist, dass die Horizontalen Demokratie als eine Frage, wie entschieden wird, auffassen, und nicht als eine Frage, wer regiert.[50] Die repräsentationslose, partizipative Demokratie soll dabei nicht nur in kleinen Zirkeln möglich sein, sondern auch in großen Netzwerken – die Aktivisten richten sich mit ihrer Praxis gegen die Fachmeinung der Politikwissenschaft.[51] Bei den zu treffenden Entscheidungen werden zwar nicht alle mitmachen, aber es soll ein demokratisches System erschaffen werden, das allen, die mitentscheiden wollen, offen steht und Vielfalt begrüßt.[52]

44 Maeckelbergh 2009: 69.
45 Vgl. Maeckelbergh 2009: 67.
46 Vgl. Maeckelbergh 2009: 86.
47 Vgl. Maeckelbergh 2009: 108.
48 Maeckelbergh 2009: 140.
49 Vgl. Maeckelbergh 2009: 145.
50 Vgl. Maeckelbergh 2009: 161, 227.
51 Vgl. Maeckelbergh 2009: 187.
52 Vgl. Maeckelbergh 2009: 100, 225.

Solche Ziele sind ambitioniert und lassen sich nur erreichen, wenn es adäquate Verfahrensregeln gibt, die eingehalten werden. Wie bei den Geschäftsordnungen der Parlamente mag es zu Abweichungen kommen, aber die Regeln müssen prinzipiell akzeptiert werden. Das wird bei den Horizontalen ziemlich streng gehalten, da man der Ansicht ist, dass man ansonsten auf hierarchische Strukturen zurückfallen würde.[53] Das Ziel, hierarchiefrei, das heißt frei und gleich zu leben, benötigt als Hilfsmittel gewisse freiheitseinschränkende Regeln.[54] Hier ist nicht der Platz, diese im Einzelnen darzustellen. Das zu untersuchen, zu bewerten und zu erweitern wäre eine zentrale Aufgabe einer emanzipatorischen normativ-utopischen Politikwissenschaft, die auf empirischen Boden stehen möchte. Daher hier nur so viel: Viele (aber nicht alle) Anarchisten sind sich bewusst, dass man sich vor der Gefahr der Tyrannei der Strukturlosigkeit, also der ungebührlichen Macht informeller Eliten, nur mit Strukturen der Tyranneilosigkeit schützen kann.[55] Diese Strukturen sind dezidiert anti-aristokratisch und legen im Falle von Entscheidungsverfahren fest, wer wann was sagen darf, welche Rücksichten zu nehmen sind, welche Widerspruchs-, Verbesserungs- und Vetorechte die Entscheidungsteilnehmer haben, welche Rollen für das Verfahren benötigt werden etc. Es entstehen komplizierte Regelwerke, die zwar keine Harmonie garantieren, aber immerhin die Möglichkeit schaffen, aus Streit und divergierenden Interessen kreative Kompromiss- und Konsenslösungen zu gewinnen.[56]

5. Fazit

Eine andere Demokratie ist möglich. Oder auch nicht. Das müsste man erst einmal herausfinden. Anarchistische Aktivisten versuchen das auf praktischem Wege herauszufinden. Für Politikwissenschaftler stellt das einen Teil der empirischen Politik da. Falls sich Politikwissenschaftler angesichts der unvermeidlichen Normativität ihres Tuns für die anspruchsvolle utopische Normativität entscheiden, so stellen die Entscheidungsregeln und Netz-

53 Vgl. Maeckelbergh 2009: 123.

54 Vgl. Maeckelbergh 2009: 168f.

55 Vgl. Seyferth 2019.

56 Diese Verfahren wurden zum Teil von bekannten Anarchisten in die Bewegungen hineingetragen, wo sie situationsgemäß angepasst wurden und sich den Tests der Brauchbarkeit stellen mussten. David Graeber etwa berichtet von Entscheidungsverfahren im Direct Action Network und bei Occupy Wallstreet – wobei er selbst zu den Initiatoren dieser anarchistischen Techniken gehörte. Vgl. für die Beschreibung solcher Verfahren Graeber 2009: 300–354 und Graeber 2012: 120–148.

werke anarchistischer Praxis einen wertvollen Startpunkt dar. Der Blick in die Ideengeschichte legt außerdem nahe, dass der Anarchismus nur deshalb so ein Schreckgespenst ist, weil er so anti-aristokratisch wie die attische Demokratie ist, die schon immer von denen gefürchtet wurde, die sich die politische Unterscheidung in Obere und Untere wünschten. Der Einwand gegen den Anarchismus, dass er nicht funktioniere, benötigt mehr Unterstützung als den Verweis auf schon gescheiterte anarchistische Versuche, wenn er nicht nur Archisten überzeugen will. Auch Staatsversuche sind reihenweise gescheitert. Was der Anarchismus kann und was nicht, wie legitim er sein kann, und wie demokratisch er sein kann: das sind Fragen, die erst gestellt und ergebnisoffen untersucht werden müssen. Das heißt nicht, dass andere Modi der Normativität als die Utopie ihre Berechtigung verlören. Wenn etwa Samuel Salzborn mit offenem Visier die liberale, repräsentative Demokratie in Deutschland gegen die Demokratiefeinde von rechts verteidigt,[57] so ist das klar normativ und klar affirmativ, und es ist auch lobenswert. Die Demokratie in Deutschland ist gut, und es lohnt sich, sie zu verteidigen. Allerdings bin ich der Ansicht, dass diese Demokratie noch nicht gut genug ist. Es genügt mir nicht, das Gute zu verteidigen, ich will zum Besseren. Und ich möchte wissen, ob das, was ich mir als das Bessere vorstelle, auch tatsächlich besser ist. Daher möchte ich die Politikwissenschaft davon überzeugen, sich konstruktiv und kritisch mit dem Anarchismus auseinanderzusetzen, der sogar demokratischer als die Demokratie ist.

Literatur

Aristoteles (1990): Politik. Übers. von Eugen Rolfes, Hamburg.

Augstein, Franziska (2009): Dienerin der Politik. Zukunft der Politologie: 50 Jahre Geschwister-Scholl-Institut, in: Süddeutsche Zeitung, 27. April 2009, S. 13.

Barber, Benjamin (2003): Strong Democracy. Participatory Politics for a New Age, Berkeley/Los Angeles/London.

Bayerisches Landesamt für Statistik (2020a): Statistik kommunal 2019. Bayern 09. Eine Auswahl wichtiger statistischer Daten, Fürth (online unter: www.statistik.bayern.de/mam/produkte/statistik_kommunal/2019/09.pdf – letzter Zugriff: 21.09.2020).

Bayerisches Landesamt für Statistik (2020b): Statistik kommunal 2019. Kreisfreie Stadt München 09 162. Eine Auswahl wichtiger statistischer Daten, Fürth (online unter: www.statistik.bayern.de/mam/produkte/statistik_kommunal/2019/09162.pdf – letzter Zugriff: 21.09.2020).

57 Vgl. Salzborn 2017.

Bayerisches Landesamt für Statistik (2020c): Statistik kommunal 2019. Gemeinde Tutzing 09 188 141. Eine Auswahl wichtiger statistischer Daten, Fürth (online unter: www.statistik.bayern.de/mam/produkte/statistik_kommunal/2019/09188141.pdf – letzter Zugriff: 21.09.2020).

Beetham, David (1991): The Legitimation of Power, Basingstoke/New York.

Berg-Schlosser, Dirk / Stammen, Theo (1992): Einführung in die Politikwissenschaft, 5. Aufl., München.

Briese, Olaf (2017): Anarchismus im 21. Jahrhundert. Ein Literaturbericht, in: Politische Vierteljahresschrift 58 (1/2017), S. 124–148.

Bundeswahlleiter (2018): Ergebnisse früherer Bundestagswahlen. Stand: 8. November 2018, Wiesbaden (online unter: www.bundeswahlleiter.de/dam/jcr/397735e3-0585-46f6-a0b5-2c60c5b83de6/btw_ab49_gesamt.pdf – letzter Zugriff: 21.09.2020).

Flaig, Egon (2013): Die Mehrheitsentscheidung. Entstehung und kulturelle Dynamik, Paderborn.

Freedom House (2019): Freedom in the World 2019 Methodology (online unter: https://freedomhouse.org/sites/default/files/2020-02/Methodology_FIW_2019_for_website.pdf – letzter Zugriff: 21.09.2020).

Fung, Archon / Wright, Erik O. (Hg.) (2003): Deepening Democracy. Institutional Innovations in Empowered Participatory Governance, London/New York.

Geuss, Raymond (2011): Kritik der politischen Philosophie. Eine Streitschrift, Hamburg.

Graeber, David (2007): Possibilities. Essays on Hierarchy, Rebellion, and Desire, Oakland/Edinburgh.

Graeber, David (2009): Direct Action. An Ethnography, Oakland/Edinburgh.

Graeber, David (2012): Inside Occupy, Frankfurt/New York.

Habermas, Jürgen (1994): Faktizität und Geltung. Beiträge zur Diskurstheorie des Rechts und des demokratischen Rechtsstaats, Frankfurt/M.

Hättich, Manfred (1967): Lehrbuch der Politikwissenschaft, Bd. 1: Grundlegung und Systematik, Mainz.

Kauffmann, Clemens (2011): Die Rationalität des Anarchismus, in: Politisches Denken. Jahrbuch 2011, Berlin, S. 235–252.

Maeckelbergh, Marianne (2009): The Will of the Many. How the Alterglobalisation Movement is Changing the Face of Democracy, London/New York.

Markoff, John (2015): The French Revolution, in: Benjamin Isakhan / Stephen Stockwell (Hg.), The Edinburgh Companion to the History of Democracy. From Pre-History to Future Possibilities, Edinburgh, S. 210–220.

Marshall, Monty G. / Gurr, Ted R. / Jaggers, Keith (2017): Polity™ IV Project. Political Regime Characteristics and Transitions, 1800–2016. Dataset Users' Manual, in: Center for Systemic Peace (online unter: www.systemicpeace.org/inscr/p4manualv2016.pdf – letzter Zugriff: 21.09.2020).

Matyszak, Philip (2015): Rome, in: Benjamin Isakhan / Stephen Stockwell (Hg.), The Edinburgh Companion to the History of Democracy. From Pre-History to Future Possibilities, Edinburgh, S. 109–118.

Meier, Christian (1980): Die Entstehung des Politischen bei den Griechen, Frankfurt/M.

Platon (1994): Der Staat. Übers. von Karl Vretska, Stuttgart.

Proudhon, Pierre-Joseph (2014): Was ist das Eigentum? Untersuchungen über die Grundsätze des Rechts und der Regierung. Übers. von Lena Völkening, Münster [zuerst 1840].

Salzborn, Samuel (2017): Angriff der Antidemokraten. Die völkische Rebellion der Neuen Rechten, Weinheim/Basel.

Schumpeter, Joseph A. (1950): Kapitalismus, Sozialismus und Demokratie, 2. Aufl., München.

Seyferth, Peter (2019): Strukturen der Tyranneilosigkeit gegen die Tyrannei der Strukturlosigkeit. Machtanwendung bei der Findung und Durchsetzung von Entscheidungen, in: Klaus Mathis / Luca Langensand (Hg.), Anarchie als herrschaftslose Ordnung?, Berlin, S. 121–144.

Seyferth, Peter (2020): Wenn der Staat prinzipiell illegitim ist, welche politische Struktur kann dann überhaupt legitim sein? Versuch über die Legitimität eines »anarchistischen Staats«, in: Tobias Herbst / Sabrina Zucca-Soest (Hg.), Legitimität des Staates, Baden-Baden, S. 271–295.

Shankman, Andrew (2015): The American Revolution, in: Benjamin Isakhan / Stephen Stockwell (Hg.), The Edinburgh Companion to the History of Democracy. From Pre-History to Future Possibilities, Edinburgh, S. 199–209.

Stowasser, Horst (2007): Anarchie! Idee – Geschichte – Perspektiven, Hamburg.

VI. Epilog: Herausforderungen für die politische Bildung

Andreas Kalina / Ursula Münch

Mobilisierung der Demokratie

Herausforderungen und Ansatzpunkte für die politische Bildung

1. Einleitung

Demokratien ohne Demokraten sind nichts anderes als potemkinsche Dörfer. Die Existenz demokratischer Strukturen und Verfahren stellt lediglich eine notwendige, keinesfalls aber eine hinreichende Voraussetzung demokratischen Regierens dar. Vielmehr bedarf es zum einen stets ihrer rechtsstaatlichen und damit liberalen Fundierung. Zum anderen – und darum geht es im Folgenden vor allem – bedarf die Demokratie einer Bürgerschaft, die sich dem politischen System zugehörig fühlt und diesem ihre grundsätzliche Unterstützung zuteilwerden lässt.[1]

In den Vordergrund rückt damit die Frage nach der Legitimität der Herrschaft. Indem diese mit Max Weber als »Anerkennung einer politischen Ordnung als rechtens« verstanden wird, steht die empirische Komponente im Mittelpunkt: nämlich der subjektive Legitimationsglaube.[2] Das heißt, die Bürger müssen von der Anerkennungswürdigkeit der politischen Ordnung überzeugt sein. Zugleich muss sich demokratische Herrschaft auf eine kongruente politische Kultur stützen. Denn es sind die vorherrschenden Werte, Einstellungen und Deutungsmuster, die das politische Denken und Engagement der Individuen prägen und damit einen relevanten Beitrag zur Stabilität der politischen Ordnung leisten – vorausgesetzt die politische Kultur stimmt mit den Realitäten des politischen Systems überein.[3]

Allerdings sind weder der Legitimitätsglaube noch die kohärente politische Kultur selbstverständlich. Diese zu wecken und zu hegen, setzt die Responsi-

1 Zu der hier zum Ausdruck kommenden Unterscheidung zwischen diffuser und spezifischer Unterstützung in Anlehnung an David Easton vgl. Braun/Schmitt 2009: 59.

2 Vgl. paradigmatisch zum entsprechenden Legitimitätsverständnis Weber 2002: besonders 122. Nach Weber sichert der »Legitimitätsglaube« die Chance des Gehorsams in der Weise, dass »das Handeln des Gehorchenden im Wesentlichen so abläuft, als ob er den Inhalt des Befehls um dessen selbst willen zur Maxime seines Verhaltens gemacht habe« (Weber 2002: 123).

3 Vgl. hierzu klassisch Almond/Verba 1963; sowie Behnke 2009.

vität des politischen Systems voraus, also die Fähigkeit auf Überzeugungen, Belange und Wünsche der Bevölkerung einzugehen und sie in den politischen Entscheidungen zu reflektieren.[4] Aber nicht nur »die Politik« muss Leistungen erbringen, sondern auch die Bürgerschaft. Dabei kann und soll politische Bildung unterstützen. Ohne pure Systemaffirmation zu betreiben, geht es darum, Wertorientierungen und Verfassungskonsens in der Bevölkerung zu verankern, systematische Kenntnisse über Demokratien als realexistierende Regierungsformen, über ihre Funktionsweisen und Kontextabhängigkeiten zu vermitteln sowie Kompetenzen für demokratisches Handeln zu stärken. Politische Bildung stärkt aber nicht nur die kognitive Ebene, sondern soll die Bürger auch zur aktiven politischen Teilnahme und zum politischen Engagement befähigen und ermutigen. Und das unter Berücksichtigung der gesellschaftlichen Pluralität und damit des Kritik- und Toleranzgebots.[5] So viel zum theoretischen Anspruch.

2. Ausgangssituation: Entfremdung der Bürger von der real existierenden Demokratie

Die Realität ist komplexer. Während die liberale Demokratie noch kurz vor der Jahrtausendwende einen weltweiten Siegeszug zu erleben schien,[6] geriet sie spätestens seit der Banken- und Finanzkrise massiv unter Druck. Die über die Zeit gewachsene Distanz zwischen politischen Akteuren auf der einen und den Bürgern auf der anderen Seite ist seither offensichtlich.[7] Weder Meinungsführer in Politik und Gesellschaft noch Medien oder die vielfältigen Akteure des Bildungsbereichs vermögen es, politische Realität und Deutungsmuster miteinander in Einklang zu bringen. Stattdessen scheint das zentrale Fundament der politischen Ordnung – die Legitimationskraft des Volkes – zu erodieren. Das »Betriebssystem« der repräsentativen Demokratie wirkt nachhaltig gestört.

2.1 Demokratieformen im Widerstreit

Die Distanz zwischen politischen Eliten und Parteien einerseits und dem Demos andererseits kennzeichnet die repräsentative Demokratie, ist zugleich

4 Vgl. dazu den Beitrag von Uwe Kranenpohl in diesem Band.

5 Vgl. Kalina 2014: 18f.

6 Vgl. hierzu klassisch Fukuyama 1992.

7 Vgl. unter anderem Gabriel 2020, Gabriel 2018 sowie Reiser 2018.

aber auch ihr »wunder Punkt«.[8] Die Funktionsweise der repräsentativen Demokratie gewährt den Abgeordneten und Amtsträgern einen Vertrauensvorschuss und stellt einen Handlungsrahmen zur Verfügung, in welchem sie – losgelöst von situativen Konjunkturen und demoskopisch vernehmbarem Druck – Politik gestalten können, sich aber angesichts regelmäßiger Wahlen hierfür auch verantworten müssen. Diese Distanz bildet stets aber auch eine mögliche Bruchstelle, da Demokratie als Lebens- und Gesellschaftsform im Unterschied zur Demokratie als Entscheidungssystem das Prinzip der Unmittelbarkeit favorisiert – im Sinne einer »präsentischen« Demokratie.[9] Um beide Formen von Demokratie zu vereinbaren und so die Legitimität der Herrschaftsordnung zu stärken, sind Mechanismen der Koppelung erforderlich: Kommunikation, politische Führung, ein funktionsfähiges intermediäres System aus Parteien, Verbänden und Medien und vor allem Vertrauen. Funktionieren diese Mechanismen nicht, kann die eigentlich positiv zu bewertende Distanz zum Problem werden. Sie wird zum Einfallstor für Populismus, der die Distanz erst bemängelt und dann für die eigenen Zwecke nutzt.[10]

Vor der Pandemie befand sich das öffentliche Vertrauen in politische Führung und demokratische Institutionen im Dauertief.[11] Die Wähler sind flexibler geworden, Parteien und Verbände verlieren Mitglieder. Die klassischen Strukturen und Prozesse politischer Entscheidungsfindung büßen ebenso Glaubwürdigkeit ein wie die sogenannten Qualitätsmedien. Beide werden bezichtigt, einen Meinungsmainstream zu befördern, von dem sich ein Teil der Bevölkerung nicht vertreten fühlt. Da diese Entwicklungen auch dem gesellschaftlichen Wandel geschuldet sind, also der fortschreitenden Individualisierung und der Auflösung traditioneller sozialer Milieus, dürften sie kaum mehr umkehrbar sein. In Kombination mit den digitalen Kommunikationsformen, einer deutlichen Wohlstandspriorisierung auf Kosten normativer Orientierungen sowie einer Neigung zur Moralisierung politischer Debatten zeichnen sich hier wohl auf Dauer massive Veränderungen ab.[12]

Die großen Transformationen – allen voran die Globalisierung, die Digitalisierung, der Klimawandel und jetzt auch noch die Pandemie – führen

8 Das Verständnis von Demokratie als Herrschafts-, Gesellschafts- und Lebensform im Kontext der politischen Bildung hat Gerhard Himmelmann geprägt (vgl. Himmelmann 2001).

9 Vgl. hierzu etwa die Formel der »präsentischen Demokratie« bei Lorey 2012: besonders 109.

10 Zum Phänomen des Populismus und dessen Gefährdung der freiheitlichen Demokratie vgl. unter anderem Müller 2016, Mounk 2018, Beyme 2018. Zur Etablierung des Rechtspopulismus im deutschen Parteiensystem vgl. Decker 2017.

11 Vgl. Edelman Holdings 2020, Europäische Kommission 2019, Enste/Suling 2020, Zmerli 2020: besonders 257f., Blinkert/Klie 2019.

12 Vgl. hierzu klassisch Inglehart 1990; sowie Beck 1986; zur aktuellen Bestandsaufnahme vgl. Scherer/Roßteutscher 2020, Reckwitz 2017.

vor Augen, dass das Nicht-Erwartbare mehr denn je den Normalfall darstellt. Dies verunsichert und beeinflusst zugleich politisches Handeln. Das tägliche (Kommunikations-)Verhalten, aber selbst Wahlentscheidungen, werden vom Zwiespalt zwischen individuellem Freiheitsbedürfnis und allgemeinen Sicherheitserwartungen geprägt. Die Erwartungen sowohl an die Handlungsfähigkeit als auch an die Responsivität des Staates steigen. Gleichzeitig wächst aber auch die Sorge vor einem möglichen Machtmissbrauch von Akteuren in Politik und Wirtschaft.[13] Treten kommunikative Defizite dazu, verfestigt sich das Bild von scheinbar realitätsfernen, angeblich inkompetenten Eliten.

Diese wachsende Distanz von Bürgern und Entscheidungsträgern ist aber nicht allein auf Fehler und Vermittlungsdefizite zurückzuführen. Auch die institutionellen Koppelungsmechanismen funktionieren inzwischen weniger gut: So werden eingeübte parlamentarische Verfahren zusehends zur Makulatur. Sei es, dass der Handlungsdruck immer häufiger zu unkonventionellen Entscheidungssituationen führt, sei es, dass politische Entscheidungen supranationalisiert oder gar auf Gerichte übertragen werden.[14] Und so klafft eine »doppelte Lücke demokratischer Kontrolle«.[15] Regierungen büßen die Kontrolle über die globalisierten Steuerungszusammenhänge ein, und zugleich verlieren Politik und Funktionseliten immer mehr ihren »Draht« zu den Bürgern.

2.2 Neue gesellschaftliche Konfliktlinien und wachsende Anfälligkeit für populistische Verführungen

Hinzu kommt eine neue gesellschaftliche Konfliktlinie, die sich infolge von Globalisierung, Europäisierung und Denationalisierung der Lebens- und Arbeitszusammenhänge herauskristallisiert hat und das klassische soziopolitische Links-Rechts-Spektrum zunehmend überwölbt.[16] Da gibt es das Lager liberal-kosmopolitischer Europäer, die für offene Grenzen, Mobilität und Freihandel eintreten und das Zusammentreffen unterschiedlicher Kulturen grundsätzlich positiv bewerten. Ihm gegenüber steht das kommunitaristisch-

---

13 Vgl. dazu Renn 2019: 194f. Allgemeiner zum Phänomen der Politikverdrossenheit Arzheimer 2002, Gabriel 2017.

14 Zur Diskussion der sogenannten Entparlamentarisierung und Justizialisierung der Politik vgl. statt vieler Rudzio 2019: besonders 275–279 und 387–392. Darüber hinaus unter anderem Jestaedt et al. 2019, Voigt 2015: besonders 77–79, Vorländer 2015: 300–303.

15 Offe 2013: 49.

16 Zur klassischen Cleavage-Theorie vgl. Lipset/Rokkan 1967. Zur aktuellen Entwicklung vgl. Debus/Müller 2020, Marks et al. 2006, Hooghe/Marks 2017.

nationalistische Lager, das die soziale Frage mit der nationalen verbindet und damit die Forderung einer klaren Grenzziehung in den Vordergrund rückt – in Bezug auf Staatsgrenzen, auf gesellschaftliche und ethnische Grenzen sowie auf Kompetenzgrenzen.[17] Die Ergebnisse der jüngsten Wahlen, bei denen Parteien und Bewegungen an den jeweiligen Enden dieses Kontinuums überdurchschnittlichen Zulauf verbucht haben, unterstreichen die Relevanz dieser gesellschaftlichen Konfliktlinie. Der liberal-kosmopolitische Pol (die sogenannten »Anywheres«) wurde vor allem von den Grünen und Postmaterialisten angesprochen; der kommunitaristische (die sogenannten »Somewheres«) eher von national-konservativen bis populistischen Gruppierungen.[18]

Die Krisen der letzten eineinhalb Dekaden – angefangen mit der Finanz- und Staatsverschuldungskrise über die Euro- und die sogenannte Migrationskrise bis hin zur Coronakrise – haben zum einen eine »kommunitaristische Wende« befördert, zum anderen aber auch die Frontstellung zwischen beiden Lagern verhärtet. Angesichts der Herausforderungen durch die großen Transformationen gerät das liberale Prinzip mit seinem Freiheitsdenken und seiner Präferenz für Großräumigkeit, für grenzüberschreitende Mobilität und für freie Märkte unter Druck: Eine politische Ordnung, die vorrangig Rahmenbedingungen für einen möglichst freien, pluralistischen Wettbewerb setzt, mutet vielen als unzureichend an. Nicht zuletzt die Pandemie weckt Schutzerwartungen an den Staat, der für die Gemeinschaft eintreten möge und sie vor (auswärtigen) Gefahren abschirmen und bewahren solle.[19] Ungeachtet der aktuellen Konjunktur kommunitaristischer Denkmuster, halten die Fürsprecher liberal-kosmopolitischer Gesellschaftsentwürfe an ihren Idealen fest. Angesichts der Tatsache, dass Wertekonflikte – anders als der Streit um Interessen – unteilbar und damit kaum auflösbar sind, werden die Gegensätze sich voraussichtlich noch verschärfen.[20] Zugleich fällt es den politisch Verantwortlichen unter den gegenwärtigen Rahmenbedingungen schwer, ausgleichend zu wirken. Diese Dichotomie vergrößert die Distanz zwischen den Entscheidungsträgern und Teilen der Bürgerschaft auch deshalb, weil ein Großteil der Funktionseliten in Politik und Medien eher den Lebensstil der

17 Vgl. Decker 2019, Merkel 2017; mit Blick auf die Auswirkungen der gegenwärtigen Krisen vgl. Kalina 2020. Allgemein zum Widerstreit zwischen Kommunitarismus und Liberalismus: Reese-Schäfer 2001, Reese-Schäfer 2018, Vorländer 2001, Rosa 2001.

18 Die plakative Unterscheidung in »Somewheres« und »Anywheres« geht auf das Buch des britischen Journalisten David Goodhart zurück (vgl. Goodhart 2017). Für einschlägige Wahlanalysen vgl. unter anderem Niedermayer 2017, Niedermayer 2018, Niedermayer 2019, Stark/Pickel/Pickel 2020, Treib 2020, Träger/Anders 2020, Marschall/Masch 2020.

19 Vgl. Kalina 2020.

20 Vgl. dazu Hirschman 1994; sowie aktuell Hirschi 2020: 8–11.

»Anywheres« pflegt, für den sich das Verständnis der »Somewheres« nicht nur in Krisenzeiten in Grenzen hält. Populistische Kräfte nutzen dies aus, indem sie mit nationalistischen Argumentationsfiguren ein delikates Kontra geben.[21]

Die Bedrohungswahrnehmungen infolge der Krisenerscheinungen und das in manchen Kreisen verbreitete Misstrauen bieten den »Volksverführern« ein Gelegenheitsfester, den liberalen Kosmopolitismus als Gefahr für das individuelle Wohlergehen und den Wohlstand, vor allem aber für die nationale Einheit und Sicherheit zu brandmarken. Mit einem derart beflügelten Alleinvertretungsanspruch der Populisten wächst das antipluralistische Momentum in der Gesellschaft auf Kosten der Toleranz gegenüber anderslautenden Positionen. Und indem im gleichen Maße auch die Rhetorik emotionaler wird, schrumpft der Raum für vernunftgeleiteten gesellschaftlichen Diskurs und damit für Ausgleich und Zusammenhalt.

Auch wenn es populistischen Kräften unter den Bedingungen der Unsicherheit leicht zu fallen scheint, die vermeintlich klar bestimmbaren Interessen des »wahren Volkes« gegenüber den »fehlgeleiteten Kosmopoliten« und den »unfähigen und korrupten Eliten« zu vertreten, sind auch gegenläufige Tendenzen zu erkennen. So führt die Coronakrise der Welt vor Augen, dass populistisch veranlagte Amts- und Mandatsträger zwar gut darin sind, Finger in bestehende Wunden zu legen, die durch ökonomische, politische oder gesellschaftliche (Fehl-)Entwicklungen entstanden sind. Dieselben Politiker scheuen aber den Aufwand, diesen Problemen mehr entgegenzusetzen als nationalistische Parolen und die eigene Selbstüberschätzung. Auch wenn sich dadurch einige Populisten entzaubern, bleibt es aber doch bei einer grundsätzlichen Skepsis und einem Unbehagen von Teilen der Bevölkerung mit Blick auf politische Entscheidungs- und Handlungsfähigkeit.

2.3 Öffentlichkeitswandel unter postfaktischen Vorzeichen

Die aktuelle Herausforderung der Legitimität der politischen Ordnung(en) wird durch den schleichenden Strukturwandel von Öffentlichkeit und öffentlichen Diskursen noch brisanter.[22] Social Media und Netzwerke übernehmen zunehmend die Funktion digitaler Versammlungsorte und

21 Zu den Merkmalen des Populismus vgl. insbesondere Müller 2016. Zu dessen Erscheinungsformen und Variationen in grenzüberschreitender Perspektive vgl. Heinisch/Holtz-Bacha/Mazzoleni 2017.

22 Vgl. Jarren/Klinger 2017 sowie Roth-Ebner et al. 2018. Siehe auch den Beitrag von Dirk Lüddecke in diesem Band.

ergänzen beziehungsweise ersetzen damit die traditionellen Massenmedien. Kommunikation erfolgt dadurch unmittelbar und unvermittelt – ohne Journalisten als Gatekeeper, Agenda-Setter und Moderatoren.[23] Der öffentliche Raum fächert sich zusehends in sogenannten Mini Publics auf, die sich aus digitalen »Freundes«-Kreisen konstituieren und in Kommentarbereichen, Diskussionsforen und auf sozialen Plattformen zentrieren. Algorithmen, die Informationen und Meinungen entsprechend der jeweiligen Position und Weltanschauung filtern und besonders zugespitzt mit Blick auf den erhofften »Traffic« auf einer Plattform zusätzlich priorisieren, bestärken dabei jeden Einzelnen in der Neigung zur selektiven Wahrnehmung.[24]

Als Maß der gesellschaftlichen, politischen und womöglich auch der persönlichen Relevanz gilt die Zahl von Likes und Retweets sowie von Followern und »Freunden«. Argumenten wird durch Emotionalisierung und Skandalisierung Nachdruck verliehen, Fakten werden randständig, Unwahrheiten kaum sanktioniert, sondern als »alternative Fakten« hingestellt – selbst wenn die Intention der Lüge offensichtlich ist. Politische Kompetenz wird inzwischen denjenigen zugeschrieben, die das Handwerkszeug der digitalen Kommunikation beherrschen, unabhängig vom Vorhandensein rationaler Argumente, durchdachter Konzeptionen und schlüssiger politischer Programme.

Das Ideal der räsonierenden Öffentlichkeit wird durch diese Entwicklungen endgültig karikiert; der für ein demokratisches Gemeinwesen existenzielle Austausch von Meinungen und Interessen beeinträchtigt – und mit ihm der gesellschaftliche Ausgleich.[25] Die »Legitimation durch Kommunikation«[26] gerät an ihre Grenzen.

2.4 Die Europäische Union als Kulminationspunkt der gesellschaftlichen und politischen Herausforderungen

Diese politischen und gesellschaftlichen Veränderungsprozesse gefährden auch die Europäische Union. Denn abgesehen von all ihren Funktionsdefiziten ist die EU allein schon angesichts ihres Demos-Defizits von diesen negativen Entwicklungen deutlich stärker betroffen als ihre Mitgliedstaaten. Wo im Nationalstaat das bürgerschaftliche Substrat trotz seiner gegenwär-

23 Vgl. Thimm 2018: 164–167.

24 Vgl. unter vielen anderen Schweiger 2017.

25 Aktuell statt vieler Müller 2020, Russ-Mohl 2017.

26 Oberreuter 1984.

tigen Erosionstendenzen ein verlässliches Moment bleibt, war dieses in der Europäischen Union nie gegeben.[27] Die transnationale europäische Demokratie kann nicht einmal ansatzweise auf Vermittlungsinstanzen zählen, die im Sinne der beschriebenen Koppelungsmechanismen zwischen den Bürgern und europäischen Eliten vermittelten und damit einen Interessenausgleich herstellten. Kein Wunder, dass die öffentliche Zufriedenheit damit, wie die Demokratie in der EU funktioniert, unter den Zufriedenheitswerten von nationalen politischen Systemen liegt.[28] Dazu trägt auch bei, dass das vorherrschende Unwissen über Gestalt und Funktionsweise der EU ihre populistische Schmähung erleichtert.

Der Paradigmenwechsel im Integrationsdiskurs ist offensichtlich: vom entschiedenen Optimismus zum konsonanten Katastrophismus.[29] Befördert wird diese Entwicklung durch die scheinbare Orientierungslosigkeit Europas in Bezug auf aktuelle Problemlagen. Sie sind nicht dem Unvermögen europäischer Akteure geschuldet, sondern den verschiedenen, unterschiedlich gewichteten Beweggründen, Solidaritätsvorstellungen und abweichenden Leitideen, mit denen einzelne Mitgliedstaaten den Integrationsprozess eingeleitet, begleitet und gestaltet haben und die angesichts der drängenden Herausforderungen manifest werden. In der Folge wird den europäischen Institutionen und dem Establishment die ohnehin schon niedrige Legitimation entzogen. Dies verschafft den nationalistischen Versprechungen zusätzlich Anhänger und lässt die nationalen Gesellschaften zu Europas Desintegrationsfaktor werden.[30]

2.5 Demokratie unter Rechtfertigungsdruck

Egal ob Nationalstaat oder Europäische Union – die Herausforderungen der politischen Ordnung sind gleich gelagert, wenn auch unterschiedlich stark ausgeprägt. Auch wenn es sich bei den genannten Phänomenen um Krisensymptome handelt, wäre es dennoch alarmistisch, eine Krise der Demokratie

27 Vgl. hierzu den Beitrag von Claudio Franzius in diesem Band sowie ausführlich Kalina 2009, Kalina 2017a.

28 Zu den Zufriedenheitswerten und zum Institutionenvertrauen in der EU vgl. Europäische Kommission 2019; zu national bezogenen Daten vgl. zusätzlich Zmerli 2020, Enste/Suling 2020.

29 Majone spricht hier von einem »shift from the total optimism of the past to a mood of catastrophism« (Majone 2011). Zur Konzeptionierung der dauernden Krise der EU vgl. Schimmelfennig 2017.

30 Zur Differenzierung des hier zum Ausdruck kommenden Euroskeptizismus vgl. Kopecký/Mudde 2002.

herbeizureden.[31] Selbst in einer funktionierenden Demokratie wird es immer Unzufriedene geben. So lange der Unmut auf dem Fundament insgesamt und überwiegend positiver Einstellungen zur Demokratie als Lebens- und Gesellschaftsform geäußert wird, stellt er kein Krisensymptom, sondern eher das Merkmal einer freiheitlichen Demokratie dar.[32]

Trotz dieser Einschränkungen zeugen die Symptome von einer kritischen Phase demokratischen Regierens. Auch wenn während der Coronakrise ein Vertrauenszuwachs für die deutsche Regierungspolitik zu verzeichnen war, sind die Krisensymptome schon deshalb ernst zu nehmen, weil die großen Transformationen ungeachtet der populistischen Heilsversprechen insgesamt unumkehrbar sind.[33]

Soll die (repräsentative) Demokratie als Regierungsform attraktiv bleiben, muss sie an die veränderten Kontextbedingungen angepasst werden. Ein solcher Formwandel der demokratischen Ordnung stellt einen unerquicklichen Trial-and-Error-Prozess dar, der ohne verantwortungsvolle nationale und europäische Funktionseliten scheitern wird. Eine »responsive« politische Führung muss die Belange der Bürger – insbesondere die der »Somewheres« – aufgreifen und in der Lage sein, Entscheidungen zu diskutieren und schlüssig zu begründen.

3. Neujustierung der politischen Bildung als demokratischer Kerndisziplin

In politisch anspruchsvollen Zeiten wachsen die Anforderungen an die politische Bildung. Sie soll das für demokratische Ordnungen elementare »Amt des Bürgers« akzentuieren und die Bürger dazu befähigen und ermutigen, dieses auch auszuüben. Ihre Aufgabe besteht zum einen darin, im öffentlichen Bewusstsein den verbindlichen Wertekonsens ebenso wie die unstrittigen demokratischen Spielregeln und Leitbilder zu verankern, auf deren Boden sich politische Praxis vollzieht. Zum anderen muss sie für pluralistische Willens- und Meinungsbildung qualifizieren. Hierzu gehören die Förderung der Urteilskraft und der Kompetenzen für demokratisches Handeln ebenso wie der (Ambiguitäts-)Toleranz-, Kritik- und Konfliktfähigkeit der Bürger, um

31 Vgl. prominent Guéheno 1994; sowie Crouch 2008. Zur Auseinandersetzung mit den Thesen des Letzteren siehe den Beitrag von Ulrich von Alemann in diesem Band.

32 Vgl. dazu Gabriel 2020 sowie Kriesi 2020. Siehe auch den Beitrag von Helmut Klages in diesem Band.

33 Vgl. auch Nolte 2020.

jenseits aller politischer und weltanschaulicher Konkurrenzen Gemeinsinn und Zusammenhalt zu ermöglichen.

3.1 Angelpunkte einer erfolgreichen politischen Bildung

Der Erfolg der politischen Bildung bemisst sich neben der Befähigung der Individuen zum selbstbestimmten politischen Engagement auch daran, inwieweit sie in gesamtgesellschaftlicher Perspektive den Einklang der politischen Kultur mit dem politischen System zu fördern und (scheinbare) Widersprüche zwischen der Demokratie als Regierungsform, der Demokratie als Gesellschaftsform und der Demokratie als Lebensform aufzulösen vermag.[34] Für diese Zielsetzung erscheinen drei Ansatzpunkte der politischen Bildung entscheidend.

Erstens und grundsätzlich muss im Fokus jedweder politischen Bildung die Förderung staatsbürgerlicher Mündigkeit stehen. Dazu gehört die Vermittlung politischen Wissens und Kompetenzen, aber eben auch die Stärkung der Urteilskraft. Politische Bildung muss Argumentations- und Kritikfähigkeit vermitteln, dadurch mittelbar Rationalität – anstatt Emotionalität – in politische Diskurse bringen und insgesamt zum räsonierenden Meinungsaustausch und bürgerschaftlichem Engagement motivieren. Ihre essenzielle Wirkweise ist die der demokratischen Qualifizierung mit durchaus präventiven Effekten.

Zweitens und ergänzend sollte politische Bildung als Korrektiv dienen. Sie muss Herausforderungen wie Fehlentwicklungen der Demokratien, aber auch schwelende Krisen erkennen und sie rechtzeitig benennen.[35] Stichworte in diesem Zusammenhang sind: Antisemitismus, Ethnozentrismus, Extremismus, (religiöser) Fundamentalismus, Populismus, Rassismus und ähnliche dem freiheitlichen demokratischen Gedanken widerstrebende Phänomene. In diesem Sinne kommt ihr eine gewisse Feuerwehrfunktion zu. Zu dieser gehört aber auch, nicht jede »abweichende« Meinung außerhalb des vermeintlichen gesellschaftlichen Konsenses zu stellen, bei dem es sich womöglich nur um den »Mainstream« handelt. Ambiguitätstoleranz wird also allen abverlangt.

Drittens muss politische Bildung in einer freiheitlichen demokratischen Ordnung die Fähigkeit zur Selbstreflexion ihrer Rolle und zur Fortentwick-

34 Zur Verwobenheit von politischer Bildung und politischer Kultur vgl. auch Oberreuter 2009: besonders 9f.

35 Vgl. unter anderem Hafeneger 2019.

lung des eigenen normativen Gerüstes entsprechend der sich wandelnden politischen, gesellschaftlichen oder auch kulturellen Rahmenbedingungen kontinuierlich unter Beweis stellen. Den Maßstab hierfür bietet der sogenannte Beutelsbacher Konsens von 1976, der sich gleichsam zum »ethischen Kern«[36] der politischen Bildung entwickelt hat: Mit dem *Überwältigungsverbot*, dem *Gebot der Kontroversität und der Ausgewogenheit* sowie dem Grundsatz der *Adressatenorientierung* legt er Grundprinzipien fest, an denen sich die Disziplin durchgehend auszurichten hat.[37] Erst durch die Kombination der drei Dimensionen – Qualifizierung, Aktivierung und Prävention, Korrektiv sowie Reflexion – kann politische Bildung ihrer Kernaufgabe nachkommen: der Mobilisierung der Demokratie.[38]

3.2 Herausforderungen und Desiderate der politischen Bildung

In einer Multioptionsgesellschaft kann politische Bildung bei der Mobilisierung der Demokratie nur dann ihre Funktion erfüllen, wenn sie sich kontinuierlich auf den gesellschaftlichen, politischen und technischen Wandel einlässt und gleichzeitig attraktive Angebote macht. Falls die Analyse von der immer schwieriger zu überbrückenden Distanz zwischen politischen Akteuren und Bürgern tatsächlich zutrifft, dann dürfte dies nicht nur den Funktionseliten in Staat und Gesellschaft zuzuschreiben sein. Es hat vielmehr auch damit zu tun, dass politische Bildner ebenfalls der »wohlgeordneten Demokratie«[39] nachtrauern, die sich jedoch unter den Bedingungen des 21. Jahrhunderts als anachronistisch erweist. Daraus ergibt sich ein zentrales Desiderat der politischen Bildung als Disziplin.

In Anbetracht der neuen politischen und gesellschaftlichen Realitäten erscheint ein gewisses Loslassen von der alten Bundesrepublik und ihrer Tradition überfällig. Dies bedeutet keinesfalls, dass politische Bildung den freiheitlichen demokratischen Wertekonsens zur Disposition stellen oder von der repräsentativen Demokratie als des fundamentalen Ordnungsprinzips unserer politischen Ordnung Abstand nehmen sollte. Selbstverständlich nicht. Denn politische Repräsentanten und gestaltungsfähige Parlamentarier sind schon deshalb unabdingbar, weil es Grundbedürfnis in einer Demokratie ist, Verantwortung zu lokalisieren und zuzuschreiben. Die direkte Demokratie als

36 Geßner et al. 2016: 30.

37 Vgl. dazu ursprünglich Wehling 1977: 179f., Scherb 2007.

38 Zum Entstehungskontext des Leitmotivs der Mobilisierung der Demokratie vgl. Elsner 2017.

39 Vgl. dazu Nolte 2020.

mitunter gesellschaftlich favorisierte Alternative schränkt die Möglichkeit der Zurechnung politischer Verantwortung ein; schließlich trägt der abstimmende Bürger keine Verantwortung für die getroffene Entscheidung.[40] Auch deshalb sollten weder Politiker noch politische Bildner die häufig anzutreffende Fehleinschätzung von der vermeintlichen Höherwertigkeit der direkten Demokratie durch den Ruf nach zusätzlicher direktdemokratischer Beteiligung befördern – zumal auf nationaler und europäischer Ebene.[41]

Entscheidend ist vielmehr der Ausgleich: Statt einen Paradigmenwechsel der demokratischen Herrschaft herbeizusehnen oder umgekehrt gegen deren schrittweise Fortentwicklung anzukämpfen, sollte sich politische Bildung kritisch-konstruktiv mit dem Formwandel der Demokratie auseinandersetzen. Es geht darum, den Wertekonsens und die eingeübten demokratischen Spielregeln und Verhaltensweisen in die neuen Kontextbedingungen zu überführen und zu aktualisieren. Und es geht darum, die kritische, gleichzeitig aber konstitutive Kluft zwischen den politischen Entscheidungsträgern und den Bürgern zur Kenntnis zu nehmen und Maßnahmen zu ihrer Entschärfung zu entwickeln.

Politische Bildung sollte dabei mehr denn je die gesellschaftliche Verunsicherung aufgreifen, die aus der Transformation unseres Gemeinwesens und seiner Einbettung in »interdependente Teilregime« herrührt.[42] Mit ihren Bildungsangeboten muss sie ebenso Orientierung stiften wie zeitgemäße Kompetenzen vermitteln, um die Bürger auch unter den Bedingungen des neuen Aggregatszustands von Demokratie zu einer selbstbestimmten Beteiligung an der politischen Willensbildung- und Entscheidungsfindung zu befähigen und zu begeistern. Sie muss im Sinne des skizzierten Korrektivs für Gefahren, die mit den Wandlungsprozessen einhergehen, sensibilisieren und mit ihren Maßnahmen gegensteuern. Und sie muss stets ihr eigenes Selbstverständnis, ihre gesellschaftliche Funktion und Wirkung kritisch reflektieren. Denn nach dem freiheitlichen demokratischen Verständnis darf sich politische Bildung nicht zum Instrument einer Zementierung bestehender Verhältnisse und Machtstrukturen machen lassen. Im Gegenteil sollte sie sich als eine Art Mediator zwischen politischem System einerseits und Gesellschaft andererseits verstehen.

40 Vgl. hierzu die Beiträge von Frank Decker und Frank Brettschneider in diesem Band sowie Münch 2018: 31.

41 Siehe dazu die Argumentation im Beitrag von Andreas Kalina in diesem Band.

42 Merkel 2016.

3.2.1 Politisches Hintergrund- und Strukturwissen: Grundlage, aber bei Weitem nicht alles

Politische Bildung muss zuerst demokratierelevantes Wissen vermitteln. Sie soll das Verständnis der angewandten Demokratie, also der Demokratie als Herrschaftsform im Kontext ihrer spezifischen sozioökonomischen, sicherheitspolitischen, fiskalischen und ökologischen Herausforderungen wecken. Dabei muss sie ebenso die Einsicht in die Funktionslogik und -notwendigkeiten von Parlamentarismus und Parteiendemokratie vermitteln, wie die Kenntnis über die vielfältigen Möglichkeiten politischer Partizipation und bürgerschaftlichen Engagements jenseits der parlamentarischen Bühne – nicht zuletzt dort, wo die Demokratie in den Aufbaujahren nach dem Krieg ihren Ausgangspunkt genommen hat: auf der kommunalen Ebene.[43]

Auch wenn diese Forderung trivial erscheinen mag, diagnostiziert sie ein brisantes Desiderat. So weist ein großer Teil der Bundesbürger eklatante Wissenslücken mit Blick auf das Funktionieren des politischen Systems auf: Weite Teile der Wählerschaft verstehen die Funktionsweise des parlamentarischen Regierungssystems ebenso wenig wie das Wesen der politischen Repräsentation. Vielen Bürgern ist nicht geläufig, dass das Demokratieprinzip aus gutem Grund durch Grundrechte und Rechtsstaatsprinzip insgesamt eingeschränkt wird und werden muss.[44] Der durch dieses Nichtwissen bedingte »Konflikt zwischen vermuteter und gelebter Verfassung«[45] gewinnt in Zeiten von entgrenzter Politik sowie offenerer, wie hochverdichteter Gesellschaften an Intensität und avanciert zur zentralen Wurzel des Unbehagens weiter Teile der Bürgerschaft. Mit Blick auf die politischen Prozesse in der EU ist dies noch dringlicher.

Es geht also darum, durch politische sowie politisch-historische Bildung das Hintergrund- und Strukturwissen zu vermitteln, das erforderlich ist, um die Rahmenbedingungen für die europäisierte und globalisierte Politik des 21. Jahrhunderts zu verstehen. Dieses Wissen bildet die Voraussetzung, um die vielfältigen Herausforderungen durch internationale Konflikte, durch Wirtschafts-, Finanz- aber auch Umwelt- und Klimakrisen sowie durch die Rasanz der technologischen Entwicklung auch nur annähernd zu verstehen.[46] Ein solches Verständnis bietet die Chance, den Modus des Nichtwissens

43 Vgl. Münch 2018: 31.

44 Vgl. dazu Münch 2017: 11.

45 Patzelt 2001: 52. Zum demoskopischen Nachweis dieses Konflikts vgl. Patzelt 1998.

46 Vgl. dazu Münch 2015: 11f.; siehe auch Münch 2012: 455.

oder Nichtverstehens und damit der Passivität oder sogar des gefühlten Ausgeliefertseins zu verlassen.

Politische Bildung sollte also den Sinn und Zweck des Integrationsprojekts aufzeigen – und zwar mit all seinen Chancen, Risiken und Strukturdefiziten. Und sie sollte zu einer reflektierten, unbedingt auch kritischen Auseinandersetzung mit der EU und ihren Politiken anregen – dabei aber nicht nur Beteiligungsmöglichkeiten verdeutlichen, sondern vor allem dazu animieren, diese auch wahrzunehmen.[47] Statt utopischen Demokratieidealen anzuhängen, sollte auch die politische Bildung berücksichtigen, dass die supranationale Ebene nie das gleiche demokratische Legitimationspotenzial erreichen kann wie die nationalstaatlich organisierte Demokratie. Sinnvoller erscheint es, die EU als ein sich ergänzendes Mehrebenensystem auf dem Prinzip der Subsidiarität darzustellen, in dem sich die Demokratiequalität erst aus dem Zusammenwirken der drei konstitutiven Ebenen ergibt: der kommunalen, der nationalen und der europäischen.

3.2.2 Vermittlung von zeitgemäßen Handlungs-, Orientierungs- und Deutungskompetenzen

Angesichts der Tragweite der großen Transformationen wäre eine alleinige Vermittlung von Wissen über sie unzureichend. Vielmehr muss politische Bildung an dem Punkt ansetzen, dass diese Phänomene das Ende der »wohlgeordneten Demokratie« erfahrbar werden lassen und zugleich eine unüberschaubare Komplexität der Lebenszusammenhänge aufzeigen – dass sie also den Einzelnen als Individuum, aber auch in seiner Rolle als *zoon politikón* extrem verunsichern.

Politische Bildung hat zum einen Orientierung zu stiften, indem sie über die vielfältigen Kontexte und Wirkungszusammenhänge aufklärt; indem sie – auch als interkulturelle Bildung – für Chancen ebenso wie für Risiken von offenen Gesellschaften, von Migration und Mobilität sensibilisiert und indem sie für die Einsicht wirbt, dass Vielfalt zwar anstrengend sein mag, aber nicht zwangsläufig spaltet. Dazu gehört umgekehrt auch, dass politische Bildung die empirisch feststellbaren Verunsicherungen in der Bürgerschaft ernst nimmt, gesellschaftliche Konfliktlinien und deren Ursachen aufzeigt und diese durch die Befähigung zum lagerübergreifenden Diskurs entschärft. Dazu muss sie sich damit befassen, warum verschiedene Gruppen unterschiedliche Wahrnehmungen über gesellschaftliche, politische, wirtschaftliche oder auch technische Entwicklungen haben. Das verändert zwar

47 Zur Konzeptionierung eines zeitgemäßen, europabezogenen Lernens vgl. Rappenglück 2014.

nicht die Interessenlagen, aber es trägt zum Verständnis für die Weltsicht der jeweils anderen bei. Vor allem in Hinblick auf den neuen Cleavage, das Spannungsfeld zwischen dem liberal-kosmopolitischen Lager einerseits und dem kommunitaristisch-nationalistischen Pol andererseits, muss die Disziplin die Berechtigung beider Deutungsmuster gleichermaßen anerkennen und auf einen Ausgleich zwischen den »Anywheres« und den »Somewheres« hinwirken.

Zum anderen – und damit zusammenhängend – muss politische Bildung kognitive Fähigkeiten vermitteln und trainieren, um den Einzelnen in die Lage zu versetzen, auch tatsächlich unter den aktuellen Gegebenheiten seinen Bürgerrechten und -pflichten selbstbestimmt nachzugehen und die moderne Gesellschaft trotz aller Spannungen aktiv mitgestalten zu können.

3.2.3 Konflikt-, Kritik- und Toleranzfähigkeit

Der politische Alltag heute ist mehr denn je von Widersprüchlichkeiten, konkurrierenden Ideologien und Argwohn geprägt. Diese Situation erschwert eine möglichst konsensuelle Suche nach der bestmöglichen Lösung und spielt denjenigen in die Hände, die von der Verunsicherung parteipolitisch profitieren wollen. Je komplexer und widersprüchlicher die politische Alltagswirklichkeit erscheint, umso mehr steigt die Sehnsucht nach intuitiven Interpretationen, einfachen Antworten oder gar radikalen Lösungen. Dadurch entsteht Nährboden für Populismus, Chauvinismus, Extremismus bis hin zu Verschwörungsmythen, die sich alle diese Sehnsüchte zunutze machen.

Politische Bildung erhebt den Anspruch, diesen Tendenzen ihre Integrationskraft entgegenzusetzen. Sie muss nicht nur dazu in die Lage versetzen, die neue Komplexität der Welt zu verstehen, sondern auch dazu qualifizieren, mit Widersprüchen umgehen und leben zu können – sich also Ambiguitätstoleranz anzueignen. Sie muss darauf hinwirken, dass Menschen auch dann respektvoll miteinander verfahren, wenn der Alltag als immer schneller, unüberschaubarer und kompetitiver erlebt, sondern auch die Gesellschaft heterogener wird.[48]

Wie dieser Spagat zwischen wachsenden Widersprüchen und den nötigen ausgleichenden Momenten erfolgreich vollzogen werden könnte, zeigt ein Rückblick auf Ernst Fraenkels Konzeption von Pluralismus. Er unterscheidet zwischen einen notwendigen »unstreitigen Sektor«, das heißt einem Bereich anerkannter Grund- und Menschenrechte sowie fundamentaler

---

48 Vgl. dazu auch Münch 2017: besonders 8f.

rechtsstaatlicher Verfahrensweisen einerseits und einem ebenso erforderlichen »streitigen Sektor«, das heißt einem Bereich des politischen Konflikts und Gestaltung andererseits.[49] Wo Fraenkel die Unterscheidung als Reaktion auf die Schrecken des Totalitarismus vollzogen hat, wird sie in der aktuellen Bewährungsprobe der Demokratie delikater denn je: Der »streitige Sektor« wird immer rauer und der Raum und damit die Wahrscheinlichkeit für Kompromisse beengter.[50] Mehr noch: Der Konflikt schwappt womöglich in den »unstreitigen Sektor« über und infiziert diesen; die von Populisten und Chauvinisten angestimmte Diffamie der freiheitlichen demokratischen Grundordnung einschließlich ihrer bewussten Regel- und Tabubrüche ist nur ein Beispiel für diesen Mechanismus.[51] Insofern rückt die Frage nach der Resilienz, also der Widerstandskraft der Staatsform Demokratie gegenüber denjenigen, die ihre wertegebundenen und rechtsstaatlichen Grundlagen aushöhlen möchten, in den Vordergrund.[52]

Wie widerstandsfähig kann eine Demokratie gegenüber Extremismen sein, wenn Teile der Öffentlichkeit weder die rechtsstaatliche Demokratie noch ihre Repräsentanten als ausreichend handlungsfähig wahrnehmen oder sich aus welchen Gründen auch immer vom Politischen fernhalten? Und vor allem: Wie sichert man den Fortbestand nicht nur des äußeren Erscheinungsbildes, sondern auch des Wesenskerns der Demokratie? Diese Fragen fordern die politischen Akteure und die politische Bildung gleichermaßen. Letztere muss deutlich machen, dass der »unstreitige Sektor«, der die normativen Grundlagen der politischen Ordnung begründet, im politischen Wettbewerb nicht zur Disposition steht. Sie hat Wertebildung zu betreiben, also in der gesamten Gesellschaft ein Grundverständnis für den humanitätsstiftenden wie freiheitsschützenden Wert des Pluralismus, der Rechtsstaatlichkeit, der Gleichheit und der Menschenwürde zu verankern sowie auf deren Nichtverhandelbarkeit zu pochen. Sie muss die Spielregeln von Rechtsstaat und Demokratie verständlich machen und im öffentlichen Bewusstsein festschreiben, aber eben auch die Fundamente der wehrhaften Demokratie stärken und aufrechterhalten. Dazu gehört, dass sie bezüglich dieser Werte und Regeln eine klare Positionierung einfordert und – für den Fall ihrer Gefährdung – Mut zur Zivilcourage vermittelt.[53]

---

49 Vgl. Fraenkel 1991 sowie Steffani 1980: 67.

50 Vgl. Nolte 2020.

51 Vgl. Niehr/Reissen-Kosch 2019.

52 Vgl. dazu Münch 2015. Zur »Karriere« des Begriffs Resilienz vgl. Bonß 2015.

53 Vgl. auch Oberreuter 2014.

Umgekehrt sollte politische Bildung auch den »streitigen Sektor« als die zentrale Grundlage für pluralistische Willensbildung und politische Gestaltung aufzeigen. In einer Zeit der wachsenden Unsicherheiten und Widersprüche, in der populistische Selbstbeweihräucherung, die vermeintlich klar bestimmbaren Interessen des »wahren Volkes« zu vertreten, besonders gut verfangen, muss auch hier der Stellenwert des Pluralismus in den Vordergrund gerückt werden. Nämlich, dass gerade die in einer Gesellschaft vorhandenen unterschiedlichen Interessen die Gemeinwohlorientierung ermöglichen – sofern sich die Vertreter dieser Interessen an die Spielregeln und Rechtsnormen halten. Der Wettbewerb um die beste Lösung und mit ihm die Kontroversität in Bezug auf einen spezifischen Kurs, auf konkrete politisch-inhaltliche Entscheidungen beziehungsweise auf einzelne systemische Aspekte der politischen Ordnung, aber auch auf die Begriffe, die in der Debatte verwendet werden (dürfen), sind Voraussetzungen für die demokratische Gestaltung des Gemeinwesens.

Politische Bildung sollte nicht nur Meinungsvielfalt und Konkurrenz politischer Leitideen und Positionen fördern, sondern auch Mut zur Kontroverse machen – selbstverständlich unter Beachtung der Grundsätze des Beutelsbacher Konsenses, aber eben nicht unbedingt unter Einhaltung der sogenannten Political Correctness.[54] Das Kontroversitätsgebot bedeutet auch, dass der Einzelne dazu befähigt werden sollte, die politische Situation wie auch seine eigene Interessenlage zu analysieren sowie nach Mitteln und Wegen zu suchen, um die vorgefundene politische Lage im Sinne seiner Interessen zu beeinflussen (Adressatenorientierung).[55]

Politische Bildung muss zu diesem Zweck ebenso die Konfliktfähigkeit fördern wie auch die Toleranz als unabdingbares Gesellschaftsprinzip. Denn zum (politischen) Streit, soll er im Endeffekt gestaltend wirken und zu mehrheitsfähigen Entscheidungen führen, gehört Verschiedenes: die Anerkennung anderer Meinungen, die Bereitschaft zum Kompromiss und die Fähigkeit, sich einer situativen Mehrheitsmeinung zu fügen – im Wissen, dass auf der Grundlage verbindlicher Werte und Spielregeln (»unstreitiger Sektor«) bei der nächsten Entscheidung die Karten gleichsam neu gemischt werden (Losers' Consent). Und damit wäre man wieder bei den vorpolitischen Grundlagen der freiheitlichen Demokratie, bei der Wertekompetenz, die die Bevölkerung in ihrer Rolle als gemeinsinnorientierte und verantwortungsbewusste Bürger stärken und damit den Pluralismus erst gemeinschaftsfähig machen.

54 Vgl. hierzu auch Westphal 2018.

55 Vgl. Wehling 1977: 179f.

3.2.4 *Urteilsfähigkeit, Medienkompetenz und Argumentationskraft*

Zum Struktur- und Handlungswissen und neben die Ziele Konflikt-, Kritik- und Toleranzfähigkeit sollten Orientierungs- und vor allem Deutungswissen treten.[56] Denn um Interessen artikulieren und verfolgen zu können, bedarf es zunächst ihrer Einordnung und Abwägung, das heißt Prozesse, die die sogenannten intermediären Institutionen unterstützen – also vor allem Parteien, Verbände und Medien.

Und gerade hier bringt der Formwandel von Demokratie, Gesellschaft und Öffentlichkeit die größten Herausforderungen mit sich. Auch die Pandemie und die grundsätzliche Unterstützung der Gesellschaft für die Konzepte der Krisenbewältigung sollten nicht darüber hinwegtäuschen, dass der Rückhalt von Parteien und Verbänden nachlässt. Ihre Strukturierungsfähigkeit wird ebenso wie diejenige der klassischen Medien mit ihren meinungsfilternden Anchor(wo)men, Gatekeepers, Moderatoren oder Navigatoren immer weniger nachgefragt. Die Bürger in der digitalen Mediengesellschaft sind bei der Suche nach Einordnung und Orientierung stärker als bisher auf sich selbst beziehungsweise die neuen Influencer gestellt – und scheinen dies eher als Vorzug denn als Nachteil zu empfinden.[57] Damit avanciert die öffentliche Sphäre zum primären Forum bei der Meinungsbildung. Zugleich wird aber das Idealbild einer räsonierenden Öffentlichkeit durch fragmentierte und polarisierte Arenen beeinträchtigt und an die Stelle der bekannten hierarchischen Kommunikationsformen mittels Massenmedien tritt etwas Neues: die unvermittelte und scheinbar nicht-hierarchische Kommunikation mit »Leuten wie du und ich«. Deren Informationen und Verkündungen bringen viele Menschen inzwischen mehr Vertrauen entgegen als denen der klassischen Medien.

Und hier liegt die Crux: Die bloße Verfügbarkeit von Informationen schafft noch kein Orientierungs- und Deutungswissen: Recherchefähigkeiten allein reichen nicht aus, um politische Inhalte verstehen und konkurrierende politische Lösungen beurteilen zu können. Die gewandelte Öffentlichkeitsphäre fördert in ihrer Unübersichtlichkeit also sogar die Verbreitung antipluralistischer Botschaften und antiliberaler Ideologien.[58] In diesem neuen digitalen Kontext bedeutet politische Bildung mehr denn je »kritische Aneignung«.[59] Ihr sollte es – gerade unter den erschwerten Bedingungen digitaler Geschäfts-

56 Vgl. unter vielen anderen Detjen 2007: 310.

57 Vgl. Münch 2018.

58 Vgl. auch Schröder 2020: 13.

59 Jesse/Liebold 2011: 519.

modelle – gelingen, das Struktur- und Orientierungswissen zu vermitteln, ohne das man in der digitalen Welt droht verloren zu gehen. So verschwimmen die Grenzen zwischen politischer Bildung, medialer sowie algorithmischer Bildung, die als »Bildung für die digitale Welt« zusammengedacht und aufeinander ausgerichtet werden müssen. Es geht nicht alleine darum, dass Bürger nicht in der Flut an Informationen untergehen. Vielmehr sollten sie die Funktionsweisen, Wirkungszusammenhänge und Gesetzmäßigkeiten der digitalen Ära zumindest ansatzweise verstehen.[60] Zeitgemäße politische Mündigkeit bedeutet aus der Tatsache angemessen Schlussfolgerungen zu ziehen, dass Nutzer nicht Kunden, sondern primär Produkte von Internetkonzernen sind, die aus persönlichen Daten die für das Maschinenlernen, für Big Data beziehungsweise für die Künstliche Intelligenz benötigten Informationen gewinnen. Wir alle sollten uns darauf einstellen, dass in Zeiten der Bild- und Videofälschung (Deepfakes), der Fake News, der Social Bots oder der gekauften Trolle selbst Kundige sich schwertun, Relevantes von Irrelevantem und Wahres von Falschem zu unterscheiden. Ebenso scheitern auch reflektierte Nutzer angesichts der vermeintlichen Gleichwertigkeit der Informationsquellen und der herrschenden Diskursanarchie durch den Verlust zivilisierender Filter an der so dringlichen Prüfung der Identität und Integrität des Kommunikators. Politische Bildung muss auf diese Beschränkungen aufmerksam machen und vor Selbstüberschätzung warnen.[61]

Das Ziel der politischen Bildung sollte insgesamt in einer »digitalen Souveränität«[62] der Bürger liegen. Der Einblick in die Eigentümlichkeiten der digitalen Welt und ihre technischen wie politischen Rahmenbedingungen und die Förderung des Reflexionsvermögens sollten in gewisser Weise gegenüber den »Versuchungen« der Social Media immunisieren: also gegenüber den Botschaften der Vereinfacher bis Populisten und den Verrohungstendenzen im gesellschaftlichen Umgang miteinander (Hate Speech).[63] Zugleich erscheint es notwendiger denn je, die Kriterien für ein verantwortungsbewusstes Kommunikationsverhalten zu vermitteln und damit auf das grundsätzlich Neue zu reagieren: In der nicht-hierarchischen und ungefilterten Öffentlichkeitssphäre digitaler Netzwerke avanciert schließlich jeder Einzelne zum (potenziellen) Sender.[64]

60 Vgl. auch Mainzer 2019 sowie Kalina 2011: besonders 72.

61 Vgl. Münch 2018.

62 Schröder 2020: 13.

63 Vgl. Goll 2018, Rath 2018, Marci-Boehnke 2018.

64 Vgl. Schröder 2020: 13f.; ausführlicher dazu Oberle/Staufer 2017.

3.3 Wider politisches Desinteresse und bürgerschaftliche Passivität: Politische Bildung als unermüdlicher Animator

Alle demokratierelevanten Kompetenzen sind letztendlich nutzlos, wenn sie nicht ins politische und gesellschaftliche Leben eingebracht werden. So ist die Demokratie in weiten Teilen Europas neben dem Vertrauensverlust und dem Aufkommen antipluralistischer Momente insbesondere auch durch ein wachsendes Desinteresse gegenüber politischen Prozessen und Politik insgesamt bedroht. Politische Apathie ist alltäglich geworden.[65]

Die Ursachen dafür liegen zum einen in einer aktiven Verweigerungshaltung der Enttäuschten und der Demokratiefeinde, aber auch in einer Überforderung durch die Komplexität der entgrenzten und zugleich hochverdichteten Welt. Um politische Maßnahmen verstehen und beurteilen zu können, ist immer mehr Sachverstand und immer wieder neues Hintergrundwissen erforderlich. Politisches Interesse und Engagement scheinen sich zu einem Fulltimejob für akademisch Gebildete zu entwickeln. Das schreckt ab. Zugleich reagieren diejenigen, die zum Eindruck kommen, dass Politik sich immer weiter von ihrem eigenen Leben entfernt, mit dem Rückzug aus dem Politischen. Ein Anzeichen hierfür ist die gesellschaftliche Gruppe der »Nichtteilnehmer«, die trotz leicht ansteigender Wahlbeteiligung der letzten Jahre strukturell rund 30 Prozent der wahlberechtigten Bevölkerung ausmacht. Als weiteres Anzeichen gilt die zurückgehende Mitgliedschaft in Parteien, Großverbänden oder Bürgerinitiativen, aber auch die schleichende Entpolitisierung des vorpolitischen Raums, sprich ein nachlassendes Engagement in Vereinen mit mehr oder weniger politischen beziehungsweise öffentlichen Anliegen. So kann neben den »Nichtteilnehmern« eine zweite gesellschaftliche Gruppe identifiziert werden: diejenige der (urteilsfähigen) »Zuschauer« (Manfred G. Schmidt) beziehungsweise der »Normalbürger« (Paul Ackermann).[66] Diese Gruppe, die rund 40 Prozent der wahlberechtigten Bevölkerung umfasst, nimmt im Gegensatz zu den »Nichtteilnehmern« zwar regelmäßig an Wahlen teil, besitzt politische Urteilskraft und erfüllt grundsätzlich die Anforderungen an die Rolle des Bürgers in der *repräsentativen* Demokratie.[67] Gleichwohl beschränkt sich ihr Engagement auf den Wahlakt.

Politische Bildung könnte einen Beitrag leisten, die Kluft zwischen denjenigen, die sich von der Politik abgewandt haben, und den Repräsentanten

65 Vgl. hierzu und zum Nachfolgenden insbesondere Münch 2015.

66 Vgl. Ackermann 1999.

67 Vgl. Ackermann 1999.

des politischen Systems zu schließen. Insofern muss sie darauf abzielen, aus »Nichtteilnehmern« zumindest »Zuschauer« werden zu lassen und möglichst viele »Zuschauer« dazu zu motivieren, situativ auch als »Aktivbürger«[68] aufzutreten. Damit ist aber nicht das Ziel gemeint, alle Bürger in einen politischen Dauermodus zu versetzen, der jedwede Demokratie überhitzte.[69] Vor allem ist damit aber nicht gemeint, dass die politische Bildung sich zum Akzeptanz- und Mehrheitsbeschaffer für konkrete politische Maßnahmen oder die politischen Ziele einzelner Politiker machen lassen soll.[70] Ihr Ziel liegt vielmehr darin, die Konsequenzen der Diagnose Eric Voegelins klar zu machen: Er mahnte, dass Demokratie eben kein Schlaraffenland sei, in dem den Bürgern – ohne ihr eigenes Zutun – eine handlungsfähige, demokratisch legitimierte Regierung ebenso in den Mund fliege wie Rechtsstaatlichkeit und Teilhaberechte.[71]

Deshalb stellt nicht nur die Befähigung, sondern auch die Animierung zur politischen Beteiligung einen Kernbestandteil der politischen Bildung dar. Erst Letztere trägt entscheidend zur Resilienz der Demokratie bei und stellt sicher, dass der Pluralismus als ihr zentrales Ordnungsprinzip tatsächlich mit Leben gefüllt wird. Denn politisches Desinteresse und Apathie potenzieren tendenziell soziale Ungleichheiten und gesellschaftliche Verwerfungen, zumal der Grad politischer Teilhabe oft mit der Zugehörigkeit zu bestimmten sozialen Milieus korrespondiert. Je höher sozialer Status und Bildungsgrad, desto größer die Wahrscheinlichkeit politischen Engagements – und umgekehrt. Zugleich führt mangelnde politische Beteiligung dazu, dass vermeintliche Minderheitenpositionen in der Öffentlichkeit eher verhallen und dass sich infolgedessen deren Anhänger dem politischen Leben noch weiter entziehen. Es greift hier ein Phänomen, das Elisabeth Noelle-Neumann als »Schweigespirale« beschrieben hat: Durch ihre soziale Veranlagung angetrieben, würden Menschen permanent das sie umgebende Meinungsklima auf Mehrheits- und Minderheitsmeinungen hin prüfen. Entspricht die eigene Meinung der wahrgenommenen Mehrheitsmeinung, vertritt der Mensch diese selbstbewusst; scheint er in der Minderheit, schweigt er.[72] Dieser Mechanismus der »Schweigespirale« verfestigt die Kluft zwischen den »Apathischen« und dem politischen Establishment und delegitimiert damit die politische Ordnung insgesamt.

68 Ackermann 1999: 171.

69 Vgl. dazu den Beitrag von Rainer-Olaf Schultze in diesem Band sowie Schmidt 2019: 238, 386.

70 Münch 2015: 11.

71 Vgl. Voegelin 2008: 25; siehe dazu Münch 2015: 11.

72 Vgl. Noelle-Neumann 1996.

Politisches Desinteresse führt aber nicht nur zu sozialen und sozioökonomischen Verzerrungen, sondern begünstigt auch demografische Brüche: Angesichts der Alterung der Gesellschaft und des empirischen Umstandes, dass ältere Kohorten deutlich stärker zur (konventionellen) politischen Teilhabe bereit sind, besteht die Gefahr, dass die politischen Positionen der jüngeren Generation unter den Tisch fallen. Bei der Bundestagswahl 2013 waren erstmals mehr als die Hälfte der Bürger, die zur Wahl gegangen sind, älter als 50 Jahre alt. Damit nehmen »graue Mehrheiten« Einfluss auf die Politik, die angesichts ihrer Kohortensozialisation und alterssicherungspolitischer Anliegen nur bedingt die Wünsche, Positionen und Vorstellungen der jüngeren Generationen repräsentieren. Letztere – soweit sie überhaupt politisch aktiv sind – versuchen eher über nicht-institutionalisierte Formen der politischen Beteiligung Einfluss zu nehmen: durch Schulstreiks, Proteste, Unterschriftenaktionen und in Zeiten der Digitalisierung vermehrt über Social Media und digitale Plattformen. Das Defizit der mangelnden Beteiligung bei Wahlen wird dadurch aber nicht kompensiert, da repräsentative Demokratien auf dem Ohr der nicht-institutionalisierten Beteiligung gleichsam halbtaub sind.

Angesichts dieser Verzerrungen hat die politische Bildung auch die Aufgabe, gezielt die Artikulationsfähigkeit und damit die Hörbarkeit vor allem derjenigen Gruppen, die strukturell zur politischen Enthaltung oder gar Apathie neigen, zu stärken. Gemäß dem Gebot der Adressatenorientierung des Beutelsbacher Konsenses muss hier jeder Einzelne dazu befähigt werden, die politische Situation wie auch seine eigene Interessenlage zu analysieren und vor allem nach Mitteln und Wegen zu suchen und suchen zu wollen, um die vorgefundene politische Lage im Sinne seiner Interessen zu beeinflussen.[73]

Um die erforderliche Breitenwirkung und Resonanz zu entfalten, kommt man an einem zielgruppenspezifischen Ansatz mit Blick auf Inhalte und didaktische Methoden nicht vorbei.[74] Die Jüngeren werden für die Relevanz des Wahlgangs sensibilisiert und auch zu einer (längerfristigeren) Bindung an bürgerschaftliche Ämter ermutigt. Andernfalls steht ihr verhaltenes und eher situativ ausgerichtetes Engagement im Kontrast zu ihrer Zukunftsverantwortlichkeit. Das hierfür notwendige Demokratie- und Politiklernen sollte von Anfang an entlang der Bildungskette verlaufen: vom Kindergarten, über die Schule bis zur Ausbildung und außerschulisch über den Verein bis zum Arbeitsplatz.[75] Ältere Generationen, die im Wahlakt häufig (noch)

73 Vgl. Wehling 1977: 179f.

74 Vgl. auch Kalina 2011: 71f.

75 Vgl. auch Schröder 2020: 14.

eine Bürgerpflicht sehen, werden hingegen verstärkt zur Teilhabe über nicht-institutionalisierte Kanäle, beispielsweise über digitale Plattformen, befähigt. Zusätzlich besteht der vor allem für die außerschulische politische Bildung so schwierig einzulösende Anspruch, vor allem sogenannte sozial benachteiligte und bildungsferne Schichten der Bevölkerung zu erreichen – unabhängig davon, ob diese eine nationale oder internationale Familiengeschichte haben.[76]

Das Ziel der politischen Bildung muss darin liegen, dass alle Menschen – egal welchem gesellschaftlichen Milieu, welcher ethnischen Gruppe, welcher Kohorte oder welchem Geschlecht sie angehören – die Erfahrung machen (können), dass sie als Teil der Gesellschaft durch ihr eigenes Engagement und Verhalten einen Beitrag zur Entwicklung des Gemeinwesens leisten können. Dabei darf sie aber weder überzogene Erwartungen an die eigene Selbstwirksamkeit wecken noch den falschen Eindruck, dass aus der Bereitschaft zur eigenen Mitwirkung die Pflicht der anderen folge, auf diese auch einzugehen.

3.4 Besondere Ansprüche an die politische Bildung als einer in letzter Instanz normativen Disziplin

Gerade in Zeiten, in denen sich Demokratien in einer Bewährungsprobe befinden oder gar angefeindet werden, erschöpft sich die Aufgabe der politischen Bildung nicht alleine in der Vermittlung politisch relevanten Wissens, in der Förderung von Kritik- und Urteilsfähigkeit und einer digitalen Demokratiekompetenz oder in der Mobilisierung politischer Beteiligung. Vielmehr darf und sollte politische Bildung in einer freiheitlichen demokratischen Ordnung auch über die Wertebildung und Rechtserziehung hinaus *normativ* agieren, um die Resilienz moderner Demokratien sicherzustellen. Es geht also darum, auch inhaltlich Stellung zu beziehen – also Gefährdern oder Feinden der Verfassungsordnung nicht nur mit den Mitteln des Rechtsstaates, sondern auch argumentativ Paroli zu bieten. Sie sollte daher Phänomene wie den Aufstieg von Populismus jeglicher politischen Couleur, von radikalem Nationalismus und Chauvinismus oder das gesellschaftliche Aufscheinen von Antisemitismus, Extremismus und Rassismus beobachten, analysieren und inhaltliche wie politikdidaktische Gegenmaßnahmen entwickeln. Dazu gehört die Debatte darüber, dass kein Grundrecht schrankenlos ist – auch nicht das in Artikel 5 Absatz 1 GG verankerte Recht auf Meinungsfreiheit.

76 Vgl. statt vieler Detjen 2009; sowie Münch 2015.

Auch hier ist Zeitdiagnostik Gegenstand politischer Bildung.[77] Allerdings darf sie inhaltlich nicht die moralisierende Keule schwingen, sondern hat Merkmale und Risiken nachvollziehbar und nüchtern darzustellen sowie den Bürgern konkurrierende Argumente zur eigenständigen Auseinandersetzung mit diesen Erscheinungen an die Hand zu geben, soweit ihre Essenz mit der freiheitlichen demokratischen Grundordnung vereinbar ist. So ist etwa der Vorwurf des Populismus schnell erhoben. Gleichwohl muss er stets sowohl mit einer differenzierten Betrachtung seiner prägenden Eigenschaften und konkreter Fährnisse als auch mit der Suche nach seinen Ursachen und Katalysatoren einhergehen.[78]

Der Umstand, dass politische Bildung in Ausnahmesituationen Schwelbrände der Demokratie (mit)löschen kann, darf nicht dazu verleiten, ihre gesellschaftliche Funktion auf die einer Art Feuerwehr zu reduzieren.[79] Dies würde erstens den Charakter und die Breite ihres Auftrages verkennen: die Entwicklung einer umfassenden politischen Mündigkeit, die Förderung von gesellschaftsweiter Partizipationsfähigkeit und -bereitschaft und nicht zuletzt die gesellschaftliche Verankerung des Ideals der »wehrhaften Demokratie«. Zweitens würde eine solche verkürzte Sicht die zeitlichen Wirkungshorizonte der politischen Bildung ignorieren: Ihre Wirkweise ist nicht die einer gelegentlich löschenden Spritze, sondern vielmehr die eines steten, nachhaltig höhlenden Tropfens. Und drittens würde eine solche Perspektive die eigentlichen Verantwortlichkeiten hinsichtlich der Bedrohungslagen der Demokratie verwischen: Dem vermeintlichen Politikversagen, der wahrgenommenen Abgehobenheit des sogenannten Establishments und dem Verdruss über die Politik und Politiker müssen zunächst die Urheber dieser angenommenen Missstände selbst entgegenwirken: sprich die Politiker.[80]

Als normativer Akteur muss sich die politische Bildung und ihre Träger der Normativität bewusst sein und diese stets kritisch reflektieren. Dies gilt zum einen in Bezug auf die Trennlinie von »unstreitigem« und »streitigem Sektor«, bei deren unbedachtem Übertritt sie das Überwältigungsverbot des Beutelsbacher Konsenses verletzen würde.[81] Denn in den pluralistischen Wettbewerb um die beste Lösung darf politische Bildung keinesfalls steuernd eingreifen; ihre Rolle erschöpft sich darin, dass sie durch die Vermittlung von Hintergrund- und Strukturwissen, durch die Förderung von Demokratie-

77 Vgl. Dimbath 2019.

78 Vgl. Münch 2018. Ausführlicher zu Konzepten, wie beispielsweise dem Populismus im Rahmen der politischen Bildung effektiv begegnet werden könne, vgl. zum Beispiel Besand 2017.

79 Vgl. Hafeneger 2019 sowie Kalina 2014: 123–125.

80 Vgl. Münch 2015.

81 Siehe dazu Wehling 1977: 179f.

kompetenzen und durch die Animierung zum Engagement jeden Einzelnen dazu befähigt, ein selbstständiges Urteil zu gewinnen und im dessen Sinne Einfluss auf die politischen Geschicke zu nehmen. Denn genau hier verläuft die Grenze zwischen politischer Bildung und Indoktrination.

Und dies gilt zum anderen in Bezug auf die Gestaltung ihres Verhältnisses zu den Bürgern: Politische Bildung darf nicht ex cathedra erfolgen, zumal sie sich sonst mit dem vermeintlichen Verdacht auseinandersetzen müsste, ein »Instrument des Establishments« zu sein. Dann wäre sie missverstanden, da ihr eigentlicher Auftrag in der Förderung und gesellschaftsweiten Verankerung des demokratischen Gemeinsinns und Handlungskompetenz besteht – und zwar unabhängig von (partei-)politischen Konstellationen und aufgeschlossen für die verschiedensten Formen demokratischen Regierens. Sie muss also Wissen und Kompetenzen vermitteln, ohne belehrend zu wirken; sie muss einbinden, indem sie vorrangig auf Interaktionen setzt, indem sie moderierte Diskursforen etabliert und zum Meinungsaustausch animiert; sie muss glaubhaft auch in entfernte Ecken der Gesellschaft vordringen; und sie muss dazu bereit sein, das eigene normative Gerüst entsprechend der sich verändernden politischen, gesellschaftlichen oder auch kulturellen Rahmenbedingungen durchgehend zu hinterfragen und gegebenenfalls anzupassen.[82] Nur so kann sie Bürgernähe erlangen und aufrechterhalten, ohne die alle ihre Bildungs- und Mobilisierungsanstrengungen ins Leere liefen.

4. Fazit: Politische Bildung als unersetzliche Sisyphosaufgabe

Politische Bildung ist eine nicht-endende Aufgabe. Als Mediator zwischen politischem System einerseits und Gesellschaft andererseits, der Bürger zur politischen Teilhabe befähigt und insgesamt die Demokratie mobilisiert, unterliegt sie im besonderen Maße den Wandlungsprozessen im Zuge der großen Transformationen. Sie muss mit der Zeit gehen und die veränderten Kontextbedingungen in ihrem Wirken einkalkulieren, ohne ihren grundsätzlichen Auftrag aus den Augen zu verlieren. Dieser besteht unverändert darin, dass sie zum einen an der Festigung der vorpolitischen Fundamente der freiheitlichen Demokratie mitwirkt: Ihr obliegt es, den gesellschaftlichen Konsens über die unverhandelbaren Werte der Verfassung und weitere Rechtsnormen zu befördern und zu aktualisieren – und damit mittelbar sowohl die Gemeinwohlorientierung und das Verantwortungsbewusstsein der Bürger als auch ihr Vertrauen in die demokratischen Institutionen und

82 Vgl. Kalina 2017b: 44.

Verfahren zu stärken. Erst dadurch kann sichergestellt werden, dass Pluralismus als das ebenso gewollte wie zentrale Ordnungsprinzip gemeinschaftsfähig wirkt. Hier muss politische Bildung zum anderen ansetzen: Sie muss für den politischen Wettbewerb qualifizieren, indem sie grundsätzlich allen hilft, ihr Anliegen zu artikulieren und möglichst auch Gehör zu finden.

Die wandelnden Kontextbedingungen bedeuten allerdings auch, dass politische Bildung stets Anpassungsleistungen vorzunehmen hat: Sie muss ebenso konkrete Inhalte wie das Hintergrund- und Strukturwissen in die neue Wirklichkeit überführen, sie muss ihre didaktischen und methodischen Zugänge fortentwickeln und vor allem muss sie die zu vermittelnden Handlungs-, Orientierungs- und Deutungskompetenzen fortwährend auf den Prüfstand stellen.

Angesichts der dargestellten Rahmenbedingungen demokratischer Herrschaft im 21. Jahrhundert erscheint heutzutage für politische Mündigkeit eine zeitdiagnostisch komponierte Demokratiekompetenz unabdingbar, in die politische Bildung im engeren Sinne, Wertebildung und Rechtserziehung, ethische und interkulturelle Bildung sowie mediale Bildung einschließlich digitaler Literalität einfließen. Insofern kann sich die moderne politische Bildung – als die umfassende bürgerschaftliche Qualifizierung – nicht alleine als Wissens- und Kompetenzvermittlung in Bezug auf die politischen Kernbereiche erschöpfen. Zu ihrem Bezugssystem gehören heute nicht nur Rechts- und Sozialwissenschaften, sondern gleichermaßen naturwissenschaftlich-technische Disziplinen.

Wenn heute politische Bildung mehr denn je zu einer vielschichtigen gesellschaftlichen Bildung diffundiert, hat dies auch Folgen für den schulischen Bereich. Zumal in dessen Rahmen Politikerziehung nicht nur als unverzichtbarer Fachunterricht erfolgen, sondern auch im Sinne einer Querschnittskompetenz in Curricula benachbarter Schulfächer einfließen und insgesamt als fächerübergreifendes Unterrichtsprinzip verstanden werden sollte.[83] Ebenso hat dies Folgen für die Zeithorizonte politischer Bildung: Gilt Demokratie und demokratische Praxis als ein immerwährender Prozess, avanciert eine auf kontextsensible Demokratiekompetenzen verpflichtete politische Bildung zum wesentlichen Bestandteil lebensbegleitenden Lernens.[84]

Die Kunst erfolgreicher politischer Bildungsarbeit liegt damit in ihrer anhaltenden, gesamtgesellschaftlichen Wirkkraft. Und auch wenn sie sich als Disziplin nicht dafür verantwortlich zeichnet, dass demokratische Herrschaft heute unter Rechtfertigungsdruck geraten ist, kann sie zu einer Ver-

83 Zur politischen Bildung als Unterrichtsprinzip vgl. Lechner-Amante 2014.

84 Vgl. Kalina 2014: 18f. sowie 63f.

besserung der Lage und damit sogar zur Lebensqualität beitragen: Indem sie die vorpolitischen Grundlagen der freiheitlichen Demokratie aktiviert, Wertekompetenz vermittelt und den Einzelnen zum selbständigen Urteil und dessen Artikulation befähigt, ohne ihn gleichzeitig durch die Verpflichtung zur Selbstoptimierung durch »lebenslanges Lernen« zu überfordern. Letztendlich ist es aber der Einzelne selbst, der den Ausschlag gibt. Nicht mehr und nicht weniger.

Literatur

Ackermann, Paul (1999): Der interventionsfähige Bürger als zukunftsfähiges Leitbild. Wie sollen die Bürger sein und was sind sie? Politische Leitbilder und Partizipationsmöglichkeiten, in: Der Bürger im Staat 49 (3/1999), S. 170–173.

Almond, Gabriel/Verba, Sidney (1963): The Civic Culture. Political Attitudes and Democracy in Five Nations, Princeton.

Arzheimer, Kai (2002): Politikverdrossenheit. Bedeutung, Verwendung und empirische Relevanz eines politikwissenschaftlichen Begriffs, Wiesbaden.

Beck, Ulrich (1986): Risikogesellschaft. Auf dem Weg in eine andere Moderne, Frankfurt/M.

Behnke, Joachim (2009): Vertrauen und Kontrolle: Der Einfluss von Werten auf Einstellungen zu politischen Institutionen, in: Zeitschrift für Parlamentsfragen 40 (2/2009), S. 397–413.

Besand, Anja (2017): Nach Pegida – Rechtspopulismus als Herausforderung für die politische Bildung, in: Der Bürger im Staat 67 (1/2017), S. 63–70.

Beyme, Klaus von (2018): Rechtspopulismus. Ein Element der Neodemokratie?, Wiesbaden.

Blinkert, Baldo/Klie, Thomas (2019): Demokratische Integration in Europa: Deutschland im europäischen Vergleich, in: Thomas Klie (Hg.), Demokratische Integration in Deutschland. Monitoring der Raumordnungsregionen in Deutschland, Wiesbaden, S. 11–30.

Bonß, Wolfgang (2015): Karriere und sozialwissenschaftliche Potenziale des Resilienzbegriffs, in: Martin Endreß/Andrea Maurer (Hg.), Resilienz im Sozialen. Theoretische und empirische Analysen, Wiesbaden, S. 15–31.

Braun, Daniela/Schmitt, Hermann (2009): Politische Legitimität, in: Viktoria Kaina/Andrea Römmele (Hg.), Politische Soziologie. Ein Studienbuch, Wiesbaden, S. 53–81.

Crouch, Colin (2008): Postdemokratie, Frankfurt/M.

Debus, Marc/Müller, Jochen (2020): Soziale Konflikte, sozialer Wandel, sozialer Kontext und Wählerverhalten, in: Thorsten Faas/Oscar W. Gabriel/Jürgen Maier (Hg.), Politikwissenschaftliche Einstellungs- und Verhaltensforschung. Handbuch für Wissenschaft und Studium, Baden-Baden, S. 435–457.

Decker, Frank (2017): Die Ankunft des neuen Rechtspopulismus im Parteiensystem der Bundesrepublik, in: Christoph Bieber / Andreas Blätte / Karl-Rudolf Korte / Niko Switek (Hg.), Regieren in der Einwanderungsgesellschaft, Wiesbaden, S. 55–61.

Decker, Frank (2019): Kosmopolitismus versus Kommunitarismus: Eine neue Konfliktlinie in den Parteiensystemen?, in: Zeitschrift für Politik 66 (4/2019), S. 445–454.

Decker, Frank (2020): Die Demokratie im Zeichen der Coronakrise. Chance oder Bedrohung?, in: Zeitschrift für Politik 67 (2/2020), S. 123–132.

Detjen, Joachim (2007): Politische Bildung. Geschichte und Gegenwart in Deutschland, München/Wien.

Detjen, Joachim (2009): Bildungsferne Milieus als Herausforderung der politischen Bildung, in: Heinrich Oberreuter (Hg.), Standortbestimmung Politische Bildung, Schwalbach/Ts., S. 335–348.

Dimbath, Oliver (2019): Politische Bildung und die Seismographen gesellschaftlicher Probleme, in: Außerschulische Bildung 50 (3/2019), S. 4–9.

Edelman Holdings (2020): 2020 Edelman Trust Barometer, 19. Januar 2020 (online unter: www.edelman.com/trustbarometer – letzter Zugriff: 21.09.2020).

Elsner, Steffen (2017): Mobilisierung der Demokratie, in: Ursula Münch / Jörg Siegmund (Hg.), Mobilisierung der Demokratie. 60 Jahre Akademie für Politische Bildung, Tutzing, S. 26–33.

Enste, Dominik / Suling, Lena (2020): Vertrauensindex: Europäische Länder im Vergleich – Vertrauen in Wirtschaft, Staat, Gesellschaft 2020 (= IW-Policy Paper 5/2020), Köln.

Europäische Kommission (2019): Spezial Eurobarometer 486. Die Europäer im Jahr 2019, Brüssel.

Fraenkel, Ernst (1991): Deutschland und die westlichen Demokratien, Berlin [zuerst 1964].

Fukuyama, Francis (1992): Das Ende der Geschichte. Wo stehen wir?, München.

Gabriel, Oscar W. (2017): Politikverdrossenheit in Deutschland, in: Gesellschaft – Wirtschaft – Politik 66 (4/2017), S. 537–546.

Gabriel, Oscar W. (2018): Untergräbt die Kritik an Politikern das Vertrauen in die demokratischen Institutionen?, in: Zeitschrift für Parlamentsfragen 49 (4/2018), S. 909–918.

Gabriel, Oscar W. (2020): Einstellungen zur Demokratie, in: Thorsten Faas / Oscar W. Gabriel / Jürgen Maier (Hg.), Politikwissenschaftliche Einstellungs- und Verhaltensforschung. Handbuch für Wissenschaft und Studium, Baden-Baden, S. 230–247.

Geßner, Rebekka / Hoffmann, Kora / Lotz, Mathias / Wohnig, Alexander (2016): Brauchen wir den Beutelsbacher Konsens? Bericht über eine Fachtagung, in: Benedikt Widmaier / Peter Zorn (Hg.), Brauchen wir den Beutelsbacher Konsens? Eine Debatte der politischen Bildung, Bonn, S. 28–36.

Goll, Thomas (2018): Mediatisierung und Medienkompetenz. Aufgabenfelder für die politische Bildung, in: Andreas Kalina / Friedrich Krotz / Matthias Rath / Caroline Roth-Ebner (Hg.), Mediatisierte Gesellschaften. Medienkommunikation und Sozialwelten im Wandel, Baden-Baden, S. 209–224.

Goodhart, David (2017): The Road to Somewhere: The Populist Revolt and the Future of Politics, London.

Guéheno, Jean-Marie (1994): Das Ende der Demokratie, München/Zürich.

Hafeneger, Benno (2019): Politische Bildung in Krisenzeiten – im Spannungsfeld von Feuerwehr, Prävention, Aufklärung und Kritik, in: Deutsche Jugend 67 (2/2019), S. 55–63.

Heinisch, Reinhard C. / Holtz-Bacha, Christina / Mazzoleni, Oscar (Hg.) (2017): Political Populism. A Handbook, Baden-Baden.

Himmelmann, Gerhard (2001): Demokratie Lernen: als Lebens-, Gesellschafts- und Herrschaftsform. Ein Lehr- und Arbeitsbuch, Schwalbach/Ts.

Hirschi, Caspar (2020): Politik der reaktionären Gegenmoral. Zum populistischen Konfliktverhalten, in: Merkur 74 (5/2020), S. 5–21.

Hirschman, Albert O. (1994): Wieviel Gemeinsinn braucht die liberale Gesellschaft?, in: Leviathan 22 (2/1994), S. 293–305.

Hooghe, Liesbet / Marks, Gary (2017): Cleavage Theory Meets Europe's Crises: Lipset, Rokkan, and the Transnational Cleavage, in: Journal of European Public Policy 25 (1/2017), S. 109–135.

Inglehart, Ronald (1990): The Silent Revolution: Changing Values and Political Styles among Western Publics, Princeton.

Jarren, Otfried / Klinger, Ulrike (2017): Öffentlichkeit und Medien im digitalen Zeitalter: Zwischen Differenzierung und Neu-Institutionalisierung, in: Harald Gapski / Monika Oberle / Walter Staufer (Hg.), Medienkompetenz. Herausforderung für Politik, politische Bildung und Medienbildung, Bonn, S. 33–42.

Jesse, Eckhard / Liebold, Sebastian (2011): Politikwissenschaft in Deutschland. Trends, Herausforderungen, Perspektiven, in: Zeitschrift für Politikwissenschaft 21 (3/2011), S. 511–526.

Jestaedt, Matthias / Lepsius, Oliver / Möllers, Christoph / Schönberger, Christoph (2019): Das entgrenzte Gericht: Eine kritische Bilanz nach sechzig Jahren, 3. Aufl., Berlin.

Kalina, Andreas (2014): Erfolgreich. Politisch. Bilden. Faktensammlung zum Stand der politischen Bildung in Deutschland (= Handreichung zur politischen Bildung, Bd. 4), hrsg. von der Konrad-Adenauer-Stiftung 2. Aufl., St. Augustin/Berlin.

Kalina, Andreas (2017a): Am Ende der europäischen Einigungsgeschichte? Die Europäische Union im Demokratiedilemma, in: Polis 21 (2/2017), S. 7–10.

Kalina, Andreas (2017b): Donald, Don und die Demokratie. Gegenwärtige Herausforderungen in den Bereichen »Politischer und gesellschaftlicher Wandel« und »Europäische Integration«, in: Ursula Münch / Jörg Siegmund (Hg.), Mobilisierung der Demokratie. 60 Jahre Akademie für Politische Bildung, Tutzing, S. 36–45.

Kalina, Andreas (2020): Schöpferische Zerstörung des liberalen Europas? Auswirkungen der Corona-Krise auf Politik, Gesellschaft und Union, in: Indes. Zeitschrift für Politik und Gesellschaft 11 (2/2020) [im Erscheinen].

Kalina, Ondřej (2009): Ein Kontinent – eine Nation? Prolegomena zur Bildung eines supranationalen Demos im Rahmen der EU, Wiesbaden.

Kalina, Ondřej (2011): Wenn Sisyphos zum Baumeister avanciert... Zum Modernisierungsbedarf des immerwährenden Projekts politische Bildung, in: Michael Schröder (Hg.), Demokratie unter Druck. Herausforderungen für Politik und politische Bildung, München, S. 63–76.

Kopecký, Petr / Mudde, Cas (2002): The Two Sides of Euroscepticism: Party Positions on European Integration in East Central Europe, in: European Union Politics 3 (3/2002), S. 297–326.

Kriesi, Hanspeter (2020): Is There a Crisis of Democracy in Europe?, in: Politische Vierteljahresschrift 61 (2/2020), S. 237–260.

Lechner-Amante, Andrea (2014): Politische Bildung als Unterrichtsprinzip, in: Wolfgang Sander (Hg.), Handbuch politische Bildung, 4. Aufl., Schwalbach/Ts., S. 203–211.

Lipset, Seymour M. / Rokkan, Stein (1967): Cleavage Structure, Party Systems, and Voter Alignments: An Introduction, in: dies. (Hg.), Party Systems and Voters Alignments. Cross-Perspectives, New York, S. 1–64.

Lorey, Isabell (2012): Praktizierte Demokratie in den Besetzungen: eine konstituierende Macht, in: Luxemburg. Gesellschaftsanalyse und linke Praxis 4 (4/2012), S. 102–109.

Mainzer, Klaus (2019): Big Data und die Macht der Algorithmen. Ein Plädoyer für mehr Urteilskraft, in: Michael Schröder / Axel Schwanebeck (Hg.), Big Data – In den Fängen der Datenkraken. Die (un-)heimliche Macht der Algorithmen, 2. Aufl., Baden-Baden, S. 51–71.

Majone, Giandomenico (2011): Political and Normative Limits to Piecemeal Integration (= Keynote Lecture at Recon Concluding Conference, 24.–26. November 2011), Oslo.

Marci-Boehnke, Gudrun (2018): Mediatisierung und Schule. Von digitalem Lesen als »neuer« Kompetenz und anderen notwendigen Lehr-/Lernbedingungen, in: Andreas Kalina / Friedrich Krotz / Matthias Rath / Caroline Roth-Ebner (Hg.), Mediatisierte Gesellschaften. Medienkommunikation und Sozialwelten im Wandel, Baden-Baden, S. 225–250.

Marks, Gary / Hooghe, Liesbet / Nelson, Moira / Edwards, Erica (2006): Party Competition and European Integration in the East and West. Different Structure, Same Causality, in: Comparative Political Studies 39 (2/2006), S. 155–175.

Marschall, Stefan / Masch, Lena (2020): Wahlentscheidungen in Zeiten von wachsender Ungewissheit. Volatiles Wählen als Ursache und Folge von volatilen Regierungsbildungen, in: Gesellschaft – Wirtschaft – Politik 69 (1/2020), S. 47–58.

Merkel, Wolfgang (2016): Krise der Demokratie? Anmerkungen zu einem schwierigen Begriff, in: Aus Politik und Zeitgeschichte 66 (40–42/2016), S. 4–11.

Merkel, Wolfgang (2017): Kosmopolitismus versus Kommunitarismus. Ein neuer Konflikt in der Demokratie, in: Philipp Harfst / Ina Kubbe / Thomas Poguntke (Hg.), Parties, Governments and Elites. The Comparative Study of Democracy, Wiesbaden, S. 9–23.

Mounk, Yascha (2018): Der Zerfall der Demokratie. Wie der Populismus den Rechtsstaat bedroht, München.

Müller, Henrik (2020): Kurzschlusspolitik. Wie die permanente Empörung unsere Demokratie zerstört, München.

Müller, Jan-Werner (2016): Was ist Populismus? Ein Essay, Berlin.

Münch, Ursula (2012): Politische Bildung und die Misere von Politik und Politikwissenschaft, in: Zeitschrift für Politikwissenschaft 22 (3/2012), S. 449–457.

Münch, Ursula (2015): Politische Bildung in der Bewährungsprobe. Extremismen, Desinteresse, Apathie und der Ruf nach der Feuerwehr, in: Ursula Münch / Armin Scherb / Walter Eisenhart / Michael Schröder (Hg.), Politische (Urteils-)Bildung im 21. Jahrhundert. Herausforderungen, Ziele, Formate, Schwalbach/Ts., S. 11–27.

Münch, Ursula (2017): Demokratie-Erziehung – oder von der Relevanz Niklas Luhmanns für Klassensprecherwahlen, in: Bayerischer Lehrer- und Lehrerinnenverband (Hg.), Praxisheft »W wie Werteerziehung«, München, S. 8–11.

Münch, Ursula (2018): Orientierung in Zeiten der Unsicherheit? Herausforderungen für die politische Bildung, in: Außerschulische Bildung 49 (3/2018), S. 27–33.

Niedermayer, Oskar (2017): Die Bundestagswahl 2017: Ein schwarzer Tag für die Volksparteien, in: Gesellschaft – Wirtschaft – Politik 66 (4/2017), S. 465–470.

Niedermayer, Oskar (2018): Die Entwicklung des deutschen Parteiensystems. Zur Bedeutung kurzfristiger Faktoren im Jahrzehnt des europäischen Wandels, in: Zeitschrift für Parlamentsfragen 49 (2/2018), S. 286–303.

Niedermayer, Oskar (2019): Die Mitte bröckelt, die Ränder legen zu. Die Entwicklung des Parteiensystems nach der Bundestagswahl 2017, in: Gesellschaft – Wirtschaft – Politik 68 (1/2019), S. 49–59.

Niehr, Thomas / Reissen-Kosch, Jana (2019): Volkes Stimme. Zur Sprache des Rechtspopulismus, Berlin.

Noelle-Neumann, Elisabeth (1996): Öffentliche Meinung. Die Entdeckung der Schweigespirale, Berlin.

Nolte, Paul (2020): Von der wohlgeordneten zur rauen Demokratie, in: NDR Kultur. Gedanken zur Zeit, 14. Februar 2020 (online unter: www.ndr.de/ndrkultur/sendungen/gedanken_zur_zeit/gedankenzurzeit1526.pdf – letzter Zugriff: 21.09.2020).

Oberle, Monika / Staufer Walter (Hg.) (2017): Medienkompetenz. Herausforderung für Politik, politische Bildung und Medienbildung, Bonn.

Oberreuter, Heinrich (1984): Legitimation durch Kommunikation, in: Jürgen W. Falter / Christian Fenner / Michael Th. Greven (Hg.), Politische Willensbildung und Interessenvermittlung, Opladen, S. 238–254.

Oberreuter, Heinrich (2009): Politische Bildung in der freiheitlichen Demokratie, in: ders. (Hg.), Standortbestimmung Politische Bildung, Schwalbach/Ts., S. 9–22.

Oberreuter, Heinrich (2014): Rechtserziehung, in: Wolfgang Sander (Hg.), Handbuch politische Bildung, 4. Aufl., Schwalbach/Ts., S. 303–311.

Offe, Claus (2013): Zweieinhalb Theorien über den demokratischen Kapitalismus, in: Transit – Europäische Revue, Nr. 44 (2013), S. 42–52.

Patzelt, Werner J. (1998): Ein latenter Verfassungskonflikt? Die Deutschen und ihr parlamentarisches Regierungssystem, in: Politische Vierteljahresschrift 39 (4/1998), S. 725–757.

Patzelt, Werner J. (2001): Politikverdrossenheit entsteht durch Missverständnisse. Deutschlands latenter Verfassungskonflikt, in: Die politische Meinung 46 (6/2001), Nr. 379, S. 51–55.

Rappenglück, Stefan (2014): Europabezogenes Lernen, in: Wolfgang Sander (Hg.), Handbuch politische Bildung, 4. Aufl., Schwalbach/Ts., S. 392–400.

Rath, Matthias (2018): »Ethik 2.0« – »Neue« Werte in den mediatisierten Welten, in: Andreas Kalina / Friedrich Krotz / Matthias Rath / Caroline Roth-Ebner (Hg.), Mediatisierte Gesellschaften. Medienkommunikation und Sozialwelten im Wandel, Baden-Baden, S. 181–206.

Reckwitz, Andreas (2017): Die Gesellschaft der Singulären. Zum Strukturwandel der Moderne, Berlin.

Reese-Schäfer, Walter (Hg.) (2018): Handbuch Kommunitarismus, Wiesbaden.

Reese-Schäfer, Walter (2001): Kommunitarismus, Frankfurt/New York.

Reiser, Marion (2018): Abgehoben und entkoppelt? Abgeordnete zwischen öffentlicher Kritik und Professionalisierungslogik, in: Jenni Brichzin / Damien Krichewsky / Leopold Ringel / Jan Schank (Hg.), Soziologie der Parlamente. Neue Wege der politischen Institutionenforschung, Wiesbaden, S. 111–134.

Renn, Ortwin (2019): Gefühlte Wahrheiten. Orientierung in Zeiten postfaktischer Verunsicherung, Opladen/Berlin/Toronto.

Rosa, Hartmut (2001): Die politische Theorie des Kommunitarismus. Charles Taylor, in: André Brodocz / Gary S. Schaal (Hg.), Politische Theorien der Gegenwart. Eine Einführung, Bd. 2, Opladen, S. 55–88.

Roth-Ebner, Caroline / Krotz, Friedrich / Rath, Matthias / Kalina, Andreas (2018): Einleitung: Mediatisierte Gesellschaften. Medienkommunikation und Sozialwelten im Wandel, in: Andreas Kalina / Friedrich Krotz / Matthias Rath / Caroline Roth-Ebner (Hg.), Mediatisierte Gesellschaften. Medienkommunikation und Sozialwelten im Wandel, Baden-Baden, S. 13–25.

Rudzio, Wolfgang (2019): Das politische System der Bundesrepublik Deutschland, 10. Aufl., Wiesbaden.

Russ-Mohl, Stephan (2017): Die informierte Gesellschaft und ihre Feinde. Warum die Digitalisierung unsere Demokratie gefährdet, Köln.

Scherb, Armin (2007): Der Beutelsbacher Konsens, in: Dirk Lange / Volker Reinhardt (Hg.), Strategien der politischen Bildung. Handbuch für den sozialwissenschaftlichen Unterricht, Baltmannsweiler, S. 31–39.

Scherer, Philipp / Roßteutscher, Sigrid (2020): Wertorientierungen und Wertewandel, in: Thorsten Faas / Oscar W. Gabriel / Jürgen Maier (Hg.), Politikwissenschaftliche Einstellungs- und Verhaltensforschung. Handbuch für Wissenschaft und Studium, Baden-Baden, S. 207–229.

Schimmelfennig, Frank (2017): Theorising Crisis in European Integration, in: Desmond Dinan / Neill Nugent / William E. Paterson (Hg.), The European Union in Crisis, Basingstoke, S. 316–336.

Schmidt, Manfred G. (2019): Demokratietheorien. Eine Einführung, 6. Aufl., Wiesbaden.

Schröder, Michael (2020): Die Twitter-Demokratie: Der Strukturwandel politischer Kommunikation durch digitale Medien (= Akademie-Kurzanalyse 2/2020), Tutzing (online unter: www.apb-tutzing.de/download/publikationen/kurzanalysen/Akademie-Kurzanalyse_2020_02_web.pdf – letzter Zugriff: 21.09.2020).

Schweiger, Wolfgang (2017): Der (des)informierte Bürger im Netz. Wie soziale Medien die Meinungsbildung verändern, Wiesbaden.

Stark, Toralf / Pickel, Susanne / Pickel, Gert (2020): Determinanten der Wahlentscheidung zwischen expandierendem nationalistischem Rechtspopulismus und Erwartungen an die integrative Kraft der EU, in: Michael Kaeding / Manuel Müller / Julia Schmälter (Hg.), Die Europawahl 2019, Wiesbaden, S. 353–364.

Steffani, Winfried (1980): Vom Pluralismus zum Neopluralismus, in: Heinrich Oberreuter (Hg.), Pluralismus – Grundlegung und Diskussion, Opladen, S. 37–108.

Thimm, Caja (2018): Digitale Partizipation – Das Netz als Arena des Politischen?, in: Andreas Kalina / Friedrich Krotz / Matthias Rath / Caroline Roth-Ebner (Hg.), Mediatisierte Gesellschaften. Medienkommunikation und Sozialwelten im Wandel, Baden-Baden, S. 161–180.

Träger, Hendrik / Anders, Lisa H. (2020): Die Europawahl 2019 – wieder eine *second-order election?* Eine Analyse der Wahlergebnisse in den 28 EU-Staaten, in: Michael Kaeding / Manuel Müller / Julia Schmälter (Hg.), Die Europawahl 2019, Wiesbaden, S. 315–326.

Treib, Oliver (2020): Euroskeptizismus und Zentralisierung: Die Europawahl 2019 und das Zentrum-Peripherie-Cleavage in Europa, in: Michael Kaeding / Manuel Müller / Julia Schmälter (Hg.), Die Europawahl 2019, Wiesbaden, S. 131–142.

Voegelin, Eric (2008): Demokratie im neuen Europa. Rede anlässlich des Festakts zur Eröffnung der Akademie für Politische Bildung am 21. Februar 1959, in: Heinrich Oberreuter (Hg.), Über die Freiheit. Festvorträge zur Gründung und zu den Jubiläen der Akademie. 50 Jahre Akademie für Politische Bildung, München, S. 25–35.

Voigt, Rüdiger (2015): Das Bundesverfassungsgericht in rechtspolitologischer Sicht, in: Robert Chr. van Ooyen / Martin H. W. Möllers (Hg.), Handbuch Bundesverfassungsgericht im politischen System, 2. Aufl., Wiesbaden, S. 69–94.

Vorländer, Hans (2001): Dritter Weg und Kommunitarismus, in: Aus Politik und Zeitgeschichte 51 (16–17/2001), S. 16–23.

Vorländer, Hans (2015): Die Deutungsmacht des Bundesverfassungsgerichts, in: Robert Chr. van Ooyen / Martin H. W. Möllers (Hg.), Handbuch Bundesverfassungsgericht im politischen System, 2. Aufl., Wiesbaden, S. 299–312.

Weber, Max (2002): Wirtschaft und Gesellschaft. Grundriss der verstehenden Soziologie, hrsg. von Johannes Winckelmann, 5. Aufl., Tübingen [zuerst 1922].

Wehling, Hans-Georg (1977): Konsens à la Beutelsbach? Nachlese zu einem Expertengespräch, in: Siegfried Schiele / Herbert Schneider (Hg.), Das Konsensproblem in der politischen Bildung, Stuttgart, S. 173–184.

Westphal, Manon (2018): Kritik- und Konfliktkompetenz. Eine demokratietheoretische Perspektive auf das Kontroversitätsgebot, in: Aus Politik und Zeitgeschichte 68 (13–14/2018), S. 12–17.

Zmerli, Sonja (2020): Politisches Vertrauen, in: Thorsten Faas / Oscar W. Gabriel / Jürgen Maier (Hg.), Politikwissenschaftliche Einstellungs- und Verhaltensforschung. Handbuch für Wissenschaft und Studium, Baden-Baden, S. 248–272.

Verzeichnis der Autorinnen und Autoren

Prof. Dr. Ulrich von Alemann lehrte bis 2012 als Professor für Politikwissenschaft an der Heinrich-Heine-Universität Düsseldorf. Ab 2009 diente er der Universität als Prorektor. Seine Forschungen umfassen unter anderem die Parteien- und Verbändeforschung, Technikfolgenforschung, Demokratietheorie und politische Korruption. Er war und ist Mitglied vieler Beiräte, unter anderem im Kuratorium »Jugend debattiert«, lokales Netzwerk Migration Düsseldorf, und im Beirat zur Förderung der Heinrich-Heine-Universität. Er ist publizistisch und politikberatend tätig.

Prof. Dr. Bernd Becker ist seit 1995 Professor für Informatik und Leiter der Arbeitsgruppe Rechnerarchitektur an der Technischen Fakultät der Albert-Ludwigs-Universität Freiburg. Zu seinen Forschungsgebieten zählen der computergestützte Entwurf von Schaltungen und Systemen mit einem Schwerpunkt auf Qualitätssicherung durch Verifikation und Test, aber auch die Integration und Anwendung von Informatikkonzepten im (Universitäts-)Alltag.

Prof. Dr. Frank Brettschneider ist seit 2006 Professor für Kommunikationswissenschaft an der Universität Hohenheim. Zu seinen Forschungsgebieten zählen die politische Kommunikation, die Verständlichkeitsforschung sowie Kommunikation und Bürgerbeteiligung bei Bau- und Infrastrukturprojekten. Er ist unter anderem Mitglied im Wissenschaftlichen Beirat für Zivilgesellschaft und Bürgerbeteiligung der Landesregierung Baden-Württemberg und im Wissenschaftlichen Arbeitskreis für Regulierungsfragen (WAR) der Bundesnetzagentur.

Prof. Dr. Frank Decker ist seit 2001 Professor für Politische Wissenschaft an der Rheinischen Friedrich-Wilhelms-Universität Bonn und seit 2011 Wissenschaftlicher Leiter der Bonner Akademie für Forschung und Lehre praktischer Politik (BAPP). Seine Arbeitsschwerpunkte sind die Demokratie- und Parteienforschung.

Linus Feiten ist seit 2010 Wissenschaftlicher Mitarbeiter an der Professur für Rechnerarchitektur von Prof. Dr. Bernd Becker. Sein Forschungsschwerpunkt ist »Hardware Security and Trust« mit der besonderen Fragestellung, wie Vertrauen in für Laien schwer einsehbare Sicherheitsmechanismen hergestellt werden kann. Darüber hinaus forscht er an Webapplikationen für die akademische Lehre und politikwissenschaftliche Studien.

Prof. Dr. Claudio Franzius ist seit 2016 Professor für Öffentliches Recht, insbesondere Verwaltungsrecht und Umweltrecht an der Universität Bremen und leitet dort die Forschungsstelle für Europäisches Umweltrecht. Zu seinen Forschungsgebieten gehört neben dem Klimaschutzrecht und dem Allgemeinen Verwaltungsrecht das europäische Verfassungsrecht. Er ist einer der Initiatoren des Gesprächskreises »Recht und Politik in der Europäischen Union« bei der Friedrich-Ebert-Stiftung in Berlin.

Dr. Georg Paul Hefty, Politologe, war seit 1977 Wissenschaftlicher Mitarbeiter der CDU/CSU-Bundestagsfraktion und von 1981 bis 2012 Mitglied sowie verantwortlicher Redakteur für Zeitgeschehen der Politikredaktion der Frankfurter Allgemeine Zeitung. Seine journalistische Arbeit umfasste zum einen die deutsche Innenpolitik bis hin zu gesellschaftlichen und ethischen Grundsatzfragen, zum anderen die ungarische und südosteuropäische Wendevorbereitung 1989/90, die Parlamentarisierung der neuen Demokratien und die Zielsetzung ihrer Verankerung in der EU.

Dr. Andreas Kalina ist seit 2010 Wissenschaftlicher Assistent und seit 2020 Dozent an der Akademie für Politische Bildung in Tutzing. Er verantwortet dort die Arbeitsgebiete »Politischer und gesellschaftlicher Wandel« und »Europäische Integration«. Daneben ist er Lehrbeauftragter am Jean-Monnet-Lehrstuhl für Europäische Politik der Universität Passau. Zu seinen Forschungsfeldern zählen Legitimationsaspekte von nationaler wie transnationaler Governance und die Integration von Gesellschaften in Zeiten von Umbrüchen und Transformationen. Ebenso lehrt, referiert und publiziert er zu Themen an der Schnittstelle von politischer Partizipation, politischer Kultur und politischer Bildung.

Prof. Dr. Helmut Klages war seit 1964 Inhaber eines soziologischen Lehrstuhls an der Technischen Universität Berlin und seit 1975 an der Deutschen Universität für Verwaltungswissenschaften Speyer. Schwerpunkte seiner vorwiegend empirisch orientierten wissenschaftlichen Tätigkeit waren unter andrem Forschungen zum gesellschaftlichen Wandel, insbesondere zum Wertewandel, sowie zum Verhältnis zwischen Staat, öffentlicher Verwaltung, politischen Parteien und Bürgern. In der letzten Zeit standen für ihn verschiedene Themenbereiche der Demokratieforschung im Mittelpunkt.

Prof. Dr. Uwe Kranenpohl ist seit 2009 Professor für Politik- und Verwaltungswissenschaften an der Evangelischen Hochschule Nürnberg und Privatdozent für Politikwissenschaft an der Universität Passau. Seine zentralen Forschungsgebiete sind die Parlamentarismus- und Parteienforschung, das Verhältnis von Politik und Recht (insbesondere Verfassungsrechtsprechung), direktdemokratische Verfahren sowie der Vergleich politischer Systeme.

Dr. Pola Lehmann ist seit 2011 Wissenschaftliche Mitarbeiterin in der Abteilung Demokratie und Demokratisierung am Wissenschaftszentrum Berlin für Sozialforschung (WZB) und arbeitet dort im Projekt »Manifesto Research on Political Representation« (MARPOR). Sie studierte Verwaltungswissenschaften an den Universitäten Potsdam und Kopenhagen und promovierte an der Humboldt-Universität zu Berlin in Politikwissenschaft. Ihre Forschungsinteressen liegen im Bereich der Parteien- und Wahlforschung und insbesondere in Hinblick auf politische Repräsentation. Methodisch beschäftigt sie sich mit Fragen der quantitativen und automatisierten Textanalyse.

Prof. Dr. Dirk Lüddecke ist seit 2012 Professor für Politische Theorie an der Universität der Bundeswehr München. Zu seinen Forschungsschwerpunkten gehören die Geschichte des politischen Denkens, insbesondere die politische Philosophie des Mittelalters, die Schottische Aufklärung, die politische Philosophie des 20. Jahrhunderts sowie gegenwärtige Demokratietheorien.

Thomas Metz war bis 2019 Wissenschaftlicher Mitarbeiter mit Schwerpunkt Wahlforschung, Datenanalyse und Computersimulation an der Professur für Vergleichende Regierungslehre (Prof. Dr. Uwe Wagschal) der Albert-Ludwigs-Universität Freiburg. Er arbeitet derzeit als Softwaretester und Testautomatisierer bei United Planet in Freiburg.

Prof. Dr. Ursula Münch ist seit 1999 Professorin für Politikwissenschaft an der Universität der Bundeswehr München und seit 2011 Direktorin der Akademie für Politische Bildung in Tutzing. Zu ihren Forschungsgebieten zählen die Föderalismus- und Parteienforschung, Politikfeldanalysen (Migration, Bildung, Digitalisierung, Innere Sicherheit) sowie Fragen der gesellschaftlichen Integration. Sie ist unter anderem Mitglied des Hochschulrats der Ludwig-Maximilians-Universität München sowie der Beiräte des Mercator Forums Migration und Demokratie (MIDEM), der Stiftung Bundespräsident-Theodor-Heuss-Haus Stuttgart sowie der Stiftung Bundeskanzler-Adenauer-Haus.

Dr. Ursula Alexandra Ohliger ist Referentin bei der Deutschen Akademie der Technikwissenschaften (Acatech) und Lehrbeauftragte am Institut für Kommunikationswissenschaft der Ludwig-Maximilians-Universität München. Dort war sie zuvor als Wissenschaftliche Mitarbeiterin und Studiengangskoordinatorin tätig. Zu ihren Forschungsschwerpunkten zählen die Bereiche politische Kommunikation, Demoskopie und Journalismusforschung.

Dr. Veronika Ohliger ist Wissenschaftliche Mitarbeiterin am Max-Planck-Institut für Sozialrecht und Sozialpolitik und Lehrbeauftragte am Geschwister-Scholl-

Institut für Politikwissenschaft an der Ludwig-Maximilians-Universität in München. Ihre Forschungsschwerpunkte umfassen parlamentarische Institutionen auf nationaler und transnationaler Ebene sowie politische Kommunikation.

Prof. Dr. Rainer-Olaf Schultze ist emeritierter Professor für Politikwissenschaft an der Universität Augsburg. Er war dort bis 2011 Direktor des interdisziplinären Instituts für Kanada-Studien. Seine Arbeitsfelder sind die Vergleichende Föderalismusforschung, die Demokratietheorie sowie die Wahl- und Partizipationsforschung.

Dr. Peter Seyferth war von 2000 bis 2012 an der Ludwig-Maximilians-Universität München und von 2016 bis 2020 an der FernUniversität Hagen als Politikwissenschaftler angestellt. Seither arbeitet er freiberuflich als Autor und politischer Philosoph. Zu seinen Forschungsinteressen zählen die Utopieforschung, Anarchismus und nichtstaatliche Demokratie sowie philosophische Anthropologie.

Prof. Dr. Hans Vorländer ist seit 1993 Inhaber des Lehrstuhls für Politische Theorie und Ideengeschichte an der Technischen Universität Dresden. Er ist Gründer und Direktor des Zentrums für Verfassungs- und Demokratieforschung und des Mercator Forums Migration und Demokratie (MIDEM). Er ist unter anderem Mitherausgeber der Zeitschrift für Politikwissenschaft, Mitglied im Sachverständigenrat für Integration und Migration und gehört der Fachkommission der Bundesregierung zu den »Rahmenbedingungen der Integrationsfähigkeit« an.

Prof. Dr. Uwe Wagschal ist seit 2003 Professor für Vergleichende Regierungslehre an der Albert-Ludwigs-Universität Freiburg. Zuvor war er Professor an der Ruprecht-Karls-Universität Heidelberg und an der Ludwig-Maximilians-Universität München. Neben den Forschungen zu politischen Debatten und Voting Advice Applications liegen seine Schwerpunkte auf der Policy-Analyse von Staatsfinanzen und der Direkten Demokratie.

Thomas Waldvogel ist seit 2016 Wissenschaftlicher Mitarbeiter an der Professur für Vergleichende Regierungslehre (Prof. Dr. Uwe Wagschal) der Albert-Ludwigs-Universität Freiburg und seit 2013 Fachreferent der Landeszentrale für politische Bildung Baden-Württemberg. Zu seinen Schwerpunkten in Forschung und Lehre zählen die Wahl- und Parteienforschung, politische Kommunikation sowie die Methodik und Didaktik der politischen Bildung.

Samuel Weishaupt ist seit 2014 Student der Informatik an der Albert-Ludwigs-Universität Freiburg und seit 2015 Mitarbeiter am Projekt Debat-O-Meter der Professuren für Vergleichende Regierungslehre (Prof. Dr. Uwe Wagschal) und für Rechnerarchitektur (Prof. Dr. Bernd Becker). Er forscht an Algorithmen und Applikationen zur Analyse politikwissenschaftlicher Studien.